Kanada
Der Westen · Alaska

Kurt J. Ohlhoff

DUMONT
Reise-Handbuch

Inhalt

Wissenswertes über West-Kanada und Alaska

Wissenswertes für die Reise

Unterwegs in West-Kanada und Alaska

Kapitel 1 Vancouver und Umgebung

Inhalt

Kapitel 2 British Columbia

Kapitel 3 Alberta

Kapitel 4 Saskatchewan und Manitoba

Inhalt

Kapitel 5 Yukon Territory

Kapitel 6 Northwest Territories und Nunavut

Kapitel 7 Alaska (USA)

Inhalt

Themen

Alle Karten auf einen Blick

► Dieses Symbol im Buch verweist auf die Extra-Reisekarte Kanada – Der Westen · Alaska

In traumhafter Lage thront das berühmte ›Prince of Wales Hotel‹ über dem Waterton Lake im Waterton Lakes/Glacier National Park

Wissenswertes über West-Kanada und Alaska

Vom Pazifik zu den Prärien

Der Westen Kanadas und Alaska: Das sind traumhafte Weiten mit unberührten Landschaften. Endlose Prärien, Wälder und Tundren, durchzogen von Strömen und Wildwasserflüssen, Bergketten mit gewaltigen Gletschern, Zehntausende von Inseln und so zahlreiche Seen, dass viele keinen Namen tragen. Hinzu kommen die Metropolen, kultivierte, doch entspannte Inseln der Zivilisation mit der Wildnis gleich vor der Haustür.

West-Kanada und Alaska sind zwei Regionen mit einer über 25 000 Jahre zurückreichenden Geschichte ihrer Ureinwohner sowie einer jungen und abenteuerlichen Vergangenheit, die nur wenig mehr als zwei Jahrhunderte alt ist, geprägt von Entdeckern, Trappern und Goldsuchern, Holzfällern und Siedlern. Noch heute kann man den hemdsärmeligen Pioniergeist jener Zeit spüren und auch die uralte Kultur der Ureinwohner ist noch nicht verschwunden.

Weite Teile Kanadas sind unbewohnt, nicht einmal 5 % seiner Fläche sind besiedelt. Über 90 % der Bevölkerung leben in einem nur wenige hundert Kilometer breiten Streifen nördlich der US-amerikanischen Grenze, in West-Kanada vornehmlich in den Ballungszentren weniger großer Städte wie Vancouver, Victoria, Edmonton, Calgary, Winnipeg, Saskatoon und Regina. Auch in Alaska konzentriert sich der weitaus größte Teil der Bevölkerung in Anchorage und Fairbanks.

So vielseitig wie das Reisegebiet ist auch sein Klima, das von z. T. gewaltigen Gegensätzen geprägt wird. Während im Norden das ewige Eis der Arktis keine Vegetation zulässt, wird in den südlichen Regionen von British Columbia sogar Wein angebaut. Im Landesinneren von Alaska, dem Yukon und den Northwest Territories herrschen im Winter häufig Temperaturen von unter −50 °C; im Sommer weisen diese Regionen ein warmes, oft sogar heißes Klima auf. Gemäßigter präsentiert sich das Wettergeschehen in den Küstenregionen von British Columbia und Südost-Alaska. Hier dominieren relativ trockene und warme Sommer, während im Winter häufige Niederschläge für eine üppig grüne Vegetation sorgen.

Die geografische und klimatische Vielfalt West-Kanadas und Alaskas haben auch die Voraussetzungen für eine einzigartige Tierwelt geschaffen. In den nördlichen Regionen durchziehen Herden mit einigen tausend Karibus die Tundra. Elche und Bären werden fast überall beobachtet. Alaska und British Columbia sind die Heimat der letzten stabilen Grizzly-Bestände – nur noch wenige Exemplare leben außerhalb dieser Regionen. Hier zählt man auch die meisten Schneeziegen, Weißkopfseeadler und Trompeterschwäne der Welt.

In den Küstengewässern tummeln sich Delfine, Orcas (Killerwale), Buckel- und Grauwale sowie Seelöwen und Seeotter. In jedem Jahr kämpfen sich Millionen von Lachsen die Flüsse aufwärts zu ihren Laichgebieten. Der Fischreichtum West-Kanadas und Alaskas ist legendär. Vor den Küsten Süd-Alaskas liegen die reichsten Fanggründe der Welt. Die unzähligen Flüsse und Seen der Region sind ein wahres Paradies für Angler.

Abenteurer folgen dem ›Ruf des Nordens‹ zum Yukon, nach den Northwest Territories und nach Nunavut, dem neuen Territorium in der östlichen Arktis, wo seit 1999 zum ersten

Mal in der kanadischen Geschichte die Ureinwohner ihr Schicksal selbst in die Hand genommen haben. Hier in Kanadas Norden gibt es riesige Gebiete mit wahrlich überwältigenden Landschaften: wilde Bergwelten von kraftvoller Schönheit, dunkle Fichtenwälder mit glitzernden Seen und Flüssen im Süden, wildblumen- und flechtenbedeckte Tundra bis zum Eismeer. Einige Regionen haben sich seit den Tagen der ersten Europäer nicht verändert. Auf Kanu-Wanderer und Rafter warten kommerziell kaum befahrene Flüsse durch wagnerianische Kulissen. Trekker können auf den Spuren der Goldsucher über den Chilkoot Pass wandern. Bequemer ist die Fahrt mit dem Auto auf dem Dempster Highway zum Eismeer – der einzigen Straße Kanadas über den Polarkreis.

Die Städte bieten Weltstadtflair und das für den Westen typische entspannte Lebensgefühl. Großartige Museen geben einen ersten Eindruck von den Kulturen der Ureinwohner, allen voran das Museum of Anthropology in Vancouver, das so glänzend wie sensibel über die Kultur der Nordwestküsten-Indianer informiert, oder das Glenbow Museum in Calgary, eine der umfangreichsten Sammlungen zur Geschichte der Prärie-Indianer. Natur und Umwelt sind auf einzigartige Weise im Manitoba Museum in Winnipeg dargestellt. Auch die bewegte Ära der Pioniere kommt nicht zu kurz. Sie wird in den vielen Pioniermuseen der kleineren Städte dokumentiert. Die langen Winter vertreibt man mit einem Angebot von Musik- und Kunstfestivals, das auf dem Kontinent seinesgleichen sucht. Und selbst eine ›Präriehauptstadt‹ wie Winnipeg wartet mit international berühmten Ensembles wie dem ›Royal Winnipeg Ballet‹ und dem ›Winnipeg Symphony Orchestra‹ auf.

Im Denali National Park erhebt sich der Mount McKinley, Nordamerikas höchster Berg

Steckbrief West-Kanada

Daten und Fakten

Fläche: 6,8 Mio. km² (Kanada gesamt 9,976 Mio. km²)
Einwohner: rund 11 Mio.

Amtssprachen: Englisch und Französisch, in Nunavut auch Inuktitut
Zeitzonen: MEZ –6 (Eastern Standard Time in Nunavut) bis MEZ –9 (Pacific Standard Time in British Columbia)
Währung: Kanadischer Dollar (can$)

Landesflagge: Kanadas Flagge, nach dem Ahornblatt-Symbol ›Maple Leaf Flag‹ genannt, wurde nach einem 1964 von Premierminister Lester Pearson ausgeschriebenen Wettbewerb aus 4000 Einsendungen ausgewählt. Im Dezember 1964 nahm das Parlament Joan O'Malleys Entwurf an. Im Februar 1965 weihte Königin Elizabeth als nominelles Staatsoberhaupt die neue Landesflagge bei einer offiziellen Zeremonie ein.

Geografie

Der Westen Kanadas besteht aus fünf Großlandschaften. Die Pazifikküste mit im Westen steil zum Meer hin abfallenden Gebirgen ist ein Gebiet mit dichten temperierten Regenwäldern. Die westlichen Gebirge (rund 2400 km Länge und 650 km Breite), zu denen die Rocky Mountains, die Columbia, Skeena, Cassiar und Coast Mountains gehören, sind eine Region mit Canyons und breiten Tälern, Gletschern und Wildwasserflüssen, trockenen Hochplateaus und Halbwüsten. Die Prärie, eine gewellte Landschaft mit weiten Grasflächen und Weizenfeldern, erstreckt sich über 1400 km von den Rockies in Alberta über Saskatchewan bis nach Manitoba. Von der letzten Eiszeit geprägt ist der Kanadische Schild mit einem Labyrinth von Flüssen, Seen und Wäldern, den ältesten Felsformationen der Erde und einem Drittel der globalen Süßwasservorräte. Er reicht vom Norden Manitobas über Ontario und Québec bis in die Northwest Territories und nach Nunavut. Kanadas Arktis besteht aus hohen Bergketten, riesigen Flüssen, endloser flacher Tundra bis zu mit ewigem Eis bedeckten Inseln im Polarmeer. **Höchster Berg:** Mount Logan (5971 m) im Yukon Territory; **längster Fluss:** Mackenzie River (4216 km); **größter See:** Great Bear Lake (31 915 km²).

Geschichte

Nach den Wikingern um 1000 n. Chr. erreichte John Cabot 1497 als erster Europäer die nordamerikanische Küste. 1534 segelte Jacques Cartier auf dem St.-Lorenz-Strom bis zum heutigen Montréal. Ab 1603 begann unter Samuel de Champlain die französische Kolonisation Ost-Kanadas. 1604 wurde Québec, die Hauptstadt Neufrankreichs, gegründet. Auch die Engländer machten ihren Einfluss geltend. Die Hudson's Bay Company baute in Nordamerika ein riesiges Pelzhandelsimperium auf. Nach dem Siebenjährigen

Krieg gegen Frankreich wurde Neufrankreich 1763 britisch. James Cook und George Vancouver kartografierten die Westküste (1778 bis 1794), Alexander Mackenzie stieß auf dem Landweg zum Pazifik vor (1793). Seit Beginn des 19. Jh. kamen immer mehr Siedler ins Land. 1867 wurde der Staat Kanada gegründet. 1999 erhielten die Inuit (Eskimos) ein eigenständiges Territorium, Nunavut.

Staat und Politik

Kanada ist eine bundesstaatlich strukturierte parlamentarische Monarchie mit der englischen Königin als Staatsoberhaupt. Die ausführende Regierungsgewalt teilen sich der Premierminister und das Kabinett, das dem House of Commons verantwortlich ist. Die Abgeordneten des Unterhauses werden nach dem Mehrheitsprinzip gewählt. Die Legislative ist dreigeteilt: Governor General, Senat und House of Commons, wobei Letzteres die eigentliche Entscheidungsgewalt besitzt. Das Land besteht aus zehn Provinzen, die jeweils eine eigene Verfassung besitzen und in ihrer politischen Struktur der Bundesregierung gleichen. Dazu kommen drei Territorien mit einem Sonderstatus.

Wirtschaft und Tourismus

In British Columbia ist Forstwirtschaft mit Papier- und Zelluloseproduktion der Hauptwirtschaftsfaktor, danach folgen Tourismus (mit zunehmender Bedeutung), Bergbau (Kupfer, Blei, Zink, Kohle und Silber) sowie Landwirtschaft (Gemüseanbau im Fraser Valley, Obst- und Weinanbau im Okanagan Valley und Viehzucht um Williams Lake und Kamloops). Alberta ist das Ölzentrum Kanadas, mit großen Ölvorkommen, Raffinerien und petrochemischer Industrie bei Calgary und Edmonton. Die Ölsande am Athabasca River im Norden Albertas gehören mit etwa 2,5 Billionen Barrel zu den größten Ölvorkommen der Welt. Saskatchewan und Manitoba sind mit Bodenschätzen (Nickel, Kupfer, Zink, Gold und Uran) reich gesegnet. Saskatchewan hat die größten Pottasche-Vorkommen der Welt und ist Kanadas wichtigster Weizenproduzent (60 %). Auch Yukon, die Northwest Territories und Nunavut sind reich an Bodenschätzen (Blei, Zink, Eisen, Gold, und Diamanten). Für die Northwest Territories sind zudem Pelzhandel sowie Öl und Erdgas von Bedeutung.

Bevölkerung, Religion und Sprache

Ursprünglich fast ausschließlich von Franzosen, Engländern, Schotten und Iren besiedelt, wurde Kanada seit der zweiten Hälfte des 19. Jh. immer stärker zum klassischen Einwanderungsland. Heute sind weniger als 40 % der Bevölkerung englischsprachiger Herkunft und knapp 30 % französischer Abstammung. Der Rest stammt aus anderen europäischen und asiatischen Ländern. Besonders British Columbia hat einen hohen Bevölkerungsanteil chinesischer Abstammung. In Kanada leben heute etwa 725 000 Ureinwohner: 428 000 Indianer, 32 000 Inuit, die übrigen Métis. Der ethnischen Vielfalt entsprechen die Religionen und Muttersprachen. Die große Mehrheit gehört der römisch-katholischen Kirche (ca. 50 %) oder einer der protestantischen Glaubensrichtungen (ca. 40 %) an. Unter diesen gehören über die Hälfte zur United Church, danach folgen Anglikaner, Presbyterianer, Lutheraner und Baptisten. Dabei gibt es regional große Unterschiede. So sind in Québec 90 % der Bevölkerung katholisch. Offizielle Landessprachen sind Englisch (60 %) und Französisch (25 %), im neuen Territorium Nunavut auch Inuktitut.

Steckbrief Alaska

Fläche: 1 518 800 km^2, größter Staat der USA (viermal so groß wie die BRD)
Einwohner: 700 000, davon etwa 130 000 Inuit, Indianer und Aléuten
Hauptstadt: Juneau, 32 000 Einwohner
Größte Stadt: Anchorage, rund 280 000 Einwohner
Bevölkerungsdichte: 0,4 Einw./km^2 (zum Vergleich: BRD 240 Einw./km^2)

Amtssprache: Englisch
Währung: US-Dollar (US-$)
Zeitzonen: Alaska erstreckt sich geografisch eigentlich über vier Zeitzonen: Bering, Alaska, Yukon und Pazifik; offiziell gibt es aber seit 1983 nur noch zwei Zonen: Alaska/Hawaiian Time (MEZ –11) für die westlich gelegenen Aléuten und Alaska Standard Time (MEZ –10) im übrigen Alaska.

Landesflagge: Das US-Sternenbanner ›Stars and Stripes‹ besteht aus 13 roten und weißen Streifen, die für die 13 Gründerstaaten stehen. Die 50 weißen Sterne im blauen Feld symbolisieren die 50 Bundesstaaten der USA. Die Farben rot, weiß und blau sind vom ›Union Jack‹ der ehemaligen britischen Kolonie übernommen.

Geografie

Der am dünnsten besiedelte US-Bundesstaat wird in fünf Großregionen eingeteilt: Südost-Alaska, eine 800 km lange, dicht bewaldete, im Norden stark vergletscherte Fjord- und Insellandschaft. Süd-Alaska, eine Region mit Küstengebirgen, Meeresbuchten, Gletschern und Wäldern von der Yakutat-Bucht im Osten bis zu den Aléuten im Westen und von der Kenai-Halbinsel im Süden bis zur Alaska Range im Norden. Die Aléutenkette, mehr als 200 (meist unbesiedelte) Inseln, die sich im Westen in einem 1600 km langen Bogen über den Nordpazifik spannen. Zentral-Alaska, das Tal des Yukon zwischen Alaska Range im Süden und Brooks Range im Norden, ein wenig erschlossenes Gebiet, in dem Taiga und Wälder dominieren. West-Alaska und die Arktis, ein weites Tundragebiet mit der Brooks Range zwischen Beringstraße und Nordpolarmeer.

Höchster Berg: Mount McKinley (6194 m); **längster Fluss:** Yukon River (3000 km, davon 2250 in Alaska); **größter Gletscher:** Malaspina Glacier (7600 km^2). Es gibt 3,5 Mio. Seen, die größer als 8 ha sind.

Geschichte

Seit etwa 30 000 Jahren leben Menschen in Alaska. Die ersten kamen über die Bering-Landbrücke, eine während der Eiszeiten bestehende Landverbindung zwischen Asien und Amerika. Mit einer russischen Expedition unter Vitus Bering erreichten 1741 die ersten Weißen Alaska. 1783 gründete Gregor Schelikof eine erste ständige Niederlassung auf Kodiak Island. Alaska wurde zum Pelzhandelsimperium der Russen. Mit Seeotterfellen wurden immense Profite gemacht, was fast zur Ausrottung der Tiere führte. 1867 verkaufte der russische Zar Alaska für 7,2 Mio.

Dollar an die USA. Erst der große Goldrausch am Klondike um 1896 ließ Tausende Abenteurer in das neue Territorium strömen. 1915 wurde Anchorage gegründet. 1942 landeten japanische Truppen auf den Aléuten. Um Alaska zu verteidigen, wurde für den Alaska Highway in nur acht Monaten eine 2446 km lange Trasse durch die Wildnis geschlagen. 1959 wurde Alaska 49. Bundesstaat der USA. Die Entdeckung großer Ölvorkommen in der Prudhoe Bay und der Bau der Alyeska Pipeline 1977 lösten einen Boom aus, der erst 1989 durch die Ölkatastrophe des Tankers ›Exxon Valdez‹ einen Dämpfer erhielt.

Regierung und Verwaltung

An der Spitze des Bundesstaates steht ein Gouverneur. Er wird alle vier Jahre gewählt. Die Legislative besteht aus dem Senat und dem Repräsentantenhaus. Die Senatoren werden alle vier Jahre, die Abgeordneten alle zwei Jahre gewählt. In Washington ist Alaska entsprechend seiner Einwohnerzahl mit einem Kongressabgeordneten und (unabhängig von der Einwohnerzahl) mit zwei Senatoren vertreten.

Wirtschaft und Tourismus

Alaskas Wirtschaftsfaktor Nr. 1 sind Bodenschätze, vor allem Erdöl mit riesigen Vorkommen im hohen Norden in der Prudhoe Bay und in der Beaufort Sea. Neben Öl- und Erdgas werden Kohle, Zink und Edelmetalle gefördert. Fast ebenso wichtig sind Fischfang und -verarbeitung sowie Forstwirtschaft. In diesen Bereichen, in der Verwaltung, auf den Militärstützpunkten und im Transportwesen gibt es die meisten Arbeitsplätze. Angesichts des unzugänglichen Terrains und der relativ kurzen Sommer ist es ein kleines Wunder, dass Alaska überhaupt eine Landwirtschaft besitzt und diese immerhin Milchprodukte und Gemüse für den Eigenbedarf produziert. Eine zunehmende wirtschaftliche Bedeutung gewinnt der Tourismus. Der Bundesstaat mit dem offiziellen Beinamen ›Land of the Midnight Sun‹ garantiert Naturfreunden einen unvergesslichen Urlaub.

Mit den steigenden Ölpreisen sind in den letzten Jahren auch die Einnahmen des Staates kräftig gewachsen. Allerdings werden die großen Ölvorkommen in der Prudhoe Bay im hohen Norden Alaskas in absehbarer Zeit erschöpft sein. Man nimmt an, dass mehr als die Hälfte des zugänglichen Öls bereits gefördert ist. Diese Prognosen und Probleme mit der Trans-Alaska-Pipeline, an der schwerwiegende Korrosionsschäden festgestellt wurden, haben BP zur Ankündigung einer stufenweisen Schließung des Ölfeldes veranlasst. Dadurch würde Alaska rund 7 Mio. Dollar täglich an Steuereinnahmen verlieren.

Bevölkerung, Religion und Sprache

Rund ein Fünftel der 700 000 Einwohner Alaskas sind Ureinwohner. Die Inuit leben überwiegend an den Küsten und auf den Inseln der Arktis und der Beringsee. Die Indianer im Landesinneren gehören zum Sprachkreis der Athapasken und Dene, die Indianer Südost-Alaskas sind Tlingit, Haida und Tsimshian. Während der lang andauernden russischen Vorherrschaft hatte sich in Süd- und Südost-Alaska die russisch-orthodoxe Kirche etabliert, die aber heute nur noch in wenigen Gemeinden existiert. In den größeren Orten sind alle Glaubensrichtungen vertreten, die Mehrheit der Bevölkerung ist protestantisch. Amtssprache ist Englisch, in abgelegeneren Gemeinden werden auch noch Dialekte der Ureinwohner gesprochen.

Natur und Umwelt

6,8 Millionen Quadratkilometer, rund 10 Millionen Menschen. Der Rest ist Weite, Wildnis, leerer Raum. So unfassbar groß ist diese Region, dass in ein und derselben Provinz alle Klima- und Vegetationszonen Nordamerikas vorkommen können. Entsprechend vielfältig sind Flora und Fauna. Vom Kaktus bis zur arktischen Flechte reicht die Palette der Pflanzen-, vom Kolibri bis zum Eisbären die der Tierwelt.

Broschüren und Bildbände über Kanada suggerieren in der Regel eine intakte Natur. Dabei sind Umweltverschmutzung, saurer Regen und Abholzung auch hier längst keine Fremdworte mehr. Im Großraum Vancouver, aber auch im rapide wachsenden Korridor zwischen Calgary und Edmonton steht der Umweltschutz ganz oben auf der Tagesordnung von Bürgern und Politikern. Doch verglichen mit den Ballungsräumen südlich der Grenze oder Europas bieten West-Kanada und Alaska noch immer Wildnis genug, die das Attribut ›unberührt‹ verdient.

Landschaftsformen

Tundra

Der äußerste Norden Nordamerikas wird von fast baumloser Tundra geprägt. Auf den ersten Blick ist das Land zwischen Eismeer und borealem Nadelwald eine lebensfeindliche Ödnis. Das extreme Klima mit kalten Winden, kurzen, kühlen Sommern und langen Wintern sowie felsige, im günstigsten Fall von einer dünnen Erdschicht bedeckte Böden lassen der Natur nicht allzu viel Spielraum. **Permafrostboden**, bis in 1,5 m Tiefe ganzjährig gefrorener Boden, ist die Regel. Bei näherem Hinsehen offenbart sich jedoch eine überraschend artenreiche Vegetation, die während der langen Tage des arktischen Sommers explosionsartig zum Leben erwacht. Überall wo die Oberfläche Schutz vor den Elementen bietet, wie in Niederungen, Felsspalten und Flussbetten, nutzen Flechten, Zwergsträucher und schnell wachsende Polarpflanzen die Gelegenheit. Sogar Birken und Weiden schaffen es mitunter, werden allerdings selten höher als 1 m. Diverse Moosarten brauchen selbst das nicht: Sie bedecken die Felsenlandschaft des hufeisenförmig um die Hudson Bay liegenden Kanadischen Schilds oft so dicht, dass man sie vom Flugzeug aus mit Schnee verwechseln kann.

An der Spitze der Nahrungskette stehen die **Eisbären**. Sie ernähren sich hauptsächlich von Seehunden, greifen aber auch auf kleinere Säuger und Beeren zurück. **Karibus**, die kanadischen Rentiere, ziehen auf ihren jährlichen Wanderungen zu Hunderttausenden durch die Tundra. Der Rest der Nahrungskette, außer den urweltlich aussehenden, in kleinen Herden lebenden **Moschusochsen**, folgt diesem ›mobilen Schlaraffenland‹. Vor allem **Wölfe**, vereinzelt auch Grizzlybären, profitieren während der Wanderung der Karibus von kranken, zurückbleibenden Tieren. Auch Polarfüchse, Geier und verschiedene Greifvogelarten begleiten die Karibus auf ihrem Weg. Die meisten der hiesigen Vogelarten sind Zugvögel und besuchen den Norden im Sommer zum Nisten, darunter Schnee- und Wildgänse. Einige Arten sind jedoch permanente Bewohner, wie die imposante, absolut lautlos fliegende Schneeeule, die sich den harschen Bedingungen hervorragend angepasst hat. Sie ernährt sich vor allem von Schneehasen, Lemmingen, arktischen Eichhörnchen und Schneehühnern.

Taiga

Südlich der Tundra beginnt die Taiga, in Kanada **borealer Nadelwald** genannt. Kanadas größtes Ökosystem erstreckt sich vom Yukon in einem breiten Gürtel quer über den Kontinent bis nach Neufundland und trennt die Tundra vom Grasland im Süden. Hier herrscht ein kontinentales, subarktisches Klima mit kaum weniger langen Wintern und kurzen, aber mitunter recht warmen Sommern. Der Boden ist felsig und die dünne Erdkruste säurehaltig. All dies reduziert die Flora auf genügsame, kälteresistente Baumarten wie Lärche, Fichte und Tanne, vereinzelt auch Birke, Pappel und Espe. Oft genug ist der boreale Nadelwald fast undurchdringlich: Sümpfe, Tümpel und Seen, vor allem aber der **Muskeg** genannte, schwammige Untergrund, in dem man leicht bis zu den Hüften versinkt, macht jedes Fortkommen unmöglich. Die berühmtberüchtigten Moskitos und Schwarzfliegen finden hier ideale Bedingungen vor.

Der boreale Nadelwald ist Heimat fast aller typisch kanadischen Tiere. **Schwarzbären** müssen sich während des kurzen Sommers ein Fettpolster für den Winterschlaf anfressen und legen auf der Suche nach Nahrung, meist Beeren, beachtliche Entfernungen zurück. Die langbeinigen **Elche** bevorzugen das ›Muskeg‹, wo sie, vor Blicken geschützt, in Ruhe Flechten und Moose von den Bäumen fressen können. Baumstämme und Äste, die in auffällig künstlicher Weise aus Tümpeln und Seen ragen, weisen auf **Biber** hin. Die kanadischen Wappentiere sind vorzugsweise bei Morgengrauen oder kurz vor Sonnenuntergang am Werk. **Wölfen** dagegen wird man kaum begegnen, eher hört man die in Rudeln durch die Wälder streifenden Tiere. Ihr Geheul ist das vielleicht urwüchsigste Geräusch der kanadischen Wildnis. Den **Luchs** kennen selbst viele Jäger nur aus dem Zoo. Die stämmige Katze mit den Pinselohren jagt vorzugsweise auf felsigem Boden und markiert ihr bis zu 200 km² großes Revier, das sie energisch gegen Konkurrenten verteidigt, mit streng riechenden Duftmarken. Der Luchs ernährt sich am liebsten von Hasen, greift zur Not aber auch Hochwild und sogar Elche an. Über den

Karibuherden ziehen auf der Suche nach Nahrung durch die Tundra

Bären – wie man ihnen besser nicht begegnet

Thema

Groß, stark und fotogen sind sie, aber leider auch lästig und manchmal sogar lebensgefährlich. Je weiter der Mensch in den angestammten Lebensraum von Schwarz-, Braun- und Grizzlybären eindringt, desto häufiger kommt es zu Zusammenstößen, die nicht nur mit einem demolierten Zelt enden. Wer sich in ›Bear Country‹ bewegt, sollte daher unbedingt dem Rat der Ranger folgen und einige Verhaltensregeln beachten.

Der Grizzly löst sich vom Waldsaum und trottet gemächlich über die Kiesbank zum Fluss. Auf halbem Weg riecht er die Touristen, die ihn von einer Anhöhe aus beobachten. Er stellt sich auf die Hinterbeine, hält die Nase in den Wind und schaukelt seinen Oberkörper hin und her. Dann lässt er sich wieder auf alle Viere fallen und kehrt um. Der Riechtest fällt dieses Mal zugunsten der Menschen aus, doch übermäßigen Respekt zeigt der Herr der Wildnis nicht. Lässig joggt er zum Waldsaum zurück: Er legt dabei etwa 120 m in nicht mal 15 Sekunden zurück.

In allen Gebirgsregionen West-Kanadas und in Alaska, außer in dicht besiedelten Gebieten, gibt es Bären. Selbst wenn sie in den Parks manchmal einen recht zahmen und friedlichen Eindruck machen, muss eindringlich vor ihnen gewarnt werden. Grizzlys und Schwarzbären sind, auch wenn sie mitunter recht possierlich aussehen, Raubtiere und unberechenbar. Deshalb darf man sie auf keinen Fall füttern (es ist sogar verboten)! Vom Parkranger erhält man ein Informationsblatt über den ›Umgang mit Bären‹. Hier nur die wichtigsten Regeln:

Das Camp ist sauber zu halten. Essensreste locken Bären an, daher sollten sie verbrannt oder vergraben werden. Das Geschirr ist nach Gebrauch sofort abzuwaschen. Nahrungsmittel nie im Zelt aufbewahren, sondern in geruchssicherer Verpackung in den Ästen eines Baumes bzw. in sog. *Bear Pulls* aufhängen oder in bärensicheren *Caches* deponieren, die in den Parks oft auf den Campingplätzen bereitstehen. Man sollte auf keinen Fall sein Lager in der Nähe eines Bärenpfades (durch Kot oder Abdrücke zu erkennen) aufschlagen. Solche Wege verlaufen häufig an lachsreichen Gewässern entlang und durch Wäldchen mit Beerensträuchern.

Beim Wandern durch unübersichtliches Terrain mit Spuren von Bärenpräsenz sollte man sich durch Geräusche bemerkbar machen (laut sprechen, Trillerpfeife benutzen oder in die Hände klatschen), um dem Bären Gelegenheit zum Rückzug zu geben. Überraschte Tiere, vor allem solche mit Jungen, sind besonders gefährlich. Bei einer unvorhergesehenen Begegnung auf keinen Fall panikartig die Flucht ergreifen, da dies einen Verfolgungsreflex auslösen kann. Beruhigend anreden und sich langsam rückwärts gehend aus der Gefahrenzone zurückziehen. Grizzlys, so plump sie auch aussehen, sind fast so schnell wie ein Rennpferd. Weglaufen hat also keinen Zweck. Eher schon auf einen kräftigen Baum klettern, falls einer in der Nähe ist. Bei Schwarzbären würde dies allerdings wenig helfen, sie können nämlich im Gegensatz zu den Grizzlys klettern.

Übrigens: Bisons, Elchbullen und -kühen, besonders solchen mit Kälbern, sollte man mit dem gleichen Respekt begegnen.

Ein Weißkopfseeadler beim Fischfang

Baumwipfeln kreisen verschiedene Greifvogelarten, allen voran der **Weißkopfseeadler**, sowie Enten und Gänse. Der **Eistaucher**, ›Loon‹ genannt, ziert die kanadische Ein-Dollar-Münze. Sein in der Dämmerung über einsame Seen hallender, geisterhafter Ruf ist neben dem Heulen der Wölfe der zweite typisch kanadische Ruf der Wildnis.

Meer aus Gras

Die ersten europäischen Reisenden berichteten von **Bisonherden** bis zum Horizont. Heute sind die nordamerikanischen Büffel bis auf wenige Reste verschwunden – und mit ihnen weitestgehend das Grasland, das einst südlich an den borealen Nadelwald anschloss und große Teile des Südens von Manitoba, Saskatchewan und teilweise von Alberta bedeckte. Ende des 19. Jh. wurde die von den französischen Pelzhändlern ›prairie‹ genannte Endlosigkeit unter den Pflug genommen und verschwand unter jenen Weizenfeldern und Rinderweiden, die heute die Prärieprovinzen charakterisieren. Allein im Grasslands National Park in Saskatchewan ist noch ursprüngliches Grasland zu sehen. Hier bekommt man auch die ursprüngliche Fauna zu Gesicht. Neugierige Pronghorn-Antilopen schauen Besuchern hinterher. Eine kleine, erst vor kurzem hier ausgesetzte Bisonherde grast in den ›Coulées‹ genannten Tälern. Koyoten streifen allein oder in Rudeln durch das harte, kniehohe Gras, Füchse und Wildkatzen hingegen sind schwer zu sehen. Präriehunde bewachen die Zugänge zu ihren ›unterirdischen Städten‹ und Weißschwanzhirsche äsen an viel besuchten Wasserlöchern.

Die Kordilleren

In den in Nord-Süd-Richtung durch Alaska, British Columbia, den Yukon und Alberta ziehenden Kordilleren gibt es, abhängig von Höhe und geografischer Lage, unterschiedliche Vegetations- und Lebensräume. Berühmt sind die bis in 400 m Höhe anzutreffenden Regenwälder der Pazifikküste, nebelverhangene, von bis zu 3000 mm Niederschlag jährlich **immergrüne Urwälder** mit alten, bis zu 90 m hohen Baumgiganten, vor allem Douglas-Fichten und Sitka-Tannen. Während der letzten 100 Jahre durch Forstwirtschaft stark dezimiert, finden sich doch immer noch beeindruckende Bestände an verschiedenen Abschnitten der Festlandküste British Columbias sowie an der Westküste von Vancouver Island. Unter ihren Baumkronen gedeiht im Halbdunkel eine vor Artenreichtum überbordende Welt aus oft Beeren tragenden Sträu-

An der Pazifikküste Kanadas gibt es noch dichte Regenwälder

chern, Büschen, Farnen, Flechten und Moosen. Am auffälligsten sind **wilde Orchideen**. Wenig verwunderlich, dass derart üppiges Unterholz auch Lebensraum zahlreicher Tierarten ist. Regelmäßig in den Schlagzeilen ist der **Berglöwe**, hierzulande ›Cougar‹ genannt. Die gedrungene Raubkatze, die vor allem Hochwild jagt, fällt hin und wieder auch Wanderer an, seit der Mensch immer tiefer in ihr Territorium vordringt. Die am häufigsten anzutreffenden Vogelarten gehören zur Lerchen-Familie. Für viele die schönsten sind die in mehreren Unterarten präsenten Kolibris.

Im Inneren British Columbias, Alaskas und des Yukons dominieren in Höhen zwischen 400 und 1400 m Rot-Zedern, Douglasien und Hemlocktannen. Im Unterholz blühen, vor allem im Süden – in geschützten Gebieten jedoch auch weiter nördlich –, Azaleen, Lilien und Arnika. Im Süden British Columbias sind einige Täler so trocken, dass nur Kakteen ein Auskommen finden. Eulenarten und Greifvögel, besonders Habichte, machen hier Jagd auf kleine Nager, vor allem Eich- und Streifenhörnchen. Berühmt sind diese Bergwälder jedoch für ihre Bären. Schwarz- und Braunbären hausen hier und sind relativ leicht zu fotografieren. Es ist jedoch der **Grizzlybär**, der die meiste Aufmerksamkeit genießt. *Ursus arctos horribilis*, von seinen Vettern leicht durch seine Größe und den Buckel hinter seinem gewaltigen Kopf zu unterscheiden, war einst überall im Westen zu Hause. Gnadenlos gejagt, kommt er heute nur noch in British Columbia, Teilen von Alberta und in nördlichen Rückzugsgebieten vor.

Zwischen 1400 und 2300 m bedecken subalpine Wälder die Berghänge. Hier haben Engelmannfichte, Drehkiefer und verschiedene andere, abgehärtete Fichtenarten ihr Reich. Der Artenreichtum der niederen Lagen dünnt sichtbar aus. Das ist der Lebensraum der imposanten **Wapitihirsche**. In großen Herden ziehen sie im Sommer zur Paarung auf die Hochplateaus jenseits der Baumgrenze. Auch die kleineren Maultierhirsche bevorzugen während der warmen Jahreszeit den offenen Raum: Auf den weiten Wildblumenwiesen oberhalb der Bergwälder finden sie Nahrung, die sie durch den Winter bringt.

Jenseits der Baumgrenze liegt die alpine Zone. Je nach Lage ähnelt sie der Tundra im hohen Norden oder sie bezaubert – zumindest im Sommer – mit Hochplateaus, deren Wildblumenwiesen in herrlichen Farben prangen. Lilien- und Anemonenarten sind häufig anzutreffen. Vor allem die großen Anwohner – Wapitihirsche, Maultierhirsche und die ausschließlich in höchsten Lagen lebenden Bergziegen und Dickhornschafe – profitieren von der explosionsartig gedeihenden Pracht: Sommerliche alpine Wiesen sind für sie wie ein festlich gedeckter Tisch. Das Pfeifen und Fiepen stammt übrigens von den Murmeltieren. Nach achtmonatigem Winterschlaf tummeln sie sich auf sonnenerwärmten Felsen, bewacht von aufmerksamen Posten, die den Himmel nach Greifvögeln absuchen.

Pazifik und Eismeer

Vor West-Kanadas Küste tummelt sich, begünstigt von warmen Meeresströmungen, eine besonders artenreiche **Unterwasserfauna**. Doch egal wie faszinierend sie ist: Wer in der Johnston Strait einen Kutter besteigt, will nur die großen Fische, pardon, Säuger, sehen, wie Buckelwale, Grauwale und Orcas, auch bekannt als Killerwale. Vor den Küsten British Columbias und Vancouver Islands wird man fündig. Die beste Zeit für die Beobachtung von Grauwalen ist während ihrer Südwanderung zwischen Februar und Mai und ihrer Rückkehr von September bis Oktober. Das Insellabyrinth zwischen dem Festland und Vancouver Island und die Buchten der Westküste der Insel sind die Reviere der Orcas. Weiter nördlich, vor den Küsten Alaskas, liegt das Revier der Seelöwen.

Naturschutz

Aushängeschilder des kanadischen Umweltschutzes sind die **Nationalparks**. Von den landesweit über 40 Schutzgebieten liegen 27 im Westen. Ziel der bundesstaatlichen Agentur Parks Canada ist die Schaffung eines Nationalparksystems, dessen Mitglieder alle zwischen Atlantik, Eismeer und Pazifik vorkommenden Ökosysteme repräsentieren. Derzeit ist dieses Ziel zu 60 % erreicht. Eine Reihe von Anwärtern sollen bald zu Nationalparks erhoben werden: Bis zur Beilegung der Gerichtsverfahren zu den Landansprüchen der Ureinwohner tragen sie den Titel ›National Park Reserve‹. Der Naturschutzgedanke ist in Kanada bereits mehr als 100 Jahre alt. Schon 1885 wurde der Banff National Park gegründet, der erste Park des Landes.

Die Wildnis in den Nationalparks genießt absoluten Schutz. Hier darf weder Holz geschlagen noch Wild gejagt werden. Auch in den von den Provinzen verwalteten Provinzparks gilt der Naturschutzgedanke, allerdings darf hier u. a. nach einem angepassten Quotensystem Holz gefällt und der Wildbestand reguliert werden. Wer heute ›unberührte‹ Wildnis sucht, wird sie – paradoxerweise – am ehesten in der Nähe von Städten und angebunden an das Verkehrsnetz finden. Das Land fern der Zentren, der boreale Nadelwald im fernen Norden, ist oft abgeholzt – ein Flug von jeder beliebigen Landebahn im Norden bestätigt das. Holz, Zellstoff und Papier sind

Wanderer der Meere – die Reise der Pazifik-Lachse

Seit Urzeiten kennt der Mensch die exakt vorhersagbaren und doch so mysteriösen Wanderungen der Lachse. Für die Indianer der Nordwest-Küste bedeuteten sie die wichtigste Nahrungsquelle, die ihnen auch die notwendige Muße bescherte, um eine so reiche Kultur zu entwickeln.

An der Westküste Nordamerikas kommen fünf Lachsarten vor, die je nach Region von den Fischern mit unterschiedlichen Namen belegt werden. Berühmteste und größte Art sind die Königslachse, oft auch *Spring Salmon* oder *Chinook Salmon* genannt, die ein Gewicht von über 60 kg erreichen und bis zu sieben Jahre alt werden können. Etwas kleiner und ›nur‹ bis zu 20 kg schwer werden *Sockeye*-Lachs und Silberlachs, letzterer wird oft auch als *Coho Salmon* bezeichnet und wegen seines festen roten Fleisches besonders geschätzt. Die kleinsten in der Familie sind der *Pink Salmon* und der *Chum Salmon,* die nur etwa fünf bis zehn Pfund schwer und nur zwei bis drei Jahre alt werden.

Der geheimnisvolle Lebenszyklus der Lachse steht seit Jahrtausenden fest: Im Sommer oder Herbst laichen die Muttertiere; jedes Weibchen legt bis zu 8000 rote Eier im klaren, schnell fließenden Wasser eines Baches tief im Hinterland Kanadas oder Alaskas. Aus den 0,5 cm dicken Eiern entwickeln sich während des folgenden Winters winzige Fischlein, die ihr erstes Lebensjahr noch im Geburtsbach verbringen, ehe sie im nächsten Frühjahr als ›Fingerlinge‹ mit der Strömung in den Ozean schwimmen. Je nach Art leben sie dann ein bis fünf Jahre im Meer, werden erwachsen, fressen sich dick und rund und ziehen als Wanderer der Meere durch den ganzen Nordpazifik bis hinauf zu den Aleuten. Dann, von einem übermächtigen Instinkt getrieben, kehren sie im Sommer oder Herbst an die Mündung ›ihres‹ Flusses zurück und schwimmen mit unglaublicher Präzision wieder genau an jene Stelle im Landesinneren, an der sie geboren wurden. Dort laichen sie und sterben. Der Kreis schließt sich.

Bis heute sind die Wanderungen der Lachse und vor allem ihr phänomenaler Orientierungssinn noch nicht völlig erforscht. Fest steht, dass sie ihr Geburtsgewässer am ›Geschmack‹ des Wassers erkennen. Unter Hunderten von Seitenbächen, etwa am Fraser oder Yukon River, erkennen sie exakt, welche Abzweigung sie bei der Rückwanderung nehmen müssen. Je nachdem, in welchem Wasser sie geboren werden und wo sie ihre ersten Lebensmonate verbringen, setzt sich in ihrem Gehirn ein genauer ›Geschmacksabdruck‹ dieses Gewässers fest. Eine Erkenntnis, die übrigens heute auch in Lachszuchtanlagen genutzt wird, denn so kann man auch wieder Tiere in Gewässern ansiedeln, aus denen sie durch Überfischung oder Naturkatastrophen verschwunden waren.

Während ihres gesamten Wanderlebens dienen die gewaltigen Lachsschwärme als Nahrung für Mensch und Tier. Wasservögel fressen die Jungfische, Seelöwen und Killerwale die erwachsenen Tiere. Und wenn die Lachse dann in großer Zahl in ihre Laichflüsse zurückkehren, ist der Tisch reich gedeckt für Weißkopfseeadler und Bären. Selbst die verwesenden Körper der Fische dienen noch anderen Wassertieren als Nahrungsquelle.

Auch wenn im Durchschnitt nur ein Pärchen aus 4000 Eiern seinen Geburtsbach erreicht, blieb das Gleichgewicht der Natur

Thema

dennoch über Jahrtausende erhalten. Auch der Lachsfang der Indianer änderte daran nichts. Doch grenzenlose Ausbeutung im Verlaufe von nur 150 Jahren weißer Zivilisation dezimierte den Bestand auf ein bedrohliches Maß. Zur zwangsläufigen Überfischung kommen noch weitere menschliche Eingriffe in die Natur hinzu, die sich für die Lachsbestände katastrophal auswirken. Beispielsweise dann, wenn bei Straßen- oder Gleisbauarbeiten infolge Sprengungen Schutt in die Flüsse gelangt und die Strömungsgeschwindigkeit erhöht, was den Lachsen das Weiterschwimmen fast unmöglich macht.

Nach jahrelangem Raubbau wird heute der Lachsfang in Kanada und Alaska strikt reguliert. Staatliche Biologen überwachen genau, wann wie viele Lachse in einen Fluss schwimmen. Erst wenn genügend Fische ihren Zug an den Oberlauf angetreten haben, sodass der Bestand gesichert ist, dürfen die Fischer an der Flussmündung ihre Netze auslegen. Zudem verstärken zahlreiche Zuchtanstalten die natürliche Reproduktion und man versucht, gefährdete Bestände wieder hochzupäppeln. Glücklicherweise ist trotz des Raubbaus die Natur noch nicht zerstört – und bis heute steigen in rund 1300 Flüssen und Bächen in British Columbia die Lachse auf.

Einige der *Salmon Runs* sind sogar zu Touristenattraktionen geworden. So etwa der berühmte Adams River Run, der alle vier Jahre im Oktober nahe Kamloops in British Columbia stattfindet. Das nächste Mal 2014: Mehr als 1 Mio. feurig rote Sockeye-Lachse drängeln sich dann im seichten Wasser des Adams River, sodass man fast trockenen Fußes auf den Leibern der Fische übers Wasser gehen könnte. Ein spektakuläres Naturschauspiel – wie seit Urzeiten.

Wenn die Lachse stromaufwärts wandern, sind sie leichte Beute für Bären

nach wie vor wichtige Exportartikel – zu wichtig, um den Forderungen der Umweltschützer nachzugeben. Die von großen Holzfirmen betriebene Aufforstung kann den Schaden nicht reparieren. Denn gepflanzt werden vor allem schnell wachsende, fremde Arten. Mit dem Kahlschlag ebenfalls vernichtet werden die mikroskopischen Biotope im Erdreich.

Leider sind saurer Regen, Smog und umweltgerechte Entsorgung auch in Kanada ein Thema. Allerdings machen sowohl Bund als auch Provinzen große Anstrengungen zur Verbesserung der Luft-, Wasser- und Bodenqualität. So stellte das renommierte Fraser Institute in einer Studie fest, dass dank der vereinten Anstrengungen von Regierungen, Provinzen und Bürgern die Luft in den letzten 25 Jahren wieder sauberer geworden ist. Auch andere Entwicklungen sind ermutigend. Anfang 2006 einigten sich in British Columbia Regierung, Forstwirtschaft, Umweltorganisationen und Ureinwohner endgültig auf Schutz und Nutzung des Küstenregenwaldes. Für 68 Täler wurde ein Holzschlag-Stopp wirksam, 20 weitere noch unberührte Täler im sog. Great Bear Rainforest sollen vollständig geschützt werden. Damit entstand eine der weltweit größten Regenwald-Schutzzonen. Andere Probleme harren dagegen einer Lösung. Die Abfischung der Lachse und die Invasion von Atlantiklachsen, die von den Fischfarmen in den Fjorden der Regenwaldküste entkommen und in Konkurrenz zu den Pazifiklachsen treten, stellt die Unterwasserfauna und -flora auf den Kopf. Mitunter sind die Probleme bilateraler Natur. Amerikanische Trawler fischen vor den Mündungen der Flüsse Lachse ab, während Kanada die Hände gebunden sind: Leistet Ottawa Einspruch, drohen die USA mit der Umleitung ihrer Kreuzfahrtschiffe auf der Route nach Alaska. Der kanadische Tourismus würde schwer geschädigt. Wie es an Alaskas Eismeerküste weitergehen wird, ist ebenfalls unklar. Dort ist das Arctic Wildlife Refuge, das die *Calving Grounds* der 120 000 Tiere zählenden Porcupine-Karibuherde schützt, ebenfalls akut von amerikanischen Ölinteressen bedroht.

Wildblumenwiese am Lake Louise im Banff National Park

Wirtschaft, Soziales und aktuelle Politik

Umweltschutz und Wirtschaft sind die zwei Standardthemen im Alltag West-Kanadas und Alaskas. Über der Erde liegen die letzten Wildnisgebiete der Welt. Unter der Erde schlummern aber Bodenschätze und Energiereserven, die die Regierungen beider Staaten nicht gleichgültig lassen. Um diese Ressourcen kämpfen Politiker, Aktivisten und Ureinwohner mit harten Bandagen – und zuweilen mit spektakulären Aktionen.

Kanadas Wirtschaft

Den größten Aufschwung erlebte die Wirtschaft West-Kanadas durch Schiffbau und Flugzeugindustrie zur Zeit des Zweiten Weltkrieges. Neue Industrien, der Ausbau der Holzwirtschaft und eine verstärkte Orientierung auf den pazifischen Wirtschaftsraum in British Columbia sowie die Erschließung großer Erdölvorkommen in Alberta und Alaska bescherten der Region ein enormes Wachstum. Entsprechend wuchs auch die Bevölkerung. Der alte Pionierslogan ›Go West Young Man‹ gewann neue Bedeutung. Ströme von **Zuwanderern** aus dem östlichen Teil Kanadas, aber auch Einwanderer aus aller Herren Länder zog es in die Westprovinzen.

In den Jahren vor 1997 kamen vor allem wohlhabende Chinesen aus Hongkong nach Vancouver, die ihre Familien, Firmen und Vermögen vor einem möglichen Zugriff der Volksrepublik nach der Übergabe der britischen Kronkolonie bewahren wollten. Insgesamt reisten seit Ende der 1980er-Jahre über 100 000 chinesische Staatsbürger ein. Sie brachten Jobs, Können, Unternehmergeist und vor allem Kapital, was für Vancouver eine kräftige Vitalitätsspritze bedeutete und British Columbia half, die Rezession besser als andere kanadische Provinzen zu überstehen. Allerdings stiegen dadurch die Preise deutlich an, besonders bei Immobilien, sodass der Traum vom eigenen Haus zumindest in Vancouver für die Kanadier immer schwieriger zu erfüllen ist. Ein Umstand, der selbst in dieser so kosmopolitischen Stadt zu Spannungen zwischen Einheimischen und Einwanderern führte.

Wachstum und seine Folgen

Ein wichtiger Faktor des wirtschaftlichen Aufschwungs ist der Tourismus. Seit 1970 haben sich vor allem British Columbia und Alberta als beliebteste Urlaubsregionen etabliert. Die rasche Entwicklung brachte auch ein verstärktes politisches Selbstbewusstsein mit sich. Kanadas Westprovinzen, die sich schon immer von den politischen und wirtschaftlichen Machtzentren Ost-Kanadas isoliert sahen, äußern ihren Unmut bis hin zu separatistischen Tendenzen. Ganz deutlich zeigte sich dies 1993 bei den kanadischen Bundeswahlen, als die Abspaltung Québecs zum Thema wurde. Damals erhielten populistische Protestbewegungen in den Westprovinzen einen enormen Zuwachs. Man ist auch heute noch der Meinung, dass der eigene Beitrag für die kanadische Einheit zu hoch ist und hat kein Verständnis für die Sonderwünsche des frankophonen Kanada. Vor allem Alberta, mit seinen riesigen Erdgas- und Ölvorkommen und einer prosperierenden Landwirtschaft das Wirtschaftswunderkind Kanadas, fühlt sich durch die nationale Energiepolitik bevormundet und will nicht für den Rest des Landes bezahlen.

Kanadas wichtigstes wirtschaftliches Standbein ist die Forstwirtschaft

Forstindustrie contra Umweltschutz

Bedeutendster Wirtschaftsfaktor in British Columbia ist nach wie vor die Forstwirtschaft. Von den weltweit produzierten 120 Mio. Tonnen Zellstoff liefert Kanada etwa jede zehnte. Die Hälfte davon stammt aus den Wäldern British Columbias. Obwohl die Erträge der Forstwirtschaft ihren Höhepunkt überschritten haben dürften, stellen Holzeinschlag und Holz verarbeitende Industrie immer noch etwa 16 % des BIP. Über 200 000 Menschen sind von diesem Wirtschaftszweig abhängig, viele davon in Regionen, die keine anderen Industrien aufweisen.

In der Vergangenheit wurde an den scheinbar unerschöpflichen Wäldern der Westküste schwerer Raubbau betrieben. Und trotz gegenteiliger Beteuerungen der Politiker steht fest, dass auch in den letzten Jahren mehr Wald gerodet wurde als nachwachsen kann. Selbst die hässlichen großen Kahlschläge sind nicht unterblieben. Nun ist die Regierung in die Defensive gedrängt worden. Die schon lange währenden Proteste gegen die Abholzung der Urwälder British Columbias haben eine neue Dimension angenommen. Greenpeace und andere Umweltschutzorganisationen rufen zum internationalen Boykott von Holzprodukten aus kanadischen Kahlschlaggebieten oder Primärwäldern auf. Mit Erfolg, denn englische und deutsche Papierhersteller und Zeitschriftenverlage haben bereits ihre Zustimmung erklärt, keine Produkte mehr von British Columbias größtem Holzkonzern MacMillan Bloedel zu beziehen. Anlass der neuen Kampagne war die Entscheidung der Provinzregierung, wesentliche Teile eines 350 000 ha großen Primärwaldes am Clayoquot Sound (sprich: Klakwut) auf Vancouver Island zur Abholzung freizugeben. Der Clayoquot Sound ist weltweit eines der größten noch verbliebenen zusammenhängenden Gebiete des gemäßigten Regenwaldes, auf das zudem auch noch die 3000 dort ansässigen Indianer Anspruch erheben.

Der Streit über Holzeinschlag in diesem Gebiet folgte einer Reihe von heftigen Auseinandersetzungen über die Abholzung von British Columbias Urwäldern. An den Protesten sind zunehmend auch Vertreter der *First Nations,* Kanadas Ureinwohner, beteiligt. 1984 machten Umweltschützer und Indianer Front gegen die Abholzung von Meares Island an der Westküste von Vancouver Island. Sie blockierten Zufahrtswege und hinderten

Holzfäller an der Landung auf der Insel. Ein Jahr später entschied ein Gericht in British Columbia, die Besitzansprüche der Indianer müssten erst entschieden werden, bevor mit dem *Logging* begonnen werden dürfe. Inzwischen haben die Indianer Erfolg gehabt. Auch die Haida-Indianer auf den Queen Charlotte Islands verhinderten 1985 die Abholzung im South Moresby Archipel. 1987 wurde das gesamte Gebiet zum Nationalpark erklärt und damit jegliches Holzfällen verboten. 1988 formierte sich Widerstand gegen die Abholzung der Wälder im Stein Valley im Fraser Canyon. Hier wurden inzwischen der nördliche und der südliche Teil zu Schutzgebieten erklärt. Im gleichen Jahr verhinderten Proteste ein Abholzen der uralten Sitka-Fichten im Carmanah Valley auf Vancouver Island durch MacMillan Bloedel. 1990 wurde das Gebiet geteilt: Die eine Hälfte wurde zum neuen Provinzpark erklärt, in der anderen durfte weiterhin gefällt werden.

Um langfristigen wirtschaftlichen Schaden abzuwenden und um ihre international im Allgemeinen recht gute Umweltreputation nicht zu verlieren, muss die kanadische Regierung und vor allem die Provinz British Columbia etwas tun. So hat sich der Anteil der Naturschutzgebiete in den letzten Jahren deutlich erhöht, und durch wesentlich strengere Bestimmungen will man eine bessere Überwachung der Forstbetriebe erreichen. Außerdem soll die Wiederaufforstung verbessert und die Zahl und Größe der Kahlschläge erheblich begrenzt werden. Ganz auf Abholzung verzichten, wie viele Umweltschützer fordern, kann man in British Columbia wohl nicht. Bei der derzeitigen hohen Arbeitslosenzahl würde dies soziale Konflikte schaffen, die keine Provinzregierung überstehen könnte.

Jüngste wirtschaftliche Entwicklungen

Die Abhängigkeit zwei seiner wichtigsten Industrien – Forstwirtschaft und Erdölgewinnung – von Weltmarktpreisen und den USA als bei weitem größtem Handelspartner sind Standardthemen in der ewigen Diskussion um Kanadas wirtschaftliche Unabhängigkeit. Innenpolitisch wird das Ungleichgewicht zwischen den Provinzen ein immer größeres Problem. Ontario ist der wirtschaftliche Motor des Landes und mit über 10 Mio. Einwohnern Heimat eines Drittels aller Kanadier. Der Westen erlebte im letzten Jahrzehnt ein rasantes Wachstum: British Columbia profitierte von seiner Lage als Tor nach Asien, Alberta von Erdöl und -gas. Im Osten hingegen sahen sich die vier Atlantikprovinzen mit einer langen wirtschaftlichen Talfahrt konfrontiert, die vom Ende der Kabeljaufischerei Anfang der 1990er-Jahre ausgelöst wurde und vor allem in Neufundland zu einem dramatischen Bevölkerungsschwund führte. Die von den Provinzregierungen initiierte Diversifizierung der Wirtschaft greift nur langsam.

Die Auswirkungen anderer, durchaus ermutigender Entwicklungen auf die Zukunft des Nordens sind noch nicht abzusehen. So wurde 1998 in den Northwest Territories etwa 300 km nördlich von Yellowknife die erste Diamantenmine Nordamerikas eröffnet. In den nächsten 20 Jahren wollen die aus Südafrika, Europa, Kanada und den USA stammenden Betreiber hier und in weiteren Minen mindestens 6 % der Weltdiamantenproduktion fahren.

Nachbar USA

Das Verhältnis zum großen Nachbarn im Süden ist nicht ohne Probleme. Die gemeinsame Grenze ist Tausende von Kilometern lang und wird jährlich von mehr als 100 Mio. Menschen überschritten, ohne Ausweis oder Visum. Der Handel zwischen Kanada und den USA übertrifft jeden zwischen zwei Nationen irgendwo sonst auf der Welt. Aber auch Umweltverschmutzung, saurer Regen und Wasserverseuchung kommen aus dem Süden. Kein Wunder, dass kanadische und US-amerikanische Beamte zu jeder Zeit über unzählige Probleme verhandeln, oft in einer mehr als gereizten Atmosphäre. Man leistet sich zwar ein gemeinsames nordamerikanisches Luftverteidigungskommando, NORAD, und ist Mitglied der NATO, aber dennoch be-

Schwarzes Gold aus der Leitung

Thema

1957 hatte alles begonnen. Ölbohrungen am Swanson River auf der Kenai-Halbinsel in Alaska wurden fündig. Sie wirkten wie ein Signal auf die rohstoffhungrige Welt der 1960er-Jahre. 1968 wurde ein großes Ölfeld nahe der Prudhoe Bay am Arktischen Ozean, etwa 300 Kilometer östlich von Point Barrow, entdeckt.

Pläne, eine 800-Meilen-Pipeline mit parallel verlaufender Versorgungsstraße Richtung Süden nach Alaska zu ziehen, trafen auf den Widerstand der Konservativen und Naturschützer. Ende 1973 beschloss der US-Kongress, den Bau einer Pipeline zu gestatten.

Das Alyeska-Konsortium begann 1974 mit dem Bau der Pipeline eine Route durch das Niemandsland. 350 Flüsse, darunter der mächtige Yukon River, waren zu überqueren. Und auch Berge mussten überwunden werden: als höchste Erhebung der Dietrich-Pass mit 1600 m. Innerhalb von 83 Tagen wurden im Frühjahr 33 700 t Ausrüstung zum Zentraldepot am Yukon River gebracht. Die Kosten waren immens. Löhne im arktischen Klima erreichten schwindelnde Höhen. Ebenso die Baukosten: 25 Mio. Dollar verschlang allein die 760 m lange Brücke über den Yukon River. Zur Spitzenzeit arbeiteten 22 000 Männer und Frauen an der Pipeline. Jeder von ihnen verstand sich als *Pipeliner,* als Mitglied einer kühnen Crew des Nordens.

Der Permafrost, das Alltagsproblem der Arktis, stellte an Mannschaften und Material ungewöhnliche Anforderungen. Da die Pipeline mit fließendem Erdöl den ganzjährig gefrorenen Boden erwärmen und dadurch versinken würde, erbaute man sie erhöht auf gewaltigen Stelzen. Ein gigantisches Rohrsystem (1,22 m im Durchmesser) zieht sich über 1288 km gen Süden. 39 Tage fließt das Öl von Prudhoe Bay bis Valdez. Der Ausstoß: über 1,2 Mio. Barrel Erdöl pro Tag.

Die ›Alyeska-Pipeline‹ windet sich durch die arktische Landschaft

müht man sich um eine eigenständige Außen- und Verteidigungspolitik, oft sehr zum Missfallen der Amerikaner. So hat Kanada schon früh diplomatische Beziehungen mit Kuba und der Volksrepublik China aufgenommen. Die US-Politik in Vietnam und Lateinamerika stieß auf heftige Kritik, und während des Vietnamkrieges sind Tausende von amerikanischen Kriegsdienstverweigerern in Kanada aufgenommen worden. Häufig genug hat Kanada auch in jüngerer Zeit gezeigt, dass man mit dem großen Bruder im Süden in außenpolitischen Belangen durchaus nicht konform gehen muss. So hat Kanada sich entschieden gegen die Irak-Politik des Präsidenten Bush gestellt.

An der Westküste lebt man mit den Amerikanern im ständigen Streit über die Fangquoten für Lachse. Kanada ist der Meinung, dass die US-Fischer sich zu ungeniert aus dem grenzüberschreitenden Angebot an Edelfisch bedienen, deshalb weniger Lachse zum Laichen in die Flüsse von British Columbia zurückkehren und die kanadischen Fischer geringere Fangergebnisse erzielen.

Situation in Alaska

Auch in Alaska ging die wirtschaftliche Entwicklung vor allem in den letzten 30 Jahren rasant voran. Hier lockte das große Geld Scharen von Amerikanern aus den *Lower 48*, den amerikanischen Bundesstaaten südlich des 48. Breitengrades, an. Bedingt durch die riesigen Ausmaße des Landes und die extremen klimatischen Verhältnisse ist die Infrastruktur Alaskas vielerorts immer noch recht primitiv. Außerhalb der drei größten Städte Anchorage, Fairbanks und Juneau fehlt es meistens an Wasser- und Abwasserleitungen, elektrischer Strom muss oft durch aufwändige Selbstversorgung mit Dieselgeneratoren erzeugt werden. Besonders in den entlegenen Indianer- und Inuitdörfern, die heute längst an den ›Segnungen‹ der Zivilisation mit Fernseher und Schneemobil teilhaben, muss der Dieselkraftstoff mit großem Kostenaufwand eingeflogen werden.

Erste wichtige Impulse für die Wirtschaft brachte die Erschließung des Landes durch den Alaska Highway, der im Zweiten Weltkrieg aus militärstrategischer Notwendigkeit in die Wildnis geschlagen wurde. Die großen Ölfunde in der Prudhoe Bay am Arktischen Ozean und die Vollendung des Jahrhundertprojekts Alaska-Pipeline 1977 veränderten den Staat am Polarkreis dann radikal. Über eine Entfernung von fast 1300 km transportiert die Alyeska-Pipeline bis zu 1,2 Mio. Barrel Erdöl pro Tag. Von dieser Entwicklung betroffen war vor allem das Leben der etwa 20 000 Ureinwohner, zu denen außer Inuit (Eskimos) und Aleuten auch die Indianerstämme der Haida, Athapasken und Tlingit gehören.

Alaska Native Claims Settlement Act

Bevor das Alaska-Öl gefördert werden konnte, musste der Gebietsanspruch der Ureinwohner geklärt werden. Mit dem ›Alaska Native Claims Settlement Act‹ erkannte die US-Regierung 1971 die Landrechte der Urbevölkerung an. Die alaskischen Stämme erhielten als Kompensation fast 1 Mrd. Dollar und 16 Mio. ha Land für das Abtreten ihrer Stammesgebiete. Das Geld wurde zweckgebunden verwendet, um regionale Treuhandgesellschaften zu gründen, an denen alle Inuit und Indianer des jeweiligen Gebietes Anteile erhielten. Diese noch heute existierenden *Corporations* besitzen Industriefirmen, Hotels, Konservenfabriken und andere Unternehmen, sie beschäftigen vielfach auch Angehörige der Stämme und werden von solchen geleitet. Nach anfänglichen Schwierigkeiten haben viele der Indianer- und Inuitsiedlungen heute ein gutes Auskommen. Dennoch gibt es Probleme, denn viele der Ureinwohner haben den jähen Wechsel von einer naturorientierten Lebensweise in ein hoch technisiertes Leben nicht geschafft.

Ökologische Probleme

Der Bau der Pipeline und der damit einhergehende Boom brachten ökologischen Raubbau und soziale Probleme mit sich, die die gewachsenen Strukturen der einheimischen

Bevölkerung zunehmend zerstörten. Dies ging nicht ohne Proteste vonstatten. So erlebte Alaska schon damals eine Umweltdiskussion mit Demonstrationen, wie man sie bis dahin nicht gekannt hatte. Nicht ohne Erfolg, denn geblieben ist ein verstärktes ökologisches Bewusstsein. Umweltgesetze wurden verbessert oder neu geschaffen, zusätzliche Naturschutzgebiete entstanden. Als eine seiner letzten Amtshandlungen unterschrieb Präsident Jimmy Carter 1980 den ›Alaska National Interest Lands Conservation Measures Act‹. Eine wirklich revolutionäre Gesetzgebung, denn sie vergrößerte den bisherigen Bestand an Naturschutzgebieten von 12 Mio. auf über 42 Mio. ha. Riesenregionen wie die Wrangell Mountains, Glacier Bay und Gates of the Arctic wurden dem Nationalparksystem hinzugefügt. Auch andere Gebiete wie Admiralty Island, Bering Land Bridge und große Teile der Alaska Peninsula kamen unter den Schutz der Bundesregierung.

›Exxon Valdez‹ – die Folgen eines Tankerunglücks

Nur zwölf Jahre, nachdem das erste Öl das Ende der Pipeline in Valdez erreicht hatte, wurde die Umweltdiskussion neu entfacht. Am 24. März 1989 lief im malerischen Prince William Sound der mit 163 000 t Rohöl beladene Supertanker ›Exxon Valdez‹ auf Grund. Fast 40 000 t Öl flossen aus und verschmutzten über 2000 km Küste – mit verheerenden Folgen für Alaskas reiche Tierwelt. Inzwischen sind zwar die direkten Folgen der Ölpest nicht mehr sichtbar, langfristige Schäden an Vogelwelt und Meeresfauna aber noch nicht abzusehen. Die gigantische Rettungs- und Säuberungsaktion nach der Ölkatastrophe kostete den Ölkonzern Exxon über 2 Mrd. Dollar plus weitere 1,5 Mrd. Dollar Schadensersatz. Für viele Alaskaner war dies in der Rezession eine willkommene Finanzspritze. Alaskas rund 630 000 Einwohner lebten zwei Jahrzehnte im Überfluss.

Der Staat, der über 85% seines Haushalts durch Einnahmen aus der Ölförderung deckt, konnte es sich leisten, weder Einkommens- noch Verkaufssteuer zu erheben und jedem Einwohner jährlich einen Bonus von bis zu 1000 Dollar zu gewähren. Die kräftig gestiegenen Ölpreise haben die rückläufigen Erträge der Ölfelder in der Prudhoe Bay wettgemacht. Ein fallender Ölpreis würde größte Probleme bereiten.

So bleibt die Verwaltung der natürlichen Ressourcen das wichtigste Thema in Alaska. Jetzt, da das Öl aus der Prudhoe Bay weniger wird und die Spuren des ›Exxon‹-Desasters wieder verschwunden sind, entspinnen sich erneut heiße Diskussionen darüber, ob im polaren Küstengebiet der Arctic National Wildlife Refuge nach neuen Ölquellen gebohrt werden darf. Doch die Umweltschützer wehren sich vehement dagegen; und ein großer Teil der Öffentlichkeit in den USA ist über die Gefährdung dieses höchst empfindlichen Ökosystems ebenfalls empört.

Umweltschutz in Alaska

In Alaska wird die Politik dominiert von ständigen Konflikten zwischen Umweltschützern, Ölproduzenten, Holzfällern, Fischern und Jägern. Die Alaskaner wollen ganz im Sinne der alten Pioniermentalität ihr Glück machen, das riesige Potenzial ihres Staates ausnutzen und seine Bodenschätze erschließen. Daran fühlen sie sich von der Bundesregierung in Washington, die etwa 80 % Alaskas unter ihrer Verwaltung hat, gehindert. Die meisten Amerikaner in den anderen Bundesstaaten wollen mehr Umweltschutz und sehen in Alaska die Chance, einige der letzten großen Wildnisgebiete und Ökosysteme der Welt für immer zu bewahren. Seit der ›Exxon Valdez‹-Katastrophe, die wie keine andere die amerikanische Öffentlichkeit aufgerüttelt hat, haben sie nicht nur moralischen Rückhalt. So soll der weitaus größte Teil der ›Exxon‹-Gelder für den Ankauf und Schutz gefährdeter Gebiete verwendet werden. Auch die ständig wachsende Bedeutung des Tourismus als Wirtschaftsfaktor in Alaska wie auch in West-Kanada wird allmählich zum gewichtigen Argument, wenn es darum geht, die Interessen der Öl- und Holzindustrie zurückzudrängen. Denn nur eine noch intakte Natur bietet Anreiz, diese Regionen zu bereisen.

Geschichte

Kanadas Geschichte kennt keine Kriege und keine Helden. Angesichts seiner schieren Größe und chronischer separatistischer Tendenzen seiner Provinzen im Osten wie im Westen grenzt es an ein Wunder, dass dieser gewaltige Flächenstaat nunmehr 140 Jahre überlebt hat. Vielleicht gerade weil man keine Helden kennt in Kanada? Nicht von ungefähr gilt Kompromissbereitschaft als größte Tugend der Kanadier.

Von der Steinzeit zu den Wikingern

Bis 12 000 v. Chr. erreichten nomadisierende Jägervölker aus Asien über die Bering-Landbrücke, eine wegen niedriger Weltmeeresspiegel frei liegende Landverbindung zwischen Asien und Amerika, in mehreren Wellen den amerikanischen Kontinent.

Etwa 5000 v. Chr. war die indianische Bevölkerung noch dünn gestreut. Die Menschen lebten als Jäger und Sammler und fischten an den Küsten. Später vollzog sich eine klare sprachliche Trennung in zwei Hauptgruppen: Algonquin-Sprecher in Mittel- und Ost-Kanada, Athapasca-Sprecher im Nordwesten.

Andere, an das raue Klime angepasste Neuankömmlinge, die sog. *Dorset*-Menschen, besiedelten ab 2000 v. Chr. die arktische Küste. Ihre Urheimat war vermutlich Nordost-Asien. Sie lebten in kleinen isolierten Gruppen, fertigten ausgezeichnete Steinwerkzeuge und lebten hauptsächlich vom Meer, das sie in kleinen Booten befuhren. Auch Karibus und Moschusochsen wurden gejagt.

Ungefähr um 1000 n. Chr. wurden die im Nordwesten Kanadas lebenden *Dorset*-Menschen von den aus Alaska einwandernden *Thule* verdrängt. Die Vorfahren der heutigen *Inuit* verbreiteten sich die Eismeerküste entlang bis nach Grönland. Mit Ausnahme der Aleuten ist ihre Sprache mit keiner anderen in Amerika gesprochenen Sprache verwandt.

Um die gleiche Zeit erreichten Wikinger von Grönland aus die amerikanische Küste. Über die Gründe für die Kurzlebigkeit ihrer Siedlung im Norden Neufundlands wird viel spekuliert, doch am wahrscheinlichsten ist, dass die zahlenmäßig unterlegenen Wikinger den Angriffen der indianischen Ureinwohner einfach nicht gewachsen waren.

Ankunft der Europäer

Danach geriet Amerika in Europa wieder in Vergessenheit. Dass Kolumbus der erste Europäer gewesen sein soll, der den Kontinent (wieder-)entdeckte, wird heute durchaus kontrovers diskutiert. Jedenfalls waren die Entdeckungen des Genuesen in spanischen Diensten – am 12. Oktober 1492 erreichte er die Bahamas – die folgenschwersten. Während die Spanier in den Folgejahren Mittel- und Südamerika unterwarfen, erkundeten die Engländer, auch sie unterwegs nach Asien, den Norden des Kontinents. 1497 entdeckte der Italiener Giovanni Caboto (engl. John Cabot) für London Neufundland. 1534/35 hisste Jacques Cartier das Bourbonen-Banner in Percé auf der Gaspé-Halbinsel und segelte auf dem St.-Lorenz-Strom bis zum heutigen Montréal. In seinen Berichten taucht erstmals der Name *Kanata* auf – das irokesische Wort für ›Dorf‹. 1576–1578 unternahm der Engländer John Frobisher auf der Suche nach der

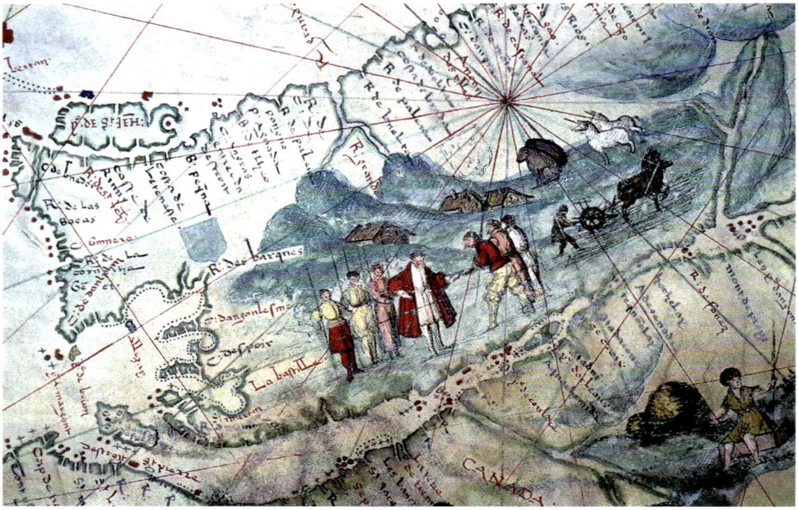

Eine zeitgenössische Landkarte zeigt Cartier und seine Mannschaft in Kanada

Nordwestpassage drei Reisen in die arktischen Gewässer Ost-Kanadas. 1579 segelte Sir Francis Drake die Westküste entlang nach Norden und erreichte vermutlich die Stelle des heutigen Vancouver. Dies brachte Spanien auf den Plan. 1592 besegelte Juan de Fuca die Gewässer im Süden von Vancouver Island und glaubte, im Puget Sound die Nordwestpassage entdeckt zu haben.

Gründung von ›Nouvelle France‹

Zu Beginn des 17. Jh. schlug Frankreich ein neues Kapitel auf. 1608 gründete Samuel de Champlain am St.-Lorenz-Strom Québec. Die Siedlung entwickelte sich zur Hauptstadt der Kolonie ›Nouvelle France‹ und zum historischen Zentrum Französisch-Nordamerikas. 1648 gründete man 200 km stromaufwärts Ville-Marie. Die später in Montréal umbenannte Stadt entwickelte sich rasch zum Pelzhandelszentrum Nordamerikas. Von hier starteten die französischen Pelzhändler, die verwegenen *Coureurs de Bois*, zu ihren oft mehrjährigen Expeditionen nach Westen, bei denen sie bis zum 18. Jh. die Rocky Mountains, das Eismeer und Louisiana erreichten.

Das Reich der Pelze

Die französischen Aktivitäten ließen den Rivalen England nicht ruhen. 1610 entdeckte Henry Hudson auf der Suche nach der Nordwestpassage die später nach ihm benannte Bay. 1670 gründete Prinz Ruprecht, ein Vetter des englischen Königs Charles II., auf Vorschlag übergelaufener frankokanadischer Pelzhändler die Company of Adventurers Trading into Hudson's Bay. Ihre Aufgabe war es, den Pelzhandel im Einzugsgebiet aller in die Hudson Bay mündenden Gewässer zu führen und das wertvolle Gut über die Nordroute an Neufrankreich vorbei nach England zu schaffen. Man war vor allem an Biberpelzen interessiert, denn für die damalige Hutmode in Europa – seidig glänzende Zylinder – brauchte man das wollige Haar aus dem Unterpelz der Nagetiere. Riesige Profite winkten. Die königliche Charta ermächtigte die Gesellschaft, zum Schutz ihrer Interessen Männer zu bewaffnen, und gewährte weit reichende politische Rechte. Erste Niederlassungen wurden gebaut: York Factory und später Churchill an der Hudson Bay (Die ›Gesellschaft der Abenteurer‹ ist heute als Hudson's Bay Company das älteste kommerzielle Unternehmen der Welt und betreibt in Kanada u. a. die Kaufhauskette ›The Bay‹).

Da sich die Franzosen mit der Konkurrenz der auch politisch ambitionierten Hudson's Bay Company nicht abfinden wollten, begann bald der im Guerilla-Stil geführte *Petite Guerre.* Die Indianerstämme waren auf beiden Seiten an den teilweise mit äußerster Grausamkeit geführten Aktionen beteiligt. Während der nächsten 74 Jahre herrschte nur drei Jahrzehnte Frieden. Den Verlust des Pelzgeschäftes im Norden kompensierte Neufrankreich mit der Expansion des Handels nach Westen. 1673 erkundete Louis Jolliet den nördlichen Mississippi. 1683 stieß Jacques de Noyon nach Manitoba vor, 1738 erreichte der Sieur de la Vérendrye Manitoba. Pelzhandelsforts wurden errichtet, Handelsabkommen mit den Indianern geschlossen. Kanadas Westexpansion erfolgte quasi von Biberdamm zu Biberdamm. Historiker schrieben später, dass die Entdeckung Kanadas praktisch nebenbei erfolgte.

Zu den letzten weißen Flecken

Unterdessen betrieb auch das Zarenreich in Sibirien einen lukrativen Pelzhandel. Auf der Suche nach einem kürzeren Heimweg von Ostsibirien nach Europa erreichte Vitus Bering, dänischer Forscher im Dienst des Zaren, 1741 als erster Europäer Alaska. Am 15. Juli landete Chirikof, einer seiner Kapitäne, an der Küste des heutigen Sitka. Bering benannte die vor ihm liegenden Berge nach dem russischen Heiligen St. Elias. Seine Entdeckungen öffneten Russland die Tür nach Alaska. Russische Pelzhändler gründeten Sitka. 1805 entstand an gleicher Stelle Neu-Archangelsk, die Hauptstadt Russisch-Amerikas bis 1867. Sie trug den Beinamen ›Paris des Pazifiks‹.

Auf der anderen Seite des Kontinents fiel Neufrankreich nach erbittertem Krieg an England. Im Frieden von Paris 1763 erkannte Frankreich die Vorherrschaft der Engländer an und verabschiedete sich für immer aus Nordamerika. ›Nouvelle France‹ wurde britisch. Während London die Herrschaft über seine französischsprachigen Untertanen konsolidierte, sichtete der Spanier Juan Perez 1775 die Küste der Olympic Peninsula. Als erster Europäer landete sein Landsmann Bruno Heceta an der Nordwestküste und beanspruchte sie für die spanische Krone.

1778 kartografierte Captain James Cook, die von Sir Francis Drake begründeten englischen Ansprüche festigend, die Nordwestküste und landete im selben Jahr in Nootka an der Westküste von Vancouver Island. Sein anschließender Versuch, vor Alaska die ›Northwest Passage‹ zu finden, misslang.

Terra cognita

Auch zu Lande wurde die Erforschung West-Kanadas und Alaskas vorangetrieben. 1783 erreichte Peter Pond, Abenteurer und Pelzhändler, als erster Weißer den Athabasca-See und weitete damit den Pelzhandel auf den Nordwesten aus. Ebenfalls 1783 gründete der Pelzhändler Gregor Schelikof den ersten russischen Handelsposten auf Kodiak Island, Alaska. 1799 wurde die Russisch-Amerikanische Gesellschaft ins Leben gerufen mit dem Ziel, Pelzhandel und Christianisierung der Indianer voranzutreiben. Im Innern des Kontinents war der Pelzhandel unterdessen immer härter umkämpft. 1787 gründeten 20 Montréaler Pelzhändler, unter ihnen Peter Pond, die Northwest Company, die erbitterte Konkurrentin der Hudson's Bay Company während der nächsten 30 Jahre.

1792–1794 umsegelte George Vancouver die rund 400 km lange Insel, die später seinen Namen erhielt. Von Südost-Alaska bis Kalifornien kartografierte er als Erster die Westküste. 1793 erreichte der für die Northwest Co. reisende Alexander Mackenzie den Pazifik als Erster über Land. Die Verbindung zur Westküste war damit hergestellt, doch die Route war wegen zahlloser Schwierigkeiten für den Pelzhandel untauglich. 1808 folgte Simon Fraser, auch er im Auftrag der Northwest Co., als Erster dem Fraser River durch die Rockies bis zur Mündung, wo noch im gleichen Jahrhundert Vancouver entstand.

Unterdessen bekämpften sich im Landesinneren die Angestellten der beiden großen Pelzhandelsgesellschaften erbittert.

Den Pelzen folgen Holz und Gold

Auf dem Höhepunkt der bewaffneten Auseinandersetzungen fusionierte 1821 die Northwest Company mit der Hudson's Bay Company. Damals hatte der Pelzhandel bereits seinen Zenit überschritten. Die Wälder des Westens gerieten ins Visier industrieller Interessen. Bei Fort Vancouver begann 1827 der kommerzielle Holzschlag. Während der nächsten 180 Jahre wurde Forstwirtschaft zu einer der wichtigsten kanadischen Industrien. Sie schlug mit vielen Holzfällerausdrücken sogar im kanadischen Vokabular Wurzeln, z. B. *Timber Beast* (Waldarbeiter), *River Pigs* (Waldarbeiter an Flüssen) oder *Widow Maker* (herabfallende Äste oder Rindenstücke, die manchen Holzfäller erschlugen).

In der zweiten Hälfte des 19. Jh. begann eine neue Ära. 1857 wurde im Fraser River in British Columbia Gold entdeckt. Die Kunde erreichte San Francisco, im Jahr darauf drängten fast 30 000 Goldsucher in das bis dahin unerschlossene Fraser Valley. 1862 wurde Gold auch in British Columbias Cariboo Mountains gefunden. Noch im gleichen Jahr durchwühlten 20 000 Männer das Bett des Williams Creek. Neben anderen Boomtowns schoss Barkerville aus dem Boden, ein typischer Goldrauschort, in dem die Nuggets und Revolver locker saßen und der Preis für ein Tänzchen mit einem leichten Mädchen bei 10 $ lag, damals ein kleines Vermögen!

Nördlich fand unterdessen ein folgenreicher Wachwechsel statt. 1867 kaufte Amerikas Unterhändler William Seward dem zaristischen Russland Alaska für 7,2 Mio. Dollar ab. Die USA gewannen über 1,5 Mio. km² hinzu, doch der günstige Deal – 5 Cent pro Hektar – wurde von der skeptischen Bevölkerung lange als ›Sewards' Folly‹ belächelt.

Law and Order erreichen den Westen

Der 1. Juli 1867 war die Geburtsstunde des heutigen Kanadas. Durch den British North America Act vereinigten sich die Provinzen Ontario und Québec mit Nova Scotia und

Das Innere einer Indianerhütte am Nootka Sound, 1788 (historische Darstellung)

New Brunswick zu einem Bundesstaat, dem Dominion of Canada. 1869 wurde das Gebiet der Hudson's Bay Company *(Rupert's Land)* angegliedert. Aus diesem Zusammenschluss entstanden Manitoba (1870), Alberta und Saskatchewan (1905). 1871 erfolgte der Anschluss von British Columbia, 1873 der von Prince Edward Island. 1949 kam nach einer Volksabstimmung Neufundland hinzu.

Im Geburtsjahr Kanadas wurde auch im fernen British Columbia eine wichtige Weiche gestellt: ›Gassy‹ Jack Deighton gründete am Burrard Inlet eine Kneipe für Holzfäller. Schon drei Jahre später war daraus die Siedlung Gastown entstanden, die Keimzelle Vancouvers. Auf der anderen Seite der Rocky Mountains herrschte derweil Gesetzlosigkeit: In den Foothills Albertas und weiter östlich in den Cypress Hills verkauften illegale Whiskyhändler aus den USA alte Feuerwaffen und billigen Fusel an die Cree und Assiniboine. Schießereien und Überfälle waren so sehr an der Tagesordnung, dass Ottawa eine Polizeitruppe gründete. Das Cypress Hills Massaker am 1. Juni 1873, bei dem bei Battle Creek ein Pferdediebstahl und reichlich konsumierter Alkohol zum schlimmsten Gemetzel an Ureinwohnern in der kanadischen Geschichte führten, beschleunigte die Zusammenstellung der North West Mounted Police. 1875 erreichte die berittene Polizeitruppe die Cypress Hills und stellte mit der Gründung befestigter Forts hier und weiter nördlich die Ordnung wieder her. Aus einigen dieser Forts wurden Städte, darunter Calgary. Die weitere Erschließung des kanadischen Westens verlief im Großen und Ganzen friedlich.

Anders als südlich der Grenze erschien das Gesetz vor den Siedlern in den leeren Weiten. Mit den Indianern wurden – heute zugunsten der Ureinwohner wieder revidierte – Landverträge geschlossen. Den 22. September 1877 sehen manche Historiker als den Tag an, an dem der Nordwesten ›gezähmt‹ wurde. Tausende von Indianern versammelten sich bei Blackfoot Crossing unterhalb von Fort Calgary am Bow River. Es kam zum Friedensvertrag (Blackfoot Treaty Number Seven) zwischen Prärie-Indianern und Vertretern der damals Saskatchewan und Manitoba einschließenden Northwest Territories. Anlässlich der Unterzeichnung sprach der mächtige Blackfoot-Häuptling Crowfoot: »Ich spreche für mein Volk, das zahlreich ist und das mir vertrauensvoll folgen wird auf jenem Weg, der in Zukunft sich zum Guten wenden wird. Die Prärien sind groß und weit. Sie sind unsere Heimat, und immer ist der Büffel unsere Nahrung gewesen. Ich hoffe, ihr seht von nun an auf die Blackfeet, Bloods und Sarcees wie auf eure Kinder und ihr möget nachsichtig und wohltätig zu ihnen sein ... Ich bin zufrieden. Ich werde den Vertrag unterzeichnen.« Seine Hoffnung sollte sich nicht erfüllen.

Bauen am kanadischen Haus

Wie nun das riesige Land zusammenbringen? 1879 beschloss Ottawa den Bau einer Transkanada-Eisenbahn. 1881 begannen die Arbeiten. Entlang der Trasse nach Westen schossen die Bodenpreise in die Höhe. 1883 erreichte die Canadian Pacific Railroad Calgary. Am 7. November 1885, unter unsäglichen Mühen durch die steilen Rocky Mountains verlegt, wurde bei Craigellachie in den Monashee Mountains der letzte Nagel eingeschlagen. Im Jahr darauf fuhr am 4. Juli der erste transkontinentale Zug von Montréal aus in Port Moody am Pazifik ein.

Mit der Eisenbahn brach für West-Kanada ein neues Zeitalter an. Das Dampfross brachte Siedler in Scharen, die die Prärie in Weizenfelder verwandelten. In den Foothills von Alberta entstanden riesige Rinderfarmen. 1885 half die Eisenbahn bei der Niederschlagung der Northwest-Rebellion. Nomadisierende Métis, Nachfahren von Indianern und frankokanadischen Pelzhändlern, protestierten unter Führung von Louis Riel gegen die Siedlungspolitik Ottawas, der Aufstand war aber dank auf Eisenbahnwaggons eilends herbeigeschaffter Truppen schnell beendet. Riel wurde wegen Hochverrats gehängt. Damit war der letzte Widerstand gegen die Besiedlung West-Kanadas gebrochen.

Noch im gleichen Jahrhundert transportierte die Eisenbahn auch Passagiere mit ganz anderen Reisemotiven. Nach den ersten Goldfunden 1880 in Südost-Alaska kam Amerikas ›Icebox‹ nicht mehr zur Ruhe. 1882 stießen Digger auch bei Anchorage auf Gold. Prospektoren strömten ins Matanuska und Susitna Valley. 1896 wurden die größten Goldvorkommen im Norden überhaupt entdeckt. Drei abenteuerliche Gestalten, Tagish Charlie, Skookum Jim und George Washington Carmack, wurden am Bonanza Creek im Yukon Territorium fündig. Am Zusammenfluss von Klondike und Yukon River entstand über Nacht Dawson City. Glücksritter aus aller Welt trieb es nun zum Yukon, davon nahmen nicht wenige die Bahn bis Calgary. Bis 1904 wurde Gold im Wert von 100 Mio. Dollar aus dem Klondike und seinen Zuflüssen geholt. Dabei verkam Nordamerikas letzte Frontier keineswegs zum kurzlebigen Tummelplatz von Glücksrittern und leichten Mädchen.

In **Alaska** entstanden Fischfabriken, um die herum sich Hafenstädte wie St. Petersburg entwickeln. 1900 war die White Pass- und Yukon-Eisenbahn von Skagway nach Whitehorse fertig. Um die Jahrhundertwende betrug die Bevölkerungszahl Alaskas 29 500 Inuit, Indianer und Aleüten, 4300 Weiße und 26 000 *Chechakos,* d. h. Neuankömmlinge.

Das 20. Jahrhundert

Alberta und Saskatchewan traten 1905 der Konföderation offiziell als Provinzen bei. Edmonton wurde Hauptstadt Albertas. 1914 trat Kanada an der Seite Englands in den Ersten Weltkrieg ein. 1915 wurde Anchorage, heute die größte Stadt Alaskas, gegründet. Im Statut von Westminster löste Kanada 1931 auch die letzten seiner kolonialen Verpflichtungen gegenüber London und wurde damit endgültig unabhängig. Im Zweiten Weltkrieg kämpfte es auf alliierter Seite mit. 1942 klopfte der Krieg sogar an Kanadas ›Haustür‹: Japanische Truppen landeten auf den Aleüten. Die USA und Kanada beschlossen daraufhin den Bau einer Militärstraße von Alberta über British Columbia und das Yukon Territory nach Fairbanks in Alaska. Nach nur acht Monaten größter Herausforderungen für Menschen und Material war eine Trasse von 2446 km Länge geschaffen. 1949 wurde die Straße, die später den Namen *Alaska Highway* erhielt, freigegeben. Für Alaska war der Krieg eine Vitaminspritze. Bei Kriegsbeginn hatte Anchorage 7700 Einwohner – bei Kriegsende 43 400.

Außenpolitisch betrat Kanada mit seiner Kriegsteilnahme die internationale Bühne. 1945 war es Gründungsmitglied der Vereinten Nationen. Im Innern ging die Entwicklung West-Kanadas und Alaskas mit Riesenschritten voran. 1947 stießen Prospektoren in Leduc bei Edmonton auf Erdöl. Weitere bedeutende Funde folgten und bildeten die Basis für Albertas Reichtum. 1951 erhielt Anchorage seinen internationalen Flughafen und etablierte sich als ›Crossroads of the World‹. Während der 1950er-Jahre wuchs die Bevölkerung um fast 60 %. 1952 wurde Whitehorse die Hauptstadt des Yukon Territory. 1959 trat Alaska als 49. Staat den USA bei.

Der Trans-Canada Highway zwischen St. John's auf Neufundland und Victoria in British Columbia wurde 1962 fertig. Zwei Jahre später begann der systematische Abbau der riesigen Ölsandvorkommen bei Fort McMurray in Nord-Alberta. West-Kanada und Alaska erlebten einen Boom, den selbst das stärkste Erdbeben, das Nordamerika bis jetzt erlebt hat, nicht aufhielt: Am 24. März 1964 wurden im Prince William Sound 120 km südöstlich von Anchorage Erdstöße der Stärke 9,2 gemessen. Es gab 131 Tote und Sachschäden in Höhe von 500 Mio. Dollar. Ein Tsunami zerstörte Anchorage fast völlig, doch der Wiederaufbau erfolgte in Rekordzeit.

1977 begann im hohen Norden eine neue Ära: Am 1. August erreichte das erste Erdöl aus der Prudhoe Bay, der arktischen Nordküste Alaskas, via Pipeline den Hafen Valdez im Süden des Bundesstaats. In den 1980er-Jahren stand West-Kanada gleich zwei Mal im internationalen Rampenlicht. 1986 richtete Vancouver die Internationale Weltausstellung (EXPO) aus, 1988 fanden in Calgary die Olympischen Winterspiele statt.

Der Indianerfotograf Harry Pollard

Thema

Harry Pollard (1880–1968) war überzeugt: »Bilder sind nicht vergesslich.« Er arbeitete sein Leben lang daran, diesen Satz unter Beweis zu stellen. Ihm und seiner Kamera verdankt deshalb die Nachwelt eine der eindrucksvollsten Sammlungen von Indianerporträts: rund 200 Fotos von Indianern der Blackfoot-, Blood-, Cree-, Sarcee- und Stoney-Stämme.

Nicht zu Unrecht wird er deshalb häufig mit seinem viel berühmteren Kollegen Edward Curtis verglichen.

Pollard kam 1899 nach Calgary. Bei seinem Vater lernte er in den Tagen der Daguerreotypie das fotografische Handwerk. Zuerst machte er Bilder von Calgary, dann von Alberta und schließlich, nach und nach, auch von Indianercamps – eine für die damalige Zeit ungewöhnliche Sache. Da lief plötzlich ein Weißer mit einer monströsen Maschine herum und richtete sie auch noch auf Menschen. Kein Wunder, dass die Skepsis anfangs groß war. Viele Indianer sahen in der Bilder produzierenden *White Man's Mystery Box* den Nachfolger der *Big Black Gun* oder des *Iron Horse,* der Eisenbahn. Um das Vertrauen der Indianer zu gewinnen, tauschte er Mehl, Stoffe, Tabak und Perlen gegen die Erlaubnis, Fotos machen zu dürfen. Mit der Zeit gewann er die Freundschaft der Indianer. Er wurde eingeladen, auch zu den Zeremonientänzen und Medizinmännern, ja, er wurde sogar Ehrenhäuptling der Blackfoot.

Die treibende Motivation war sein ausgeprägtes Geschichtsbewusstsein: »Die Geschichte des kanadischen Westens stirbt. Die Oldtimer sterben und bald wird die Geschichte nur noch Fiktion sein. Eines Tages werden die Schüler von Alberta etwas über ihr Land wissen wollen. Und was erzählen wir ihnen dann?«

Pollards Porträtkunst fängt oft den stoischen Ausdruck in den Gesichtern vieler Indianer ein – wohl ein Zeichen ihrer Verzweiflung und Frustration in dieser Zeit. Doch zeigen seine faszinierenden Fotos auch zum letzten Mal einen Abglanz der ursprünglichen Würde und Kultur der Prärie-Indianer.

Der Blackfoot-Indianer Old Brass, fotografiert etwa 1900

Queen Elizabeth II. im Gespräch mit einem Inuit während ihres Besuchs in Nunavut im Oktober 2002

Doch es gab nicht nur positive Schlagzeilen. Am 24. März 1989 lief der Supertanker ›Exxon Valdez‹ im Prince William Sound auf ein Riff. 40 000 t Rohöl, fast ein Drittel der Ladung, liefen aus und verursachten eine riesige Umweltkatastrophe (s. S. 32).

Das 21. Jahrhundert

Zu Beginn des Dritten Jahrtausends steht der Norden Nordamerikas vor zahlreichen Herausforderungen. So scheint Kanadas nationale Einheit vorerst gesichert: Seit dem Referendum in der Provinz Québec, bei dem sich 1995 eine hauchdünne Mehrheit der Bevölkerung gegen die Unabhängigkeit ihrer französischsprachigen Provinz und für den Verbleib bei Kanada entschied, haben die Sorgen um den Arbeitsplatz das Thema Separation auf unabsehbare Zeit verdrängt. Die Mitgliedschaft in der im ›North American Free Trade Act‹ (NAFTA) geschaffenenen Freihandelszone hat den Außenhandel vorangetrieben und die Integration mit den USA und Mexiko gestärkt. Auch die weltweite Rezession konnte zumindest Kanada, seit 2001 wirtschaftlich erfolgreichster der G-8-Staaten, abwenden.

Situation der Ureinwohner

In den 1970er-Jahren begannen die Ureinwohner, ihre Stimme zu erheben. Sie, die im 19. Jh. in oft fragwürdigen Landverträgen ihr Land an die Weißen abtraten, bestanden nun auf Rückgabe und finanzielle Kompensationen. 1971 verabschiedete der amerikanische Kongress den ›Alaska Native Claims Settlement Act‹, der die Rechte der Ureinwohner anerkannte. Fast 1 Mrd. Dollar und 16 Mio. ha Land wurden an ›Native Corporations‹ übereignet. Sie arbeiten wie ›Kooperativen‹, die den Ureinwohnern der verschiedenen Regionen Alaskas gehören (s. S. 31).

Trotz Bevölkerungsmehrheit in den Northwest Territories waren Dene und Inuit lange Zeit politisch nicht repräsentiert. 1979 wählten sie erstmals eine Mehrheit ihrer Abgeordneten in den Northwest Territories Council und nehmen seither unmittelbaren Einfluss auf die politische Verwaltung des Territoriums. Im selben Jahr ging der erste Dene-Indianer als Abgeordneter ins Bundesparlament nach Ottawa. Und – sicher der wichtigste Schritt – die Regierung erkannte die angestammten Landrechte der Urbevölkerung offiziell an.

Dass die kanadische Regierung seither auf den jährlichen Ministerkonferenzen ein Forum für die Landrechtsdiskussion der Ureinwohner einrichtet, zeigt das Bemühen, den ›ersten Kanadiern‹ gegenüber endlich eine faire Haltung einzunehmen. 1985 führte das Department of Indian and Northern Affairs unter allen Stämmen Kanadas eine Umfrage durch, mit der Aufforderung, Beschwerden und Anregungen mitzuteilen. Fünf Landrechtsexperten, darunter auch ein Indianer, sprachen mit 50 Inuit-Indianer- und Méti-Organisationen über deren Vorstellungen hinsichtlich der Zukunft ihrer Völker. Von da an begannen auch die Stämme in British Columbia auf individueller Basis mit Ottawa und der Provinzregierung in Victoria zu verhandeln.

Das ›Inuit Tapirisat‹ und die Dene der Nordwestterritorien gingen Schritt für Schritt über die bloßen Land- und Dollaransprüche hinaus. Sie riefen unter ihren Angehörigen die Vision wach, eigene selbstverwaltete Gebiete zu erhalten, die im Laufe der Zeit zu eigenständigen Provinzen Kanadas werden könnten. Über die Jahre kristallisierte sich ein Konzept für die Landaufteilung im Norden heraus. Die Inuit wollten ein eigenes Territorium im Norden, das sie *Nunavut* tauften, ›unser Land‹ in der Sprache der Inuit. Das von den Dene-Indianern in der Region um den Großen Sklavensee und entlang des Mackenzie-Tales geforderte eigene Territorium sollte den Namen *Denendeh* tragen.

Lange konnten sich Inuit und Dene nicht über die Grenze zwischen den Regionen einigen, da beide Seiten Tuktoyaktuk und die Ölfördergebiete in der Beaufort Sea beanspruchten. Die Inuit erzielten schließlich den entscheidenden Durchbruch. Am 9. Juli 1993 unterzeichneten die Bundesregierung, die Northwest Territories und Vertreter der Inuit in Iqaluit, der zukünftigen Hauptstadt von Nunavut auf Baffin Island, das ›Nunavut Land Claims Agreement‹, den umfassendsten Vertrag über Landrechte indigener Völker in der Geschichte Kanadas. Am 1. April 1999 wurde aus dem östlichen Teil der Northwest Territories ein neues Territorium herausgetrennt. Nunavut ist mit einer Fläche von fast 2 Mio. km^2 (ein Fünftel der Landfläche Kanadas) als drittes (und größtes) Territorium neben den Northwest Territories und Yukon jetzt eigenständiger Teil der kanadischen Föderation. Die knapp 30 000 Inuit, die 85 % der Bevölkerung von Nunavut stellen, haben damit ihre politische Eigenständigkeit erreicht. Als Entschädigung für den Verzicht auf weitere Landforderungen sind ihnen von der Bundesregierung außerdem über 1 Mrd. Dollar gezahlt worden.

Für die Dene, die in dem verbliebenen westlichen Teil der Northwest Territories nur eine Minderheit von etwa 30 % bilden (10 % sind Inuit, 9 % Métis, der Rest überwiegend Weiße), erfüllte sich der Traum vom eigenen Territorium ›Denendeh‹ nicht, der alte Name ›Northwest Territories‹ wurde beibehalten. Aber die Verhandlungen über die Landrechte der Dene gehen weiter.

Im Mai 2000 erhielten nach jahrzehntelangen, kontrovers geführten Verhandlungen die rund 5000 Nisga'a-Indianer, die bislang in einem rund 70 km^2 großen Reservat im Tal des unteren Nasse River im Nordwesten von British Columbia gelebt haben, fast 2000 km^2 Land mitsamt den Nutzungsrechten an Wäldern, Wasserläufen und Bodenschätzen. Als Strukturhilfe wurden ihnen insgesamt 220 Mio. Dollar zugesprochen. Eine Übertragung umfassender Selbstverwaltungsrechte wurde ebenfalls zugesichert. Der Vertrag mit den Nisga'a sollte Modellcharakter für die zahlreichen noch anhängigen Verfahren über Landansprüche der kanadischen Urbevölkerung haben.

Zeittafel

bis 12000 v. Chr.	Nomadisierende Jägervölker erreichen Amerika über die Bering-Landbrücke.
1497	Der im Dienste der englischen Krone stehende Giovanni Caboto landet nur fünf Jahre nach Kolumbus an der Atlantikküste Kanadas.
1576–1578	Der Engländer Martin Frobisher unternimmt drei Reisen in die arktischen Gewässer, um die Nordwestpassage zu finden.
1603–1608	Samuel de Champlain kartografiert den St.-Lorenz-Strom und gründet die Siedlung Québec.
1610	Auf der Suche nach der Nordwestpassage erreicht der englische Seefahrer Henry Hudson die später nach ihm benannte Bucht.
1670	In London wird die Hudson's Bay Company gegründet.
1689	Die Kämpfe zwischen Frankreich und England beginnen.
1741	Vitus Bering, ein dänischer Forscher im Auftrag des russischen Zaren, erreicht als erster Weißer Alaska.
1763	Nach dem Fall von Québec (1759) und Montréal (1760) erkennt Frankreich im Frieden von Paris die Vorherrschaft der Engländer an.
1778	Captain James Cook ist der erste Seefahrer, der die Küste Nordwest-Amerikas systematisch untersucht und kartografiert.
1792–1794	George Vancouver umsegelt die rund 400 km lange Insel, die später seinen Namen erhält. Er vervollständigt Cooks Karten. Alexander Mackenzie erreicht 1793 auf dem Landweg die Pazifikküste.
1799	Die Russisch-Amerikanische Gesellschaft wird gegründet.
1812–1815	Amerikanisch-englischer Krieg.
1818	Die USA und England einigen sich auf den 49. Breitengrad als gemeinsame Grenze.
1867	Durch den British North America Act wird der kanadische Bundesstaat, der Dominion of Canada, gegründet.

Der Bau der Transkanada-Eisenbahn beginnt.	**1879**
Der Aufstand der Métis unter der Führung von Louis Riel gegen die Siedlungspolitik der kanadischen Regierung und der Hudson's Bay Company wird blutig niedergeschlagen.	**1885**
Die Transkanada-Eisenbahn wird fertiggestellt, am 4. Juli erreicht der erste Zug aus Montréal Port Moody an der Westküste.	**1886**
Am Bonanza Creek im Yukon wird Gold entdeckt. Über Nacht entsteht Dawson City.	**1896**
Japanische Truppen landen auf den Alëuten. Die USA und Kanada beschließen den Bau einer Militärstraße, des Alaska Higway.	**1942**
Große Erdölvorkommen werden bei Leduc, 37 km von Edmonton entfernt, entdeckt – Grundlage für den Reichtum von Alberta.	**1947**
Die Krise zwischen Anglo- und Frankokanadiern verschärft sich. Premier Pierre Trudeau ruft das Kriegsrecht aus.	**1963–1970**
Der amerikanische Kongress verabschiedet den ›Alaska Native Claims Settlement Act‹.	**1971**
Heimholung der kanadischen Verfassungsurkunde. Letzte Vollmachten des britischen Parlaments erlöschen.	**1982**
Ottawa verspricht den Inuit Besitztitel über 360 000 km^2 Land im östlichen Teil der Northwest Territories.	**1992**
Provinzwahlen und ein Referendum in Québec ergeben eine hauchdünne Mehrheit für den Verbleib in der kanadischen Föderation.	**1995**
Der Norden Kanadas wird politisch neu gegliedert: Die östliche Hälfte der Northwest Territories wird als ›Nunavut‹ eigenständig.	**1999**
Vancouver ist vom 12. bis 28. Februar Austragungsort der Olympischen Winterspiele.	**2010**
Die Grüne Partei Kanadas erringt bei den Parlamentschaftswahlen im Mai zum ersten Mal einen Sitz im Unterhaus.	**2011**

Gesellschaft und Alltagskultur

Kanadier sind die leiseren Amerikaner. Kanadier sind liberal, weltoffen und friedliebend. An Versuchen, ›den Kanadier‹ zu beschreiben, fehlt es nicht. Doch was das Kanadiersein wirklich ausmacht und worin sich ein Kanadier von seinem südlichen Nachbarn unterscheidet, erschließt sich am ehesten, wenn man im Stammbuch beider Länder blättert.

Kanadische Identität

Beide sprechen Englisch. Beide sind klassische Einwandererländer. Beide liegen auf dem gleichen Kontinent. Die Grenze, die sie trennt, ist die längste unbewachte Grenze der Welt. Doch während in Europa Grenzen Völker unterschiedlicher Sprachen und Kulturen trennen, erscheint dem Besucher die amerikanisch-kanadische Grenze nur als eine den Reiserhythmus störende Formalität: Hier wie dort wird die gleiche Sprache gesprochen, oft sogar der gleiche Akzent. Auch die Alltagskultur ist die gleiche: Amerikaner wie Kanadier sitzen in den gleichen Trucks, kaufen in den gleichen Shopping Malls ein und beginnen den Tag mit Kaffee, Toast, Bratkartoffeln und Rührei. Natürlich ist das stark vereinfacht, doch: Wäre die Grenze nicht, der Reisende würde den Übergang von den USA nach West-Kanada kaum wahrnehmen.

In der Regel ist der Gang zum Geldautomaten für den Besucher der erste handfeste Kontakt mit Kanada. Kanadische Geldscheine sehen anders aus als amerikanische. Das Konterfei der englischen Queen, die alten Bande mit Europa konservierend, ziert sie und staatsmännisch blickende kanadische Politiker. Dankbar wird der Besucher auch feststellen, dass sie, weil farblich unterschiedlich, leichter voneinander zu unterscheiden sind als die ›Greenbacks‹ südlich der Grenze. Erst wer längere Zeit im Westen Kanadas und in Alaska unterwegs ist, mag sich die kleinen, aber feinen Unterschiede zwischen den beiden Ländern und Kulturen erschließen. So beklagen sich Kanadier mehr als Amerikaner, und zwar am liebsten über ihre Politiker. Selbst hochrangige Staatslenker beklagen sich, hin und wieder – in den USA wäre dies undenkbar – sogar über die Größe ihres Landes. Der berühmteste Stoßseufzer über die geografische Elefantiasis Kanadas stammt von dem früheren Premierminister W. L. Mackenzie King. Während andere Länder zuviel Geschichte hätten, habe sein Land zuviel Geografie. Damit outete sich King zwar als geschichtlich reichlich unbedarft, doch das grundlegende Problem Kanadas hätte er nicht besser treffen können. Selbst im Kommunikationszeitalter hat es ein so sensibles Konzept wie ein Nationalgefühl schwer, sich in dem Zehn-Millionen-Quadratkilometer-Land zu entwickeln. Die meisten Kanadier verstehen sich zunächst als Albertans, Manitobans oder British-Columbians, dann erst – oder aber im Ausland – als Kanadier.

Schnell wird der Besucher auch feststellen, dass Kanadier anders mit ihrer Geschichte umgehen als Amerikaner. Während südlich der Grenze keine Gelegenheit ausgelassen wird, geschichtlich bedeutende Orte mit erheblichem PR-Aufwand auszuweisen und zu vermarkten, legt man nördlich davon deutlich wahrnehmbare Bescheidenheit an den Tag. Für Spötter ist das kein Wunder. Kanada, behaupten sie, habe nämlich keine Geschichte, sondern nur eine Vergangenheit. Tatsächlich halten viele Kanadier ihre Geschichte für langweilig und kennen folgerichtig nicht einmal den Namen ihres ersten Premierministers. Für die Gründe braucht man nicht weit zurückzugehen. Die Erschließung des Westens beispielsweise verlief beiderseits der Grenze höchst unterschiedlich. In den USA waren es die Siedler, die zuerst den Westen erreichten und den später die ganze Nation vereinigenden ›American Dream‹ von Freiheit und Glückseligkeit für jeden in die Tat umsetzten – mit Fleiß, Glaubensfestigkeit und oft auch mit der Waffe. Die Erschließung des amerikanischen Westens schuf Helden und ist mit legendären Sheriffs, Revolverhelden und berühmten Schießereien nur so gespickt. Erst kamen die Siedler, dann das Gesetz.

In Kanada verlief es genau anders herum. In den Rocky Mountains und den Prärien – Ausnahmen bestätigen die Regel – herrschte von Anfang an Ordnung. Bevor die ersten Wagentrecks und Züge überhaupt aufbrachen, war die neue Heimat schon vermessen, überwachten berittene Bundespolizisten, die berühmten ›Mounties‹, das Kommen und Gehen von Trappern und Indianern. Während die USA die Indianerkriege, den Bürgerkrieg und viele andere gewaltsame, aber letztlich identitätsstiftende Auseinandersetzungen erlebten, schloss man in Kanada Kompromisse. So wurden die Unabhängigkeit von England stückchenweise erlangt und die zentrifugalen Tendenzen der frankophonen Provinz Québec mit diplomatischem Geschick austariert. Heute gilt die Vorliebe für Ruhe, Ordnung und ›good government‹ als typisch kanadisch. Nicht umsonst genießen die kanadischen Friedenstruppen in aller Welt hohes Ansehen.

Zwei Inuit-Mädchen in traditioneller Kleidung

Kanadas Ureinwohner

Tradition und Assimilation

Noch vor wenigen Jahrzehnten waren die einstigen Herren des Landes scheinbar zum Aussterben verurteilt: Die schlechte medizinische Versorgung in den Reservaten sorgte für eine hohe Sterblichkeitsquote, viele der jüngeren Stammesmitglieder wanderten in die Städte ab, vermischten sich mit der Gesamtbevölkerung und gaben ihre indianische Identität auf. Doch inzwischen hat sich das Blatt gewendet: Heute leben etwa 600 000 Angehörige der ›First Nations‹ in Kanada – eine Verdopplung innerhalb der letzten 25 Jahre! Dieser immense Zuwachs ist jedoch nicht allein auf die besseren Lebensbedingungen und die hohe Geburtenrate zurückzuführen, sondern neuerdings bekennen sich bei den Volkszählungen mehr und mehr Indianer wieder zu ihrer Herkunft. Während Ureinwohner im dichter besiedelten Osten Kanadas nur etwa 1 % der Bevölkerung ausmachen, stellen sie in British Columbia und Alberta mit jeweils rund 80 000 Menschen etwa 3 %, in den Prärieprovinzen Manitoba und Saskatchewan mit je 60 000 Menschen rund 6 % der jeweiligen Provinzbevölkerung. In den Northwest Territories und Nunavut machen Indianer und Inuit fast 70 % der Gesamtbevölkerung aus, im Yukon Territory und in Alaska sind es jeweils etwa 20 %. Und der wiedererwachte Stolz auf ihre Abstammung lässt sie seit geraumer Zeit auch auf der politischen Bühne aktiv werden.

Besiedlung in der Neuzeit

Im 16. Jh., als die ersten spanischen Seefahrer die Küste West-Kanadas erforschten, stellten sich die Kulturkreise wie folgt dar: Entlang der Küsten Alaskas und der gesamten Polarmeerküste Kanadas lebten **Inuit**, die sich auf Fischfang und auf die Jagd von Meeressäugetieren wie Robben und Wale spezialisiert hatten. In Süd-Alaska und an der Pazifikküste des heutigen British Columbia florierte die **Kultur der Nordwestküste**, die reichste und vielfältigste Kulturtradition der gesamten Region. Hier – und nur hier – wurden Totempfähle geschnitzt und mächtige, festansässige Stämme wie die Tlingit, Nootka oder Kwakiutl veranstalteten prächtige *Potlatch*-Feste und ausgefeilte Zeremonien.

Im Landesinneren lag das Gebiet der **Dene-Indianer** der Northern Athapaskan-Kultur: In halbnomadischen Familiengruppen lebten die kleinen Stämme (Tutchone, Kutchin oder Slave zum Beispiel) als Jäger und Sammler vom Fischfang sowie der Karibu- und Elchjagd. Ihnen ähnlich waren die Stämme der **Plateau-Kultur** im südlichen British Columbia, etwa die Shuswap oder Kootenay. Die Region jenseits der Rocky Mountains, also die heutigen Prärieprovinzen, teilten sich zwei Kulturgruppen: Im Norden und Osten lebten die **Cree** und **Ojibwa** der Northern Algonkian-Kultur; die Indianer der Prärien im Süden Albertas gehörten zur **Plains-Kultur**, die sich vorwiegend auf die Bisonjagd stützte. Diese Stämme – Blackfoot und Assiniboine – entwickelten zusammen mit Sioux und anderen Stämmen in den USA jene kriegerische Reiterkultur, die in Hollywood-Western oft portraitiert wird. Allerdings geschah dies erst ab dem 17. Jh., da Pferde erst von den Spaniern nach Nordamerika gebracht wurden.

Mit der Ankunft der ›Weißen‹ begann für die Ureinwohner eine lange Leidenszeit. Vor allem die eingeschleppten Krankheiten dezimierten die Bevölkerung, ganze Dörfer starben in kürzester Zeit aus. Fairerweise muss man jedoch anerkennen, dass es den Stämmen Kanadas und Alaskas lange nicht so schlecht erging wie den Indianern in den USA. Weit weniger weiße Siedler kamen, um ihnen das Land streitig zu machen. Die Trapper und Händler der Hudson's Bay Company wussten sehr wohl, dass sie auf die Hilfe der Indianer zum Überleben angewiesen waren, und sogar die Britische Krone bemühte sich um einen gerechten Umgang.

Die Stämme der Prärieprovinzen schlossen mit der kanadischen Regierung zwischen 1871 und 1906 zehn Verträge ab, in denen sie ihr Land abtraten. Dafür erhielten sie Reservate, Schulen und eine – bescheidene – finanzielle Unterstützung. Doch dabei wurden manche kleine Stammesgruppen schlicht

Potlatch

Thema

Das *potlatch* war unter den Stämmen der Nordwestküste eine der wichtigsten Zeremonien: ein Festritual, welches das gesellschaftliche Leben unter wirtschaftlichen und kulturellen Aspekten regelte. *Potlatch* bedeutet ›verschenken‹ auf Chinook, der einstigen Lingua franca unter den Indianern der Nordwestküste.

Tatsächlich galt es als Zeichen von Reichtum und Macht, wenn Besitztümer vom Gastgeber während dieser oft mehrtägigen Zeremonie verschenkt oder gar zerstört wurden.

Ein *Potlatch* konnte von einem Familienclan einberufen werden, um Initiationsriten zu vollziehen oder um gesellschaftlichen Verpflichtungen nachzukommen. Meistens feierte ein Häuptling die Übernahme eines neuen Familienwappens und die damit assoziierten Privilegien mit einem *Potlatch*. Zu solchen Anlässen wurden auch Totempfähle errichtet und Häuser innen und außen vollständig mit Wappenzeichnungen und -schnitzereien dekoriert, um den Reichtum der Familie öffentlich zu demonstrieren. Die eingeladenen Gäste gaben durch ihre Teilnahme an der Zeremonie den neuen Ansprüchen des Gastgebers ihre Zustimmung. Dafür bekamen sie Geschenke wie Schmuck, gewebte Decken, getrockneten Lachs oder Fischöl. Durch die Gaben wurde der Rang der Gastgeberfamilie noch weiter aufgewertet. Den Totempfählen wurde bei den Zeremonien besondere Aufmerksamkeit gewidmet.

1927 verbot die kanadische Regierung auf Betreiben der Missionare hin alle *Potlatch*-Zeremonien. Mit Polizeigewalt wurden die als Familienschätze geehrten Zeremonienmasken konfisziert und viele Totempfähle ›gefällt‹. Die Teilnahme an diesen Festen wurde bei Androhung von Gefängnisstrafen untersagt. Als Grund gab die Regierung an, die Festlichkeiten wären zu verschwenderisch und würden häufig in gesetzwidrigem Verhalten enden. Tatsächlich haben *Potlatch*-Zeremonien Familien in den Ruin getrieben, denn als geehrter Gast bei einem *Potlatch* musste man nach einer gewissen Zeit ein Dankfest geben. Dieses sollte womöglich noch größer und schöner sein als das erste. Der zum Dank Eingeladene musste dann natürlich seinerseits wieder zum nächsten Dankfest laden und erneut Geschenke verteilen. Ein Kreislauf, der sich manchmal zu tagelangen Fress- und Tanzgelagen aufschaukelte. Es kam vor, dass ein ganzer Stamm ein Jahr lang nur auf solch ein Fest hinarbeitete.

Eifrige Missionare wetterten schon im 19. Jh. gegen die ›heidnischen Ausschreitungen‹ und verboten ihren Schäflein die Teilnahme, sodass schon damals der Niedergang der Nordwestküsten-Kultur seinen Anfang nahm. In ihrer Bevormundung übersah die Regierung allerdings die wichtige Rolle des *Potlatch* für die Gesellschaftsordnung der Indianer an der Nordwestküste. Dieses Kulturverbot bedeutete auch gleichzeitig das Ende der kunsthandwerklichen Traditionen, da es nun keinen Sinn mehr machte, zeremonielle Gegenstände wie Masken und Totempfähle herzustellen.

Das Gesetz wurde zwar später nicht mehr angewandt, doch erst 1980 gab die kanadische Regierung die 1927 konfiszierten Masken zurück. Sie werden heute in den Kulturzentren der Indianer auf Quadra Island und in Alert Bay auf Vancouver Island aufbewahrt.

Festlich gekleidete Teilnehmer bei einem Powwow in Stand Off

vergessen, die sich bis heute um offizielle Anerkennung durch die kanadische Regierung bemühen. Auch die Rechte an Bodenschätzen in den Reservaten sind noch ungeklärt. Die Präriestämme erhoffen sich neue Einkünfte, wenn die Verhandlungen mit der Regierung erfolgreich verlaufen.

Situation im 20. und 21. Jahrhundert

Mit Ausnahme einiger Stämme im Süden hat in British Columbia kein Stamm vertraglich Land an eine weiße Regierung abgetreten. Kanada und die USA hatten die riesige Nordregion als rohstoffloses, ödes und wertloses Territorium annektiert und unter sich aufgeteilt. Der Kontakt mit der Welt der Weißen, mit Händlern, Siedlern und Missionaren, brachte über die Jahre verheerende Auswirkungen für die Indianer und Inuit mit sich. Sie verloren ihre kulturelle Identität, versuchten ohne viel Erfolg in der Arbeitsökonomie der ›modernen‹ Staaten zu überleben. Viele flüchteten sich in den Alkohol oder begingen Selbstmord. Endlich, nach massiven Hungerkatastrophen in den 1940er-Jahren, besann sich die kanadische Regierung. In den 1950er- und 1960er-Jahren führte man eine Gesundheitsfürsorge ein, wurden Häuser und Schulen gebaut und Programme gestartet, die die politische

Selbstverantwortung der Ureinwohner zum Ziel hatten. Auch die Regierung in Washington begann, sich um die Minderheiten im Norden Alaskas zu kümmern. Tatsächlich haben sich ihre Lebensbedingungen seither deutlich verbessert. Statistiken zeigen jedoch, dass Inuit und Dene im Hinblick auf ihren Lebensstandard noch nicht völlig aufgeholt haben: So liegt ihre Lebenserwartung zehn Jahre unter jener der weißen Bevölkerung Kanadas, Kindersterblichkeit und Selbstmordrate sind doppelt so hoch, die Arbeitslosenrate weist zweifach höhere Zahlen auf als die der Weißen, und nur ein vergleichsweise geringer Prozentsatz aller Inuit hat einen High-School-Abschluss.

In der Nacht zum 1. April 1999 begrüßte die Bevölkerung Nunavuts mit einem Feuerwerk ihre Selbständigkeit (s. S. 41). Mit fast 2 Mio. km^2 der östlichen Arktis ist das neue Territorium die flächenmäßig größte politische Einheit Kanadas – aber mit der zahlenmäßig kleinsten Bevölkerung, rund 25 000, von denen etwa 83 % Inuit sind. Amtssprachen sind Inuktitut (72 %), Englisch (24 %), Französisch und Inuinnagtun.

Feste und Feiertage

Der genaue Zeitpunkt der Veranstaltungen kann beim Tourismusbüro der jeweiligen Provinzen erfragt werden (Links unter www.kanada.de); dort erhält man auch Hinweise auf viele weitere Feste. Ausführlichere Beschreibungen der wichtigsten Events sind unter den betreffenden Orten in den Reisekapiteln zu finden.

Juni: NWT Mining Week, Festival mit Goldwaschen, geologischen Exkursionen und Miner's Picknick in Yellowknife, NWT.

Juli: Williams Lake Stampede, größtes Rodeo in BC. Billy Barker Days, Pionier- und Goldgräberfest in Quesnel, BC. Nanaimo Bathtub Race in Nanaimo, Vancouver Island. All Sooke Days, Holzfäller-Wettkämpfe auf Vancouver Island. Ukrainian Pysanka Festival, buntes Volksfest der ukrainischen Volksgruppe in Vegreville (östl. von Edmonton). Calgary Stampede, größtes Rodeo der Welt. Canada's National Ukrainian Festival in Dauphin, Manitoba. Folk on the Rocks mit Inuit- und Indianerkünstlern in Yellowknife, NWT. Golden Days Festival mit historischer Parade in Fairbanks, Alaska.

August: Heritage Day: Offizieller Feiertag in Alberta mit ethnischen Festivitäten in Edmonton und Calgary. Folk Music Festival, Edmonton. International Native Art Festival, Calgary. Steinbach Pioneer Days, Festival der Mennoniten. Folklorama, großes Volksfest der ethnischen Bevölkerungsgruppen in Winnipeg, Manitoba. Discovery Days, dreitägige Pionier-Party in Dawson City. Salmon Derbys, dem Lachs gewidmete Festivals in Valdez, Seward und Juneau, Alaska.

Feiertage in Kanada

1. Jan. – Neujahrstag
Karfreitag
Ostermontag
Mo vor dem 25. Mai – Victoria Day
1. Juli – Canada Day
1. Mo im Aug. – Heritage Day in Alberta und British Columbia Day in BC
3. Mo im Aug. – Discovery Day im Yukon
1. Mo im Sept. – Labour Day
2. Mo im Okt. – Thanksgiving
11. Nov. – Remembrance Day
25. Dez. – Christmas Day
26. Dez. – Boxing Day

Feiertage in Alaska

1. Jan. – Neujahrstag
3. Mo im Jan. – Martin Luther King Memorial Day
12. Febr. – Lincoln's Birthday
3. Mo im Febr. – Washington's Birthday
letzter Mo im März – Seward's Day
letzter Mo im Mai – Memorial Day
4. Juli – Unabhängigkeitstag
1. Mo im Sept. – Labour Day
18. Okt. – Alaska Day
11. Nov. – Veterans Day
4. Do im Nov. – Thanksgiving
25. Dez. – Christmas Day

Kunst und Kultur

Obwohl Europäer auf kulturellem Gebiet zwischen Kanada und dem großen Bruder im Süden wenig Unterschiede sehen, gibt es sie gleichwohl. Kanada bemüht sich intensiv um eine eigenständige kulturelle Identität. Besonders in Literatur und Architektur ist dies auch gelungen. Die Renaissance der indigenen Kulturen sorgt für neue Impulse.

Die ökonomische Übermacht der USA manifestiert sich auch auf kulturellem Gebiet. Europäer und US-Bürger, die den 49. Breitengrad in Richtung Norden überqueren, sehen Kanadas Kultur zumindest außerhalb Québecs als überwiegend materiell orientiert: Supermärkte, Motels, Werbung, Sportarten und kommerzieller Rundfunk gleichen sich von der mexikanischen Grenze bis zu den Städten im hohen Norden. Den größten Teil der Filme, Bücher und Zeitschriften liefern die USA (90 % der Filme, 80 % des Buchmarktes, 70 % der Fernsehproduktionen). Auch in der Orthografie folgt man meist dem US-Äquivalent des Dudens, dem »Webster«, und weniger dem britischen »Oxford Dictionary«.

Kein Wunder, dass sich die Kanadier um ihre nationale und kulturelle Identität sorgen. Im Prinzip ist eine wegweisende, eigenständige kulturelle Arbeit erst in den letzten 35 Jahren geleistet worden. Seit dieser Zeit bemühen sich Organisationen wie der ›Canada Council‹ darum, mit Subventionen, Stipendien und Preisen kanadische Kunst und Literatur zu fördern und den eigenen Leuten sowie dem Ausland zugänglich zu machen.

Literatur und darstellende Kunst

Autoren wie **Margaret Atwood** und **Mordecai Richler** sind auch im Ausland bekannt geworden. Während sich die Schriftsteller Québecs und des atlantischen Akadien in erster Linie durch ihre Sprache unterscheiden, sind die englischsprachigen Schriftsteller und bildenden Künstler mehr von den historischen und landschaftlichen Besonderheiten ihrer Umgebung beeinflusst. Beispielhaft sind dafür die Romane von Margaret Atwood, Rudy Wiebe, Margaret Laurence und in jüngerer Zeit auch E. Annie Proulx, die mit ihrem mit dem Pulitzerpreis gekrönten Roman »The Shipping News« 1994 die literarische Aufmerksamkeit auf Neufundland lenkte. Auch Inuit-Künstler wie Avarluk Kusugak machen sich einen Namen.

Eindrucksvolle Beispiele in der Malerei sind die Werke von **Tom Thomson** und der ›Group of Seven‹, deren Bilder die rauhen Landschaften des kanadischen Nordens mit ihren Naturgewalten in einer wahren Explosion von Farben darstellen. Auch bei der wiedererwachten Kunst der Indianer und Inuit kommt die starke regionale Verbundenheit mit dem Land zum Ausdruck, wie beispielsweise in den Skulpturen und Goldschmiedearbeiten des Haida-Indianers Bill Reid, den Illustrationen des Ojibwa Norval Morrisseau oder in der schlichten Steinkunst der beiden Inuit-Bildhauer Kiakshuk und Tiktak.

Einwanderer aus anderen Kulturen haben auf die Entwicklung der Kunst und ihrer Struktur wesentlichen Einfluss gehabt. Das gilt besonders für die darstellende Kunst. So wurden das Stratford Festival Theatre, das National Ballet, das Royal Winnipeg Ballet und auch das National Film Board von englischen Einwanderern gegründet.

Architektur

Auf dem Gebiet der Architektur macht Kanada seit längerem Schlagzeilen. Schon anlässlich der Weltausstellung 1967 in Montréal sprach man von der utopischen Wohnsiedlung »Habitat« des kanadisch-israelischen Stararchitekten **Moshe Safdie** als revolutionärem Konzept. Dass es nicht nur in den USA, sondern auch in Kanada eine faszinierende moderne und postmoderne Architektur gibt, ist inzwischen weltweit anerkannt. Die wachsende Zahl von Auslandsaufträgen für kanadische Architekten ist ein Beweis dafür. Safdies Ford Centre for the Performing Arts und sein neunstöckiges, lichtdurchflutetes Oval der Vancouver Public Library trugen zum Ruf Vancouvers als städtebauliches Juwel bei.

Architektonische Markenzeichen wurden auch **Eberhard Zeidlers** visuell prägnante und richtungsweisende Projekte. Der futuristische, auf künstlichen Inseln gebaute Ontario Place in Toronto gilt als eines der interessantesten Unterhaltungszentren überhaupt. Mit seinem gläsernen Einkaufszentrum Eaton Centre in Toronto hat er weltweit die Konzeption von Kaufhäusern verändert. Heute baut seine Firma Milliardenprojekte in den Städten der USA und des Fernen Ostens. Zeidler hat Vancouver mit einem besonderen städtebaulichen Wahrzeichen versehen: dem futuristisch anmutenden Kongresszentrum Canada Place. Wie ein riesiges Schiff mit geblähten weißen Segeln ragt es in den Hafen.

Arthur Erickson wird von vielen als Kanadas größter Architekt angesehen. Sein anthropologisches Museum der Universität von British Columbia in Vancouver mit einer beispielhaften Umsetzung indianischer Raum- und Architekturvorstellungen in Beton und Glas findet weltweit Anerkennung. Die Roy Thomson-Konzerthalle in Toronto erregte ebenso Aufsehen wie seine ästhetisch hervorragend gelungene Umgestaltung der Innenstadt in Vancouver durch den Robson Square-Komplex. Schließlich unterstrich der Architekt **Carlos Ott** die internationale Reputation kanadischer Architektur, als er unter 700 eingereichten Entwürfen den Wettbewerb für den Neubau der Pariser Oper gewann.

Zentrum Vancouvers ist der schön gestaltete Robson Square

Die Kunst der Nordwestküsten-Indianer

»Reisende, die die Nordwestküste von Amerika besuchten, sahen oft Plastiken und Malereien, deren Proportionen ziemlich gut gelungen waren und deren Durchführung einen Geschmack und eine Vollkommenheit zeigte, wie man sie von solchen Barbaren nicht erwarten würde.« *Marchand, aus einem Schiffstagebuch von 1791*

Die Küste zwischen Nord-Kalifornien und Süd-Alaska ist eine von der Natur begünstigte Region. Mildes Klima, Fische, Wild und Holz im Übermaß sowie üppiger Pflanzenwuchs sicherten den Indianern – Kwakiutl, Tlingit, Haida, Tsimshian, Bella Coola, Nootka und Salish – die Existenzgrundlage. Befreit vom täglichen Überlebenskampf hatten die Bewohner der Nordwestküste Zeit, sich aufwändigen Zeremonien zu widmen und dafür geschnitzte und bemalte Objekte zu schaffen. Manche Stammesmitglieder konnten sich auf die Dekoration von Gebrauchsgegenständen und zeremoniellen Objekten als Berufskünstler konzentrieren – eine seltene Ausnahme bei Jäger- und Sammlergesellschaften.

British Columbia, als Zentrum der Nordwestküsten-Indianer, bietet mit seinem UBC Museum of Anthropology in Vancouver und dem Royal British Columbia Museum in Victoria einen ausgezeichneten Einblick in die Kultur der verschiedenen Stämme. Hier sind hauptsächlich Objekte zu sehen, die nach der ersten Kontaktaufnahme der Europäer entstanden sind: Juan Perez traf die Haida 1774 auf den Queen Charlotte Islands. Da Holz aufgrund des Waldreichtums als Material am häufigsten verwendet wurde, waren die meisten früheren Objekte schon verfallen. Bedeutung und Funktion vieler alter Kunstwerke kann heute nur vermutet werden, weil die ersten europäischen Sammler sie nicht als Kunst betrachteten, sondern als Kuriositäten.

Mittlerweile hat die Forschung ergeben, dass die Kunst der Nordwestküste sowohl **soziale** als auch **zeremonielle Funktionen** hatte: Hauptziel war es, Prestige und Status verschiedener Familien- und Stammesmitglieder zu etablieren und aufrechtzuerhalten. Viele monumentale Objekte wie Totempfähle und Häuserdekorationen wurden hergestellt, um Beobachter mit Herkunft, Reichtum und gesellschaftlicher Position des Besitzers zu beeindrucken. Kleinere Gegenstände wie Kostüme, Holzbehälter, Utensilien und Waffen wurden zum gleichen Zweck dekoriert.

Kunstsymbole und -objekte

Die Kunst der Nordwestküste verwendet hochstilisierte Symbole für Tiere, Menschen und mythologische Figuren, die als Familienwappen dienten. Zu den wichtigsten gehören der Rabe, der Bär, der Wolf, der Adler und der Frosch. Jede Familiengruppe glaubte, dass sie von einer Figur mythischen Ursprungs abstammte; diese Wappen wurden vererbt oder getauscht. Die Figuren wurden mit Hilfe dramatischer Tanzzeremonien dargestellt, die die mythische mit der Alltagswelt vereinten.

Obwohl jeder Stamm seine eigene Stilrichtung entwickelte, gelten allgemeine Kriterien für die Kunst der gesamten Region. Sie wird durch die zweidimensionale Darstellung von Symbolen charakterisiert. Ihre Grundlage ist die Formlinie, eine durchgezogene, meist schwarze Linie, die wichtige Züge und Formen der symbolischen Figuren umreißt. Sie findet sich auf verschiedenen Kunstobjekten wie Holzschnitzereien, gewebten Decken, Flechtwaren oder Bemalungen. Oft wurde die Wirklichkeit verzerrt, um eine dramatische visuelle Wirkung zu erzielen. Bei den bekannten Totempfählen mussten wegen den Proportionen des Pfahls die Figuren übereinander gestellt werden. Deshalb wechselte man große und kleine vertikal angeordnete Figuren. Um die ganze Breite des Baumstammes zu nutzen, wurden die Köpfe der Figuren überbetont.

Als besonderes Beispiel der Formlinienmuster sind die *Chilkat*-Decken des 19. Jh. anzusehen. Die aus Zedernrinde und Wolle gewebten Decken kombinierten einen schwarzgelben Rand mit komplizierten traditionellen Mustern und langen Fransen und galten als Statussymbole der Häuptlinge. Wichtige zeremonielle Objekte waren auch Holzmasken, die für verschiedene Zwecke geschnitzt wurden. Sie dienten dazu, Häuptlinge und Urahnen mit hohem Status zu ehren, Mythen durch Tänze darzustellen oder den Schamanen bei ihren Heilungsriten zu helfen.

Niedergang und Renaissance

Schon vor dem ersten Kontakt zu weißen Händlern und Felljägern existierte ein aktiver Tauschhandel zwischen den verschiedenen Stämmen. Bei spezialisierten Künstlern wurden Kunstobjekte in Auftrag gegeben. Die früheren Objekte, die im späten 18. Jh. an Reisende aus Europa verkauft wurden, hatten vielleicht noch eine stammesgebundene Funktion. Aber bald entwickelten sich Kunstgegenstände, die ausschließlich zum Verkauf produziert wurden, z. B. die hochpolierten, schwarzen Schieferschnitzereien des Haida-Stammes. Die hohen Ansprüche des individuellen Künstlers galten für ›Touristenkunst‹ ebenso wie für zeremonielle Kunst.

Das Tauschgeschäft mit weißen Felljägern brachte den Indianern der Nordwestküste neuen Reichtum; eine Zunahme der Zahl von *Potlatches* und die Errichtung von Totempfählen im frühen 19. Jh. waren Zeichen dieses Wohlstands. Einige Autoren vermuten, dass die Nachfrage der weißen Händler die Herstellung von Kunst in dieser Region gefördert hat. Um 1850 übernahmen Goldsucher, Missionare und europäische Siedler die Kontrolle über die Region. Der traditionelle Lebensstil und die Kultur der Nordwestküsten-Indianer wurden dadurch existenziell gefährdet. Gleichzeitig wurde die einheimische Bevölkerung durch Epidemien und Krankheiten stark geschwächt.

Der Niedergang dauerte über 100 Jahre – bis zur Wiederbelebung der traditionellen Kunst der Nordwestküste nach dem Zweiten Weltkrieg. Die Stammesaktivitäten erleben seitdem eine Wiedergeburt. Verstärkt wird gesungen und getanzt, werden Feste und *Potlatches* veranstaltet.

Verantwortlich für diese Renaissance war u. a. der Süd-Kwakiutl-Indianer **Mungo Martin** (1881–1962). Martin erhielt von älteren Stammesmitgliedern eine Ausbildung in Holzschnitzerei und führte diese Tradition durch die Unterrichtung seiner Söhne und Neffen fort. Er besaß ein riesiges Repertoire von Liedern und Tänzen, das er an die nächste Generation weiterreichte. Seine Hauptaufgabe war die Überwachung der Restaurierungsarbeiten im Royal British Columbia Museum in Victoria, wo er jahrelang als Berater angestellt war. Im Thunderbird Park neben dem Museum kann man heute seine monumentalen Schnitzereien besichtigen.

Ein anderer einflussreicher Künstler ist **Bill Reid** (1920–1998) vom Stamm der Haida, für seine Schmuckdesigns aus Edelmetall international bekannt. Er war einer der ersten modernen Künstler, die die komplizierten und intellektuellen Prinzipien der traditionellen Kunst der Nordwestküste beherrschten.

Seit den 1970er-Jahren hat das Interesse der weißen Nordamerikaner für die Kunst der Nordwestküste stark zugenommen, sodass es heute eine große Zahl indianischer Künstler gibt. Ein Merkmal dieser Renaissance ist, dass verstärkt moderne Techniken wie der Siebdruck aufgenommen werden. Das Druckverfahren ist besonders geeignet, die zweidimensionalen Designelemente der traditionellen Kunst auf ein Medium zu übertragen.

Indianerkunst heute

Mittlerweile sind die Grafiken der Nordwestküste Bestandteil öffentlicher und privater Sammlungen in der ganzen Welt. Einen internationalen Ruf als Siebdruckkünstler genießen Art Thompson, Robert Davidson, Bill Reid und die Mitglieder der Hunt-Familie, Nachfahren von Mungo Martin. Viele dieser Künstler sind auch begabte Holzschnitzer und gestalten Masken und andere Objekte aus Holz zum Verkauf und für Museen.

Besucher, die sich mit dem Gedanken tragen, eine solche Holzschnitzarbeit zu erwerben, müssen sich auf recht hohe Preise gefasst machen, die aber durch die Qualität dieser einmaligen Handarbeiten gerechtfertigt sind. Masken werden nach traditionellem Muster aus natürlichen Materialien gefertigt und mit Kupferdekorationen, Adlerfedern, Muscheln, Tierfellen und menschlichen Haa-

Indianischer Künstler bei der Arbeit

ren geschmückt. Holznägel werden gegenüber Metallnägeln bevorzugt und alle Einzelteile von Hand angefertigt. Im Vergleich zu den Holzobjekten sind die Siebdrucke für jedermann erschwinglich.

Kunst in Kanadas Norden

Auch das Kunsthandwerk der Dene und Inuit im Norden Kanadas hat seit einigen Jahrzehnten einen festen Sammler- und Liebhaberkreis. Die meisten Objekte werden in Kooperativen hergestellt und verkauft. Sie sind dort wesentlich preisgünstiger als in den Galerien der großen Städte im Süden Kanadas. Alle authentischen Objekte sind mit einem Siegel versehen, das sie als Arbeit einheimischer Künstler ausweist. Man sollte auf dieses Zeichen achten, denn auch in den Läden des Nordens werden häufig echte Stücke mit Imitaten zusammen angeboten. Kunst und Kunsthandwerk ist ein wichtiger Erwerbszweig in den Northwest Territories und vor allem im neuen Territorium Nunavut – mit einem Umsatz von über 10 Mio. Dollar im Jahr.

Am bekanntesten sind Kunst und Kunsthandwerk der Inuit, vor allem die ausdrucksstarken Specksteinskulpturen und schönen Steindrucke, die in piktografischem Stil traditionelle, religiöse und moderne Szenen wiedergeben. Sie kommen überwiegend aus der östlichen Arktis, besonders aus Cape Dorset, Iqaluit, Pangnirtung und Holman Island. Fast jeder Ort in Nunavut hat eine kunsthandwerkliche Tradition. Außer aus Speckstein werden Skulpturen und Schnitzereien auch aus Horn von Moschusochsen, Geweihen, Walknochen, Walrosszähnen und Narwal-Elfenbein gearbeitet, Materialien, die schon seit Tausenden von Jahren Verwendung finden. Bevorzugte Objekte sind Modelle von Kajaks und Schlittengespannen sowie Schmuck und traditionelles Werkzeug. Hübsch sind die Inuit-Puppen aus weich gegerbter Tierhaut und mit Verzierungen aus winzigen Glasperlen. Daneben wird Kleidung auf herkömmliche Art hergestellt, fein genähte Parkas und Fäustlinge aus Pelz und Tierhaut.

Sehr attraktiv ist auch das Kunsthandwerk der Dene im Südwesten der Northwest Territories und im Yukon Territory. Sie stellen vor allem Stickereien und traditionelle Indianerkleidung, besonders Mokassins, Handschuhe und Gürtel her, die unter großem Aufwand mit Stachelschwein-*Quills,* bunten Glasperlen und Elchhaar verziert werden. In den Kommunen am Liard und Mackenzie River werden künstlerisch hochwertige Puppen aus natürlichen Materialien, Modelle von Schneeschuhen und Hundeschlitten, Tanztrommeln und Körbchen aus Birkenrinde gefertigt.

Kunst in Alaska

Das Kunsthandwerk der Urbevölkerung hat in den letzten Jahren durch die erhöhte Nachfrage eine Belebung erfahren. Die Athapasca-Indianer fertigen lederne Mokassins und Jacken, farbenfroh mit Perlenstickerei verziert. Besondere Eskimospezialitäten sind Strickwaren aus der (teuren) Wolle der seltenen Moschusochsen sowie Ohrringe, Anhänger und anderer traditioneller Schmuck aus Walrosszähnen und Walbarten.

Die berühmten, aus Bergziegenwolle und Baumrinde gewebten *Chilkat Blankets* der Tlingit-Indianer kann man heute nur noch in Museen betrachten. Seit einigen Jahren stellen die Tlingit in sogenannten *Cultural Workshops* wieder holzgeschnitzte und in den traditionellen Farben Schwarz und Rot bemalte Masken und Totempfähle her – kunstvoll gearbeitet und jedes Stück ein Unikat, aber fast unbezahlbar.

Bei der traditionellen Kunst aus dem Norden Alaskas bemerkt man im Vergleich zur Nordwestküste die begrenzte Verfügbarkeit von Materialien. Treibholz, Tierknochen und Elfenbein wurden zur Herstellung von Masken, Plastiken, kleinen zeremoniellen Objekten, Amuletten, Pfeifen und Waffen verwendet. Auf älteren Objekten sieht man im piktografischen Stil ausgeführte Motive aus dem Alltag wie Jagd und Fischfang oder rituelle Tanzszenen. Oft findet man konzentrische Holzkreise um das Gesicht der Tiermaske. Diese repräsentieren die unterschiedlichen Ebenen des Eskimo-Universums, vom Weltraum bis zum Meer.

Nicht nur Indianer und Inuit fertigen Kunsthandwerk; auch die Weißen haben ihren Teil dazu beigetragen. Zum Beispiel die von Langeweile geplagten Walfänger im 19. Jh.: Während sie auf den Eisaufbruch im Polarmeer warteten, ritzten sie in langen Winternächten kleine Bilder in polierte Elfenbeinstücke und rieben anschließend Tinte in die Vertiefungen. *Scrimshaw* heißen diese Miniaturkunstwerke aus Walross- und Walknochen. Mit den Goldgräbern kam um 1900 Nuggetschmuck auf, der seither in immer neuer Verarbeitung als Anhänger, Armband, Uhrkette oder Ohrring zu finden ist. Traditionell amerikanische Handarbeiten wie Patchwork, Quilts und Schnitzereien werden vor allem im Winter in den kleineren Siedlungen angefertigt und auf den vielen ländlichen Jahrmärkten und Festivals angeboten.

Die Kunstgalerien zeigen vorwiegend Gemälde, Zeichnungen und Drucke moderner Künstler, deren Themen meist Menschen und Natur des ›Great Land‹ sind. Häufige Exponate sind auch die zeitlos-klassischen Skulpturen der Eskimotradition – Menschen und Tiere der Arktis – dargestellt in alaskischer Jade, Walross-Elfenbein oder Speckstein.

Ein preiswertes, original alaskisches Souvenir, das zu einem nützlichen Gebrauchsgegenstand werden kann, ist das *Ulu.* Dieses halbmondförmige, ursprünglich aus Stein hergestellte Messer der Eskimofrauen wurde im Norden des Landes jahrhundertelang zu allen Schneidearbeiten benutzt – vom Abhäuten der Karibus bis zum Schneiden des *Muktuk,* der dicken Walhaut.

Schließlich wären drei nicht-traditionelle Künstler zu erwähnen, die in Alaska leben: **Rie Munoz** stellt naive, lustige Eskimoszenen als Aquarelle oder in anderen Medien dar. **Fred Machetanz** ist international als Landschaftsmaler bekannt und vermag die Weite und Unberührtheit der arktischen Landschaft auf faszinierende Weise einzufangen, ohne dass man das Gefühl für die Gefahren verliert, die diese Region birgt. **Richard T. Wallen** wurde besonders durch seine meisterhaften Lithografien von Ureinwohnern und Szenen aus der Tierwelt bekannt.

Essen und Trinken

Als klassische Einwandererländer kennen weder Kanada noch die USA eine ›typisch‹ kanadische oder amerikanische Küche – dazu sind ihre Bevölkerungen zu heterogen. In letzter Zeit ist jedoch vor allem an der Westküste eine neue Cuisine entstanden, die regionale Produkte mit kreativen Rezepten verfeinert und den – hervorragenden – Nationalitätenrestaurants immer stärkere Konkurrenz entgegensetzt.

Dass die Portionen in den Prärien und im Nordwesten riesig, aber nicht gesund sind, ist oft zu hören. Doch daraus auf die Lage der Küche vor Ort zu schließen, wäre falsch. Tatsächlich gehen Kanadier und Amerikaner in zwei Welten auswärts essen: In Fastfood- und ›Family Restaurants‹, die Hamburger, Sandwiches, Pizza, Pasta und Steaks zu niedrigen Preisen auftischen, und in Spezialitäten- und Fine Dining-Restaurants, in denen stadtbekannte Chefs die kreativen Muskeln spielen lassen. In der Preisklasse dazwischen haben sich bistroähnliche Coffeeshops eingerichtet, die mittags Sandwiches und mehrgängige Mahlzeiten anbieten.

Merkmale der kanadischen Küche

Wer um die panamerikanischen Fastfoodketten einen Bogen macht, stellt schnell fest, dass jede Region besondere Spezialitäten aufweist. Generell gilt, dass West-Kanada stark von englisch-amerikanischen, ukrainischen, deutschen, polnischen und skandinavischen Kochtraditionen beeinflusst ist. Regionale Produkte aus Garten und Wildnis werden nach Rezepten aus der alten Heimat zubereitet. Einen guten Überblick darüber, was eine Region zu bieten hat, vermitteln die lokalen *Farmers' Markets*. In Manitoba und Saskatchewan sollte man vor allem Saibling, Hecht und Barsch aus den riesigen Binnenseen probieren. Auch die Wildbeerentorten sind nicht zu verachten. Alberta steht für Steaks: Die von der Alberta Cattle Commission geprüften Steaks sind die besten des Landes. Man sollte auch nicht versäumen, wenigstens einmal Bisonfleisch zu bestellen. Das Fleisch der urweltlich aussehenden Tiere ist mager und fettarm und stammt von überall in der Provinz angesiedelten Bisonfarmen. Auch ›Bisonburger‹ lohnen einen Selbstversuch. British Columbia wiederum und auch Alaska sind berühmt für Lachs und ausgezeichnetes Seafood.

Westcoast Cuisine

Vancouver und seine Küste ist die Heimat der berühmten Westcoast Cuisine, einer attraktiven Fusion asiatischer, kalifornischer und französischer Kochstile und -techniken. Charakteristisch für diese auch optisch überaus appetitliche Cuisine ist die Verwendung von lokalen Zutaten wie Meeresfrüchten und Gemüse. Auch im Innern British Columbias, ja sogar in Alaska und im Yukon Territorium, sind Restaurants mit Westcoastgerichten zu finden. Typische Speisen sind mit Ahornsirup zubereiteter Fisch, Spargel mit geräuchertem Mozzarella, Kaninchenrisotto mit Zederngelee und Wildbretcarpaccio.

Zur Westcoast Cuisine gehören Weine aus British Columbia. Das Okanagan Valley im Süden der Provinz produziert die besten

Weißweine des Landes. Mitteleuropäische Biertrinker müssen längst nicht mehr auf Importware zurückgreifen. Kleine, privat betriebene ›Micro Breweries‹, die mitunter sogar nach dem deutschen Reinheitsgebot brauen, haben sich mit einer breiten Produktpalette eine komfortable Nische am Markt erobert. Es lohnt sich daher stets, nach dem *Local Brew* zu fragen.

Restaurantkultur

Im Süden West-Kanadas gibt es in den Städten eine Reihe hervorragender Restaurants, die bezüglich Service und Angebot keinen Vergleich mit dem Rest der Welt scheuen müssen. Bedingt durch die ethnische Vielfalt der großen Orte wie Vancouver, Edmonton, Calgary und Winnipeg entdeckt man hier eine Bandbreite von kulinarischen Genüssen, wie man sie wohl in keiner europäischen Stadt finden würde. Das Dinner ist die wichtigste Mahlzeit des Tages, es wird üblicherweise zwischen 17 und 20.30 Uhr serviert, also etwas früher als bei uns.

Wenn man weiter nach Norden vordringt, dünnt die Auswahl guter Restaurants erheblich aus. Nördlich von Edmonton übernehmen Kettenrestaurants und Diners das Regiment. Spezialitätenrestaurants sind dann eher die Ausnahme.

In *Public Markets* wie hier auf Granville Island kann man lokale Spezialitäten einkaufen oder gleich vor Ort genießen

Allgemeines

bill	Rechnung
breakfast	Frühstück
cup	Tasse
fork	Gabel
knife	Messer
main course	Hauptgericht
menu	Speisekarte
napkin	Serviette
plate	Teller
side dish	Beilage
soup	Suppe
specials	Tagesgerichte
spoon	Löffel
starters, hors d'oeuvre	Vorspeisen
waiter	Kellner
wine list	Weinkarte

Frühstück

bacon	Frühstücksspeck
bread roll	Brötchen
cereals	Getreideflocken
cold cuts	Aufschnitt
egg: over easy	Spiegelei, von beiden Seiten gebraten
poached	verlorenes Ei
scrambled	Rührei
soft boiled	weich gekocht
sunny side up	Spiegelei, nicht gewendet
ham	Schinken
jam	Marmelade
rye bread	Roggenbrot
sausage	Wurst
slice	Scheibe
sugar	Zucker

Fisch

bass	Goldbarsch
cod	Kabeljau
crab	Krebs
crayfish	Languste
eel	Aal
flounder	Scholle/Flunder
haddock	Schellfisch
halibut	Heilbutt
herring salad	Heringsalat
lobster	Hummer, Languste
mackerel	Makrele
mussels	Muscheln
oyster	Auster
pike	Hecht
plaice	Scholle
prawn cocktail	Garnelen-Cocktail
salmon	Lachs
sea bass	Seebarsch
shrimps	Krabben
smoked salmon	Räucherlachs
sole	Seezunge
trout	Forelle
tuna	Thunfisch
turbot	Steinbutt

Fleisch und Geflügel

beef	Rindfleisch
chicken	Hähnchen
game	Wild
goose	Gans
kidney	Niere
lamb	Lamm
liver	Leber
medium	medium gebraten
mutton	Hammel
partridge	Rebhuhn
pheasant	Fasan
pigeon	Taube
pork	Schwein
poultry	Geflügel
rabbit	Kaninchen
rare	rosa gebraten
rib	Rippe
roast chicken	Brathähnchen
roast pork	Schweinebraten
roast roe	Rehbraten
roast stag	Hirschbraten
sausage	Wurst, Würstchen
stew	Ragout

turkey	Truthahn/Puter
veal	Kalbfleisch
venison	Hirsch, Reh
well done	durchgebraten

Gemüse und Beilagen

asparagus	Spargel
beetroot	Rote Beete
brussels sprouts	Rosenkohl
cabbage	Weißkohl
carrots	Karotten
cauliflower	Blumenkohl
celery	Staudensellerie
corn	Mais
courgettes	Zucchini
cucumbers	Gurken
dumplings	Klöße/Knödel
french-fries	Pommes frites
fried potatoes	Bratkartoffeln
gravy	Soße
leek	Porree, Lauch
lettuce	Kopfsalat
mushroom	Pilz
onion	Zwiebel
pea	Erbse
pepper	Paprika
potato	Kartoffel
boiled potato	Salzkartoffel
mashed potato	Püree
red cabbage	Rotkohl
spinach	Spinat

Nachspeisen und Süßes

cake	Kuchen
gateau	Sahnetorte
pancake	Pfannkuchen
pastry	Gebäck
pie	Obstkuchen, Pastete
whipped cream	Schlagsahne

Obst

apple sauce	Apfelmus
blackberry	Brombeere
cherry	Kirsche
cranberry	Preiselbeere
currant	Johannisbeere
gooseberry	Stachelbeere
grapes	Weintrauben
lemon	Zitrone
peach	Pfirsich
pear	Birne
plum	Pflaume
raspberry	Himbeere
rhubarb	Rhabarber
strawberry	Erdbeere

Getränke

coffee	Kaffee
draught beer	Fassbier
fruit juice	Obstsaft
ice cube	Eiswürfel
lemonade	Zitronenlimonade
milk	Milch
soft drinks	alkoholfreie Getränke
spirits	Spirituosen
tea	Tee
wine	Wein
sparkling wine	Schaumwein

Zubereiten und Würzen

basil	Basilikum
braised	geschmort
cooked, boiled	gekocht
deep fried	frittiert
fried	gebraten
garlic	Knoblauch
ginger	Ingwer
herbs	Kräuter
horseradish	Meerrettich
hot	heiß, oder: scharf
mustard	Senf
olive oil	Olivenöl
parsley	Petersilie
pepper	Pfeffer
sage	Salbei
salt	Salz
seared	kurz/scharf gebraten
smoked	geräuchert
spices	Gewürze
vinegar	Essig

Mit Kanu und Zelt durch die Wildnis – im Wells Gray Provincial Park, British Columbia

Wissenswertes für die Reise

Kanada und Alaska im Internet

Allgemeine Seiten

www.canada.worldweb.com: Reiseportal mit guter Kanada-Seite, übersichtlich mit Reservierungsfunktion und der Option, sich eine eigene Infoseite zu erstellen. Das beste Feature bietet Zugriff auf zahlreiche interaktive Karten und Stadtpläne mit eingezeichneten Hotels, Restaurants und Attraktionen.

www.explorenorth.com: Portal für Nordlandreisende mit einem umfangreichen Verzeichnis von Links, die unter anderem auch zu Seiten mit interessanten Reiseberichten und Hintergrundartikeln führen.

www.thegreenpages.ca: Kanadas Umwelt-Portal, mit einem umfassenden und aktuellen, sehr übersichtlich nach Provinzen geordneten Nachrichtenspiegel der kanadischen Medien zu diesem Themenbereich.

www.transcanadahighway.com: Detaillierte Routenbeschreibung für den Trans-Canada Highway, übersichtlich nach Provinzen geordnet und mit Streckenkarten versehen.

www.aboriginalcanada.gc.ca: Webportal für Kanadas Ureinwohner.

www.travelalaska.com: Offizielle Seite des US-Bundesstaates Alaska, mit Reiseplaner und Info-Seiten mit Karte zu allen Reisezielen. Attraktive Fotogalerie, umfangreiche Bücherliste über Alaska.

www.bellsalaska.com: Attraktive Seite mit umfangreichen Reiseinformationen über das Nordland (Alaska, Yukon, Nord-BC). Neben guten Hintergrundinfos zu den meisten Orten findet man aktuelle Angaben über Fähren, Highways und Wetter. Links verweisen auf Erlebnisberichte von Reisenden.

Deutschsprachige Seiten

www.kanada.de: Offizielle Webseite der Kanadischen Botschaft in Deutschland mit einem Newsletter und Veranstaltungskalender über kanadische Kultur- und Wirtschafts-Events in Deutschland sowie Weblinks zu kanadischen Konsulaten. Beschreibungen der Provinzen mit Links zu den einzelnen Fremdenverkehrsämtern.

www.keepexploring.ca: Reiseseite der Canadian Tourism Commission mit Infos über Reiseziele, Reisewetter, Festivals und Events, Aktivurlaub, Kultur und historische Sehenswürdigkeiten, Reiseberichten und Links zu Reiseveranstaltern. Es gibt Reiseplaner und Magazine zum Downloaden und eine Suchfunktion für individuelle Urlaubswünsche.

www.canadajournal.ca: Sehr übersichtliche und informative Webseite: ausführliche Reiseberichte, Material über Schulen und Universitäten, Einwanderungsbestimmungen und Geschäftsleben mit Erfahrungsberichten. Eine Linkseite bietet schnellen Zugang zu englischsprachigen kanadischen Medien.

www.alaska-info.de: Liebevoll gestaltete Alaska-Seite mit einem Nordamerika-Portal. Hier findet man eine Fülle von aktuellen Informationen, Hintergrundartikeln und Reiseberichten. Zahlreiche Links zu Behörden, Tourismus-Organisationen, Verkehrsmitteln, Reiseanbietern, Ausrüstern und allgemeinen Informationsquellen.

Englischsprachige Seiten

www.canada.gc.ca: Offizielle Webseite der kanadischen Regierung mit Informationen über Land und Gesellschaft sowie Portal zu den einzelnen Provinzen.

www.pc.gc.ca, www.parkscanada.ca: Portal für Kanadas Nationalparks mit weiterführenden Links auf die jeweiligen Parks. Informationen über Gebühren, Vorschriften, Sicherheit sowie Reservierungsservice.

http://gorp.away.com/gorp/location/canada/canada.htm: Auf den Kanadaseiten des Away-Network finden sich zahlreiche Links zu objektiven Erlebnisberichten und Outdoor-Aktivitäten in den Provinzen und Territorien.

www.alaskainfo.org: Attraktive, informative Seite des Southeast Alaska Tourism Council, mit Links zu den Orten der Inside Passage, die ebenfalls hervorragend gestaltet sind.

www.alaskavisitorscenter.com: Gute Hilfe zur Planung von Alaska-Aktivitäten: einzelne Veranstalter, kurze Tourenbeschreibungen mit Kostenübersicht; wichtige Alaska-Weblinks.

Fremdenverkehrsämter

In Deutschland

Canadian Tourism Commission
c/o Lange Touristik-Dienst
Postfach 20 02 47
63469 Maintal
Tel. 018 05-52 62 32, Fax 061 81-49 75 58
www.travelcanada.ca

Alaska Travel Industry Association
c/o ESTM E. Sommer Tourismus Marketing
Postfach 14 25
61284 Bad Homburg
Tel. 0 61 72-92 16 01, Fax 92 16 05
es-tm@t-online.de, www.alaska-travel.de

In Österreich

Österreicher wenden sich an die **Canadian Tourism Commission** in Deutschland (s. o.).

In der Schweiz

Canadian Tourism Commission
c/o Landair
Solothurnstr. 81
4702 Oensingen
Tel. 062-396 41 51, Fax 396 41 52
canada-info@bluewin.ch
www.travelcanada.ca

In Kanada

Tourism British Columbia
Prov. Government, Box 9830, Dept. TG
Victoria BC V8W 9W5
Tel. 1-866-810-66 45, 250-953-20 33
Fax 1-877-402-75 73
www.hellobc.com, www.tourism.bc.ca

Travel Alberta
P.O. Box 2500, Edmonton, AB T5J 2Z4
Tel. 780-427-43 21, 1-800-252-37 82
Fax 780-422-08 67
www.travelalberta.com

Tourism Saskatchewan
1922 Park Street
Regina, SK S4N 7M4
Tel. 306-787-96 00 oder 877-237-22 73
Fax 306-787-07 15
www.sasktourism.com

Travel Manitoba
Dept. AB3, 7th Floor
155 Carlton St.
Winnipeg, MB R3C 3H8
Tel. 204-927-78 00 oder 1-800-665-00 40
Fax 204-942-40 43
www.travelmanitoba.com

NWT Arctic Tourism
P.O. Box 610 Yellowknife, NT X1A 2N5
Tel. 867-873-72 00, 1-800-661-07 88
Fax 867-873-40 59
www.nwttravel.nt.ca

Nunavut Tourism
P.O. Box 1450, Iqaluit, NT X0A 0H0
Tel. 867-979-65 51, 1-866-686-28 88
Fax 867-979-12 61
www.nunatour.nt.ca

Yukon Tourism and Culture
P.O. Box 2703, Whitehorse, YT Y1A 2C6
Tel. 867-667-50 36, 1-800-661-04 94
Fax 867-667-35 46
www.touryukon.com

In Alaska

Alaska Travel Industry Association
2600 Cordova St., Suite 201
Anchorage, AK 99503
Tel. 907-929-28 42
www.alaskatia.org

Diplomatische Vertretungen

In Deutschland

Kanadische Botschaft
Leipziger Platz 17
10117 Berlin
Tel. 030-20 31 20
Fax 20 31 25 90
www.cic.gc.ca

In Österreich

Kanadische Botschaft
Laurenzerberg 2
1010 Wien
Tel. 043-15 31 38 30 00
Fax 15 31 38 33 21

In der Schweiz

Kanadische Botschaft
Kirchenfeldstraße 88
3005 Bern
Tel. 031-357 32 00
Fax 357 32 10

In West-Kanada

Deutsches Generalkonsulat
999 Canada Place, Suite 704
Vancouver, British Columbia V6C 3E1
Tel. 604-684-83 77

Deutsches Honorarkonsulat
8005 102 St.
Edmonton, Alberta T6E 4A2
Tel. 780-434-04 30

Österreichisches Generalkonsulat
1525 Coal Harbour Quay
Vancouver, British Columbia, V6G 3E7
Tel. 604-687-33 38

Schweizer Generalkonsulat
790–999 Canada Place
Vancouver, British Columbia, V6C 3E1
Tel. 604-684-22 31

In Alaska

Deutsches Honorarkonsulat
425 G St., Suite 650
Anchorage, AK 99501
Tel. 907-274-65 37
Fax 274-87 98

Karten

Gutes Kartenmaterial für die Routenplanung ist kostenlos oder gegen eine Schutzgebühr in allen Tourismusbüros der kanadischen Provinzen und in Alaska erhältlich. Topografische oder Spezialkarten sind in vielen Buchhandlungen, bei Outdoor-Spezialisten und teilweise auch in den Visitor Centers der National Parks erhältlich. Zumindest erhält man hier gegen eine Schutzgebühr Kartenmaterial für die Straßen und wichtigsten Wanderwege des jeweiligen Gebietes.
Federal Maps: 425 University Ave., Suite 401, Toronto M5G 1T6, Ontario, Canada, Tel. 416-607-62 50, 1-888-545-81 11, Fax 416-352-16 31, www.fedmaps.com. Topografische Karten, Spezialkarten.

Lesetipps

Belletristik

Atwood, Margaret: Der lange Traum. List, 2006. Vielschichtiger Roman um den Selbstfindungsprozess einer jungen Frau. Mit diesem Werk gelang der Autorin, die heute zu den bedeutendsten Kanadas zählt, der internationale Durchbruch.
Bauer, Walter: Grey Owl: Der weiße Indianer. Die Geschichte eines abenteuerlichen Lebens. Lamuv, Göttingen 2000. Spannende Biografie des legendären Abenteurers und Schriftstellers, der mit 16 von zu Hause ausriss und 1905 nach Amerika zu den Indianern ging.
Berton, Pierre: Klondike: The Last Great Gold Rush, 1896–1899. Anchor Books, 2001.

Die faszinierende Geschichte vom großen Goldrausch im Yukon, meisterhaft erzählt (englisch).

Berton, Pierre: The Last Spike: The Great Railway. Anchor Books, 2002. Die Erschließung des kanadischen Westens durch den Eisenbahnbau (englisch).

London, Jack: Lockruf des Goldes. dtv, 2001. Packender und realistischer Roman über den Goldrausch im Yukon.

Martel, Yann: Schiffbruch mit Tiger. Fischer, 2006. Mit dem renommierten Booker Prize ausgezeichnetes fantastisches Werk über die Odyssee eines indischen Jungen, der bei der Überfahrt nach Kanada Schiffbruch erleidet.

Wiebe, Rudy: Land jenseits der Stimmen. Heyne, 2003. Preisgekrönter Roman über die Franklin-Expedition 1819, die sich auf die Suche nach der Nordwest-Passage machte.

Sachbücher und Reportagen

Breiter, Matthias: Tier- und Pflanzenführer Westkanada und Alaska. Kosmos, 2006. Klassisches Bestimmungsbuch mit zahlreichen Farbfotos und Zeichnungen.

Canadian Campground Guide: Woodall's 2011. Jährlich erscheinender Klassiker für Camper in Nordamerika (englisch).

Katz, Elliott: The Complete Guide to Walking in Canada: Includes Day-Hiking and Backpacking. Firefly Books, 2001. Tipps für Ausrüstung und Planung von Trekking und Wanderungen, Einführung in den Gebrauch von Kompass und topografischen Karten, Beschreibung der interessantesten Routen (englisch).

Kreutzkamp, Dieter: Die Spur der Wale. Piper, 2010. Eine Reise der Extreme entlang der Küsten von Alaska und Kanada. Die Ein-Mann-Expedition per Seekajak führt vom Prince William Sound durch die Glacier Bay und die Inside Passage bis nach Vancouver.

Laux, Ulrich: Abenteuer Kanada – Kanada ist anders. Reisen und Auswandern, Land – Leute – Leben. Interconnections, 2004. Eindrücke und Informationen über Land und Leute aus der Sicht eines deutschen Einwanderers, oft kritisch, aber doch informativ.

Mertz, Peter: Reiseführer Natur, Kanada. BLV Verlagsgesellschaft, 1996. Informativer Naturführer mit ausführlichem Glossar der deutschen, lateinischen und englischen Namen.

Mowat, Farley: High Latitudes: An Arctic Journey. Steerforth Press, 2003. Das große Buch über Kanadas Norden erzählt spannend und einfühlsam über die Erschließung der unendlichen Weiten und das Schicksal der *Native People* (englisch).

Mowat, Farley: Der Schneewanderer. Unionsverlag, 1997. Der Chronist der arktischen Welt erzählt vom Leben der Inuit.

Raban, Jonathan: Passage nach Juneau. Durch Kanadas Stromschnellen und Fischgründe. Piper, 2006. Bericht eines Segeltörns von Seattle bis nach Alaska.

Reinmuth, Dieter: Yukon Outdoor Handbuch. Kanu- und Floßtour. Stein, 2006. Wertvolle Infos für die Paddeltour von Whitehorse nach Dawson City: Tipps zur Vorbereitung, Anreise, Verhalten in der Wildnis, nützliche Adressen, Flusskarten und eine detaillierte Tourbeschreibung.

Service, Robert: Best Tales of the Yukon. Running Press Book Publishers, 1983. Eine Auswahl der besten Balladen des ›Barden vom Yukon‹, der die Abenteurer und Originale des Yukon Territory unsterblich gemacht hat (englisch).

Sobik, Helge: Der Mann hinter dem Regenbogen – Kanadische Eigenheiten. Picus Verlag, 2001. Sehr lesenswerte, oft amüsante und abenteuerliche Geschichten über den kanadischen »Way of Life«.

The Milepost: Trip Planner for Alaska, Yukon Territory, British Columbia, Alberta & Northwest Territories, 2011. Erscheint jährlich. ›Bibel der Nordlandreisenden‹ mit rund 800 Seiten Routenbeschreibungen und einer immensen Fülle von Adressen und Anzeigen (englisch).

Kanada und Alaska als Reiseland

Kein anderes Land wird spontaner mit Idealbildern wie ›unberührte Natur‹, ›kristallklares Wasser‹ und ›menschenleere Wildnis‹ in Verbindung gebracht. Und das Schönste ist: Die Klischees, so überladen sie klingen mögen, sind wahr! In Kanada, wo Entfernungen in Stunden und Tagen angegeben werden und wo, will man nicht mitten in der Nacht anrufen, vor Ferngesprächen an die Zeitzone gedacht werden muss, ist jede Menge Platz (in Alaska sowieso!).

Die Seele reinigen

Durch die menschenleere Wildnis Alaskas zu wandern heißt, die Alltagssorgen hinter sich zu lassen und sich selbst wieder atmen und denken zu hören. In Kanada zu reisen, im Mietwagen oder Wohnmobil, bedeutet, Straßen unter die Reifen zu nehmen, die viele tausend Kilometer lang sind. Was wiederum bedeutet, unterwegs Autofahrern zu begegnen, die Fremde grüßen und Einheimischen, denen Gastfreundschaft noch heilig ist. Selbst der Besucher, der Lebensqualität ein wenig anders definiert, wird sich dem Zauber der zeitlos schönen Naturlandschaften Kanadas und Alaskas nicht entziehen können.

Kunst und Kultur(en) tanken

Apropos Lebensqualität. Vor allem Kanada ist nicht nur Wildnis und Weite. Die Großstädte des zweitgrößten Landes der Erde sind Weltstädte im wahren Sinne des Wortes, bewohnt von dutzenden Ethnien aus allen Ecken dieser Welt, die alle kreativ am Stoff ihrer Wahlheimat mitgewebt haben. Vancouver? Die Stadt, in der alle Kanadier am liebsten leben würden. Jung, dynamisch, polyglott und gesundheitsbewusst, mit Restaurants, Museen und Kunstgalerien gesegnet, die San Francisco neidisch machen. Calgary? Eine der am schnellsten wachsenden Städte Nordamerikas, 100 Jahre jung und doch bodenständig, weltoffen, reich und doch angenehm provinziell. Anchorage? Im Sommer ein Blumenmeer mit allen Annehmlichkeiten einer Großstadt 2000 km weiter südlich. Doch das Allerschönste ist: Hier wie dort liegt die Wildnis gleich um die Ecke.

Dass Sie am Ende eines langen Tages vor verschlossener Türe stehen oder im Hotelzimmer unangenehme Überraschungen erleben, ist kaum zu befürchten. Die Fremdenverkehrsindustrie arbeitet professionell und In allen größeren Städten gibt es Unterkünfte und Restaurants für jeden Geldbeutel. Wer tiefer in die Tasche greift, erlebt Fünf-Sterne-Luxus selbst in straßenloser Wildnis.

National- und Provinzparks

National- und Provinzparks haben sowohl in Kanada wie auch in Alaska meist die besten Picknick- und Campingmöglichkeiten. Reservierungen per Kreditkarte sind in vielen Parks möglich, sonst sollte man sich möglichst früh am Tag seinen Platz sichern. Canadian Parks Service und die Provinzregierungen in Kanada sowie der National Park Service und die Bundesstaaten in den USA halten detaillierte Informationen über die Parks bereit.

Der Eintritt pro Fahrzeug ist in den einzelnen Parks unterschiedlich und liegt zwischen $ 10 und 20. Möchte man mehrere Nationalparks besuchen, lohnt sich unter Umständen ein Jahrespass, den es sowohl für die kanadischen als auch die amerikanischen Parks gibt. In den USA kann man mit dem **America the Beautiful Pass** für 80 US-$ (pro Fahrzeug einschließlich aller Insassen) ein Jahr lang alle National Parks, Monuments und Historical Sites besuchen. Mit dem **Canada's Great Western Annual Pass** kann man für $ 35 (Gruppen von 2–10 Pers. $ 70) ein Jahr lang die folgenden National Parks besuchen: Banff, Jasper, Waterton Lakes, Riding Mountain,

Prince Albert, Elk Island, Yoho, Kootenay, Mount Revelstoke, Glacier und Pacific Rim. Die Pässe sind in den Visitor Centers erhältlich; man kann auch mit Kreditkarte bezahlen. In vielen der großen Nationalparks gibt es am Eingang Schalter für Passbesitzer, so dass man nicht Schlange stehen muss.

Canadian Parks Service: 220 4th Ave., SE, Suite 270, Calgary, Alberta, T2G 4X3, Tel. 403-292-44 01, Fax 292-44 08, www.pc.gc.ca. Infos über alle Nationalparks in Kanada.
National Park Service Alaska: 240 W. 5th Ave., Anchorage, AK 99501, Tel. 907-644-35 10, www.nps.gov/akso/.

Entfernungsangaben

Kinder können sich im Sommer an zahlreichen Seen austoben

Reisen mit Kindern

Kanada eignet sich hervorragend für Familienreisen mit Kindern. Weder fehlt es an entsprechenden Einrichtungen (Kindermenüs, besondere Attraktionen, Kinder bis 15 Jahre logieren im Allgemeinen kostenlos in Hotels etc.), noch schließt Abenteuerreisen Kinderfreundlichkeit aus. Im Gegenteil: Das Leben im Camp mit viel Platz, Kochen im Freien, Fischen und Feuermachen bereitet Kindern besonderen Spaß. Besonders Reisen im Wohnmobil ist für kleine Kinder ideal. Der Camper schaffte eine vertraute Umgebung, im Gegensatz zum häufigen Wechsel der Motel- oder Hotelzimmer. Viele Campingplätze haben außer Swimmingpools auch Spielplätze.

Die Kanadier lieben es, mit Kind und Kegel die Campingplätze zu bevölkern – eine gute Voraussetzung übrigens, um Kontakte mit ihnen zu knüpfen: Kinder mit Kindern ebenso wie die Eltern untereinander. Generell gilt, dass man in Kanada und USA auf Reisende mit Kindern besser eingestellt ist und mehr Rücksicht nimmt als in Deutschland. Kindersitze im Mietwagen sind nicht nur selbstverständlich, sondern sogar Pflicht. Sie werden auf Anfrage bereitgestellt.

Wer mit Kindern reist, sollte allerdings den Zeitplan etwas großzügiger gestalten und zwischendurch auch einmal ein paar Tage an einem Ort verweilen. So hat man unterwegs genügend Spielraum, um sich mit dem Nachwuchs beschäftigen zu können. In den größeren Städten gibt es Zoologische Gärten, Wasserparks, ›Wildwestdörfer‹ und nicht selten auch Museen mit didaktisch gut aufbereiteten Kinderabteilungen.

Einreisebestimmungen

Kanada

Kanada-Reisende benötigen als Touristen kein Visum. Reisepass bzw. Kinderausweis (ab 10 Jahren mit Lichtbild) genügen, sofern sie mindestens noch sechs Monate gültig sind. Impfungen sind nicht vorgeschrieben.

Zollfrei eingeführt werden dürfen alle Gegenstände, die für den persönlichen Gebrauch während der Reise bestimmt sind, außerdem 1,1 l Spirituosen, 200 Zigaretten, 200 g Tabak und 50 Zigarren. Lebensmittel sind nur in begrenztem Umfang und nur als Konserven zulässig. Als Geschenk dürfen Gegenstände im Wert von $ 60 pro zu beschenkender Person eingeführt werden. Jagd- und Sportwaffen dürfen zwar mitgebracht werden – hierfür gelten aber besondere Bestimmungen. Nähere Auskünfte erhält man bei der kanadischen Botschaft in Berlin.

Canadian Customs and Revenue Agency: http://www.dfait-maeci.gc.ca/canada-europa/germany/tradewithcanada515-de.asp.

Alaska/USA

Auch die Einreise in die USA ist für Besucher aus Deutschland, Österreich und der Schweiz (bis zu einem Aufenthalt von 90 Tagen) problemlos. Vorgelegt werden muss seit Juni 2005 ein bordeauxfarbener, maschinenlesbarer Reisepass bzw. Kinderausweis (ab 10 Jahren mit Lichtbild), der noch 90 Tage nach Antritt der Reise gültig ist. Das bisher übliche Ausfüllen des I-94 W-Formulars für die Einreise an Bord des Flugzeugs/Schiffes ist seit Mai 2010 schrittweise entfallen und wird durch die ESTA-Genehmigung (Electronic System for Travel Authorization) abgelöst. Diese Genehmigung sollte man schon einholen, wenn mit der Reiseplanung begonnen wird. Die Formalitäten erledigen das Reisebüro oder die Airline, alternativ kann man die Genehmigung online bei http://www.usimmigrationsupport.org/visas.html, https://esta.cbp.dhs.gov oder www.usvisagermany.com beantragen. Sie ist mit einem Unkostenbeitrag verbunden. Im Rahmen des Secure-Flight-Programms müssen Reisende bis spätestens 72 Stunden vor Abflug in der Buchung neben dem vollständigen Namen auch Geburtsdatum und Geschlecht angeben.

United States Customs: www.customs.gov.

Für **Anschlussreisen** von Kanada in die USA ist kein Visum erforderlich. Wichtig ist aber, dass bei mehrfachem Grenzwechsel der *Departure Record*-Abschnitt des Einreisedokuments nicht entfernt wird.

Zollfrei eingeführt werden dürfen Gegenstände des persönlichen Gebrauchs sowie 1 l alkoholische Getränke, 200 Zigaretten oder 50 Zigarren oder 1350 g Tabak (ab 21 Jahre). Geschenkartikel bis zum Wert von 100 US-$ dürfen ebenfalls zollfrei eingeführt werden (gilt nicht für Alkohol und Zigaretten). Frische und konservierte Lebensmittel sowie Pflanzen, Narkotika, gefährliche Arzneimittel (Ausnahmen mit ärztlichem Rezept) dürfen nicht eingeführt werden. Seit dem 10. August 2006 gelten verschärfte Sicherheitsmaßnahmen (Handgepäck) für Flüge in die USA. Informationen erhält man bei der Fluggesellschaft.

Anreise nach Kanada

Anflughäfen für den West-Kanada-Urlauber sind in der Regel Vancouver und Calgary. Die Preise für Flüge sind recht unterschiedlich, Holiday- und Spezialtarife gibt es je nach Reisezeit zwischen 400 und 1000 Euro.

Die **Lufthansa** (www.lufthansa.de) fliegt täglich nonstop von Frankfurt nach Vancouver, **Air Canada** (www.aircanada.ca) nach Calgary und Vancouver. **Condor** bietet jeden Samstag einen Charterflug nonstop von Frankfurt nach Vancouver und von Mai bis Oktober einmal pro Woche nach Whitehorse. Auch Kombinationen innerhalb Kanadas sind möglich. Führende Charterfluggesellschaft in

Kanada ist **Air Transat** (www.airtransat.de). Sie fliegt sonntags ab Frankfurt nonstop nach Calgary und Vancouver und freitags nonstop nach Edmonton.

Eine preiswerte Möglichkeit, Kanada kennen zu lernen, bietet der **Visit North America Airpass** von Air Canada. So sind z. B. drei Coupons schon ab 450 Euro erhältlich. Sie gelten auf dem gesamten USA- und Kanada-Streckennetz. Durch die Zusammenarbeit mit kanadischen und US-Airlines sind auch recht günstige Anschlussflüge nach Alaska und zu anderen amerikanischen Städten möglich.

Anreise nach Alaska/USA

Mit dem Flugzeug

Von Deutschland aus wird Anchorage nur von Chartergesellschaften direkt angeflogen. Linienflüge gehen über Chicago oder Seattle. Von Seattle, der Drehscheibe für den Flugverkehr nach Alaska, dauert der Flug nach Anchorage 3,5 Stunden. Die wichtigsten inneramerikanischen Gesellschaften, die nach Alaska fliegen, sind Alaska Airlines, Delta, United und Northwest Orient. Eine schnellere Verbindung besteht von Deutschland über Vancouver und Seattle nach Anchorage.

Am schnellsten und preisgünstigsten fliegt man mit der Charterfluggesellschaft **Thomas Cook** (www.thomascook.de) von Deutschland nach Alaska und in den Yukon. Sie hat ihr Angebot noch einmal erweitert und eine neue Direktverbindung über Whitehorse im Yukon nach Fairbanks/Alaska eingerichtet.

Mit dem Auto

Zu Land ist Alaska vom Yukon Territory her über verschiedene Straßen zu erreichen. Der Alaska Highway führt von Whitehorse nach Tok, und von Dawson City aus kann man im Sommer über den Top-of-the-World Highway ebenfalls Tok und damit den Anfang des alaskischen Straßennetzes erreichen.

Wer von Kanada her kommend mit dem Leihwagen oder Camper einige Zeit im Nordland verbringen möchte, mietet den Wagen besser schon in Alberta (Edmonton) oder British Columbia, da dort die Preise meist günstiger sind. Noch preiswerter und zuverlässiger mietet man seinen Wagen schon von Deutschland aus.

Mit der Fähre

Fährschiffe verkehren von Seattle oder von Prince Rupert aus, dem nördlichsten Hafen der BC-Fähren. Von hier hat man Anschluss an die kanadische Eisenbahn VIA-Rail nach Edmonton, Jasper und Prince George.

Verkehrsmittel im Land

Flugzeug

Das dichteste Streckennetz innerhalb West-Kanadas unterhält **Air Canada** mit Partner Airlines. Etliche kleinere Fluggesellschaften und zahllose Charterpiloten bedienen auch die entlegensten Orte in Alaska, Yukon und den Northwest Territories und stellen in den weglosen Weiten die einzigen Verkehrsmittel dar (Adressen/Telefonnummern der Buschpiloten s. Gelbe Seiten der Telefonbücher).

Fluglinien in Alaska:

Alaska Airlines: Anchorage, Tel. 907-243-33 22, 1-800-252-75 22, Fax 266-72 29, www.alaskaair.com.

Era Aviation: Anchorage, Tel. 907-266-83 94, 1-800-866-83 94, Fax 907-266-83 91, www.flyera.com.

Chartergesellschaften:

Alaska Air Taxi: 4501 Aircraft Dr., Anchorage, AK 99502, Tel. 907-243-39 44, 1-800-789-52 32, Fax 907-248-29 93, www.alaskaairtaxi.com. Rundflüge, Jagd- und Angel-Exkursionen, Flüge zu Lodges, Abenteuer-Pauschalangebote, Charterflüge.

Wings of Alaska: Juneau Airport, Tel. 907-789-07 90, Fax 789-20 21, www.wingsof

alaska.com. Linien- und Charterflüge in Südost-Alaska, Glacier Bay-Rundflüge, Flüge zu den Lodges im Tongass National Forest.

Bahn

Die beiden großen Eisenbahnlinien Canadian National und Canadian Pacific Railroad sind heute unter dem Namen **VIA-Rail** zusammengeschlossen. Eine Reise mit dem Zug kann gerade in **West-Kanada** zu einem besonderen Erlebnis werden, da das Bahnfahren hier eine lange Tradition hat. Schon 80 Jahre bevor die erste Straße, der Trans-Canada Highway, nach Westen führte, rollten die Waggons der Canadian Pacific Rail über die Pässe der Rocky Mountains. Nahezu unverändert erlebt der moderne Reisende dieselbe Szenerie vom komfortablen Glaskuppelwagen aus. Mehrere Routen stehen zur Auswahl: Calgary–Banff–Golden–Kamloops–Vancouver; Edmonton–Jasper–Prince George–Prince Rupert; Edmonton–Calgary.

Die Transkanada-Eisenbahn (VIA-Rail) fährt Di, Do und Sa von Toronto über Edmonton und Jasper nach Vancouver. Von Vancouver nach Toronto verkehrt der Zug Mo, Do und Sa. Die Fahrstrecke beträgt 5000 km, Ankunft ist jeweils am vierten Tag. Reiseunterbrechungen sind in jedem Ort möglich. Die Züge sind komfortabel ausgestattet, außer regulären Schlafwagenabteilen gibt es auch Abteile, die wie kleine Hotelzimmer mit eigenem Bad eingerichtet sind. Sonntags und mittwochs, im Mai auch donnerstags, fährt ein Sonderzug, der ›Rocky Mountaineer‹, von Calgary über Banff nach Vancouver (Abfahrt 6.10 Uhr). Um die grandiose Berglandschaft bei Tageslicht genießen zu können, wird unterwegs übernachtet, sodass man am Abend des nächsten Tages in Vancouver ankommt.

Besonders interessant für Inside Passage-Freunde, die nicht mit dem Auto reisen, ist der ›Skeena‹-Zug von Prince Rupert nach Jasper. Fahrten mit der VIA-Rail kann man schon **in Deutschland** reservieren:

Canada Reisedienst CRD International: Fleethof, Stadthausbrücke 1–3, 20355 Hamburg, Tel. 040-30 06 16 70, Fax 30 06 16 55, www.crd.de. Informationen über Eisenbahn-Reisen in Kanada, VIA-Rail und ›Rocky Mountaineer‹, Fahrpläne und Buchungen.
Informationen **in Kanada**:
VIA-Rail: Tel. 604-640-37 41, 1-888-842-72 45, www.viarail.ca.
Rocky Mountaineer: www.rockymountaineer.com.

Die Fahrt mit **Alaskas** einziger Eisenbahn ist ein nostalgisches Erlebnis. In den blaugelben Waggons fühlt man sich ins Jahr 1923 zurückversetzt, als die Bahn eröffnet wurde. Passagierzüge verkehren zwischen Anchorage über den Denali-Nationalpark, wo ein Stopp lohnt, nach Fairbanks (einfache Fahrt im Sommer ab 210 US-$). Nach Süden besteht eine tägliche Verbindung nach Whittier am Prince William Sound (Anschluss an die Fähren). Interessant für Wanderer: Nach Absprache mit dem Zugpersonal kann man unterwegs aussteigen und weiterwandern.

Der Bahnhof liegt in Anchorage an der 1st Ave., in Fairbanks an der 280 N. Cushman St. – also jeweils nahe am Stadtzentrum. Reservierungen und genauere Informationen:
The Alaska Railroad: P.O. Box 107500, Anchorage, AK 99510, Tel. 907-265-24 94, 1-800-544-05 52, Fax 907-265-23 23, www.alaskarailroad.com.
White Pass & Yukon Route: P.O. Box 435, Skagway, AK 99840, Tel. 907-983-22 17, 1-800-343-73 73, Fax 907-983-27 34, www.whitepassrailroad.com.

Bus

Alle Hauptstraßen in Süd-Alaska sowie die Verbindungsroute durchs Yukon Territory nach Haines oder über Whitehorse nach Skagway werden, wenn auch nicht immer täglich, von Überlandbussen befahren. Dauert eine Fahrt länger als einen Tag, wird in einem kleinen Ort übernachtet – diese Kosten müssen extra gerechnet werden. Folgende Busgesellschaften bieten Linienverkehr an:

Greyhound Canada Transportation: 2191 2nd Ave, Whitehorse, YT Y1A 3T8, Tel. 867-667-22 23, Fax 867-633-68 58, www.greyhound.ca. Whitehorse–Watson Lake–Dawson Lake; Whitehorse–Vancouver; Whitehorse–Edmonton.

Atlin Express: Tel. 403-668-45 45, 250-651-76 17. Whitehorse–Tagish–Carcross–Atlin.

Dawson City Taxi and Courier: Tel./Fax 867-993-66 87. Dawson City–Inuvik (Arctic Circle).

Alaska Direct Busline: Tel. 907-277-66 52 (Anchorage), Tel. 867-668-48 33 (Whitehorse), 1-800-770-66 52, www.alaskadirectbusline.com. Whitehorse–Skagway; Whitehorse–Haines Junction–Tok–Glenallen–Palmer–Anchorage; Whitehorse–Tok–Delta Junction–Fairbanks.

Seward Bus Lines: Tel. 907-224-36 08. www.sewardbuslines.net. Anchorage–Homer–Seward.

Fähren

Die meisten Küstenorte **British Columbias** werden regelmäßig von Fährschiffen angelaufen. Von Vancouver Island über die zahllosen Inseln in der Strait of Georgia bis nach Norden zu den Queen Charlotte Islands ist die Inselwelt der Westküste so für den Touristen ohne großen Aufwand und auch preiswert zu erkunden.

In **Alaska** gibt es auch ein ausgedehntes Fährsystem, den ›Alaska Marine Highway‹. Fast täglich bestehen Verbindungen zwischen Prince Rupert, Ketchikan, Wrangell, Petersburg, Juneau, Haines und Skagway, und von Whittier (Anschluss an die Alaska Railroad, auch mit Fahrzeugen) dreimal pro Woche nach Cordova; ein- bis zweimal wöchentlich Verbindung zwischen Seward, Homer und Seldovia nach Kodiak und Port Lions.

Anschluss an die Alaska-Fähren in Prince Rupert, British Columbia Ferries, bietet von Edmonton aus die kanadische Eisenbahn ›VIA-Rail‹. Die BC Ferries verkehren zwischen Port Hardy an der Nordspitze von Vancouver Island und Prince Rupert, ebenfalls mit Anschluss an den Alaska Marine Highway.

Fahrzeugplätze und Kabinen auf den Fähren sollte man (vor allem im Sommer) unbedingt frühzeitig reservieren. Weitere Auskünfte über Fahrpläne und Preise sowie Reservierungen:

British Columbia Ferries: 1321 Blanshard St., Victoria, BC V8W 0B7, Tel. 250-386-34 31, 1-888-223-37 79 (außer in Victoria), Fax 250-381-54 52, www.bcferries.com. Vancouver (Tsawwassen)–Victoria (Swartz Bay); Vancouver (Horseshoe Bay)–Nanaimo; von Vancouver entlang der Küste nach Norden und zu den Gulf Islands; Port Hardy–Prince Rupert; Prince Rupert–Skidegate (Queen Charlotte Islands).

Alaska Ferry System: 6858 Glacier Hwy., Juneau, AK 99811, Tel. 907-465-39 41, 1-800-642-00 66, www.state.ak.us/ferry.

Mietwagen

Sofern man nicht eine reine Wandertour, Fähr- oder Zugreise plant, ist der Mietwagen oder Camper wohl die praktischste Möglichkeit, das Land kennenzulernen. Bei der Anmietung in Kanada oder Alaska sollte man auf jeden Fall eine Kreditkarte vorweisen, da man sonst einige hundert oder tausend Dollar Kaution hinterlegen muss. Die Kreditkarte ist in Nordamerika besonders wichtig, da sie nicht nur ein Beweis der Kreditwürdigkeit ist, sondern auch als Identitätsnachweis gilt: Einwohnermeldeämter gibt es in Nordamerika nicht. Den Reisepass sollte man **niemals** als Pfand aus der Hand geben.

Für ein- oder mehrwöchige Auto-/Campermieten empfiehlt es sich in jedem Fall, das Fahrzeug bereits in Deutschland über ein Reisebüro zu reservieren, da die speziellen Urlaubstarife der Autovermieter für Europäer nur hier gebucht werden können und es in der Hauptsaison manchmal schwierig sein kann, vor Ort ein Fahrzeug zu bekommen. Außerdem sind die Angebote in der Regel in Deutschland überschaubarer und notwendige Versicherungen im Mietpreis inbegriffen, die man vor Ort teurer bezahlen müsste.

Die großen Autovermieter wie z. B. Avis, Budget und Hertz bieten in Deutschland Tarife an, die neben freien Kilometern auch ein komplettes Versicherungspaket enthalten – Leistungen, die man in Kanada und Alaska so nicht bekommen kann, oder die dort viel teurer wären. Im Reisebüro kann man leicht das beste Angebot heraussuchen. Die großen Leihwagenfirmen sind in der Regel auch die zuverlässigsten, was Wartung der Mietwagen und eventuellen Pannenservice anbetrifft (besonders in entlegeneren Gebieten), da sie auch das dichteste Netz haben.

Wohnmobil

Da Camper gerade in der Hauptsaison schnell ausgebucht sind, sollte man unbedingt frühzeitig von Deutschland aus reservieren. Das bringt oft finanzielle Vorteile und man ist durch das deutsche Reiserecht abgesichert. Dabei ist der Abschluss einer möglichst umfassenden Versicherung dringend zu empfehlen.

Es gibt Camper in verschiedenen Größen, auch mit unbegrenzten Kilometern und kompletter Ausrüstung. One-way-Vermietung zwischen den einzelnen Stationen ist gegen Aufpreis möglich.

Großzügige Campingplätze, oft in den schönsten Naturschutzgebieten gelegen, die sonst keine Unterkünfte bieten, geben dem Reisen mit dem Wohnmobil in Kanada und Alaska seinen besonderen Reiz. Wer den Einstieg in dieses ›komfortable Abenteuer‹ scheut, sollte eine **geführte Campingreise** versuchen. Unbelastet von organisatorischen Problemen erlebt man die USA und Kanada, wie sie kaum ein Nordamerikaner kennt. Man hat die individuelle Freiheit der eigenen vier Räder, kombiniert mit der Sicherheit einer sachkundigen Reiseleitung, die nicht nur Tipps für die jeweilige Tagesetappe gibt, sondern auch für das jeweilige ›Drumherum‹ sorgt. Dabei sind individuelle Abstecher durchaus möglich. Treffpunkt ist dann abends der vorgesehene Campingplatz. Verbindung untereinander wird durch Funk gehalten.

IMR Reisen: Dahlienstr. 20, 47459 Rheinberg, Tel. 028 42-921 37 07 (kostenlos), Fax 0 28 43-86 00 70, www.imrReisen.de.

Autofahren in Kanada

Der nationale Führerschein ist ausreichend, es wird jedoch empfohlen, einen internationalen Führerschein mitzubringen. Tankstellen gibt es in Orten und entlang der Fernstraßen reichlich; will man jedoch besonders im Norden entlegenere Seitenstraßen befahren, empfiehlt sich ein stets gefüllter Tank.

Besonders anspruchsvoll ist das Fahren in den nördlichen Territorien, wo die Straßen – insgesamt ganze 1700 km – meist geschottert sind. Dazu gehört der Dempster Highway, eine Wildnisstraße von Dawson City nach Inuvik (besonders schön Ende Sommer/Anfang Herbst, wenn sich die Tundra verfärbt). Auch Liard und Mackenzie Highway, die vom Great Slave Lake nach Süden (Fort Nelson, BC bzw. Grimshaw, Alberta) führen, lohnen eine Fahrt. Der Ingraham Trail (eine Straße)

Info über Autofähren – NWT

Hwys. 1, 7 und Dempster Hwy. 8:
Tel. 1-800-661-07 50
Inuvik: Tel. 867-777-26 78

Straßenzustandsbericht

NWT Hwys. 1 bis 7: Tel. 1-800-661-07 50
Hay River: Tel. 867-874-22 08
Dempster Hwy. 8: Tel. 1-800-661-07 52
Inuvik: Tel. 867-777-26 78
Yukon: Tel. 1-877-456-76 23

führt von Yellowknife aus 70 km nach Osten in den Busch.

Pannen/Unfälle

Mietwagenfahrer sollten sich bei Pannen mit dem Mietbüro in Verbindung setzen, um alle weiteren Schritte abzustimmen. In entlegeneren Gebieten und auf Fernstraßen helfen oft die Lkw-Fahrer weiter, da sie meist mit CB-Funk ausgerüstet sind und über den Notrufkanal 9 Polizei und Rettungswagen herbeirufen können. Weitere Notrufnummern:
Yellowknife: Tel. 867-873-1111
Hay River: Tel. 867-874-1111
Inuvik: Tel. 867-777-1111

Zwischen den europäischen Automobilclubs und der Canada Automobile Association bestehen Kooperationsverträge. Gegen Vorlage der Mitgliedskarte erhält man in den Büros des CAA Informationen und Landkarten, im Notfall auch Pannenhilfe.

Verkehrsregeln

Alle Geschwindigkeits- und Entfernungsangaben sind in **Kanada** in Kilometern ausgeschildert. Die erlaubte Höchstgeschwindigkeit beträgt auf Fernstraßen (auch Autobahnen) 100 km/h, auf Landstraßen 80 km/h und innerhalb der Ortschaften 50 km/h. In British Columbia und Alberta besteht Anschnallpflicht.

Eine Besonderheit sind grün blinkende Ampeln; sie zeigen an, dass der Gegenverkehr bereits Rot hat und man ungehindert nach links abbiegen kann. In den Innenstädten sind alternierende Einbahnstraßen häufig: Fährt man z. B. gerade in Nord-Süd-Richtung durch eine Einbahnstraße, so ist die nächste Parallelstraße in Süd-Nord-Richtung angelegt.

Autofahren in Alaska

Für die Anfahrt mit dem Auto nach Alaska benutzt man den Alaska und den Klondike Highway. Beide sind gut ausgebaut und haben eine Asphaltdecke. Alaskas Hauptverbindungsstraßen sind geteert, Nebenstrecken und Stichstraßen häufig nur geschottert und deshalb nach Regenfällen und im Frühjahr oft unpassierbar. Obwohl die befestigten Straßen alle vier bis fünf Jahre neu asphaltiert werden, können manchmal frostbedingte Bodenwellen und Schlaglöcher Fahrzeug und Passagieren böse zusetzen. An Tankstellen gibt es keinen Mangel, jedoch sollte man Ausflüge ins Hinterland nur mit vollem Tank beginnen. Bevor Sie sich auf einer der Schotterstraßen in die Wildnis begeben, erkundigen Sie sich bei der nächsten Tankstelle oder Lodge nach dem Straßenzustand. Man wird Ihnen dort auch gern allgemeine Tipps und Informationen geben.

Straßenzustandsbericht

Anchorage (Southcentral):
Tel. 907-835-42 42
Klondike und Skagway:
Tel. 907-983-23 33
Alaska Road Traveler Info Service: 511

Verkehrsregeln

Autofahren in **Alaska** ist im Prinzip nicht anders als in den übrigen USA. Der europäische Autofahrer sei an die unbedingte ›Vorfahrt‹ der Fußgänger erinnert! Innerhalb von Ortschaften gelten Geschwindigkeitsbegrenzungen von 25–30 mph (40–48 km/h), auf dem Highway beträgt die erlaubte Höchstgeschwindigkeit 55 mph (90 km/h); haltende Schulbusse, die Kinder holen und bringen, dürfen auf keinen Fall passiert werden, wenn die Warnlichter blinken (auch nicht in der Gegenrichtung); an einer roten Ampel darf nach (vollständigem) Stopp nach rechts abgebogen werden. In den USA gilt absolutes Alkoholverbot am Steuer; im Fahrzeug ist auch keine geöffnete Flasche oder Dose mit alkoholischem Getränk mitzuführen.

Hotels/Motels

Das Angebot an Unterkunftsmöglichkeiten ist vielfältig und reichlich. Moderne Hotels und Motels findet man in den Städten und entlang der Fernstraßen, *Guest Ranches* im Hinterland und *lodges* zum Jagen und Angeln in der ausgedehnten Wildnis. Die Luxushotels der großen Ketten wie Sheraton, Hilton, Holiday Inn, Hyatt oder Westin gibt es vorwiegend in den großen Städten, während die preisgünstigeren *Family Hotels,* z. B. TraveLodge und Best Western, auch in vielen kleineren Orten vertreten sind.

Diese Hotel- und Motelketten versenden auf Anfrage ein Verzeichnis mit Lageplänen ihrer Hotels. Wer seinen Urlaub bereits von Europa aus planen möchte, kann für die meisten dieser Hotelketten im Reisebüro verbilligte Übernachtungsgutscheine erhalten.

Überhaupt lohnt es sich, ein Hotel schon von Europa aus über ein Reisebüro zu buchen, da die Preisstrukturen oft sehr unübersichtlich sind. Da gibt es eine sogenannte ›Rack Rate‹, die oft wesentlich höher ist, als der schließlich zu zahlende Übernachtungspreis. Je nach Saison und Konjunktur werden Rabatte gewährt, häufig gibt es eine ›Senior Rate‹, einen Altersrabatt ab 55 Jahren; und fast immer erhalten Mitglieder des AAA Automobilclubs (das gilt auch für ADAC Mitglieder) einen mitunter nicht unerheblichen Rabatt. Durch den Einkauf von Kontingenten können Reiseveranstalter deshalb trotz ihrer Provision einen niedrigeren Preis bieten. Will man aber vor Ort selbst buchen, sollte man auf jeden Fall nach den Möglichkeiten einer Rabattierung fragen.

Das Frühstück ist in kanadischen Hotels und Motels im Preis nicht inbegriffen, man

Lodge in idyllischer Abgeschiedenheit mitten im Yoho National Park

geht dazu in den Coffee Shop. In vielen Häusern kann man ein Zimmer mit *Kitchenette,* einer voll eingerichteten Küche, mieten.

In **Alaska** nennen sich viele kleine Motels an den Highways (meist mit Coffee Shop und Tankstelle) *Lodge,* nicht zu verwechseln mit den Wildnislodges, die einen ganz anderen Charakter haben.

In den **Northwest Territories** und in **Nunavut** findet man ausgesprochene Hotels nur in regionalen Zentren (Yellowknife, Inuvik, Iqaluit), in den kleineren Orten entlang der Straßen gibt es Motels oder Lodges. Fast alle Siedlungen in der Arktis haben eine häufig ›Hotel‹ genannte Unterkunftsmöglichkeit, die oft jedoch nicht dem normalen Hotelstandard der Städte entspricht. Sie befindet sich meist im Besitz der lokalen Co-op. Die Spannweite geht von hotelähnlichen Neubauten mit Komfort über einfache und saubere bis zu Basisunterkünften. Die Preise liegen durchweg über $ 100 pro Person, enthalten dafür aber alle Mahlzeiten. Rechtzeitige Reservierungen sind wegen der begrenzten Kapazitäten überall in den Northwest Territories zu empfehlen.

Bed & Breakfast

Bed & Breakfast ist eine andere, interessante Art der Unterbringung. Über eine Vermittlungsorganisation kann man, meist in größeren Orten, Zimmer in Privathäusern mieten. Neben dem oft reichhaltigen, im Preis eingeschlossenen Frühstück erhält man Tipps für Ausflüge in die Umgebung und kann auch mal einen Blick auf das kanadische oder amerikanische Familienleben werfen. Nähere Informationen gibt es bei den regionalen Tourismusbüros und in den ›Praktischen Tipps von Ort zu Ort‹.

Bed & Breakfast Association of Greater Edmonton: Tel. 780-432-71 16, 1-866-432-71 16, www.bbedmonton.com, www.bbalberta.com.

British Columbia Bed & Breakfast Innkeepers Guild: P.O. 182, Parksville, BC V9P 2G4, www.bcsbestbnbs.com. Bed & Breakfast in der gesamten Provinz British Columbia.

Alaska House of Jade Bed & Breakfast: 3800 Delwood Place, Anchorage, AK 99504, Tel. 907-337-34 00, Fax 333-23 29, www.alaskahouseofjade.com. Vermittelt über 300 B & Bs in Alaska.

Camping

Camping erfreut sich zu Recht in West-Kanada und Alaska immer größerer Beliebtheit. Mit vorbildlichen sanitären Einrichtungen, Picknick-Tischen und -Bänken sowie Feuerstellen bieten sich hier ideale Übernachtungsmöglichkeiten. Europäische Enge ist auf Plätzen außerhalb der Städte so gut wie unbekannt. Viele öffentliche Campingplätze und Tankstellen besitzen *Dump Stations,* wo man den Wasservorrat ergänzen und verbrauchtes Wasser entsorgen kann – und nur dort sollte man dies tun! Private Campingplätze (oder RV-Parks) sind oft mit allem Luxus ausgestattet und haben meist auch einen Swimmingpool sowie einen eigenen Wasser- und Stromanschluss für das Wohnmobil. Hier bewegen sich die Preise zwischen $ 20–40. Die staatlichen Plätze verzichten meist auf eine Luxusausstattung, liegen aber in den schönsten Parks inmitten herrlicher Natur. Dort bezahlt man in etwa $ 15–20.

Man sollte vor allem in den Parks zumindest während der Hauptreisezeit im Juli/August schon im Laufe des Nachmittags einen Campingplatz ansteuern. ›Wildes Campen‹ ist nur mit Genehmigung des Grundstückseigentümers oder der örtlichen Behörden gestattet. Sollte man jedoch einmal keinen Campingplatz gefunden haben, bieten sich häufig die Parkplätze von Supermärkten an, die in der Regel das ›Übernachtparken‹ nicht verbieten.

Das Camperleben in den staatlichen Parks im Norden der Provinz ist denkbar unkompliziert: Jeder Stellplatz für den Camper hat eine Feuerstelle, Holz liegt bereit. Beim Einchecken sucht man sich einen freien Platz, notiert Namen, Autokennzeichen und Platznummer auf einem am Eingang deponierten Formularumschlag, den man mit der geforderten Gebühr in den Safeschlitz wirft. Fertig. Man vertraut auf die Ehrlichkeit des Besuchers.

Die Tourismusbüros der kanadischen Provinzen und Alaskas bieten kostenlos ausführliche Campingführer an.

Jugendherbergen/Hostels

Sehr preiswert übernachtet man als Mitglied des Jugendherbergsverbandes in den kanadischen Jugendherbergen, die in vielen Städten und auch manchen Nationalparks zu finden sind. Eine Liste der Häuser ist erhältlich bei:

Hostelling Association International Canada: 400-205 Catherine St., Ottawa, Ontario K2P 1C3, Tel. 613-237-78 84, 1-800-663-57 77, Fax 613-237-78 68, www.hihostels.ca.

Wildnislodges

Wildnislodges können den Charakter eines einfachen Camps oder den Komfort eines Resorts haben. Bei allen steht das Abenteuerprogramm mit Jagen und Angeln, Kanufahren, Fliegen, Wandern u.a. im Vordergrund. Die meisten sind nur per Boot oder Buschflugzeug zu erreichen. Da die Unterbringungsmöglichkeiten oft sehr begrenzt sind, empfiehlt sich eine rechtzeitige schriftliche Reservierung. Die Preise variieren stark (von $ 50 bis über 200 pro Tag und Person).

Alaska Air Taxi: Lake Hood, 4501 Aircraft Dr., Anchorage, AK 99502, Tel. 907-243-39 44, 1-800-789-52 32, www.alaskaairtaxi.com. Flightseeing, Wildnislodges, Cabins, Angel- und Jagdexkursionen.

Elfin Cove Lodge (130 km westlich von Juneau auf der Chichagof-Insel): P. O. Box 44, Elfin Cove, AK 99825, Tel. 907-239-22 12, Fax 541-742-62 07 (Mai–Sept.), 42476 Salmon Creek Rd., Baker City, OR 97814, Tel. 1-800-422-28 24 (Winter), www.elfincove.com. Sportangeln nach Lachs.

Silver Salmon Lodge: Peter & Baerbel Guttchen, P.O. Box 378, Kodiak, AK 99615. Tel. 907-486-55 63, www.silversalmonlodge.com. Lodge auf Kodiak in schöner Lage an einem Fjord, in 20 Min. mit dem Wasserflugzeug zu erreichen; komfortabel eingerichtet, exzellente Küche; man spricht Deutsch. Angeln, Jagen, Bootfahren, Wild beobachten.

Forest Service Cabins

Eine ideale Möglichkeit, einen Teil seines Aufenthaltes preiswert in der Wildnis zu verbringen, sind die *Cabins* des ›Forest Service‹. Verstreut in den großen Wäldern, an Seen oder Fjorden, unterhält der Forstdienst in **Süd- und Südost-Alaska** fast 200 einfache Hütten, die an Gruppen (4–6 Personen) vermietet werden – für ca. 25–65 US-$ pro Tag! Reservierung etwa ein halbes Jahr im Voraus. Am nächstgelegenen Ort angekommen, chartert man ein Wasserflugzeug und lässt sich (gut ausgerüstet wohlgemerkt) zur Hütte fliegen. Wanderungen zu nahe gelegenen Gletschern oder auf die Berge, Fischen und Bootfahren (zu vielen Hütten gehören Ruderboot oder Kanu) machen den Aufenthalt unvergesslich. Infos und Adressen der jeweils zuständigen Unterbezirke erhält man bei:

USDA Forest Service: Chugach National Forest, 3301 C St., Suite 300, Anchorage, AK 99503 (für Süd-Alaska), Tel. 907-743-95 00.

USDA Forest Service: 8465 Old Dairy Rd., P.O. Box 21628, Juneau, AK 99802 (für Südost-Alaska), Tel. 907-586-88 06.

Sport und Aktivurlaub

West-Kanada und Alaska sind wahre Paradiese für Naturfreunde, Sportbegeisterte und Abenteuerlustige. Die bunte Palette der Wassersportarten reicht von tosenden Wildwasserfahrten, Kanutouren durch ursprüngliche Naturschutzgebiete und Kajaktrips in Gletscherbuchten über Segeltörns durch bezaubernde Inselreviere bis zum gemütlichen Urlaub mit dem Hausboot auf den großen Seen. An der Küste von British Columbia gibt es herrliche Badestrände und Gelegenheiten zum Windsurfen und Tauchen.

Die Möglichkeiten für Wanderer und Hiker sind ähnlich vielfältig, ganz gleich, ob man den geruhsamen Spaziergang in idyllischer Einsamkeit oder Überlebenstraining in der Wildnis des Nordens sucht.

Auf den Luftsportfan warten Ausflüge mit Buschpiloten, Ballonfahrten und Ikarus-Abenteuer mit dem Flugdrachen. Angler und Jäger werden nirgendwo erfolgreicher sein und mehr Material zum Geschichtenerzählen finden als hier. Ganz zu schweigen von den zahllosen schönen Plätzen für Reiterferien, vor allem in Alberta und British Columbia. Golf ist in Kanada zum Volkssport geworden. Überall im Lande gibt es wunderschöne Anlagen und in vielen Orten und allen größeren Städten auch öffentliche Plätze, deren Benutzung recht preiswert ist.

Wegen des breiten Spektrums an Aktivitäten und der riesigen Ausdehnung des in diesem Buch behandelten Gebietes kann hier nur eine Auswahl der vielfältigen Freizeitmöglichkeiten vorgestellt werden. Detailliertes Material für die Vorbereitung von Expeditionen, Flusstouren, Ranchferien und längeren Wanderungen in die Wildnis gibt es bei den Verwaltungen der Provinz- und Nationalparks der einzelnen Provinzen.

Idyllische Rast am Clayoquot Sound

Trekking, Bergsteigen und Wildnisabenteuer

Provinz- und Nationalparks – besonders in British Columbia und Alberta – bieten hervorragende Möglichkeiten für Wanderer und *Backpacker.* Allein British Columbia verfügt über 3500 km Wanderpfade, die meisten gut gepflegt und markiert. In fast allen Parks gibt es auch eine Auswahl von leichten und kurzen Wanderungen, die für die ganze Familie geeignet sind und meistens zu landschaftlich besonders reizvollen Punkten führen. Diese Wanderungen lassen sich überall und ohne Vorbereitung mit einer Rundreise verbinden.

Längere und schwierigere Wanderungen, besonders solche in Wildnisgebiete, erfordern eine gute Kondition und die richtige Vorbereitung. Zu den klassischen *Hiking Trails* zählen der West Coast Trail auf Vancouver Island (s. S. 186), der Alexander Mackenzie Trail (auf den Spuren des Entdeckers von Quesnel am Fraser River nach Bella Coola zum Pazifik), die alte Goldgräberroute über den Chilkoot-Pass von Skagway zum Yukon (s. S. 375) und der Trail über den Pangnirtung-Pass im Auyuittuq National Park auf Baffin Island.

Wer sich solche Wildnistrips zwar zutraut, sie aber gerne unter kompetenter Führung unternehmen möchte, ist bei Tourveranstaltern und *Outfittern* gut aufgehoben. Sie stellen bis auf Schlafsack und persönliche Sachen auch die komplette Ausrüstung.

Viele hervorragende Wandermöglichkeiten und Exkursionen unter Anleitung findet man in den Rockies in Banff und Jasper. ›Yamnuska Inc.‹ in Canmore, Alberta, bieten mehrtägige Wanderungen und Kurse im Bergsteigen für Anfänger und Fortgeschrittene.

Aktive Kletterer finden die besten Reviere in den Bergketten der Purcell und Bugaboo Mountains in British Columbia. Hier bieten Formationen aus Granit, Quarz und Gneis bessere Möglichkeiten als die eigentlichen Rockies mit ihrem verwitterten Sedimentgestein. Dafür sind diese mit ihren zahlreichen Gletschergebieten hervorragend zum Eisklettern geeignet.

Die Bugaboos und Cariboo Mountains stellen beliebte Ziele für eine relativ neue Sportart dar: das *Heli-hiking.* Dieses ›Bergerlebnis pur‹ wird von Jasper und Banff aus organisiert. Mit dem Hubschrauber fliegt man in entlegene Regionen der Hochgebirgswelt, wird dort abgesetzt und nach einer ein- bis mehrstündigen Wanderung wieder abgeholt und zum nächsten Gipfel geflogen – bis zu drei oder vier Berge lassen sich auf diese Weise an einem Tag bewältigen. Nicht ganz billig, aber im wahrsten Sinne des Wortes atemberaubend. Umweltschützer kritisieren allerdings, dass mit zunehmenden Aktivitäten dieser Art auch die Umweltprobleme wachsen (z. B. Vordringen in Rückzugsgebiete für Tiere, hoher Energieverbrauch etc.).

In der Strathcona Lodge auf Vancouver Island werden Kurse im Wildnisverhalten mit Wanderungen im Strathcona Provincial Park und im Nootka Sound veranstaltet. Auch Grundkenntnisse im Klettern und Gletscherwandern werden vermittelt. Auf den Queen Charlotte Islands vor der Nordwestküste von British Columbia leiten Angehörige des Haida-Stammes Exkursionen in den urwüchsigen Regenwald zu alten indianischen Siedlungsstätten.

Im Yukon werden von Whitehorse aus Hiking-Touren in den Kluane National Park organisiert. Der Trail führt entlang der St. Elias Mountains, dem höchsten Küstengebirge der Welt – über 45 km spektakuläres Terrain von gewaltigen Dimensionen: arktische Gletscherlandschaft, ein weites Flusstal, Bergpässe und blühende Alpenwiesen.

Yamnuska Inc.: 200-50 Lincoln Park, Canmore, AB T1W 3E9, Tel. 403-678-41 64, 1-866-678-41 64, Fax 678-44 50, www.yamnuska.com. Bergsteigerkurse, Back Packing, Trekking, Skitouren in der Banff Region; deutschsprachige Führer.

Mountain Canada, Purcell Helicopter Skiing: P.O. Box 1530, Golden, BC V0A 1H0, Tel. 250-344-54 10, 1-877-435-47 54, Fax 250-344-60 76, www.purcellhelicopterskiing.com. Ein- bis fünftägige Bergsteigertouren in den zentralen und nördlichen Rocky Mountains in Fels und Eis.

Nahanni River Adventures: P.O. Box 31203, Whitehorse, Yukon Y1A 5P7, Tel. 867-668-31 80, 1-800-297-69 27, Fax 867-668-30 56, www.nahanni.com. Sechs- bis zwölftägige Schlauchboot-Touren auf den Flüssen Nahanni, Tatshenshini und Alsek River.

Alaska Travel Adventures: 9085 Glacier Hwy., Suite 301, Juneau, AK 99801, Tel. 907-789-00 52, 1-800-478-00 52, Fax 907-789-17 49, www.alaskaadventures.com. Flussexpeditionen und Wildwasserfahrten im Kanu, Kajak oder Schlauchboot, Rucksacktouren im Denali-Park; auch Tagesexkursionen.

Sourdough Outfitters: P. O. Box 26066, Bettles, AK 99726, Tel. 907-692-52 52, Fax 692-55 57. Wildnistrips in die Brooks-Berge; Fahrten mit Schlauchboot, Kanu und Kajak, Skiwandern, Hundeschlittenexkursionen, zugleich einziger Laden in Bettles.

Katmailand: 4125 Aircraft Dr., Anchorage, AK 99502, Tel. 907-243-54 48, 1-800-544-05 51, Fax 243-06 49, www.katmailand.com. Pauschalangebote inkl. Flug von Anchorage; Katmailand betreibt mehrere Lodges im Park und veranstaltet Touren zum Valley of Ten Thousand Smokes; Angeboten werden: Angeln, Kanufahren, Bären beobachten.

Ranch-Urlaub, Trailritte und Cattle Drives

Vor allem Alberta und British Columbia haben eine große Auswahl an Reiterferien zu bieten, die interessantesten Angebote findet man im Sagebrush Country des zentralen Berglandes von British Columbia und am Fuße der Rocky Mountains in Alberta, wo weites Prärieland auf die Berge trifft. Dort gibt es *Working Ranches,* auf denen Pferde und Rinder gezüchtet werden und wo der Gast besonders im Frühjahr und Herbst während des *round ups* noch echte Cowboy-Atmosphäre erleben kann – oder *Guest Ranches,* die eher Resortcharakter haben und gehobenen Komfort bieten. Je nach Ausstattung und angebotenen Aktivitäten muss man hier mit $ 150–350 pro Person und Tag rechnen. Dafür sind in der Regel Mahlzeiten und meist auch die Aktivitäten inbegriffen.

Einige sind besonders für Familien mit kleinen Kindern geeignet, andere bieten Wildnistrips, Trailreiten, Kanufahren und Angeln, aber auch Campen an. Pro Person und Tag muss man ca. $ 150–250 rechnen (inklusive drei Mahlzeiten und Reitprogramm). Es gibt häufig Kinderermäßigungen und oft günstigere Wochenraten. Je nach Komfort und Programm differieren die Preise jedoch sehr.

Auf jeden Fall wird ein buntes Programm geboten, Geruhsames und Abenteuerliches: Ausritte, Ponyreiten für kleinere Gäste, Teilnahme an Rodeos, bei denen die Gäste mitmachen dürfen, Fahrten mit dem Kutschwagen, Ausflüge und Wanderungen in die Umgebung, und wenn ein See in der Nähe ist, auch Kanufahrten und Angeln – und auf einer *Working Ranch* gehört selbstverständlich auch das Zuschauen bei den *Chores,* den alltäglichen Arbeiten der Cowboys, dazu.

Im Allgemeinen unterscheidet man drei verschiedene Arten von Ranches. Auf einer **Working Ranch** wird der Gast in den üblichen Tagesablauf eingebunden, er kann den Cowboys bei der Arbeit zusehen oder auch helfen. Da oft nur wenige Gäste aufgenommen werden können, ist die Atmosphäre familiär. **Guest Ranches** haben sich auf die Betreuung von Gästen spezialisiert. Hier steht meistens ein vielfältiges Reitprogramm im Vordergrund, oft auch mit mehrtägigen Trailritten und Übernachtungen in Zelten. Bei einem **Ranch Resort** wird ursprüngliches Western-Ambiente mit den Annehmlichkeiten eines Vier-Sterne-Hotels geboten. Auch hier gibt es ein entsprechendes Reitangebot, dazu aber oft Gourmetrestaurants, Swimmingpool sowie die Möglichkeit, Golf und Tennis zu spielen.

Die Hauptattraktion des Aufenthaltes stellen natürlich die **Trailritte** dar. Es geht durch weites Weideland, dichte Wälder oder Hochgebirge – Traumlandschaften für Wandersleute und Pferdefreunde.

Solche Ausflüge hoch zu Ross lassen sich nicht nur von einer Ranch aus unternehmen. Ranchferien bieten aber die Möglichkeit, vor einem längeren und schwierigerem Ritt noch etwas Übung zu gewinnen. Zahlreiche Veranstalter in British Columbia und Alberta bieten *Horsepacking,* d. h. längere Trailritte in Wildnisregionen an. Auf manchen Ritten wird jeden Tag ein neues Camp aufgeschlagen, auf anderen reitet man zu einem Basislager – meistens landschaftlich schön gelegen –, um von dort aus auf Tagesritten die Gegend zu erkunden. Übernachtet wird dann in den Hütten oder Zelten des Basislagers.

Reizvolle Trailritte, auch für Kinder geeignet, gibt es im Tonquin Valley und beim Lake Louise in den Alberta Rockies. In Manitoba sind im Riding Mountain National Park schöne Ausritte möglich. Im Yukon werden von Whitehorse aus Trailritte auf dem historischen Dalton Trail angeboten.

Auf manchen Working Ranches werden im Frühjahr und Herbst auch **Cattle Drives** angeboten, eine Möglichkeit, die faszinierende Atmosphäre wie im ›Western‹ hautnah mitzuerleben. Dabei hilft man den Cowboys, die Rinderherde von den Winterweiden im Tal zu den höher gelegenen Sommerweiden und im Herbst wieder zurück zur Ranch zu treiben. Man sitzt fünf bis sechs Stunden pro Tag im Sattel und übernachtet im Camp in Zelten. Reichliche Mahlzeiten und die richtige Stimmung am Campfeuer gehören selbstverständlich dazu.

Infos und Broschüren über diese Form des Urlaubs erhält man bei den Tourismusbehörden der jeweiligen Provinzen. In Deutschland gibt es Infomaterial, eingehende Beratung und Buchungsmöglichkeiten für ein umfangreiches Programm von Guest und Working Ranches, Cattle Drives und Pack Trips in Kanada und im amerikanischen Westen auch bei einem Spezialveranstalter:
Argus Reisen: Alte Dorfstraße 44 a, 37120 Bovenden, Tel. 055 94-93 09 30, Fax 055 94-804 94 91, www.argusreisen.de.

Guest Ranches

Flying U Guest Ranch: P. O. Box 69, 70 Mile House, BC V0K 2K0 (100 km nördl. von Cache Creek, Hwy. 97), Tel. 250-456-77 17, 1-877-456-77 17, Fax 456-74 55, www.flyingu.com. Working Ranch mit Rinderzucht, Unterkunft in Blockhütten, Lodge mit Kamin, Waschraum, Sauna, Reiten, Kanufahren, Wandern; inklusive Mahlzeiten.

Beaver Ranch: P. O. Box 518, Clearwater, BC V0E 1N0, Tel./Fax 250-587-65 67, www.beaverranchresort.com. Guest Ranch 20 km südlich von Clearwater, Hwy. 5, an der Dunn Lake Road. Blockhütten mit Kitchenette; Reiten, Fischen, Kanufahren.

Black Cat Guest Ranch: P. O. Box 6267, Hinton, AB T7V 1X6, Tel. 780-865-30 84, 1-800-859-68 40, Fax 865-19 24, www.blackcatguestranch.ca. In den Rockys, Zimmer mit Bad; Reiten, Kanutouren, Angeln, Ausflüge zum Columbia Icefield und Maligne Lake.

TL Bar Ranch: Tom und Willie Lynch, P. O. Box 217, Trochu, AB T0M 2C0, Tel. 403-442-23 99, Fax 403-442-39 76, www.tlbarranch.com. Pferde- und Rinderzucht nahe Drumheller; Ranchhaus und Hütten mit Kochgelegenheit; Reiten, Kanutouren, Ranchaktivitäten.

Trailritte

Bracewell Alpine Wilderness Adventures: P. O. Box 8, Tatlayoko Lake, BC V0L 1W0, Tel./Fax 250-476-11 69, 1-866-476-11 69, www.bracewell.com. 4- bis 14-tägige Trailritte in der Wildnis der Coast Range Mountains, Angeln, eine Flugstunde von Vancouver entfernt; gekocht wird am Feuer, geschlafen in Blockhütten oder Zelten (pro Tag ca. $ 250). **McKenzie's Trails West:** P.O. Box 971, Rocky Mountain House, AB T4T 1A7, Tel. 403-721-21 32, Fax 403-845-43 89. 6- und 12-tägige Ritte in entlegene Regionen der Rockies; Basislager am Abraham Lake, 150 km von Rocky Mountain House, Zelte; kostenlose Abholung in Calgary; 10–12 Teilnehmer. Juni–Aug.

Wassersport

Mit einigen tausend Kilometern Küstenlinie und Hunderttausenden von Seen und Flüssen bieten die in diesem Buch behandelten Regionen dem Wassersportler traumhaft viele Möglichkeiten. Schon für die ersten Entdecker stellten die Wasserwege meist die einzige Möglichkeit dar, das riesige Land zu erkunden und zu erschließen, und Kanus waren das geeignetste Transportmittel in der Wildnis. Mit ihnen bewältigten Mackenzie, Thompson und Fraser auf den wilden Flüssen des Westens die Reise zum Pazifik. Dieses Abenteuer lässt sich noch immer hautnah nacherleben (s. Aktiv unterwegs S. 196).

Kanu- und Kajaktouren, Wildwasserrafting

Noch heute erschließt sich der eigentliche Charakter, die unberührte Natur des Landes, am ehesten mit dem Kanu oder Kajak. Das lautlose Gleiten durch den Frühdunst eines Bergsees, die unmittelbare, dennoch gefahrlose Begegnung mit einem Elch oder Bären am Ufer, oder die aufregende Fahrt durch die Stromschnellen eines Flusses – Eindrücke, die man nicht mehr vergisst.

Beide, **Kanu** und **Kajak**, sind verhältnismäßig leicht zu bedienen und auch Anfänger jeden Alters lernen Grundkenntnisse und Technik schnell. Modernes Design hat das Gerät immer leichter werden lassen, sodass selbst körperlich weniger Kräftige damit keine Probleme haben. Am bekanntesten und wohl auch geeignetsten für Wasserwanderungen ist das offene Kanadier-Kanu. Es kann leicht über Landstrecken getragen werden und ist so geräumig, dass der Platz für zwei Personen plus Ausrüstung und Verpflegung für mehrere Wochen reicht. Gleichzeitig ist es so stabil, dass man Seen, Flüsse und geschützte Küstengewässer ohne Gefahr damit befahren kann. Für längere Exkursionen in den Küstengewässern werden besonders konstruierte Seekajaks benutzt, mit denen man flachste Stellen passieren kann und die auch bei stärkerem Wellengang sicher sind und trockene Füße garantieren.

Auch für Unerfahrene besteht fast überall Gelegenheit zum Ausprobieren und Befahren von leichten Strecken. Längere Wildnistouren unternimmt man am besten in kleinen organisierten Gruppen. Dabei werden außer dem *Guide* auch Kanu und Kajak, Campingausrüstung, Kochutensilien und Verpflegung vom Ausrüster gestellt. Für weniger Erfahrene gibt es ausführliche Einweisungen vor und während der Tour. Juni bis August ist die beste Zeit für Kanu- und Kajaktouren, aber die Saison kann auch schon im März beginnen und erst im November schließen.

Besonders attraktive Kanu-Reviere gibt es im Jasper und Banff National Park in Alberta, in British Columbia im Bowron Lake Provincial Park (s. Aktiv unterwegs S. 222) und im Wells Gray Provincial Park. Vor allem Bowron Lake ist ein Paradies für Kanuten. Hier bildet eine Kette von sechs Seen, verbunden durch Flussläufe und kurze Portagen, eine 117 km lange Rundstrecke, die bis auf 1 km wieder an den Ausgangspunkt zurückführt. Der Kurs verläuft durch eine noch sehr ursprünglich anmutende, abwechslungsreiche Berglandschaft mit zahlreichen Gelegenheiten zur

Wildbeobachtung. Man hat die Wahl zwischen sieben- bis zehntägigen geführten Exkursionen und kürzeren Tagestouren. Kanus können jedoch auch für Ausflüge auf eigene Faust gemietet werden.

Für Abenteuerlustige erscheint das Angebot an Exkursionen schier unerschöpflich: auf dem Yukon River im gleichnamigen Territory neun Tage und 300 km auf den Spuren der Goldsucher durch spektakuläre Wildnis, vorbei an Flussbänken mit verfallenen Blockhütten, Indianersiedlungen und verlassenen Goldminen am Ufer, bis zum Dorado des Nordens, Dawson City. Oder in den Northwest Territories auf der Route der Prospektoren und Pioniere den sagenhaften Nahanni-River hinunter, in Manitoba und Saskatchewan den Routen der Pelzhändler auf dem Churchill River zur Hudson Bay folgen oder Flussfahrten auf dem Chilkat River durch das Schutzgebiet der Weißkopfseeadler in Alaska.

Mit dem **Seekajak** lässt sich die verwunschene Inselwelt der Queen Charlotte Islands (s. Aktiv unterwegs S. 237) entdecken, mit Regenwäldern, in denen gigantische Fichten und Riesenlebensbäume wachsen, Wasserfällen, die sich in Kaskaden ins Meer ergießen, Vogelkolonien, Haida-Ruinen und Indianersiedlungen, verwitterten Totempfählen am Ufer und spielenden Schwertwalen im Sund. Beliebt und bequem mit der ›Frances Barkley‹ (s. S. 173) zu erreichen ist auch der Barkley Sound mit den Broken Group Islands an der Westküste von Vancouver Island.

Nur für Unerschrockene: Wildwasser-Rafting

Ebenso schöne Reviere warten in Alaska: in der Inselwelt der Inside Passage, zwischen Gletschern und blau schimmernden Eisbergen in der Glacier Bay oder an den Ufern der grünen Insel Kodiak und der Katmai-Küste. Hier werden Paddler zu entlegenen Buchten und zerklüfteten Küsten mit Vogelparadiesen, Seeottern und Lachs jagenden Braunbären am Ufer geführt. Die lautlos dahingleitenden Kajaks stören das Wild nicht, von ganz nah lassen sich die gewaltigen Tiere beobachten.

Ein Abenteuer völlig anderer Art bieten **Wildwasser-Exkursionen**. Mit den modernen doppelrumpfigen Gummiflößen lassen sich Flussstrecken erleben, die mit dem Kanu nicht befahrbar sind, Gegenden entdecken, die sonst nur schwer zugänglich wären und die nur wenige Menschen gesehen haben. Fast immer lässt sich Wild beobachten, und die kundigen *Guides* geben Auskunft über Geologie, Vegetation und so manches Interessante an den Uferbänken. Von ihnen erfährt man auch die faszinierenden Legenden von Abenteurern, Entdeckern und Indianern, die den Fluss oder die Region bereist haben. Landschaft und Stimmungen wechseln oft dramatisch, mal treibt das Floß sanft dahin, dann jagt es zwischen steilen Felswänden durch einen Canyon, oder es geht zu wie auf einer Achterbahn.

Die Flüsse werden nach Schwierigkeitsstufen auf einer Skala von eins (ruhig) bis sechs (sehr gefährlich, praktisch nicht befahrbar) eingestuft. Jeder kann sich den Grad der Aufregung also selbst aussuchen. Dabei kommen verschiedene Arten von Wasserfahrzeugen zum Einsatz: Flöße mit starken Außenbordmotoren, die überwiegend auf den größeren Flüssen wie dem Fraser oder dem Thompson in British Columbia eingesetzt und solche, die nur durch Paddeln auf Kurs gehalten werden. Letztere gibt es auf allen Flüssen. Für die meisten Touren braucht man keine Erfahrung, die nötigen Instruktionen sind einfach und beschränken sich in der Regel darauf, wie man im Team paddelt und die Ruder in den etwas stärkeren Stromschnellen gebraucht.

Um den besonderen Reiz einer solchen Fahrt kennen zu lernen, ist es nicht nötig, Tage oder gar Wochen in entlegene Gebiete zu fahren – auf vielen Wildwasserflüssen werden auch eintägige Trips angeboten. Eine feuchtfröhliche, aufregende Angelegenheit ist es allemal, und außer einem Extrasatz trockener Kleidung muss man nichts mitbringen.

British Columbia bietet mit mehr als 40 Flüssen, auf denen Wildwassertouren angeboten werden, wohl die besten Möglichkeiten für diesen spritzigen Sport, aber auch Alberta, Yukon, die Northwest Territories und Alaska verfügen über geeignete Flussläufe.

Zu den interessantesten Flüssen für Wildwasserfans gehören Athabasca und Bow River in Alberta, der Nahanni in den Northwest Territories und der Tatshenshini, der durch den Yukon nach Alaska fließt und als einer der zehn weltbesten Wildwasserflüsse gilt. Er fließt durch arktische Tundra, vorbei an mächtigen Bergen mit Gletschern, die oft bis in den Fluss reichen. In British Columbia sind es Chilko, Chilkotin, Nahatlatch, Thompson – und natürlich der mächtige Fraser River, der ›König‹ der Wildwasserflüsse (s. S. 196).

Pathways Tours: c/o Great Expeditions, 940 West King Edward Ave., Vancouver, BC V5Z 2E2, Tel. 604-257-20 40, Fax 604-257-21 58, 1-800-663-33 64, www.greatexpeditions.com. Einwöchige Kanu-Exkursionen auf dem Bowron Lakes-Rundkurs. Ausrüstung und alle Mahlzeiten sind inbegriffen.

Mirage Adventure Tours: P.O. Box, Canmore, AB I0L 0M0, Tel. 403-678-49 19, 1-888-312-72 38, Fax 591-73 01. Wildwasser-Floßfahrten auf dem Kananaskis River; Kombination von Wildwasserfahrt und Trailritt möglich. Ab $ 150.

Alaska Discovery / A Mountain Travel Sobek Company: 1266 66th Street, Suite 4, Emeryville, CA 94608, Tel. 1-888-831-75 26,

Fax 1-800-956-74 88 oder 1-510-594-60 01, www.akdiscovery.com. Unternehmen seit zwei Jahrzehnten Exkursionen in die Wildnisgebiete Alaskas; 4- bis 14-tägige Kajak- und Kanutouren, Juni–Sept.

Hausbootferien

Viel geruhsamer, aber nicht minder reizvoll sind Hausbootferien auf British Columbias Seen. Ausgangspunkte sind Vernon, Kelowna und Penticton am Lake Okanagan und Sicamous am Shuswap Lake. Der Shuswap Lake bietet bei einer Wasserfläche von 310 km² eine Küstenlinie von 1600 km und über 1000 km navigierbare Wasserwege sowie zahlreiche Provinzparks und Marinas. Die dicht bewaldeten Hänge reichen bis an den See, es gibt viele verschwiegene Buchten, Badestrände, Wasserski und Windsurfen und nicht zuletzt gute Angelmöglichkeiten. Sicamous gilt als ›Houseboat Capital of Canada‹. Über 300 Boote von unterschiedlicher Größe (für 2–12 Personen) und Komfort können hier gechartert werden. Sie sehen aus wie auf zwei Schwimmern montierte Wohnwagen und haben vorn und hinten eine Veranda, dabei sind sie recht gemütlich und mit allem Notwendigen ausgestattet, manche auch mit Mikrowelle und *Hot Tub* (Zuber mit warmem Badewasser) an Deck. Eine Lizenz braucht man nicht – die Verleiher geben eine kurze kostenlose Einweisung, und dabei wird gewöhnlich auch alles Notwendige vermittelt. Außerhalb der Hauptsaison ist es übrigens viel ruhiger auf dem See (s. S. 201).

Segeln

British Columbias Küstengewässer bieten hervorragende Möglichkeiten für Sportsegler und solche, die es werden möchten. In den geschützten Wassern der Inside Passage, besonders um die idyllischen Gulf Islands, im Desolation Sound und entlang der Sunshine Coast liegen die schönsten Reviere. Hier können sowohl kleine Boote gemietet wie auch größere Jachten gechartert werden, entweder als *Bareboat,* wenn man selbst im Besitz eines Segelscheines ist, oder sonst mit Skipper und gegebenenfalls Mannschaft. Von Cowichan Bay an der Ostküste von Vancouver Island werden halb- und ganztägige Segeltörns mit einer klassischen 18-m-Jacht angeboten. Auch zweitägige Exkursionen in den Gulf Islands sind möglich. Die ›Victoria Sailing Academy‹ bietet Segelkurse mit Abschlussprüfung und Lizenz an, man kann Boote mieten und verschiedene Törns für die Gewässer um Vancouver Islands buchen.

Old Salt Charters Ltd.: 6678 Sunshine Coast Hwy., Sechelt, BC V0N 3A8, Tel. 604-885-67 35, 1-877-736-02 38, www.oldsaltcharters.com. Vermittelt über 300 Jachten im pazifischen Nordwesten. Hochseeangeln und Segeltörns in den Inselrevieren der Inside Passage und der Queen Charlotte Islands sowie um Vancouver Island. Prospekt erhältlich.

Tauchen

In den letzten Jahren entdecken Tauchsportler zunehmend die ungeahnten Möglichkeiten der Küstengewässer von Südwest-British Columbia. Riesige Tangwälder, Schwämme, weiche Korallen, zahllose Seestern- und Fischarten, versunkene Schiffe und Riesenkraken sind die Attraktionen. Die besten Reviere liegen in der Georgia Strait, an der Küste von Vancouver Island bei Nanaimo, Campbell River, Telegraph Cove und an der Sunshine Coast bei Powell River. Zwischen Oktober und März ist das Wasser am klarsten, mit Sichtweiten bis zu 30 m. In vielen Küstenorten gibt es *Dive Shops,* wo man auch Auskünfte über Chartermöglichkeiten erhält.

Dive BC: www.divebritishcolumbia.com.

Porpoise Bay Charters: P.O. Box 2281, Sechelt, BC V0N 3A0, Tel. 604-885-59 50, 1-800-665-34 83, Fax 885-59 83, www.porpoisebaycharters.com. Vermietung von Ausrüstung, Tauchkurse und -exkursionen, Unterkunft, Kajaktouren.

Schwimmen

Kanada und vor allem Alaska sind nicht gerade als Bade-Destination bekannt. Die Vielzahl guter Schwimmgelegenheiten wird daher jeden verblüffen, der sich an einem heißen Sommertag nichts sehnlicher als den Sprung ins kühle Nass wünscht. Im Süden von British Columbia bieten zahlreiche Seen ausgezeichnete Bademöglichkeiten, allen voran der Lake Okanagan und der Shuswap Lake. In Vancouver ist English Beach der Hangout der sportlichen Boys und Girls, und an der Ostküste von Vancouver Island kann man an verschiedenen Stränden wenngleich nicht gerade weit hinausschwimmen, so doch hinreichend Badespaß genießen.

Angeln und Jagen

West-Kanada und Alaska grüßen allenthalben mit ›Petri Heil‹ an reißenden Flüssen, quirligen *Creeks*, klaren Bergseen und brandenden Küstengewässern. Der arktische Grayling, Forellen und der sagenhafte Chinook-Lachs, der bis zu 30 kg schwer werden kann, gehen mit etwas Glück an die Angel.

Alle kanadischen Provinzen und Alaska sind ein – allerdings teures – Paradies für Jäger. Zum jagdbaren Wild gehören Schwarzbären und Grizzlys, Elche, Bisons und Karibus, Wapitis, Dallschafe und Bergziegen sowie Niederwild. Strikte Jagdgesetze und noch strengere Kontrollen sorgen dafür, dass der Wildbestand nicht gefährdet wird.

Viele Veranstalter von Exkursionen haben Sportangeln und oft auch Jagdmöglichkeiten in ihrem Programm. Dabei können Wildnislodges den Charakter eines einfachen Camps oder auch den Komfort einer Ferienanlage *(Resort)* haben. Meist sind sie nur per Boot oder Buschflugzeug zu erreichen. Da die Unterkunftsmöglichkeiten oft sehr begrenzt sind, empfiehlt sich eine rechtzeitige schriftliche Reservierung.

Jagen und Angeln sind durch Gesetze der jeweiligen Provinzen bzw. des Bundesstaates Alaska geregelt. Ausführliche Infos und die notwendigen Erlaubnisscheine erhält man bei den zuständigen Behörden. In National- und Provinzparks darf zwar geangelt, aber nicht gejagt werden. Jagdwaffen dürfen eingeführt, müssen aber beim Zoll deklariert werden. Zu beachten ist auch, dass zur Ausfuhr von Fellen und Jagdtrophäen Exportgenehmigungen notwendig sind. Die Einfuhr von Angelgeräten für den persönlichen Gebrauch ist ohne Genehmigung möglich. Obwohl Angelscheine von den Provinzbehörden ausgestellt werden, ist für das Angeln in Nationalparks eine Sondergenehmigung erforderlich, die in jedem Park erhältlich ist und dann für alle Nationalparks in Kanada gilt. Für das Hochseeangeln sind separate Erlaubnisscheine erforderlich, die oft auch beim Ausrüster erhältlich sind. Die Angelausrüstung kann man vielerorts mieten oder kaufen.

In Alaska erhält man Angelscheine bei Veranstaltern, in Sportgeschäften und Lodges. Hier gilt der Angelschein auch in den Nationalparks. Jagen ist nur in Begleitung eines lizenzierten Führers erlaubt. Außer einer generellen Lizenzgebühr muss für den Abschuss von Großwild extra bezahlt werden.

Ausführliche Informationen über die Jagd- und Angelmöglichkeiten, Bestimmungen, Kosten, aber auch Verzeichnisse von Ausrüstern und lizensierten Führern *(Guides)* sind bei den Touristenbüros Alaskas und den jeweiligen kanadischen Provinzen erhältlich oder bei:

BC Ministry of Environment, Lands and Parks, Fisheries Management Branch: P.O. Box 9391, Victoria, BC V8W 9M8, Tel. 387-97 11. Informationen über Angeln.

Fish & Wildlife Branch: P.O. Box 9391, Victoria, BC V8W 9M8, Tel. 250-387-97 11, www.env.gov. bc.ca/fw. Informationen über Angeln und Jagen.

Alberta Dept. of Environmental Protection: Fish & Wildlife Division, Main Floor, Bramalea

Bldg., 9920-108th St., Edmonton, AB T5K 2M4, Tel. 780-944-03 13, Fax 427-44 07, www.srd.gov.ab.ca/fishwildlife. Informationen über Angeln und Jagen.

Saskatchewan Outfitters Ass.: 3700 2nd Ave. West, Prince Albert, SK, S6W 1A2, Tel. 306-763-54 34, Fax 922-60 44, www.soa.ca. Auskünfte und Vermittlung von lizenzierten Ausrüstern und Guides.

Yukon Department of Environment: P.O. Box 2703, Whitehorse, YT Y1A 2C6, Tel. 867-667-56 52, Fax 867-393-71 97, www.environmentyukon.gov.yk.ca. Informationen über Angeln und Jagen.

Alaska Department of Fish and Game: P.O. Box 115526, 1255 W. 8th St., Juneau, AK 99811–5526, Tel. 907-465-41 80 (Fish), 907-465-41 90 (Game), www.state.ak.us, www.ak.gov/adfg. Informationen über Angeln und Jagen.

Canada Customs: 2, Avenue de Tervueren, B-10 40 Brüssel, Belgien, Tel. 00 32-27 41 06 11, Fax 27 41 06 94, http://www.dfait-maeci.gc.ca/canada-europa/germany/tradewithcanada515-de.asp. Erteilt Auskünfte über Einfuhr von Jagdwaffen und Angelgerät.

Goldwaschen

Die wilden Tage des Goldrausches am Klondike sind zwar schon lange vorbei, doch rund um Dawson City, damals das Epizentrum jener verrückten Zeit, schürfen einige Unentwegte noch immer nach dem gelbem Edelmetall. Auch Touristen können sich im Goldwaschen versuchen – allerdings dürfen sie nicht erwarten, das große Los zu ziehen. Die Zeit der dicken Nuggets ist wohl vorbei. Dennoch: Meldungen von unerwarteten größeren Funden erscheinen immer wieder in den Zeitungen und erhalten den Mythos aufrecht. Schnupperkurse im Goldwaschen sind fester Bestandteil vieler geführter Touren zu den Goldfeldern am Klondike rund um Dawson City: Mit Pfanne bewaffnet, darf man im seichten Uferbereich ›pay dirt‹ waschen und auf wenigstens etwas Goldstaub hoffen (s. Aktiv unterwegs S. 363).

Kanadas schönste Skigebiete

Die meisten europäischen Touristen kommen im Sommer nach West-Kanada. Doch gerade British Columbia und Alberta sind einen Winterurlaub wert. Hier in den kanadischen Rockies liegen einige der schönsten Skigebiete der Welt. Sie bieten dort selbst dem verwöhnten Skiläufer ein hervorragendes Programm: weitläufige Skiwandergebiete, rasante Abfahrten auf meterdickem, federleichtem Tiefschnee und *Heli-skiing,* das Nonplusultra für jeden passionierten Skiläufer. Dabei wird man in kleinen Gruppen mit dem Hubschrauber auf einsame Gipfel in Höhen von 1500 bis 4000 m gebracht, um dann durch unberührten Pulverschnee ins Tal zu schwingen. Bis zu einem Dutzend Starts sind durchaus möglich. Berechnet wird die Anzahl von Höhenmetern, die abgeflogen und abgefahren werden. Wie beim *Heli-hiking* kritisieren auch hier Umweltschützer die mit dieser Art des Skisports verbundene Lärmbelästigung. Dennoch, durch Abgeschiedenheit und riesige Ausdehnung der Reviere halten sich diese Probleme derzeit in Grenzen.

Selbstverständlich gibt es überall Skikurse, man läuft Schlittschuh auf romantischen Bergseen, geht Eisfischen, unternimmt Schneemobiltouren auf den Gletschern oder Touren mit dem Motorschlitten, den kräftigen Schneeflitzern für unwegsames Gelände. Auch Exkursionen mit dem Hundeschlitten sind möglich – nicht nur in Alaska.

Von November bis April reicht die Saison, nichts ist überlaufen, kein Gedrängel vor den Liften, wie es in den Wintersportgebieten der europäischen Alpen häufig vorkommt. Dabei

Sehr beliebt ist das Skigebiet rund um den Lake Louise in den Rocky Mountains

ist Ski-Urlaub in Kanada gar nicht so teuer und die Flüge sind im Winter auch billiger.

Die meisten Skigebiete sind bequem zu erreichen, einige liegen sogar in der Nähe großer Städte, so z. B. Grouse Mountain, Cypress Bowl und Mount Seymour praktisch direkt über Vancouver. Weitere hervorragende Wintersportgebiete in British Columbia sind Whistler-Blackcomb, Big White und Mount Washington auf Vancouver Island.

Whistler-Blackcomb, in den Küstenbergen am malerischen Howe Sound, ist 120 km von Vancouver entfernt, und leicht per Auto, Bahn oder Bus zu erreichen. Diese Skiregion wird als die beste in Nordamerika angesehen. Sie ist schneesicher bei relativ milder Pazifikluft und bietet 180 Abfahrten aller Schwierigkeitsgrade mit Höhenunterschieden bis zu 1600 m. Hervorragende Loipen sind ebenfalls vorhanden. Die Saison dauert von Ende November bis Anfang Mai, auf dem nahen Gletscher, auf den ein Lift führt, sogar bis in den Sommer hinein. Mit Heli-Ski sind 100 weitere Gletscherabfahrten zu erreichen. Über 60 Restaurants, Bars und Nachtclubs sorgen für die richtige Stimmung.

Big White, in den Monashee Mountains bei Kelowna im Okanagan Valley, ist British Columbias höchstgelegenes Ski-Resort. Bedingt durch die trockene Höhenluft gibt es hier den besten Pulverschnee. Bei einem Höhenunterschied von 625 m gibt es über 50 Abfahrten aller Schwierigkeitsstufen. Moderne Lifte sorgen für Komfort und kurze Wartezeiten. Nicht so international wie Whistler, dafür aber gemütlich mit Restaurants,

Pubs und Country & Western Bar. Man ist besonders familienfreundlich: Es gibt viele Programme für Kinder und Jugendliche, einen Kinderhort und ein *Youth Activity Center.*

Mount Washington auf Vancouver Island, vier Stunden von Vancouver oder Victoria entfernt, bietet über 10 m Schnee, ein alpines Dorf, fünf Lifte, rund 50 Abfahrten aller Schwierigkeitsgrade und 30 km gespurte Loipen, dazu kommen hunderte mehr im angrenzenden Strathcona Provincial Park.

Auch Langlaufenthusiasten finden in British Columbia ein weites Betätigungsfeld: Über 1200 km gut gespurte Loipen und weitere 1500 km markierte Wege versprechen sportlichen Hochgenuss. Die schönsten befinden sich nur zwei Stunden von Vancouver entfernt im Manning Provincial Park, darüber hinaus in Whistler und in der Cariboo/Chilcotin Region.

Albertas Skigebiete liegen in den Rockies, wobei die beiden bekanntesten im Banff und Jasper National Park zu finden sind.

Banff/Lake Louise ist nicht nur eines der schönsten Skigebiete Nordamerikas, sondern auch das größte und älteste. Bereits 1926 gegründet, entwickelte es sich zum Mekka von Skiläufern aus aller Welt. Hier gibt es mehr als genug Abfahrten für Anfänger und Experten, bis zu 8 km lang, bei einem Höhenunterschied von bis zu 1000 m. Dazu eine Schneedecke von bis zu 10 m Höhe, mit einer dicken Schicht Pulverschnee obenauf. Après-Ski vom Feinsten, Baden in heißen Quellen inmitten verschneiter Landschaft, eine Vielzahl von sportlichen Aktivitäten zum Zuschauen und Mitmachen, erstklassige Restaurants und Bars sowie ein buntes Programm von Festivals, Theater und Konzerten.

Jasper, immer etwas im Schatten von Banff und Lake Louise, ist genauso attraktiv, nicht so mondän, dafür geruhsamer und preiswerter. Auch hier im Marmot Basin sind Schnee und Abfahrten hervorragend. Die längste Abfahrt misst knapp 6 km, der Höhenunterschied beträgt 700 m. Das Resort gibt sich kinderfreundlich und auf Unterhaltung braucht man auch nicht zu verzichten.

Im **Kananaskis Country** bei Calgary entstand für die Olympischen Winterspiele noch ein weiteres Skigebiet mit guten Abfahrten, Loipen und Serviceeinrichtungen.

Whistler Resort Association: 4010 Whistler Way, Whistler, BC V0N 1B4, Tel. 604-932-39 28, Fax 932-72 31, www.tourismwhistler.com.

Panorama Resort: Panorama Mountain Village, Panorama, BC VA0 1K5, Tel. 250-342-69 41, 1-800-663-29 29, Fax 342-38 89, www.panoramaresort.com.

Canadian Mountain Holidays: 217 Bear St., Banff, AB T1L 1J6, Tel. 403-762-71 00, 1-800-661-02 52, Fax 762-58 79, www.cmhhike.com, www.cmhski.com. Multiadventure-Pauschaltouren, Hubschrauberflüge in abgelegene Gebiete, Wanderungen unter erfahrener Führung.

Ski Banff/Lake Louise Sunshine: P.O. Box 1085, Banff, AB T0L 0C0, Tel. 403-762-45 61, Fax 762-81 85, www.skibig3.com. Zum gleichnamigen Resort gehörige Schule mit vielen Pauschalangeboten.

West-Kanada und Alaska aus der Luft

Flugzeug

In den Weiten des Nordens ist das Flugzeug das Hauptverkehrsmittel. Viele kleine Orte und die meisten Wildnis-Lodges, die Angeln, Jagen oder Abenteuer-Packages bieten, sind nur so zu erreichen. Das ist besonders im Yukon, in den Northwest Territories und in Alaska der Fall. Hier übernehmen die **Buschpiloten** die Rolle des Taxifahrers.

Es ist erstaunlich, was in die robusten kleinen Maschinen alles hineingeht. Zwei oder drei *Backpacker* mit voller Ausrüstung aufzunehmen, ist kein Problem. Selbst ein Kanu kann notfalls zwischen den Schwimmern verstaut werden. So kann man sich mit dem Wasserflugzeug irgendwo im Hinterland absetzen lassen, um in dem Gebiet ein oder zwei Wochen zu wandern, zu angeln oder mit dem Kanu weiterzureisen. An einem verabredeten Platz wird man dann wieder vom Piloten abgeholt. Gute Ausrüstung und Wildniserfahrung sind allerdings für so etwas unerlässlich. Mit den meisten Buschfliegern kann man solche Trips arrangieren und erhält von ihnen noch hilfreiche Informationen für das ausgewählte Gebiet. In fast allen Orten des Nordens stehen Buschpiloten für Charterflüge zur Verfügung.

Ein Erlebnis ganz besonderer Art bietet Dean Andrew von Andrew Airways auf Kodiak Island in Alaska. Er fliegt mit seinem kleinen Wasserflugzeug zu den einsamen Küsten der Katmai Peninsula, um dort seine Pas-

Überwältigend: ein Flug über den Mount McKinley

sagiere zu den großen Braunbären zu führen. Ein bisschen Nervenkitzel ist schon dabei, aber der Pilot ist mit den Verhaltensweisen der mächtigen Tiere gut vertraut. Schon der Flug über die Kodiak-Insel mit den tief eingeschnittenen Fjorden, blitzenden Eisfeldern und sattgrünen Bergen ist die Reise wert (s. Tipp S. 454).

Daneben werden in den großen Städten wie Edmonton, Calgary, Vancouver, Victoria, Anchorage und Fairbanks eine Vielzahl von **Rundflügen** angeboten. Besonders reizvoll sind die über Vancouver und Anchorage. Absolute Höhepunkte stellen die Flüge über Hochgebirge und riesige Gletschergebiete dar, z. B. über den Kluane National Park im Yukon oder in Alaska: von Juneau, Haines oder Skagway zur Glacier Bay, von Valdez über den Columbia Glacier oder von Talkeetna zum Denali National Park, entlang der Nordflanke der Alaska Range mit dem mächtigen Mount McKinley. Geradezu atemberaubend ist der Flug mit Buschpiloten der Wrangell Mountain Air über die gewaltigen Bergketten des Wrangell-St. Elias National Park mit schimmernden Gletscherfeldern, bizarren Felsgipfeln, *Ghosttowns* und verlassenen Bergwerken. Der Flug geht vom pittoresken ehemaligen Bergwerksort McCarthy aus, *Pick-up* in Chitina ist möglich.

Drachenflieger und Heißluftballon

Drachenflieger finden in British Columbia exzellente Möglichkeiten. In Golden wurde sogar mit einem 325 km weiten Flug ein Weltrekord aufgestellt. Zentren dieser Sportart in British Columbia findet man in den Kootenays, im Fraser und Okanagan Valley, in der Region um Golden und Cache Creek, bei Victoria und in der Nähe der Gulf Islands sowie auf Vancouvers ›Hausberg‹, dem Grouse Mountain – hier mit besonders schönem Panoramablick.

Bei Fairbanks in Alaska und bei Calgary und Edmonton in Alberta kann man mit dem **Heißluftballon** aufsteigen. Das ruhige Dahingleiten in der winzigen Gondel unter dem imposanten Ballon, das Fauchen des Brenners, eine fantastische Aussicht und das Gefühl der Schwerelosigkeit – Ballonfahren ist ein Erlebnis, das gar nicht so teuer ist (ab $ 150). Nur früh aufstehen muss man, denn die kühle Morgenluft sollte genutzt werden, sie gibt den besten Auftrieb.

Lebensmittel

Das Angebot in den kanadischen und amerikanischen Supermärkten und Lebensmittelgeschäften entspricht weitgehend dem mitteleuropäischen. Je weiter man sich allerdings von den großen Zentren entfernt, desto teurer wird der Einkauf, desto dünner wird das Angebot und desto seltener wird das Angebot von frischem Obst und Gemüse. So kann man in den Northwest Territories oder Außenposten in Alaskas für eine Orange schon mal das Vielfache ihres im Süden üblichen Preises bezahlen. Alkoholische Getränke sind in Kanada nur in den staatlichen Monopol-Läden erhältlich.

Kunsthandwerk/Souvenirs

Qualitativ hochwertige Souvenirs stellen die kunsthandwerklichen Erzeugnisse der Indianer und Inuit dar (s. S. 52). Man kauft sie am besten in darauf spezialisierten Galerien sowie in den häufig sehr gut bestückten Läden der Museen. British Columbia und Alaska sind für das Kunsthandwerk der Westküsten-Indianer bekannt, vorwiegend Schnitzereien, Masken und Lithografien. Beliebte Mitbringsel aus den Northwest Territories und aus Alaska sind traditionelle Indianerkleidung wie Mokassins, Handschuhe und Gürtel, aber auch Puppen, Körbchen und Tanztrommeln. Künstlerisch hochwertig, aber auch kostspielig sind die geschnitzten Specksteinskulpturen der Inuit in Nunavut. Im Yukon und in Alaska wird origineller Schmuck aus Goldnuggets angeboten; in Alberta sind Stetsonhüte, Western-Stiefel und -Gürtel gefragte Souvenirs.

Beim Kauf von Kunsthandwerk sollte man jedoch umsichtig vorgehen. Allzu oft werden gefälschte Stücke aus asiatischen Ländern angeboten und dreist als Arbeiten örtlicher Kunsthandwerker ausgegeben. Man sollte sich die Herkunft bestätigen lassen und nach dem Namen des Künstlers fragen, wenn es sich um ein wertvolleres Stück handelt. Auch der Preis kann ein Indikator für die Echtheit sein, so wird der Preis für eine echte Inuitmaske eher bei $ 1000 als bei $ 100 liegen. Info: Alaska State Council on the Arts, Tel. 907-269-66 10, www.alaskanativearts.org.

Fotomaterial/Zubehör

Filme, Speicherkarten und sonstiges Zubehör sind in Kanada generell etwas teurer als in Deutschland.

Steuern

Kanada und die Provinzen erheben auf die meisten Güter und Dienstleistungen Steuern, die erst beim Bezahlen aufgeschlagen werden. Die **Bundessteuer** nennt sich Goods and Services Tax (GST) und beträgt 7 %. Zur GST gesellt sich weiterhin die Provincial Sales Tax (PST). Sie beträgt in British Columbia 7,5 %. Alberta und die beiden Territorien schlagen hingegen keine derartige Steuer auf. Alberta erhebt jedoch eine Übernachtungssteuer, die bei Hotelrechnungen mit 5 % zu Buche schlägt.

Alaska erhebt keine Verkaufssteuer. Einzelne Städte und Bezirke können jedoch eine *Sales Tax* sowie besondere Steuern auf Güter und Dienstleistungen erheben.

In Kanada ist die Ausfuhr von bestimmten Gegenständen eingeschränkt, die über 50 Jahre alt und von historischer oder wissenschaftlicher Bedeutung sind.

Seit 2010 kann man Steuererstattung beantragen, und zwar ab $ 200 für ausgeführte Waren sowie Hotelübernachtungen, Campinggebühren und bestimmte Tourangebote. Quittungen ab je $ 50 sind erforderlich. Nähere Infos unter www.cra-arc.gc.ca.

Alkohol

Das gesetzliche Mindestalter für Alkoholgenuss liegt in Alberta bei 18, in British Columbia und den beiden Territorien jeweils bei 19 und in Alaska bei 21 Jahren. Bier, Wein und Spirituosen sind nur in staatlichen Liquor Shops erhältlich, wo sie vom Kassierer in braunen Tüten ausgegeben werden. Für den Alkoholgenuss gelten beiderseits der Grenze strenge Regeln. Trinken in der Öffentlichkeit ist verboten. Selbst der Alkoholgenuss im parkenden Auto ist untersagt. Manche Restaurants ersparen sich die teure Alkohollizenz und bringen stattdessen ein Schild mit der Aufschrift ›Bring your own bottle‹ (›B. y. o. b.‹) im Fenster an. Dies bedeutet, dass der Gast seinen eigenen, zuvor im Liquor Shop erstandenen Wein mitbringen muss. Der Kellner wird ihn dann kredenzen, als sei er im Restaurant bestellt worden.

Ausgehen/Entertainment

Vancouver, Calgary, Edmonton, Anchorage, Victoria, Whistler, Banff – das wäre es auch schon. Das Nachtleben – Konzerte, Musikkneipen, Clubs, Diskotheken – beschränkt sich auf die Großstädte und Touristenzentren. Außerhalb sieht es ruhiger aus. In kleineren Städten wie Kamloops, Cranbrook, Whitehorse oder Fairbanks treffen sich Nachtschwärmer in Pubs und Sportcafés, mit TV-Bildschirmen, Billardtischen und Spielautomaten ausgestatteten Etablissements, in denen es eher raubeinig zugeht.

Behinderte

Obwohl viele der in diesem Buch beschriebenen Aktivitäten für Behinderte gegebenenfalls nur mit Einschränkungen oder gar nicht möglich sind, sind doch auf einer Kanadareise keinesfalls größere Probleme als in Deutschland, Österreich oder der Schweiz zu erwarten. So hat man bei der städtebaulichen Planung in Kanada und in den USA schon viel früher als in Deutschland auf behindertengerechte Lösungen geachtet. Die Tourismusbehörden der einzelnen Provinzen können zum Thema ›Reisen für Behinderte‹ weitere Auskünfte geben.

Elektrizität

In Kanada und USA beträgt die Stromspannung 110–120 V, 60 Hz Wechselstrom. Wenn man elektrische Geräte aus Deutschland mitbringt, müssen diese umschaltbar sein. Außerdem benötigt man einen Adapter für den in Nordamerika gebräuchlichen Flachstecker, der übrigens problemloser in Deutschland zu bekommen ist.

Maße, Gewichte, Temperaturen

In **Kanada** gilt wie in Europa das metrische System.

In Alaska:

1 inch (in.)	=	2,54 cm		
1 foot (ft.)	=	12 inches	=	30,48 cm
1 yard (yd.)	=	3 feet	=	91,44 cm
1 mile (mi.)	=	1,609 km		
1 ounce (oz.)	=	28,35 g		
1 pound (lb.)	=	16 oz.	=	453,6 g
1 pint (pt.)	=	0,4731 l		
1 quart (qt.)	=	2 pts.	=	0,946 l
1 gallon (gal.)	=	4 qts.	=	3,785 l

Die Temperatur wird in Alaska in Fahrenheit (F) gemessen und lässt sich wie folgt umrechnen:

$$\frac{(°F - 32) \times 5}{9} = °C$$

z. B.: 32 °F = 0 °C, 68 °F = 20 °C, 86 °F = 30 °C.

Mücken

In freier Natur, besonders in den Waldgebieten, sind in Kanada und Alaska von Juni bis September Stechmücken *(Mosquitos)* überall vertreten. Wer während dieser Zeit eine längere Wander- oder Paddeltour plant, sollte sich mit reichlich Moskitospray, das überall erhältlich ist, eindecken. Tröstlich ist, dass die kanadischen Moskitos im Unterschied zu ihren tropischen Artgenossen im Allgemeinen keine Krankheiten übertragen.

Öffnungszeiten

Die Einzelhandelsgeschäfte in Kanada und Alaska haben in der Regel an Wochentagen zwischen 9 und 18 Uhr geöffnet, aber Ausnahmen sind durchaus möglich; besonders in den ganz kleinen Orten und in den Großstädten sind die Geschäfte (vor allem Supermärkte) häufig bis in den späten Abend geöffnet. Auch an Sonntagen kann man sich mit dem Notwendigsten eindecken. Vorgeschriebene Öffnungszeiten wie bei uns gibt es in Kanada und Alaska nicht.

Rauchen

In Kanada und den USA gibt es in den meisten Restaurants separate Zonen für Raucher und Nichtraucher. Einige Restaurants sind sogar gänzlich ›rauchfrei‹. In öffentlichen Gebäuden ist das Rauchen grundsätzlich untersagt, dazu zählen auch viele Flughäfen (oder es ist dort nur in bestimmten Zonen erlaubt). In allen Hotels und Motels gibt es Zimmer für Nichtraucher – es ist sogar schwierig, als Raucher ein Zimmer zu bekommen. In den USA ist das Rauchen auf fast allen Inlandsflügen verboten, und in Kanada ist der blaue Dunst seit ein paar Jahren auf allen Flügen kanadischer Airlines nicht mehr erlaubt.

Trinkgeld

In Kanada und Alaska sind Bedienungsgelder nicht im Preis inbegriffen. Es ist üblich, in Restaurants, bei Friseuren und Taxifahrern ca. 15 % des Rechnungsbetrages als Trinkgeld zu geben. Für das Tragen eines Gepäckstückes gibt man gewöhnlich 75 c. Zimmermädchen sollte man je nach Aufenthaltsdauer und Übernachtungspreis bei Abreise ca. $ 3–10 geben.

Zeitzonen

Mit Ausnahme von Saskatchewan stellt Kanada am letzten Sonntag im April auf Sommerzeit und am letzten Samstag im Oktober auf Normalzeit um.

British Columbia: Pacific Standard Time (MEZ –9 Stunden); Mountain Time (MEZ –8 Stunden) in den Rockies und um Fort St. John.
Alberta: Mountain Time (MEZ –8 Stunden).
Manitoba: Central Time (MEZ –7 Stunden).
Saskatchewan: Central Standard Time (MEZ minus 7 Stunden), im nordwestlichen Teil der Provinz Mountain Time (MEZ –8 Stunden); im Sommer hat jedoch die Region der Central Time keine Sommerzeit, sodass der Übergang zwischen den Zeitzonen an der Grenze zu Manitoba liegt.
NWT und Nunavut: Eastern, Central und Mountain Standard Time. Das östliche Nunavut hat Eastern Standard Time (MEZ –6 Stunden).
Yukon: Pacific Time (MEZ –9 Stunden).
Alaska: geografisch vier Zeitzonen: Bering, Alaska, Yukon und Pazifik; offiziell aber seit 1983 nur noch zwei Zonen: Alaska/Hawaii Standard Time (MEZ –11 Stunden) auf vier kleinen Aléuteninseln und Alaska Standard Time im gesamten übrigen Alaska (MEZ –10 Stunden).

Geld

Obwohl es von 50 c- bis 1 $-**Münzen** alles gibt, sind praktisch nur 1 c, 5 c *(Nickel)*, 10 c *(Dime)* und 25 c-Stücke *(Quarter)* im Umlauf. Es empfiehlt sich also, immer genügend *Quarter* bei sich zu führen, um Kleingeld für Waschsalon, Busfahrten, Automaten oder zum Telefonieren zu haben.

In Kanada gibt es **Banknoten** zu $ 1, 2, 5, 10, 20, 50, 100, 500 und 1000, sie sind von verschiedener Größe und Farbe.

In den USA sind Banknoten zu $ 1, 2, 5, 10, 50 und 100 im Umlauf; sie sind von gleicher Größe und grüner Farbe.

Geldscheine im Wert von über $ 100 werden in vielen Läden und Restaurants nicht gern angenommen. Man sollte große Scheine daher besser bei den Banken wechseln.

Geldwechsel

Europäische Besucher sollten auf kanadische bzw. bei Reisen nach Alaska auf amerikanische Dollar ausgestellte **Reiseschecks** mitnehmen. Bewährt hat sich eine 50-Dollar-Stückelung. In Kanada hat man beim Umtauschen amerikanischer Reiseschecks jedoch einen Wechselkursverlust. Reiseschecks tauschen nicht nur die Banken ein. Sie werden auch von Hotels, Geschäften und Tankstellen angenommen. Außer einer Kreditkarte und Reiseschecks sollte man einen kleinen Barbetrag in der Landeswährung mitnehmen.

Euroschecks werden nicht akzeptiert. Auch beim Umtausch europäischer Währungen gibt es bei den kanadischen Banken mitunter Schwierigkeiten und es ist auf jeden Fall nur zu ungünstigen Kursen möglich.

Banken sind in Kanada und Alaska in der Regel Mo–Fr von 10–15 Uhr geöffnet.

Wechselkurs (Stand Okt. 2011): 1 can$ = 0,72 €, 1 US-$ = 0,75 €. 1 € = 1,39 can$, 1 € = 1,34 US-$.

Kreditkarten

Bargeld ist im Zahlungsverkehr weniger wichtig als in Europa, man kann fast überall mit Kreditkarte bezahlen. Eurocard/Mastercard und Visa werden praktisch überall akzeptiert. EC/Maestro-Karten können an vielen Geldautomaten der kanadischen Banken eingesetzt werden, jedoch nicht als Zahlungsmittel in Geschäften.

Preisniveau

Das Preisniveau in den kanadischen Städten ist in etwa mit dem in Deutschland zu vergleichen. Durch den günstigen Kurs des kanadischen Dollars ist das Einkaufen in Kanada eher preiswerter als in Deutschland. In kleineren Orten, besonders im Norden, muss man jedoch auf etwas höhere Preise vorbereitet sein. Dies gilt besonders für Alaska. Spirituosen und Bekleidung sind generell etwas teurer als in Deutschland, dafür kostet Benzin weniger (Kanada 1,30–1,50 can$, also etwa 1 €, Alaska 1,20 US-$, also etwa 0,85 € pro Liter).

Sperrung von EC-und Kreditkarten bei Verlust oder Diebstahl*:

01149 116 116

oder 01149 30 4050 4050
(* Gilt nur, wenn das ausstellende Geldinstitut angeschlossen ist, Übersicht: www.sperr-notruf.de)
Weitere Sperrnummern:

- MasterCard: 01149 69 79 33 19 10
- VISA: 01149 69 79 33 19 10
- American Express: 01149 69-97 97 2000
- Diners Club: 01149 69 66 16 61 23

Bitte halten Sie Ihre Kreditkartennummer, Kontonummer und Bankleitzahl bereit!

Reisezeit und -ausrüstung

Klimadaten Vancouver

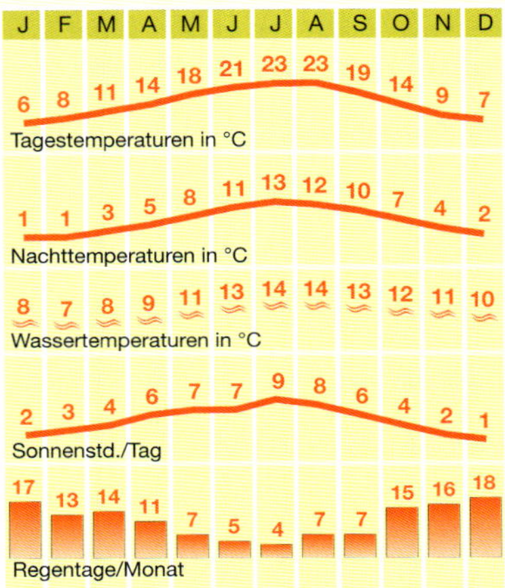

Klimadaten Anchorage

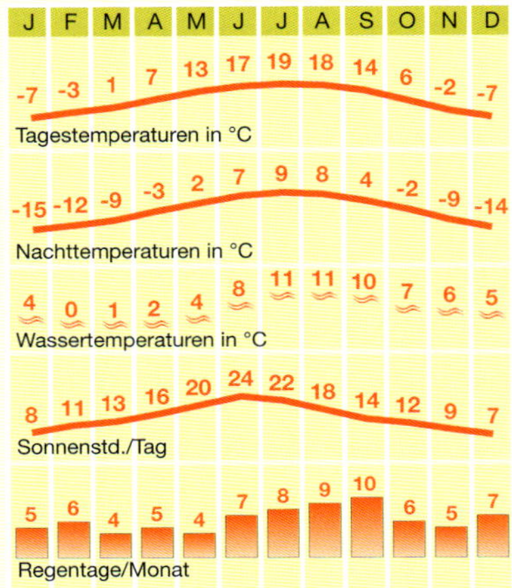

Reisezeit

Die Hauptreisezeit fällt in die Monate Juni bis August; jedoch haben die etwas kühleren Monate Mai und September mit Frühlingsblumen bzw. Herbstfarben bei strahlend klaren Tagen auch ihre Reize. Für manche sind Herbst und Winter sogar die beste Zeit im Norden – kein Straßenstaub, wenige Touristen, dafür Hundeschlittenrennen und andere Feste – und vor allem: keine Moskitos.

Ab Labour Day (1. Wochenende im Sept.) sind kaum noch Reservierungen notwendig, allerdings sind dann auch die Öffnungszeiten vieler Museen eingeschränkt, und auch für viele Veranstalter von Touren und Exkursionen endet die Saison Ende September.

Kleidung und Ausrüstung

Lockere, legere Freizeitkleidung ist in Alaska und West-Kanada allenthalben richtig. Die Wildnis ist nie weit entfernt, und so ist man mit einem Flanellhemd, Jeans oder anderen strapazierfähigen Beinkleidern und Wanderschuhen immer gut gerüstet. Vor allem im Inneren von Alaska und auch in den westkanadischen Provinzen herrscht im Sommer meist eine stabile Hochdrucklage vor. Bei dem Bilderbuchwetter, das man dann an langen Sommertagen genießen kann, kommt man auch mit leichterer Kleidung aus. Abends empfiehlt sich auf jeden Fall eine Jacke oder ein Pulli – schon wegen der Mücken.

Beim Aufenthalt in Süd- und Südost-Alaska sowie an der Westküste von Vancouver Island und des nördlichen British Columbia sollte man auch Regenkleidung einpacken. Sonnenschutzmittel nicht vergessen!

Im Winter reicht für das Gebiet um Anchorage und in Südost-Alaska europäische Winterkleidung aus. Im Norden allerdings sollte man sich speziell ausrüsten. Die dortigen Geschäfte bieten eine große Auswahl an Kaltwetterkleidung.

In den Großstädten wie Vancouver, Edmonton oder Anchorage kann man in Theatern oder eleganten Restaurants durchaus auch ein Dinnerjackett bzw. ein Abendkleid tragen.

Ärztliche Versorgung

Die ärztliche Versorgung ist in den Städten West-Kanadas und Alaskas mit der unsrigen vergleichbar. Außerhalb der Städte wird Hilfe per Flugzeug gebracht. Eine Behandlung kann mit Kreditkarte bezahlt werden. Krankenhäuser findet man unter ›Hospital‹, Apotheken unter ›Pharmacies‹ oder unter ›Drugstores‹ in den gelben Seiten des Telefonbuchs. Große Supermärkte haben oft einen Drugstore mit ›Pharmacy‹-Abteilung, wo ein ausgebildeter Apotheker *Prescriptions*, also rezeptpflichtige Medikamente, verabreicht.

Gesundheitsvorsorge

Angesichts der extrem hohen Arzt- und Krankenhauskosten oder auch der Notfalltransportkosten sollte man unbedingt vor dem Reiseantritt eine Reisekrankenversicherung (am besten eine, die eventuellen Rücktransport mit einschließt) abschließen, bzw. sich bei der eigenen Krankenversicherung über eine Abdeckung der entstehenden Kosten bei Auslandsreisen informieren. So oder so wird aber von Ärzten und Krankenhäusern meist sofortige Bezahlung verlangt – in bar oder mit Kreditkarte.

Spezielle Medikamente sollten Sie mitbringen und eine Rezeptkopie dabei haben, damit ein kanadischer bzw. amerikanischer Arzt das Rezept erneuern kann. Bei Wanderungen und längeren Aufenthalten abseits der Siedlungen sollte man auf jeden Fall eine Reiseapotheke mit sich führen – und Mückenschutzmittel nicht vergessen!

Notfälle

In allen Notfällen kann man landesweit in Kanada und Alaska die **Rufnummer 911** wählen. In wenigen Ausnahmen ist der Notdienst über die 0 *(Operator)* zu erreichen. Der *Operator* ist auf jeden Fall immer eine hilfsbereite Anlaufstelle. Natürlich sind auch die Hotelrezeption, eine Tankstelle, Campingplatzpersonal, Parkranger oder dergleichen in Notfällen (*Emergencies*) immer behilflich. *Emergencies* heißen auch die Notaufnahmen in den Krankenhäusern oder Sanitätsdiensten, an die man sich bei Verletzungen und akuten Beschwerden wenden kann.

Wasser

Leitungswasser ist fast überall genießbar. Wo nicht, wird in der Regel mit Schildchen wie ›non potable‹ oder ›no drinking water‹ auf die mindere Wasserqualität aufmerksam gemacht. Unterwegs in der Wildnis verlockt zwar das meist kristallklare Wasser zum kräftigen Schluck, doch sollte man bedenken, dass selbst fern der Zivilisation diverse Faktoren die Wasserqualität beeinträchtigen können. Dazu gehören ein möglicherweise flussaufwärts verendetes Tier, verunreinigtes Grundwasser und natürliche, jedoch schlecht verträgliche Bakterien und Parasiten. Für längere Trekkingtouren gilt: Das Wasser muss abgekocht oder mit speziellen Tabletten aufbereitet werden, die in jedem Outdoor Store oder im Drugstore erhältlich sind. Auch beim Bad in heißen Quellen sollte man auf eine Kostprobe verzichten: Manche Parasitenarten gedeihen auch im heißen Wasser.

Sicherheit

Kanada wie auch Alaska sind so sicher (oder unsicher), wie man es in Mitteleuropa gewöhnt ist. Dabei ist in den großen Städten (und auch in vielen Indianerreservaten) eine höhere Kriminalitätsrate als in den ländlichen Gebieten zu verzeichnen. Hier empfehlen sich die üblichen Sicherheitsvorkehrungen.

Kommunikation

Internetcafés

Mit den Lieben daheim in Tuchfühlung bleiben, ist vielen Reisenden ein wichtiges Bedürfnis. Das Internet macht's möglich: Millionen, wenn nicht Milliarden von Tripberichten rasen stündlich mitsamt den neuesten Fotos um die Welt. Internetcafés gibt es in jeder größeren Stadt. In immer mehr Hotels und Motels ist die Benutzung des Internet im Übernachtungspreis eingeschlossen. Auch Bibliotheken sind inzwischen fast immer mit öffentlichen Terminals ausgerüstet. Und wenn der Drang zum Surfen und Mailen ganz unerträglich wird, lässt sich bestimmt auch der Rezeptionist des Hotels erweichen.

Post

Auch in den kleinsten Orten West-Kanadas und Alaskas gibt es Postämter, die allerdings manchmal nicht wie in den Städten ganztägig geöffnet sind. Öffnungszeiten sind dort in der Regel Mo–Fr 8–17 Uhr, Sa 8–12 Uhr. Die Adressen der Postämter in Kanada findet man im Telefonbuch unter der Rubrik ›Government – Canada Post‹, in Alaska unter ›United States Government‹.

Wer sich Post nachsenden lassen möchte (wird etwa vier Wochen zur Verfügung gehalten), kann dies postlagernd nach folgendem Schema tun:
(Name) c/o General Delivery Main Post Office (die Stadt und die Provinz, in der man sich aufhalten wird).
Nicht vergessen: Der **ZIP-Code** (Postleitzahl) gehört in Kanada hinter den Namen der jeweiligen Provinz. Sie besteht aus einer sechsstelligen Zahlen-/Buchstaben-Kombination. In den USA folgt die fünfstellige Zahl des ZIP-Code dem Namen des jeweiligen Bundesstaates.

Laufzeit: per Luftpost sechs bis zehn Tage nach und von Europa.

Radio/Fernsehen/Video

Fast alle größeren Orte haben einen (oder mehrere) lokale Fernseh- und Rundfunksender, und in fast jedem Hotel- oder Motelzimmer steht auch ein Fernseher. Das in Kanada (wie auch in den USA) übliche NTSC-System ist nicht mit dem in Deutschland gebräuchlichen PAL-Standard kompatibel. Dies sollte man beachten, wenn man Videokassetten verwenden möchte. Das gleiche gilt für den Erwerb von DVDs. Sie haben einen eigenen Nordamerika-Ländercode, den europäische Geräte nicht akzeptieren.

Telefonieren

Von Deutschland, Österreich und der Schweiz wählt man **nach Kanada und Alaska** 001, gefolgt vom *Area Code* für die jeweilige Provinz bzw. die von Alaska und der Teilnehmernummer. Innerhalb der kanadischen Städte wählt man nur die siebenstellige Rufnummer. Zu Auswärtsgesprächen *(Long Distance Calls)* innerhalb der eigenen Provinz bzw. Alaskas wählt man eine ›1‹ vorweg.

Für **Auskünfte** kann man sich an den Operator (0) wenden. R-Gespräche *(Collect Calls)* und die sogenannten *Person-to-Person Calls,* bei denen man gegen einen Aufpreis eine bestimmte Person ans Telefon rufen lassen kann,

Vorwahlen

British Columbia (außer Vancouver): 250
Vancouver und Südwest-BC: 604
Alberta: 403
Edmonton und Nord-Alberta: 780
Yukon: 867
Saskatchewan: 306
Manitoba: 204
Northwest Territories und Nunavut: 867
Alaska: 907

vermittelt ebenfalls der Operator. Telefonnummern mit der **Vorwahl 1-800** (auch andere 800er wie etwa 888) sind gebührenfrei, z. B. zur Hotel-, Flug- oder Autoreservierung.

Von Kanada und Alaska kann auch **nach Europa** durchgewählt werden: zuerst die Vorwahl 011, danach die jeweilige Landesvorwahl (BRD 49, Österreich 42, Schweiz 41). Dies ist auch von jedem Münzfernsprecher *(Pay Phone)* aus möglich. Um das langwierige Münzeneinwerfen (und die sonst bei Überseegesprächen notwendige Vermittlung durch den Operator) zu vermeiden benutzt man am besten die von verschiedenen Telefonfirmen angebotenen *Prepaid Phone Cards*, die mit einem Guthaben ab $ 5 in Hotels, Tankstellen und Supermärkten angeboten werden. Dies ist die bei weitem preisgünstigste Möglichkeit (innerhalb Kanadas kostet ein Gespräch ca. 8 Cent, nach Europa 10–20 Cent pro Min.). Man wählt die angegebene 1-800-Nummer und gibt nach der Ansage die Kartennummer und die gewünschte Teilnehmernummer ein. Auch vom Hotelzimmer kann man mit einer Prepaid-Karte preiswert und ohne die üblichen Aufschläge telefonieren. Zudem kann man gebührenfrei eine Vermittlungsstelle in Frankfurt/Main anrufen, um eine Verbindung innerhalb der BRD herstellen zu lassen.

Vermittlung für Kanada: 1-800-465-00 49
Vermittlung für Alaska: 1-800-292-00 49, 1-800-766-00 49 oder 1-800-927-00 49. Die Gebühren zahlt dann der Angerufene.

Telefonieren mit dem Handy *(Cell Phone)*: In Kanada benötigt man ein Triband- oder Quadband-Handy, das auch die in Nordamerika üblichen GSM 900/1900 unterstützt. Vor der Abreise ist außerdem zu prüfen, ob das Ladegerät mit einer Netzspannung von 110 bis 240 Volt arbeitet, andernfalls sollte man Adapter oder Reserveakkus dabeihaben. Ist das Handy für das Roaming freigeschaltet, sollte es sich automatisch einwählen. Geschieht dies nicht, stellt man das kanadische Netz selbst ein. Details zum Roaming erfährt man von seinem Provider in Deutschland oder unter www.teltarif.de/reise. Mobilfunkgespräche kosten in Nordamerika viel mehr als bei uns.

Telegramme

Die Postämter in Kanada und Alaska vermitteln keine Telegramme. In Kanada wendet man sich an das nächste Büro des **CN/CP Telegraph**, dem man ein Telegramm auch telefonisch durchgeben kann – sowohl vom Hotel als auch von einem öffentlichen Fernsprecher aus (mit genügend *Quarters*).

In **Alaska** können Sie Telegramme bei **Western Union** oder telefonisch von jedem Fernsprecher aus aufgeben, wenn Sie über den Operator (0) die Nummer ›Zenith 9500‹ anrufen, ihren Text durchgeben und den jeweiligen Betrag in Münzen entrichten oder (im Hotel) auf die Rechnung setzen lassen.

Postamt, Telegrammdienst und auch Telefondienst sind getrennte Institutionen und haben nichts miteinander zu tun.

Zeitungen

Jeder größere Ort hat eine eigene Lokalzeitung; eine überregionale Tageszeitung mit hohem Niveau ist die fast überall erhältliche **Globe and Mail** (www.theglobeandmail.com). Gleiches gilt für das wöchentlich erscheinende **MacLean's Magazine** (www.macleans.ca), Kanadas führendes Nachrichtenjournal. Interessanter noch für Kanada-Urlauber ist die zweimonatlich erscheinende **Canadian Geographic** (www.canadiangeographic.ca) mit ausführlichen Artikeln über Geografie, Natur und Gesellschaft des Landes. Einen Überblick über Kanadas Zeitungen im Internet, nach Provinzen und Territorien geordnet, gibt die **Canadian Newspaper Association** (www.cna-acj.ca, ›Ultimate Online Guide‹).

Grandioses Landschaftspanorama am Moraine Lake im Banff National Park

Unterwegs in West-Kanada und Alaska

Blick über den False Creek auf Downtown Vancouver

Kapitel 1

Vancouver und Umgebung

Mit etwa 600 000 Einwohnern (über 2 Mio. im Großraum) ist Vancouver die drittgrößte Stadt Kanadas. Das ›Tor zum Pazifik‹ ist das wichtigste Verkehrs- und Handelszentrum der Provinz. Der Hafen ist Kanadas Hauptumschlagplatz für Holzprodukte, Getreide, Kohle und andere Güter. Durch die Kreuzfahrtschiffe auf dem Weg durch die Inside Passage nach Alaska machen über eine halbe Million Passagiere in Vancouver Station.

In diesem kosmopolitischen Zentrum mischen sich östliche und westliche Einflüsse, denn Ostasien liegt näher als Europa. Vancouver ist Heimat für Menschen von 100 verschiedenen Nationalitäten, die das Gesicht der Stadt prägen.

Vancouver wird mit seinen über 3000 Restaurants oft als ›kulinarische Weltstadt‹ gerühmt, es besitzt die beste Auswahl von Spezialitätenrestaurants nördlich von San Francisco und westlich von Montréal. Es gibt Dutzende erstklassiger Museen, Kunstgalerien und Theater. Was geboten wird, braucht internationale Vergleiche wahrhaftig nicht zu scheuen – man kann praktisch jeden Abend ein anderes Stück sehen. Darüber hinaus sorgen weit über 100 Diskotheken, Bars und Nachtclubs für ein abwechlungsreiches nächtliches Entertainment.

Fitnessfans und Naturliebhaber haben die Wahl: Das Angebot umfasst Reiten, Schwimmen, Tauchen, Golf auf zwei Dutzend Plätzen, Windsurfen im Hafen, Segeln in der Strait of Georgia, Wildwasserfahrten mit Kanu, Floß oder Kajak in den nahen Flüssen und Seen, Wandern, Bergsteigen und nicht zuletzt Skilaufen das ganze Jahr über.

Es lohnt sich, einige Tagesausflüge in die nähere Umgebung Vancouvers einzuplanen. Sie führen zu malerischen Küstenstrichen mit verträumten Fischerdörfern oder in ursprüngliche Nationalparks.

Auf einen Blick

Vancouver und Umgebung

Sehenswert

1 **Vancouver:** Kanadas Freizeitparadies am Pazifik lockt mit quirliger Großstadtkultur, maritimem Ambiente, zauberhaften Grünanlagen und schneebedeckten Bergen (s. S. 106).

Grouse Mountain: Ein grandioser Panoramablick bietet sich vom Gipfel des Hausbergs von Vancouver, der mit einer Drahtseilbahn bequem zu erreichen ist (s. S. 123, 130).

Lynn Canyon Park: Am Fuße des Mount Seymour in Nord-Vancouver gibt es ruhige Wanderwege mit schönem Blick auf Klippen und Wasserfälle (s. S. 126).

Capilano Salmon Hatchery: Bei der ältesten Fischzuchtanstalt der Provinz erfährt man alles über den Lebenszyklus der Lachse und kann sie zwischen Juli und Oktober auch bei ihrem Laichzug beobachten (s. S. 129).

Schöne Routen

Ins Fraser River Delta: Am Südarm des mächtigen Flusses liegt der kleine Fischereihafen Steveston, an dessen pittoresker Hafenpromenade man gut essen und dabei im Freien sitzen kann (s. S. 131).

Zum Garibaldi Provincial Park: Am idyllischen Howe Sound entlang führt diese Tour in eine verblüffend stille Bergwildnis mit Heideflächen, Blumenwiesen und Gletscherseen (s. S. 133).

An die Sunshine Coast: Vancouvers »Sonnenküste«, ein 150 km langer Küstenstreifen mit 2300 Sonnenstunden im Jahr, lockt mit kleinen Küstenorten in geschützen Buchten und einer unüberschaubaren Vielfalt an Freizeitmöglichkeiten (s. S. 137).

Meine Tipps

Granville Island: Ganz im Trend ist die künstliche Insel im False Creek, auf der Cafés und Restaurants, ein bunter Markt und ausgefallene Läden Besucher anziehen (s. S. 114).

Stanley Park: Nordamerikas größter Stadtpark bietet herrliche Blicke auf die Skyline von Vancouver, schöne Strände und Wanderwege durch urwüchsige Wälder (s. S. 116).

Museum of Anthropology: Das für seine Architektur ausgezeichnete Museum zeigt eine sehenswerte Sammlung von Artefakten der Westküsten-Indianer (s. S. 119).

Fort Langley: In dem rekonstruierten Pelzhändlerfort wird die bewegte Pionierzeit Kanadas wieder lebendig (s. S. 133).

West Coast Railway Heritage Park: Das Eisenbahnmuseum in Squamish ist ein Muss für Schienennostalgiker (s. S. 134).

aktiv unterwegs

Capilano Canyon Trails: Eine reizvolle Wanderung durch dichten Regenwald, mit schönen Blicken auf Grouse Mountain, Capilano River und Capilano Lake (s. S. 127).

Ziptrekking – Abenteuer in den Baumwipfeln: Mit Seil und Karabinern gesichert, geht es an Ziplines durch die Kronen der Baumriesen bei Whistler (s. S. 135).

Wanderung zu den Skookumchuck Narrows: Bei Earls Cove führt ein 4 km langer Weg zu der Meerenge, die sich bei jedem Wechsel der Gezeiten in ein schäumendes Wildwasser verwandelt (s. S. 138).

Tauchen an der Sunshine Coast: Von Powell River aus werden Tauchgänge in das Unterwasserschutzgebiet des Saltery Bay Provincial Park arrangiert, wo man Riesenkraken begegnen kann (s. S. 142).

1 Vancouver ▶ 1, J/K 12

Viele halten die Metropole am Pazifik für die schönste Stadt an der Westküste Nordamerikas. Mehr als 2 Mio. Menschen leben hier, rund die Hälfte der Gesamtbevölkerung British Columbias. Florierende Einkaufsstraßen, eine kulinarische Vielfalt von Weltrang, die lebendige Kulturszene und nicht zuletzt die bezaubernde Lage zwischen Meer und Bergen machen Vancouver zu einem Reiseziel ersten Ranges.

Downtown

Cityplan: S. 108
Vancouvers Downtown ist relativ klein und leicht zu Fuß oder mit dem Bus zu erschließen. Immer wieder eröffnen sich zwischen den Fassaden der Bürohochhäuser bezaubernde Blicke auf Berge und Meer. Die Wolkenkratzer sind hier nicht so himmelhochragend wie in amerikanischen Großstädten. Viele stammen erst aus den letzten Jahren. Man hat bei der Planung darauf geachtet, das ansehnliche Stadtbild zu bewahren.

Robson Square und Granville Mall

Zentren des Einkaufs- und Geschäftslebens bilden der Robson Square und die Fußgängerzone der Granville Mall. Die Gestaltung des drei Straßenblocks zwischen Hornby und Howe Street umfassenden Robson Square mit seiner futuristischen Architektur auf zwei Etagen setzt städtebauliche Akzente. Auf der hübsch mit Blumen, Bäumen und Wasserfällen angelegten Plaza finden im Sommer Konzerte statt, im Winter kann man Schlittschuhlaufen. Das neue **Court House** 1, 1972 von Arthur Erikson erbaut, fällt durch seine eigenwillig schräg abfallende Dachkonstruktion aus Glas und Beton auf, und das alte restaurierte Justizgebäude (erbaut von Francis Rattenbury, der auch das Parlamentsgebäude in Victoria entworfen hat) beherbergt jetzt die **Vancouver Art Gallery** 2 mit hochkarätigen Ausstellungen internationaler und kanadischer Künstler, unter ihnen Emily Carr. Besonders interessant sind die umfangreichen Sammlungen der bedeutendsten Maler des kanadischen Westens mit Landschafts- und Stimmungsbildern aus der mythologischen Welt der Westküsten-Indianer (750 Hornby St., Vancouver, Tel. 604-662-47 19, www.vanartgallery.bc.ca, tgl. 10–17, Di 10–21 Uhr; $ 19,50).

Gleich in der Nähe befindet sich das traditionsreiche **Hotel Vancouver** 3 mit seinen grün schimmernden Kupferdächern, das 1939 von der Canadian Pacific Railway eröffnet wurde. Es ist bereits das dritte Hotel dieses Namens. Das erste Hotel Vancouver, vierstöckig und in Holzbauweise, wurde 1887 errichtet, als die Transkontinentale Eisenbahn die Stadt erreichte. Seit damals haben sich so berühmte Persönlichkeiten wie Mark Twain, Rudyard Kipling, Winston Churchill, Indira Gandhi und Königin Elisabeth ins Gästebuch eingetragen. In der Lobby kann man ein originalgetreues Modell von Captain Vancouvers Schiff »HMS Discovery« bewundern.

Einige Straßen weiter südlich, zwischen Robson, Homer und West Georgia Street, findet man zwei weitere architektonische Prunkstücke, erbaut vom kanadisch-israelischen Stararchitekten Moshe Safdie, der durch seine kubistische Wohnanlage »Habitat« auf der Expo 1967 in Montréal bekannt wurde: das

Ford Centre for the Performing Arts 4, in dem 1800 Zuschauer die neuesten internationalen Produktionen erleben können, und das lichtdurchflutete Oval der **Vancouver Public Library** 5, die reich bestückt und mit modernster Computertechnologie ausgerüstet auch Besuchern offen steht (350 W. Georgia St., Tel. 604-331-36 03, Mo–Do 10–21, Fr/Sa 10–18, So 12–17 Uhr; Eintritt frei).

Robson Street

Vom Robson Square schlendert man in Richtung Stanley Park über die **Robson Street**, die von den Einwohnern heute noch bisweilen ›Robsonstraße‹ genannt wird. Der deutsche Name wurde vor einigen Jahrzehnten gebräuchlich, als überwiegend deutsche Geschäfte und Restaurants das Straßenbild bestimmten. Heute ist sie Vancouvers beliebteste Flaniermeile mit einer Spur asiatischer Exotik und einer bunten Vielfalt von eleganten Boutiquen, Straßencafés, internationalen Restaurants und *Speciality Shops*. Genauso kosmopolitisch ist auch das Publikum. Während man in Straßencafés das Flair bei Gelato oder Strudel mit Kaffee genießt, herrscht auf den Gehwegen dichtes Gedränge – es gilt: sehen und gesehen werden. Dabei hielt man hier in der Nähe des Stanley Park noch um 1900 Hühner und Pferde im Hof und erst in den 1930er-Jahren wurde die Straße gepflastert. Am Ende der Einkaufszone sollte man dem **Robson Public Market** 6 einen Besuch abstatten. Der glasüberdachte Markt mit vielen kleinen Delikatessen-, Blumen- und Kunsthandwerksgeschäften ist dem Kristallpalast in London nachempfunden. Nirgendwo sonst gibt es eine größere Auswahl an internationalen Leckerbissen.

Coal Harbour 7

Wenige hundert Meter weiter nördlich, am Fuß der Denman Street, gelangt man zum **Coal Harbour,** Vancouvers Jachthafen. Von hier aus veranstalten die Harbour Ferries Ltd. Rundfahrten mit originalgetreu nachgebauten Raddampfern, wie sie früher auf dem Fraser River üblich waren, durch das Hafengebiet. Lohnend sind auch verschiedene Tagestouren, etwa die durch den fjordähnlichen Indian Arm nordöstlich der Innenstadt, mit seinen dichten Wäldern und Ausblicken auf die schneebedeckten Berge. Manchmal sind Adler und Robben zu sehen, und der Kapitän erzählt über Hafen und Umgebung.

Business District und Canada Place

Vom Robson Square führt die Burrard Street in Richtung Norden durch den eigentlichen Business District. Hier stehen moderne Büropaläste mit schimmernden Glasfassaden, aber auch Gebäude von historischem Reiz wie das im Art-déco-Stil 1930 fertiggestellte **Marine Building** 8 an der Ecke Burrard und West Hastings Streets. In die Fassade eingearbeitet sind schöne Terrakotta-Verzierungen, die Vancouvers Beziehung zu Handel und Meer symbolisieren. Die prächtige Fassade spiegelt sich in den Glasfronten der Hochhäuser gegenüber – ein Effekt, der die Fotografen immer wieder begeistert.

Einen Häuserblock weiter befinden sich das Vancouver **Travel Info Centre**, wo man ausgezeichnetes Material über die Stadt erhält, und gleich nebenan der **Canada Place** 9. Mit seiner eigenwilligen, teflonbeschichteten Dachkonstruktion ragt der Komplex wie ein riesiges Schiff mit geblähten weißen Segeln in den Hafen. Der deutschstämmige Architekt Ed Zeidler hat das Gebäude als Kanada-Pavillon für die Weltausstellung 1986 entworfen. Heute fungiert der beeindruckende Bau als Handels- und Kongresszentrum. Hier legen die Kreuzfahrtschiffe an. Es gibt Restaurants, Geschäfte und ein großes IMAX-Filmtheater. Von der umlaufenden Promenade bieten sich wunderbare Ausblicke auf Vancouver und den Hafen.

Harbour Centre 10

Das **Harbour Centre** an der Ecke Hastings und Richards Streets, nicht weit vom Canada Place entfernt, bietet einen noch besseren Überblick über Vancouver. In gläsernen Aufzügen gelangt man zum 167 m hohen Aussichtsdeck **›The Lookout‹** und zum rotierenden Restaurant **›Top of Vancouver‹,** die

Vancouver – Downtown

Sehenswert

1 Court House
2 Vancouver Art Gallery
3 Hotel Vancouver
4 Ford Centre for the Performing Arts
5 Vancouver Public Library
6 Robson Public Market
7 Coal Harbour
8 Marine Building
9 Canada Place
10 Harbour Centre
11 Gastown
12 Maple Tree Square
13 Chinatown
14 Sam Kee Building
15 Ten Ren Tea & Ginseng Co.
16 Dr. Sun Yatsen Classical Chinese Garden
17 Chinese Cultural Centre
18 Vancouver Centennial Police Museum
19 BC Place
20 TELUS World of Science
21 Plaza of Nations
22 BC Stadium
23 Granville Public Market
24 Granville Island Museum
25 Vancouver Aquarium Marine Science Center
26–35 s. Cityplan S. 119

Übernachten

1 Empire Landmark
2 The Listel Hotel
3 Kingston Hotel B & B
4 Bosman's Hotel
5 Barcley Hotel
6 YWCA Hotel
7 Hostelling International Vancouver Downtown
8 s. Cityplan S. 119

Essen & Trinken

1 Bistro 101 im Pacific Institute of Culinary Arts
2 s. Cityplan S. 119

0
250
500 m
Stanley Park Dr.
Seawall Promenade
Pipeline Rd.
Brockton Point
Totempfähle
Brockton Pt. Trail
Seawall
Yacht Club
Deadman's Island
Burrard Inlet
SeaBus Route (nach Lonsdale Quay & North Vancouver)
WESTEND
Bayshore Dr.
Georgia St.
Alberni St.
Robson St.
Cardero St.
Coal Harbour Rd.
W Pender St.
Melville St.
Vancouver Travel Info Centre
Fährterminal
Portside Park
GASTOWN
Nicola St.
Broughton St.
Jervis St.
Bute St.
DOWNTOWN
Burrard St.
Hornby St.
W Hastings St.
W Cordova St.
Howe St.
Dunsmuir St.
Cambie St.
E. Cordova St.
Carrall St.
Alexander St.
Powell St.
Main St.
E. Hastings St.
Columbia St.
E. Pender St.
W Pender St.
CHINATOWN
Nelson St.
Haro St.
Barclay St.
Thurlow St.
Pendrell St.
Comox St.
Nelson Park
Granville St.
Seymour St.
Richards St.
Robson St.
Library Square
Burnaby St.
Harwood St.
Pacific St.
Beach Ave.
Drake St.
Helmcken St.
Smithe St.
Homer St.
Mainland St.
Expo Blvd.
Dunsmuir Viaduct
Georgia Viaduct
Burrard Bridge
Davie St.
Hamilton St.
YALETOWN
Pacific Blvd.
Pacific Central Station
Marinaside Cr.
Cambie Bridge
Industrial Ave.
Granville Bridge
Granville Isl.

Vancouver – Downtown

3 The Teahouse
4 Raintree At The Landing
5 Water Street Café
6 The Sandbar
7 Shanghai Chinese Bistro
8 Bridges
9 s. Cityplan S. 119
10 Old Spaghetti Factory
11 Hon's Wun Tun House
12 882 Bakery & Dim Sum

Einkaufen
1 Bay Vancouver Downtown
2 Pacific Centre
3 Sinclair Centre
4 Marion Scott Gallery
5 Inuit Gallery of Vancouver
6 Hill's Native Art

Abends & Nachts
1 Orpheum Theatre
2 Arts Club Theatre
3 Boss Nightclub
4 Shine
5 Roxy
6 The Railway Club
7 The Blarney Stone

Aktiv
1 Big Bus
2 Gondelbahn zum Grouse Mountain
3 Helijet International
4 Harbour Air
5 Harbour Cruises Ltd.
6 Paddlewheel Harbour Cruises
7–9 s. Cityplan S. 119
10 Bayshore Bicycles
11 Spokes Bicycle Rental
12 Ecomarine Ocean Kayak Centre

beide einen grandiosen Panoramablick über Stadt, Meer und Berge bieten. Wer sich für das Restaurant entschieden hat, spart das Eintrittsgeld für den Lookout (Mai–Sept. 8.30–22.30, sonst 9–21 Uhr; einschließlich Multimedia-Show $ 15).

Gastown

Cityplan: S. 108
Als in den 1970er-Jahren eine große Stadtautobahn durch die beiden ältesten Bezirke der Stadt, das heruntergekommene Gastown mit dem benachbarten Chinatown, gebaut werden sollte, besannen sich die Vancouveraner auf ihre Geschichte und gründeten eine Bürgerinitiative, die das Projekt zu Fall brachte. 1972 erklärte die Provinzregierung die beiden Viertel zu *Historic Areas* und stellte die Gebäude und Anlagen unter Denkmalschutz. Die baufälligen Backsteingebäude und Lagerhäuser wurden liebevoll restauriert, die Straßen mit Blumen und Grün geschmückt. Heute ist **Gastown** 11 mit seinen kopfsteingepflasterten Straßen und antiken Straßenlaternen, vielen kleinen Läden und Boutiquen, Galerien, Restaurants und Pubs längst zum beliebten Treffpunkt von Vancouvers Schickeria geworden. Wer nostalgisches Flair aus der Pionierzeit schätzt, ist hier gut aufgehoben.

›Gassy Jack‹, dem Namensgeber des Stadtteils, hat man am **Maple Tree Square** 12, dem Platz, wo früher sein Hotel und Saloon standen, ein Denkmal gesetzt. Eine Gruppe von Bewunderern steht meist auch vor einem anderen Wahrzeichen Gastowns, der **Steam Clock**: einer dampfbetriebenen Uhr, die viertelstündlich den ›Westminster‹-Glockenschlag auf Dampfpfeifen produziert.

Chinatown 13

Cityplan: S. 108
Die Altstadt lebt vom Charme **Chinatowns.** Längst ist das Viertel nicht mehr das Ghetto, das es im 19. Jh. einmal war und in das sich Weiße kaum hineinwagten. Die meisten der mehr als 100 000 Chinesen leben über die ganze Stadt verstreut. Vancouvers Chinatown ist mehr ein quirliges Geschäftsviertel als ein Wohngebiet, allerdings von beachtlicher Größe, die in Nordamerika nur noch von San Franciscos Chinesenviertel übertroffen wird. In den großen Kaufhäusern kann man fernöstliche Luxuswaren genauso erwerben wie einen kompletten Hausrat asiatischen Stils. Attraktiver sind jedoch die vielen kleinen Geschäfte mit exotischen Köstlichkeiten, Antiquitäten und Schnitzereien, Tuschezeichnungen, Papierdrachen, Seidenstoffen, Porzellanfiguren und fremdartigen Gewändern.

Chinatowns Zentrum

Das Zentrum von **Chinatown** erstreckt sich über mehrere Straßenblocks entlang der Pender Street von Carrall bis Main und Gore Street. Hier sind auch die interessantesten Gebäude des Viertels zu finden. Das Haus No. 1 East Pender beherbergt die »Chinese Times«, die älteste Zeitung Chinatowns, No. 8 West Pender, das **Sam Kee Building** 14, ist Vancouvers schmalstes Gebäude – mit nur 1,80 m Breite vielleicht sogar das schmalste der Welt. Das geschäftige Treiben wirkt hier am farbigsten und authentischsten: chinesische Mütter beim Einkauf, beladen mit Einkaufstüten und Taschen, eine Schar mandeläugiger Kinder im Schlepptau, die sich mit bunten Papiertigern vergnügen; alte Frauen in verblichenen Kattunkleidern; ein würdevoll schreitender chinesischer Geistlicher, ganz in feierliches Schwarz gekleidet. Aus manchen Läden dringt ein würziger, undefinierbarer Duft, in den Ohren mischt sich ein Stimmengewirr aus englischen und chinesischen Lauten, und durch das dichte Gedränge der Einkaufenden oder Schwatzenden eilen chinesische Geschäftsleute vom *Dim Sum,* dem traditionellen Lunch, zurück in die Büros der Banken und Importfirmen.

Die ersten beiden Straßenblocks sind voller Kuriositäten und Spezialitätenläden, wo es an Rattanmöbeln, Bambuskörben und -hüten, chinesischem Koch- und Essgeschirr, Büchern, Schallplatten, reich bestickter Seidenkleidung, Jadeschmuck, Elfenbeinschnitzereien, lackiertem Porzellan und Räucherstäbchen alles gibt, was man auch in Hongkong, China oder Taiwan kaufen könnte. Faszinierend ist ein Besuch in einer chinesischen Apotheke, die für alle Krankheiten und Gebrechen ein Heilmittel hat, das nur Chinesen bekannt ist. Nachdem der Kunde sein Problem mit dem Kräuterspezialisten erörtert hat, werden die getrockneten Kräuter oder vielleicht eine Rezeptur aus Ginseng, Tees,

Jede Viertelstunde pfeift die Steam Clock in Gastown

Tipp: Essen wie in China

Chinesische Restaurants finden sich mittlerweile auch in den kleinsten europäischen Städten. Um aber authentischer chinesisch essen zu gehen als in Vancouver, muss man schon nach China fahren. In Vancouver bekommt man das Vergnügen in allen Preislagen. Manchmal fällt es nicht ganz leicht, mit der Speisekarte zurechtzukommen, die oft den Umfang einer mittleren Broschüre hat. Der weniger erfahrene Feinschmecker, der nicht das Glück hat, in kundiger Begleitung zu sein, bleibt dann lieber bei *Wonton* und *Chicken Chow Mein,* Pekingente oder Mongolischem Feuertopf. Vor dem gleichen Problem steht man mittags beim kantonesischen *Dim-Sum*-Lunch, der Ritual und Mahlzeit zugleich ist. Hier kann man unter einigen Dutzend teils recht merkwürdig aussehenden Spezialitäten wählen, die in kleinen Schalen auf einem Wagen an den Tisch gefahren werden. Für Vieles muss man erst den richtigen Geschmack entwickeln, für geschmorte Hühnerkrallen zum Beispiel. Lecker sind Gerichte wie Rippchen in schwarzer Bohnensoße, Häppchen vom Schwein, Shrimps in Reisgebäck oder Abalonen in Austernsoße. Für denjenigen, der original chinesisch essen will, gilt die Faustregel: Sind unter den Gästen überwiegend Chinesen, kann man sicher sein, dass einem hier die amerikanischen ›Chinaspezialitäten‹ erspart bleiben. Die meisten Restaurants servieren kantonesische Gerichte, manche aber auch die schärfer gewürzte nordchinesische Küche. Einige typische Lokale findet man in der Gore und der Keefer Street, z. B. die **882 Bakery & Dim Sum**, 525 Gore St., und **Hon's Wun Tun House**, 268 Keefer St. (s. S. 122).

Lohnend ist auch ein Gang durch die stilleren Seitengassen und Hinterhöfe Chinatowns. Gefährlich ist es nicht; zumindest am Tage braucht man keine Sorge zu haben. Abseits vom Betrieb der Ladenstraßen werden hier Waren angeliefert. Oder man kann einen Blick in eine Werkstatt oder ein Lager werfen, vielleicht auch zusehen, wie aus einem großen Drachentopf, eben aus China importiert, die ›faulen Eier‹ aus der Tonerde gepackt und mit flinken Händen gesäubert werden. Das Klicken von Mah-Jong-Steinchen ertönt aus einem Hausflur. Nachts bietet der Bummel durch die belebten Straßen Chinatowns mit ihren bunten Lichtreklamen Gelegenheit für reizvolle Nachtaufnahmen.

getrockneten Seepferdchen und zerstoßenen Geweihstangen auf der altehrwürdigen Schalenwaage genau ausgewogen. Dann wird der Preis durch flink hin und her geschobene Perlen auf einem Abakus, dem alten chinesischen Rechengerät, ermittelt. Auch im **Ten Ren Tea & Ginseng Co.** 15 (550 Main St., Tel. 604-684-15 66) wird gezeigt, wie Ginseng zubereitet wird. Der Kunde kann dann gleich noch verschiedene Kräutertees probieren.

Im östlichen Teil Chinatowns sind vor allem Lebensmittelgeschäfte, Bäckereien, Gemüseläden, Fleisch- und Fischhändler vertreten. Bis auf die Straße reichen die Auslagen mit Dutzenden von Gemüse- und Fruchtsorten, die man außerhalb Chinatowns vergeblich sucht.

Chinese Cultural Centre

Anlässlich der Expo 1986 entstand auf einem ehemalige Parkplatz an der Carrall Street der **Dr. Sun Yatsen Classical Chinese Garden** 16, angelegt in der Tradition der Ming-Dynastie von 52 Gärtnern aus Suchou. Klassisch-streng getrimmte Zypressen und Kiefern, kunstvolle Arrangements aus seltenen Taihu-Felsen, jadegrüne Teiche und zierliche Pavillons mit Terrakotta-Dächern bilden hier eine stille Oase im Trubel der Großstadt. Im Eintrittspreis sind eine Führung und eine Tasse Tee inbegriffen (578 Carrall St., Tel. 662-32 07, www.vancouverchinesegarden.com, Mai–Mitte Juni und Sept. 10–18, Mitte Juni–Aug. 9.30–19, Okt.–April 10–16.30 Uhr; $ 14, Familien $ 24).

Gleich nebenan an der 50 East Pender Street gelangt man durch das China Expo Gate, ein farbenfrohes Pagodentor, zum **Chinese Cultural Centre** 17. Hier erhält man Informationen über Geschichte, Wirtschaft und Kultur Chinatowns. Man kann auch in eine Klasse hineinschauen, wo sich der Nachwuchs mit Kantonesisch oder Mandarin abplagt, Schriftzeichen pinselt oder sich in Tänzen und den uralten Kampfsportarten übt. Im **Chinese Cultural Museum** gleich um die Ecke erfährt man mehr über die Geschichte der chinesischen Bevölkerung von Vancouver. Hier werden auch häufig Kunstausstellungen gezeigt (555 Columbia St., Tel. 604-658-88 80, Di–So 11–17 Uhr; $ 5). Der vitalen chinesischen Kommune, die stolz auf ihre Tradition ist und mit Begeisterung ihre Feste feiert, merkt man heute nicht mehr an, dass sie einmal aus der Notwendigkeit des Zusammenhaltes gegenüber einer feindlichen Umwelt gegründet wurde. Damals verweigerte man den Chinesen, die als Kulis für die Schwerstarbeit beim Eisenbahnbau, in den Goldminen, den Wäschereien oder als Dienstpersonal zu Zehntausenden ins Land geholt wurden, die kanadische Staatsbürgerschaft. Sie wurden mit Sondersteuern belegt und strikten Arbeitsbeschränkungen unterworfen. Zudem galten sie als unerwünschte Elemente, die in einem Viertel der Spielhöllen, Opiumhöhlen und Geheimgesellschaften lebten. Erst nach dem Zweiten Weltkrieg verschwanden die Vorurteile. 1949 erhielt die chinesische Minderheit das Wahlrecht, 1967 wurden besondere Einwanderungsbeschränkungen, die nur für Chinesen galten, aufgehoben. In den 1970er-Jahren schließlich wurden die Chinatowns in Vancouver und Victoria als besonders schutzwürdig erklärt und auch erste Maßnahmen zur Verbesserung und Erhaltung ihrer Infrastruktur und der Gebäudesubstanz getroffen.

Vancouvers Eastside

An Chinatown schließt sich die Eastside an, neben Gastown Vancouvers ältester Stadtteil. Schon früher Arbeiterviertel und erstes Ziel neu angekommener Einwanderer, ist es heute überwiegend Wohngebiet für die sozialen Randgruppen der Stadt. Viele Bewohner leben beengt in kleinen Zimmern heruntergekommener Hotels und Apartmenthäuser. Entsprechend sehen auch die Kneipen, Geschäfte und die wenigen Grünflächen aus. In dieser Gegend sollte man zu keiner Tageszeit zu Fuß unterwegs sein. Einzige Attraktion des Viertels ist das **Vancouver Centennial Police Museum** 18. Gezeigt wird die Polizeigeschichte der Stadt mit Ausrüstungsgegenständen der Polizei und den oft bizarren Objekten, die Verbrechern abgenommen wurden. Daneben sind Szenen besonders berüchtigter Kriminaldelikte nachgestellt. Am besten fährt man mit dem Stadtbus direkt von Downtown zum Museum (240 East Cordova St., Tel. 604-665-33 46, Mo–Sa 9–17 Uhr; $ 7).

False Creek und Granville Island

Cityplan: S. 108

BC Place

Im Südosten von Downtown, am Ende des Meeresarms False Creek, liegt **BC Place** 19, das ehemalige Gelände der Expo 86. Übrig geblieben von der Weltausstellung ist nur die geodätische Edelstahlkugel, die ein Wahrzeichen der Stadt geworden ist. In dem 15 Stockwerke hohen Gebäude befindet sich ein **Omnimax Theatre** mit der wohl größten gewölbten Leinwand der Welt für atemberaubende 3D-Filmvorführungen. In der **TELUS World of Science** 20 wird Wissenschaft zum Anfassen geboten. Hier laden die hauptsächlich für Kinder gedachten Ausstellungen in den Licht- und Soundstudios zum Experimentieren ein (1455 Québec St., Tel. 443-74 40, www.scienceworld.bc.ca, bis voraussichtlich Ende 2011 reduzierter Betrieb wegen Renovierung, dann wird auch das 35 Mio.-Dollar-Projekt SWITCH abgeschlossen sein, eine interaktive Wissenschaftsausstellung unter freiem Himmel. Öffnungszeiten und Eintrittspreise erfragen, zur Zeit $ 14,25).

In den Hallen der **Plaza of Nations** 21 finden Konzerte und Versammlungen statt. Auch das auf der anderen Seite des Pacific Boulevard liegende **BC Stadium** 22 steht für Konzerte und Ausstellungen zur Verfügung – wenn nicht gerade Spiele der BC Lions Football-Mannschaft stattfinden. Mit 60 000 Plätzen und seiner 4 ha großen Zeltkuppel aus teflonbeschichtetem Fiberglas, die durch den Luftdruck von 16 mächtigen Ventilatoren in Position gehalten wird, gilt das BC Stadium als größtes seiner Art. Auf geführten Besichtigungstouren wird das technische Wunderwerk erklärt. Das in den Bau integrierte **BC Sports Hall of Fame and Museum** informiert über die Geschichte des Sports in British Columbia und bietet interaktive Displays, wo man sich auch betätigen kann: mit Laufen, Klettern, Werfen, Rudern. Nach umfangreichen Bauarbeiten am Stadiondach und einem Rundum-Facelift der BC Sports Hall of Fame sind das Stadion, die Hall of Fame und das Museum wieder geöffnet. Neu hinzugekommen ist eine Galerie, die den sportlichen Ereignissen der Olympischen und Paralympischen Winterspiele von 2010 in Vancouver gewidmet ist (777 Pacific Blvd. S., Gate A, Tel. 604-687-55 20, www.bc.sportshalloffame.com, Öffnungszeiten, Zeiten von Führungen, Eintrittspreis für Stadion und Museum erfragen).

Granville Island

Auf **Granville Island**, einer künstlichen Halbinsel im False Creek Inlet, entstand unter der Granville Street Bridge aus einem Industrieslum mit heruntergekommenen Docks, Fabriken und Lagerhäusern eine äußerst lebendige, farbenfrohe Mischung aus Arbeit, Einkaufen, Erholung und Kultur – ein Musterprojekt behutsamer Stadtsanierung und Restaurierung. Die alten Hallen wurden stabilisiert und mit einem farbigen Anstrich versehen. Um die Lagerhausatmosphäre zu erhalten, hat man ursprüngliche Einrichtungen wie Kräne, Stützbalken, Fenster und Türen wo immer möglich in das neue Design einbezogen. So entstand auf der 115 ha großen Insel eine kunterbunte Vielfalt von Firmenniederlassungen, Hausbooten, ausgefallenen Läden, Theatern, kleinen Cafés und Spezialitätenrestaurants. In den alten Lagerhallen wurden Studios, Galerien und Kunsthandwerkstätten eingerichtet. Durch ein paar übrig gebliebene Jachtausrüster ist auch das maritime Ambiente noch zu spüren.

Mit dem Auto gelangt man auf der Granville Street über die False Creek Bridge nach Granville Island. Man kann aber auch eine der kleinen False Creek Fähren nehmen, die ständig zwischen dem Vancouver Aquatic Centre, Sunset Beach, Vanier Park und der Halbinsel pendeln ($ 2–3,50).

Im **Granville Public Market** 23 (9–18 Uhr) wird Einkaufen zum Erlebnis. Neben Bergen von frischem Obst locken leckere Meeresfrüchte: Langusten, Krabben, Muscheln, Hummer, lebendig oder gekocht. In den schmalen Straßen herrscht lebhaftes Treiben. Ab und an bilden sich Menschentrauben um Straßenmusikanten und Gaukler. An der 1502 Duranleau Street sind im **Granville Island Museum** 24 im gleichen Gebäude drei kleine Museen untergebracht. Im ›Sportfishing Museum‹ ist neben einer Ausstellung von Fotografien und Kunst zum Thema Fischen auch historisches Angelgerät zu besichtigen, im ›Model Ship Museum‹ Miniatur-Repliken von alten Schleppern und Fischerbooten und im ›Model Trains Museum‹ dann eine umfangreiche Sammlung von funktionstüchtigen Modell-Eisenbahnen (Tel. 604-683-19 39, Di–So 10–17.30 Uhr; $ 7,50 für alle drei Museen).

Weniger quirlig als auf Granville Island geht es weiter östlich im **Charleston Park** zu. Teil der großzügigen Anlage ist die Uferpromenade, die schöne Ausblicke über Bootshäfen und den False Creek hinüber auf die Parade der Wolkenkratzer von Vancouver bietet. Der Weg ist Teil der Seawall Promenade, die den gesamten False Creek, Granville Island und auch den Stanley Park umrundet. Fußgänger, Inline-Skater und Radfahrer teilen sich das Wegenetz. Außer zum Wandern und Fahrradfahren bietet sich der False Creek als schönes Revier für Touren mit Kanus und Paddelbooten an, die auf Granville Island gemietet werden können.

Vancouvers bewegte Stadtgeschichte

Thema

Der erste weiße Entdecker, der seinen Fuß in die Region setzte, war Kapitän George Vancouver, als er 1792 in das Burrard Inlet segelte. Es dauerte 70 Jahre, bis die ersten Holzfäller und Siedler kamen. 1867 wurde der erste Saloon in der Wildnis errichtet. Ende des 18. Jh. war die Siedlung ein Ausgangspunkt für Goldsucher auf dem Weg zum Klondike.

Der englische Captain Vancouver schien nicht sehr beeindruckt gewesen zu sein, denn er schrieb lakonisch in sein Logbuch, dass die Gegend mit dichten Tannenwäldern bedeckt sei. Grund genug, sie gleich wieder zu verlassen.

Erst 70 Jahre später kamen die ersten Siedler und Holzfäller. Etwa zur gleichen Zeit stieß Simon Fraser auf dem Landweg von Osten zur Küste vor. Nach ihm wurde der Fraser River benannt, an dem Mitte des 19. Jh. Gold gefunden wurde.

Die eigentliche Gründung der Siedlung erfolgte 1867, nachdem John Deighton am Burrard Inlet mit dem Kanu an Land ruderte. Er kam mit seiner indianischen Frau und einem Fass Whiskey – unzweifelhaft sein wichtigster Besitz, denn damit eröffnete ›der erste Unternehmer der Stadt‹ einen Saloon in der Wildnis. Seine Rechnung ging auf, der Zustrom der Holzfäller, Trapper und Goldsucher aus der Gegend war enorm. Nach ›Gassy Jack‹, wie er wegen seiner Geschwätzigkeit hieß, benannte man auch die sich bald entwickelnde Siedlung. Gastown florierte, 1871 zählte man hier 77 Holzfäller und Sägemühlenarbeiter, vier Schlachter, zwei Schuster, einen Lehrer, zwei Pfarrer, einen Polizisten und weitere 100 Arbeiter, von Schmiedearbeitern bis zu Baumeistern.

Zur Stadt entwickelte sich die Siedlung erst, nachdem 1886 die letzten Nägel in die Schwellen der Canadian Pacific Railway geschlagen wurden, die auf ihrem Weg quer durch das riesige Land die Westküste erreicht hatte. Durch die chinesischen Kulis, die als Arbeitskräfte beim Eisenbahnbau und in den Goldminen in die Region kamen, wuchs die Stadt rasch. Um ihr mehr Würde zu verleihen, nannte man sie zu Ehren des britischen Entdeckers ›Vancouver‹. Im April 1886 gab es die ersten Stadtwahlen und die Lokalzeitung, der »Herald«, riet »rechtzeitig und so zahlreich wie möglich« zu wählen. Einwohner und Bürgermeisterkandidaten nahmen das wörtlich: Stimmen wurden gekauft, gehandelt, mehrfach abgegeben. Trotzdem bewies die neue Stadtverwaltung Weitsicht: Sie erklärte das 400 ha große Waldgebiet an der Mündung des Burrard Inlet zum Naturpark. Heute bezeichnen die Vancouveraner ihren Stanley Park als den größten Schatz der Stadt.

Allerdings wäre damals die Anschaffung einer Feuerlöschspritze dringlicher gewesen, denn einen Monat später zerstörte ein großes Feuer in weniger als einer Stunde über 1000 Gebäude, praktisch die gesamte Stadt.

Der Boom dauerte jedoch ungebrochen an. Vancouver war rasch wieder aufgebaut. 1890 gab es bereits über 50 km gepflasterte Straßen und eine elektrische Straßenbahn. Die Hudson's Bay Company und Woodwards errichteten die ersten Kaufhäuser. 1898 wurde die Stadt zum Ausgangspunkt für Zehntausende, die es zu den Goldfeldern des Klondike zog – das brachte Geld und Aufschwung. Zehn Jahre später zählte Vancouver bereits über 100 000 Einwohner.

Stanley Park 25

Cityplan: S. 108

Stanley Park Drive

Nur Minuten vom geschäftigen Treiben der Innenstadt entfernt, auf einer Halbinsel umrahmt vom Nordufer der English Bay und dem Burrard Inlet, befindet sich der über 400 ha große **Stanley Park**, einst Jagd- und Lebensraum der Squamish-Indianer. Das grüne Herz der Stadt mit ursprünglichen Wäldern von Douglasfichten und Hemlocktannen, mit Seen, schönen Stränden und verschwiegenen Wander- und Fahrradwegen ist der größte Stadtpark in Nordamerika. Um die Halbinsel führt eine 12 km lange Uferstraße, der **Stanley Park Drive**, auch *Scenic Drive* genannt. Zu Recht, denn immer wieder bieten sich herrliche Ausblicke: über den Jachthafen mit der Skyline der Stadt, über das Burrard Inlet, gesprenkelt mit Schiffen und Booten, bis zu den im Winter schneebedeckten Bergen im Norden.

Mit dem Auto ist der Parkeingang über die Georgia Street zu erreichen. Die Rundfahrt führt am Burrard Jacht- und Ruderclub vorbei zum Gelände des Royal Vancouver Jachtclubs, wo dicht an dicht die tanzenden Masten der eleganten Jachten liegen, hinter denen die Silhouette der Stadt über das Wasser schimmert. Vor der Küste liegt Deadman's Island, auf dem der Sage nach 200 Krieger der Squamish-Indianer ihr Leben im Tausch für ihre von einem feindlichen Stamm gefangen gehaltenen Frauen und Kinder gaben.

Bei **Brockton Point** steht eine Gruppe von farbenprächtig bemalten Totempfählen, beim Leuchtturm schweift der Blick über die Meerenge der First Narrows mit den ein- und auslaufenden Schiffen. Am Prospect Point an der Spitze der Halbinsel in der Nähe der **Lions Gate Bridge**, über die der Highway 99 nach Nord-Vancouver führt, windet sich der *Scenic Drive* durch dichten Wald mit riesigen Tannen und Zedern. An der Westseite liegen die Strände der English Bay, wo in den Sommermonaten an sonnigen Tagen lebhafter Badebetrieb herrscht.

Bei der **Lost Lagoon**, in der es ganz in der Nähe auch Fahrräder zu mieten gibt, lassen sich Kanadagänse und zahlreiche andere Vogelarten dieses idyllischen Vogelschutzgebietes beobachten. Viele Wanderwege erschließen den Park. Besonders reizvoll sind der **Cathedral Trail**, an dem uralte riesige Bäume stehen, und der **Lake Trail**, der zum lauschigen, mit Wasserlilien bedeckten Beaver Lake führt, an dem auch Trompeterschwäne nisten. Mehr Betrieb herrscht an der English Bay am Ausgang des Parks, wo Tennis, Rasenbowling oder Golf gespielt wird. Sportgeräte können gemietet werden. Das Park Board veranstaltet Kurse im Bogenschießen. In der Nähe des Brockton Point wird Rugby, Kricket oder Feldhockey gespielt.

Auf der Promenade im Stanley Park joggt man mit besonders schöner Aussicht

Etwas für jedermann bietet das hervorragende **Vancouver Aquarium Marine Science Center,** Kanadas größtes Ozeanarium mit über 60 000 Tieren aus allen Weltmeeren, inklusive Belugawalen. Ein Publikumsrenner sind die Shows mit Delfinen und Killerwalen, die hier ihre Kunststücke zeigen (845 Avison Way, Tel. 604-659-34 74, www.vanaqua org, Ende Juni–Labour Day 9.30–19, übrige Zeit 9.30–17 Uhr; $ 21).

Den Tag im Stanley Park beschließt man abends am besten mit einem eleganten Diner in bezaubernder Umgebung im **Ferguson Point Tea House** (in dem man auch einen ganz vorzüglichen Afternoon Tea bekommt). Unvergessliche Sonnenuntergänge gibt es gratis dazu.

Entlang der English Bay zur Strait of Georgia

Cityplan: S. 119

Sunset Beach 26

Die weitgeschwungene Bucht mit ihren breiten Sandstränden ist nicht nur bei Vancouvers Sonnenanbetern, Joggern und Windsurfern beliebt – auf der Promenade am **Sunset Beach** flaniert man gern, kauft an den nostalgischen Karren der Popcornverkäufer einen Snack oder bewundert den Sonnenuntergang. Weiter im Westen der Bay werden die Strände dann einsamer. Wäre nicht immer wieder der schöne Blick auf die Skyline, ließe sich die Nähe der Millionenstadt nur ahnen.

Vancouver – English Bay

Sehenswert
1–25 s. Cityplan S. 108
26 Sunset Beach
27 H. R. MacMillan Space Centre
28 Museum of Vancouver
29 Maritime Museum
30 Pioneer Park
31 Museum of Anthropology
32 UBC Botanical Garden
33 Nitobe Memorial Gardens
34 VanDusen Botanical Garden
35 Queen Elizabeth Park

Übernachten
1–7 s. Cityplan S. 108
8 Pacific Spirit Hostel at UBC

Essen & Trinken
1 s. Cityplan S. 108
2 Shaughnessy Restaurant
3–8 s. Cityplan S. 108
9 The Naam Restaurant
10–12 s. Cityplan S. 108

Einkaufen
1–6 s. Cityplan S. 108

Abends & Nachts
1–7 s. Cityplan S. 108

Aktiv
1–6 s. Cityplan S. 108
7 Paddlewheeler River Boat Tours
8 Maplewood Farm
9 Playland Amusement Park
10–12 s. Cityplan S. 108

Vanier Park

Auf der Burrard-Brücke über den False Creek gelangt man zum **Vanier Park**. Hier befinden sich auch die **City of Vancouver Archives**, mit einigen tausend Büchern und einer halben Million Fotos, Karten und Dokumenten zur Geschichte der Stadt (1150 Chestnut St., Tel. 604-736-85 61, Mo–Fr 9–17 Uhr), das **H. R. MacMillan Space Centre** 27 mit dem Planetarium, wo außer Galaxy-Reisen mit dem Flugsimulator auch eine Lasershow mit Rockmusik geboten wird (www.hrmacmillan spacecentre.com, Di–So 10–17 Uhr; $ 15; Laser Rock Show Fr/Sa 21.15 und 22.30 Uhr; $ 10,75) und gleich nebenan das **Museum of Vancouver** 28, in dem die Geschichte der Region von prähistorischer Zeit bis zur Moderne vorgestellt wird. Im Museumsshop gibt es interessante Bücher und Drucke zu kaufen (1100 Chestnut St., Tel. 604-736-44 31, www.vanmuseum.bc.ca, Di–So 10–17, Do 10–21 Uhr; $ 11).

Am Nordrand des Parks liegt das **Maritime Museum** 29 mit Schiffsmodellen, Uniformen und anderen Exponaten, die Vancouvers Beziehung zu den Weltmeeren zeigen. Eindrucksvoll ist die Besichtigung des restaurierten Schoners »St. Roch«, der Geschichte machte, als er während des Zweiten Weltkriegs als erstes Schiff die Nordwestpassage zwischen Atlantik und Pazifik in beiden Richtungen durchfuhr (1905 Ogden Ave., Tel. 604-257-83 00, www.vancouvermaritime museum.com, im Sommer tgl. 10–17, sonst Di–Sa 10–17, So 12–17 Uhr; $ 11). Im Heritage Harbour unterhalb des Museums liegen weitere historische Schiffe vor Anker, außerdem der Nachbau eines norwegischen Wikingerschiffes im Maßstab 1 : 2.

Kitsilano Beach Park

Der angrenzende **Kitsilano Beach Park**, auch ›Kits‹ genannt, ist einer der Lieblingsstrände der Vancouveraner. Hier sorgen besonders die Universitätsstudenten für Trubel. Im Sommer kann man hier auch einen beheizten Meerwasserpool besuchen. Weiter westlich, am Ende der Point Grey Road, liegt der **Pioneer Park** 30. Hier steht das älteste Gebäude der Stadt. Der **Hastings Mill Store**, 1865 errichtet, war der Mittelpunkt der kleinen Holzfällersiedlung am Burrard Inlet und praktisch das einzige Gebäude, das vom großen Feuer von 1868 verschont blieb. 1929 bewahrten es geschichtsbewusste Bürger vor dem Abriss und ließen es im Pioneer Park aufstellen und als Museum einrichten. Gleich nebenan schließt sich der **Jericho Park** mit idyllischen Wanderwegen an. Vom Strand bietet sich ein Blick auf Vancouver, der an die berühmte Copacabana erinnert. Weiter westlich folgen weitere schöne Strände; Locarno Beach und Spanish Banks sind Treffpunkte für die Sonnenhungrigen und Windsurfer. An der Wreck Beach südlich von Point Grey kann auf Kleidung verzichtet werden.

University of British Columbia/ Museum of Anthropology

Vom Spanish Banks Park führt der Marine Drive um die Halbinsel herum. Am westlichen Zipfel liegt das **Museum of Anthropology** 31 der Universität von British Columbia. Der Besuch lohnt sich nicht nur an grauen Regentagen. Mit einer architektonischen Meisterleistung hat Arthur Erickson hier Glas und Beton in die Landschaft integriert. Das Museum, umgeben von einem weitläufigen Park mit riesigen alten Bäumen, Totempfählen und indianischen Langhäusern, besitzt eine hervorragende Sammlung von Kunst- und Gebrauchsgegenständen der Westküsten-Indianer. Hier erfährt man alles über die Kultur der Tlingit, Haida, Kwakiutl, Nootka, Tshimshian, Bella Coola und Salish. So vielfältig und fantasieanregend wie die Namen der Stämme sind auch die von ihrem handwerklichen Geschick zeugenden Exponate: eindrucksvolle Totempfähle, schön geschnitzte Truhen und Deckenbalken, Zeremonienobjekte, bunt bemalte Figuren und Masken. Auch Skulpturen von zeitgenössischen indianischen Künstlern wie Bill Reid sind hier zu finden (6393 N. W. Marine Dr., Tel. 604-822-50 87, www.moa.ubc.ca, Mitte Mai–Labour Day tgl. 10–17, Di 10–21 Uhr; sonst Di–So 10–17, Di 10–21 Uhr; $ 14).

Wer nach langen Museumsstudien frische Luft schnappen möchte, dem bieten die wunderschönen Gärten auf dem riesigen Gelände der Universität ausreichend Gelegenheit dazu. Der **UBC Botanical Garden** 32 wurde 1916 eröffnet. Er ist der älteste einer kanadischen Universität. Über 10 000 Pflanzen aus aller Welt werden hier auf 28 ha kultiviert. Die Anlage ist in mehrere Themengärten gegliedert. Besonders hübsch: die **Nitobe Memorial Gardens** 33 mit ihren traditionell japanischen Anlagen und dem Teehaus. Dann gibt es noch den Asian Garden mit der größten Sammlung asiatischer Gewächse in Nordamerika, den Physic Garden als ein Beispiel medizinischer Kräuterweisheit im 16. Jh. und den BC Native Garden mit schönen Wanderwegen durch eine typische Westküsten-Landschaft (6804 SW Marine Dr., Tel. 604-822-4208, www.ubcbotanicalgarden.org, Mitte März–Mitte Okt. tgl. 9–17 Uhr; Hauptgarten $ 8, Nitobe Gardens $ 6).

Gartenliebhaber kommen auch im **Van Dusen Botanical Garden** 34 auf ihre Kosten, einer beeindruckenden Anlage mit schönen Ausblicken (5251 Oak St./W. 37th Ave., Tel. 604-878-92 74, im Sommer 10–21 Uhr, in der Nebensaison kürzer; $ 9,75).

Queen Elizabeth Park 35

Sehenswert ist der etwa 12 km östlich an der 33rd Avenue und Cambie Street gelegene **Queen Elizabeth Park**. Der über 50 ha große Park auf dem 152 m hohen Little Mountain bietet nicht nur schöne Rasen- und Blumenanlagen mit idyllischen Fleckchen zum Verweilen – allein der Blick auf die Skyline der Downtown vor dem Hintergrund der Küstenberge lohnt den Besuch. Und sollte Vancouver wieder einmal im berüchtigten *Perma Grey* versunken sein, dann kann man sich mit dem Besuch des **Bloedel Conservatory** auf dem Gipfel des Little Mountain trösten. Etwa 500 verschiedene tropische Gewächse und exotische Blumen, zwischen denen zahlreiche bunte Vögel umherschwirren, lassen hier das feucht-graue Westküstenwetter für eine Weile vergessen (33rd Ave./Cambie St., Tel. 604-257-85 84, www.city.vancouver.bc.ca/parks, Mai–Sept. Mo–Fr 9–20, Sa/So 10–21, sonst 10–17 Uhr; $ 4,50).

Infos

Vancouver Tourist Info Centre: 200 Burrard St., Vancouver, BC V6C 3L6, Tel. 604-683-20 00, Fax 604-682-68 39, www.tourism

Indianische Artefakte in der Great Hall des Museum of Anthropology

vancouver.com. Anfang Mai–Anfang Sept. tgl. 8.30–18, im Winter Mo–Sa 8.30–17 Uhr. **Granville Island Information Centre:** 1398 Cartwright St., Tel. 604-666-57 84, www.granvilleisland.com. 9–18 Uhr. Broschüren und Kartenmaterial.

Übernachten

Prestigeträchtig ▶ **The Fairmont Hotel Vancouver 3:** 900 W. Georgia St., Vancouver, Tel. 604-684-31 31, 1-800-257-75 44, Fax 604-662-19 29, www.fairmont.com. Vancouvers traditionsreichstes Luxushotel mit Lounges und Gourmetrestaurants; der Panorama Roof Nightclub ist einer der elegantesten in der Stadt. $ 349–535.

Mit Panoramarestaurant ▶ **Empire Landmark 1:** 1400 Robson St., Vancouver, Tel. 604-687-05 11, Fax 604-687-28 01, www.empirelandmarkhotel.com. Mit 42 Stockwerken Vancouvers höchstes Hotel; Lounge, Nachtclub, Saunas, Coffee Shop, **Cloud 9** Drehrestaurant mit Panoramablick, **Spice Gallery Eatery & Sundeck** an der Robson Street. $ 169–209.

Für Kunstliebhaber ▶ **The Listel Hotel 2:** 1300 Robson St., Vancouver, Tel. 604-684-84 61, 1-800-663-54 91, Fax 604-684-70 92, www.thelistelhotel.com. »Vancouvers most artful Hotel« – eine gelungene Kombination von Kunstgalerie, Restaurant und Hotel mit individuell gestalteten Zimmern. Gemütliches Ambiente, freundliches Personal und zentral gelegen. $ 135–359.

Preiswertes Boutiquehotel ▶ **Kingston Hotel Bed & Breakfast 3:** 757 Richards St., Vancouver, Tel. 604-684-90 24, 1-888-713-33 04, Fax 604-684-99 17, www.kingstonhotelvancouver.com. 100 Jahre altes, aber gründlich renoviertes Hotel mit 55 hübsch eingerichteten Zimmern, Frühstück inklusive, Sauna, Waschsalon; nicht alle Zimmer mit eigenem Bad. $ 69–175.

Zentral gelegen ▶ **Bosman's Hotel 4:** 1060 Howe St., Vancouver, V6Z 1P5, Tel. 604-682-31 71, 1-888-267-62 67, Fax 604-684-40 10, www.bosmanshotel.com. 100 Zimmer, zentral mitten in Downtown gelegen, einfach, aber preiswert. $ 69–130.

Europäisches Flair ▶ **Barclay Hotel 5:** 1348 Robson St., Vancouver, Tel. 604-688-88 50, 1-888-699-52 22, Fax 604-688-25 34, www.barclayhotel.com. Älteres gemütliches Hotel, 80 Zimmer, Frühstücksbuffet inklusive, Lounge und nettes Restaurant. $ 69–125.

Verschiedene Zimmertypen ▶ **YWCA Hotel 6:** 733 Beatty St., Vancouver, Tel. 604-895-58 30, 1-800-663-14 24, Fax 604-681-25 50, www.ywcahotel.com. Preiswert und modern, Pool und Sauna, für Männer, Frauen, Paare und Familien; Lounge, Cafeteria; einige Zimmer mit Bad und Kitchenette. $ 69 (Etagenbad), $ 144 mit Bad.

Früheres Kloster ▶ **HI-Vancouver Downtown 7:** 1114 Burnaby St., Vancouver, V6E 1P1, Tel. 604-684-45 65, 1-888-203-43 02, Fax 604-684-45 40, www.hihostels.ca. Moderneres Hostel, zwei Blocks von Sunset Beach Park entfernt, Gemeinschafts- und Einzelunterkünfte, die meisten Zimmer mit Klimaanlage, Küche, TV-Raum, Internetzugang; Fahrradverleih, Touren und Aktivitäten können arrangiert werden, Shuttle zum Jericho Beach Hostel. $ 28 Schlafsaal, $ 62–77 Zimmer (bis 2 Pers.) mit Bad, Nichtmitglieder zahlen ein paar $ mehr.

Budgetunterkunft ▶ **Pacific Spirit Hostel at UBC (University of British Columbia) 8:** Conference Centre, 5961 Student Union Blvd., BC V6T 2C9, Vancouver, Tel. 604-822-10 00, 1-888-822-10 30, Fax 604-822-10 01, www.ubcconferences.com/accommodation. Schöne Lage mit Blick über die English Bay, 15 Min. nach Downtown, Gärten, Tennis- und Golfplätze; Einzelzimmer und Apartments Mai–Aug., Mahlzeiten in der Campus-Cafeteria. $ 28–56.

Essen & Trinken

Fine Dining ▶ **O'Doul's 2:** 1300 Robson St. (The Listel Hotel), Vancouver, Tel. 604-661-14 00, www.odoulsrestaurant.com. Populäres Restaurant mit verglastem Straßencafé und Bar; ausgezeichnete Küche, Meeresfrüchte, Pacific Northwest Cuisine, gut sortierte Weinkarte. Lunch ab 11, Dinner ab 17 Uhr, Sa und So Brunch, mehrmals wöchentlich Live-Jazz. Dinner ab $ 25.

Talentschmiede ▶ Bistro 101 im Pacific Institute of Culinary Arts 1: 1505 W. 2nd Ave., Vancouver, Tel. 604-734-01 01, www.picachef.com. Vancouvers Internationale Kochschule. Hier werden die von angehenden Gourmetköchen meisterhaft zubereiteten Speisen auch entsprechend stilvoll serviert. Lunch Mo–Do 11.30–14 Uhr, $ 18, Dinner Mo–Fr 18–21 Uhr, $ 24, jeweils Drei-Gänge-Menü. Freitags Buffet $ 30.

Gartenrestaurant ▶ Shaughnessy 2: VanDusen Gardens, 37th/Oak St., Vancouver, Tel. 604-261-00 11, www.shaughnessyrestaurant.com, tgl. 11.30–15, 17–21 Uhr, Afternoon-Tea 15–16.30 Uhr, Sa/So Brunch bis 15 Uhr. Mit Blick auf prachtvolle Gartenanlagen, Patio zum Draußensitzen, Westküstenspezialitäten mit frischen regionalen Zutaten. Dinner $ 21–30.

Schön gelegen ▶ The Teahouse 3: Ferguson Point, Stanley Park, Vancouver, Tel. 604-669-32 81, 11.30–22 Uhr. Erstklassige Küche in romantischer Atmosphäre, Außenbereich, schöne Aussicht auf die English Bay; Spezialitäten des Hauses: Lammbraten und Desserts. $ 18–34.

Mit Hafenblick ▶ Raintree At The Landing 4: 375 Water St., Vancouver, Tel. 604-688-55 70. In Gastown, am Hafen gelegen; Nordwestküstenspezialitäten und asiatische Küche. Dinner tgl. ab 17.30, Lunch Mo–Fr 11.30 Uhr, Brunch So 11–15 Uhr (Reservierung erforderlich). $ 16–25.

Tische im Freien ▶ Water Street Café 5: 300 Water St. (Edward Hotel), Gastown, Vancouver, Tel. 604-689-28 32, www.waterstreetcafevancouver.ca. Im Herzen des historischen Gastown District nahe der Steam Clock; frische Meeresfrüchte, leckere Nudelgerichte. Lunch ab 11.30 Uhr, Dinner tgl. bis 22 Uhr. Dinner $ 15–30.

Frisches Seafood ▶ The Sandbar 6: Granville Island, 1535 Johnston St., Tel. 604-669-90 30, Lunch tgl. 11.30–15 Uhr, Dinner So–Do 17–22, Fr/Sa 17–23 Uhr. Reizvolle Lage. Zu empfehlen: Meeresfrüchte; Reservierung erforderlich. $ 10–30.

Chinesische Küche ▶ Shanghai Chinese Bistro 7: 1128 Alberni St., Vancouver, Tel. 604-683-82 22, www.shanghaichinesebistro.com, tgl. 11–23, Fr/Sa bis 24 Uhr. Shanghai und Szechuan Cuisine, Dim Sum, besonders empfehlenswert: Meeresfrüchte. Publikumsrenner sind die täglichen ›Noodle Shows‹ – eine schwungvolle Nudelzubereitung am Tisch. $ 10–20.

Bistrogerichte ▶ Bridges 8: Granville Island, 1696 Duranleau St., Tel. 604-687-44 00, www.bridgesrestaurant.com, Bistro und Bar tgl. 11–21, Restaurant im Obergeschoss 17.30–23 Uhr. Pub/Bistro mit Pizza-, Pasta- und Fischmenüs, beliebter Treffpunkt. Großer Außenbereich, schöner Blick auf die Waterfront. $ 12–25.

Vegetarisch ▶ The Naam Restaurant 9: 2724 West Fourth Ave. (Kitsilano Beach), Vancouver, Tel. 604-738-71 51, www.thenaam.com, tgl. 24 Std. geöffnet. Gilt seit mehr als 10 Jahren als bestes vegetarisches Restaurant der Stadt; in der Nähe des Strandes gelegen, mit schöner Gartenterrasse. An manchen Abenden Livemusik. $ 10–25.

Nudelparadies ▶ Old Spaghetti Factory 10: 53 Water St., Gastown, Vancouver, Tel. 604-684-12 88, tgl. bis 22, So bis 21 Uhr. Beliebtes, originelles Lokal mit einem zum Speisesaal umfunktionierten Straßenbahnwagen. Lunch ab $ 4, Dinner $ 9–15.

Kantonesische Snacks ▶ Hon's Wun Tun House 11: 268 Keefer St., Chinatown, Tel. 604-688-08 71, www.hons.ca. Freundlich eingerichtetes Lokal mit einer Riesenauswahl preiswerter chinesischer Gerichte. $ 8–15.

Dim Sum und mehr ▶ 882 Bakery & Dim Sum 12: 525 Gore St., Chinatown, Tel. 604-683-23 33. Neueres chinesisches Restaurant mit sehr guten und preiswerten Dim-Sum Spezialitäten zum Lunch. $ 8–12.

Einkaufen

Kaufhäuser/Einkaufszentren ▶ Bay Vancouver Downtown 1: Georgia/Granville Sts. Das Flaggschiff der Bay-Kaufhauskette; elegante Kleidung, große Abteilung für Canadiana. **Pacific Centre 2**: Georgia und Howe Sts., Vancouver, Mo/Di 10–19, Mi–Fr 10–21, Sa 10–19, So 11–18 Uhr. Kaufhaus Eatons und über 130 Geschäfte. **Sinclair Centre 3**:

757 W. Hastings St., Vancouver, Mo–Sa 10–17.30 Uhr. Elegante Shopping Mall mit Boutiquen und Restaurants. Historische Gebäude sind hier unter einem Glasdach miteinander verbunden.

Kunsthandwerk ▶ Marion Scott Gallery 4: 2423 Granville St., Vancouver, Tel. 604-685-19 34, www.marionscottgallery.com, Di–Sa 10–18, So 12–17 Uhr. Von den Inuit und Nordwestküsten-Indianern gefertigtes zeitgenössisches Kunsthandwerk. **Inuit Gallery of Vancouver 5:** 206 Cambie St., Vancouver, Tel. 604-688-73 23, www.inuit.com, Mo–Sa 10–18, So 11–17 Uhr. Kunsthandwerk der Inuit und der Nordwestküsten-Indianer von Museumsqualität. **Hill's Native Art 6:** 165 Water St., Vancouver, Tel. 604-685-42 49, 1-866-685-54 22, www.hills.ca, tgl. 9–21 Uhr. Exzellentes Kunsthandwerk der Inuit und Nordwestküsten-Indianer, Drucke und Gemälde kanadischer Künstler.

Museumsladen ▶ Museum Shop 31 : UBC Museum of Anthropology, Vancouver, 6393 N. W. Marine Dr., Tel. 604-822-34 40, www.moa.ubc.ca/shop. Gute Literaturauswahl, Drucke und Schnitzereien.

Abends & Nachts

Konzerte, Musik- und Sprechtheater ▶ Orpheum Theatre 1: 884 Granville St., Vancouver, Tel. 604-876-34 34. Schön renovierte, denkmalgeschützte Konzerthalle aus dem Jahr 1927, u. a. Aufführungen des Vancouver Symphony Orchestra, des Vancouver Bach Choir und des Vancouver Chamber Choir. **Arts Club Theatre 2:** 1585 Johnston St., Granville Island, Vancouver, Tel. 604-687-16 44. Gemischtes Programm von Theater- und Musikveranstaltungen, Produktionen aus London und vom Broadway; ganzjährige Spielzeit.

Nachtclubs ▶ Boss Nightclub 3: 1320 Richards Street, Tel. 604-662-77 07, www.bossnightclub.net. Eleganter, modern gestalteter großzügiger Club mit ausgesuchtem Licht- und Videodesign, erstklassige DJs und Staraufgebot, hohe Promi-Dichte. **Shine 4:** 364 Water St., Gastown, Tel. 604-408-43 21, www.shinenightclub.com. Der Club ist eine Gastown-Institution, Top-Musik (überwiegend Funk, Hip-Hop, Soul und Boogie) von Top-DJs, gute Drinks, ultraschickes Design und tolles Sound-System.

Livemusik ▶ Roxy 5: 932 Granville St., Tel. 604-331-79 99, www.roxyvan.com. Populäre kanadische Bands, Rock 'n' Roll Classics, Folk, Blues, Country, Hip-Hop/Rap; das Publikum ist jung, hip und schnell in Stimmung, besonders freitags und samstags herrscht Gedränge, Cover Charge $ 5–10. **The Railway Club 6:** 579 Dunsmuir St., 604-681-16 25, www.therailwayclub.com. Livemusik aller Stilrichtungen von Country bis Hard Rock, frisch gezapftes Bier und leckere Snacks, Nichtmitglieder zahlen eine etwas höhere Cover Charge. Mo 16–2, Di–Do 12–2, Fr 12–3, Sa 14–3, So 16–24 Uhr.

Irischer Pub ▶ The Blarney Stone 7: 216 Carrall St., Gastown, Tel. 604-687-4322, www.blarneystone.ca. Irisch rustikale Atmosphäre und Stimmung, das passende Essen zum Bier, Live Musik und DJ's von Mittwoch bis Samstag, tgl. 11–1 Uhr.

Aktiv

Stadtrundfahrten ▶ Big Bus 1: 317 Water St. (Gastown), Tel. 604-299-07 00, 1-877-299-07 01, www.bigbus.ca. 90-minütige Stadtrundfahrt mit 20 Stopps, inkl. Granville Island und Stanley Park; an jedem Stopp kann man den Bus verlassen bzw. zusteigen; im Sommer alle 15 Min.; der Pass gilt 2 Tage. Erw. $ 37, Kinder $ 20.

Drahtseilbahn ▶ Gondelbahn zum Grouse Mountain 2: 6400 Nancy Greene Way, North Vancouver, Tel. 604-984-06 61, www.grousemountain.com. Die Gondelbahn zum 1128 m über der Stadt gelegenen Berg verkehrt tgl. 9–22 Uhr. Tickets ab $ 9,95.

Helikopter-Rundflüge ▶ Helijet International 3: Downtown und Grouse Mountain, Tel. 604-270-14 84, 1-800-665-4354. Sightseeing-Flüge mit dem Hubschrauber. **Harbour Air Seaplanes 4:** Seaplane Terminal vor dem Canada Place, Tel. 604-274-12 77. 20- bis 90-minütige Rundflüge. Ab $ 99.

Bootstouren ▶ Harbour Cruises Ltd. 5: Ferry Terminal/Denman St., Vancouver, Tel.

604-688-72 46, 1-800-663-15 00, www.boatcruises.com. Nostalgische Schaufelraddampfer-Touren im Hafen, mit herrlichem Blick auf die Stadt. **Paddlewheel Harbour Cruises** **6**: North Foot of Denman St., Vancouver, Tel. 604-688-72 46, 1-800-663-15 00. Hafenrundfahrten und Sunset Dinner Cruises mit Vancouvers einzigem *Sternwheeler*, der »M. P. V. Constitution«, Indian Arm Luncheon, Schiffsrundfahrt nach Squamish. **Paddlewheeler River Boat Tours** **7**: Westminster Quay Public Market, 810 Quayside Dr., New Westminster, Tel. 604-525-44 65, 1-877-825-13 02, www.boatcruises.com. 3- oder 7-stündige Touren auf dem Fraser River mit einem originalgetreu nachgebautem Schaufelraddampfer aus dem 19. Jh., Naturbeobachtung, Informationen zur Fischereigeschichte, auf der Tagestour Zwischenstopp in Fort Langley. 7-stündige Tour nach Fort Langley einmal monatlich, $ 80 mit Mittagsbuffet; Reservierung erforderlich.

Unternehmungen mit Kindern ▶ Maplewood Farm **8**: 405 Seymour River Pl., North Vancouver, Tel. 604-929-56 10, www.maplewoodfarm.bc.ca, tgl. 10–16 Uhr. Große Farm mit über 200 Tieren, Kinder können auf Ponys reiten, mit der Kutsche fahren und zuschauen, wie die Tiere versorgt werden. $ 7, bis 16 Jahre $ 4. **Playland Amusement Park** **9**: Exhibition Park, Hastings Street, Vancouver, Tel. 604-253-23 11. Freizeitpark. Mitte April–Sept. $ 29,95, für Kinder (bis zu einer Körpergröße von 122 cm) $ 19,95.

Fahrradverleih ▶ Bayshore Bicycles **10**: 745 Denman St., Tel. 604-688-24 53, Leihgebühr $ 23–28 pro Tag. **Spokes Bicycle Rental** **11**: 1798 W. Georgia St., Tel. 604-688-51 41. Leihgebühr $ 29–32 pro Tag.

Kanuvermietung ▶ Ecomarine Ocean Kayak Centre **12**: Granville Island, 1668 Duranleau St., Tel. 604-6 89 75 75. Kajak- und Kanuvermietung. Leihgebühr ca. $ 40 für 2 Std., $ 70 für 24 Std.

Eine Gondelbahn fährt zum Grouse Mountain hoch über der Stadt

Termine

Polar Bear Swim: 1. Jan. Neujahrsschwimmen in der English Bay mit rund 2000 Teilnehmern.

Chinese New Year: Ende Jan./Anfang Febr. Zweiwöchige farbenfrohe Neujahrsfestivitäten in Chinatown, mit Feuerwerk, prächtigem Umzug und Tanz auf den Straßen.

Vancouver Sun Run: 3. So im April. 10 km Volkslauf durch Vancouver, mit vielen Bands und Entertainment (www.sunrun.com).

Vancouver International Marathon: 1. So im Mai (www.vanmarathon.bc.ca).

Cloverdale Rodeo: 3. Wochenende im Mai (www.cloverdalerodeo.com).

Vancouver International Children's Festival: 3. Wochenende im Mai. Viel Spaß für Kinder und Erwachsene mit Paraden, Clowns, bunten Kostümen und Puppenspielen (www.childrensfestival.ca).

Alcan Dragon Boat Festival: An zwei Wochenenden Mitte Juni. Internationale Drachenboot-Wettkämpfe und zahlreiche andere kulturelle Aktivitäten (www.adbf.com).

Vancouver International Jazz Festival: Ende Juni. 1500 Musiker aus aller Welt bieten Jazz vom Feinsten an über 40 Veranstaltungsorten in der Stadt (www.coastaljazz.ca).

Vancouver Folk Music Festival: Mitte Juli. Großes Musikfestival mit bekannten Künstlern; auch Theateraufführungen. Tagespass $ 50 (www.thefestival.bc.ca).

Celebration of Light: Ende Juli/Anf. Aug. Großes Feuerwerk mit musikalischem Hintergrund, früher als ›Symphony of Fire‹ bekannt, Wettbewerb von drei Nationen, jede präsentiert an einem Abend ihr Programm (www.celebration-of-light.com).

Vancouver Gay Pride Parade: Ende Juli/Anf. Aug. Mehrtägige Gay-Festivitäten mit großer Abschlussparade (www.vancouverpride.ca).

Abbotsford International Airshow: 2. Wochenende im Aug. Eine der größten Luftfahrtshows in Nordamerika mit langer Tradition. $ 30, Campsite $ 25 (www.abbotsford airshow.com).

Pacific National Exhibition: Ende Aug. Große Landwirtschaftsschau mit fast 100-jähriger Tradition und buntem Programm: RCMP-Parade, Feuerwerk, Musik- und Lasershow (www.pne.bc.ca).

Vancouver International Filmfestival: Ende Sept. bis Mitte Okt. Internationale Filmwochen (www.viff.org).

Wooden Boat Festival: Ende Aug., Granville Island. Etwas für Liebhaber antiker Segeljachten, mit Teilnehmern aus dem gesamten pazifischen Raum.

Carol Ships Parade of Lights: In den letzten 3 Dez.-Wochen. Bootsparaden mit Musik und Lichteffekten (www.carolships.org).

Verkehr

Vancouver International Airport: Sea Island, Richmond (über Granville Street zu erreichen), Tel. 604-207-70 77, www.yvr.com. Busservice (Downtown Shuttle) zur Downtown und zu den größeren Hotels zwischen 6 und 24 Uhr alle 15 Min., $ 15,50 einfache Fahrt, Taxi $ 28–32.

Canada Line: Vancouvers öffentliches Verkehrsnetz Translink hat seit 2010 eine neue 20 km lange, zum Teil unterirdisch verlaufende Schnellbahnlinie. Sie verbindet die Waterfront mit Downtown, Yaletown und Richmond und bedient einen Abzweig vom Flughafen ins Stadtzentrum in 22 Min. ($ 5).

VIA-Rail: Pacific Central Station, 1150 Station St., Tel. 604-640-37 41, 1-888-842-72 45, www.viarail.ca. Eisenbahnverbindung nach Edmonton und mit dem ›Rocky Mountaineer‹ nach Banff (Tel. 604-606-72 00, Reservierung 604-606-72 45, Auskunft 1-877-460-32 00, www.rockymountaineer.com).

Bus and Seabus: Info Tel. 604-521-04 00.

SkyTrain: Tel. 604-953-33 33. Fahrtkosten von $ 2,50–5, ein Tagespass ($ 9) für Seabus und Skytrain ist an den Fahrkartenautomaten und auch im Safeway Supermarkt erhältlich.

BC-Fähren: West Vancouver/Horseshoe Bay nach Nanaimo; Vancouver/Tsawwassen nach Victoria/Swartz Bay: Keine Reservierungen; Auskunft unter Tel. 604-386-34 31, 1-888-223-37 79.

Taxi: Vancouver Taxi: Tel. 604-255-51 11. Yellow Cab: Tel. 604-681-11 11. Grundpreis $ 3, jeder weitere gefahrene Kilometer schlägt mit $ 1,70 zu Buche.

Ausflüge in Vancouvers Umgebung

Zusätzlich zu den Besichtigungstagen in der Stadt lohnt es sich, einige Tagesausflüge in die nähere Umgebung einzuplanen. Es ist verblüffend, wie schnell man von der Metropole in verträumte Fischerdörfer, an malerische Küstenstriche oder in ursprüngliche Naturparks gelangt.

North Vancouver und Grouse Mountain ► 1, K 12

Karte: S. 128

Lynn Canyon

Ein erlebnisreicher Ausflug führt mit dem Auto über die Lions Gate Bridge oder, eigentlich noch schöner, mit der Personenfähre nach Nord-Vancouver. Mit dem Seabus gelangt man vom **South Shore Seabus Terminal** am Fuß der Granville Street in nur 20 Min. zum Lonsdale Quay am gegenüberliegenden Ufer des Burrard Inlet. Das geht schnell und preiswert, denn man vermeidet die verstopften Brücken – und einen herrlichen Blick auf die Skyline von Vancouver gibt's gratis dazu.

Der **Lonsdale Quay Market** 1 in North Vancouver, wo die Fähre anlegt, ist ein beliebtes Revier zum Bummeln mit Hafenblick. Von hier kann man mit dem Stadtbus zum **Lynn Canyon Park** 2 am Fuß des Mount Seymour fahren. Ruhige Wanderwege mit Blick auf Klippen und Wasserfälle durchziehen das Naturschutzgebiet, und eine 80 m hohe Hängebrücke überspannt die atemberaubende Schlucht des Lynn Creek, in dem man auch baden kann (kein Eintritt wie bei der Capilano Bridge!). Das **Lynn Canyon Ecology Centre** im Park zeigt sehenswerte Ausstellungen und Filme über den Umweltschutz in der Region (3663 Park Rd., Tel. 604-990-37 55, www.dnv.org, Park im Sommer tgl. 7–19 Uhr; Ecology Centre im Sommer tgl. 10–17, Okt.–Mai Mo–Fr 10–17, Sa/So 12–16 Uhr; Eintritt frei, Spende erbeten).

Für die weiteren Touren in die Umgebung leiht man sich am besten einen Wagen, denn mit öffentlichen Verkehrsmitteln sind die Sehenswürdigkeiten oft nur recht mühsam zu erreichen. Bleiben wir zunächst in North Vancouver, das übrigens auch eines der beliebtesten – und teuersten – Wohngebiete der Metropole ist: je höher die Lage, desto exklusiver. An den Berghängen am Nordufer des Burrard Inlet bietet sich von den herrschaftlichen Villen buchstäblich ein ›Millionen-Dollar-Blick‹ über die City von Vancouver.

Capilano Suspension Bridge 3

Durch den Stanley Park und über die Lions Gate Bridge gelangt man nach wenigen Kilometern zum Capilano Park, einem der beliebtesten Naherholungsgebiete Vancouvers. Sobald der Highway 1 erreicht ist, folgt man der Capilano Road. Die Hinweisschilder zur **Capilano Suspension Bridge** sind kaum zu verfehlen. Die schwankende Hängebrücke aus Holz, Seilen und Drähten, die sich auf 140 m Länge über die fast 80 m tiefe Schlucht des Capilano River spannt, ist der Höhepunkt des Parkbesuches – aber nur etwas für Schwindelfreie. Schöne Blicke in den Capilano Canyon bieten auch mehrere freitragende Aussichtsplattformen. Während des Sommers werden im Big House des Capilano Park von indigenen Künstlern Totempfähle geschnitzt und Tänze der Ureinwohner aufgeführt. Zwar herrscht am Parkeingang rings um den riesigen Souvenirladen heftiger Touristenrummel, und auch der Eintrittpreis von $ 28 ist recht happig, aber auf der anderen

aktiv unterwegs

Capilano Canyon Trails

Tour-Infos

Start: Parkplatz an der Dam Road beim Cleveland-Staudamm
Länge: 1–2 Stunden
Dauer: 2,6 km (Rundwanderweg)
Hinweis: Der Startpunkt der Wanderung kann auch von der Downtown mit dem Seabus oder von Lonsdale Quay mit dem Bus Nr. 236 erreicht werden.

Auf dieser leichten Wanderung erlebt man den typischen Regenwald der Nordwestküste mit riesigen, moosbewachsenen Bäumen, deren dichte Kronen nur gelegentlich Sonnenstrahlen durchlassen. Unterwegs bieten sich schöne Ausblicke auf den See und den Capilano River, der sich malerisch zwischen den Felswänden der engen Schlucht hindurchschlängelt. Der Trail führt an der Capilano Salmon Hatchery vorbei (s. S. 129). Hier lassen sich in der Zeit vom Juli bis Oktober durch Glasfenster die zum Laichen zurückkehrenden Lachse beobachten.

Vom Parkplatz sind es nur ein paar Schritte zum **Cleveland Dam,** der Vancouvers wichtigstes Trinkwasser-Reservoir aufstaut. Während man ihn überquert, genießt man einen schönen Panoramablick über den See mit dem Grouse Mountain und dem Gebirgszug der Lions im Hintergrund.

Auf der Lichtung jenseits des Damms beginnen zwei breite Trails. Dem rechten folgt man kurze Zeit bergauf, bis man linker Hand ein hölzernes Gatter mit Pforte erblickt. Hier beginnt der **Upper Shinglebolt Trail,** der durch einen Regenwald mit großen moosbewachsenen Hemlocktannen führt. Über Baumwurzeln bergab gehend, erreicht man eine Weggabelung, an der man sich rechts hält. Nach etwa 5 Min. gelangt man zu einer weiteren Gabelung, an der man nach links abbiegt. Kurz darauf trifft man auf den **Capilano Pacific Trail,** den man kreuzt, um tiefer in den Canyon hinunterzuwandern. Nach 10 bis 15 Min. kommt eine Schotterstraße in Sicht. Von ihrem Ende führt ein schmaler kurzer Pfad hinab zu einem Zaun, von dem man einen schönen Blick in den Canyon hat. Im weiteren Verlauf führt der Weg über die **Pipeline Bridge,** hoch über dem munter dahinfließenden Capilano River. Nach der Brücke hält man sich links und folgt dem Verlauf des Canyons auf dem **Coho Loop Trail,** der immer wieder Blicke in die Schlucht freigibt. Nach gut 15 Min. ist die **Capilano Salmon Hatchery** 4 erreicht (s. S. 129).

Von hier führt der **Palisades Trail** aus dem Canyon heraus bis zu einer Schotterstraße. Auf dieser für die Wartung des Damms benutzten Service Road oder auf dem die Straße querenden Trail gelangt man zum Ausgangspunkt zurück. Folgt man der Straße, kommt man zu einem Aussichtspunkt unterhalb des Damms, von dem eine Treppe zum Parkplatz führt.

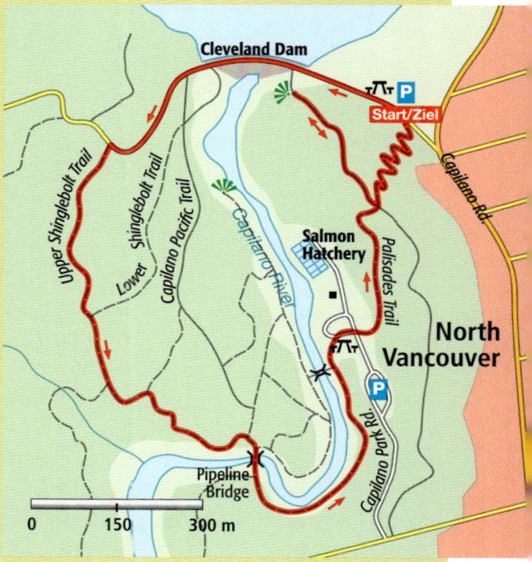

Umgebung von Vancouver

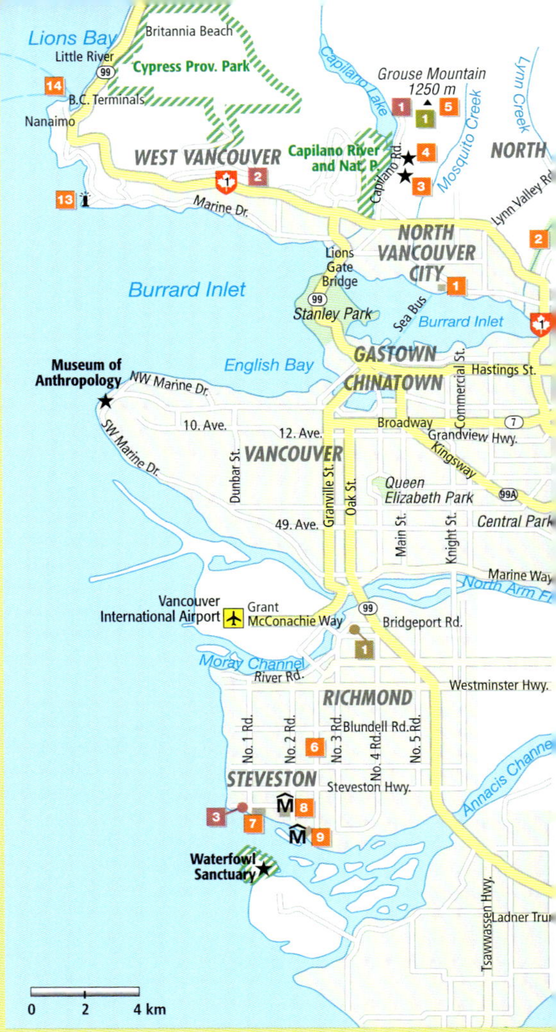

Sehenswert

1 Lonsdale Quay Market
2 Lynn Canyon Park
3 Capilano Suspension Bridge
4 Capilano Salmon Hatchery
5 Grouse Mountain
6 Steveston Village
7 Gulf of Georgia Canning National Historic Site
8 Steveston Museum
9 Britannia Heritage Shipyard
10 New Westminster Quay Market
11 Fraser River Discovery Center
12 Fort Langley National Historical Park
13 Lighthouse Park
14 Horseshoe Cove
15 BC Museum of Mining
16 Squamish
17 Garibaldi Provincial Park
18 Whistler
19 Sechelt
20 Half Moon Bay
21 Skookumchuck Narrows
22 Powell River

Übernachten

1 Sandman Hotel Vancouver Airport

Essen & Trinken

1 Grouse Observatory Restaurant
2 Salmon House on the Hill
3 Shady Island Seafood

Aktiv

1 Grouse Mountain Skyride
2 Paddlewheeler Riverboat Tours

Seite der Brücke wird es auf den Wanderwegen entlang der Schlucht (s. Aktiv unterwegs S. 127) schnell ruhiger. Auf dem zwischen den Baumwipfeln hindurchführenden Plankenweg **Treetop Adventure** kann man den Wald in luftiger Höhe erkunden (3735 Capilano Rd., North Vancouver, Tel. 985-74 74, www.capbridge.com. Fußgänger-Hängebrücke über den Canyon. Im Sommer tgl. 9–20, sonst 9–17 Uhr; $ 28).

Capilano Salmon Hatchery 4

Dass sogar im Stadtgebiet Vancouvers noch Lachse in den Flüssen aufsteigen, lässt sich etwas weiter bergan entlang der Capilano Road erleben. Dort liegt am Capilano River die **Capilano Salmon Hatchery**, die älteste Fischzuchtanstalt der Provinz. Displays informieren über den Lebenszyklus der Lachse. Zwischen Juli und Oktober kommen die Coho- und Chinook-Lachse aus dem Pazifik an ihren Geburtsort zurück, um zu laichen. Dann lässt sich beobachten, wie sich die Tiere die Fischleitern hinaufkämpfen. Noch weiter schwimmen können sie nicht, denn oberhalb der Hatchery versperrt ein Damm das Tal, der den Fluss zum Capilano Lake hin aufstaut, einem Trinkwasserspeicher für Vancouver. Über einen abzweigenden Kanal werden die Fische in künstliche Laichbecken umgeleitet – an einem Abschnitt des Kanals gibt es Glasfenster, durch die man in der Saison die zurückkehrenden Lachse aus nächster

Nähe beobachten kann (4500 Capilano Park Rd., North Vancouver, Tel. 666-17 90, www.heb.pac.dfo.mpo.gc.ca/facilities/capilano/capilano_e.htm. Mai und Sept. 8–19, Juni–Aug. 8–20 Uhr, sonst kürzer; Eintritt frei; s. auch Thema S. 24).

Grouse Mountain 5

Noch ein paar Kilometer weiter nördlich erreicht man (auch mit dem Bus) die Talstation der Skytram, einer Gondelbahn, die zum **Grouse Mountain** hinaufführt. Die achtminütige Fahrt auf den 1200 m hohen Hausberg der Vancouveraner führt zum wohl schönsten Panoramablick über die Stadt und das Delta des Fraser River. Von hier oben wirkt die meerumschlungene Lage der Metropole besonders imposant: die mit weißen Segeln getupfte English Bay, das tief ins Land reichende Burrard Inlet, in dem wie ein grüner Klecks der Stanley Park liegt, dahinter die breite Ebene des Deltas, das bis weit nach Süden in den US-Staat Washington mit dem schneebedeckten Vulkankegel des Mount Baker reicht – ein atemberaubender Blick. Am westlichen Horizont sind sogar die Bergspitzen von Vancouver Island zu erkennen.

Auf dem Berg gibt es mehrere schöne Wanderwege. Der einfachste ist der **Blue Grouse Interpretive Trail**, der durch Regenwald zu einem See führt. Auf einem anderen kurzen Trail gelangt man zu einem Wildlife Refugium mit Grizzlys, Wölfen und Raubvögeln (der Eintritt ist im Grouse Mountain Ticket inbegriffen). Der Skyride auf den Grouse Mountain lohnt den Fahrpreis allemal. Aber wer sich die grandiose Aussicht selbst erarbeiten und dabei noch Geld sparen möchte, kann auch zu Fuß hochwandern. Der **Grouse Grind**, ein 2,5 km langer Trail, überwindet von der Basis bis zur Spitze des Grouse Mountain über 1000 Höhenmeter – ein beliebtes Fitness-Programm der Einheimischen. Für $ 10 gibt es dann ein Einweg-Ticket hinunter.

Zu empfehlen ist das **Grouse Observatory Restaurant** mit einem exzellenten Menü. Eine Reservierung ist in jedem Fall ratsam – dann ist auch die Fahrt mit der Gondelbahn kostenlos. Preiswerter sind Speisen und Getränke im **Altitudes Bistro**, wo man auch auf einem Sonnendeck mit schöner Aussicht sitzen kann (11–22 Uhr; $ 7–24).

Zwischen Dezember und Mai ist der Grouse Mountain ein beliebtes Skigebiet. Dann wedeln die Vancouveraner mit Blick auf die – meist grüne – City bergab, während ihre Nachbarn unten vielleicht gerade golfen. Im Sommer kann man vom Gipfel aus den Drachenfliegern zuschauen, die wie große bunte Vögel über der Stadt kreisen. Abenteuerlustige können im Tandemdrachen mitfliegen. Auch Hubschrauberflüge sind möglich.

Übernachten

In Flughafennähe ► **Sandman Hotel Vancouver Airport 1:** 3233 St. Edwards Dr. (Hwy. 99, Exit 39), Richmond, V6X 3K4, Tel. 604-303-88 88, 1-800-726-36 26, Fax 604-303-88 77. Eine vor allem in Westkanada operierende Kette von Mittelklassehotels unterhält dieses preisgünstige Hotel beim Airport, das funktionelle, aber recht geräumige Zimmer bietet. $ 139–305.

Essen & Trinken

Dinieren mit Ausblick ► **Grouse Observatory Restaurant 1:** Tel. 604-980-93 11. Exzellentes Restaurant mit schönem Panoramablick, Dinner ab 17 Uhr. Bei einer Reservierung ist die Fahrt mit der Seilbahn eingeschlossen. $ 15–40.

Spezialität Lachs ► **Salmon House on the Hill 2:** 2229 Folkstone Way, W. Vancouver (Hwy. 1 West Exit 10), Tel. 604-926-32 12, tgl. 11.30–14, 17–22 Uhr. Seit 20 Jahren beliebtes Fischrestaurant in idyllischer Lage mit schönem Meeresblick; West Coast Cuisine, besonders empfehlenswert: gegrillter Pazifiklachs. Lunch $ 10–15, Dinner $ 20–38, Vorspeisen ab $ 9.

Aktiv

Drahtseilbahn ► **Grouse Mountain Skyride 1:** 6400 Nancy Greene Way, Tel. 604-984-06 61, www.grousemountain.com. Tgl. 9–22 Uhr. Fährt alle 15 Min. $ 40. An der Talstation der Seilbahn informiert ein Besucherzentrum über Wanderungen am Berg.

Fraser River Delta ► 1, K 12

Karte: S. 128

Steveston Village

Eine erste Tour führt ins Fraser River Delta am südwestlichsten Zipfel von **Richmond**. Hier am Südarm des mächtigen Flusses liegt der unter Denkmalschutz stehende kleine Fischerort **Steveston Village** 6, der vor 100 Jahren zu den größten Lachsverarbeitungsstätten des Landes gehörte. Damals gab es nicht weniger als 15 Lachskonservenfabriken mit eigenen Segelschiffen, die den leckeren Fisch in alle Welt verschifften. Und obwohl Steveston heute einen eher beschaulichen Eindruck macht, liegt hier die größte Fischereiflotte Kanadas. Ein imposanter Anblick, wenn die Boote zu Beginn der Saison auf dem Fraser River auslaufen.

Steveston hat heute eine lebhafte hübsche Hafenpromenade mit attraktiven Geschäften und Restaurants sowie einen schwimmenden Fischmarkt am Wochenende. Zahlreiche freiwillige Helfer haben in den letzten Jahren die historischen Gebäude des Ortes liebevoll restauriert und dem etwas heruntergekommenen Hafenort wieder zu schmuckem Aussehen verholfen. Besonders sehenswert ist die **Gulf of Georgia Cannery National Historic Site** 7, eines der wichtigsten historischen Denkmäler der Provinz. Hier wird die Fischereigeschichte an der Westküste auf lebendige Art vorgestellt. Ein großer Teil der alten Fischfabrik wurde originalgetreu restauriert (12138 4th Ave., Richmond, Tel. 604-664-90 09, www.parkscanada.ca, Juni–Aug. Mo–Sa 10–17, So 11–17, Mai und Sept./Okt. Do–Mo 11–17 Uhr; $ 7,80).

Das heimatkundliche **Steveston Museum** 8 im ehemaligen Royal Bank Gebäude (3811 Moncton St., Tel. 604-271-68 68, 9.30–13, 13.30–17 Uhr; Eintritt frei) und der **Britannia Heritage Shipyard** 9, in dem heute wieder ein kleiner Werftbetrieb arbeitet, sind weitere Höhepunkte. Bei einer Bootstour kann man die ganze Galerie der alten Werftanlagen und Konservenfabriken vom Wasser aus bewundern (5180 Westwater Dr., Tel. 718-80 50, Mai–Sept. Di–So 10–18, sonst Sa/So 12–16 Uhr). Die Walbeobachtungstouren, die von Steveston aus veranstaltet werden, sind ebenso Erfolg versprechend wie die bekannteren von Victoria.

Infos

Tourism Richmond: Hwy 99 (Annual) 11980 Deas Thruway, Tel. 1-877-247-07 77, www.tourismrichmond.com, www.steveston.bc.ca. Im Sommer 9–20 Uhr, im Frühjahr und Herbst 9–17 Uhr, im Winter 10–16 Uhr.

Essen & Trinken

Maritimes Flair ► **Shady Island Seafood Bar & Grill** 3: 3800 Bayview Rd., Tel. 604-275-65 87, www.shadyislandseafood.com. Man kann im Freien sitzen, aufs Wasser schauen und frische Meeresfrüchte genießen. Clam Chowder und gegrilltes Lachsfilet $ 24.

Termine

Steveston Salmon Festival: Anfang Juli, Steveston. Beliebtes Volksfest mit großem Lachsgrillen.

New Westminster und Fort Langley ► 1, K 12

Karte: S. 128

New Westminster

Mit dem Skytrain gelangt man schnell aus der Downtown Vancouver nach New Westminster. ›New West‹, wie die Vancouveraner das dicht bevölkerte Wohngebiet am Fraser River Delta auch nennen, ist die älteste Siedlung mit Stadtrechten in West-Kanada. Während der Goldrausch-Ära Mitte des 19. Jh. entwickelte New Westminster sich zum Wirtschaftszentrum der neuen Kolonie. Etliche viktorianische Häuser haben den großen Brand von 1898 überstanden. In den historischen Gebäuden an der Front Street, auch **›Antique Alley‹** genannt, kommen Sammler von Antiquitäten auf ihre Kosten. Am **New Westminster Quay Market** 10 herrscht täglich (ab 9.30 Uhr) buntes Markttreiben; man kann

Delikatessen probieren oder in *Specialty Shops* einkaufen. Hier kann man auch die 1937 erbaute **»Samson V.«** besichtigen, den letzten typischen Fraser River-Schaufelraddampfer, der bis 1980 im Einsatz war und jetzt als Museumsschiff einen Eindruck von der Flussschifffahrt in früherer Zeit vermittelt (Tel. 604-522-68 94, Juli/Aug. tgl. 12–17 Uhr, Nebensaison an Wochenenden). Verschiedene Touren mit der »MV Native«, dem Nachbau eines Fraser River Paddlewheelers, der im 19. Jh. die Goldsucher auf dem historischen Trail den Fraser River flussaufwärts brachte, können unternommen werden. Gelegentlich werden auch Tagestouren auf dem Fraser River von New Westminster zum historischen Fort Langley und flussabwärts zum Fischerdorf Steveston angeboten.

Das **Fraser River Discovery Centre** 11 neben dem Quay Market dokumentiert die Geschichte des Flusses und seine Bedeutung für die Entwicklung der Siedlung New Westminster (788 Quayside Dr., Tel. 604-521-84 01, tgl. 10–16 Uhr, $ 6). Sehenswert ist das **Irving House.** Das große, im Stil der Zeit möblierte viktorianische Herrenhaus wurde 1864 für Captain William Irving erbaut, einen Pionier der Flussschifffahrt auf dem Fraser River (302 Royal Ave., Tel. 604-527-46 40, Mai–Labour Day Mi–So 11.30–16.30, sonst Sa/So 12.30–16.30 Uhr).

Infos

New Westminster Chamber of Commerce: 601 Queens Ave., New Westminster, Tel. 604-521-77 81.

Aktiv

Schaufelraddampfer-Touren ▶ Paddlewheeler Riverboat Tours 2**:** 810 Quayside Drive (am New Westminster Quay Market), Tel. 604-525-44 65, 1-877-825-13 02, www.vancouverpaddlewheeler.com, tgl. Abfahrten; ab $ 50, Kinder 6–12 Jahre $ 30.

›Pelzhändler‹ im originalgetreu eingerichteten Laden in Fort Langley

Fort Langley

Begrenzt durch die steilen Berge im Norden dehnt sich Vancouver in den letzten Jahren immer weiter nach Osten hin aus. Die ehemals kleinen Farmorte am Fraser River entwickeln sich immer mehr zu wuchernden Vorstädten. Doch zumindest eine Attraktion, ein historisches Kleinod, lohnt den Abstecher nach Osten. Weniger als eine Stunde braucht man von der Downtown nach Fort Langley auf dem Trans-Canada Highway am Südufer des Fraser River oder über den Highway 7 nördlich vom Fluss. Wählt man die zweite Route, setzt man beim Ort Albion mit der Fähre wieder zum Südufer über.

An einem Seitenarm des Fraser River, 6 km nördlich des Trans-Canada Highway, liegt der **Fort Langley National Historic Park** 12. 1827 wurde an dieser Stelle von der Hudson's Bay Company ein hölzernes Palisadenfort errichtet, um den Handel mit den Indianern am Fraser River und auf Vancouver Island zu kontrollieren. Dieser erste Stützpunkt der Pelzhändler am Unterlauf des Fraser wurde bald zur wichtigsten Siedlung auf dem Festland und spielte eine tragende Rolle bei der Erschließung British Columbias. Nach den Pelzhändlern, die hinter den Palisaden Schutz suchten, kamen Ingenieure und Arbeiter der Kolonialverwaltung, um das gebirgige Innere des Landes zu erschließen, und später folgten die Goldsucher auf dem Weg zu den Goldfeldern am oberen Fraser River. Das Pökeln von Lachs und Verarbeiten von landwirtschaftlichen Produkten der Langley Farm wurde zum florierenden Geschäft. In Fort Langley wurde British Columbia schließlich 1858 zur Kronkolonie erklärt. Die Siedlung wurde faktisch die Hauptstadt der Region. So viel Provinzgeschichte verdient es, erhalten zu werden, und so ist heute auf dem Gelände ein historisches Museumsdorf entstanden. Das einzige übrig gebliebene Gebäude des alten Forts, früher die Werkstatt des Fassmachers, ist jetzt originalgetreu als ›Hudson's Bay Company Store‹ eingerichtet. Alle anderen Gebäude sind aus alten Materialien rekonstruiert und mit Relikten der Pelzhändlerzeit ausgestattet.

Tipp: Auf den Spuren der Pelzhändler

Für das historische **Fort Langley** sollte man sich ein paar Stunden Zeit nehmen, denn hier erwartet den Besucher kein Museum herkömmlicher Art. Durch das *Living History Program* des Parks wird der Besuch zur Zeitreise: Das Personal ist authentisch als Pelzhändler verkleidet und ›arbeitet‹ in den Lagern und Werkstätten wie vor 150 Jahren. Kleidung, Werkzeug und Materialien – alles ist echt und passt genau ins Bild. Da sieht man im *Store* den bärtigen *Trader* hinter seinen Pelzen. In der Mitte des Raums steht der eiserne Holzofen; alte Flinten, Hacken, Fallen, Äxte, Sägen und andere Werkzeuge hängen an der Wand. Getrocknete Lachse, Mehl, Bohnen, Salz und anderer Proviant ist in Säcken und Kisten gestapelt, in den Regalen befindet sich Geschirr sowie Kleinigkeiten, die für das Leben – oder Überleben – in der Wildnis notwendig waren. In den anderen Gebäuden arbeiten Küfer und Zimmerleute. Starke Männer packen Pelze in Ballen. Auf offenen Feuern wird gekocht und im Lehmofen gebacken. Mit etwas Glück lässt sich der Besuch in der Vergangenheit mit einem Trapper-Imbiss abschließen: duftendes Brot, frisch aus dem Lehmofen (23433 Mavis Ave., Tel. 604-513-47 77, www.parkscanada.ca/langley; Sept.–Juni tgl. 10–17, Juli/Aug. 9–18 Uhr; $ 7,80).

Zum Garibaldi Park und Whistler Mountain

Karte: S. 123

Lighthouse Park ► 1, J 12

Von North Vancouver führt der Trans-Canada Highway 1/99 am schnellsten zur Horseshoe Bay, reizvoller ist jedoch der Marine Drive, der der Küstenlinie folgt. Etwa 8 km westlich der Lions Bridge führt eine Stichstraße, die Beacon Lane, in Richtung Süden zum 70 ha großen **Lighthouse Park** 13 auf einer Halbinsel zwischen Howe Sound und Burrard Inlet. Man wandert unter 500 Jahre alten Douglasien zur Felsenküste mit einem äußerst fotogenen Leuchtturm und genießt die fantastischen Ausblicke über die Strait of Georgia, die English Bay mit Stanley Park und die Skyline von Vancouver. Kurz vor Horseshoe Bay führt der Marine Drive durch den geschäftigen kleinen Hafen **Fisherman's Cove**. In **Horseshoe Cove** 14 mit seiner hübschen Waterfront sollte man den Marine Drive bis zu seinem westlichsten Ende fahren. Dort bietet sich ein großartiger Panoramablick auf die Bucht mit den vorgelagerten Inseln und dem Fährverkehr.

Von Horseshoe Bay, Vancouvers nördlichem Fährhafen, folgt der Highway 99 dem Ufer des Howe Sound durch eine beeindruckende Küstenlandschaft mit steilen Klippen und dichten Wäldern. Die Straße, zu der parallel die Schienen des leider nicht mehr betriebenen historischen Ausflugszuges »Royal Hudson« verlaufen, musste streckenweise aus den massiven Granitfelsen gesprengt werden. Wie Schwalbennester kleben Häuser an den Berghängen. Unten im schimmernden Sund ragen die Bay-Inseln heraus, zwischen denen Fährschiffe und Holzfrachter durchs Wasser pflügen.

BC Museum of Mining ► 1, J 11

Bei **Britannia Beach**, 11 km vor Squamish, wo bis 1930 das größte Kupferbergwerk des British Empire betrieben wurde, kann das **BC Museum of Mining** 15 besichtigt werden. Das Bergwerksmuseum in einem großen weißen Haus bietet Ausstellungen zum Anfassen, original funktionierende Maschinen, eine Sammlung historischer Fotos sowie interessante Führungen unter Tage (Hwy. 99, Britannia Beach am Howe Sound, 11 km südl. von Squamish, Tel. 604-896-22 33, 1-800-896 40 44, www.bcmuseumofmining.org, Führungen tgl. 9–16.30 Uhr; $ 21,95).

Einige Kilometer weiter führt ein Pfad zu den Shannon Falls, die in tosenden Kaskaden 335 m die Felswand herabstürzen. Nahebei passiert der Highway den Stawamus Chief Mountain, für die Indianer ›der Ort, wo die Winde geboren werden‹. Die nackten, hoch aufragenden Felswände sind eine Attraktion für Kletterer.

West Coast Railway Heritage Park ► 1, K 11

Ein Aufenthalt im netten Sägewerksstädtchen **Squamish** 16 ca. 70 km nördlich von Vancouver lohnt vor allem am ersten Samstag im August, wenn der ›Loggers Sports Day‹ veranstaltet wird. Dann kommen viele Ausflügler, vor allem Vancouveraner, die sich die urigen Wettkämpfe der Holzfäller von Squamish nicht entgehen lassen wollen. Beim Wettsägen und Holzhacken geraten die bärenstarken Männer mächtig ins Schwitzen. Lustig wird es, wenn sie ihre Geschicklichkeit beim Balancieren auf den im Wasser rollenden Baumstämmen beweisen müssen.

Am nördlichen Ortsrand liegt der **West Coast Railway Heritage Park**, der Eisenbahnnostalgiker mit über 60 Eisenbahnwaggons, Lokomotiven, Kranwagen und Schneepflügen erfreut und der in den kommenden Jahren noch maßgeblich erweitert werden soll. Seit 2003 hat hier auch der legendäre »Royal Hudson« seinen letzten Bahnhof gefunden. Jahrzehntelang haben Besucher und Einheimische mit dem historischen Dampfzug Ausflugsfahrten von Vancouver nach Squamish unternommen (39645 Government Road, Squamish, Tel. 604-898-93 36, www.wcra.org, ganzjährig tgl. 10–17 Uhr; $ 15).

Von Mai bis September bietet der Howe Sound unweit der Stadt ein Weltklasse-Surfrevier. Nachmittags erreichen die Winde hier beachtliche Geschwindigkeiten. Auch Mountainbiker schätzen Sqamish, vor allem wegen der Vielfalt der Touren und der vorbildlichen Streckenführung.

Garibaldi Provincial Park

► 1, K 10/11

Vom Trubel am Loggers Sports Day abgesehen, ist der ruhige Ort vor allem Ausgangspunkt für Touren in den riesigen, 195 000 ha großen **Garibaldi Provincial Park** 17, eine verblüffend stille Bergwildnis vor der Haustüre Vancouvers. Wanderer finden hoch in

aktiv unterwegs

Ziptrekking – Abenteuer in den Baumwipfeln

Tour-Infos

Start: Whistler Village, von dort Shuttle zur Basisstation am Blackcomb Mountain
Dauer: ½ Tag
Information & Buchung: Ziptrek Ecotours, Carleton Lodge (gegenüber der Gondelbahn), Whistler, Tel. 604-935-00 01, 1-866-935-00 01, www.ziptrek.com
Kosten: Ziptrek Bear Tour Erw. ab $ 109, Kinder 6–14 Jahre $ 89; Ziptrek Eagle Tour ab $ 129/$ 109; Treetrek Tour ab $ 39/$ 29

Ziptrekking heißt ein neues Abenteuer in den Baumkronen für Menschen ohne Höhenangst. Seilbahnen von 600 m Länge und bis zu 60 m hoch, wackelige Hängebrücken und Plankenstege, Taue und Leitern verbinden die Plattformen und Podeste in den Baumwipfeln eines üppigen Regenwaldtales mit uralten Fichten, Zedern und Hemlocktannen zwischen Whistler und Blackcomb Mountain.

Das Ganze ist höchst aufregend – aber nicht gefährlich, denn man ist bei diesem adrenalinträchtigen Unterfangen mit Seil und Karabinern, Gurten und Helm professionell gesichert. Nach einer kurzen Einweisung hangelt oder schwingt man sich von Baumkrone zu Baumkrone oder rast mit bis zu 80 km/h hoch über dem Boden schwebend von einer Plattform zur anderen. Das macht einen Riesenspaß und man lernt den Wald aus einer ganz anderen Perspektive kennen.

Man kann zwischen einem halben Dutzend verschiedener Touren wählen, indem man Ziplines unterschiedlichen Schwierigkeitsgrades kombiniert. Wenn man mit Kindern unterwegs ist oder es eher gemächlich angehen lassen will, dann ist die 3-stündige **Ziptrek Bear Tour** die richtige: Fünf Ziplines und vier Plattformen in den Baumwipfeln sind mit einem Netz von Hängebrücken, Stegen und Waldpfaden verbunden. Die **Ziptrek Eagle Tour** kombiniert ebenfalls fünf Ziplines und dauert etwa 3 Stunden, sorgt aber durch steilere und damit noch schnellere Fahrten bis hinunter nach Whistler Village für einen erhöhten Adrenalinausstoß.

Bei allen Zipline-Touren müssen Kinder mindestens 6 Jahre alt sein, wiegen sie unter 30 kg, dann dürfen sie die beiden längsten Ziplines nur im Tandem mit einem Guide in Angriff nehmen. Am Anfang und Ende einer Zipline hilft ein Guide beim Ein- und Aushaken auf den Plattformen.

Möchte man keine der Ziplines hinunterrauschen, aber trotzdem die Aussicht über das Regenwaldtal und den Fitzsimmons Creek genießen, dann bietet sich die geführte **Treetrek Tour** an. Hier wandert man über Hängebrücken, Plankenstege und Treppen von einer Aussichtsplattform in den Baumwipfeln zur nächsten. Ein Guide erklärt dabei die Zusammensetzung des Regenwaldes mit bis zu 800 Jahre alten Bäumen und jüngerem ›Second Growth Forest‹.

den Bergen idyllische Wiesen mit Alpenblumen und weite, rosa und weiße Heideflächen, schimmernde Gletscherseen und urzeitliche Höhlen aus Lavaschlacke. Am schönsten ist wohl der 9 km lange Trail von Rubble Creek zum Garibaldi Lake. Im **Alice Park**, direkt am Garibaldi, bestehen gute Möglichkeiten zum Campen und Baden, Windsurfen und Kanufahren, Angeln und Wandern.

Whistler ► 1, K 10

Von Sqamish nach **Whistler** 18, das bereits rund 600 m hoch in den Coast Mountains liegt, ist es nur noch eine knappe Stunde Fahrt. Im Winter herrscht in diesem modernen Ferienort Hochsaison (mit entsprechenden Preisen). Das riesige, bis auf fast 2500 m Höhe reichende Skigebiet am Mount Whistler und Mount Blackcomb wird dann zum

Mekka der Skiläufer aus aller Welt. Es gibt Hänge für Anfänger genauso wie schwere Rennabfahrten mit dem längsten vertikalen Gefälle Nordamerikas. Die Langläufer dürfen sich indes auf schöne, gut gespurte Loipen freuen. Whistler ist das größte und modernste Skigebiet Kanadas, auch wenn der Schnee bedingt durch die Nähe zum Meer hier etwas schwerer und feuchter ist als der staubtrockene Pulverschnee der Rockies. Doch von Mitte November bis Ende Mai herrschen beste Bedingungen auf den Pisten. Whistler war Austragungsort der Ski- und Rodelwettkämpfe der Olympischen Spiele 2010.

Auch im Sommer lohnt sich die Fahrt mit dem Lift vom Dorf auf die Gipfel, wo Cafés, herrliche Ausblicke und Wanderpfade warten. Sehr beliebt sind die Trails im Hochland, vor allem bei Mountainbike-Fans. Im Tal können sich zudem Golfer an zwei Meisterschaftsplätzen versuchen. Ein Flug über die Gletscherwelt der Coast Mountains mit Blackcomb Helicopters (s. S. 137) ist ein atemberaubendes Erlebnis.

Der Ausflug nach Whistler lässt sich auch in eine drei- bis viertägige Rundreise von ca. 600 km einbinden, die über Lillooet, Lytton und Hope auf dem Trans-Canada Highway durch den wildromantischen Fraser Canyon und durchs Fraser Valley nach Vancouver zurückführt. Die Tour ist allerdings nur im Sommer zu empfehlen, weil die verbindende ›Nugget Route‹ von Pemberton nach Lillooet im Winter häufig gesperrt wird.

Infos

Visitor Info Centre: 38551 Logger's Lane, Squamish, BC V0N 3G0, Tel. 604-815-49 94, 1-866-333-20 10, Fax 604-815-49 98, www.squamishchamber.com.

Whistler Tourism and Activity Centre: 4010 Whistler Way, Whistler BC, V0N 1B4, Tel. 604-932-06 06, 1-877-991-99 88, 1-800-944-78 53, international 1-800-9447-85 37, www.mywhistler.com. Information und Reservierungen. Tgl. 8.30–17 Uhr.

BC Parks: Garibaldi/Sunshine Coast, P.O. Box 220, Brackendale, BC V0N 1H0, Tel. 604-898-36 78, Fax 604-898-41 71.

Übernachten

Camping ▶ In der Region gibt es nur Wildnisplätze ohne Anschlüsse.

... in Squamish:

Preisgekrönt ▶ Mountain Retreat Hotel & Suites: 38922 Progress Way, Tel. 604-815-08 83, 1-800-447-41 36 (USA, Kanada), 1-800-1276-35 49 (Europa), Fax 604-815-08 84, www.mountainretreathotel.com. Schöne Hotelanlage mit Indoor-Pool, Fitnessraum, Restaurant, großzügige Zimmer mit Kühlschrank. $ 109–184.

Zentral gelegen ▶ August Jack Motor Inn: 37947 Cleveland Ave., Tel. 604-892-35 04, 1-888-892-35 02, www.augustjack.com. Geräumige Zimmer, einige davon mit Kühlschrank und Mikrowelle, WLAN in den meisten Zimmern und in der Lobby. $ 69–145.

Budgetunterkunft ▶ Squamish International Hostel: Tel. 604-892-92 40, 1-800-449-86 14, www.squamishhostel.com. Modern eingerichtete Herberge am Wasser, 70 Betten. $ 24.

Camping ▶ Alice Lake Provincial Park: Hwy. 99, Tel. 604-986-93 71, 800-689-90 25. 108 Stellplätze für Zelt und Camper. $ 22.

... in Whistler:

Gepflegt ▶ The Blackcomb Lodge: 4220 Gateway Dr., P. O. Box 400, BC V0N 1B4, Tel. 604-932-41 55, 1-888-621-11 17, Fax 932-68 26, www.blackcomblodge.com. Zimmer und Studios, z. T. mit Kamin und Balkon, Indoor Pool, Restaurant. DZ $ 129–219.

Gutes Preis-Leistungs-Verhältnis ▶ Whistler Resort and Club: P. O. Box 644, 2129 Lake Placid Rd., BC V0N IB0, Tel. 604-932-57 56, 1-888-882-88 58, Fax 905-11 61, www.rainbowretreats.com. Resorthotel mit Restaurant und Lounge, geheiztem Pool, Sauna, Whirlpool; Tennis, Golf, Wandern, im Winter Skifahren; Ausflüge in den Garibaldi Provincial Park. $ 120–220.

Camping ▶ Riverside RV Resort & Campground: Hwy. 99, Exit Blackcomb Way, Tel. 604-905 33, www.whistlercamping.com. Blockhütten mit Küche ($ 125–205); 66 RV-Stellplätze und 34 Zeltplätze ($ 45–50). Große Bäume, viele Grünflächen, Spielplatz, Fahrradverleih, Café und Shop.

Hostel am Seeufer ▶ HI Whistler: 5678 Alta Lake Rd., Tel. 604-932-54 92, www.hihostels.ca. Schön am Westufer des Alta Lake gelegen, 32 Betten, Gemeinschaftsküche und Aufenthaltsraum, Rad- und Kanu-Verleih. Mitglieder $ 20, sonst $ 26–69.

... bei Whistler:

Motelunits & Stellplätze ▶ Dryden Creek Resorts: Hwy. 99, 20 km südl. von Whistler, P.O. Box 1012, Squamish, BC V0N 1T0; Tel. 604-898-97 26, 1-877-237-93 36, Fax 898-97 80, www.drydencreek.com. Motel und Campground in schöner Lage, sechs hübsch eingerichtete Studios mit Küche ($ 90–110). Aktivitäten: Reiten, Schwimmen, Klettern, Angeln, Floßfahrten. Ganzjährig geöffnet.

Camping ▶ Brandywine Falls Provincial Park: 12 km südl. von Whistler, Tel. 604-986-93 71, gute Campsites. April–Nov. $ 14.

Essen & Trinken

... in Whistler:

Fine Dining ▶ Araxi: 4222 Village Square, Tel. 604-932-45 40, www.araxi.com, Lunch Mo–Fr 11–15 Uhr, Dinner 17–23 Uhr, Brunch Sa/So 10.30–15 Uhr. Hervorragende kanadische Küche, sehr gute Weinkarte, leckere Desserts. Lunch $ 20–35, Dinner $ 29–42.

Western Food ▶ Longhorn Saloon & Grill: 4280 Mountain Square, Tel. 604-932-59 99, www.longhornsaloon.ca. In Western-Atmosphäre werden Steaks und Rippchen serviert. $ 16–25.

Relaxte Atmosphäre ▶ Hoz's Pub: 2129 Lake Placid Rd., Tel. 604-932-59 40. Preiswert und lecker, bei den Einheimischen sehr beliebt. $ 10–20.

Aktiv

Gletscherexkursionen ▶ Blackcomb Helicopters: Tel. 604-905-33 37, 1-888-435-47 54, www. blackcombhelicopters.com. 10- bis 30-minütige Gletscherlandungen, 4-stündige Gletscher-Exkursionen. Ab $ 79.

Rafting ▶ Whistler River Adventures: Tel. 604-932-35 32, 1-888-932-35 32, www. whistlerriver.com. Floßtouren auf dem Green River ($ 69), Wildwasserfahrten auf dem Elaho River ($ 154).

Mountainbiken ▶ Backroads Whistler: Tel. 604-932-31 11, www.backroadswhistler.com. Fahrradverleih ($ 14 pro Stunde) und geführte Mountainbike-Touren.

Golf ▶ Whistler Golf Club: Tel. 604-932-45 44, 1-800-376-17 77, www.whistlergolf.com. Schöner Golfplatz zwischen Whistler und Alta Lake, Green Fee $ 59–159, nach 16 Uhr $ 99.

Wintersport ▶ Whistler/Blackcomb Ski & Snowboard School: Tel. 604-932-34 34, 1-888-403-4727, www.whistlerblackcomb.com/snowschool. Eine der größten Skischulen des Landes mit umfangreichem Programm.

Termine

World Ski & Snowboard Festival: 10 Tage in der 2. Aprilhälfte, Whistler. Wettkämpfe mit Topathleten und einem bunten Rahmenprogramm und Film Festival (www.wssf.com).

Whistler Art Experience: Anf. Juni. Festival der bildenden und darstellenden Künstler.

Whistler Musical Festival: 1. Wochenende im Juli. Straßenfest mit freien Musikveranstaltungen, Entertainment und Filmvorführungen.

Squamish Days und Loggers Sports World Championship: Ende Juli. Fünftägiges Volksfest in Squamish, bei dem die Teilnehmer auf Baumstämmen balancieren und dicke Stämme zersägen.

Weetama: Whistler's Celebration of Aboriginal Culture: Aug. Kunst, Musik und Tänze, Festmahle und Riten der ›Coast Salish‹-Indianer (www.mywhistler.com).

Von Vancouver nach Powell River

Karte: S. 128

Die Westküste Kanadas wird gerne auch als Regenküste bezeichnet – nicht umsonst gedeihen hier die Douglasien, *Cedars* und Farne üppiger als anderswo. Doch es gibt Löcher im *Perma Grey* der vom Pazifik hereinziehenden Wolken. Vancouvers **›Sonnenküste‹**, ein 150 km langer Küstenstreifen von West-Vancouver bis nach Powell River, macht ihrem Namen alle Ehre. Die Region liegt im Regenschatten der Bergketten von Vancouver Is-

aktiv unterwegs

Wanderung zu den Skookumchuck Narrows

Tour-Infos

Start: Parkplatz des Skookumchuck Narrows Provincial Park in Egmont (Egmont Road)
Länge: 8 km (hin und zurück)
Dauer: ca. 2,5 Stunden
Hinweise: Der Wanderweg ist gut ausgeschildert, es gibt Picknick-Möglichkeiten und Toiletten, Camping und offene Feuer sind nicht erlaubt. Im Visitor Centre in Sechelt erhält man weitere Auskünfte und auch eine Gezeitentabelle, Tel. 604-885-10 36, 1-877-885-10 36, www.secheltvisitorcentre.com.
Kajak- und Bootstouren: Sunshine Coast Tours, 16660 Backeddy Rd., Egmont, Tel. 604-883-22 80, www.sunshinecoast.ca.

Diese reizvolle Wanderung führt zu den **Skookumchuck Rapids,** den Stromschnellen an einer Meerenge zwischen dem Jervis und dem Sechelt Inlet. Die beste Zeit zur Beobachtung dieses Naturphänomens ist der Gezeitenwechsel bzw. der Höhepunkt der Flut. Interessant ist es aber auch, das bunte Leben in den Gezeitenpools bei Ebbe zu erkunden.

Der ausgeschilderte Weg ist breit und nahezu eben und führt durch ein schönes Waldgebiet. Nach einer kurzen Wegstrecke steigt dem Wanderer ein köstlicher Duft nach Frischgebackenem in die Nase und mitten im Wald versteckt taucht eine Bäckerei auf. Hier werden verführerische Riesenmuffins mit selbstgeernteten Blaubeeren, Zimtschnecken und frisches Brot angeboten: eine unverhoffte, leckere Wegzehrung. Man kann auch Frühstück oder Lunch auf der Veranda genießen.

Weiter geht es durch mal lichten, mal verwunschenen Baumbestand, bis der Weg auf den **Brown Lake** stößt. Hier bieten sich immer wieder schöne Ausblicke auf die felsigen Ufer. Wenn man den See passiert hat, teilt sich der Trail und man gelangt zu zwei nicht weit voneinander entfernten Aussichtspunkten auf die Stromschnellen. Der nördliche Lookout, **North Point,** ist durch die Gezeitenpools besonders interessant bei Ebbe, der südliche, **Roland Point,** ist am eindrucksvollsten bei Flut.

Schon von Weitem hört man das Rauschen des Wassers. Hier, an der Meeresenge zwischen Jervis und Sechelt Inlet, zwängt sich die auflaufende Flut zwischen den Felsen hindurch, sodass sich eine brodelnde und wirbelnde Wasserwand von bis zu 2 m Höhe zusammenschiebt. Die Skookumchuck Rapids gehören zu den höchsten Salzwasser-Stromschnellen weltweit, und die Strömung erreicht hier eine Geschwindigkeit von bis zu 30 Stundenkilometern.

Es ist spannend zuzusehen, wie sich Motorboote durch die Stromschnellen kämpfen,

land und bietet mit 2300 Sonnenstunden pro Jahr fast Mittelmeerklima. Die kleinen Küstenorte und geschützten Buchten sind durch den Highway 101 verbunden. Den Howe Sound und das Jervis Inlet überquert man per Autofähre. Es sind überwiegend Wassersportler und Angler, die diesen Küstenstrich im Sommer bevölkern. Boote und Ausrüstung können in zahlreichen Marinas entlang der Küste gemietet werden. Aber auch ein Tagesausflug ohne Wassersport lohnt sich.

Die Sonnenküste verfügt über ein ausgedehntes Netz an Wanderwegen. Neben einzelnen interessanten Trails gibt es auch einen 1992 begonnenen und erst vor kurzem fertig gestellten 180 km langen Fernwanderweg von **Sarah Point,** dem nördlichsten Punkt der Malaspina Halbinsel, bis zur **Saltery Bay.** Er führt durch abwechslungsreiches Terrain, an Seen und Küsten entlang, durch Wälder und Canyons, vorbei an Wasserfällen und Flüssen. Er steigt teilweise bis auf 1300 m an und

die höchste Welle in Angriff nehmen und einige Meter durch die Luft fliegen, um dann krachend wieder aufzuschlagen. Manchmal sieht man auch Kajakfahrer, die die Herausforderung annehmen – eine definitiv nicht für Anfänger geeignete Unternehmung.

Wenn der Höhepunkt der Flut überschritten ist, bieten die felsigen Ufer genügend Platz für ein Picknick. Langsam kommen auch die Gezeitenpools wieder aus dem ablaufenden Wasser heraus, und man kann sich der Wunderwelt dieser kleinen Biotope widmen. Rote und blau-violette Seesterne, manchmal auch Seepferdchen, kleine Fischchen, Krabben und farbenfrohe Seeanemonen haben sich diesen Lebensraum erobert.

Seesterne in einem Gezeitenpool an den Skookumchuck Narrows

bietet fantastische Ausblicke auf die Kette der schneebedeckten Coast Mountains. Für die gesamte Strecke braucht man etwa 10 Tage, jedoch kann man für kurze Wanderungen auch an verschiedenen Stellen einsteigen. Für den Trekker gibt es entlang der Route einige Bed & Breakfast-Häuser und eine Hütte; weitere werden in nächster Zeit entstehen. Informationen und Karten sind im Powell River Visitor Center erhältlich (www.sunshinecoasttrail.com).

Sechelt ► 1, J 11

Die Reise zur **Sunshine Coast** beginnt mit einer 35-minütigen Fährfahrt vom Horseshoe Bay Terminal zum kleinen Ort Langdale. Gibsons Landing gilt als ›Tor zur Sunshine Coast‹. Bald ist das Fischerstädtchen **Sechelt** 19 erreicht, das heute überwiegend vom Tourismus lebt. Hier lockt der **Porpoise Bay Provincial Park** mit schönen Bade-, Camping- und Picknickmöglichkeiten. Auf den ruhigen Pfaden am Strand findet man hübsche Muscheln, bunte, von den Wellen rund geschliffene Steine und bizarre Treibholzstückchen. Wer Lust hat, unternimmt mit dem Wasserflugzeug oder per Schiff Ausflugstouren in die weitgehend unberührte Berglandschaft im Hinterland. Im südlich vom Ort gelegenen Indianerreservat der zu den Salish gehörenden Sechelt-Indianer kann man das Tems Swiya Museum besuchen, Totempfähle besichtigen und manchmal auch den Schnitzern beim *Carving* zusehen. Im Laden des **Sechelt Arts Council** an der Wharf Road findet der Besucher Arbeiten aus Keramik, Ton und Leder sowie Bilder und Holzschnitzereien von örtlichen Künstlern.

Doch auch unter Wasser haben die Fjorde der Sunshine Coast einiges zu bieten: Die meist extrem klare Sicht und die reiche Meeresflora und -fauna vor der Küste machen diese Region zum Dorado der Taucher und Unterwasserfotografen. Neben bizarren Krabben und Fischen wie dem stacheligen *Irish Lord,* der sich mit seiner rotbunten Tarnfarbe zwischen den Seeanemonen und den Kugeln der Seeigel versteckt, sieht man bis zu 2 m lange Wolfsaale und Riesentintenfische, die bis zu 75 kg schwer werden. Farbenprächtige Mollusken, Seesterne in Rot, Gelb und Blau, die zarten Schleier orangefarbener Quallen und ganze Teppiche leuchtend roter *Strawberry-Anemonen* bieten Fotomotive, die sonst nur den Sporttauchern in tropischen Gewässern vorbehalten sind.

Turwanek Point an der Porpoise Bay z. B. ist ein beliebtes Ziel. Bei Merry Island, südlich der Half Moon Bay, sind drei gesunkene Schiffswracks zu erforschen. Wer sich nicht in die Fluten stürzen möchte, kann sich an der **Half Moon Bay** 20 erholen.

Zwischen Half Moon Bay und Madeira Park lassen sich vom Ufer aus gelegentlich Killerwale beobachten. Mehrere Familiengruppen dieser eleganten ›Räuber der Meere‹ leben ganzjährig in den geschützten Gewässern der Strait of Georgia. Ein schöner Streckenabschnitt führt nun über die Garden Bay, weiter durch eine Seenplatte mit herrlichen Ausblicken und kleinen Bootshäfen nach **Earls Cove**. Es gibt einige idyllisch gelegene Bed & Breakfast-Häuser und Resorts in dieser Pender Harbour genannten Großgemeinde. Verschiedene Veranstalter bieten Touren durch die Region an, die zu den schönsten Bootsrevieren des Landes gehört. Informationen sind bei der ›Chamber of Commerce‹ in **Madeira Park** erhältlich.

Saltery Bay Provincial Park

► 1, J 11

Bei Earls Cove führt ein 4 km langer Weg zu den **Skookumchuck Narrows** 21, einer Meerenge, die sich bei jedem Gezeitenwechsel in ein schäumendes Wildwasser verwandelt (s. Aktiv unterwegs S. 138). In Earls Cove muss man wieder auf die Fähre. Rund 50 Min. dauert die Überfahrt nach Saltery Bay. Schon alleine die spektakuläre Fjordlandschaft des Jervis Inlet ist den Ausflug wert. Der **Saltery Bay Provincial Park** nahe dem Fährhafen zählt zu den schönsten Schutzgebieten der Sunshine Coast und wartet auf mit Campingplätzen, idyllischen Badestränden und guten Tauch- und Schnorchelmöglichkeiten (s. Aktiv unterwegs S. 142). Man kann direkt vom Ufer aus abtauchen.

Bis Powell River verläuft der Highway 101 danach überwiegend durch Wald, der nur an wenigen Stellen den Blick auf die Küste freigibt. Unterwegs überquert man den Lois River, den Abfluss des großen Lois Lake.

Powell River **► 1, H 11**

Powell River 22 selbst ist als typische *Lumber Town* wenig attraktiv. MacMillan Bloedel betreibt hier einen der größten Holz- und Papierindustrie-Komplexe der Welt (Führungen). Doch in der Umgebung gibt es durchaus auch sehenswerte natürliche Attraktionen: das **Cranberry Lake Vogelschutzgebiet** etwa oder die halbstündige Wanderung auf den **Mount Valentine** mit einem herrlichen Panoramablick über die Strait of Georgia und die Malaspina Strait. Auch als Basis für Tauch- und Kanusportler ist der Ort beliebt. 20 km südlich von Powell River beginnt die 80 km lange Powell Forest Canoe Route. Entlang der Strecke sind zwei Dutzend Rast- und Campingplätze von der Weyerhaeuser

Company angelegt worden, die in diesem Gebiet eine weitgehend umweltschonende Holzwirtschaft betreibt. Der Kanutrail durchquert ein landschaftlich reizvolles Gebiet und führt durch neun Seen, erfordert aber auch eine ganze Reihe von Portagen. 4 bis 7 Tage sollte man für die gesamte Route veranschlagen; natürlich kann man erstmal auch nur eine Schnuppertour unternehmen.

Über eine weitere Fährverbindung nach Little River/Courtenay auf Vancouver Island kann man die Tour entlang der Sunshine Coast zu einer Rundfahrt ausbauen und über Vancouver Island wieder nach Süden zurückkehren.

30 km nördlich von Powell River endet der Highway 101, der in Mexiko beginnt und damit eine der längsten – und schönsten – Küstenstraßen der Welt ist. Das pittoreske kleine Fischerdörfchen **Lund** am Ende der Straße ist das Eingangstor zum 8000 ha großen **Desolation Sound Marine Park**, eines der besten Tauch- und Wassersportreviere in Kanada. Bootstouren und Tauchgänge in das Unterwasserschutzgebiet werden von Powell River aus arrangiert.

Infos

Sechelt Info Centre: 5790 Teredo St., Sechelt, Tel. 604-885-10 36, 1-877-885-10 36, www.secheltvisitorinfo.com.

Powell River Visitor Info Centre: 111-48 71 Joyce Ave., Powell River, BC V8A 5P4, Tel. 604-485-47 01, 1-877-817-86 69, Fax 604-485-28 22, www.discoverpowellriver.com. Information über Sunshine Coast Region und den Sunshine Trail.

www.bigpacific.com: Umfassende Webseite für die Sunshine Coast.

Übernachten

... in Gibsons (20 km östl. von Sechelt):

Mit Meerblick ▶ **Edgewater House:** 466 Marine Drive, Box 341, BC V0N 1VO, Tel. 604-886-47 64, 604-740-48 88, www.edgewaterhousebc.com. Hübsch gelegenes Haus mit zwei Zimmern und Küche, geschmackvoll eingerichtet mit Blick über den Howe Sound, bis 4 Pers. $ 200–225.

... in Sechelt:

B & B in schöner Lage ▶ **A Coastal View Retreat:** 5908 Deerhorn Dr., BC V0N 3A4, Tel. 604-885-26 85, 1-877-885-77 08. Von viel Grün umgeben und mit Blick aufs Wasser, Zimmer mit privatem Eingang und eigenem Bad. $ 130–150.

Bezahlbarer Komfort ▶ **Summerhill House Bed & Breakfast:** 6282 Norwest Bay Road, BC V0N 3A7, Tel. 604-885-62 63, Fax 604-885-01 96, www.summerhillhousebb.ca. Nur 2 Zimmer, eines davon mit Bad, Blick auf Georgia Strait und Vancouver Island, man spricht auch Deutsch. $ 65–80.

... in Madeira Park:

Für Aktivurlauber ▶ **Sunshine Coast Resort Hotel & Marina:** 12695 Sunshine Coast Hwy, Tel. 604-883-91 77, 1-888-883-91 77, www.sunshinecoast-resort.com. 20 Suiten und luxuriöse Cottages, wunderschön am Wasser gelegen; Kajaks ($ 15/Std., $ 45/Tag) sowie Motorboote verschiedener Größe (ab $ 30/Std.) können gemietet werden, 75-minütige Hafenrundfahrt $ 25. $ 150–335.

Mit Bootsverleih ▶ **Lowe's Resort:** Box 153, Lagoon Rd., BC V0N 2H0, Tel. 883-24 56, 1-877-883-24 56, Fax 883-24 74, www.bc-resorts.com. Cottages, Camping, Sightseeing-Bootstouren. $ 21–130.

... in Powell River:

Zentral gelegen ▶ **Coast Town Centre Hotel:** 4660 Joyce Ave., BC V8A 3B6, Tel. 604-485-30 00, Fax 604-485-30 31, 1-866-485-30 01, www.prtowncentrehotel.com. Direkt neben der Town Centre Mall, komfortables Hotel mit Restaurant, Bar, Fitnessraum, Konferenzräumen, Golf-, Angel- und Tauchangebote. $ 120–185.

Geräumige Motelunits ▶ **Westview Centre Motel:** 4534 Marine Ave., Powell River, BC V8A 2K4, Tel. 604-485-40 23, 1-877-485-40 23, Fax 604-485-77 36, www.powellrivermotel.com. Ruhige, zentrale Lage nahe der Fähre, einige Zimmer mit Ozeanblick, manche mit Kitchenette ausgestattet. $ 64–78.

... nahe Powell River:

Mit historischem Flair ▶ **The Historic Lund Hotel:** 1436 Hwy 101, Lund, Tel. 604-414-04 74, 1-877-569-39 99, www.lundhotel.com.

aktiv unterwegs

Tauchen an der Sunshine Coast

Tour-Infos

Start: Saltery Bay Provincial Park
Dauer: ½ bis ganzer Tag
Tauchshop: Alpha Dive and Kayak, 7074 Westminster St. (Beach Gardens Hotel & Marina), Powell River, BC V8A 1C5, Tel. 604-485-69 39, www.divepowellriver.com
Kosten: Leihausrüstung ca. $ 80 pro Tag

Ein wahres Paradies für Taucher findet man an der felsigen Sunshine Coast, nur ein paar Stunden von Vancouver entfernt. Die farbenprächtige Unterwasserflora und -fauna sowie das kalte klare Wasser, das für exzellente Sichtverhältnisse sorgt, hat selbst Taucherlegende Jacques Cousteau so begeistert, dass er dieses Tauchrevier auf Platz 2 nach dem Roten Meer einstufte.

Zwei besonders interessante Tauchreviere bietet der Saltery Bay Provincial Park bei Powell River: An der **Mermaid Cove,** etwa 1 km vom Saltery Bay Ferry Terminal entfernt, können sich Schnorchler und ungeübtere Taucher im flacheren Wasser versuchen. Beliebtes Ziel für Sporttaucher ist die **Emerald Princess** genannte, 3 m hohe Bronzestatue einer Meerjungfrau, die in 15 m Tiefe neben dem Wrack eines Ruderbootes steht. Gleich hinter der Statue können Tauchprofis an einer steilen Wand bis in über 70 m Tiefe hinabgleiten. Eine wunderbare Unterwasserwelt mit urweltlich anmutenden, bis zu 60 kg schweren Lengdorschen, Barschen und gelegentlich auch Oktopussen tut sich auf. Dazu sind farbenfrohe schwimmende Riesenseeschnecken, Schwämme, Seesterne und Seeanemonen in vielfältigen Farben und Formen zu bewundern.

Octopus City an der Picnic Area des Parks ist ebenfalls für Anfänger und Fortgeschrittene geeignet. Hier liegen in einer Tiefe von 18 m große Felsbrocken auf dem sonst sandigem Grund. Sie sind die Heimat des fast 1 m langen Rattenfisches und des Riesenkraken, die man vor allem nachts gut beobachten kann. Auch der große Lengdorsch und viele für die felsige Umgebung typische Fische sowie Seeschnecken, Seepferdchen und Schwämme sind hier zu Hause.

Begegnung mit einem Riesenkraken im Saltery Bay Provincial Park

Das 1905 errichtete und in den letzten Jahren komplett renovierte Hotel ist seit jeher Mittelpunkt des pittoresken Ortes. Direkt am Wasser gelegen mit schönem Sonnendeck, 31 Zimmer von Budget bis zur großzügig eingerichteten Suite, Pub und Restaurant, Aktivitäten wie Wandern, Exkursionen mit dem Kajak oder Zodiac-Boot sowie 3- bis 6-stündige Katamaranfahrten zum Desolation Sound (ab $ 85). Zimmer $ 100–225

Camping ► **Saltery Bay Provincial Park:** Hwy. 101, 30 km südöstl. von Powell River, Tel. 604-885-37 14, 1-800-689-90 25. 42 Stellplätze am Nordufer vom Jervis Inlet, schön gelegen. $ 14.

Essen & Trinken

... in Sechelt:

Topadresse ► **Blue Heron Inn:** 5521 Delta Rd., Tel. 604-885-38 47, 1-800-818-89 77. Eines der besten Restaurants an der Sunshine Coast, stilvoll eingerichtet, mit herrlichem Blick, Spezialität sind Meeresfrüchte. Vorspeise $ 8, Entrée $ 22–30.

... in Powell River:

Pub Food & Bier ► **The Shinglemill Pub & Bistro:** 6233 Powell Pl. (vom BC Fährterminal 3,5 km nördl. auf der Marine Ave., dann 1,5 km nördl. auf der Arbutus St.), Tel. 604-483-20 01. Beliebtes Pub-Restaurant am Wasser mit schönem Blick auf den Powell Lake. $ 8–24.

Aktiv

Bootstouren ▶ Sunshine Coast Tours: 16660 Backeddy Road, Egmont, Tel. 604-883-22 80, 1-800-870-90 55, www.sunshinecoasttours.bc.ca. Exkursionen mit der »Princess Louisa« in die Fjordlandschaft des Jervis und Princess Louisa Inlet mit Wasserfällen, Gletschern und Felszeichnungen der Nordwestküsten-Indianer (1. Juni–15. Sept., tgl 10.30–15.30 Uhr, Abfahrt Backeddy Marina, Egmont, $ 149, Kinder unter 14 Jahren $ 106,50); einstündige Exkursion entlang der Old und New Egmont-Küste zu den Skookumchuck Narrows (Abfahrt Backeddy Marina, Egmont, tgl. 16.30 Uhr, $ 42).

Kajak-Zentrum ▶ Powell River Sea Kayak: C63 RR 2 Malaspina Rd., Powell River, Tel. 604-483-21 60, 1-866-617-44 44, Fax 604-483-21 08, www.bcseakayak.com. Ausrüster für die Powell Forest Canoe Route; geführte Kajak-Touren unterschiedlicher Länge (von 2 Std. bis zu mehreren Tagen).

Verkehr

Malaspina Coach Lines: Tel. 604-885-22 18, 1-877-227-82 87, www.malaspinacoach.com. Bus-Transit von Langdale.

BC-Fähren: von Powell River nach Comox/Little River und nach Texada Island. Tel. 604-485-29 43, 604-487-93 33, 1-888-223-37 79.

Rau und zerklüftet ist der Pacific Rim, die Westküste von Vancouver Island

Kapitel 2

British Columbia

Kanadas Westküstenprovinz ist als Urlaubsregion wohl die vielseitigste des Landes. Zahlreiche National- und Provinzparks bieten jede nur mögliche Art von Naturerlebnis und eine breite Palette an Freizeitaktivitäten. Mit fast 600 000 Einwohnern ist Vancouver die mit Abstand größte Stadt der Provinz, im Großraum leben sogar über 2 Mio. Menschen. Die Hauptstadt von British Columbia ist Victoria auf Vancouver Island.

Abenteuerlustige können den Fraser Canyon auf einer spritzigen Wildwassertour kennenlernen. Auf der legendären Cariboo Road, dem alten Goldsucher-Trail, gelangt man zum historischen Barkerville, das als ›lebendiges Museum‹ auch heute noch die Atmosphäre der Goldrausch-Ära spüren lässt.

Abseits der Touristenziele und nur wenig besucht, erschließt sich dem Reisenden eine ganz andere Welt: die Queen Charlotte Islands an der Westküste von British Columbia, wild und ursprünglich, mit grün-dämmerigen Regenwäldern, zerklüfteten Küsten und uralten Indianerdörfern, die mit Hilfe von indianischen Führern aufgesucht werden können. Zugänglicher ist die Kultur der Nordwestküsten-Indianer in rekonstruierten Dörfern wie dem ›'Ksan Indian Village‹ bei Hazelton mit seinen Plankenhäusern und Totempfählen oder in Alert Bay auf Cormorant Island. Vancouver Island zieht Naturfreunde an, die Wale beobachten möchten oder die Wildnis der Regenwälder auf dem legendären West Coast Trail hautnah erleben wollen.

Im Osten, an der Grenze zu Alberta, schließt sich die grandiose Bergwelt der Rocky Mountains an. Einer der Höhepunkte ist die Fahrt auf dem spektakulären Icefields Parkway, der Kanadas berühmteste Naturparks, Banff und Jasper, miteinander verbindet.

Auf einen Blick

British Columbia

Sehenswert

2 **Vancouver Island:** Die große Insel vor Kanadas Westküste vereint Hochgebirge, üppig grüne Regenwälder, sturmzerzauste Küsten, eine faszinierende Tierwelt und Zeugnisse alter Indianerkulturen (s. S. 148).

3 **Fraser Canyon:** Die atemberaubende Schlucht ist die ideale Kulisse für Wildwasserabenteuer (s. S. 193).

4 **Barkerville/Bowron Lake:** Lebendiges Museumsdorf aus der Goldgräberzeit und Traumrevier für Kanuten (s. S. 219).

5 **Hazelton/'Ksan Indian Village:** Indianerdörfer, Totempfähle und traditionelle Stammeskunst (s. S. 228).

6 **Stewart/Hyder:** Geschichtsträchtige Pionierorte, riesige Gletscher und Grizzlys beim Lachsfang (s. S. 239).

Schöne Routen

Trans-Canada Highway: Die abwechslungsreiche Tour führt von Vancouver durch eindrucksvolle Flusstäler und grandiose Nationalparks nach Banff (s. S. 191).

Cariboo Highway: Der alten Goldgräberroute folgend geht es vom Fraser Canyon in die urwüchsigen Cariboo Mountains nach Barkerville (s. S. 212).

Yellowhead Highway: Von Jasper fährt man über Prince George, Fort St. James und die alten Indianerdörfer Hazelton, Ksan und Kitwancool nach Prince Rupert (s. S. 224).

Cassiar Highway: Abenteuerfahrt durch den einsamen Norden von British Columbia, von Kitwanga nach Stewart und Hyder in der Wildnis der Küstenberge (s. S. 239).

Meine Tipps

Mit der »Frances Barkley« nach Bamfield: Gemütliche Tagesfahrt mit einem historischen Schiff durch den Alberni-Fjord (s. S. 173).

Quadra Island: Alte Totempfähle, eine berühmte Sammlung alter Potlatch-Utensilien und schöne Küstentrails (s. S. 179).

Wale beobachten in der Robson Bight: Naturkundlich geleitete Bootstouren führen nahe an die Schwertwale heran (s. S. 183).

Hausbootferien auf dem Okanagan Lake: In dem weit verzweigten Seengebiet kann man auch ohne maritime Erfahrung Kapitän spielen (s. S. 201).

Fort Steele: In dem liebevoll restaurierten Museumsdorf unternimmt man einen Ausflug in die Pionierzeit (s. S. 206).

aktiv unterwegs

Little Qualicum Falls Trail: Durch dichte Regenwaldvegetation geht es am Flussufer entlang zu zwei Wasserfällen (s. S. 170).

Wildwasserabenteuer auf dem Fraser River: Schlauchboottour durch die Stromschnellen des Fraser Canyon (s. S. 196).

Ranchurlaub in den Cariboos: Zum Angebot gehören Trailritte, Kanutouren und Angelausflüge, aber auch Wellnessanwendungen und Gourmetküche (s. S. 214).

Kanutour auf den Bowron Lakes: Auf einem Rundkurs durchmisst man elf Seen, die durch Bäche und Flüsse sowie sieben Portagen miteinander verbunden sind (s. S. 222).

Paddeln im Gwaii Haanas National Park: Regenwald, felsige Küsten, winzige Inseln und ein verlassenes Haida-Dorf (s. S. 237).

2 Vancouver Island

Die große Insel vor Kanadas Westküste ist ein Paradies für Aktivurlauber. Immer wieder als die schönste Insel Nordamerikas gepriesen, hat Vancouver Island keine Mühe, diesem Superlativ gerecht zu werden. Alpine Berglandschaften, üppig grüne Regenwälder, glasklare Forellenbäche und Lachsflüsse, einsame, windzerzauste Küsten, Bade- und Surfstrände sowie eine faszinierende Tierwelt erwarten den Besucher.

Reiseziel Vancouver Island

Karte: S. 162

Wie ein großer Wellenbrecher liegt Vancouver Island vor Kanadas Südwestküste. Über 450 km lang und bis zu 140 km breit ist die Insel, mit ihren 32 000 km² die größte im westlichen Amerika. Es gibt mehrere **National- und Provinzparks**, die den Wildnisliebhabern und Entdeckernaturen grandiose Naturerlebnisse vermitteln. Am beeindruckendsten sind der großartige Pacific Rim National Park mit dem legendären West Coast Trail an der rauen Südwest-Küste und der Strathcona Provincial Park im Inneren der Insel mit seiner alpinen Bergwelt. Kajak-Enthusiasten finden kaum ein besseres Revier als die Broken Group Islands an der Westküste, Surfer lieben die Pazifikwellen bei Long Beach, Taucher schätzen das glasklare Wasser und eine farbenprächtige Unterwasserflora und -fauna, Seen und Flüsse bieten Kanuten das richtige Revier. Segler und Motorbootfahrer finden in der Inselwelt der Strait of Georgia ideale Bedingungen. Seeadler, Bären und Wale lassen sich in der Inselwelt im Nordwesten von Vancouver Island am besten beobachten. Hier kann man auch die Indianerdörfer auf Quadra Island und in Alert Bay besuchen.

Welche Urlaubspläne man auch für Vancouver Island geschmiedet hat, ein paar Tage sollte man unbedingt für **Victoria** einplanen. Die elegante und bezaubernde Hauptstadt von British Columbia mit ihren historischen Gebäuden und blumengeschmückten Promenaden ist ein idealer Ausgangspunkt für Entdeckungsreisen auf Vancouver Island.

Mehrere Bergketten sorgen für das recht unterschiedliche Klima der Insel. Im sonnigen Victoria an der Südspitze fallen nur etwa 750 mm Niederschlag pro Jahr, gerade genug für seine prächtigen Gärten (Vancouver hat die doppelte Regenmenge). An der Westküste und im Norden der Insel ist es erheblich feuchter. Im Juli liegt die Durchschnittstemperatur an der Ostküste bei 18 °C und im Januar bei 5 °C.

Riesige Waldgebiete haben auf Vancouver Island seit 100 Jahren die **Holzwirtschaft** zum bedeutendsten Industriezweig werden lassen, dabei ist man allerdings äußerst profitorientiert vorgegangen. Kahlschläge über weite Regionen zeugen vom Raubbau an der Natur und sind in den letzten Jahren zunehmend zum Gegenstand erbitterter Auseinandersetzungen zwischen Vertretern der Holzindustrie, Politikern und Umweltschützern geworden. Weitere wichtige Erwerbszweige sind Fischerei, Bergbau und natürlich der Tourismus.

In den zahlreichen Gewässern der Insel tummeln sich verschiedene Forellenarten und das Salzwasserangeln nach Coho- und Chinook-Lachs an der Ostküste ist ergiebig. Angellizenzen sind in den meisten Sportgeschäften erhältlich.

Historisch erschien Vancouver Island auf der Landkarte, als im späten 18. Jh. die russischen Entdecker Chirikoff und Bering, die Spanier Galiano und Valdez und der Brite George Vancouver das Küstengebiet, das später British Columbia heißen sollte, erforschten. Am gründlichsten ging 1792 Kapitän Vancouver vor. Er kartografierte die Strait of Georgia und bewies, dass Vancouver Island tatsächlich eine Insel und nicht ein Teil des Festlandes ist.

Mit der Autofähre erreicht man Vancouver Island über die Südroute von **Tsawwassen** (30 km südlich von Vancouver) nach **Swartz Bay** (27 km nördlich von Victoria) oder über die Nordroute von **Horseshoe Bay** (15 km nördlich von Vancouver) nach **Departure Bay** bei Nanaimo (etwa 110 km nördlich von Victoria). Es existieren noch weitere Fährverbindungen, aber auf den oben genannten Routen verkehren die Schiffe in der Hauptsaison stündlich, sodass die Wartezeiten nicht zu lang werden. Am schönsten ist die Strecke mit dem Schiff durch die Gulf Islands auf der Südroute. Schneller, aber teurer fliegt man von Vancouver nach Victoria.

Die Hauptverkehrsader der Insel ist der Trans-Canada Highway, der rund 8000 km entfernt in St. John's (Neufundland) beginnt, dann quer durch Kanada verläuft und von Vancouver, über die Fähre mit der Insel verbunden, von Nanaimo nach Südosten führt, um schließlich in Victoria zu enden. In Richtung Nordwesten ist es der Highway 19, der die Städte und Siedlungen zwischen Nanaimo und Port Hardy verbindet.

Victoria ► 2, J 13

Cityplan: S. 151

Als Beamten-, Pensionärs- und Touristenstadt wirkt Victoria ein bisschen verträumt – wenn nicht gerade ein Kreuzfahrtschiff angelegt hat und Hunderte von Passagieren durch die Stadt schwärmen. Von der Internationalität und quirligen Betriebsamkeit der Metropole Vancouver ist hier jedenfalls nichts zu spüren. Dabei ist Victoria Sitz der Provinzregierung und mit etwa 300 000 Einwohnern im Großraum eine Stadt von passabler Größe.

Ihr Ursprung begann mit der Gründung des Forts Victoria, das 1843 von James Douglas errichtet wurde. Wenig später entstand unter Führung von Robert Mackenzie eine kleine Siedlung schottischer Farmer. Mit dem Goldrausch in der Cariboo-Region folgte 1858 eine turbulente Zeit, in der das Gesetz nicht viel galt. Das Städtchen diente der Versorgung und Vergnügung der Goldgräber. Ruhe und Ordnung kehrten später wieder ein. 1868, zwei Jahre nachdem British Columbia britische Kronkolonie wurde, erhielt Victoria den Status einer Provinzhauptstadt.

Seitdem hat die Stadt immer wieder Reisende und Dichter fasziniert. Rudyard Kipling schrieb 1908 eine Lobeshymne über dieses Stück England im Pazifik: »Um sich Victoria wirklich vorstellen zu können, nehme man all das, was das Auge am meisten an Bournemouth, Torquay, der Insel Wight, dem glücklichen Hongkong-Tal, dem Sorrent und der Camps Bay bewundert; dazu die Eindrücke und Erinnerungen von Thousand Islands, und dann arrangiere man das Ganze um die Bucht von Neapel mit ein bisschen Himalaya im Hintergrund.«

Am besten, man erschließt sich Victoria zu Fuß: die Altstadt, den malerischen Hafen mit der Promenade, den idyllischen Beacon Hill Park und die meisten Sehenswürdigkeiten. Alles liegt leicht erreichbar beieinander.

Britisches Ambiente

Nicht nur der Name Victoria erinnert an das britische Kolonialreich – man ist auch stolz auf den Ruf, englischer als England zu sein. Zumindest ist man in Nordamerika davon überzeugt. Und in der Tat, leuchtend rote Doppeldeckerbusse, prächtige Häuser in Tudor-Architektur, das ehrwürdige Parlamentsgebäude aus massivem grauem Stein, die supergepflegten Rasenflächen und Gärten haben durchaus etwas Englisches an sich. Wie ein großes, efeuumranktes Schloss thront das 1908 erbaute **Empress Hotel** 1 über dem Hafen. Dort trifft man sich im eleganten Foyer oder im Palm Court unter der Art-déco-

Glaskuppel zum *Afternoon Tea,* oder man isst Currygerichte nach original englischem Kolonialrezept im Bengal Room.

Dieses Ambiente wird noch verstärkt, wenn man durch den alten Stadtkern schlendert mit seinen kleinen Läden, die oft noch polierte Holztresen und bleigefasste Schaufenster haben. Hier bieten korrekt angezogene *Clerks* englische Schokoladen, Tee, Tweed, Porzellan, irisches Leinen oder schottische Wolle an. Beim ›Tobacconist's‹ wird selbstverständlich zum Anzünden der feinen Zigarren die Gasflamme benutzt. Hier stehen exquisite Pfeifentabake zur Auswahl, die ganz nach individuellem Geschmack gemischt werden. Zum englischen Flair passen auch die Pubs und Restaurants, in denen es allerdings mehr als nur Roastbeef und Yorkshire-Pudding gibt. Die kulinarische Palette präsentiert sich durchaus international: *Coq au Vin, Escargots, Osso Buco, Tempura, Crêpes* und Meeresfrüchte aus dem Pazifik stellen nur eine kleine Auswahl aus dem breit gefächerten Angebot dar.

Allerdings ist der ›English Look‹ mehr auf eine *Public Relations*-Maßnahme der Stadtväter zurückzuführen, die 1918 das Image ihrer in einer wirtschaftlichen Misere steckenden Stadt etwas aufpolieren wollten. Man baute im Tudor-Stil und pflegt seit Jahrzehnten mit Hingabe englische Traditionen – die Besucher lieben es.

Old Town Victoria

›Old Town‹, das alte Victoria, war das westliche Hauptquartier der Hudson's Bay Company. Die Stadt hat ihre Geschichte wiederentdeckt und heute ist eine große Anzahl der Gebäude aus dem 19. Jh. im traditionellen Stil restauriert worden, wie z. B. der **Bastion Square** 2. An der Wharf Street, wo James Douglas das ursprüngliche Fort Victoria errichtet hatte, stehen heute die renovierten Gebäude aus der Boomzeit des 19. Jh. Als Straßenbeleuchtung dienen nostalgische Gaslaternen. Anstelle der alten Lagerhäuser, Büros, Bars und Hafenhotels findet der Besucher heute Restaurants, Geschäfte und Kunstgalerien.

Im **Maritime Museum** 3 war früher das Provinzgericht untergebracht. Der alte Gerichtssaal aus dem Jahre 1889, in dem einst der *Hanging Judge,* Matthew Begbie, seine berüchtigten ›Tod-durch-den-Strang-Urteile‹ fällte, ist original erhalten und hat sogar einmal als Kulisse für einen Hollywood-Western gedient. Ansonsten gibt es viele stumme Zeugen aus dem maritimen Bereich zu sehen: Schiffsmodelle, Galionsfiguren, Ausrüstungsgegenstände aus der Seglerzeit, Uniformen sowie ein 13 m langes Indianerkanu, das im 19. Jh. ausgegraben und 1901 nach England gesegelt wurde. Im 1. Stock informiert eine Ausstellung über BC Ferries (28 Bastion Square, Tel. 250-385-42 22, www.mmbc.bc.ca, im Sommer tgl. 10–16, im Winter Di–Sa 10–16 Uhr; $ 12).

Ein anderes Beispiel für erfolgreiche Stadterneuerung ist der **Market Square** 4 ein paar Straßen weiter zwischen Johnson, Pandora und Store Street: schön restaurierte Fassaden historischer Gebäude mit einem hübschen Innenhof, umgeben von mehreren Ebenen mit vielen Spezialitäten-Lädchen und verlockenden Restaurants.

Chinatown 5

Einen Straßenblock weiter, an der Government und Fisgard Street, gelangt man durch das mit zwei Marmorlöwen und farbenprächtigen Keramikfliesen aus Taiwan gestaltete Glückstor nach **Chinatown**. Hier erwartet eine bunte Mischung von fernöstlicher Kunst, kuriosen Andenken- und Gebrauchsartikel-Läden, Kräuter-Apotheken, Lebensmittelgeschäften, Restaurants und orientalischen Gerüchen den Besucher. Als Mitte des 19. Jh. chinesische Kulis nach Victoria kamen, entstand hier Kanadas erstes Chinesenviertel, damals das größte in Nordamerika. In dem Areal findet man außer zahlreichen architektonisch interessanten Gebäuden aus dem 19. Jh. auch die vielleicht schmalste Straße Kanadas, die **Fan Tan Alley** – damals berüchtigt für ihre finsteren Schlupfwinkel, Opiumhöhlen und Spielhöllen, heute schmuck restauriert mit Studios, Galerien und Boutiquen.

Victoria

Sehenswert

1 Empress Hotel
2 Bastion Square
3 Maritime Museum
4 Market Square
5 Chinatown
6 Inner Harbour
7 Fisherman's Wharf
8 Miniature World
9 Crystal Garden
10 Royal British Columbia Museum
11 Thunderbird Park
12 Helmcken House
13 Parliament Buildings
14 Canadian Pacific Railway Steamship Terminal
15 Pacific Undersea Gardens
16 Beacon Hill Park
17 Craigdarroch Castle
18 Art Gallery of Victoria
19 Emily Carr House
20 Gorge Waterway

Übernachten

1 Delta Victoria Ocean Pointe Resort & Spa
2 Abigail's Hotel
3 Royal Scot Suite Hotel
4 Harbour Towers
5 Chateau Victoria
6 The Oswego
7 Shamrock Suites on the Park
8 Oak Bay Beach Hotel
9 Admiral Inn
10 Goldstream Provincial Park Campground

Essen & Trinken

1 The Aerie Resort
2 The Gatsby Mansion
3 Pescatore's Seafood & Grill
4 Brasserie L'École
5 Canoe Brewpub Marina & Restaurant
6 Il Terrazzo

Einkaufen

1 Munro's Books
2 Crown Publications Bookstore
3 Sasquatch Trading Ltd.
4 Hill's Native Art
5 Cowichan Trading
6 Roger's Chocolate

Abends & Nachts

1 McPherson Playhouse
2 Royal Theatre
3 The Belfry
4 Strathcona Hotel
5 Pagliacci's

Aktiv

1 Tally Ho Horsedrawn Tours
2 Oak Bay Marina
3 Victoria Harbour Ferry
4 Ocean River Sports

Am Inner Harbour

Den geografischen und atmosphärischen Mittelpunkt der Stadt bildet der **Inner Harbour** 6. Als Kulisse dienen die blumengeschmückte Promenade sowie ihre beiden Wahrzeichen, das Empress Hotel und das Parlamentsgebäude. Die Bänke rund um den Hafen eignen sich hervorragend zur Mittagspause mit maritimem Panorama: zahlreiche ankernde Jachten, Hausboote und Kähne, startende und landende Wasserflugzeuge, Fähren, von denen Besucher strömen.

Im **Victoria Visitor Info Centre** in der nordöstlichen Ecke des Inner Harbour kann man sich mit Karten und Informationsmaterial eindecken.

Wer mehr maritimes Ambiente weniger schmuck herausgeputzt und nicht so touristisch wie an der Promenade erleben möchte, wandert ein Viertelstündchen um den inneren Hafen herum zum **Fisherman's Wharf** 7 am eigentlichen Hafen, wo oft über 100 Boote, darunter zahlreiche pittoreske Hausboote, vertäut liegen und man manchmal frischen Fisch direkt von den einlaufenden Kuttern kaufen kann.

Mit einem Bummel um den Hafen lässt sich auch ein Besuch der interessantesten Sehenswürdigkeiten verbinden. Hinter dem Empress Hotel an der Humboldt Street wartet mit der **Miniature World** 8 ein Paradies für Kinder und Modellbauer. Dargestellt werden hier Szenen aus dem mittelalterlichen London, aus Dickens-Romanen, Zirkus- und Fantasiewelten, Puppenhäuser des 19. Jh. und ein filigranes Modell der Transkanada-Eisenbahn, deren 8000 km lange Schienenstrecke auf 35 m reduziert wurde (Fairmont Empress Hotel, 649 Humboldt St., Tel. 250-385-97 31, www.miniatureworld.com, Mai–Aug. 9–21, sonst 10–17 Uhr; $ 12).

An der gleichen Straße kann man im **Crystal Garden** 9, einem glasüberdachten botanischen Garten hinter dem Express Hotel an der Douglas Street, außer tropischen Pflanzen auch seltene Vögel und Schmetterlinge bewundern. Ein Restaurant und eine Shopping Mall schließen sich dem Komplex an.

Verbreitet britisches Flair: das Empress Hotel

Royal British Columbia Museum

Viel mehr Zeit sollte man sich aber für das hervorragende **Royal British Columbia Museum** 10 nehmen. Außer faszinierenden Streifzügen durch die Geschichte British Columbias und durch die Kultur der Sooke-, Cowichan-, Kwakiutl- und Haida-Indianer sind absolut lebensechte Dioramen von Regenwald, Felsenküste und Wattenmeer zu bestaunen. Im Museum ist eine komplette Pflasterstraße mit historischen Fassaden nachgebaut und in einer originalgetreuen Replik von Captain Vancouvers Schiff »Discovery« kann man sich einen Eindruck von den Lebensbedingungen an Bord verschaffen. Hinter dem Museum liegt der **Thunderbird Park** 11 mit seiner repräsentativen Sammlung von Totempfählen der Westküsten-Indianer. Im Plankenhaus der Kwakiutl werden im Sommer authentische Indianertänze aufgeführt, und man kann in der Werkstatt Totempfahl-Schnitzern bei der Arbeit zusehen. Im **National Geographic Theatre** werden Naturfilme im Imax-Format gezeigt (675 Belleville St., Tel. 250-356-72 26, www.royalbcmuseum.bc.ca, Museum tgl. 10–17 Uhr; National Geographic Theatre tgl. 10–20 Uhr; Museum $ 14, Imax $ 11).

Auf dem Gelände steht auch das 1852 erbaute **Helmcken House** 12, eines der ältesten Gebäude in der Provinz. Das Pionierhaus wurde kunstvoll restauriert und mit originalem Mobiliar ausgestattet. Zum Museumskomplex zwischen Belleville, Douglas und Government Street gehören eine große Bibliothek und ein reichhaltiges Archiv, das zu den besten Nordamerikas gehört (610 Elliot St. Square, Thunderbird Park, Belleville St., Tel. 250-356-72 26, www.vancouverisland.com, Mai–Okt. 10–17 Uhr; $ 5).

Rund um die Parliament Buildings

Die **Parliament Buildings** 13, Sitz des Provinzparlaments, dominieren die Südseite des Hafens. Der pompöse Bau wurde 1898 von Francis Rattenbury, Victorias bekanntestem Baumeister, in einer Mischung von viktorianischen, romanischen und Renaissance-Stilelementen vollendet. Auf der kupfergedeckten großen Kuppel thront eine vergoldete Statue des ›Nationalhelden‹ der Provinz, Captain George Vancouver. Nachts werden die Konturen des Gebäudes durch Lichterketten hervorgehoben. Besichtigungstouren sind möglich (Belleville St., Tel. 250-387-30 46. Sitz der Provinzregierung; im Sommer tgl. Führungen, sonst nur an Wochentagen; Eintritt frei).

Gleich gegenüber liegt das ehemalige **Canadian Pacific Railway Steamship Terminal** 14, ein gleichfalls von Francis Rattenbury entworfenes Gebäude, das wegen seiner griechischen Säulen auch scherzhaft ›Neptuns Tempel‹ genannt wird. Bis Ende 2010 war hier das **Royal London Wax Museum** untergebracht. Eine endgültige Entscheidung über die Wiedereröffnung bzw. über einen neuen Standort ist noch nicht getroffen (www.waxmuseum.bc.ca).

Nebenan bieten die Aquarien des **Pacific Undersea Gardens** 15 mit ihrem Fenster unter dem Meeresspiegel einen Einblick in die einheimische Unterwasserwelt. Im ›Unterwassertheater‹ kann man dabei zusehen, wie Taucher Fische und Kraken füttern (490 Belleville St., Tel. 250-382-57 17, www.pacificunderseagardens.com, Juli–Sept. tgl. 9–20, Mai/Juni 10–17, Do–So 10–19, übrige Zeit 10–17 Uhr; $ 10,95).

Einen Block weiter liegt der **Beacon Hill Park** 16, ein Gartenkunstwerk von Rang. Er erstreckt sich bis an den Strand der Juan de Fuca Strait hinunter. Seine Vogelwelt, der alte Baumbestand und die üppigen Blumenrabatten machen ihn zum beliebten Ziel für Einheimische und Besucher.

Rockland District

Etwas abseits vom quirligen Inneren Hafen, aber noch bequem zu Fuß erreichbar, liegt im historischen Rockland District mit schönen alten Villen und Gärten das **Craigdarroch Castle** 17, ein pompöses Herrenhaus im schottischen Burgenstil, das sich der schottische Einwanderer und spätere ›Kohlebaron‹ Robert Dunsmuir in den 1880er-Jahren erbauen ließ. Kostbare Möbel und Farbglasfenster zeugen vom Luxus der viktorianischen Epoche. Vom Turm des Castle hat man eine schöne Aussicht auf Victoria und die Meerenge – diese allein lohnt schon den Besuch (1050 Joan Crescent St., Tel. 250-592-53 23, www.craigdarrochcastle.com, Mitte Juni–Anf. Sept. 9–19, sonst 10–16.30 Uhr; $ 13).

Nicht weit entfernt können Kunstbeflissene in der **Art Gallery of Victoria** 18 neben einer der besten Sammlungen japanischer Kunst in Kanada auch Werke der großen Malerin der Westküste, Emily Carr, besichtigen (1040 Moss St., Tel. 250-384-41 71, www.aggv.bc.ca, im Sommer tgl. 10–17, Do 10–21, im Winter Di–Sa 10–17, So 12–15 Uhr; $ 13).

Nur ein paar Straßen südlich vom Hafen steht das **Emily Carr House** 19. Das 1864 erbaute Geburtshaus der Malerin wurde stilgetreu restauriert und vermittelt ganz die Atmosphäre der viktorianischen Oberklasse, in der die Familie Carr einst gelebt hat (207 Government St., Tel. 250-383-58 43, www.emilycarr.com, Mai–Sept. Di–Sa 10–16 Uhr; Eintritt $ 6,75, Führung $ 10).

Harbour Ferry Tour auf dem Gorge Waterway

Victoria Harbour Ferries bieten mit ihren kleinen zwölfsitzigen Fährschiffen außer Hafenrundfahrten auch eine besondere kleine Exkursion an. Die 50-minütige Fahrt beginnt am Inner Harbour vor dem Empress Hotel und führt durch den sich teilweise als Flüsschen windenden, dann aber wieder zu kleinen Seen ausweitenden **Gorge Waterway** 20 zum Portage Inlet, einem kleinen Salzwasser-Binnensee. Die Gorge ist teilweise weniger als 7 m breit und hat während der Gezeiten eine starke Strömung, dabei kann der Wasserstand um bis zu 1 m differieren (1234 N. Wharf St., Tel. 250-708-02 01; $ 20).

Die Harbour Ferry Tour führt an Hafenanlagen, Werften, Parkanlagen und historischen Häusern vorbei, um beim Gorge Park zu enden. Unterbrechen sollte man die Fahrt auf jeden Fall beim historischen **Point Ellice House**, dem Highlight der Tour. Das 1861 erbaute Haus ist zugleich der wohl attraktivste der zahlreichen *Tearooms* in Victoria. Die mit schönen viktorianischen Möbeln eingerichtete Villa steht inmitten idyllischer Gartenanlagen, die sich beim Point Ellice am Ufer der Gorge, 2 km vom Inner Harbour entfernt, erstrecken. Hier kann man dann ganz stilvoll im Garten seinen traditionellen englischen *Afternoon Tea* mit *Scones* und *Devonshire Cream* einnehmen (2616 Pleasant St., Tel. 250-380-65 06, Mai–Mitte Sept. 10–16 Uhr; $ 6, Führung und *Afternoon Tea* $ 23).

Infos

Greater Victoria Visitor Information Centre: 812 Wharf St., Victoria, BC V8W 1T3, Tel. 250-953-20 33, Unterkünfte Tel. 1-800-663-38 83, Fax 382-65 39.

Übernachten

Luxusresort mit Hafenblick ► **Delta Victoria Ocean Pointe Resort and Spa** 1: 45 Songhees Rd., Victoria, Tel. 250-3660-58 51, Fax 250-360-10 41, www.deltahotels.com. Preisgekröntes Resorthotel mit geräumigen, elegant eingerichteten Zimmern, exzellentes Restaurant. Ab $ 290.

Traditionsadresse ► **Fairmont Empress Hotel** 1: 721 Government St., Victoria, Tel. 250-384-81 11, 1-800-441-14 14, 1-866-540-44 29, Fax 381-43 34, www.fairmont.com. Das Canadian Pacific Grandhotel gegenüber dem Jachthafen kultiviert den Stil des alten England. Es ist ein Erlebnis, seinen Afternoon Tea in der Lobby einzunehmen. Das efeuumrankte Gebäude von 1908 wird nur durch die gepflegte Gartenanlage vom Inner Harbour getrennt. Ab $ 220.

Romantisches B & B-Inn ► **Abigail's Hotel** 2: 906 McClure Street, Victoria, Tel./Fax 250-388-77 87, www.abigailshotel.com. Elegant eingerichtete Zimmer in großer historischer Villa im Tudor-Stil; Kamin, luxuriöses Bad mit Jacuzzi, hübsche Gartenanlage, delikates Frühstück. Ab $ 220.

Gediegen ► **Royal Scot Suite Hotel** 3: 425 Québec St., Victoria, BC, V8V 1W7, Tel. 250-388-54 63, 1-800-663-75 15, Fax 388-54 52, www.royalscot.com. Einen Block vom Inner Harbour entfernt, freundlicher Service, Pool, Restaurant, Lounge. Ab $ 160.

Gutes Preis-Leistungs-Verhältnis ► Harbour Towers 4: 345 Québec St., Victoria, Tel. 250-385-24 05, 1-800-663-58 96, Fax 480-65 72, www.harbourtowers.com. Beim Parlamentsgebäude, schöner Blick; Pool, Sauna, Restaurant. $ 159–359.

Günstig gelegen ► Chateau Victoria 5: 740 Burdett St., Victoria, Tel. 250-382-42 21, 1-800-663-58 91, Fax 380-19 50, www.chateauvictoria.com. Supermodernes und elegantes Hotel, einige Zimmer sind mit Kitchenette ausgestattet. $ 159–219.

Modernes Boutiquehotel ► The Oswego Hotel 6: 500 Oswego St., Victoria, Tel./Fax 250-294-75 00, www.oswegovictoria.com. Zentral und dennoch ruhig gelegen, hübsche Zimmer mit komplett eingerichteter Küche, Bistro mit Norwestküsten-Cuisine. Ab $ 150.

Für Selbstversorger ► Shamrock Suites on the Park 7: 675 Superior St., Victoria, Tel. 250-385-87 68, 1-800-294-55 44, Fax 385-18 37. Am Beacon Hill Park, nette Apartments mit Kitchenette. $ 145–189.

Von viel Grün umgeben ► Oak Bay Beach Hotel 8: 1175 Beach Dr., Victoria, Tel. 250-598-45 56, 1-800-668-77 58, Fax 598-61 80, www.oakbaybeachhotel.bc.ca. Großes, im Tudor-Fachwerkstil erbautes Resorthotel inmitten schöner Gartenanlagen an der Strait of Georgia im Süden der Saanich Peninsula. Wird zurzeit gründlich restauriert und ausgebaut. Wiedereröffnung voraussichtlich im März 2012. Details erfragen.

Geräumige Zimmer ► Admiral Inn 9: 257 Belleville St., Victoria, Tel. 250-388-62 67, 1-888-823-64 72, Fax 385-18 37, www.admiral.bc.ca. Kleines ruhiges Motel am Hafen, einige Zimmer mit Kitchenette. $ 139–249.

Camping ► Goldstream Provincial Park Campground 10: 20 km nördl. von Victoria am Hwy. 1, Tel. 250-474-13 36. 167 schöne Stellplätze, Reservierungen 1-800-689-90 25, www.goldstreampark.com. $ 10–30.

Essen & Trinken

Elegantes Hotelrestaurant ► The Empress Room 1: Fairmont Empress Hotel, 721 Government St., Victoria, Tel. 250-389-27 27. Stilvolles Ambiente mit Tafelmusik, Service und Menü sind erstklassig, Dinner im Sommer tgl. 18–21, sonst Mi–So 18–21 Uhr, ab $ 35, Drei-Gänge-Menü ab $ 65.

Mit schönem Blick ► The Aerie Resort 1: am Trans-Canada Highway, Abfahrt Spectacle Lake, 20 Min. nördl. von Victoria, Tel. 250-743-71 15, 1-800-359-62 79, www.aerie.bc.ca. Elegantes Country Inn auf der Malahat Ridge; Restaurant der Spitzenklasse (Dinner $ 35–42) und 20 stilvoll eingerichtete Zimmer. $ 195–295.

Verwöhnadresse ► The Gatsby Mansion 2: 309 Belleville St., Victoria, Tel. 250-388-91 91. Gourmetrestaurant mit Meeresblick; Spezialitäten: Austern, Krebse, Kammmuscheln; schöne Terrasse. Im Sommer tgl. Frühstück, Lunch, Tee und Dinner bis 23 Uhr. Drei-Gänge-Menü ab $ 35.

Meeresspezialitäten ► Pescatores Seafood & Grill 3: 614 Humboldt St., Victoria, Tel. 250-385-45 12, www.pescatores.com, Mo–Fr 11.30–23, Sa/So 11–23 Uhr. Frischester Fisch und Meeresfrüchte in großer Auswahl, Austernbar; Lunch und Dinner. Hauptgerichte $ 18–31, So–Do 16–23 Uhr Drei-Gänge-Special $ 29.

Französische Landküche ► Brasserie L'École 4: 1715 Government St., Tel. 250-475-62 60, Di–Sa 17.30–23 Uhr. Mehrfach ausgezeichnetes kleines Bistro mit informeller Atmosphäre, französische Küche mit regionalem Touch, hervorragende Weine, keine Reservierungen. Dinner 21–30 $.

Brauereirestaurant ► Canoe Brewpub Marina & Restaurant 5: 450 Swift St., Tel. 250-361-19 40, So–Mi 11.30–23, Do 11.30–24, Fr/Sa 11.30–1 Uhr. Restauriertes Backsteingebäude direkt am Wasser, herrlich zum Draußensitzen, drinnen zünftiges Dekor mit Kupferkesseln für das Selbstgebraute, leckere Kleinigkeiten. Relaxte Atmosphäre. Hauptgerichte $ 17–30.

Beliebter Italiener ► Il Terrazzo 6: Waddington Alley, 555 Johnson St., Tel. 250-361-00 28, Mo–Fr 11.30–15, Dinner tgl. ab 17 Uhr. In einem begrünten Backsteininnenhof mit Holzbalken-Dekor und sechs Kaminen. Pizza, Pasta und Westküsten-Fischspezialitäten. Lunch $ 12–15, Dinner $ 15–30.

Einkaufen

Einkaufszentrum ▶ Market Square 4: 560 Johnson St., Victoria, Tel. 250-386-24 41, www.marketsquare.ca. Rund 40 Boutiquen, Restaurants und Lädchen mit originellem Angebot, untergebracht in historischen Backsteingebäuden.

Bücher und Karten ▶ Munro's Books 1: 1108 Government St., Victoria, Tel. 250-382-24 64, Mo–Mi 9–18, Do/Fr 9–21, Sa 9–18, So 9.30–18 Uhr. Stilvoller Bookstore mit viktorianischem Dekor, große Auswahl an Kanadiana. **Crown Publications Bookstore 2:** 514 Government St., Victoria, Tel. 250-356-67 78, Fax 250-356-04 04, www.crownpub.bc.ca, Mo–Fr 9–17.30 Uhr. Bücher und Kartenmaterial zum West Coast Trail.

Indianisches Kunsthandwerk ▶ Sasquatch Trading Ltd. 3: 1233 Government St., Victoria, Tel. 250-386-90 33, www.cowichantrading.com, Mai–Sept. 9–21, übrige Zeit 9–17.30 Uhr. Indianische Cowichan-Pullover, Kunsthandwerk, indianischer Schmuck. **Hill's Native Art 4:** 1008 Government St., Victoria, Tel. 250-385-39 11, www.hillsnativeart.com, tgl. 9–19 Uhr. Große indianische Kunstgalerie, Arbeiten von über 1200 Künstlern und Kunsthandwerkern sämtlicher Nordwestküstenstämme. **Cowichan Trading 5:** 1328 Government St., Victoria, Tel. 250-383-03 21, www.cowichantrading.com, Mai–Sept. 9–21, übrige Zeit 9–17.30 Uhr. Cowichan-Pullover, Kunsthandwerk.

Chocolaterie ▶ Roger's Chocolates 6: 913 Government St., Victoria, Tel. 250-881-87 71, Mo–Sa 10–17.30, So 12–16 Uhr. Spezialitäten für Schokoladenliebhaber.

Abends & Nachts

Theater und Konzerte ▶ McPherson Playhouse 1: 3 Centennial Square, Victoria, Tel. 250-386-61 21, www.rmts.bc.ca. Restauriertes altes Theater; buntes Programm: Operette, Musical, Drama, moderner Tanz. **Royal Theatre 2:** 805 Broughton St., Victoria, Tel. 250-386-61 21, www.rmts.bc.ca. Überwiegend Konzerte, aber auch Musicals und Gastproduktionen; hier spielt das Victoria Symphony Orchestra.

Leichte Muse ▶ The Belfry 3: 1291 Gladstone St., Victoria, Tel. 250-385-68 15, www.belfry.bc.ca. Comedy, Theaterstücke, Konzerte, Revuen, Musicals.

Entertainmentkomplex ▶ Strathcona Hotel 4: 919 Douglas St., Victoria, Tel. 250-383-33 21, www.strathconahotel.com. Unterhaltungskomplex mit Nachtclub, Kabarett und Discos; Videospiele, Billardtische, Großbildschirme; in der Big Bad John's Lounge rustikale Atmosphäre mit Hillbilly-Kellnern.

Live-Jazz ▶ Pagliacci's 5: 1011 Broad St., Victoria, Tel. 250-386-16 62, Mo–Do 11.30–15, 17.30–22, Fr/Sa 11.30–15, 17.30–23, So 10–15, 17.30–22 Uhr. Victorias Treff für alle Jazzfans; Do–So Live-Bands; italienische Küche, Dinner $ 15–30.

Aktiv

Kutschrundfahrten ▶ Tally Ho Horsedrawn Tours 1: Menzies & Belleville, Victoria, Tel. 250-383-50 67. Stadtrundfahrten mit der Pferdekutsche, ab $ 50 pro Kutsche.

Bootsausflüge ▶ Oak Bay Marina 2: 1175 Beach Dr., Victoria, Tel. 250-589-33 66, www.obmg.com. Bootstouren, Angeltrips, Charter. **Victoria Harbour Ferry 3:** 1234 N. Wharf St., Victoria, Tel. 250-708-02 01, www.harbourferry.com. 45-minütige Hafenrundfahrten und Touren zum Portage Inlet. $ 22.

Kajaktouren ▶ Ocean River Sports 4: 1824 Store St., Tel. 250-381-42 33, 1-800-909-42 33, www.oceanriver.com. 90-minütige geführte Kajak-Exkursionen, Mitte Mai–Mitte Sept. Di, Fr, So 13.30–16, Mi, Sa 9.30–12 Uhr, 70 $. Kanus können auch gemietet werden: $ 35 (Einzel), $ 48 (Doppel).

Termine

Victoria International Blossom Walks: Mitte April. Blumen-Festival.
Highland Games: Mitte Mai. Authentisch schottische Wettkämpfe.
Swiftsure International Yacht Race: Ende Mai. Klassische Regatta mit über 450 Booten
Victoria Folkfest: Letztes Juniwochenende.
Jazzfest International: Letzte Juniwoche.
Classic Boat Festival: Anfang Sept. Oldtimer-Regatta (s. rechts).

Tipp: Victorias Feste

Victoria feiert gern. Am letzten Februar-Wochenende fängt mit dem **Flower Count** die Festival-Saison an.

Im Mai häufen sich die Aktivitäten. Während der **Victoria Day Feiern** steht die Stadt Kopf: mit Tanz auf den Straßen, Folklore, einer Parade und historischen Kostümen.
Am Wochenende nach dem Victoria Day im Mai gibt es das ganz große Ereignis: das **Swiftsure International Yacht Race**. Diese Regatta, die über eine Strecke von 220 km auf den offenen Pazifik führt, gilt als eine der schwierigsten in Nordamerika. Dann strömt die Bevölkerung Victorias in Scharen herbei, es gibt auch Openair-Konzerte (Tel. 250-592-90 98, www.swiftsure.org).

Mitte Mai schließen sich die **Highland Games** mit authentisch schottischem Flair an (www.victoriahighlandgames.com). Ende Mai feiert man das **Harbour Festival** mit diversen künstlerischen Darbietungen und als Kontrast dazu am dritten Wochenende das **Luxton Pro Rodeo**, das immerhin als eine Veranstaltung der Canadian Professional Rodeo Association gilt (Tel. 250-478-42 50, www.rodeocanada.com).

In der letzten Juniwoche feiert Victoria das **Jazzfest International** mit rund 200 Musikern aus aller Welt (Tel. 250-388-44 23, www.jazzvictoria.ca) und ebenfalls Ende Juni/Anfang Juli findet an der Waterfront das **Folk-Fest** mit einer bunten Mischung von Musik, Tänzen und Kostümen statt (Tel. 250-388-47 28, www.icafolkfest.com).

Im August begeistern das **Symphony Splash** mit Darbietung des Victoria Symphony Orchestra (Tel. 250-385-97 71, www.symphonysplash.ca) und das **Victoria Fringe Festival** mit zahlreichen Theateraufführungen an verschiedenen Orten der Stadt (Tel. 250-383-26 63).

Ende August/Anfang September wird **The Classic Boat Festival** gefeiert: Es versammeln sich die ›Traumboote‹ und Oldtimer der Gewässer des pazifischen Nordwestens. Im Inneren Hafen, gegenüber vom Empress Hotel, liegen dann ca. 100 schwimmende Ausstellungsstücke. Zuschauer dürfen nicht nur vom Dock aus zusehen, sie haben auch oft Gelegenheit, sich das prächtige Schauspiel einmal von Bord aus anzusehen (Tel. 250-385-77 66, www.classicboatfestival.ca).

Verkehr

Public Transport Victoria: Tel. 250-382-61 61.
BC-Fähren: Victoria/Swartz Bay nach Vancouver/Tsawwassen; Victoria nach Seattle. Auskunft und Reservierung: Tel. 250-386-34 31, 1-888-223-37 79, www.bcferries.com.

Victorias Umgebung

Karte: S. 158

Scenic Route zur Oak Bay

► 2, J 13

Ein hübscher kleiner Ausflug führt entlang der Südspitze der Saanich Peninsula zur Oak Bay. Man folgt dem südlichen Ufer des Inner Harbour bis zum eigentlichen Hafeneingang von Victoria. Hier, am **Ogden Point Breakwall**, beginnt der mit blauen Hinweisschildern markierte **Scenic Marine Drive** **1**. Die nur 3 m breite Hafenmole ragt fast 800 m in die West Bay. Auf den nächsten Kilometern bieten mehrere Viewpoints ein schönes Panorama der Strait of Georgia.

Ein paar hundert Meter hinter Clover Point liegt der **Ross Bay Cemetary** **2**, Victorias Pionierfriedhof. Hier liegen einige Persönlichkeiten begraben, die in der Stadtgeschichte eine wichtige Rolle spielten, so z. B. British Columbias erster Gouverneur, Sir James Douglas, der legendäre Goldsucher Billy Barker und auch die Künstlerin Emily Carr. Auf der Weiterfahrt wechseln sich Kieselstrände mit gepflegten Gärten ab; prächtige Villen der High Society Victorias säumen den

Umgebung von Victoria

Weg. Von der gepflegten Anlage des Victoria Golf Club genießt man einen herrlichen Blick auf die Olympic Mountains jenseits der Juan de Fuca Strait.

Die Tour führt weiter zum **Oak Bay Beach Hotel**, wo man im Pub gut essen oder auf der Terrasse einen Drink mit Blick aufs Wasser genießen kann. Auch Walbeobachtungs-Touren werden von hier angeboten (1175 Beach Dr., Tel. 250-598-45 56, 1-800-668-77 58, www.oakbaybeachhotel.com; ab $ 25).

Butchart Gardens und Butterfly Gardens ► 2, J 13

Wem Victorias Gärten, Stadtparks und sattgrüne Golfplätze noch nicht genug Natur bieten, der hat gleich vor den Toren der Stadt eine große Auswahl. Zu den beliebtesten Ausflugszielen von Einheimischen und Besuchern gehören die wundervoll gepflegten **Butchart Gardens** 3, etwa 20 km nördlich der Stadt gelegen. Hier hat Jenny Butchart 1904 aus dem Steinbruch ihres Ehemannes ein 20 ha großes Paradies für Gartenfreunde geschaffen. Blumen blühen das ganze Jahr über und im Sommer schwelgt man in einem Rausch von Farben (800 Benvenuto Ave., Brentwood, am Hwy. 17, ca. 20 km nördl. von Victoria, Tel. 250-544-44 79, 1-866-652-44 22, www.butchartgardens.com, Juli/Aug. Sa Feuerwerk, tgl. ab 9 Uhr, Schließung variiert nach Jahreszeit; im Sommer $ 29).

Nicht weit davon an der West Saanich und Benvenuto Road befinden sich die **Victoria Butterfly Gardens** 4, ein großes tropisches Gewächshaus, in dem Schmetterlinge aus aller Welt gezüchtet werden, die dann zu Hunderten in einer üppigen Tropenvegetation herumflattern (W. Saanich Road und Keating Cross, Brentwood Bay, Tel. 250-652-38 22, 1-877-722-02 72, Mitte Mai–Sept. 9–17.30, März–Okt. 9.30–16.30 Uhr; $ 12).

Victorias Wildnisparks ► 2, J 13

Auf dem Wege zu den Butchart Gardens kann man am **Elk/Beaver Lake Regional Park** 5 Station machen, dort wandern oder schwimmen, oder über den Royal Oak Drive zum **Mount Douglas Park** 6 fahren. Vom Gipfel des Mount Douglas bietet sich an schönen Tagen ein herrlicher Rundblick über Victoria und die tiefblaue Meeresenge mit dem grünen Inselgewirr zu den schneebedeckten Spitzen des Mount Baker im Osten und der Olympic Mountains im Süden.

In Richtung Westen sind schon nach weniger als einer Stunde Fahrt über den Trans-Canada Highway Naturschutz- und Wildnisgebiete erreichbar. Im **Thetis Lake Park** 7 gibt es einsame Wanderwege und Gelegenheit zum Kanufahren und Angeln. Der 390 ha große **Goldstream Provincial Park** 8 bietet die besten Campingmöglichkeiten in der Umgebung von Victoria. Einige der Pfade des dicht bewaldeten Parks sind ehemalige Goldsucher-Trails. Am Goldstream River fingen früher die Salish-Indianer Lachse, und noch heute ziehen Ende Oktober bis Dezember Schwärme von *Coho*- und *Chum*-Lachsen den Goldstream hinauf, um zu laichen. Dann sind entlang des Goldstream River auch Weißkopfseeadler zu beobachten. Im Park stehen 600 Jahre alte Douglasien und Riesenlebensbäume, im Mai blühen die *Dogwood*-Bäume. Ein hübsches Fotomotiv bieten die **Goldstream Falls** am Südende des Parks. Im **Freeman Visitor Centre** erhält man Informationen über den Park und den Laichzug der Lachse (Tel. 250-478-94 14, www.goldstreampark.com, tgl. 9.30–18 Uhr).

Von Sooke zum China Beach ► 2, J 13

Über den Highway 1A gelangt man, vorbei am Esquimalt Harbour, zum Highway 14, der in westlicher Richtung die Orte Sooke, Jordan River und Port Renfrew verbindet. Etwa 35 km von Victoria entfernt, vom Highway 14 an der Gillespie Road links abbiegend, gelangt man zum **East Sooke Park** 9, einem 1400 ha großen Wildnisgebiet mit gut markierten Wanderwegen. Obwohl nicht gerade der leichteste, ist der etwa 10 km lange Beach Trail entlang der Küste der beliebteste. Die von der Brandung umspülten, schwarz schimmernden Felsmonolithen und windgepeitschte Kiefern schaffen eine Atmosphäre, die Lichtjahre von Victorias Stadtidylle entfernt scheint. Der Trail führt von der Iron Mine Bay nach Beachy Head und passiert dabei steile Klippen, auf denen Kormorane nisten. Am Wasser wärmen sich Seelöwen in der Sonne. Bei Aldridge Point sind Petroglyphen der Salish-Küstenindianer zu sehen, bei Creyke Point kurz vor dem Ende des Trails ragen bizarre Felsformationen aus dem Meer auf, das hier eine smaragdgrüne Farbe hat.

Mehr Betrieb ist auf der Straße nach **Sooke** 10, wenn Ende Juli im kleinen Holzfällerort am All Sooke Day ein großes Volksfest stattfindet, bei dem die Muskelmänner aus den Wäldern ihre Kraft demonstrieren. Nach den Wettkämpfen findet am Abend ein großes Lachs-Barbecue statt, das auch zahlreiche Besucher aus Victoria anlockt. Sehenswert ist das **Sooke Region Museum**, das über die Geschichte der Westküstenregion informiert (2070 Phillips Rd., 1 km östlich am Hwy. 14, Tel. 250-642-63 51, Fax 642-70 89, tgl. 9–17 Uhr im Winter Mo geschl.; Eintritt frei, Spende erbeten).

Von Sooke nach Jordan River sind es noch einmal 30 km. In der Nähe dieser kleinen Holzfällersiedlung erstreckt sich mit **China Beach** 11 einer der schönsten und beliebtesten Strände von British Columbia, der nach einem halbstündigen Fußmarsch durch den Regenwald zu erreichen ist. Der Highway 14 führt nun am Mystic und Sombrio Beach vorbei und endet ein paar Kilometer weiter in **Port Renfrew**, dem Ausgangspunkt für den West Coast Trail (s. S. 186). Auch wenn man nicht vorhat, auf dem Trail zu wandern, lohnt die landschaftlich reizvolle Fahrt bis Port Renfrew.

Übernachten

... in Sooke:

Mit Top-Restaurant ▶ **Sooke Harbour House:** 1528 Whiffen Spit Rd. (knapp 40 km südwestl. von Victoria, auf dem Hwy. 14), Tel. 250-642-34 21, 1-800-889-96 88, Fax 642-69 88, www.sookeharbourhouse.com. *Das* Gourmetrestaurant auf Vancouver Island und eines der besten in Kanada. Meeresfrüchte werden direkt von den örtlichen Fischern bezogen. Winter ab $ 289, April–Juni ab $ 319, Juli/Aug. ab $ 429, Sept. ab $ 349; Dinner mit 4 Gängen ab 17.30 Uhr $ 75, Fr und So auch *Local Special Menue* mit 3 Gängen $ 49, So Lunch 11.30–15 Uhr à la carte ab $ 13.

Idyllisches Hideaway ▶ **Seascape Inn:** 6435 Sooke Rd., Tel. 250-642-76 77, 1-888-516-88 11, www.sookebandb.com. Familiäres B & B direkt am Sooke Inlet, großzügige Apartments mit komplett eingerichteter Küche im Haupthaus und in einem Cottage im Garten, erstklassiges Frühstück, Bootscharter. $ 95–195.

... in Port Renfrew:

In Panorama-Lage ▶ **Soule Creek Lodge:** 6215 Powder Main Road, Tel. 250-647-00 09, 1-866-277-68 53, www.soulecreeklodge.com. Freundliches Quartier mit herrlichem Blick auf San Juan Inlet und Olympic Peninsula; exzellente West Coast Cuisine, eigener Öko-Garten. Zimmer ab $ 125, Blockhütte $ 175 inkl. komplettem Frühstück, Dinner mit drei Gängen $ 34 (Reservierung bis 11 Uhr am gleichen Tag erforderlich).

Sidney und die North Saanich Peninsula ▶ 2, J 13

Die meisten Besucher fahren nach der Ankunft mit der Fähre in Swartz Bay gleich nach Victoria weiter. Dabei lohnt ein Besuch des kleinen Küstenortes **Sidney** 12 mit seiner malerischen Waterfront, nur knapp eine halbe Autostunde von Victoria entfernt. Von Sidney aus ist der **Sidney Spit,** ein Teil der Gulf Islands National Park Reserve, mit der Passagierfähre zu erreichen. Dieser Bereich des Nationalparks umfasst rund 400 ha im Norden von Sidney Island. Hier findet der Besucher weitläufige, den Gezeiten unterworfene Sandstrände und Wanderwege, die an zerklüfteten Klippen und Salzwassermarschen entlangführen. Besonders Vogelliebhaber kommen auf ihre Kosten: Häufig lassen sich Weißkopfseeadler, Kormorane und Graureiher beobachten. Der Fähranleger der **Sidney Spit Ferry** befindet sich am Ende der Beacon Avenue in Sidney, die Überfahrt dauert etwa 25 Minuten. Tickets erhält man neben dem Pier Bistro Restaurant auf dem Landungssteg (s. unten).

Im 2009 eröffneten **Shaw Ocean Discovery Centre** erhält man einen faszinierenden Einblick in das maritime Ökosystem der Nordwestküste (9811 Seaport Pl., Sidney, Tel. 250-665-7511, www.oceandiscovery.ca, tgl. 10–16.30 Uhr, Erw. $ 14, Kinder $ 8).

Übernachten

An der Strandpromenade ▶ **Sidney Pier Hotel & Spa:** 9805 Seaport Place, Sidney, Tel. 250-655-94 45, www.sidneypier.com. Schön am Meer gelegen, modern und elegant eingerichtete Zimmer und Suiten, das Personal ist nett und aufmerksam; Restaurant, Wellness-Programm. Ab $ 179.

Essen & Trinken

Spezialität Clam Chowder ▶ **Sidney Pier Bistro:** 2550 Beacon Ave., Sidney, Tel. 250-655-49 95, Mo 9–16, Di–So 9–21 Uhr. Drinnen oder draußen essen, mit Panoramablick aufs Meer. Mehrfach ausgezeichnet wurde das Lokal für seine Muschelsuppe, die mit Crab Cakes serviert wird. $ 6–18.

Verkehr

Fähre: Alpine Sidney Spit Ferry, Marine Adventure Centre, 2550 Beacon Ave, Tel. 250-474-51 45. Passagierfähre zum Sidney Spit, Abfahrten Mitte Mai–Ende Juni Sa/So 10, 11.30, 14 und 16 Uhr (wochentags nur mit Reservierung), Ende Juni–Anfang Sept. tgl. 9, 10, 11.30, 14 und 16 Uhr, Fr/Sa zusätzlich 17.30 Uhr, hin und zurück $ 19, bis 12 Jahre und über 65 Jahre $ 16.

Von Victoria nach Parksville

Karte: S. 162

Von **Victoria** **1** führt der Trans-Canada Highway zunächst zur **Malahat Ridge**. Von der 350 m über dem Meeresspiegel gelegenen Passhöhe genießt man einen herrlichen Ausblick über die Saanich Peninsula und die im schimmernden Wasser der Strait of Georgia schwimmenden Gulf Islands. Bei schönem Wetter kann man die fernen Berge auf dem Festland und selbst die Schneekappe des über 150 km entfernten Mount Baker im Bundesstaat Washington erkennen. Obwohl die Tour nur 160 km lang ist, sollte man mindestens den ganzen Tag einplanen.

Cowichan Valley und Whippletree Junction ► 2, J 13

Schnell geht es auf dem vierspurigen Highway voran. Nach 20 km ist das Cowichan Valley erreicht, Heimat der Cowichans, einem Stamm der Salish-Küstenindianer, die in diesem idyllischen Tal mit seiner geschützten Bucht schon seit Jahrhunderten leben – früher überwiegend vom Lachsfang, heute vom Tourismus und dem Verkauf der handgestrickten *Cowichan Sweaters* und anderem Kunsthandwerk. Der 3400 Einwohner zählende Ort **Cowichan Bay** **2** liegt etwas abseits vom Highway 1 an der Cowichan Bay Road. Die landschaftlich hübsche Alternativstrecke zweigt nördlich vom Mill Bay bei km 45,5 zur Küste ab. Nach etwa 8 km führt sie wieder an den Highway 1. Der malerische Fischerort mit seinen auf Stelzen in die Bucht gebauten Holzhäusern und den bunten Hausbooten lohnt den kleinen Abstecher. Es gibt ein paar Läden, wo örtliches Kunsthandwerk verkauft wird, und die Restaurants bieten neben leckeren Meeresfrüchten auch einen herrlichen Blick über Bucht und Hafen.

Einen Besuch lohnt auch das **Cowichan Bay Maritime Centre**, unterhalten von der *Wooden Boat Society and School,* einer gemeinnützigen Einrichtung, die sich der Geschichte und Kunst des Bootsbaus widmet. Neben interessanten Ausstellungen, u. a. zur Meeresökologie, zeigt das Zentrum, wie mit traditionellen Techniken seetüchtige Holzboote gebaut werden. Besucher können an den in verschiedenen Schwierigkeitsstufen angebotenen Kursen teilnehmen. Auch Hochseeangeln, Bootscharter und Exkursionen sind möglich. Beim Bummel durch den Ort gibt es viel zu sehen und zu fotografieren: Fischer laden ihren Fang aus, Boote werden ausgerüstet und repariert, Möwen streiten sich um Fische. Alles wirkt irgendwie gemütlich und gar nicht touristisch – noch zieht der Reiseverkehr auf dem großen Highway an dieser Idylle vorbei. Im Laufe des Jahres 2012 soll noch ein zweistöckiger Annex mit einer Marine-Bibliothek, einer ›Boatique‹ und einem erweiterten Boardwalk fertiggestellt werden (1761 Cowichan Bay Rd., Box 787, Duncan, BC V9L 3Y1, Tel. 250-746-49 55, Fax 746-99 89, www.classicboats.org, tgl. von 9 Uhr bis Sonnenuntergang; Eintritt frei, Spende erbeten).

Wieder auf dem Highway angelangt sieht man an der **Whippletree Junction** **3** eine Ansammlung von bunten rustikalen Gebäuden. Hier hat man auf einem Platz direkt neben der Straße 14 historische Gebäude, darunter viele aus Duncans altem Chinatown, wieder aufgebaut. Jetzt sind in ihnen Restaurants und Souvenirshops, aber auch einige Antiquitätenläden mit durchaus interessantem Angebot untergebracht.

Infos

Duncan-Cowichan Chamber of Commerce: 381 A Trans-Canada Hwy., Duncan, BC V9L 3R5, Tel. 250-746-46 36, 250-78-11 11, 1-

Vancouver Island

888-303-33 37, www.duncancc.bc.ca, www.cowichanbay.com.

Übernachten

Stilvolles B & B ▸ Anchor's Guesthouse: 1793 Cowichan Bay Rd., Tel. 250-250-748-72 06, 1-877-991-11 99, www.anchorsguesthouse.com. Helles, freundliches Quartier an der Cowichan Bay mit herrlicher Aussicht, Zimmer, Suiten und Cottage; eigener Bootsanleger. $ 120–280.

Camping ▸ Cowichan Bay Camping & RV Park: 2289 Cowichan Bay Rd., Tel. 250-748-78 75. $ 18–25.

Essen & Trinken

Fine Dining ▸ The Masthead Restaurant: 1705 Cowichan Bay Rd., Cowichan Bay, Tel.

250-748-37 14, www.themastheadrestaurant.com. Direkt am Wasser, im historischen Columbia Hotel; Westküsten-Cuisine, große Auswahl an Meeresspezialitäten, Geflügel, Steaks. Ab 17 Uhr. $ 22–40.

An der Marina ▶ Bluenose II: 1765 Cowichan Bay Rd., Cowichan Bay, Tel. 250-748-28 41. Direkt am Wasser; frische Meeresfrüchte und Gegrilltes. $ 10–25.

Aktiv

Walbeobachtung ▶ Ocean Ecoventures: Duncan, Tel. 250-748-3800, Victoria 250-888-6722, www.oceanecoventures.com. Täglich 3- bis 4-stündige Whale-Watching-Exkursionen von der Bluenose Marina zu den Gulf Islands in der Cowichan Bay. In der Hauptsaison Abfahrten um 13 und 17, April–Juni um 13, Mitte Sept./Okt. um 14 Uhr, sonst nach telefonischer Bestätigung um 9 Uhr, $ 109, im Winter günstiger.

Duncan ▶ 2, J 13

Bald darauf ist **Duncan** 4, die ›Stadt der Totempfähle‹, erreicht. Vielleicht wollte man den Erfolg, den das benachbarte Chemainus mit seinen Wandmalereien hatte, in Duncan wiederholen – also gab man bei den Cowichan-Schnitzern Totempfähle in Auftrag. Seit 1985 wurden über 40 Totems am Highway und im Stadtgebiet aufgestellt.

Das **Native Heritage Center** des Cowichan-Stammes (in der Stammessprache **Quw'utsun' Cultural and Conference Centre**) auf einem 5 ha großen Gelände am Ufer des Cowichan River vermittelt einen guten Eindruck von Volkstum und Legenden, Kunst- und Kunsthandwerk der Westküsten-Indianer. Man kann miterleben, wie nach traditioneller Art gewebt und geschnitzt wird. Im *Carving Shed* fliegen die Späne, wenn ein neuer Totempfahl entsteht. Tänze u. a. kulturelle Darbietungen runden das Programm ab. Dazu kann man beim **Mid-Day Salmon Barbecue** Lachs probieren – auf indianische Art gegrillt, schmeckt er besonders gut ($ 35 inkl. Native Entertainment). Im **Riverwalk Café** ($ 8–24) wird zum Lunch eine große Auswahl an leckerer authentischer *Native Cuisine* serviert. In der **Quamichan House Gift Gallery** des Kulturzentrums wird neben den üblichen Andenken Kunsthandwerk von Museumsqualität angeboten (**Quw'utsun' Cultural & Conference Centre,** 200 Cowichan Way, westl. vom Hwy. 1, Duncan, BC, Tel. 250-746-81 19, 1-877-746-81 19, www.quwutsun.ca, Mitte April–Sept. Mo–Fr 10–17, Sa/So 10–16 Uhr, Café Juni–Sept. Mo–Sa 11–16 Uhr; $ 13, Kinder bis 12 Jahre $ 6).

Im **BC Forest Discovery Centre Museum**, dem größten seiner Art in British Columbia, lässt sich die Geschichte der Holzindustrie an der Westküste nachvollziehen. Außer umfangreichen Ausstellungen zur Holzverarbeitung gibt es ein authentisches altes *Logging Camp* mit Vorführungen in der Sägemühle und der Schmiede. Hautnah spürt man, unter welch rauen Bedingungen die Holzfäller früher leben und arbeiten mussten. Die verschiedenen Attraktionen des 40 ha großen Forstmuseums sind durch die Fahrt mit einem alten Schmalspur-Dampfzug miteinander verbunden (2892 Drinkwater Rd., Hwy. 1, 1,5 km nördl. von Duncan, Tel. 250-715-11 13, 1-866-715-11 13, www.bcforestmuseum.com, Juni–Sept. tgl. 10–16.30 Uhr, Nebensaison Do–Mo 10–16 Uhr, Okt. nur Sa/So; $ 15).

Wenige Kilometer hinter Duncan führt der Highway 1 durch das Chemainus Valley, eines der ältesten europäischen Siedlungsgebiete an der Westküste. Schon 1862 eröffnete hier eine kleine Sägemühle den Betrieb. Seither hat Holzwirtschaft die ökonomischen Geschicke der Region bestimmt.

Infos

Visitor Info Centre: 381A Trans-Canada Hwy., Duncan, Tel. 250-746-46 36, 1-888-303-33 37, Fax 746-82 22, www.duncancc.bc.ca, Juli/Aug. tgl. 9–18, Sept.–April Di–Sa 10–16, Rest des Jahres Di–Sa 10–16 Uhr.

Übernachten

Schmuckstück ► **Gem 'o the Isle:** 2465 Koksilah Rd., Duncan BC, Tel. 250-715-04 26, www.thegem.ca. Restauriertes historisches Holzhaus von 1896 in wunderschönem Garten, hübsch und komfortabel eingerichtet, Küche und Wohnzimmer mit Holzofen im Obergeschoss, zwei Schlafzimmer unten. $ 125 (Frühstück auf Wunsch extra).

Nett & günstig ► **Village Green Inn:** 141 Transcanada Hwy. 1, Duncan V9L 3P8, Tel./Fax 250-746-51 26, 1-800-665-39 89. Preiswerte, aber freundliche Zimmer mit Kitchenette, angeschlossenes Restaurant, Bar und Grill. Ab $ 90.

Camping ► **Riverside Campground:** 1–30 65 Allenby Rd., Duncan, Tel. 250-746-43 52. Cabins und Stellplätze am Fluss, der Ort ist gut zu Fuß erreichbar. $ 19–27.

Essen & Trinken

Bodenständig ► **Arbutus Café:** Ecke Kenneth und Jubilee Sts., Duncan, Tel. 250-746-54 43. Leckere Hamburger, Sandwiches und Salate. $ 5–11.

Wandmalereien von Chemainus ► 2, J 12

Auf einer Nebenstraße, der Route 1A, gelangt man zum kleinen Ort **Chemainus** 5. Als Anfang der 1980er-Jahre mit der Schließung des riesigen Sägewerks, einst eines der größten der Welt, auch der wichtigste Arbeitgeber des Ortes verschwand, hat das Holzfällerstädtchen sich etwas Besonderes einfallen lassen, um der Wirtschaftskrise zu entgehen: Es lud Künstler aus ganz Kanada ein, die die Geschichte und Tradition der Region auf zahlreichen großflächigen Wandmalereien darstellten. Lebensnah bis ins kleinste Detail sieht man Holzfäller beim Fällen einer riesigen Fichte, eine alte Dampflokomotive, die ihre Fracht über eine Brücke zieht, Portraits indianischer Häuptlinge, die Holzbarone der Region, chinesische Kulis bei ihrer schweren Arbeit, malerische Szenen aus dem Dorfleben und eine 33 m lange Collage der Küste von Chemainus mit dem Segelschiff, das die ersten Siedler brachte. Über die Jahre kamen immer neue *Murals* dazu. Über 40 Wandmalereien schmücken heute fast jede größere Wandfläche in Chemainus. Und über 300 000 Besucher kommen jährlich in die wohl größte Freilichtgalerie des Nordwestens.

Ladysmith 6, an einem Berghang über dem Hafen gelegen, wurde um 1900 gegründet. Viele der alten Gebäude sind schön restauriert worden, sodass ein Bummel durch den historischen Ortskern lohnt. Auch der hübsche Transfer Beach Park und die Waterfront mit Kunstgalerie und schwimmendem Museum sind sehenswert. Man kann Kajaks mieten und eine Hafenrundfahrt in einem Oldtimer-Boot unternehmen.

Ein paar Kilometer vor Nanaimo sind im **Petroglyph Provincial Park** über 1000 Jahre alte, in den Sandstein gemeißelte Indianerzeichnungen zu bewundern. Sie stellen menschliche Figuren, Tiere und Mischwesen dar und sind häufig in der Nähe von Höhlen und Wasserfällen zu finden.

Infos

Chemainus Visitor Centre: 9796 Willow St., Chemainus, BC V0R 1K0, Tel. 250-246-39 44, www.chemainus.bc.ca, Mi–Sa 9–17 Uhr.
Ladysmith Visitor Centre: 411 B 1st Ave./Roberts St., Tel. 250-245-21 12, www.ladysmithcofc.com, im Sommer tgl. 9–17, im Winter Mo–Fr 9–16 Uhr.

Übernachten

Viersterne-Komfort ► **An Olde Mill House Bed & Breakfast:** 9712 Chemainus Rd., Chemainus, BC, Tel. 250/416-00 49, 1-877-770-60 60, www.oldemillhouse.ca. Stilvoll restauriertes, viktorianisches Haus, hübsch und zentral gelegen, Boots-Touren nach Thetis Island. Pauschalangebote für 2 Personen, jeweils zwei Tage inkl. Karten für das Dinner-Theater $ 200–250.

Termine

Chemainus Theatre Festival: 9737 Chemainus Road, Tel. 250-246-98 20, 1-800-565-77 38. Internationale Musicals. Mi–Sa, $ 33–46, inklusive Dinner $ 48–69.

Nanaimo ► 2, J 12

Mit 75 000 Einwohnern ist **Nanaimo** 7 die zweitgrößte Stadt auf Vancouver Island und wichtigster Hafen der Insel. Von hier werden Fisch, Holz und landwirtschaftliche Produkte verschifft. Bei den Angelsportlern ist die Stadt für ausgezeichnetes Lachsfischen bekannt. Nach der Entdeckung von großen Kohlevorkommen entstand der Ort 1851 auf einem Platz, den die Indianer *Snenymo*, ›mächtiges Volk‹, nannten. Nanaimo hat eine attraktive Uferpromenade und zahlreiche Parks mit hübschen Picknickplätzchen. Viele der historischen Gebäude sind liebevoll restauriert worden. Die alte **Bastion** am Hafen wurde 1852 von der Hudson's Bay Company errichtet, um möglichen Indianerüberfällen zu trotzen. Heute ist hier das **Bastion Museum** untergebracht (Mo–Sa 10–17 Uhr, im Sommer tgl., $ 2). Im Sommer zieht die ›Wache‹ in historischen Kostümen auf, um mit der alten Kanone den Mittagssalut zu feuern. Das **Nanaimo District Museum** im Piper Park lohnt den Besuch allein schon wegen der schönen Aussicht auf den malerischen Hafen und die Georgia Strait mit den Off-Shore Islands. Im Park sind eine Miner's Cottage und eine historische Dampfmaschine zu besichtigen. Im Museum wandert man durch das Modell eines Indianerdorfes der Coast Salish, durch Old Nanaimo und durch Chinatown. Kleine Ausstellungen informieren über die Kultur der Ureinwohner und über die Bergwerkstradition der Region (100 Museum Way at Commercial St., Tel. 250-753-18 21, www.nanaimomuseum.ca, Mo–Sa 10–17 Uhr).

Am **Fisherman's Wharf** kann man frische Meeresfrüchte kaufen oder sie in einem der Restaurants gleich probieren. Aktivitäten wie Segeln, Tennis und Golf ergänzen das reichhaltige kulturelle Angebot. Jedes Jahr am vierten Wochenende im Juli findet in Nanaimo das *Bathtub Race* statt. Das ›verrückteste Rennen der Welt‹ mit zahlreichen farbenfrohen, motorisierten Badewannen sorgt dann landesweit für Schlagzeilen und lockt unzählige Besucher an.

Dem Hafen vorgelagert liegt **Newcastle Island** mit seinem 336 ha großen Provinzpark mit schönen Wanderwegen. Hier kann man wandern, schwimmen, Kanu fahren und campen, oder man fährt einfach nur zu einem Picknick mit der kleinen Hafenfähre hinüber und genießt dabei den herrlichen Blick auf die Stadt. Im Sommer veranstalten die First Nations hier auch ihre traditionellen Lachs-Barbecues (Tel. 250-754-78 93, $ 30, Park Office Tel. 250-754-78 93).

Auch zum gleich daneben liegenden, kleineren **Protection Island** lässt sich ein preiswerter Ausflug mit der Hafenfähre unternehmen. Sie legt am schwimmenden Dinghy Dock an, das zugleich ein gemütliches Pub-Restaurant ist.

Nanaimo hat einige exzellente **Tauchreviere** mit farbenprächtiger maritimer Flora und Fauna sowie interessanten Schiffswracks zu bieten; Tauchsportfirmen bieten Exkursionen, Kurse und Verleih von Ausrüstung an. Eine besondere Attraktion sind Schnorchel-Exkursionen nach Snake Island mit seiner Kolonie von 250 Seehunden *(Harbour Seals)*. Anders als beim Scuba-Tauchen sind für die Schnorchel-Exkursionen keine Vorkenntnisse erforderlich. Die gestellten Wetsuits machen das sonst eher kalte Wasser erträglich.

Infos

Nanaimo Visitor Info Centre: 2290 Bowen Rd., Nanaimo, BC V9T 3K7, Tel. 250-756-01 06, 1-800-663-73 37, Fax 756-00 75, www.tourismnanaimo.com, www.islands.bc.ca. Anfang Mai–Anfang Sept. tgl. 9–18, Anfang Sept.–Anfang Okt. tgl. 9–17, Anfang Okt.–Dez. Mo–Fr 9–17, Sa 10–16 Uhr.

Übernachten

Bestes Haus am Platz ▶ Buccaneer Inn: 1577 Stewart Ave., Nanaimo, Tel. 250-753-12 46, 1-877-282-63 37, www.buccaneerinn.com. Zentral gelegenes, zweistöckiges Motel mit schönem Blick über Newcastle Channel und Departure Bay, Sundeck, geräumige, hübsch eingerichte Studios mit Kühlschrank und Internetanschluss. $ 80–100, Suiten mit kompletter Küche $ 150–170, Deluxe Oceanview Suite mit Kamin und *Hot Tub* $ 200.

Geschmackvoll eingerichtet ▶ Days Inn Harbourview: 809 Island Hwy. S., Nanaimo, Tel. 250-754-81 71, 1-877-754-81 71, Fax 754-85 57, www.nanaimohotel.com. Viele Zimmer mit Hafenblick, auch mit Kitchenette; beheizter Innenpool, Restaurant mit Hafenblick. $ 104–156.

Preiswertes Hostel ▶ HI Nanaimo Painted Turtle Guesthouse: 121 Bastion St., Tel. 250-753-44 32, Fax 250-753-44 34. In einem komplett renovierten Gebäude von 1913 an der Waterfront, nett eingerichtet, gemütlicher Aufenthaltsraum, Internetzugang. Zimmer mit 1 bis 4 Betten, Privatbäder. $ 73–80.

Camping ▶ Living Forest Oceanside RV & Campground: 6 Maki Rd., Nanaimo, Tel. 250-755-17 55, www.campinbc.com. Schön am Wasser gelegener, über 20 ha großer, bewaldeter Platz mit allen Einrichtungen, Panoramablick inklusive. $ 33–43.

Essen & Trinken

Maritimes Flair ▶ Lighthouse Bistro: 50 Anchor Way, Nanaimo, Tel. 250-754-32 12. Nettes Restaurant im Seaplane-Terminal an der Waterfront, Outdoor Patio, schöner Blick auf den Hafen, leckeres Menü, Meeresfrüchte, Salate, Burger. 11–23 Uhr. Lunch $ 7–12, Dinner $ 15–25. Eine Etage höher befindet sich der **Lighthouse Pub** mit preiswerten Specials von 16–18 Uhr.

Relaxte Atmosphäre ▶ Dinghy Dock Pub & Bistro: 8 Pirates Lane, Tel. 250-753-23 73, www.dinghydockpub.com, Sept.–März tgl. 10.30–22 Uhr. Schwimmendes Restaurant im Hafen von Protection Island, von Nanaimo mit der kleinen Hafenfähre (stdl. 8–23 Uhr) zu erreichen; gemütliche Atmosphäre und fantastischer Blick; das Essen ist gut und reichlich: Fisch, Pizza, Burger. $ 8–20.

Einkaufen

Karten und Bücher ▶ Nanaimo Maps: 8 Church St., Nanaimo, Tel. 250-754-25 13. Landkarten und Literatur über Vancouver Island.

Abends & Nachts

Theater und Konzerte ▶ Port Theatre: 125 Front St., Nanaimo, Tel. 250-754-85 50, www.porttheatre.com. Aufführungen der Nanaimo Theatre Group, Musicals, Konzerte.

Aktiv

Bootsexkursionen ▶ Newcastle Island Ferry Service: Maffeo Sutton Dock, Nanaimo, Tel. 250-729-87 38, 1-877-297-85 26, www.nanaimoharbourferry.com. 45-minütige Hafenrundfahrten ($ 22, bis 12 Jahre $ 10) und regulärer Fährservice nach Newcastle und Protection Island (Rundfahrt $ 9); Abfahrt vom Maffeo Sutton Dock alle 30 Min. (jede volle und halbe Stunde, Rückfahrt jede Viertel- und Dreiviertelstunde); Mitnahme von Fahrrädern gegen geringen Aufpreis.

Kajak- und Kanutouren ▶ Wildheart Adventure Tours: 1560 Brebber Road, Nanaimo, Tel. 250-722-36 83, 1-877-722-36 83, www.kayakbc.com. Die Tagestour entlang der Küsten von De Courcy und Link Islands beginnt südlich von Nanaimo ($ 95 inkl. Lunch), es werden auch mehrtägige Exkursionen in andere Regionen von Vancouver Island angeboten. **Alberni Outpost Nanaimo Adventure Centre:** 1840 Stewart Ave. (Brechin Boat Launch in der Nähe des BC Ferry Terminal), Nanaimo, Tel. 250-754-66 26, 1-866-765-29 25, www.albernioutpost.com. Das Adventure Centre liegt direkt gegenüber von Newcastle Island; man kann Kanus und Kajaks mieten und auf Paddeltouren den Newcastle Island Provincial Marine Park erkunden.

Tauchen ▶ Sundown Diving: 22 Esplanade Rd., Nanaimo, Tel. 250-753-18 80, 1-888-773-34 83, www.sundowndiving.com. Tauchkurse und Tauchgänge zu den natürlichen Riffen in der Departure Bay und bei Gabriola Island sowie zu Schiffswracks, die in rund 40 m Tiefe auf dem Grund liegen; auch halbtägige Schnorchel-Exkursionen zu den Seehunden bei Snake Island.

Golf ▶ Nanaimo Golf Club: 2800 Highland Blvd., Nanaimo, Tel. 250-758-24 51, www.nanaimogolfclub.ca. Wunderschöner Platz über der Departure Bay. 18-Loch $ 43–72, 9-Loch $ 43, Fr und Sa nach 14 Uhr 9-Loch inklusive Dinner $ 40.

Termine

Nanaimo Marine Festival and Bathtub Race: Ende Juli. Verrücktes Rootsrennen, bei dem motorisierte ›Badewannen‹ als Gefährt dienen.

Verkehr

BC Ferries: von Nanaimo nach West Vancouver/Horseshoe Bay. Auskunft und Reservierungen, Tel. 250-386-34 31, 1-888-223-37 79, www.bcferries.com, Mo–Fr 7–20, Sa/So 8–18 Uhr.

Nanaimo Regional Transit System: Tel. 250-390-45 31. Busverbindungen in und um Nanaimo von der Harbour Park Mall.

Ausflug auf die Southern Gulf Islands ▶ 2, J 12/13

Die **Gulf Islands** **8**, ein Gewirr von rund 200 Inseln in der Strait of Georgia zwischen der Südostküste von Vancouver Island und dem Festland, sind eine Welt für sich und lohnen einen Abstecher. Die größeren Inseln – Salt Spring, Galiano, North Pender, Mayne und Saturna Island – sind durch den regulären Fährdienst der ›BC-Ferries‹ (s. links) miteinander verbunden. Die kleineren Inseln sind nur mit dem Boot oder Kajak zu erreichen. Eine gewisse Abgeschiedenheit, idyllische Landschaft und das besondere Klima der Inseln, das mehr Sonnenschein bietet als das nahegelegene Festland, hat eine große Zahl von Künstlern und Kunsthandwerkern auf die Gulf Islands gezogen. So findet man hier auch Studios, Galerien und Werkstätten mit einem breiten Angebot: Gemälde, Skulpturen, getöpferte und geschnitzte Werkstücke, Fotokunst, Gewebtes und andere textile Handarbeiten, mundgeblasenes Glas, handgefertigter Schmuck und anderes Kunsthandwerk.

Um der zunehmenden Kommerzialisierung und Zersiedelung der Inseln Einhalt zu gebieten, hat man 2003 Teile der Inselregion als **Gulf Islands National Park Reserve** unter Schutz gestellt. Dazu gehören abgelegene bewaldete Hügel und Küstenlandschaften mit kleineren Inseln und Riffen, vor allem aber die zerklüfteten felsigen Küstenabschnitte mit den zahlreichen Gezeiten-Tümpeln und Felsbecken. In diesen sogenannten ›Tidepools‹ ist bei Niedrigwasser eine faszinierende farbenprächtige Unterwasser-Fauna von verschiedenfarbigen Seesternen, Seeigeln, Muscheln, Krebsen und Schnecken zu sehen.

Salt Spring Island ist die größte der südlichen Gulf Islands; größter Ort und Zentrum der Inselaktivitäten ist Ganges. Hier leben die meisten der 10 000 Insulaner. In den schön restaurierten Gebäuden am Wasser sind heute Restaurants, Kunstgalerien und Antiquitätenläden untergebracht. Beim kleinen Ort Fulford im Süden der Insel legen die Fähren aus Victoria an.

Am Ufer von Salt Spring Island, der größten der Southern Gulf Islands

Das schmale, lang gestreckte **Galiano Island** ist nach dem spanischen Entdecker benannt, der vor rund 200 Jahren durch die Inselwelt segelte. Hier gibt es die schönsten Strände der Inseln. Die meisten der rund 1000 Einwohner leben auf der Südspitze der Insel. Auf der Porlier Pass Road gelangt man zu einem besonders reizvollen Fleckchen, dem 90 ha großen **Montague Harbour Provincial Park** mit weißem Muschelstrand und üppigem Küstenwald. Der Park bietet auch hervorragende Campingmöglichkeiten.

Infos

Gulf Islands National Park Info Centre: 2220 Harbour Rd., Sidney, BC, V8L 2P6, Tel. 250-654-40 00, Mo–Fr 8–16.30 Uhr.

Salt Spring Island Visitor Info Centre: 121 Lower Ganges Rd., Salt Spring Island, Tel. 250-537-52 52, 1-866-216-29 36, www.saltspringtourism.com. Juli/Aug. 9–17, April–Juni und Sept./Okt. 10–16, Nov.–März 11–15 Uhr.

Übernachten

... auf Salt Spring Island:

Klein & intim ► Anchor Point B & B: 150 Beddis Rd., BC V8K 2J2, Tel. 250-538-01 10, 1-800-648-25 60, Fax 250-538-01 20, www.anchorpointbb.com. B & B in hübschem Garten, stilvoll eingerichtete Suite mit Queen-Size-Bett und Kamin, *Hot Tub*-Spa mit Sonnendeck, Gourmet-Frühstück; man spricht auch Deutsch. $ 195, günstigere Raten bei mehrtägigem Aufenthalt.

Ökologisch geführt ► Salt Spring Harbour House: 121 Upper Ganges Road, BC V8K 2S2, Tel. 250-537-55 71, Fax 250-537-46 18, www.saltspringharbourhouse.com. Nettes Hotel mit 35 Zimmern, direkt am Hafen gelegen, einige Zimmer mit schönem Blick, Kamin und Whirlpool, das Village ist bequem zu Fuß zu erreichen. Spa und Yoga-Studio. Das Restaurant verwendet Zutaten von der angeschlossenen, organisch betriebenen Farm. $ 180–210.

... auf Galiano Island:
Verwöhnadresse ▶ **Galiano Oceanfront Inn:** 134 Madrona Dr., Tel. 250-539-33 88, 1-877-530-39 39, www.galianoinn.com. Luxuriöses Inn und Spa, schön gelegen an der Sturdies Bay, mit prachtvollem Garten, stilvoll und komfortabel eingerichtet, *Hot Tub* am Meer. Ab $ 250.

Essen & Trinken

... auf Salt Spring Island:
Beliebter Treffpunkt ▶ **Tree House Café:** 106 Purvis Lane (neben der Mouat's Trading Company), Ganges, Tel. 250-537-53 79. Beliebt und preiswert, gutes Angebot von Lachs bis Hähnchen-Curry, abends oft Entertainment durch lokale Talente. $ 11–13.

Einkaufen

Kunsthandwerk ▶ **Salt Spring Island Art Craft:** 114 Rainbow Rd., Salt Spring Island, Tel. 250-537-08 99, Mitte Juni–Mitte Sept. tgl. 10–17 Uhr. Große Ausstellung und Verkauf von Erzeugnissen heimischer Kunsthandwerker in der historischen Mahon Hall.

Aktiv

Wandern, Segeln, Kajakfahren ▶ **Island Escapades:** 163 Fulford-Ganges Rd., Salt Spring Island, Tel. 250-537-25 53, Fax 537-25 32, www.islandescapades.com. Kajak-Exkursionen, Segeln, Wandertouren, Kurse und Verleih. Kajakmiete 2 Std. $ 30, 1 Tag $ 55; 2-stündiger Einführungskurs $ 60, Exkursionen ab $ 55.

Nach Parksville und Qualicum Beach ▶ 2, H 12

Von Nanaimo geht es dann auf dem Highway 19 weiter. Bei Lantzville beginnt das Beach Country mit seinen weiten Badestränden. Im **Arbutus Grove Park**, kurz vor Nanoose Bay, kann man die bizarr geformten Arbutus-Bäume (Erdbeerbäume) mit ihrer rotbraunen, sich ständig abschälenden Rinde bewundern. Nanoose Bay ist ein Treffpunkt der Segler und Windsurfer. Bei den populären Badeorten **Parksville** 9 und **Qualicum Beach** 10 findet man die schönsten Badestrände der Insel – auch für Familien mit kleinen Kindern bestens geeignet. Das Meerwasser erreicht bei Parksville im Sommer Temperaturen von bis zu 21 °C und ist damit das wärmste an der kanadischen Küste. *Beachcombing* und das Bauen von Sandburgen sind bei Ebbe beliebte Freizeitvergnügen. Höhepunkt der Saison sind dann auch die alljährlich im August stattfindenden International Sandcastle Competitions in Parksville. Den Siegern winken Preisgelder von mehreren tausend Dollar.

Etwa 4 km südlich von **Parksville** lohnt der **Craig Heritage Park and Museum**, gleich neben dem **Visitor Centre**, einen Besuch. Auf dem Areal sind einige Gebäude aus der Zeit der ersten Siedler zu sehen. In Qualicum Beach kann man in der **Old Schoolhouse Gallery,** die in einem schön restaurierten 100 Jahre alten Gebäude untergebracht ist, Kunsthandwerkern beim Weben, Schnitzen, Töpfern und Drucken zusehen (112 Fern Rd. W., Tel. 250-752-61 33).

Infos

Parksville Visitor Info Centre: 1275 Island Hwy. E., Tel. 250-248-36 13, Juli/Aug. Mo–Sa 8–20, sonst 9–17 Uhr.
Qualicum Beach Visitor Centre: 2711 W. Island Hwy., Tel. 250-752-95 32, www.qualicum.bc.ca.

Übernachten

Wellnessoase ▶ **Tigh-Na-Mara Seaside Spa Resort:** 1155 Resort Dr., Parksville, Tel. 250-248-20 72, 1-800-663-73 73, www. tigh-na-mara.com. Komfortabel ausgestattete Bungalows und Studios direkt am Strand, Grotto Spa. Günstigere Pauschalangebote, auch inklusive Aktivitäten, mehrere Restaurants (Dinner $ 24–35). Ab $ 207.
Motelunits, Cabins & Stellplätze ▶ **Qualicum Bay Resort:** 5970 West Island Hwy., Qualicum Bay, Tel. 250-757-20 03, 1-800-663-68 99, Fax 757-20 37, www.resortbc.com. Motel und Campsite mit RV-Stellplätzen, im Grünen gelegen, vom Wasser durch die Straße getrennt; voll eingerichtete Cottages und schlichte Cabins. Zimmer mit Kitchenette $ 99–150, Cabins $ 44–59, Stellplatz $ 34.

aktiv unterwegs

Little Qualicum Falls Trail

Tour-Infos

Start: Parkplatz des Little Qualicum Provincial Park (Vancouver Island Hwy 19, dann Hwy 4 in westl. Richtung nach Port Alberni, nach 8 km Abzweig rechts zum Park)
Länge: 2–6 km
Dauer: 1–2 Stunden
Hinweis: Der Parkplatz ist gebührenpflichtig.

Der Little Qualicum River ist einer von mehreren Flüssen, die aus der gebirgigen Mitte von Vancouver Island ins Alberni Valley fließen. Mehrere davon sind in Provincial Parks geschützt. Der Little Qualicum Trail gilt als der schönste der Wanderwege, die an diesen Flüssen entlangführen. Kaum hat man den Parkplatz hinter sich gelassen, erscheint die Zivilisation weit entfernt. Unvermittelt ist man gefangen genommen von der herrlichen Regenwaldvegetation, die sich um den Fluss herum entwickelt hat. Naturliebhaber und Fotografen kommen bei dieser Wanderung voll auf ihre Kosten.

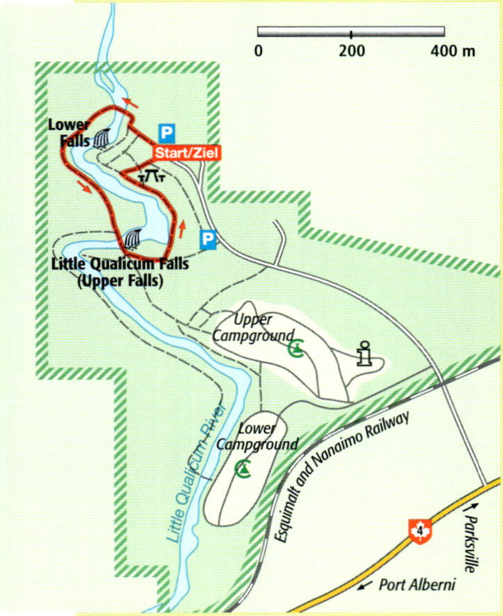

Der Trail ist ein Rundkurs; man kann ihn auf der Westseite des Flusses beginnen oder über eine Fußgängerbrücke zum Ostufer hinübergehen. Bei dieser Variante erreicht man nach kurzer Zeit den **Lower Waterfall,** mit einer Höhe von 4 m kein Superlativ, aber ein schöner Vorgeschmack auf den großen Bruder weiter flussaufwärts. Der Weg führt durch Wälder mit moosbehangenen Douglasfichten, Hemlocktannen und Ahornbäumen. Ein Großteil des Baumbestandes ist *old-growth* – das heißt, hier hat noch niemand die Säge angesetzt. Immer wieder ergeben sich Ausblicke auf den schmalen Fluss, der durch die Schlucht gurgelt, hier und da eine kleine Stufe oder ein Hindernis nimmt und dann wieder glasklare Pools bildet, in denen man herrlich schwimmen kann (Abschnitte, an denen dies nicht erlaubt ist, sind gekennzeichnet). Ein dichter Vorhang aus Moos, Flechten und Farnen bedeckt die Canyonränder, dicke Felsbrocken im Flussbett sowie umgestürzte Bäume quer über dem Fluss schaffen eine urweltlich anmutende Szenerie. Akzente inmitten der unendlich vielen Grünschattierungen setzen die Erdbeerbäume *(Arbutus Trees)* mit ihren bizarr geformten, rostroten Ästen.

Dann ist der **Upper Waterfall** erreicht – seine Kaskaden stürzen immerhin 20 m in die Tiefe. Oberhalb der Fälle hat sich ein in der Sonne smaragdgrün leuchtender Pool gebildet. Wunderschön ist der Blick vom Wasserfall über den Pool und die vielen kleinen Stufen, die der Fluss hier überwindet. Kurz darauf führt der Weg über eine Fußgängerbrücke wieder auf die Westseite des Canyons, auf dem Rückweg zum Parkplatz weitere reizvolle Perspektiven bietend.

Camping ▶ Park Sands Beach Resort: 105 E. Island Hwy., Box 179, Parksville, BC V9P 2G4, Tel./Fax 250-248-31 71, 1-877-873-16 00, www.parksands.com. Ruhiger Campingplatz mit 98 Stellplätzen, schön am Strand gelegen. $ 23–50.

Essen & Trinken

Mit Strandpanorama ▶ Beach House Café: 2775 West Island Hwy., Tel. 250-752-96 26, tgl. 11–14, 17–21.30 Uhr. Leckere Meeresfrüchte, gegrillter Lachs, Shrimps in Currysauce und ein paar deutsche Gerichte vom Schwarzwälder Küchenchef; man kann auch draußen auf dem geschützten Deck speisen. Dinner $ 12–24.

Einkaufen

Kunsthandwerk ▶ Old Schoolhouse Gallery: 122 Fern Rd. W., Tel. 250-752-61 33, www.theoldschoolhouse.org, Di–Sa 10–16.30, So (nur im Sommer) 12–16, Mo 12–16.30 Uhr. Verkaufsausstellung im alten Schulgebäude.

Aktiv

Angelexkursionen ▶ Salmon Eye Charters: 3290 Welsh Rd., Qualicum Bay, Tel. 1-877-777-4344, 250-240-40 30 (mobil), www.salmoneye.net. Lachse angeln in Qualicum, Port Alberni, Ucluelet, Campbell River. Verschiedene Angebote zwischen Juni und Sept., je nach Lachssorte. Tagestouren ab $ 400 inkl. kompletter Ausrüstung.

Durchs Alberni Valley zum Pacific Rim N. P. ▶ 2, G/H 12

Karte: S. 162

Von Parksville verläuft der Highway 4 quer durch das Inselinnere zum Pacific Rim National Park an der Westküste von Vancouver Island. Bis nach Long Beach und zu den Orten Tofino und Ucluelet legt man etwa 160 km zurück. Unterwegs hat man Gelegenheit zu verschiedenen kürzeren Wanderungen. Auch ein Picknick im **MacMillan Park** 11 mit seinen 800 Jahre alten Beständen von Douglasien und Red Cedars ist ein Erlebnis.

Port Alberni 12 ist nach knapp einer Stunde Fahrt erreicht. Der 18000 Einwohner zählende Ort lebt im Wesentlichen von der Forstindustrie. Durch das Alberni Inlet mit dem Ozean verbunden, dient der Hafen auch als Basis für Fischerboote und Sportangler. Die Stadt ist berühmt für ihren Lachsreichtum. Auf den ersten Blick mag Port Alberni eher unattraktiv wirken, es ist jedoch ein guter Ausgangspunkt für Unternehmungen in der Region. Ganz besonders zu empfehlen ist der Tagesausflug mit dem alten Postschiff **»Frances Barkley«** (s. S. 173) auf dem Inlet von Port Alberni nach Bamfield und Ucluelet an der Westküste.

Im **Alberni Valley Museum** sind Sammlungen zur Kunst und Kultur der indigenen Bevölkerung von Vancouver Island zu sehen, darunter auch sehr hübsche Stücke der Korbflechtkunst des Nuu Cha Nulth-Stammes (im Echo Centre, 4255 Wallace St., Tel. 250-723-21 81, Di–Sa 10–17, Do 10–20 Uhr; Eintritt frei, Spende erbeten).

Die Geschichte der Forstindustrie wird am Beispiel der **McLean Mill Historic Site** anschaulich dargestellt. Etwas außerhalb in Richtung Beaver Creek ist der Familienbetrieb der McNeals mit Camp und dampfbetriebenem Sägewerk restauriert worden. Bei dem Komplex handelt es sich um die letzte Sägemühle dieser Art in Kanada (Smith Road, Abzweigung von Beaver Creek Road, Port Alberni, Tel. 250-723-13 76, Fax 723-59 10, www.alberniheritage.com, tgl. 10.30–17 Uhr, Mitte Juni–Anf. Sept. Mi–Sa Sägedemonstrationen 11.30 und 15.30 Uhr, Führungen 12.15 und 16.15 Uhr, kurze Stage Shows 11, 13.30 und 15 Uhr; je nach Veranstaltung ab $ 5).

Wer nicht mit dem Auto zur McLean Mill Historic Site fahren will, kann alternativ die Eisenbahn benutzen: Die **Alberni Pacific Railway** fährt in 35 Min. von den CPR Stationen an Argyle und Kingsway auf der alten ›Steam Donkey-Route‹ zur historischen Sägemühle (Tel. 250-723-13 76, Mitte Juni–Labour Day Do–Mo 10 und 13.45, letzter Zug zurück 16.45 Uhr, keine Kinder unter 16 Jahren. Im Preis für die Rundfahrt von $ 30 ist der Eintritt für die Mühle inbegriffen).

Recht interessant ist auch ein Besuch der **Robertson Creek Fish Hatchery**, 5 km westlich von Port Alberni auf dem Highway 4 und dann noch einmal 7 km auf der Great Central Lake Road. Hier werden jährlich rund 10 Mio. Lachse auf den Weg zum Pazifik entlassen. Auch bei der Fischleiter am Beaver Creek im schönen Stamp River Provincial Park sind die Lachse bei ihrer Wanderung über einen Wasserfall zu beobachten.

Das landschaftlich reizvolle Alberni Valley verzeichnet in den letzten Jahren wachsende Besucherzahlen. Die seenreiche Region bietet ausgezeichnete Wassersport-, Angel- und Wandermöglichkeiten. Besonders gut zum Schwimmen und Kanufahren eignet sich der Sprout Lake. Touren zu den **Della Falls**, die mit 500 m zu den höchsten der Welt gehören, lohnen ebenso wie eine Halbtagswanderung zum schneebedeckten Mount Arrowsmith.

Im weiteren Verlauf des Highway 4 passiert man den Scheitelpunkt der Bergkette im Inselinneren, der auch die Wetterscheide zwischen Ost- und Westküste bildet. Hier sieht man häufig Nebelwolken, die malerisch in den Bergen oder über dem Kennedy Lake hängen. Sie sind die Vorboten der pazifischen Luftmassen, die die Regenwälder an der Westküste entstehen ließen.

Ucluelet 13 und **Tofino** 14 sind pittoreske Fischerdörfer mit Restaurants, die sich auf Seafood spezialisiert haben. Beide Orte fungieren als Basis für Unternehmungen im Pacific Rim National Park und werden in der Hauptsaison stark frequentiert, sodass sich eine frühzeitige Reservierung empfiehlt.

Infos

Alberni Valley Chamber of Commerce: 2533 Port Alberni Hwy., Port Alberni, BC V9Y 8P2, Tel. 250-724-65 35, 1-866-576-36 62, Fax 604-724-65 60, www.avcoc.com.

Tofino Travel Info Centre: Campbell St., Box 249, Tofino, BC V0R 2Z0, Tel. 250-725-34 14, Fax 725-32 96, www.tourismtofino.com.

Pacific Rim Visitor's Centre: an der Straßengabelung Tofino–Ucluelet, Tel. 250-726-46 00, geöffnet März–Okt.

Übernachten

... in Port Alberni:

Charmantes B & B ▶ Cedar Wood Lodge: 5895 River Rd., Tel. 250-724-68 00, 1-877-314-68 00, Fax 250-724-68 87, www.cedarwood.bc.ca. In schöner Gartenanlage am Somass River, komfortabel eingerichtete Suiten mit Kühlschrank und Mikrowelle, diverse Aktivitäten und Ausflüge können arrangiert werden. Ab $ 129.

Motelunits & Stellpätze ▶ Somass Motel & RV: 5279 River Rd., BC V9Y 6Z3, Tel. 250-724-32 36, 1-800-927-22 17, Fax 724-63 05, www.somass-motel.ca. Freundlich eingerichtete Zimmer, die über Mikrowelle und Kühlschrank verfügen. Zimmer ab $ 92, Suite mit Küche $ 120, RV $ 25.

... in Ucluelet:

Für gehobene Ansprüche ▶ Black Rock Oceanfront Resort: 5965 Marine Dr., Ucluelet, Tel. 250-726-48 00, 1-877-762-50 11, Fax 250-726-24 30, www.blackrockresort.com. Geräumige Studios und Suiten mit Blick auf den Regenwald, Kitchenettes, Spa, Restaurant (Lunch $ 9–14, Dinner $ 27–32); attraktive Pauschalangebote schließen Kajaktouren und Surfunterricht ein. Ab $ 220.

... in Tofino:

Traumlage am Meer ▶ Pacific Sands Beach Resort: 1421 Pacific Rim Hwy., Tel. 250-725-33 22, 1-800-565-23 22, Fax 725-31 55, www.pacificsands.com. An der Cox Bay mit Pazifikblick; Strandhäuschen, Apartments, Motelzimmer, teils mit Kamin und Kitchenette; Ausflüge zum Pacific Rim National Park, Surfen, Strandwandern. $ 285–335.

Stilvoll & familiär ▶ Cable Cove Inn: 201 Main St., Box 339, Tofino, BC V0R 2Z0, Tel. 250-725-42 36, 1-800-663-64 49, Fax 725-28 57, www.cablecoveinn.com. Komfortables B & B-Inn, Zimmer mit Bad, Kamin und Terrasse, schöner Blick über den Hafen. $ 225–340.

Zentral gelegen ▶ Schooner Motel: 315–321 Campbell St., P. O. Box 202, BC V0R 2Z0, Tel. 250-725-34 78, Fax 725-34 99, www.schoonermotel.net. Direkt am Hafen gelegen, mit schönem Blick, Zimmer z. T. mit Kitchenette; Restaurant. $ 135–250.

Tipp: Mit der »Frances Barkley« nach Bamfield

Ein Trip ganz besonderer Art ist die Fahrt mit einem historischen Frachter von Port Alberni durch das Alberni Inlet und den Barkley Sound. Über 70 Jahre lang war die »Lady Rose«, ein 32 m langer Frachter, der 1937 in Schottland gebaut und im gleichen Jahr auf die lange Reise zur kanadischen Westküste geschickt wurde, hier im Einsatz und brachte Post, Güter, Kanuten und andere Passagiere zu den verstreuten Inseln und zum Küstenörtchen Ucluelet. Nun ist sie in den wohlverdienten Ruhestand geschickt worden und wird vom etwas größeren Schwesterschiff »Frances Barkley« abgelöst.

Schiffsnostalgiker bedauern es, dass die Tour nicht mehr von der legendären »Lady Rose« durchgeführt wird. Aber auch die »Frances Barkley« ist kein ›junges Mädchen‹ mehr; sie wurde 1958 in Norwegen gebaut und schon seit 1990 in Port Alberni zur Verstärkung der ›Old Lady‹ eingesetzt. Nun übernimmt sie allein die Versorgung und den Verkehr zwischen den Fischerdörfern, Holzfällercamps und Lachszuchtbetrieben im Südwesten von Vancouver Island.

Gegen 8 Uhr, d. h. sobald die Ladung verstaut ist, verlässt die »Frances Barkley« das Argyle Street Dock in Port Alberni. Tuckernd dreht der Frachter, und dann geht es in südlicher Richtung das Alberni Inlet hinunter. 25 Meilen lang, 100 Faden tief und eine halbe bis zwei Meilen breit ist der von Bergwänden umsäumte Fjord, der Port Alberni mit den großen Häfen der Welt verbindet. Etwa 20 Minuten nach dem Auslaufen wird Coos Creek Flats passiert. Je nach Bedarf macht der Dampfer Station – oft ist es nur ein einzelnes Holzhaus am Ufer, oder ein Hausboot mit schwimmendem Steg. In Kildonan am Uchucklesit Inlet holen Bewohner Kartons mit Lebensmitteln ab, die Holzfällercamps von Snug Cove und Silver Creek erhalten Nachschub, Fisch- und Muschelfarmen werden angelaufen, im Barkley Sound Resort in Congreve Bay wird Wäsche geliefert.

Dann, von der Dünung sanft geschaukelt, pflügt das Schiff westwärts in Richtung Bamfield am Barkley Sound. Am West Dock wird entladen. Dort ist dann auch Zeit für einen einstündigen Landgang mit Besuch im *Store* oder einer kurzen Wanderung zum Bradys Beach. In der Zwischenzeit fährt die »Frances Barkley« zum East Dock. Hier nimmt sie die erschöpften Wanderer auf, die den West Coast Trail hinter sich haben. Am späten Nachmittag, zwischen fünf und sieben Uhr, ist dann Port Alberni erreicht.

Die 1995 auf dem Gelände einer Walfangstation in Sechart errichtete Sechart Whaling Station Lodge ist das Zentrum der Wassersportaktivitäten in der ursprünglichen Inselwelt der Broken Group Islands. Die Zimmer sind freundlich und modern ausgestattet; das Haus hat Gemeinschaftsduschen und ein Restaurant. Man kann Zimmer mit und ohne Verpflegung sowie Kanus und Kajaks zu einem recht günstigen Preis über Lady Rose Marine Services in Port Alberni buchen.

Die über 100 Inseln und Inselchen zählenden Broken Group Islands sind Teil des Pacific Rim Nationalparks. Mit ihren versteckten Buchten und Höhlen, urwüchsiger Regenwaldvegetation und einer artenreichen Tierwelt bieten sie Naturliebhabern und Wassersportlern nicht nur bei schönem Wetter ein besonderes Erlebnis. Den eigentümlichen Reiz der Region macht das Wechselspiel von Wolken, Regen, Sonne, Wind und Nebel aus.

Die »Frances Barkley« verkehrt als Post- bzw. Fracht- und Passagierschiff zwischen Port Alberni, Bamfield und Ucluelet; auch Buchungen ab Bamfield und Ucluelet; Transport von Kanus/Kajaks Juni–Sept. nach Broken Group Islands/Ucluelet, nach Bamfield ganzjährig (Adresse s. S. 174). Verleih von Kanus/Kajaks, Buchung von Campsites und Unterkünften in der Sechart Whaling Station Lodge sowie in Bamfield über Broken Group Islands Adventures (Tel. 888-728-62 00, 250-728-35 00, www.brokenislandadventures.co).

Quartiere zu Wasser und zu Land ▶ **Canadian Princess Resort:** 1948 Peninsula Rd., Tel. 250-726-77 71, 1-800-663-70 90, Fax 598-13 61, www.obmg.com, Anf. Juni–12. Sept. Sportanglertouren. Schiffskabinen auf der »Canadian Princess« $ 69–179, Landunterkünfte $ 119–229.

Camping ▶ **Ucluelet Campground:** Box 777, 260 Seaplane Base Rd., BC V0R 3A0, Tel. 250-726-43 55, Fax 762-44 14, www.uclueletcampground.com. Campingplatz mit Blick auf Hafen und Berge; Angelcharter und Bootsvermietung stehen zur Verfügung. März–Sept., 125 Plätze. $ 39.

Essen & Trinken

... in Port Alberni:

Spezialität Muscheln ▶ **Clam Bucket Restaurant:** 4479 Victoria Quay, Tel. 250-723-13 15, Mo–Do 11–21, Fr/Sa 11–22, So 11–21 Uhr. Seafoodlokal am Somass River, mit schönem Blick auf das Wasser. Die Muscheln werden in netten kleinen Kübeln *(Buckets)* serviert. $ 8–20.

Nette Atmosphäre ▶ **Pescadores Bistro:** 5093 Johnston Rd., Port Alberni, Tel. 250-736-11 00, www.portalbernirestaurant.com, tgl. 8–21 Uhr. Frische Meeresfrüchte, Steaks, leckere Kleinigkeiten, hell und freundlich, mit Blick auf den Fluss. $ 9–24.

... in Tofino:

Kreative Westcoast Cuisine ▶ **The Shelter:** 601 Campbell St., Tel. 250-725-33 53, www.shelterrestaurant.com. Draußen einfachere Kost, drinnen einfallsreiche Küche, aber teurer. Salatbar, Krabben und Krebse. Moderate Preise. $ 10–35.

Einkaufen

Kunstgalerie ▶ **Eagle Aerie:** 350 Campbell St. (gegenüber Schooner Restaurant), Tofino, BC V0R 2Z0, Tel. 250-725-32 35, 1-800-663-06 69, www.royhenryvickers.com, tgl. 9.30–17.30 Uhr. Gemälde, Drucke und Skulpturen von Roy Henry Vickers, einem landesweit anerkannten Künstler mit indianischen Wurzeln, der einen festen Platz in der indianischen Gemeinde hat. Fasziniert lauschen die Besucher, wenn *Storytelling* angesagt ist.

Aktiv

Fahrten mit dem Postschiff ▶ **Lady Rose Marine Services:** P.O. Box 188, 5425 Argyle St., Port Alberni, BC V9Y 7M7, Tel. 250-723-83 13, 1-800-663-71 92, www.ladyrosemarine.com, Mo–Fr 8–17 Uhr. Tagestour zu den Broken Group Islands und nach Bamfield oder Ucluelet $ 74 (s. auch Tipp S. 173).

Walbeobachtung ▶ **Jamie's Whaling Station:** 606 Campbell St., Tofino, Tel. 250-725-39 19, 1-800-667-99 13, Fax 725-21 38, www.jamies.com. 2- bis 3-stündige Touren zur Walbeobachtung mit Motorschiffen ($ 99) oder kleinen Zodiac-Booten ($ 79). Abfahrten von März–Okt. 10–13.30 Uhr.

Pacific Rim N. P. ► 2, G 12

Karte: S. 162
Der **Pacific Rim National Park** stellt die Hauptattraktion an der Westküste dar. Er besteht aus drei Abschnitten: **Long Beach**, mit 20 km langem, sanft abfallendem, feinem Sandstrand (mit dem Auto leicht zu erreichen), einsamen Buchten und Regenwald; der **Broken Group Islands**, einem Gewirr von über 100 Inseln, die nur mit dem Schiff zu erreichen sind (s. S. 173), und dem **West Coast Trail**, der über 77 km durch Wildnis, Regenwald, Sümpfe, über Flüsse und zerklüftete Strandlandschaften führt (s. S. 186).

Long Beach 15

Vor wenigen Jahrzehnten hatte der Sand von **Long Beach** noch nicht seine heutige goldbraune Färbung. Durch die Mischung mit dem Kalk der zermahlenen Muscheln war er fast weiß. Mittlerweile werden die Muscheln schneller aufgesammelt, als sie angeschwemmt werden. Parkranger schätzen, dass ca. 7 t jährlich von den 300 000 Besuchern des Strands mit nach Hause genommen werden. Die abgeschiedenen Buchten weisen noch die ursprüngliche weiße Färbung auf. Außer Baden und Surfen – Long Beach ist der einzige Surfstrand in British Columbia – locken viele reizvolle Trails. Mit

Naturlehrpfade erschließen die Regenwälder des Pacific Rim National Park

etwas Glück kann man hier beobachten, wie sich Grauwale der Küste nähern; bei Radar Beach und Grice Bay leben Seehunde und Otter, und im Frühsommer finden sich Hunderte von Stellar-Seelöwen bei den vor der Küste liegenden Sea Lion Rocks ein.

Von **Tofino** aus werden auch Walbeobachtungs-Touren angeboten. Sollte dabei kein Wal gesichtet werden, darf man die Exkursion kostenlos wiederholen. Doch allein die Fahrt entlang der zerklüfteten Küste lohnt sich. Wer nicht nur beobachten, sondern auch angeln möchte, findet im Pacific Rim National Park Gelegenheit dazu. Eine Vielzahl von Seefischen, vom Hai bis zur Flunder, wird hier gefangen. In den flachen Gewässern, gleich unter der Wattenzone, wartet eine spektakuläre und farbenprächtige Unterwasserfauna auf Taucher – allerdings nicht auf Unerfahrene, denn es gibt gefährliche Strömungen. Strandläufer finden die verschiedensten Muscheln, Seesterne, Korallen und große Glaskugeln, die sich von den Netzen japanischer Fischer gelöst haben.

Rain Forest Trail

Auf jeden Fall sollte man den gut 1 km langen Rundweg auf dem **Rain Forest Trail** nicht auslassen, der etwa 9 km nördlich der Tofino-Ucluelet-Wegegabelung verläuft. In diesem urweltlichen Regenwald wachsen mächtige, 800 Jahre alte Riesenlebensbäume *(Red Cedars)* und Tannen, die unzählige raue Winterstürme ›abgewettert‹ haben. Von den Zweigen wuchern Farne und Moose herab, aus denen ständig Wasser tropft. Mit den falschen Azaleen, Salmonbeeren und roten Heidelbeeren, die wie ein dichter Teppich den Boden bedecken, bilden sie ein Mosaik satter Grünschattierungen. Der schmale Pfad windet sich auch am Tage durch grünes Dämmerlicht und führt an gigantischen Baumstümpfen mit weit ausfächernden Wurzelenden und umgestürzten, fast verrotteten Riesenlebensbäumen vorbei, aus denen wieder kräftige Bäume wachsen. Kaum, dass einmal ein Knistern der Zweige oder der Ruf eines Vogels die tiefe Stille durchbricht.

Einige Kilometer nach dem Parkeingang liegt das **Wickaninnish Centre** direkt am Strand von Long Beach. Hier sind interessante Ausstellungen über den Park zu sehen. Man sollte sich aber vor allem den herrlichen Blick über den endlos weiten Strand und die Bucht nicht entgehen lassen.

Infos

Pacific Rim National Park: 2185 Ocean Terrace Rd., P.O. Box 280, Ucluelet, BC V0R 3A0, Tel. 250-726-77 21.

Übernachten

Camping ► zwei Campingplätze; **Green Point Campground:** Tel. 250-726-42 12, 1-877-737-37 83, Mitte März–Mitte Okt., $ 6–23 zzgl. $ 10 Parkgebühren.

Von Parksville nach Campbell River

Karte: S. 162

Von Parksville erreicht man nach einer guten Stunde Fahrt das **Comox Valley**. Hier hat man etwa die Mitte der Strecke Victoria–Cape Scott erreicht. Das Tal mit den schneebedeckten Bergketten im Westen ist das wohl schönste Feriengebiet der Insel. Praktisch alle Freizeitaktivitäten sind möglich: Wandern, Reiten, Campen, Jagen, Angeln, Tauchen, Schwimmen, Golf und auch Skilaufen.

Comox Valley ► 2, H 11

Die rund 100 km von Parksville nach Campbell River (s. S. 178) lassen sich auf dem Highway 19 in weniger als 90 Min. fahren. Folgt man dem Island Highway 19 A West entlang der Küste, sollte man mit gut 3 Std. rechnen. Unterwegs genießt man immer wieder schöne Blicke auf die Strait of Georgia und passiert hübsche kleine Orte wie **Bowser, Fanny Bay** und **Union Bay.**

Bei **Qualicum Bay** führt die Horne Lake Road ins Landesinnere zum 8 km langen und 1,5 km breiten **Horne Lake.** Der 123 ha große **Horne Lake Caves Provincial Park** 16 ist für seine Kalksteinhöhlen bekannt. Hier kann man auf geführten Touren das Höhlensystem besichtigen oder auf eigene Faust die Main und Lower Main Caves erkunden. Auf einer Schotterstraße gelangt man zum Parkplatz. Den Qualicum River überquert man auf einer Fußgängerbrücke und erreicht auf einem Wanderweg die Haupthöhle. Andere Aktivitäten im Park schließen Camping, Kanu- und Kajaksport, Mountainbiking, Wandern, Klettern und Reiten ein (3900 Horne Lake Rd., www.hornelake.com).

Courtenay 17 ist mit 22000 Einwohnern das städtische Zentrum des Tals. Hier ist ganzjährig Saison und auch kulturell wird einiges geboten: Theater, Konzerte, Galerien und Festivals. Lohnend ist ein Besuch des Courtenay and District Museum and Paleontology Centre mit seinen Ausstellungen zur Kultur der Ureinwohner und den realistischen Dioramen. Im Museum ist auch die Replik eines in der Region gefundenen, 80 Mio. Jahre alten Elasmosaurier-Skeletts ausgestellt. Im Sommer werden täglich Touren zur Ausgrabungsstätte angeboten. Bei diesen ›Fossil Hunts‹ darf man auch selbst nach Fossilien graben (207 Fourth St., Tel. 250-334-06 86, Mitte Mai–Labour Day Mo–Sa 10–17, So 12–16, sonst nur Di–Sa 10–17 Uhr; Eintritt frei, Spende erbeten, Fossil Tour $ 25).

Kurz hinter Courtenay führt eine Abzweigung in das Skigebiet des Mount Washington mit dem **Mt. Washington Alpine Resort** und dem direkt angrenzenden Paradise Meadows, Teil des Strathcona Provincial Park. Auf 1100 m Höhe beginnt ein Netz von fast ebenen und auch anspruchsvolleren Wanderwegen, die in abwechslungsreiches alpines Gelände mit Bergseen führen. Der auch im Sommer betriebsbereite Sessellift erschließt weitere Wege und bietet großartige Ausblicke über die Strait of Georgia und die schneebedeckten Gipfel der Coast Mountains auf dem Festland.

Infos

Comox Valley Visitor Info Centre: 2040 Cliffe Ave., Courtenay, Tel. 250-334-32 34, www.comoxvalleychamber.com. Im Sommer 8.30–18, sonst Mo–Fr 9–18 Uhr.

Übernachten

... in Bowser:

Idyll am Meer ► **Shady Shores Beach Resort:** 6695 Island Hwy. W., Tel. 250-757-85 95, www.shadyshoresbeachresort.com. Herrlich am Strand gelegen, komfortable Zimmer und Cottages mit Blick, Kajak-Vermietung (bei einwöchigem Aufenthalt gratis). Ab $ 160, Juni und Sept. günstiger.

... in Union Bay:

Schön gelegenes B & B ► **Two Eagles Lodge:** 6409 Old Island Hwy, Tel. 250-335-2342, www.twoeagleslodge.com. B & B auf einer Anhöhe über der Georgia Strait mit Panoramablick über Baynes Sound und Denman Island, die Zimmer haben alle einen privaten Eingang und ein eigenes Bad, Kitchenette, Sonnendeck. $ 139.

... am Horn Lake:

Camping ► **Horne Lake Provincial Park:** 3900 Horne Lake Caves Rd., Tel. 250-927-00 53 (Platzreservierung), 250-248-78 29 (Touren und Aktivitäten), www.hornelake.com. Schöner Campingplatz mit einer bunten Palette von Aktivitäten. Camping $ 20–24, geführte Höhlentouren ab $ 24.

... in Courtenay:

Wellnessoase ► **Kingfisher Oceanside Resort & Spa:** 4330 Island Hwy. S. (Royston), Tel. 250-338-13 23, 1-800-663-79 29, www.kingfisherspa.com. Wunderschön gelegene Hotelanlage direkt am Wasser, luxuriöse Zimmer und Suiten, Pool und alle Wellnesseinrichtungen, ausgezeichneter Service, gutes Restaurant (Dinner $ 20–35). $ 200.

Freundliche Besitzer ► **Belle Vue B & B:** 5782 Coral Road, Tel. 1-250-898-87 02, 1-866-898-87 02, www.bellevuebb.ca. Drei geschmackvoll eingerichtete Zimmer mit Balkonzugang. Massagen, *Seaside Hot Tub,* opulentes Frühstück. Die Besitzer helfen bei der Planung von Aktivitäten. Ab $ 125.

... in Comox:

Ruhig & in Strandnähe ► **Singing Sands B & B:** 1951 Singing Sands Road, Tel. 250-339-35 52, 1-866-339-35 51, www.singingsandsbb.com. Nett und komfortabel eingerichtet, schöner Meerblick von der Guest Lounge. $ 100.

Essen & Trinken

Klassiker neu variiert ► **Old House Restaurant:** 1760 Riverside Lane, Courtenay, Tel. 250-338-54 06, So–Do 8–21, Fr/Sa 8–22 Uhr. Stilvolles Restaurant in historischem Gebäude inmitten wunderschöner Anlagen am Fluss, Outdoor Patio. Spezialität: Seafood und Lamm. Lunch und Dinner $ 15–28, Sonntags-Brunch 10–14 Uhr, $ 15–26.

Aktiv

Wintersport, Wandern, Mountainbiken ► **Mt. Washington Alpine Resort:** Tel. 250-338-13 86, 1-888-231-14 99, www.mountwashington.ca. Anf. Dez.–Anf. April Skisport (Lift-Pass $ 64), Juli–Okt. Wandern, Trekking und Mountainbiken (Sessellift $ 12).

Verkehr

BC-Fähren: von Comox nach Powell River: Auskunft und Reservierungen, Tel. 250-386-34 31, 1-888-223-37 79.

Campbell River ► 1, G 10

Fischfang bestimmt das tägliche Leben in **Campbell River** 18, einer Stadt mit 30 000 Einwohnern, die sich im Sommer in ein Mekka der Lachsfischer und Angelsportler aus der ganzen Welt verwandelt. Höhepunkt: das Salmon Festival im Juli. In der Saison sind deshalb die Preise auch für bescheidene Hotelzimmer relativ hoch. Gute Ausflugsmöglichkeiten bestehen zu den Quadra- und Cortes-Inseln.

Die 180 m lange **Discovery Pier** am Ufer der Downtown vermittelt einen Eindruck vom maritimen Ambiente der Stadt. Vor allem für Angler ist dies ein Paradies. Alle erforderlichen Einrichtungen sind vorhanden; Tafeln erklären die hier heimischen Fische. Vor allem wenn die Lachsschwärme kommen und bis zu 15 kg schwere Chinook-Lachse aus dem Wasser geholt werden, wird es interessant. Wer angeln möchte, kann sich die Ausrüstung leihen ($ 3,50 pro Std., $ 9 für einen halben Tag, Angellizenz nicht vergessen!).

Im schön an der Discovery Passage gelegenen **Museum at Campbell River** erhält man einen Überblick über die Geschichte der Region und kann eine umfangreiche Sammlung von Totempfählen, Masken und Kunsthandwerk der First Nations besichtigen. Auch auf dem 10 ha großen Gelände ist Interessantes zu sehen, so z. B. ein altes Fischerboot aus dem Jahr 1939 und ein historischer ›Steam Donkey‹, eine Dampfmaschine, wie sie die Holzfäller vor 100 Jahren benutzten (470 Oceanside Island Hwy., Tel. 250-287-31 03, www.crmuseum.ca, Mai–Sept. 10–18, im Winter Di–So 12–17 Uhr, $ 6).

Das **Maritime Heritage Centre** dokumentiert in einer kleinen Ausstellung die Geschichte der Küstengewässer um Campbell River. Highlight ist die im Jahr 1927 erbaute »BCP45«, ein schön restauriertes Fischerboot, typisch für den kommerziellen Lachsfang im 20. Jh. Ihr Bild zierte die Rückseite der 1972–1986 gebräuchlichen Fünf-Dollar-Note. 2005 erklärte die kanadische Regierung das Schiff zur National Historic Site (621 Island Hwy, Tel. 250-286-31 61, www.maritimeheritagecentre.ca, Mo–Fr 12–15 Uhr; $ 5).

Campbell River hält noch einen besonderen Leckerbissen für Naturliebhaber bereit. Mehrere Veranstalter bieten Exkursionen mit dem Zodiac-Boot in die Wildnisgebiete an der gegenüberliegenden Festlandküste an. Dort im Knight und Bute Inlet lassen sich Schwarzbären und die mächtigen Grizzlys dabei beobachten, wie sie sich ihr Winterfett mit Lachsen anfuttern.

Infos

Campbell River Info Centre: 1235 Shoppers Row, Campbell River, BC V9W 2C7, Tel. 250-830-04 11, 1-877-286-57 05, Fax 286-69 48, www.campbellriverchamber.ca. Im Sommer tgl. 8.30–18.30 Uhr.

Campbell River Tourism: www.campbellrivertourism.com.

Übernachten

Mit privatem Bootshafen ► **Painters Lodge:** 1625 MacDonald Rd., Campbell River, Tel. 250-286-11 02, 1-800-663-70 90, www.painterslodge.com. Eine luxuriöse Fishing Lodge, die keine Wünsche offen lässt, schön gelegen direkt an der Discovery Passage, mit

Pool und eigener Marina, Restaurant; Pauschalangebote mit Lachsangeln (3 Tage $ 369) und Wildlife Bootstouren (2 Übernachtungen $ 189). DZ ab $ 108.
Angler-Quartier ▶ **Campbell River Lodge (Riverside Inn):** 1760 N. Island Hwy., Campbell River, Tel. 250-287-74 46, 1-800-663-72 12, www.campbellriverlodge.com. Gemütliches Resort 1,6 km nördl. vom Stadtzentrum am Hwy. 19, am Campbell River. Fünfstündige Angelausflüge inkl. Boot und Guide ab $ 78. $ 100–120.
Boutiquehotel am Meer ▶ **Heron's Landing Hotel:** Campbell River, 492 South Island Hwy, Tel. 250-923-28 48, 1-888-9233-28 49, www.heronslanding.com. Nur 5 Min. von der Downtown entfernt, 30 nett eingerichtete, geräumige Zimmer und Suiten mit Balkon, Kitchenette, Waschsalon, Highspeed-Internet. Ab $ 139.
In Panorama-Lage ▶ **Passageview Motel:** 517 Island Hwy., Campbell River, Tel. 250-286-11 56, 1-877-286-11 56, www.passage viewmotel.com. 30 Wohneinheiten (teils mit Küche) mit Blick auf die Discovery Passage, Hochseeangeln; 1 km südlich von Campbell River. Ab $ 79.
Camping ▶ **Parkside Campground & RV Park:** 6301 Gold River Hwy., Campbell River, Tel. 250-830-14 28, www.parksidecamping rv.com. Schöner Campingplatz im Wald, etwa 5 km westlich von Campbell River. Mai–Okt. $ 28–32.

Essen & Trinken

An der Harbourfront ▶ **Riptide Marine Pub:** 1340 Island Hwy (Discovery Harbour Shopping Centre), Tel. 250-830-0044, www.riptide marinepub.ca. Geräumig und nett eingerichtet; vom verglasten Deck hat man einen schönen Blick aufs Wasser. Zum Lunch und Dinner gibt es Meeresspezialitäten wie Lachs, Heilbutt oder Muscheln, weiterhin Pasta, Burger und leckere Kleinigkeiten. $ 11–20.

Aktiv

Tierbeobachtung ▶ **Eagle Eye Adventures:** Campbell River, Tel. 286-08 09, 1-877-286-08 09, www.eagleeyeadventures.com. Exkursionen mit dem Zodiac-Boot nach Bute Inlet zum Beobachten von Grizzlys (4 Std.), Orcas beobachten bei Robson Bight. Ab $ 109.
Tide Rip Grizzly Tours: 1660 Robb Ave., Comox, Tel. 250-339-53 20, 1-888-643-93 19, Fax 339-62 94, www.tiderip.com. Individuelle Wildnistouren mit Grizzly- und Schwarzbärenbeobachtung im Knight und Bute Inlet, täglich ab Campbell River (Abholung) oder Telegraph Cove. Kajaktouren zum Beobachten von Seeottern. Grizzly-Touren Mitte Mai–Sept., $ 288, Grizzly- und Lachstouren 20. Aug.–20. Sept. $ 380. Frühzeitig buchen!
Angeln ▶ **River Sportsman:** 2115 Island Hwy., Campbell River, Tel. 250-286-10 17. Verleih von Ausrüstung, Angellizenzen.

Quadra Island ▶ 1, G/H 10

Mit der Fähre gelangt man in zehn Minuten nach **Quadra Island** 19. Hier gibt es schöne Küstentrails, alte Totempfähle, Petroglyphen, ein exzellentes Indianermuseum, und häufig lassen sich auch Wale, Seelöwen und Otter beobachten. Das **Nuyumbalees Cultural Center** (ehemals Kwagiulth Museum) im kleinen Indianerdorf Cape Mudge südlich des Fähranlegers beherbergt eine berühmte Sammlung alter *Potlatch*-Utensilien (s. auch Thema S. 47), Tanzkostüme und Zeremonien-Masken (34 Weway Road, Cape Mudge Village, 3,6 km südl. vom Fähranleger, Tel. 250-285-37 33, www.quadraisland.worldweb.com, Mo–Sa 10–16.30, Juni–Sept. zusätzlich So 12–16.30 Uhr; 5 $).

Übernachten

Von Indianern geführt ▶ **Tsa-Kwa-Luten Lodge:** 1 Lighthouse Rd., P.O. Box 460, Quathiaski Cove, Quadra Island, BC V0P 1N0, Tel. 250-285-20 42, 1-800-665-77 45, Fax 285-25 32, www.capemudgeresort.com. Architektonisch interessante, auf den Küstenklippen erbaute Lodge; herrlicher Blick über die Discovery Passage. Sauna, Jacuzzi, Fitness, Tourangebot; Campingplatz, Restaurant & Lounge, indianisch inspirierte Menüs. Von Mai bis Okt. geöffnet. Zimmer ab $ 150, Cottages $ 225–280 (bis 4 Pers.), Camping ab $ 35.

Gepflegt-rustikal ▶ Heriot Bay Inn: P.O. Box 100, Heriot Bay, BC V0P 1N0, Tel. 250-285-33 22, Fax 285-27 08, www.heriotbayinn.com. In schöner Lage auf Quadra Island; B & B, Restaurant. Cottages $ 109–219, Suiten $ 259. Mit der Fähre von Campbell River nach Quadra Island, dann 10 Min. Fahrt zum Anleger der Cortes-Fähre.

Verkehr

BC-Fähren: Von Campbell River nach Quadra Island; Auskunft und Reservierung: Tel. 250-286-14 12, www.bcferries.com.

Strathcona Provincial Park und Nootka Sound

Karte: S. 162

Fahrt durch den Strathcona Provincial Park ▶ 1, G 11

Von Campbell River führt der Highway 28 zur Westseite von Vancouver Island, Endpunkt ist der kleine Holzfällerort Gold River am Muchalat Inlet. Die knapp 100 km lange Strecke führt durch den **Strathcona Provincial Park** **20**, ein 1,5 Mio. ha großes Wildnisgebiet mit dem fast 2200 m hohen Golden Hinde als Mittelpunkt. Die Fahrt durch das Parkgebiet ist außerordentlich reizvoll: raue Hochgebirgslandschaft mit dichten Wäldern von mächtigen Douglas-Tannen, tiefe Schluchten und rauschende Bäche, stille Seen mit verstreuten Inseln, die scheinbar noch nie betreten worden sind – ganz so, wie man sich die kanadische Wildnis vorstellt.

Oberhalb der Baumgrenze wachsen Heide, Lupinen, Phlox und Moose. Selbst bei schlechtem Wetter übt diese Landschaft eine starke Anziehungskraft aus; tief hängende Nebelschwaden wabern zwischen den großen Bäumen, Himmel und Erde scheinen zu verschmelzen und schaffen eine fast unwirkliche Stimmung. Hier leben Elche und Vielfraße, die man allerdings kaum zu Gesicht bekommt. Eher begegnet man schon den Schwarzbären, die gern die Nahrungsvorräte unvorsichtiger Camper durchstöbern.

Kurz bevor man in das Parkgebiet fährt, biegt die Straße nach links ab und verläuft 30 km am Ostufer des Buttle Lake entlang. Hier gibt es mehrere Campingplätze, die neben den üblichen Einrichtungen auch über Rampen zum Wassern von Booten verfügen.

Infos

BC Parks: Strathcona District, Box 1479, Parksville, BC V9P 2H4, Tel. 250-954-46 00, Fax 248-85 84. Info über den Strathcona Provincial Park. **Camping:** 161 Plätze.

Aktiv

Wandern ▶ Strathcona Park Lodge: Outdoor Education Centre, Hwy. 28, P.O. Box 2160, Campbell River, BC V9W 5C5, Tel. 250-286-31 22, Fax 286-60 10, www.strathcona.bc.ca. Ein- und mehrtägige Wandertouren in den Bergen des Strathcona-Parks und auf Nootka Island; man erhält Grundkenntnisse im Klettern und Gletscherwandern. Komfortable Unterkünfte. $ 80–170.

Am Nootka Sound ▶ 1, F 10/11

In **Gold River** (1400 Einw.) ist nicht viel los, aber wenige Kilometer hinter dem Ort kann man von der Station am Sund dreimal in der Woche mit dem Motorschiff »Uchuck III« das Muchalat Inlet hinunter in den **Nootka Sound** **21** fahren. Ein historisches Gewässer, in dem schon Captain Cook kreuzte und seine Basis für weitere Expeditionen errichtete. Die Fähre sorgt für den Berufsverkehr zwischen den kleinen Pionier-Siedlungen Nootka, Friendly Cove, Tahsis und Zeballos. Im Indianerdorf **Friendly Cove** wird Kunsthandwerk hergestellt. 1792 verhandelten Captain George Vancouver und sein Gegenspieler Juan Francisco de la Bodega y Quadra hier über die Besitzrechte am Nootka-Sound-Territorium.

In **Zeballos** **22** gibt es neben weiteren historischen Gebäuden aus den 1930er-Jahren, als hier Gold gefunden wurde, auch ein kleines Museum, in dem man mehr über die Geschichte des Ortes erfahren kann.

Als Abkürzung für die Fahrt von Gold River zur Nordspitze nach Port Hardy bietet

Kletterspaß im Strathcona Provincial Park

sich eine 75 km lange Schotterstraße *(Logging Road)* an, die von der Forstwirtschaft unterhalten wird. Bei Woss trifft sie auf den Highway 19. Von dort sind es noch etwa 100 km bis nach Port Hardy.

Infos

Gold River Visitor Info Centre: Muchalat Drive, Gold River, Tel. 250-283-24 18, Fax 283-7500, www.goldriver.ca. Juli/Aug. 9–16.30 Uhr.

Zeballos Info Centre: 161 Maquinna Ave. (Community Hall), Tel. 250-761-42 29, Fax 761-43 31, www.zeballos.com.

Übernachten

Neu eröffnet ► **Post & Beam Lodge:** 148 Maquinna Ave., Zeballos, Tel. 250-761-42 75, www.postandbeamlodge.com. Das nach dem Brand wieder errichtete Zeballos Hotel – jetzt modernisiert mit Restaurant und Pub. $ 110.

Verkehr

M.V. Uchuck III: Docks am Hwy. 28, 14 km westl. von Gold River, Tel. Büro 250-283-25 15, Schiff 250-283-23 25, www.mvuchuck.com. **Abfahrten:** Di 9 Uhr (Mitte Juni–Mitte Sept.) nach Zeballos (inkl. Übernachtung $ 360, für 2 Personen $ 595, Rückfahrt am nächsten Morgen um 9 Uhr), eine einfache Fahrt nach Zeballos ($ 55) ist auch möglich, man muss sich dann selbst um Unterkunft kümmern, da das Schiff erst am nächsten Morgen zurückfährt.

Nach Port Hardy und Cape Scott

Karte: S. 162

Nördlich von Campbell River führt der Highway durch einsame Waldregionen, nur vereinzelt gibt es Häuser und Rastplätze. Bis zum 200 km entfernten Port McNeill (2600 Einw.) passiert man nur die beiden Orte Sayward (1200 Einw.) und Woss. Ab und zu begegnet man mächtigen *Logging Trucks* – und kann nur mit Mühe ausweichen. Jetzt zeigt sich auch deutlich die problematische Seite der Holzindustrie, die fast ein Viertel aller Arbeitsplätze in British Columbia stellt. Hässliche Kahlschläge wechseln ab mit Neuanpflanzungen und jüngeren Waldbeständen.

Port McNeill ► 1, F 9

Port McNeill 23, eine typische *Logging Town*, hat außer Besichtigungstouren von Holzfällercamps und Sägewerken an Sehenswertem nicht viel zu bieten. Wer möchte, kann sich über die Geschichte der Forstindustrie im **Port McNeill Heritage Museum** informieren (351 Shelley Cresc., Tel. 250-956-98 98). Für den Reisenden ist der Ort vor allem interessant als Ausgangspunkt für Fahrten mit der Fähre nach Alert Bay und als Basis für Walbeobachtungs-Exkursionen von Telegraph Cove zur Johnstone Strait, wenn man dort kein Zimmer mehr bekommen hat – und diesen Ausflug sollte man sich auf keinen Fall entgehen lassen.

Infos

Port McNeill Visitor Info Centre: 1594 Beach Dr., Port McNeill, Tel. 250-956-31 31, 1-888-956-31 31, Fax 956-31 32, www.portmcneill.net. Im Sommer tgl. 9–19 Uhr.

Übernachten

Verstecktes Juwel ► **Hidden Cove Lodge:** nördlich von Telegraph Cove, P.O. Box 258, Port McNeill, BC, V0N 2R0, Tel./Fax 250-956-39 16, www.hiddencovelodge.com. Schön gelegenes B & B, 8 Zimmer in der Lodge, 2 Blockhütten. $ 173–300 inkl. Frühstück.

B & B am Meer ► **At Waters Edge:** 2202 Beach Dr., Port McNeill, Tel. 250-956-29 12, 1-866-956-29 12, www.atwatersedge.ca. Attraktives Bed & Breakfast-Inn direkt am Meer, Sonnendeck, hübsch eingerichtete Küche mit Frühstücksraum, großzügiger Aufenthaltsraum mit Panoramafenstern, üppiges Frühstück. EZ $ 100, DZ $ 110.

Motelunits ► **Haida-Way Motor Inn:** 1817 Campbell Way, P.O. Box 399, Port McNeill, BC, V0N 2R0, Tel. 250-956-33 73, 1-800-956-33 73. Motel, Café, Pub und Lounge mit Entertainment (Pub Mo–Do 11.30–23, Fr/Sa 11.30–2 Uhr, Restaurant ab 7 Uhr), Restaurant $ 5–25, im Zimmerpreis ist ein warmes Frühstück inbegriffen. Ab $ 99.

Camping ► **Alder Bay Resort:** Box 1090, Port McNeill, BC, V0N 2R0, Tel. 250-956-41 17, 1-888-956-41 17, Fax 956-25 52, www.alderbayresort.com. Schöner Campingplatz am Strand zwischen Telegraph Cove und Port Mc Neill gelegen; Laden, Waschsalon, Marina, Bootanleger. $ 25–32.

Telegraph Cove ► 1, F 10

Bei km 442,5, etwa 10 km vor Port McNeill, zweigt die Straße dann ab nach **Telegraph Cove** 24, einem malerischen Ort mit nur einem Dutzend Bewohnern, der 1912 nur aus einigen Fischerhütten und einer Einmann-Telegraphenstation bestand. In den 1920er-Jahren gründeten Marmaduke Wastell und ein paar japanische Geschäftsleute hier eine Fischverarbeitungsanlage, wo Lachs eingesalzen und nach Fernost verschifft wurde. Am anderen Ufer der Bucht entstand ein kleines Sägewerk, das Holz für die Fischkisten produzierte.

Heute beherbergen die bunt gestrichenen Holzhäuser Läden und Pubs und einige auch Ferienwohnungen. Die meisten der historischen Gebäude sind auf Stelzen über der Wasserlinie gebaut und mit einem Steg untereinander verbunden. Eine Menge Besucher kommen im Sommer in das ansonsten eher verschlafene Nest. Von Juni bis Oktober lassen sich nämlich auf Bootstouren in die nur 15 km entfernte **Robson Bight Ecological Reserve** in der Johnstone Strait die Schwertwale (Orcas) in ihrer natürlichen Umgebung am besten beobachten (Details s. Tipp rechts).

Doch nicht nur Schwertwale können bei Telegraph Cove beobachtet werden: Von Mitte Mai bis Mitte Oktober werden täglich Exkursionen mit dem Boot zum Knight Inlet am gegenüberliegenden Ufer der Johnstone

Tipp: Wale beobachten an der Nordwestküste

Die Westküste Kanadas, besonders in den Küstengewässern um Vancouver Island, bietet je nach Saison gute Möglichkeiten, Wale zu beobachten. Am häufigsten sind Grauwale *(Gray Whale)* und Schwertwale *(Killer Whale* oder *Orca),* aber auch Buckelwale *(Humpback Whale),* Zwergwale *(Minke Whale)* und Schweinswale *(Harbor Porpoise)* bekommt man gelegentlich zu sehen, seltener dagegen Blauwale *(Blue Whale),* Finnwale *(Fin Whale)* und Pottwale *(Sperm Whale).*

Überwiegend sind es Grauwale, deren Wanderungen im Frühjahr und Herbst an der Westküste der Insel vorbeiführen. Wenn die große Herde sich Ende März bis Anfang April Vancouver Island nähert, bietet sich ihnen zum ersten Mal seit dem letzten Sommer in der Arktis Gelegenheit zur Nahrungsaufnahme. Bei Long Beach kommen die Grauwale besonders nah an die Küste heran. Dazu verführt sie ein dünner, langer Wurm *(Onuphis elegans),* der in der sandigen Wickaninnish Bay in Massen zu finden ist und den Hauptbestandteil ihrer Nahrung ausmacht. Für die *Whale Watchers* eine Chance, Dutzende der bis zu 14 m langen und 35 t schweren Geschöpfe in Aktion zu erleben. Mit etwas Geduld und Glück sieht man ihre eleganten Sprünge, mit denen sie sich ganz aus dem Wasser heraus katapultieren, um mit einem donnernden Aufklatschen wieder in die Meerestiefe abzutauchen. Als beste Aussichtspunkte gelten die Felsen bei Schooner Cove, Quisitis Point und Wya Point. Dort kommen die Meeressäuger oft bis auf 100 m ans Ufer heran. Etwa 40 bis 50 Grauwale leben das ganze Jahr über in ihren Futtergründen bei der Wickaninnish und Florencia Bay und bei Schooner Cove. Von Ende April bis Anfang Juni ziehen die Grauwale dann an den Queen Charlotte Islands vorbei. Die Inseln sind vom Festland aus mit der Fähre oder dem Flugzeug zu erreichen.

Im Naturschutzgebiet von Robson Bight, in der Johnstone Strait im Nordwesten von Vancouver Island bei Telegraph Cove, kann man im Sommer Schwert- und Zwergwale beobachten. Die Schwertwale kommen hier häufig in großer Zahl ganz nah ans Ufer, um sich an den Sandbänken zu scheuern. Ein beeindruckendes Erlebnis, einer Schule dieser Spezies beim übermütigen Spiel zuzuschauen: Immer wieder tauchen die stromlinienförmigen schwarzweißen Gesellen aus dem Wasser auf – in gleichmäßigem Auf und Ab, manch mal aber auch mit elegantem Überschlag weit aus dem Wasser herausspringend. Besonders neugierige Tiere umkreisen das Boot, manchmal so nah, dass man die Rückenfinne greifen könnte. Durch ein Unterwassermikrofon kann man ihrer ›Unterhaltung‹ lauschen. Sie verständigen sich durch ein ganzes Instrumentarium von sonderbaren Sing- und Pfeiftönen. Dabei spricht jede Schule ihren eigenen ›Dialekt‹.

Von Telegraph Cove, Duncan, Tofino, Ucluelet und anderen Orten Vancouver Islands aus werden Bootstouren und Exkursionen unter naturkundlicher Leitung angeboten. Dabei erfährt man alles Wissenswerte über die faszinierenden Meeressäuger. Auch geführte Kajakfahrten sind möglich.

Strait angeboten. Hier gibt es in den Küstenbergen eine große Population von **Grizzlys**. Von Mai bis Mitte August kann man vom Boot aus die Bären am Ufer beobachten; danach gehört zur Tour auch ein zweistündiges Programm, bei dem man den Grizzlys von einer Aussichtsplattform aus beim Lachsfischen zuschaut.

Übernachten

Cottages und Zimmer ▶ Telegraph Cove Resorts/Wastell Manor: Box 1, Telegraph Cove, Tel. 250-928-31 31, 1-800-200-46 65, www.telegraphcoveresort.com. Hütten mit Küche für 2–4 Pers. ($ 150–180), Zimmer und Suiten (ab $ 165) am Boardwalk, Restaurant, Camping-Stellplätze $ 21–26.

Essen & Trinken

Seafood am Wasser ▶ The Killer Whale Café and Old Saltery Pub: Tel. 250-928-31 31, Mitte Mai–Mitte Okt. Stilvoll eingerichtetes Pub-Restaurant in der wieder aufgebauten und restaurierten Fischfabrik am Boardwalk. Das Restaurant hat sich auf Meeresfrüchte spezialisiert; besonders zu empfehlen ist das Lachs-Barbecue. $ 8–24.

Aktiv

Tierbeobachtung ▶ Tide Rip Grizzly Tours: Summer Office Box 2-12 Telegraph Cove, BC V0N 3J0, Tel. 250-928-30 90, Fax 250-928-30 92 (Mitte Mai–Mitte Okt.), 1660 Robb Ave., Comox, BC V9M 2W7, Tel. 250-339-53 20, Fax 250-339-62 94, 1-888-643-93 19, www.tiderip.com. Beobachtung von Schwarzbären und Grizzlys beim Lachsfang. Ab $ 288. **Stubbs Island Whale Watching:** 24 Boardwalk St., Telegraph Cove, Tel. 250-928-31 85, 1-800-655-30 66, Fax 928-31 02. Walbeobachtung in der Robson Bight und Johnstone Strait. Reservierung erforderlich. Mai–Anf. Okt. tgl. 2 Touren, Mitte Juli–Mitte Aug. 3 Touren; $ 84–94.

Alert Bay ▶ 1, F 9

Alert Bay 25 ist eine Indianersiedlung auf **Cormorant Island** in der Queen Charlotte Strait. Alle Sehenswürdigkeiten der Insel sind gut zu Fuß erreichbar. Da gibt es 100 Jahre alte Häuser an der Uferstraße und ausdrucksstark bemalte Totempfähle auf dem Nimpkish Indianer-Friedhof zu bewundern. Das **Alert Bay Museum** ist ebenfalls einen Besuch wert. Hier befindet sich auch die Bibliothek des Ortes, neben einigen tausend Fotos werden auch Artefakte der Kwakiutl-Kultur gezeigt (118 Fir St., Alert Bay, BC, Tel. 250-974-57 21, Juli–Aug. Mo–Sa 13–16, sonst Mo, Mi, Fr, Sa 13–16 Uhr; Eintritt frei, Spende).

Sehr sehenswert ist das **U'Mista Cultural Centre** mit einem traditionellen *Kwakiutl Big House.* Die Sammlung umfasst bei *Potlatch*-Zeremonien gebräuchliche Utensilien und andere Beispiele für Kunst und Handwerk der Kwakiutl-Indianer von der prähistorischen bis zur modernen Zeit.

Im Center werden auch Indianerkinder in ihrer ursprünglichen Kultur, Sprache, Gesang und Tänzen unterrichtet. Außer den Ausstellungen gibt es Aufführungen und Videos über die Kultur der Westküsten-Indianer zu sehen (Front Street, 2 km vom Fähranleger, Tel. 250-974-54 03, 1-800-690-82 22, www.umista.ca, Ende Mai–Anf. Sept. tgl. 9–17 Uhr, sonst Di–Sa 9–17 Uhr; $ 8).

Infos

Alert Bay Visitor Info Centre: 116 Fir St., Alert Bay, BC V0N 1A0, Tel. 250-974-50 24, Fax 974-50 26, www.alertbay.com, www.alertbay.ca.

Übernachten

Kürzlich renoviert ▶ The Nimpkish Hotel: PO Box 349, 318 Fir St., Alert Bay, BC V0N 1A0, Tel. 250-974-23 24, 1-888-646-75 47, www.nimpkishhotel.com. Restaurant und Pub mit schönem Sonnendeck am Wasser. ($ 8–12), 9 nette, komfortable Zimmer mit Bad, fast alle mit Meeresblick. $ 100–185.
Camping ▶ Alert Bay Camping: Tel. 250-974-50 24. Campingplatz an der Broughton Strait. $ 13–22.

Aktiv

Kajak- und Segeltouren ▶ Seasmoke Whalewatching: P.O. Box 483, Alert Bay, BC V0N 1A0, Tel. 250-974-52 25, 1-800-668-67 22, Fax 974-52 25, www.seaorca.com. Exkursionen mit einer Segeljacht (Juni–Sept. ab $ 95), geführte Touren mit dem Seekajak zu verlassenen Indianerdörfern.

Verkehr

BC-Fähren: Port McNeill nach Alert Bay; Auskunft und Reservierungen: Tel. 250-956-45 33, 1-888-223-37 79.

Port Hardy und Cape Scott ▶ 1, D/E 9

Port Hardy 26, eine kleine Stadt mit 4600 Einwohnern, lebt hauptsächlich von der Holzwirtschaft und vom Fischfang. Von hier aus legt auch die Fähre durch die Inside Passage nach Prince Rupert ab. Das kleine **Port Har-**

dy Museum zeigt Fotografien und Gegenstände zur Holzfäller-Geschichte (7110 Market St., Tel. 250-949-81 43, Mitte Mai–Sept. Di–Sa 10–15.30 Uhr). Im **Tsulquate Park** kann man Schnitzereien der Ureinwohner bewundern und bei Ebbe einen Strandspaziergang unternehmen. In der **Quatse River Hatchery** an der Byng Road kann man sehen, wie verschiedene Lachsarten aufgezogen werden (Tel. 250-949-90 22, Mitte Mai– Mitte Sept. Mi–Sa 10–17 Uhr). Für Angelfans ist der Ort ein guter Ausgangspunkt für Exkursionen.

Im örtlichen Tourismusbüro an der Market Street erhält man die notwendigen Detailkarten und Informationen über die *Logging Roads* der Umgebung. Auf einer dieser Forststraßen gelangt man über Holberg nach 60 km zum **Cape Scott Provincial Park** **27**, einem 150 km² großen, wilden Terrain an der äußersten Nordspitze von Vancouver Island, wo bis zum Erscheinen des weißen Mannes die Jagdgründe der Kwakiutl-Indianer lagen. Von der Parkgrenze aus führt eine etwa achtstündige Wanderung zum 23 km entfernten **Cape Scott Lighthouse**. Erheblich kürzer (2,5 km ein Weg) ist die Wanderung auf dem gepflegten Trail zur **San Josef Bay** an der Südgrenze des Parks. Das abgeschiedene Kap, häufig von tagelangen orkanartigen Regenstürmen heimgesucht, mit Niederschlägen von über 5000 mm im Jahr, eignet sich allerdings mehr für einen ›Survival-Trip‹ als für eine vergnügliche Wandertour. Einige der provisorisch in die Wildnis geschlagenen Pfade sind streckenweise wieder zugewachsen und das Vorwärtskommen im Dickicht ist nur durch tunnelartige Schwarzbärwechsel möglich. Die felsigen Strände sind durch starke Gezeitenunterschiede nicht ungefährlich. Elch, Wolf, Puma, Schwarzbär, Rotwild, Biber, Nerz und Waschbären fühlen sich hier wohl und ungestört. Den Forellen in den Flüssen geht es nicht anders. Zwischen Juni und September kommen die Lachsschwärme, und in den Küstengewässern tummeln sich Grau- und Schwertwale, Seelöwen und Delfine. Tausende von Kanadagänsen machen hier jährlich auf ihrer Wanderung Station, um sich am wilden Reis zu laben.

Infos

Port Hardy Chamber of Commerce & Visitor Centre: 7250 Market St., P.O. Box 249, Port Hardy, BC V0N 2P0, Tel. 250-949-76 22, 1-866-427-39 01, Fax 949-66 53, www.phchamber.bc.ca. Hier erhält man auch Infos zum Cape Scott Provincial Park.

Übernachten

Am Jachthafen ▶ Glen Lyon Inn: 6435 Hardy Bay Rd., Port Hardy, BC V0N 2P0, Tel. 250-949-71 15, 1-877-949-71 15, www.glenlyoninn.com. Freundliches Hotel an der Mündung des Flusses in die Bucht; die meisten Zimmer haben Balkon, Kamin, Jacuzzi, Kühlschrank und Mikrowelle; schöne Aussicht auf die Hardy Bay, Restaurant (6.30–21 Uhr), Pub (11.30–24 Uhr). Angeln, Tauchen, Kanutouren und Walbeobachtung können arrangiert werden. $ 110–195.

Komfortable Blockhütten ▶ Bear Cove Cottages: 6715 Bear Cove Hwy, Port Hardy, Tel. 250-949-79 39, 1-877-949-79 39, www.bearcovecottages.ca. 10 km von Port Hardy in der Nähe des Fährterminals, 8 Hütten mit Kamin, Wannen-Whirlpool und komplett eingerichteter Küche, eigenes Sonnendeck und Blick aufs Meer. $ 110–150.

Camping ▶ Quatse River Campground: 8440 Byng Rd., P.O. Box 1409, Port Hardy, BC V0N 2P0, Tel. 250-949-23 95, 1-866-949-23 95, www.quatsecampground.com. Am Quatse River, 61 Plätze; Besichtigung der Quatse River-Fischzuchtanstalt möglich, im Sommer Reservierung ratsam. $ 16–25.

Essen & Trinken

Bei den Einheimischen beliebt ▶ Oceanside Restaurant: 6435 Hardy Bay Rd., im Glen Lyon Inn, südl. vom Zentrum, Tel. 250-949-30 50. Preiswerte Fischgerichte, Frühstück, Lunch, Dinner. $ 5–12.

Verkehr

BC-Fähre: von Port Hardy nach Prince Rupert, Ende Mai bis Ende Sept., Auskunft und Reservierungen Tel. 250-386-34 31, 1-888-223-37 79, www.bcferries.com. Das Fährterminal liegt etwas außerhalb in der Bear Cove.

West Coast Trail ► 2, H 13

Der Traum eines jeden Hiking-Enthusiasten ist der West Coast Trail. Er führt durch eine ursprüngliche Landschaft mit einigen der letzten noch verbliebenen Regenwälder und bietet damit ein Naturerlebnis, wie es sonst nur noch schwer zu finden ist. Für viele bedeutet der West Coast Trail eine Herausforderung, der man sich stellt, um auf diesem Weg die eigenen Grenzen kennenzulernen.

Die Geschichte des Trails beginnt traurig. Seit 1880 sind an seiner Küste über 20 Schiffe an den Felsbänken zerschellt. Nicht zu Unrecht spricht man deshalb vom ›Friedhof des Pazifiks‹. Schon 1890 begann man mit der Arbeit an einem provisorischen Pfad durch den Urwald, um gestrandeten Seeleuten schneller Hilfe bringen zu können. Nachdem 1906 in einem schweren Januarsturm der Dampfer »Valencia« in der Nähe des Pachena Point auf Grund lief und fast die gesamte Besatzung ums Leben kam, entschloss man sich, den Pfad zu einem brauchbaren Rettungstrail auszubauen. Alles musste mit primitiven Werkzeugen und mit dem Material, das der Wald lieferte, gebaut werden – über 20 Brücken, zahlreiche Hütten mit Notausrüstung und Proviant sowie eine Telefonleitung. Bis in die 1950er-Jahre waren die *Linemen* der Telefongesellschaft und das Leuchtturmpersonal die einzigen weißen Bewohner der Gegend. Als die Schiffe sicherer und die Rettungsmethoden modernisiert wurden, versank der Trail langsam wieder im Urwald. Um der gestiegenen Wanderlust entgegenzukommen, entschloss sich die Provinzregierung 1969, den West Coast Trail zu restaurieren und in den Pacific Rim National Park einzugliedern. Seither hat ›Parks Canada‹ immer mehr Verbesserungen an den rund 50 Brücken, Leitern und Geländern der gefährlichsten Punkte durchgeführt, sodass in den letzten Jahren eine Spur von Komfort in die Wildnis gedrungen ist. Das schließt jedoch Härtetests nach wie vor nicht aus. Morastige Wegstrecken, Auswaschungen, steile Abhänge, schlüpfrige Felsen und Baumstämme, reißende Gewässer, starke Brandung und Gezeiten machen das Wandern recht mühsam, und auf den zahlreichen Seitenpfaden kann man sich schnell einmal verirren.

Tag 1 – von Port Renfrew zum Log Jam Creek

Karte: S. 189

Auf dem Highway 14 gelangen wir mit dem Bus von Victoria zum etwa 100 km entfernten Ort **Port Renfrew** am San Juan Inlet, eine *Logging Town,* die von der Holzwirtschaft und vom Fischfang lebt. Hier werden Ausrüstung und Vorräte (die für 8 Tage reichen müssen) ein letztes Mal auf Vollständigkeit und Funktion überprüft, denn auf dem 72 km langen Trail besteht keine Gelegenheit mehr dazu. Vor uns liegen acht Tage auf einem Trail von Port Renfrew bis nach Bamfield – durch dichte Urwälder mit mächtigen Douglasfichten, die teilweise älter als 1000 Jahre sind, und über wilde und einsame Küstenstriche. Angler kommen voll auf ihre Kosten, ob sie nun Seefisch von der Küste oder Forellen aus Bächen und Seen bevorzugen. Muscheln gibt es reichlich, sie können im Sommer giftig sein.

Einige Kilometer hinter Port Renfrew treffen wir nach dem Überqueren einer schmalen Brücke und einer weiten sandigen Bucht auf das erste Hindernis: die Mündung des **Gordon River** mit seinen kalten und schnellen Wassern. Für ein paar Dollar bringt uns ein Pacheenaht-Indianer mit seinem Boot ans andere Ufer. Von hier nach Thrasher Cove, unserem Tagesziel, führt der Trail die nächsten 6 km durch Wälder mit morastigen Abschnitten und über alte Holzbrücken und Baumstämme; zeitweilig bieten sich herrliche Ausblicke auf das San Juan Inlet bis hin zur amerikanischen Küste mit den Olympic Mountains.

Am **Log Jam Creek** gibt es frisches Wasser und die Feldflaschen können wieder aufgefüllt werden. Weiter geht es nach Thrasher Cove über mehrere Leitern mit rutschigen Sprossen abwärts. Die sandige Bucht mit viel Treibholz fürs Feuer ist ein geeigneter Platz für das Nachtlager. Nach der siebenstündigen Wanderung schmecken die Spaghetti mit Salami besonders gut. Dann geht es in die Schlafsäcke.

Tag 2 – vom Log Jam Creek zum Camper Creek

Noch vor Sonnenaufgang brechen wir auf zum Camper Creek, der Weg führt direkt am Wasser entlang. Das ist nur bei Ebbe möglich; andernfalls kommt nur der Trail durch den Wald infrage.

Am Strand ragen die knorrigen Formen angeschwemmter Baumstämme aus dem Morgendunst, einziges die Stille durchbrechendes Geräusch ist das eintönige Rauschen der Brandung. In der Baumspitze einer großen Rottanne am Ufer nistet ungestört ein Weißkopfseeadler. Hinter **Owen Point** hat das Meer eine Kraterlandschaft mit vielen Becken aus dem Felsenschelf gewaschen, in denen es von mannigfaltigem Meeresgetier wimmelt. Bei Thrisle Creek zwingt uns eine tiefe Meeresspalte, den Haupttrail über der Küste zu benutzen, der hier wegen umgestürzter Bäume ›The Blow Down‹ genannt wird. Zum **Camper Creek** geht es wieder über Leitern die Steilküste hinunter zur Flussmündung. Über den Fluss sind Seile gespannt, an denen kleine Gondeln hängen. In ihnen kann man sich durch einen raffinierten Mechanismus selbst von einem Ufer ans andere ziehen. Aber wir trauen uns nicht. Und da der Camper Creek nicht allzu viel Wasser führt, waten wir lieber hindurch. Am Ufer suchen wir uns gleich einen Zeltplatz.

Wissenswertes zum Trail

Der West Coast Trail ist in den letzten Jahren zunehmend populärer geworden. Wanderer aus aller Welt wollen diesen ›Klassiker‹ erlebt haben. So ist es nicht verwunderlich, dass der Canadian Park Service seit 1992 ein striktes Quotensystem eingeführt hat (nur 52 Wanderer pro Tag und Richtung sind auf dem Trail erlaubt). Man muss also für die Hochsaison (Juli/Aug.) rechtzeitig reservieren. In der Nebensaison (Mai/Juni, Sept.) geht es oft auch ohne Vorausbuchung. Reservierungen nimmt der Hello B.C. Reservation Service entgegen (Tel. 1-800-495-56 88 in Kanada und den USA, Tel. 250-387-16 42 von außerhalb). Die Gebühr in Höhe von $ 25 für die Reservierung (nicht vor dem 1. April möglich) wird per Kreditkarte bezahlt und im Falle eines Rücktritts nicht erstattet. Hinzu kommt dann noch die Trailgebühr von $ 70 (in der Gebühr ist ein ›Hiker Preparation Guide‹ und eine wetterfeste Wanderkarte inbegriffen). Kosten von $ 15 für die Fähre über die Nitinat Narrows werden vor Ort an den privaten Betreiber gezahlt. Hat man nicht reserviert, kann man sich in eine Warteliste eintragen lassen. Man erhält eine Nummer als Bestätigung, die bis 12 Uhr am Vortag der Trailwanderung im West Coast Trail Information Centre in Port Renfrew oder Bamfield abgeholt werden muss.

Crown Publications: 106 Ontario St., Victoria, BC V8V 1M9, Tel. 250-386-46 36. Kartenmaterial: »West Coast Trail, Port Renfrew – Bamfield«. Ein hervorragender und unentbehrlicher Trailführer ist »The West Coast Trail« von Tim Leadem, herausgegeben vom Sierra Club of Western Canada.

Tag 3 – vom Camper Creek zum Logan Creek

Da wir am nächsten Tag wieder am Wasser entlanglaufen wollen, überprüfen wir anhand der Gezeitentabelle, ob ausreichend Zeit bei Niedrigwasser für die etwa 2 km bis Sandstone Creek zur Verfügung steht. Eine Stunde vor Sonnenaufgang wandern wir schon auf dem Sandsteinschelf. Bei **Sandstone Creek** ragen die Felsen wie eine Barriere bis ins tiefe Wasser. Um wieder auf den Trail zu gelangen, steigen wir über die moosbewachsenen Felsen das Bachbett hinauf. Von **Cullite Cove** bis zum Logan Creek geht es über einen Holzsteg durch ein 1 km langes Sumpfgebiet mit einer seltenen Pflanzenwelt. Über die malerische kleine Holzbrücke am **Logan Creek** erreichen wir den Strand, ein guter Platz zum Rasten oder fürs Nachtlager. Wir campen am Walbran Creek. Ein natürliches Becken im Bachbett eignet sich hervorragend zum Schwimmen.

Tag 4 und 5 – vom Logan Creek nach Clo-oose

Auch über den **Walbran Creek** spannt sich eine Seilbahn mit Gondeln. Mit gegenseitiger Unterstützung klappt das Überqueren des Flusses wider Erwarten gut. Der schwierigste Teil des West Coast Trails liegt hinter uns. Die nächsten drei Tagesabschnitte zum Carmanah Creek, nach Clo-oose und zu den Tsusiat-Fällen sind die landschaftlich schönsten und abwechslungsreichsten der gesamten Strecke: Dichte Waldgebiete mit idyllischen Bächen und kleinen Wasserfällen kennzeichnen das Terrain, dazwischen Pfade, die zu pittoresken Buchten hinunterführen, weite ebene Sandstrände mit Treibholzansammlungen, ausgewaschene Höhlen in der Steilküste, bizarre Felsformationen und die satten Grün- und Braunschattierungen des Schelfs mit seinem faszinierenden Meeresgetier.

Etwa einen Kilometer westlich der **Bay of Cribs** tauchen bei Ebbe Überreste des Dampfers »Santa Rita« auf, der hier 1923 auf Grund lief. Der Trail führt durch mehrere Indianerreservate. Am Cheewhat River, über den eine schöne Hängebrücke führt, erinnern sandige Felder, ein paar Obstbäume und ein alter Friedhof an eine frühere Siedlung und den fruchtlosen Versuch, hier Landwirtschaft zu betreiben. Die nicht weit entfernte Indianersiedlung **Clo-oose** an der kleinen sandigen Bucht, umgeben von steilen Felsen, ist jetzt eine Geisterstadt: Grabsteine, verwilderte Gärten und verlassene Häuser mit zerbrochenen Fensterscheiben, durch die der Wind saust. Auch wenn der Verfall offenkundig ist, gehört das Gebiet den Indianern, und dies sollte man unbedingt respektieren. Das bedeutet: nichts verändern und keine ›Souvenirs‹ mitnehmen!

Um 1890 kamen die ersten Missionare und weißen Siedler in das Indianerdorf. Die Schließung der Fischverarbeitung am Nitinat Lake und schließlich die Stilllegung der Versorgungslinie durch den Küstendampfer »Maquinna« in den 1950er-Jahren bestimmten den Niedergang der einsamen Ortschaft. Viele der ehemaligen Bewohner ließen die Einrichtung in den Häusern. Der Abtransport war zu beschwerlich.

Wir schlagen unser Camp gleich hinter Clo-oose an einer sandigen Bucht auf. Alte Felszeichnungen der Indianer und ein großer Anker auf dem Schelf – letztes Überbleibsel eines gestrandeten Schiffes.

Tag 6 – von Clo-oose zu den Tsusiat-Fällen

Von Clo-oose folgt der Haupttrail den steilen Klippen mit großartigen Ausblicken auf das Meer, besonders bei Sonnenuntergang. Bei **Whyac**, wenige Kilometer weiter, führt der Weg abermals durch Indianergebiet. Die historische Siedlung, eine der ältesten an der Westküste Nordamerikas, ist die Heimat der einst für ihre Grausamkeit bekannten Nitinat-Indianer. Heute sind die noch verbliebenen Familien gastfreundlich, betreiben Fischfang und verkaufen frische Krabben und andere Meeresfrüchte. Leider ist in den letzten Jah-

ren durch die zunehmende Benutzung des Trails diese Gastfreundschaft arg strapaziert worden. Da sich Fälle von Vandalismus häuften, müssen *Hiker* jetzt auf dem Trail bleiben. Ein Besuch des Ortes ist daher nur mit Erlaubnis möglich. Die Nationalparkverwaltung hat einen Vertrag mit dem Stamm abgeschlossen, sodass während der Sommermonate ständig jemand anwesend ist, um Wanderer gegen ein geringes Entgelt mit dem Boot über die **Nitinat Narrows** zur anderen Seite des Trails zu bringen. Diese so idyllisch wirkende Meerenge gehört zu den landschaftlich spektakulärsten, aber auch zu den gefährlichsten Punkten an der Westküste. Schon viele haben hier ihren Leichtsinn mit dem Leben bezahlt.

Besonders tückisch ist die Meerenge, wenn die abfließenden Wasser des Nitinat Lake, eines Gezeitensees, auf die ansteigende Flut vom Pazifik treffen. Es bilden sich in den *Narrows* gewaltige stehende Wellen und Mahlströme – wehe dem Boot, das sich dann in der Meerenge befindet! Wirklich gefahrlos ist die Überfahrt nur während der kurzen Zeit, wenn die Flut ihren höchsten Stand erreicht hat. Ein Indianer aus Whyac bringt uns mit seinem Kanu trotz rascher Strömung und schon deutlich sichtbaren Wirbeln sicher ans andere Ufer.

Der Trail nach Tsusiat Falls verläuft bis auf wenige Unterbrechungen am Strand entlang. Die Meerhöhlen von **Tsuquadra** und **Tsusiat Point** sind beeindruckende Höhepunkte der Wanderung. Wir erreichen die **Tsusiat-Fälle**, wo sich die schäumenden Wassermassen des Tsusiat River über eine steile, breite Felswand auf den Strand stürzen, um dort auf die anrollenden Brecher des Pazifik zu treffen. Ein prächtiges Panorama: die Meeresbrandung mit dem blendenden Weiß der Fälle und dahinter der Urwald.

Nach einem erfrischenden Bad in der Nachmittagssonne wandern wir noch den Fluss entlang, über Felsbrocken und umgestürzte Bäume, zum **Little Tsusiat-See** mit seinen vielen Wasserlilien – und haben sogar noch Anglerglück! Abends werden die Forellen in Folie gewickelt und in der Glut des Lagerfeuers gebacken – ein wahrer Festschmaus.

Tag 7 und 8 – von Tsusiat Falls nach Bamfield

Von den Tsusiat-Fällen bis zum Klawana River verläuft der Trail ausschließlich durch Waldgebiete. Der Strand ist einige Male nur über unwegsames Terrain und steil abfallende Klippen zu erreichen. Der breit daherfließende Klawana muss mühsam in Gondeln überquert werden. Am **Michigan Creek** liegen noch die Überreste des Schoners »Michigan«, der im Jahre 1893 hier vor der Küste unterging. Dort kampieren wir.

Der Rest der Strecke ist bis auf die zahlreichen, tief eingeschnittenen Wasserläufe leicht zu wandern. Auf den Flat Rocks, in der Nähe des **Pachena Point** und seines Leuchtturms, befindet sich eine Seelöwenkolonie. Besonders im Frühjahr wimmelt es dort von Seelöwen. Mittags erreichen wir **Camp Ross** am Ende des Trails. Noch ein paar Kilometer folgen wir der Straße, dann gehen wir im Hafen von **Bamfield** an Bord der »Frances Barkley«, die uns nach Port Alberni bringen wird (s. auch S. 173). Von dort geht es mit dem Bus nach Victoria zurück.

Seit der Autor den Trail erwandert hat, war der Park Service nicht untätig. Die Zahl der Brücken hat sich auf 58 erhöht, die Zahl der Treppen- bzw. Leiterstufen geht in die Tausende, und zum Schutz der Natur sind auf einer Strecke von insgesamt 42 km Boardwalks errichtet worden. All diesen der Sicherheit dienenden Maßnahmen zum Trotz bleibt die Wanderung auf dem West Coast Trail ein unvergessliches Abenteuer.

Infos

Pacific Rim National Park Headquarters: 2185 Ocean Terrace Road, Box 280, Ucluelet, BC V0R 3A0, Tel. 250-726-77 21, Fax 726-47 20, Mitte März–Mitte Okt.

Pachena Bay Information & Registration Centre: Tel./Fax 250-728-32 34, Mai–Anf. Okt.

Gordon River Information & Registration Centre: Tel. 250-647-54 34, Fax 250-647-00 16, Mai–Anf. Okt.

Bamfield Tourist Information: Tel. 250-728-30 06.

Übernachten

... in Bamfield:

Für jeden Geldbeutel ▶ **Bamfield Trails Motel & Hawk's Nest Pub:** 226 Frigate Rd., Tel. 250-728-32 31, 1-877-728-34 74, www.vancouverisland.com. Komfortables Motel mit Restaurant (leckere Fish & Chips) und Pub, auch Zimmer mit Küche, Abfahrtspunkt des West Coast Trail Express. Hostel pro Person $ 49, Standardzimmer ab $ 145, Studio mit Küche ab $ 175.

... in Port Renfrew:

Mit allem Komfort ▶ **Port Renfrew Resort:** 17310 Parkinson Rd., Tel. 250-647-55 41. Luxuriöses Resort mit Cottages und Suiten in wunderschöner Lage. Restaurant und Pub im früheren Port Renfrew Hotel. Ab $ 240.

Camping ▶ **Port Renfrew Marina & RV Park:** Tel. 250-647-00 02, www.portrenfrewmarina.com. Stellplatz $ 22.

Verkehr

West Coast Trail Express: Tel. 250-477-87 00, 1-888-999-22 88, Fax 250-477-87 74, www.trailbus.com, Mai–Sept. Bustransfer von Victoria zum Ausgangspunkt des Trails in Port Renfrew und nach Bamfield. Reservierungen sollten 3 bis 4 Tage im Voraus getätigt werden. Ausrüstung wird ebenfalls vermietet. Mitte Juni–Mitte Sept. tgl., Mai–Mitte Juni und 2. Septemberhälfte an ungeraden Tagen. Abfahrt in Victoria 15 Uhr, Abfahrt von Bamfield 12.45 Uhr. $ 60 nach Port Renfrew, $ 85 nach Bamfield.

Alberni Marine Transportation: 5425 Argyle St., Port Alberni, Tel. 250-723-83 13, 1-800-663-71 92, www.ladyrosemarine.com. Zwischen Port Alberni und Bamfield gibt es eine von der »Frances Barkley« unterhaltene Fährverbindung. $ 35.

Von Vancouver in die Rocky Mountains

Die etwa 950 km lange Strecke, für die man sich wenigstens drei bis vier Tage Zeit nehmen sollte, führt von Vancouver in das Herz der Rocky Mountains. Eindrucksvolle Flusstäler, historische Sehenswürdigkeiten und grandiose Nationalparks werden durchquert. Dabei bieten sich viele Gelegenheiten für Outdoor-Aktivitäten: von Wildwasser-Abenteuern und Kanu-Exkursionen bis zu Trailritten, Trekking und Goldschürfen.

Von Vancouver zum Fraser Canyon

Karte: S. 192

Zunächst kämpft sich der **Trans-Canada Highway** noch als Stadtautobahn durch den dichten Verkehr der weit nach Osten ausgedehnten Vorstädte Vancouvers. Auf der Port Mann Bridge schwingt er sich über den Fraser River. Bis hierhin, 30 km ins Landesinnere, erstrecken sich die Hafenanlagen Vancouvers. Besonders in den letzten zwei Jahrzehnten ist Vancouver enorm gewachsen, doch mittlerweile kann sich die Stadt nur noch in östlicher Richtung ausdehnen, denn im Norden setzen die Coast Mountains und im Süden die US-Grenze dem Wachstum eine Grenze. Einstige Vorposten der Zivilisation wie beispielsweise **Fort Langley** **1** (s. S. 133) sind heute fast völlig ins Stadtgebiet integriert.

Fraser Valley ► 1, L 12

Wo sich die Vororte noch nicht ausbreiten, ist die ausgedehnte Talsohle des Fraser Valley intensiv genutztes Farmgebiet. Milchprodukte und Gemüse aus dem Fraser-Tal sind weithin berühmt. Und je weiter man nach Osten kommt, desto mehr tritt auch die ländliche Struktur in den Vordergrund: sattgrünes Weideland und sauber gepflegte Felder, zwischen denen rote Farmhäuser mit großen Silos stehen. Bei **Abbotsford** befindet sich unmittelbar am Highway ein **Visitor Centre**, in welchem man sich noch mit Landkarten und nützlichen Tipps für die Weiterreise versorgen kann (34561 Delair Rd., Abbottsford, Tel. 604-859-17 21).

Hinter dem Landwirtschaftszentrum Abbotsford werden die Siedlungen am Südufer bald spärlicher; die dicht bewaldeten Berge der Coast Range rücken enger zusammen. Nun führt der Highway 1 näher am Fluss entlang, der sich braun und breit zum Delta wälzt. Vor 150 Jahren kamen Vermesser der britischen Krone in das 2,5 Mio. ha messende Tal – die ersten Vorläufer der Zivilisation. Ende der 1850er-Jahre begann die Zeit, von der man sich am Fraser heute noch Geschichten erzählt: der Goldrausch am Fluss und in den Cariboo-Bergen. Schaufelraddampfer waren bald das wichtigste Verkehrsmittel am Unterlauf. Legendäre Kapitäne wie William Irving transportierten von Victoria oder New Westminster Ausrüstungsgegenstände, Whiskey und hoffnungsvolle Goldsucher den Fluss hinauf bis Hope oder Yale – und Säcke voll Nuggets sowie enttäuschte Bergarbeiter wieder zurück. Die Ära der Dampfschiffe ging erst um 1885 mit dem Bau der transkanadischen Bahnlinie zu Ende.

Wer schon zu Anfang der Reise eine Pause einlegen möchte, kann östlich von **Chilliwack** auf dem Highway 9 auf die Nordseite des Fraser überwechseln (Exit 135) und einen Abstecher nach Harrison Hot Springs unter-

Von Vancouver in die Rocky Mountains

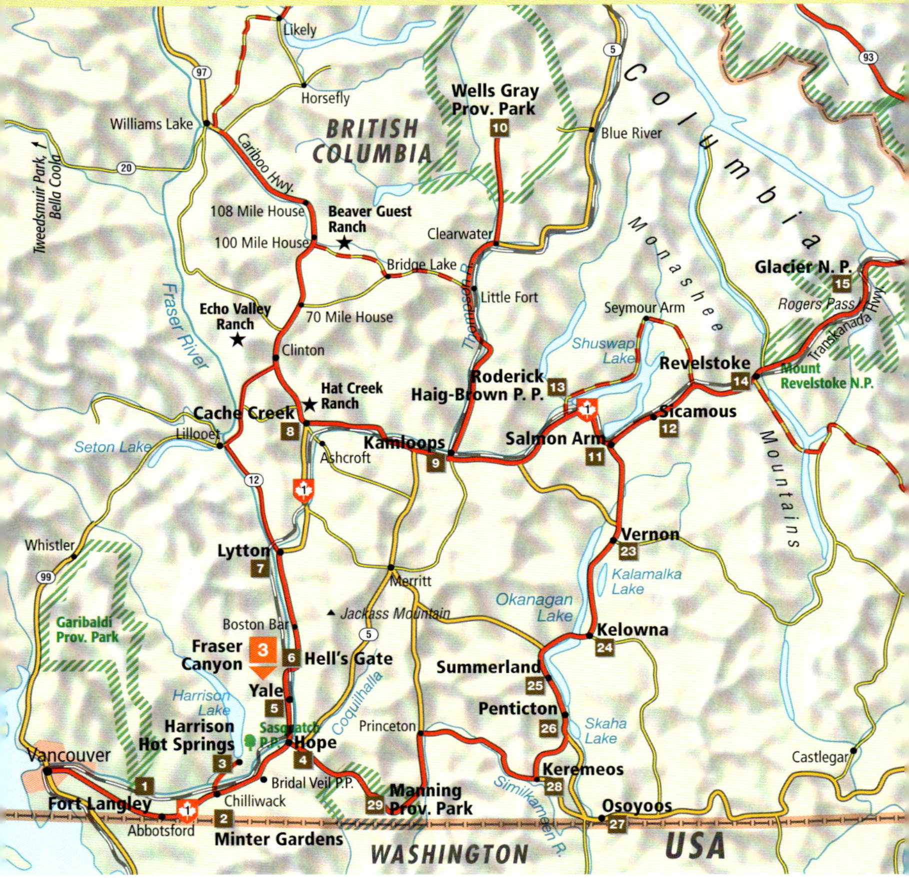

nehmen. Vorher bietet sich noch ein Besuch der **Minter Gardens** 2 an, einer wunderhübschen Anlage am Fraser River mit insgesamt elf Themengärten. Sie sind zwar nicht so groß und berühmt wie die Butchart Gardens in Victoria, dafür aber mit mehr Ruhe zu genießen (52892 Bunker Rd., Rosedale, Tel. 604-794-71, 1-888-646-83 77, www.mintergardens.com, April tgl. 10–17, Mai 9–17.30, Juni 9–18, Juli/Aug. 9–19, Sept. 9–17.30, Anf. Okt. 10–17 Uhr; $ 17).

Auf der Südseite des Trans-Canada Highway liegt der **Bridal Veil Provincial Park** mit einem 122 m hohen fotogenen Wasserfall (der sechsthöchste in Kanada), wo man wandern und ein hübsches Plätzchen fürs Picknick finden kann. Der Ferienort **Harrison Hot Springs** 3 am Südufer des Harrison Lake ist ein beliebtes Ausflugsziel der Vancouveraner, doch werktags ist es meist recht ruhig, man kann die heißen Quellen, die bereits von den Goldsuchern benutzt wurden, genießen und auf den Wegen des **Sasquatch Provincial Park** wandern. Auch Campingmöglichkeiten sind vorhanden. Der 70 km lange Harrison Lake bietet eine weite Palette von Aktivitäten, darunter Schwimmen und Segeln, Kanufahren und Angeln.

3 Fraser Canyon ► 1, L 12

Hope 4, das frühere Fort der Hudson's Bay Company, erlebte 1856 über Nacht einen Boom, als hier das erste Gold in British Columbia gefunden wurde. Seine verkehrsgünstige Lage ersparte ihm nach dem Goldrausch mit Schiffsverkehr, Eisenbahn und schließlich Straße das Schicksal einer Geisterstadt. Heute ist Hope eine typische Kleinstadt am Highway, die sich mit Holzfassaden an der Hauptstraße noch einen Hauch von ›Old West‹ bewahrt hat. Das kleine **Hope Museum** an der Ecke Hudson's Bay Street/919 Water Ave. (Tel. 604-869-20 21), in dem ebenfalls das Tourismusbüro untergebracht ist, illustriert die Pioniergeschichte des Örtchens und zeigt Displays aus der Goldrausch-Ära. In jüngerer Zeit hat auch die Filmindustrie den kleinen Ort entdeckt. So wurde hier für »Rambo«, »First Blood« und »Shoot to Kill« gedreht. Eine Wanderung lohnt sich zu den **Othello Quintette Tunnels** hoch im Coquihalla Canyon. Diese fünf Bahntunnels wurden 1914 für die Kettle Valley Railroad aus dem Granit der Coast Mountains gesprengt. Als 1959 die Bahnlinie stillgelegt wurde, funktionierte man die Trasse zum Wanderweg um.

Noch in Hope überquert der Trans-Canada Highway den Fraser River und folgt ihm dann nach Norden in die Küstenberge. Die mit Douglasien, Hemlocktannen und *Western Cedars* (Riesenlebensbäume) dicht bewaldeten, steilen Hänge rücken nun immer dichter zusammen – der Südeingang des **Fraser Canyon** ist erreicht. Hier herrscht häufig noch feuchtes, vom Pazifik beeinflusstes Nieselwetter und Nebelfetzen verdecken die Bergspitzen. Doch die Wetterscheide naht. Im Laufe der nächsten 100 km dringt man in eine neue Klimazone vor – es wird warm und trocken, und bald schon kann man die meiste Zeit bei offenem Fenster fahren. Man spürt den Übergang vom Fraser-Tiefland mit seinem Meeresklima zum fast wüstenhaft trockenen Inlandplateau. Kiefern und *Sagebrush,* jenes typisch amerikanische Wüstengewächs, bestimmen bald das Bild der Pflanzenwelt.

Infos

Hope Visitor Info Centre: 919 Water Ave., Hope, Tel. 604-869-20 21, 1-866-467-3842, www.hope.ca.

Übernachten

Guter Zwischenstopp ► **Quality Inn:** 350 Old Hope-Princeton Way, Hope, BC, Tel. 604-869-99 51, 1-800-424-64 23, Fax 604-869-94 21, www.bctravel.com. Direkt an der Autobahnausfahrt, aber ruhig, Pool und Sauna, einfache, aber saubere Zimmer, auch mit Kitchenette. $ 42–110.

Yale ► 1, L 11

Yale 5, nur wenige Kilometer nördlich von Hope gelegen, bildete früher den Endpunkt der Flussschifffahrt auf dem Fraser. Ende der 60er-Jahre des 19. Jh. begann hier die berühmte Cariboo-Wagenstraße, die auf Stelzen und aus Holzbohlen gefährlich an den Felswänden des Canyons ›klebte‹. Nach dem Bau der Eisenbahnlinie verlor der kleine Ort an Bedeutung; heute erinnern nur noch ein paar alte Gebäude, einige Gedenktafeln und das **Yale Museum** neben der historischen **St. John's Church** an der Douglas Street an seine Glanzzeit (31187 Douglas St., www.historicyale.ca, tgl. 10–17 Uhr; $ 5,50).

Der Highway verlässt nun das Flussufer, klettert nach oben und verläuft hoch über dem immer enger werdenden Tal bis zum Hell's Gate. Vorher noch kann man sich im **Alexandra Bridge Provincial Park**, 22 km nördlich von Yale, die Beine vertreten. Der Park umfasst einen Teil der alten Cariboo Road mit der historischen **Alexandra Bridge**.

Hell's Gate 6 ist der Höhepunkt der Wildwasserfahrten, die von Yale, Boston Bar und Lytton aus organisiert werden. Aber auch ohne dieses Abenteuer lohnt ein längerer Aufenthalt am ›Höllentor‹. Der Fraser entwässert ein Gebiet von 230 000 km^2. Während der Schneeschmelze steigt der Fluss um durchschnittlich 20 m auf eine Wassertiefe von 35 m an, und die reißende Strömung erreicht eine Geschwindigkeit von 6 m/Sek.

Das Naturschauspiel des Hell's Gate ist heute auf eine erheblich risikolosere Art und Weise zu genießen, als es Simon Fraser vergönnt war. Mit der Hell's Gate Airtram schwebt man in der Gondel in wenigen Minuten hoch über den kochenden Strudeln des Fraser die 153 m vom Highway hinunter zum Flussufer. Unten gibt es die üblichen touristischen Einrichtungen: Cafeteria und Souvenirshop sowie eine Aussichtsplattform, wo man im Sommer und Herbst die Lachse beobachten kann. Der Fraser ist einer der wichtigsten Lachsflüsse British Columbias. 2 Mio. Lachse müssen sich jährlich durch diese gefährliche Schmalstelle kämpfen, um zu ihren Laichgewässern im Oberlauf zu gelangen.

Aktiv

Gondelbahnfahrt ► Hell's Gate Air Tram: am Hwy. 1, 11 km südl. von Boston Bar, Tel. 604-867-92 77, www.hellsgateairtram.com. Gondel über die Schlucht des Fraser River mit seinen Fischleitern; Ausstellungen über Lachse, Cafeteria mit Blick auf den Fraser. Ende April–Mitte Mai und Anf. Sept.–Anf. Okt. 10–16, Mitte Mai–Anf. Sept. 10–17 Uhr; $ 16.

Rafting ► Fraser River Raft Expeditions: P.O. Box 10, Yale, BC V0K 2S0, Tel. 604-863-23 36, 1-800-363-72 38, www.fraserraft.com. 1- bis 8-tägige Schlauchbootexpeditionen auf dem Thompson und Fraser River, u. a. durchs Hell's Gate; Ausgangspunkt Yale, 180 km östlich von Vancouver am Trans-Canada Highway., Mitte Mai–Ende Sept. (zur Sicherheit nachfragen).

Lytton ► 1, L 10

Der Highway 1 verläuft in Kurven hoch über dem Flusstal. Vorbei an alten Indianerfriedhöfen folgt er weiter der Ostwand des Fraser Canyon zum kleinen Ort **Lytton** 7, 1858 während der Goldrauschzeit nach dem britischen Kolonialminister und Schriftsteller Sir Edward Bulwer-Lytton benannt. Der kleine Ort mit einigen Tankstellen und Motels ist heute ein Zentrum der Wildwasserfahrer, die sich mit Schlauchbooten und Kajaks in die Fluten des Fraser und des hier einmündenden Thompson River stürzen (s. Aktiv unterwegs S. 196). Ein feuchtes Vergnügen, das besonders im Hochsommer sehr zu empfehlen ist. Geführte Tagestouren sind in Lytton meist auch noch kurzfristig zu buchen.

Infos

Lytton Visitor Info Centre: 400 Fraser St., Lytton, BC V0K 1Z0, Tel. 250-455-25 23, Fax 250-455-66 69, www.lytton.ca, im Sommer 9–17 Uhr.

Aktiv

Wildwasserfahrten ► Kumsheen Raft Adventures & Resort: Hwy. 1, 6 km östlich von Lytton, BC V0K 1Z0, Tel. 250-455-22 96, 1-800-663-66 67, Fax 250-455-22 97, www.kumsheen.com. Wildwasserfahrten von bis

Ein Schotte auf Entdeckungsreise

Thema

Für die Indianer und die frühen Entdecker stellte der Flussabschnitt um Hell's Gate ein fast unüberwindliches Hindernis auf dem Fraser River dar. Mit Kanus hier durchzukommen war ein tödliches Unterfangen und den Klippen am Ufer zu folgen nur mit alpinistischen Hilfsmitteln möglich.

Simon Fraser, Schotte und Angestellter der Northwest Company, war der erste Weiße, der dem später nach ihm benannten Fluss von den Rocky Mountains bis zur Mündung ins Meer folgte. Begleitet von 23 Männern brach er mit vier Kanus im Mai 1808 vom Handelsposten Fort George, dem heutigen Prince George auf, um den Fluss zu erforschen. Neue Pelzgebiete sollten sie entdecken, den vordringenden amerikanischen Händlern von Norden her entgegentreten und den Columbia befahren, dessen Mündung in den Pazifik man kannte. Erst als Simon Fraser das Salzwasser erreichte, 300 km nördlich des Columbia, dämmerte es ihm: Dies war ein völlig anderer Fluss, ein weiterer, riesiger Strom im Nordwesten!

Beim heutigen Lytton empfingen den Entdecker Indianer, die aus weitem Umkreis gekommen waren, um den ersten Weißen zu sehen. Zwölfhundert Hände hat er, laut seinem Tagebuch, an jenem Tag geschüttelt. Anschließend gab es indianische Spezialitäten beim Festmahl: Lachs und gerösteten Hund.

Das erste Stück durch den Canyon konnten die Pioniere noch auf dem Wasser zurücklegen, aber dann sah sogar der sture Schotte ein, dass es so nicht weiterging. Sie ließen ihre Kanus zurück und vertrauten sich den indianischen Pfaden an, die wie ein Spinnennetz aus Leitern, Seilen, eingekerbten Stämmen und schmalen Felskaren in die steilen Wände eingearbeitet waren. Über sich einen grau verhangenen, Unheil verkündenden Himmel, 100 m unter sich die tosenden Stromschnellen des Fraser: So hangelte sich die Expedition den Canyon entlang, bis sie nach tagelangen Mühen mit ihren 40-Kilogramm-Rucksäcken das Tiefland erreichten. Und wenige Wochen später kehrten sie auf derselben Route zurück.

Hell's Gate am Fraser River

aktiv unterwegs

Wildwasserabenteuer auf dem Fraser River

Tour-Infos

Start: Yale und Lytton
Dauer: von 2–3 Std. bis zu mehreren Tagen
Veranstalter: Fraser River Raft Expeditions, Yale, Tel. 604-863-23 36, 1-800-363-72 38, www.fraserraft.com
Saison: Mitte Mai–Ende Sept.
Kosten: ab $ 145 (s. S. 194)
Hinweis: Alle erforderlichen Ausrüstungsgegenstände werden gestellt.

Morgens um 8.30 Uhr trifft man sich in Yale beim Outfitter Fraser River Raft Expeditions. Ein Abenteuer besonderer Art wartet auf uns: Zwei Tage wollen wir mit einem Schlauchboot den Thompson River von Spences Bridge bis zur Mündung in den Fraser bei Lytton und dann auf dem mächtigen Fraser bis nach Yale fahren. 130 Flusskilometer sind zu überwinden, mit 40 Stromschnellen, die so beeindruckende Namen tragen wie »Hexenküche«, »Rachen des Todes«, »Bärenklaue« und natürlich »Hell's Gate«, das »Tor zur Hölle«.

Das fast 11 m lange Schlauchboot liegt schon auf dem Trailer; die 10 Teilnehmer verstauen ihre Sachen und klettern in den Minibus. Der Guide muss während der Fahrt nach Spences Bridge viele Fragen nach dem Schwierigkeitsgrad der Tour und der Sicherheit der Ausrüstung beantworten: »Für den Fraser benutzen wir die großen Rafts, 10 m und länger. Und jeder Schwimmer hat vier separate Luftkammern. Absolut sicher – unsinkbar. Außerdem sind die Boote mit einem 40 PS starken Motor ausgerüstet.«

Das Boot wird bei **Spences Bridge** ins Wasser gelassen und mit Ausrüstung und Proviant beladen. Dann folgen die notwendigen Instruktionen zur Sicherheit – die wichtigste Regel: In den Stromschnellen an die Gurte klammern – so fest wie möglich. Die knallrote Schwimmweste wird angelegt und los geht es. Die ersten Stromschnellen sind harmlos, das Boot tanzt auf und ab. Wir fahren durch eine Landschaft von beeindruckender Kargheit: von Wind und Wetter zerfurchte Berge, Sandstein- und Granitklippen in schönen Grau-, Weiß- und Orangetönen reichen bis ans Ufer. Dies ist Rancher- und Indianerland. Bei **Goldpan** wird ein Sandstrand angesteuert, um Mittagspause zu machen.

Wieder auf dem Fluss, steigt allmählich die Spannung: Die erste richtige Stromschnelle, der »Frog«, ist erreicht. Wir müssen durch 2 bis 3 m hohe Wellen. »Festhalten«, ruft der Guide. Das Boot bäumt sich auf, um dann in ein Tal von Donner und Gischt zu stürzen. Ein Schwall eiskaltes Wasser begräbt uns. Einige harte Schläge und das Boot gleitet sanft dahin, bevor es wieder losgeht. »Witches Cauldron«, »Devil's Kitchen«, »Cutting Board« – eine Stromschnelle nach der anderen lässt das Floß wie eine Nussschale tanzen. Dann folgt »Jaws of Death«, eine der größten *Rapids* auf dem Thompson. Wieder ein Teufelsritt, der uns kräftig durchschüttelt – Sturzseen brechen über uns herein. Zwei Stunden aufregender Wildwasserfahrt sind wie im Fluge vergangen. Wir haben **Lytton** erreicht. Hier stoßen die klaren Wasser des Thompson auf die trüben Fluten des Fraser. Wir erreichen den **Fraser Canyon,** das Flussbett verengt sich dramatisch, bis zu 100 m hoch ragen die steilen Felswände aus dem Wasser. Hoch oben, unsichtbar für uns, verläuft der Highway. Ab und an gleiten wir unter Eisenbahnbrücken hindurch.

Im Vergleich mit den wilden Attacken des Thompson erscheint uns der Fraser eher sanft. »Das wird morgen anders, dann kommen die *Biggies*«, versichert der Bootsführer. Das Boot treibt an bizarr geformten Felsformationen vorbei. Am frühen Abend ist die Mündung des **Nahatlatch River** erreicht. Auf einem Plateau wird das Camp aufgeschlagen und auf dem Holzkohlengrill das Abendessen zubereitet. Dazu gibt's kalifornischen Wein.

Der Morgen beginnt mit einem herzhaften Frühstück. Wir sind gestärkt für die ganz großen Stromschnellen. Zunächst geben uns »Whirlpool«, »Skuzzy Rock« und »China Bar« einen angemessenen Vorgeschmack, dann ist es soweit: »Hell's Gate«, die mächtigste Stromschnelle des Fraser kommt in Sicht. Vor der Enge steht eine riesige Welle. Es scheint unmöglich, dort durchzukommen. Steil richtet sich das Boot auf, wird hoch emporgeschleudert, droht umzukippen – und richtet sich wieder auf. Wassermassen brechen über uns herein. Ohrenbetäubendes Rauschen übertönt die Schreie des Bootsführers, jeder weiß es auch so: »Festhalten, mit aller Kraft.« Im Hexenkessel der schäumenden Strudel werden wir hin- und hergeschüttelt. Der Bootsführer lässt den Außenbordmotor mit voller Kraft arbeiten – nur so kann er sicher zwischen Felsen und Strudeln hindurchsteuern. Kaum hat man richtig Luft geholt, ist das »Höllentor« auch schon passiert. Unterhalb von Hell's Gate wird auf einer Sandbank Mittagspause gemacht.

Ruhig treibt das Boot dahin. Auf dem Wasser tanzen Millionen von Reflexen, dicht bewaldete dunkelgrüne Wände gleiten vorüber, ab und zu wird ein einsames Anglercamp passiert. Hoch über der Schlucht kreist ein Weißkopfseeadler. Manchmal sind an den Uferbänken aus Stangen gebaute Gestelle zu sehen, an denen in Streifen geschnittene Lachse im Wind trocknen – die traditionelle Art der Indianer, Lachse zu konservieren. An einer Biegung des Flusses beobachten wir einen Schwarzbären beim ›Angeln‹. »Sailor Bar« beschert noch einmal Wildwasservergnügen: eine ›Achterbahn‹ von vier oder fünf großen Wellen hintereinander. Im stilleren Uferwasser wird mit Motorkraft zurückgefahren, um das Vergnügen zu wiederholen. Ein Riesenspaß! Anschließend machen wir es uns auf unserem überdimensionalen Gummikissen bequem und lassen uns in der warmen Sonne trocknen. Bald darauf ist **Yale** am Ende des Fraser Canyon erreicht.

Abenteuer pur: mit dem Schlauchboot durch den Fraser Canyon

zu sechs Tagen auf dem Thompson, Fraser, Chilko und Chilkotin River. Auch Zimmer ($ 95–150) und Campingplätze ($ 35–48).

Von Cache Creek zum Lake Louise

Karte: S. 192

Cache Creek ▶ 1, L 9

In Lytton verlässt der Trans-Canada Highway den Fraser und folgt dem gewundenen Tal des Thompson River über Spences Bridge nach Norden bis **Cache Creek** 8. Cache Creek wurde als Pelzhandelsposten gegründet und hatte zu Zeiten des Goldrausches mehrere tausend Einwohner. Heute besteht der kleine Ort aus einer wenig attraktiven Hauptstraße, an der sich Motels, schlichte Restaurants und Tankstellen reihen. Eine Sehenswürdigkeit ersten Ranges liegt jedoch etwa 11km nördlich des Ortes am Highway 97: die **Historic Hat Creek Ranch** (s. S. 213).

Die 80 km lange Strecke von Cache Creek bis Kamloops führt durch das sonnendurchglühte Tal des Thompson River, vorbei an braunen Hügeln, Rinderweiden und weiten Flächen schwarz beschatteter Felder. Hier wird Ginseng angebaut. Die bei den Chinesen äußerst begehrte Wurzel kostet getrocknet im Endverkauf mehrere hundert Dollar das Kilo und gehört damit zu den einträglichsten Feldfrüchten der Welt. Die Pflanze scheint Klima und Boden dieser Region zu mögen.

Übernachten

Gutes Preis-Leistungs-Verhältnis ▶ **Bonaparte Motel:** P.O. Box 487, 1395 Cariboo Hwy. 97 N, Cache Creek, BC V0K 1H0, Tel. 250-457-96 93, 1-888-922-13 33, Fax 250-457-96 97. Nettes Motel, einige Zimmer mit Gartenterrasse, Pool. $ 70–130.

Camping ▶ **Brookside Campsite:** (1 km östl. der Kreuzung Hwy. 97), 1621 E. Trans-Canada Hwy. 1, Tel./Fax 250-457-66 33, www.brooksidecampsite.com. 66 RV-Stellplätze, 30 Zeltplätze, beheizter Outdoor-Pool. $ 20–35.

Kamloops ▶ 1, M 10

Bei **Kamloops** 9 erzählt ein *Stop-of-Interest*-Schild mit weißer Dogwood-Blüte am Aussichtspunkt hoch über der Stadt von der Pioniergeschichte. Heute bildet Kamloops mit rund 80 000 Einwohnern den größten Ballungsraum im Herzen der Provinz, eine moderne Oase in der Wildnis, umgeben von blühenden Farmen, Ranches und Obstplantagen. Kurz, Kamloops ist ›The Big City‹ für die Cowboys, wenn sie von den Ranches zur Rinderauktion oder zu den übers ganze Jahr verstreuten großen Rodeos hierher kommen. Einige historische Gebäude, unter ihnen das alte **Court House**, sind zu besichtigen.

Das **Kamloops Museum** bietet eine bunte Mischung von Exponaten aus der Pionierzeit, es dokumentiert die Naturgeschichte der Region, die Kultur der Salish-Indianer und den Lebensstil der viktorianischen Zeit. Besonders attraktiv ist eine rekonstruierte Hudson Bay-Pelzhändler-Hütte (207 Seymour St., Tel. 250-828-35 76, Di–Sa 9.30–16.30, Mai–Okt. Do bis 19.30 Uhr; Eintritt frei, Spende von $ 3 empfohlen).

An die ersten Bewohner der Region erinnert der **Secwepemc Museum and Native Heritage Park**, ein Museum, das die traditionelle Lebensweise der Salish-Indianer ausführlich illustriert. Auf dem Freigelände ist sogar der lebensgroße Nachbau eines typischen Winterdorfes der Secwepemc zu sehen (311–355 Yellowhead Hwy., Kamloops, Tel. 250-828-97 79, www.secwepemc.org, Mitte Juni–Labour Day tgl. 8–16.30 Uhr, sonst nur Mo–Fr; $ 7).

Eisenbahnliebhabern wird eine Fahrt mit der nostalgischen **Kamloops Heritage Railway** geboten, einem restaurierten Dampfzug (Juli/Aug. Mo und Fr 19.30, Sa 11 und 19, So 11 Uhr; $ 18).

Die »Spirit of Kamloops« fährt von der Canadian National Railway Station an der hübsch renovierten historischen **St. Joseph's Church** vorbei. Die Kirche wurde im 19. Jh. von katholischen Missionaren und ihrer indianischen Gemeinde gebaut (Chilcotin Street, Tel. 250-374-73 23, Juli–Labour Day Mi–Sa 12.30–19.30 Uhr; Eintritt frei).

Infos

Kamloops Visitor Centre: 1290 W. Trans-Canada Hwy., Kamloops, BC V2C 6R3, Tel. 250-374-33 77, 1-800-662-19 94, www.adventurekamloops.com.

Übernachten

Zentral gelegen ► **Thompson Hotel:** 650 Victoria St., Kamloops BC, Tel. 250-374-19 99, 1-888-374-89 99, Fax 250-374-99 97, www.thompsonhotel.ca. Gepflegtes Hotel in der Innenstadt; Pool, Steakhaus und Coffee Shop. $ 134–144.

Am Stadtrand ► **Kamloops Towne Lodge:** 1250 Rogers Way, Kamloops, Tel. 250-828-66 60, Fax 250-828-66 98, www.kamloopstownelodge.ca. Großes Hotel mit 203 geräumigen Zimmern, aber weit vom Stadtzentrum entfernt, überdachter Innenhof mit Pool und tropischem Garten, Bar, gutes Restaurant, Highspeed-Internet. $ 130–300.

Für Budgetreisende ► **Grandview Motel:** 463 Grandview Tce., Ecke Columbia, Kamloops, Tel. 250-372-13 12, 1-800-210-60 88, www.grandviewmotel.com. Einfaches und preiswertes Motel, 5 Min. vom Zentrum entfernt, Restaurant und Einkaufsmöglichkeiten in der Nähe, Pool, Air Condition, Kühlschrank, kostenloser Internetzugang. $ 75–105.

Camping ► **Kamloops River View RV & Campground:** 1–43 95 E. Trans-Canada Hwy., Kamloops, BC V2C 4S4, Tel. 250-573-32 55. Günstig gelegener Campingplatz mit beheiztem Pool, Spielplatz, Einkaufsmöglichkeiten. $ 20–35. **Kamloops RV Park:** 9225 Dallas Dr., Kamloops (Exit 390 Trans Canada Highway), Tel. 250-573-37 89, www.kamloopsrvpark.ca. Großzügig angelegter Platz mit allen Einrichtungen in der Nähe des BC Wildlife Park, 15 Min. von Downtown, WiFi. $ 35–40.

Essen & Trinken

Verwöhnadresse ► **Storms on the River:** 1502 River St., Kamloops, Tel. 250-372-15 22. Im Zentrum, schön gelegen mit Außenterrasse und Blick auf den Thompson River, beliebt und gut, Meeresfrüchte, Gegrilltes, Lamm, Steaks. $ 15–36.

Leckere Kleinigkeiten ► **Brambles Bakery Café:** 2151 Quilchena Ave. (Downtown, in der Nähe des Hwy. 97C), Kamloops, Tel. 250-378-66 55. Selbstgebackenes, frische Salate, Suppen und Sandwiches, Vegetarisches, Internet. Breakfast, Lunch $ 4–10.

Italienische Snacks ► **Caffe Arianna:** 272 Lansdowne St., Kamloops, Tel. 250-374-26 70, www.caffearianna.com. Beliebtes italienisches Café im Zentrum, Pasta, Panini, Sandwiches, Salate und Suppen sowie köstliche Nachspeisen, Internet. $ 4–9.

Termine

Kamloops Cowboy Festival: Mitte März. Cowboy-Musik, Cowboy-Literatur und Cowboy-Gottesdienste.

Kamloops Powwow: Mitte Aug. Größtes Powwow in Westkanada.

Abstecher zum Wells Gray Provincial Park ► 1, M/N 6–8

Hinter Kamloops, weiter nach Norden auf dem ursprünglichen Yellowhead Highway 5, der alten Goldgräberroute nach Kamloops, wird es schnell wieder ruhig. Ursprüngliche Wildnis erlebt man am besten, wenn man von **Clearwater** aus in den **Wells Gray Provincial Park** 10 fährt. Wanderwege durch die gut 5200 km² große Bergwelt, oft mit typischen Vulkankegeln und erstarrten Lavaströmen, bieten dem Naturfreund jede Möglichkeit: vom zweistündigen Spaziergang bis zur mehrwöchigen Expedition. Die Ranger im Informationszentrum am Parkeingang geben detaillierte Ratschläge zur Routenwahl und Ausrüstung. Auf keinen Fall sollte man die großen Wasserfälle verpassen, für die der Park berühmt ist. Der eindrucksvollste ist der 135 m hohe **Helmcken Fall**, der auch mit dem Auto gut zu erreichen ist. Auf dem lang gestreckten Clearwater Lake am Ende der Straße, die in den Park führt, werden Bootsrundfahrten angeboten – noch besser: Man mietet sich ein Kanu und erkundet die Seenkette im Herzen des Parks auf eigene Faust.

Wer die Rundreise dann abkürzen und so schneller in die Rocky Mountains zum Icefield Parkway nach Jasper kommen möchte, folgt auf dem Highway 5 dem North Thompson River stromaufwärts bis Tête Jaune Cache und dann dem Yellowhead Highway (Hwy. 16) weiter nach Jasper. Die kleinen Orte **Blue River** und **Valemount** entlang der Route sind übrigens wegen ihrer ausgezeichneten Tiefschneeabfahrten in den Cariboo-Bergen auch in Europa als Paradies für *Heli-skiing* bekannt. Im Sommer kann man sich per Hubschrauber zum *Heli-hiking* zu den alpinen Wiesen im Hochland bringen lassen – und das ist auch praktisch die einzige Art, hier in die Wildnis vorzudringen, denn angelegte Wanderwege gibt es fast keine.

Infos

Clearwater Chamber of Commerce: 425 East Yellowhead Hwy., Clearwater, Tel. 250-674-26 46, Fax 250-674-36 93, www.clearwaterbcchamber.com, www.wellsgray.ca. Im Sommer tgl. 8–18, sonst Mo–Fr 9–17 Uhr.
BC Parks: Thompson River District, Kamloops, Tel. 250-371-62 15, Fax 250-828-40 00, www.gov.bc.ca/bcparks. **Camping** mit 83 Plätzen. Mai–Sept.

Übernachten

Rustikal & naturnah ▶ **Helmcken Falls Lodge:** P.O. Box 239, Clearwater, BC V0E 1N0, Tel. 250-674-36 57, Fax 250-674-29 71, www.helmckenfalls.com. Schön gelegene Lodge im Wells Gray Provincial Park; Hiking, Reitausflüge, Kanufahren, Camping ($ 15–22). Zimmer $ 110–124.
Für Aktivurlauber ▶ **Wells Gray Guest Ranch:** Clearwater (auf halbem Weg zwischen Clearwater und Helmcken Falls), Tel. 250-674-27 92, 1-866-467-43 46, Fax 250-674-02 15, www.wellsgrayranch.com, nur Mai–Okt. Die Ranch mit Gästezimmern, Blockhütten und Campsites liegt im Wells Gray Park inmitten von Bergwiesen; es gibt ein Restaurant und einen Saloon (16–24 Uhr). Das Angebot an Aktivitäten umfasst Trailritte, Bergwandern, Kanutouren auf dem Clearwater Lake, Floßfahrten auf dem Clearwater River und mehrtägige Exkursionen zur Wildbeobachtung. Cabins 15. Mai–14. Juni und 25. Sept.–2. Okt. ab $ 85, 15. Juni– 24. Sept. ab $ 130, Zimmer im Ranchhouse $ 75–95, Campsite (ohne Elektroanschlüsse) für RV oder Zelt $ 20.
Golfresort ▶ **Wells Gray Golf Resort & RV Park:** Clearwater Valley Rd. (35 km nördlich), Tel. 250-674-00 72, www.wellsgraygolfresortandrvpark.com. Schön gelegen am Hemp Creek, Cabins ($ 300, $ 1200 pro Woche inkl. unbegrenzt Golfspielen) und rund 50 Campsites mit allen Anschlüssen ($ 30). Auch der zum Resort gehörige 9-Loch-Golfplatz liegt landschaftlich äußerst reizvoll (9 Loch $ 20, 18 Loch $ 30).

Essen & Trinken

Frühstücksadresse ▶ **Flour Meadow Bakery & Cafe:** 444 Clearwater Valley Rd. (gegenüber KOA Campground), Clearwater, Tel. 250-674-36 54, www.flourmeadowbakery.com. Ein deutsches Ehepaar betreibt Bäckerei und Café seit 2007; ihre superfrischen Backwaren, Sandwiches, Burritos und Kuchen sind in der Region beliebt. $ 4–10.

Aktiv

Seerundfahrten ▶ **Clearwater Lake Tours:** Clearwater (Pick-up Service in Clearwater oder entlang der Parkstraße), Tel. 250-674-21 21, www.clearwaterlaketours.com. Exkursionen in den Wells Gray Park: Rainbow Falls Day Trip, 10.30–17 Uhr, $ 120, Kinder $ 70 (die Tour beinhaltet Bootsfahrt, Kanu, Wandern und Lunch), Van Day Trip in den Wells Gray Park $ 120 (Tour mit dem Minivan zu verschiedenen Sehenswürdigkeiten im Park inkl. einer einstündigen Bootsfahrt oder einer geführten Kanutour sowie Lunch), Mountain Surprise $ 40 (einstündige Bootstour auf dem Clearwater Lake), Wassertaxi zu verschiedenen Zielen auf dem See $ 65–100; Kanu- oder Kajakvermietung ab $ 50.

Von Kamloops zum Shuswap Lake ▶ 1, M/N 9/10

Von Kamloops folgt der Trans-Canada Highway dem Lauf des South Thompson River und nach gut 100 km ist man im 17 000-Einwohner-Ort **Salmon Arm** 11 am Shuswap Lake angelangt. Das Städtchen ist ein guter

Ausgangspunkt für Exkursionen um und auf dem weit verzweigten, riesigen See. Im Ort folgt man am besten den Schildern zum **Salmon Arm Wharf** im hübschen, mit Blumenrabatten geschmückten Marine Park am Seeufer. 2 km östlich von Salmon Arm, am Highway 97B, lohnt der **R. J. Haney Heritage Village** einen Besuch. Zum historischen Park gehört das **Salmon Arm Museum** mit seinen Ausstellungen zur Pioniergeschichte und das **Haney House** (Tel. 250-832-52 43, Mitte Mai–Sept. Mi–So 10–16 Uhr; Eintritt frei, Spende erbeten. Im Juli und Aug. Mi, Fr und So um 18 Uhr Dinner-Theater; $ 24, Reservierung erforderlich).

Von **Sicamous** 12 aus kann man eine Kreuzfahrt unternehmen oder mit der Fähre bis Seymour Arm am anderen Ende des Shuswap Lake gelangen. Der Ort nennt sich zu Recht ›Houseboat Capital of Canada‹. Freizeitkapitäne finden hier ein ideales Revier für entspannten Urlaub auf dem Wasser.

Die landschaftlich reizvolle Rundstrecke um den See über Seymour Arm lohnt sich, vor allem im Oktober, wenn die Sockeye-Lachse zu ihren Laichgründen am Adams River ziehen, der den Shuswap mit dem Adams Lake verbindet. Aus noch unbekannten Gründen ist der *Adams River Run* der Lachse in jedem vierten Jahr besonders spektakulär (2014, 2018, 2022 etc.) und im **Roderick Haig-Brown Provincial Park** 13 am Westende des Shuswap Lake besonders gut zu beobachten. Der nahe gelegene **Shuswap Lake Provincial Park** bei Scotch Creek bietet gute Campingmöglichkeiten, ist aber im Sommer meistens belegt, und nur bei sehr frühzeitiger Voranmeldung ist hier ein Stellplatz zu haben.

Infos

Salmon Arm Visitor Centre: 20 Hudson Ave. NW, Salmon Arm, Tel. 250-832-22 30, www.shuswaptourism.ca. Im Sommer tgl. 9–18, sonst Mo–Fr 9–17 Uhr.

Sicamous Travel Info Centre: 110 Finlayson St. beim Government Dock, Sicamous, BC V0E 2V0,Tel. 250-836-33 13, Fax 250-836-43 68, www.sicamouschamber.bc.ca.

Übernachten

Motelunits & Stellplätze ▶ Apple Grove Motel & RV Park: 6000 50th St. NE, Salmon Arm, Tel. 250-832-69 55. Schöner Platz nahe dem Canoe Beach; schlichte saubere Zimmer, freundlicher Service, $ 80–120, 18 RV-Stellplätze mit allen Einrichtungen. $ 25–40.

Originelles Hostel ▶ Squilax General Store and Caboose Hostel: 229 Trans Canada Highway, Squilax (10 km östlich von Chase), Tel. 250-675-29 77, 1-888-675-29 77, Fax 250-675-29 77, www.hihostels.ca, 15. März–1. Dez. Das Hauptgebäude ist ein historischer General Store mit sechs Zimmern im Obergeschoss; auf dem dahinter liegenden Gelände sind in drei umgebauten Eisenbahnwaggons 24 Dorm-Betten untergebracht. Jeder Waggon *(Caboose)* hat eine kleine Küche, eine Toilette und einen Aufenthaltsraum, die Duschen sind in einem benachbarten Gebäude untergebracht. Waschsalon, Sauna, TV-Raum, Kanus zur kostenfreien Benutzung. Dorm $ 17 für Mitglieder, $ 21 für Nichtmitglieder, Zimmer $ 42/48.

Camping ▶ Salmon Arm Camping Resort: 381 Hwy 97B NE, Salmon Arm, Tel. 250-832-64 89, www.salmonarmcamping.com. Ruhiger Platz im Wald, Minigolf, Store, Pool, WIFI, Café, nur Mai–Sept. $ 33–49.

Aktiv

Hausbootferien ▶ Bluewater Houseboat Vacations: 110 Weddup St., P.O. Box 248, Sicamous, BC V0E 2V0, Tel. 250-836-22 55, 1-800-663-40 24, Fax 250-836-49 55, www.bluewaterhouseboats.ca. Vermietung von Hausbooten für 4–8 Pers. (12,5' x 40'). $ 600 (Nebensaison) bis $ 1100 (Hauptsaison) für 4 Tage. **Twin Anchors Houseboats:** Salmon Arm Marina, 750 Marine Park Drive, Tel. 250-832-27 45; Sicamous Marina, 101 Martin St., Tel. 1-800-663-40 26, www.twinanchors.com. Hausbootvermietung am Shuswap Lake; das Boot kann in Sicamous oder Salmon Arm übernommen werden; ein Bootsführerschein oder besondere Vorkenntnisse sind nicht erforderlich; Preise variieren je nach Saison und Größe des Hausboots: Ein kleinerer Cruiser für 4–6 Pers. kostet für 3 Tage $ 1200–$ 1800, für 4 Tage $ 1400–$ 2200 und für 7 Tage $ 1800–$ 3200.

Schiffsrundfahrten ▶ Phoebe Anne Lake Tours: 117 Finlayson St., Sicamous, Tel. 250-836-22 20. Tagesfahrten auf dem Shuswap Lake mit dem Raddampfer »Phoebe Anne« und der »Queen of the Narrows« zum Salmon Arm oder zum Seymour Arm.

Revelstoke ▶ 1, O 9

Der kleine Ort **Revelstoke** **14** an der Mündung des Illecillewaet in den Columbia River, der hier schon auf dem Weg nach Süden ist, lebt wie das weiter östlich gelegene Golden von der Holzgewinnung und ist eine wichtige Bahnstation für den Güterumschlag. Hier wartet das **Revelstoke Museum and Archives,** ein kleines historisches Museum, mit Pioniergeschichte auf (315 1st St. W., Revelstoke, Tel. 250-837-30 67, Mitte Juni–Aug. 9–18, Sept.–Juni Mo–Fr 13–16.30 Uhr; $ 4). Und das **Revelstoke Railway Museum,** Nachbau eines alten Canadian-Pacific-Railway-Bahnhofs, widmet sich der gut 100-jährigen Bahngeschichte des Städtchens.

Die reizvollste Attraktion aber ist der **Mount Revelstoke National Park** vor der Haustür: Eine 26 km lange Schotterstraße führt zu den prächtigen Blumenwiesen am Gipfel des Mount Revelstoke hoch über dem Columbia Valley. Ein Lehrpfad am **Giant-Cedars-Picknickplatz** erlaubt einen Einblick in die grüne Umwelt. Hier am Westhang der Columbia Mountains beginnt eine neue Vegetationszone – der Regenwald des Interior. Riesige *Red Cedars* und Douglasien verdunkeln den feuchten Waldboden; im Unterholz wächst fast 1 m hoher *Skunk Cabbage,* eine Araceen-Art.

Infos

Mount Revelstoke National Park: P.O. Box 350, 300 3rd St. W., Revelstoke, BC V0E 2S0, Tel. 250-837-75 00, ganzjährig Mo–Fr 8.30–12, 13–16.30 Uhr, $ 7,80. Kein Camping.

Revelstoke Info Centre: 204 Campbell Ave., Revelstoke, BC V0E 2S0, Tel. 250-837-53 45, 1-800-487-14 93, Fax 250-837-42 23, www.seerevelstoke.com.

Übernachten

Bestes Haus am Platz ▶ Regent Inn: 112 1st St. E., Revelstoke, BC V0E 2S0, Tel. 250-837-21 07, 1-888-245-55 23, Fax 250-837-96 69, www.regentinn.com. Zentral gelegen, schöne Zimmer mit großen Betten, Restaurant und Pub, Frühstückscafé. $ 159–169.

Camping ▶ KOA Revelstoke: Trans-Canada Highway East, Revelstoke, BC V0E 2S0, Tel. 250-837-20 85,1-800-562-39 05, Fax 250-837-20 75, www.revelstokekoa.com. Beheizter Pool, Pancake-Breakfast, Einkaufsmöglichkeiten. Zelt $ 30–35, RV $ 31–47, Cabins $ 65–70.

Über den Rogers Pass in die Rocky Mountains ▶ 1, P 9

Durch das enge Tal des Illecillewaet River, der nach dem indianischen Wort für ›fließendes Wasser‹ benannt ist, führt der Highway 1 in den **Glacier National Park** **15**, einer der wildesten Landstriche im kanadischen Westen. Über 400 Gletscher, ein raues, unerbittliches Klima und die zerklüfteten Zinnen der Selkirk Mountains verwehrten einst sogar den Indianern jeden Zugang in diese seit jeher unbesiedelte Hochgebirgslandschaft.

Ein Denkmal auf Passhöhe erinnert vor der dramatischen Felsenkulisse der Sir Donald Range an die Fertigstellung des Trans-Canada Highway. Gewaltige Niederschlagsmengen führen noch heute im Winter zur periodischen Schließung der großen Ost-West-Verbindung Kanadas. Ein ausgeklügeltes Lawinenwarnsystem soll die Reisenden schützen, wie der Film im **Rogers Pass Information Centre** eindrucksvoll zeigt. Wenn kritische Werte gemessen werden, schießt man mit einer Howitzer-Kanone der kanadischen Armee die Schneemassen ab.

Dann schwingt sich der Trans-Canada Highway ins Tal des Beaver River, um danach dem Lauf des mächtigen Columbia River zu folgen, der hier zunächst den Gebirgsstock der Columbia Mountains in nördlicher Richtung umfließen muss, bevor er dann weiter westlich nach Süden in die USA strömt und schließlich nach 2000 km im Staat Oregon in den Pazifik mündet.

Infos

Glacier and Mount Revelstoke National Parks: P.O. Box 350, Revelstoke, BC. V0E 2S0, Tel. 250-837-75 00. 3 Campingplätze. Parkgebühren $ 7,80.

Übernachten

Direkt am Rogers Pass ▶ **Best Western Glacier Park Lodge:** Glacier National Park, Rogers Pass (75 km östlich von Revelstoke), Tel. 250-837-21 26, 1-800-528-12 34, 1-888-567-44 77, Fax 250-837-21 30, www.bestwestern.com. Motel mit Lounge, Cafeteria (durchgehend geöffnet), Sauna, geheizter Pool. Ab $ 79.

Golden ▶ 1, Q 9

Im Städtchen **Golden** 16 sind die meisten der 5500 Einwohner in der Bergwerks- und Holzindustrie tätig. Seit einigen Jahren macht Golden sich auch als touristisches Zentrum einen Namen. Bergsteiger und Wildniswanderer brechen von hier in die Rockies, die Purcell und die Columbia Mountains auf, einige herrlich gelegene *Mountain Lodges* bieten Natururlaub, und auf den Flüssen ringsum werden Schlauchboottouren veranstaltet ($ 80–95 für eine mehrstündige Flussfahrt, $ 120–180 für eine Tagestour).

Beim Kicking Horse Mountain Resort bringt die **Golden Eagle Express Gondola** Besucher in nur 18 Min. auf den 3433 m hohen Dogtooth Mountain. Von hier oben bietet sich ein atemberaubender Blick auf das Panorama der Purcell-Bergkette und der Rocky Mountains. In Kanadas höchstgelegenem Bergrestaurant kann man freitags und sonntags sein Sunset-Dinner genießen, Lunch wird täglich serviert. Auf dem Berg führen mehrere schöne Trails durch die hochalpine, baumlose Landschaft; auf Mountainbiker wartet eine Abfahrt mit mehr als 1000 m Höhenunterschied. Im Winter laufen zusätzlich zur Gondelbahn vier Lifte, die Skifahrer und Snowboarder zur Piste in 2450 m Höhe bringen (1500 Kicking Horse Trail, Tel. 250-439-54 25, www.kickinghorseresort.com. Gondelbahnbetrieb Mitte Juni–Anf. Sept. 10.30–17.30 Uhr; $ 26, 7–18 Jahre $ 16).

Infos

British Columbia Visitor Centre: 111 Golden Donald Upper Rd., Tel. 250-344-77 11, www.tourismgolden.com. Im Sommer tgl. 9–20, sonst tgl. 9–17 Uhr.

Übernachten

Zweckmäßig ▶ **Golden Rim Motor Inn:** 1416 Golden View Rd., Golden, BC V0A 1H0, Tel. 250-344-22 16, 1-877-311-22 16, Fax 344-66 73, www.goldenrim.ca. Am Hwy. 1, 1,5 km östlich vom Hwy. 95; schöner Blick, Suiten und Zimmer mit Kühlschrank, teilweise auch mit Mikrowelle, Swimmingpool, Restaurant. $ 115–125.

Gepflegt-rustikal ▶ **Blaeberry Mountain Lodge**: 1680 Moberly Rd., Golden, V0A 1H1, (8 km westlich von Golden und 7 km vom Hwy. 1), Tel. 250-344-52 96, www.blaeberrymountainlodge.bc.ca. Mitten in der Wildnis gelegen, Zimmer in der Lodge und hübsche Blockhütten für Selbstversorger (ab $ 105). Frühstück ab $ 12, Dinner ab $ 25.

Camping ▶ **Golden Eco-Adventure Ranch RV Park & Campground:** 872 McBeath Rd. Nicholson (5 km südlich von Golden), Tel. 250-344-68 25, Fax 250-344-29 78, www.goldenadventurepark.com. Auf 160 ha bewaldetem Gelände am Westufer des Columbia River; guter Ausgangspunkt für Wander- und Klettertouren, Wild- und Vogelbeobachtung, Reiten, Wildwasser- und Floßtouren, Paragliding. Mitte Mai–Anf. Okt., Stellplatz mit Anschlüssen $ 28–39, Jurte (Hütte in Form eines Rundzeltes mit Tür und Fenster, Schlafsack muss mitgebracht werden) $ 65.

Golden Municipal Campground: 1407 9th St. South, Golden, Tel. 250-344-54 12, www.goldenmunicipalcampground.com. Am Kicking Horse River, ganzjährig, $ 24–32.

Essen & Trinken

Traumhafte Aussicht ▶ **Eagle's Eye Restaurant:** Kicking Horse Mountain Resort, 1500 Kicking Horse Trail, Tel. 250-439-54 13, 1-866-754-54 25, www.kickinghorseresort.com, Lunch tgl. 11.30–15 Uhr. Ausgezeichnete Küche und tolles Bergpanorama auf über 2500 m Höhe. $ 14–24.

Für den kleinen Hunger ► **Bacchus Books & Café:** 409 9th Ave. N., Tel. 250-344-56 00, www.bacchusbooks.ca, Mo–Sa 9–17.30, So 10–16 Uhr. Beliebtes Buchgeschäft mit Café in der Downtown, gute Auswahl von Büchern und Karten über die Region, Frühstück und Lunch $ 6–11.

Aktiv

Catrafting ► **Alpine Rafting:** Tel. 250-344-67 78, 1-888-599-52 99, www.alpinerafting.com. Wildwasser-Paddeltouren mit auf zwei Pontons gelagerten Flößen auf dem Kicking Horse River durch den Yoho National Park. Ab $ 125.

Floß- und Kanutouren ► **Kootenay River Runners:** Radium Hot Springs, Tel. 250-347-92 10, 1-800-599-43 99, www.raftingtherockies.com. Wildwasser-Floßfahrten auf dem Kootenay und Kicking Horse River, Kanu-Exkursionen auf dem Columbia. Ab $ 87, mit Barbecue $ 97.

Termine

Golden Rodeo Days: 1. Wochenende im Aug.

Über den Kicking Horse Pass

► 1, Q 8

Von Golden folgt der Highway 1 dem Tal des Kicking Horse River durch den **Yoho National Park** 17. Tief hat sich der Fluss nach der Eiszeit in das weiche Sedimentgestein der Rockies eingegraben. Die steilen Berghänge dieses Tales waren vor gut 100 Jahren eine der schwierigsten Stellen für den Eisenbahnbau. Vom Aussichtspunkt hoch über dem Tal kann man die heutigen Züge beobachten.

Vom Trans-Canada Highway, der einzigen Straße durch den Park, führen kurze Stichstraßen zu Aussichtspunkten und den Hauptattraktionen. Höhepunkte sind das **Yoho Valley**, die 384 m hohen **Takakkaw Falls** und der leuchtend grüne **Emerald Lake**. der von mehreren Dreitausendern und einem urwüchsigen Fichtenwald gerahmt wird. *Yoho* bedeutet in der Sprache der Cree-Indianer ›Erstaunen‹, ›Verwunderung‹ – was die grandiose Bergwelt mühelos rechtfertigt.

Der 1643 m hoch gelegene **Kicking Horse Pass** bildet auch die Grenze zu Alberta. Von hier führt der Trans-Canada Highway nach Lake Louise im Banff National Park. Von dort könnte man eine Rundreise auf dem Icefields Parkway nach Jasper fortsetzen (s. S. 279).

Infos

Yoho National Park: P.O. Box 99, Field, BC V0A 1G0, Tel. 250-343-67 83, Fax 343-60 12, www.pc.gc.ca/yoho. Visitor Centre ganzjährig, 5 Campingplätze. Parkgebühr $ 10.

Abstecher: Radium Hot Springs und Fort Steele

Karte: S. 192

Vom Icefields Parkway bietet sich auch ein Abstecher in die südöstlichste Ecke von British Columbia nach Radium Hot Springs, Kimberley und Fort Steele an. Lang gestreckte Seen und endlose, noch weitgehend unberührte Bergketten warten dort, dazwischen einige fruchtbare Farmtäler und kleine historische Bergwerksorte. Wer einige Zusatztage hat, wird die Fahrt nicht bereuen: Es ist ein stilles, ruhiges Ferienland mit großen Provinzparks, schönen Campingplätzen und kleinen Motels in den Orten.

Kootenay National Park

► 1, Q/R 9/10

Möchte man das Museumsdorf Fort Steele oder die heißen Quellen von Ainsworth Hot Springs besuchen, dann sollte man den Highway 93 wählen. Diese äußerst reizvolle Strecke führt über den 1697 m hohen Vermilion Pass durch den **Kootenay National Park** 18. Der 1405 km^2 große Nationalpark ist landschaftlich sehr vielseitig: Gletscher, Bergwälder und -wiesen, rote Sandsteinklippen und Trockengebiete, in denen auch Kakteen wachsen. Entlang der Route findet man viele Rastplätze und Wanderwege zu Aussichtspunkten (7556 Main St. E., Radium Hot Springs, Tel. 250-347-95 05, 1-866-787-62 21, www.pc.gc.ca/kootenay. 4 Campsites im Sommer geöffnet; Parkgebühren $ 9,80).

Malerischer Bergsee – der Emerald Lake inmitten des Yoho National Park

Radium Hot Springs ► 1, R 10

Der Highway 93 überquert den Kootenay River bei Kootenay Crossing, steigt dann zum **Kootenay River Viewpoint** empor. Hier bietet sich eine herrliche Aussicht auf das Tal des Kootenay River und die hoch aufragenden schneebedeckten Berge der kontinentalen Wasserscheide. Am kleinen, blumenumsäumten Olive Lake vorbei führt die Straße jetzt über den 1486 m hohen Sinclair Pass.

Noch vor der engen Schlucht des Sinclair Creek erreicht man dann die eigentliche Quelle, nach der der 3 km westlich gelegene Ort **Radium Hot Springs** 19 benannt wurde. Das 40 °C warme, schwach radioaktiv und geruchlose mineralhaltige Wasser der Quelle wird in riesigen, von hohen Klippen umgebenen Becken aufgefangen. Besonders im Winter macht das Baden im heilkräftigen Wasser Spaß (Tel. 250-347-94 85, 1-800-767-16 11, www.hotsprings.ca, im Sommer tgl. 9–23, im Winter So–Do 12–21 Uhr; $ 7).

Der Ort Radium Hot Springs hat kaum 1000 Einwohner, aber an die 30 Motels. Bekannt und beliebt bei Golfern sind die beiden Golfplätze des **Springs at Radium Golf Resort** (Tel. 250-347-62 00, 1-800-667-64 44, www.radiumresort.com; Green Fee $ 47–79 je nach Golfplatz, wochentags).

Kimberley ► 1, R 11

Der 7000 Einwohner zählende ehemalige Bergwerks-Ort **Kimberley** 20 hat sich in den 1970er-Jahren zwecks Tourismusförderung ein alpines Erscheinungsbild verpasst. So sind die meisten Gebäude im Ortskern mit gestrichenen Holz-Fensterläden, Balkonen, Lüftlmalerei und bunten Blumenkästen nach dem Muster eines typischen oberbayrischen Dorfes gestaltet. Dazu gibt es Delikatessenläden und Restaurants mit selbstgebackenen Brezen sowie Knödeln und Schwammerln auf der Speisekarte. Getrunken wird ganz stilecht bayrisches Weizenbier. Im kleinen **Kimberley**

Heritage Museum ist ein kunterbuntes Durcheinander von Displays und Ausstellungsstücken zur örtlichen Geschichte mit Schwerpunkt Bergwerk und Outdoor-Aktivitäten zu sehen (105 Spokane St., Tel. 250-427-75 10, Di–Sa 9–16.30 Uhr).

Infos

Kootenay Rockies Tourism: 1905 Warren Ave., P.O. Box 10, Kimberley, BC V1A 2Y5, Tel. 250-427-48 38, Fax 250-427-33 44, www.bcrockies.com.

Kimberley Travel Info Center: 270 Kimberley Ave., Kimberley, BC V1A 0A3, Tel. 250-427-36 66, 1-866-913-36 66, www.kimberleychamber.com, www.kimberley.ca, Mo–Sa 10–17 Uhr.

Übernachten

Charmantes Boutiquehotel ► **Chateau Kimberley Hotel:** 78 Howard St., Kimberley, Tel. 250-427-15 00, 1-866-488-88 86, www.chateaukimberleyhotel.com. Hübsch eingerichtet und zentral gelegen; zum Hotel gehört eine Kunstgalerie, in der Werke lokaler Künstler gezeigt werden. $ 125–139.

Camping ► **Kimberley Riverside Campground:** St. Mary Lake Rd. (ca. 8 km südlich der Stadtmitte von Kimberley), Tel. 250-427-29 29, 1-877-999-29 29, www.kimberleycampground.com. Schön am Fluss gelegen, 140 Stellplätze, alle Service-Einrichtungen, Internet, Store, beheizter Pool, Spielplatz, diverse Outdoor-Aktivitäten können arrangiert werden. April–Okt. $ 28–33.

Cranbrook ► 1, R 11

Cranbrook 21 ist Verkehrsknotenpunkt und mit 19 000 Einwohnern größte Stadt in den südöstlichen Rockies. Unter den nicht gerade zahlreichen Sehenswürdigkeiten lohnt nur das Canadian Museum of Rail Travel einen Besuch. Neben den Displays sind vor allem die schön restaurierten Eisenbahnwagen auf dem Freigelände interessant, darunter auch die luxuriös ausgestatteten Wagen des legendären ›Millionärszuges‹ der Canadian Pacific Railway von 1929. Im Argyle Dining Car kann man dann im passenden Ambiente seinen Nachmittagstee einnehmen (Van Horne St., Tel. 250-489-39 18, Mitte Mai–Mitte Okt. 9.45–18, sonst Di–Sa 10–17 Uhr; Führungen $ 6, $ 12 inkl. Tee und Kuchen).

Fort Steele ► 1, R 11

Das Highlight der Region ist jedoch zweifellos **Fort Steele Heritage Town** 22, 16 km nördlich von Cranbrook. Das Museumsdorf mit 60 restaurierten und rekonstruierten Gebäuden ist nach Barkerville das größte seiner Art in British Columbia. Die ursprüngliche Siedlung Fort Steele entstand nach dem Goldrausch von 1864. Während ihrer Blütezeit hatte sie über 4000 Einwohner. Nachdem jedoch 1898 beim Bau der Eisenbahn Fort Steele umgangen und statt dessen Cranbrook gewählt wurde, ging es rapide bergab, in kurzer Zeit schrumpfte die Bevölkerung auf unter 100. In den 1960er-Jahren rekonstruierte die Provinzregierung die historische Siedlung.

Heute wird hier in zeitgemäßen Kostümen das Pionierleben im 19. Jh. dargestellt. Da gibt es ein authentisch eingerichtetes Dentist's Office, dessen Gerätschaften den härtesten Goldgräbern das Fürchten beibrachten. Aus der alten Schmiede ertönt das Hämmern auf dem Amboss. Man kann im Court House einer Gerichtsverhandlung zuschauen und dann das Gefängnis besichtigen, wo die Gesetzlosen ihre Strafe absitzen mussten. Historisch getreu ausgestattet und mit kostümiertem Personal bemannt, zeigen Hotels, Druckerei, Fährbüro, Bäckerei, Tischlerwerkstatt, ein Museum und nicht zuletzt der mit Waren vollgestopfte General Store, was ein aufstrebendes Pionierstädtchen vor 150 Jahren zu bieten hatte. Eine Fahrt mit Postkutsche und Dampfzug ist ebenfalls möglich. Auch das Unterhaltungsangebot der 1880er-Jahre wird präsentiert: Im Opernhaus und Wild Horse Theatre begeistern die Fort Steele Follies ihre Zuschauer mit Vaudeville-Shows und musikalischen Komödien (Tel. 250-417-60 00, 426-73 52, www.fortsteele.ca, Mai/Juni und Sept. tgl. 9.30–17, Juli/Aug. bis 18, sonst 10–16 Uhr; Eintritt 5 $, mit allen Veranstaltungen $ 25).

Durch das Okanagan Valley

Karte: S. 192

Von Salmon Arm ins Okanagan Valley ► 1, N/O 10

Während der Südosten der Provinz touristisch bisher noch recht unentdeckt blieb, hat sich die Region südlich von **Salmon Arm** (s. S. 200) in den letzten Jahrzehnten dank ihres milden, sonnigen Klimas und der vielfältigen Freizeitmöglichkeiten zum wichtigsten Feriengebiet im westlichen Kanada entwickelt. Die warmen Seen des Okanagan Valley und der riesigen Shuswap-Seenplatte verleiten zum Wassersport in allen Variationen.

Kurz nach Salmon Arm biegt der Highway 97B nach Süden ins **Okanagan Valley** ab. Das lang gestreckte Tal trägt seinen Beinamen ›Obstgarten Kanadas‹ zu Recht. Schon nach kurzer Zeit tauchen die ersten Farmen und Plantagen am Straßenrand auf. Bis nach Penticton im Süden des Tales folgen immer wieder mit frischem Obst, Honig, eiskaltem Apfelsaft und anderen Leckereien bestückte Stände. Dabei wird es entlang des Highway 97 fortlaufend trockener und wärmer.

Vernon und Umgebung ► 1, N 10

Rings um das Landwirtschaftszentrum **Vernon** 23 am Nordende des gut 100 km langen Okanagan-Sees erstrecken sich ausgedehnte Obstplantagen und blühende Farmen. In der Umgebung finden sich schöne Sandstrände und hübsche Parks für ein gemütliches Picknick.

Das **Greater Vernon Museum & Archives** liegt in einer parkähnlichen Landschaft in der Mitte der Stadt. Hier werden Ausstellungen zur Naturgeschichte sowie Artefakte und historische Fotos aus der Zeit der Ureinwohner und Pioniere gezeigt (3009 32 Ave., Tel. 250-542-31 42, www.vernonmuseum.ca, Di–Sa 10–17 Uhr). Die **Vernon Public Art Gallery** stellt vor allem Werke zeitgenössischer Künstler der Region aus (3228 31st Ave., Tel. 250-545-31 73, www.vernonpublicartgallery.com, Mo–Fr 10–17, Sa 11–16 Uhr).

Am Westrand des Städtchens liegt die **O'Keefe Historic Ranch**, die 1867 als eine der ersten Ranches in West-Kanada gegründet wurde und heute als Freilichtmuseum zu besichtigen ist. Der Komplex umfasst ein möbliertes Blockhaus, eine Schmiedewerkstatt und einen komplett eingerichteten Gemischtwarenladen (12 km nördl. am Hwy. 97, Tel. 250-542-78 68, www.okeeferanch.ca, Mai–Thanksgiving tgl. 9–18 Uhr; $ 12).

Vorbei am malerischen Coldstream Valley und dem Kalamalka Lake mit einem schönen Aussichtspunkt geht es weiter nach Süden.

Info

Vernon Visitor Centre: 701 Hwy 97 S., Vernon, Tel. 250-542-14 15, 1-800-665-07 95, www.vernontourism.com.

Übernachten

Wellness-Tempel ► Sparkling Hill Resort: 888 Sparkling Pl., Vernon, Tel. 250-275-15 56, 1-877-275-15 56, Fax 250-275-16 10, www.sparklinghill.com. Traumhaft schön über dem Okanagan Valley gelegen, fantastischer Panoramablick auf den Okanagan Lake und die Monashee Mountains, äußerst beeindruckende Architektur aus Granit, Kristall und Glas, schöner großer Indoorpool, der sich nach außen zur Terrasse fortsetzt; alle nur erdenklichen Kur-, Fitness- und Wellnesseinrichtungen. Auf dem 70 ha großen Gelände des Resorts kann man gut wandern; hier liegt auch einer der schönsten Golfplätze Kanadas, Predator Ridge. Die 149 Zimmer und Suiten sind luxuriös und stilvoll eingerichtet; ein exzellentes Restaurant sorgt für das leibliche Wohl. $ 240–430 (im Preis ist ein hervorragendes warmes Frühstück inbegriffen, außerdem gibt es günstige Specials und Pauschalangebote).

Hübscher Garten mit Pool ► Tiki Village Motel: 2408 34th St., Vernon, Tel. 250-503-55 66, 1-800-661-84 54, Fax 250-503-18 18, www.tikivillagevernon.com. Ruhig und zentral gelegen, nett eingerichtete Zimmer mit Air Condition, Kitchenette, WLAN, schöner geheizter Pool, *Hot Tub,* Sauna; Hochsaison ab $ 100, Nebensaison ab $ 60.

Kelowna ► 1, N 11

Kelowna 24 ist mit über 100 000 Einwohnern der größte Ort im Okanagan Valley. Motels und moderne Shopping Center begleiten den Highway 97, der quer durch die Stadt führt. Hübsche Parkanlagen am Wasser und lange Strände säumen die Seeufer; auf dem Wasser kreuzen schnittige Segeljachten. Kelowna ist zwar nach wie vor ein wichtiger Farmort, entwickelte sich in den letzten Jahren aber auch verstärkt zum beliebten Ruhesitz der Kanadier. Große, neue Ferienhotels am Seeufer kurbeln den Badetourismus an. Viele der besten Golfplätze der Provinz finden sich in und um Kelowna. Ausrüstung kann überall gemietet werden (Miete ab $ 30, Green Fees ab $ 72, preiswerter ab 16 Uhr $ 55). Im Winter bietet die Region beste Voraussetzungen für den Wintersport. Das **Big White Ski Resort** ist das zweitgrößte der Provinz.

Wer sich für den Weinbau in British Columbia interessiert, der kann an einer der zahlreich angebotenen *Winery Tours* teilnehmen. Mehr als zwei Dutzend Weinbaubetriebe gibt es im südlichen Okanagan Valley, deren Weine seit 10 bis 15 Jahren auch international anerkannt werden. Unter den Weißweinen werden vor allem Riesling, Kerner, weißer Burgunder und Chardonnay, unter den Roten Pinot Noir, Merlot und Cabernet Sauvignon angebaut. Die sanften Hügel des Tales haben den richtigen Boden, die Sonne scheint reichlich und kühle Herbstnächte bieten hier gute Vorraussetzungen für das richtige Reifen der Trauben.

Das **Okanagan Heritage Museum** ist durch den prächtig bemalten Totempfahl neben dem Eingang leicht zu finden. Hier gibt es neben den üblichen Pionier- und Indianerartefakten auch einen rekonstruierten Handelsposten und einen chinesischen Laden zu sehen (470 Queensway, Kelowna, Tel. 250-763-24 17, im Sommer Mo–Fr 10–17, Sa 10–16 Uhr; Eintritt frei, Spende erbeten).

Über die Geschichte des Weinanbaus in der Region informiert das in einem roten Backsteingebäude untergebrachte **Orchard Industry Museum** (1304 Ellis St., Tel. 250-763-04 33, Mo–Fr 10–18, Sa 10–17 Uhr). Das **Wine Museum** im gleichen Gebäude hat sich auf die örtlichen Weingärten spezialisiert. Hier kann man die entsprechenden Weine kaufen und erhält Auskunft über die angebotenen Führungen (Tel. 250-868-04 41, Mo–Fr 10–18, Sa 10–17, So 11–17 Uhr). Auf der **Cedar Creek Estate Winery**, 12 km südlich der Stadt am Lakeshore Drive, wird man neben der zünftigen Weinprobe auch noch mit einer schönen Aussicht über die Hänge und den Okanagan Lake belohnt (5445 Lakeshore Dr., Tel. 250-764-88 66, Führungen während des Sommers tgl. 11–17 Uhr; $ 5).

Infos

Thompson Okanagan Tourism Association: 2280-D Leckie Rd., Kelowna, BC V1X 6G6, Tel. 250-860-59 99, 1-800-567-22 75, Fax 250-860-99 93, www.totabc.com.

Big White Ski Resort: 5315 Big White Rd., Kelowna, BC V1P 1P3, Tel. 250-765-31 01, Reservierungen 1-800-663-27 72, Fax 250-491-61 22, www.bigwhite.com.

Übernachten

Sport- und Wellnesshotel ► **Lake Okanagan Resort:** P.O. Box 1321, Station A, Kelowna, BC V1Y 8B2, 2751 Westside Rd., Kelowna, BC V1Z 3T1, Tel. 250-769-35 11, 1-800-663-32 73, Fax 250-769-66 65, www.lakeokanagan.com. Schön am See gelegen, Chalets und Zimmer; Restaurant und Lounge, Pools, Reiten, Tauchen, Segeln, Tennis, Golf. März–Nov. Ab $ 239 (Sommer).

Am Seeufer ► **Eldorado Hotel:** 500 Cook Rd., Tel. 250-763-75 00, 1-866-608-75 00, www.eldoradokelowna.com. 19 Zimmer mit Seeblick und Balkon, Restaurant, Café, Marina mit Bootsverleih. Ab $ 179.

Hideaway in den Bergen ► **Beaver Lake Mountain Resort**: 6350 Beaver Lake Road, Winfield, BC V4V 1T5, Tel. 250-762-22 25, www.beaverlakeresort.com. 1400 m hoch gelegene Ferienanlage in einem Waldgebiet nordöstlich von Kelowna, schön am Ufer eines Sees gelegen, in dem man Regenbogenforellen angeln kann. Gemütlich eingerichtete Blockhütten ($ 85–145 mit komplett ausgestatteter Küche, teils mit eigenem

Dock) und Camping-Stellplätze ($ 30, keine Anschlüsse), Restaurant, Wellnessbereich, Vermietung von Kanus, Kajaks und Motorbooten. Mitte Mai–Mitte Okt.

Camping ▶ **Apple Valley Orchard & RV Park:** 1980 Union Rd., Kelowna, BC V1V 2E8, Tel. 250-763-98 40, www.applevalleyorchard rvpark.com. Schöner Campingplatz auf einer Bio-Obstplantage mit Blick auf Tal und See. $ 40–45.

Termine

Fall Wine Festival: 10 Tage beginnend vom letzten Wochenende im Sept. Die größte Veranstaltung der Region mit Weinproben, Kochwettbewerben, Ausstellungen.

Aktiv

Weintouren ▶ **Okanagan Wine Country Tours:** 470C Cawston Ave., Tel. 250-868-94 63. Verschiedene Touren durch das Weinbaugebiet, unter anderen eine ganztägige Tour für $ 110.

Golf ▶ **Okanagan Reservations:** Tel. 250-493-32 00, 1-800-663-19 00, www.okres.bc.ca. Golf-Pauschalangebote für Golf Resorts inkl. Übernachtung. Ab $ 150 pro Tag.

Summerland und Penticton

▶ 1, N 11

Durch Weingärten, Apfel- und Pfirsichplantagen geht es am Seeufer entlang weiter. Nach rund 40 km ist ist das hübsche Städtchen **Summerland** 25 erreicht. Hier lohnt ein Bummel durch die Downtown mit kleinen Shops und Kunstgalerien. Eisenbahnnostalgiker möchten vielleicht mit der **Kettle Valley Steam Railway,** einem historischem Dampfzug von 1912, einen Ausflug in die Umgebung unternehmen, schöne Ausblicke auf den See und den Canyon inbegriffen (18404 Bathville Rd., Tel. 250-494-84 22, 1-877-494-84 24, www.kettlevalleyrail.org, 10.30 und 13.30 Uhr, Mitte Mai–Ende Juni, Anf. Sept.–Mitte Okt. Sa–Mo, Anf. Juli–Ende Aug. Do–Mo; $ 22, bis 12 Jahre $ 13).

Rebenhang im Okanagan Valley

Nur ein paar Kilometer weiter erreicht man dann **Penticton** 26. Der in den letzten Jahren schnell gewachsene Ort liegt auf einer Landenge zwischen dem Südende des Okanagan Lake und dem Skaha Lake. Hier lockt wieder ein breites Wassersportangebot: Wasserskifahren, Segeln, Windsurfen und Schwimmen am feinen Sandstrand des Skaha-Sees.

Am Ufer des Okanagan Lake liegt die **»SS Sicamous«,** ein historischer Schaufelraddampfer, der von 1914 bis 1936 auf dem See fuhr. Heute liegt das schön restaurierte Schiff auf dem Trockenen und kann besichtigt werden (1099 Lakeshore Dr. W., Tel. 250-492-04 03, im Sommer von 7–19 Uhr; $ 5).

Sehenswert ist auch das regionalgeschichtliche **Penticton Museum.** Es zeigt u. a. historische Fotos und Gegenstände aus der Zeit der Pelzhändler und Goldgräber und der ersten Ranches in der Region; man wird informiert über die indianische Urbevölkerung und chinesische Einwanderer (785 Main St., Tel. 250-490-24 51, Di–Sa 10–17 Uhr; Eintritt frei, Spende erbeten).

Südlich von Penticton zweigt der Highway 3A vom Highway 97 ab und führt durch kiefernbestandene Hügel nach Westen. Hier verlässt man das Seengebiet, und im Tal von Keremeos findet man auch die letzten Plantagen und Obststände.

Infos

Wine Country Visitor Centre: 553 Railway St., Penticton, BC V2A 8S3, Tel. 250-493-40 55, 1-800-663-50 52, Fax 250-492-66 19, www.penticton.ca. Im Frühjahr und Sommer tgl. 8–19, sonst Mo–Sa 9–18, So 10–17 Uhr.
Penticton Visitor Info Centre: Ecke Eckhardt Ave./Hwy. 97 am nördlichen Ortsausgang, Tel. 250-493-40 55, 1-800-663-50 52, www.penticton.ca. Freier Internetzugang.
Manning Provincial Park: P.O. Box 3010, Cultus Lake, BC V2R 5H6, Tel. 250-840-88 22, 1-800-330-33 21 (Reservierungen).

Übernachten

Mit Seeblick ▶ Summerland Waterfront Resort: 13011 Lakeshore Dr. S., Summerland, Tel. 1-877-494-81 11, www.summerlandresorthotel.com. Resorthotel direkt am See mit kleinem Badestrand und Pool mit Terrasse, die meisten Zimmer und Suiten sind mit Kitchenette und Kamin ausgestattet. $ 210–430; attraktive Pauschalangebote inkl. Aktivitäten (Golf, Weinproben, ATV-Tour) außerhalb der Hauptsaison ab $ 179.
Geräumige Motelunits ▶ Village Motel: 244 Robinson Ave., Naramata, 14 km nördlich von Penticton, Tel. 250-496-55 35, www.villagemotel.com. Hübscher Garten, nicht weit vom See, 9 nett eingerichtete Zimmer. Man spricht auch Deutsch. $ 85, mit Küche $ 145.
Camping ▶ Twin Lakes Golf & RV Resort: Hwy. 3A, 19 km südwestl. von Penticton, Tel. 250-497-53 19, 1-866-576-36 72, www.twinlakesgolfresort.com. Schön gelegener Campingplatz inmitten eines Golfplatzes (Green Fees $ 50, Rabatt für Camper), Restaurant, Lounge. April–Mitte Okt. $ 25.

Termine

Penticton Peach Festival: Erstes Wochenende im Aug. Volksfest mit Wahl der Miss Penticton, Pfirsichprobieren und Veranstaltungen im Stadtpark.

Abstecher nach Osoyoos

▶ 1, N 12

Hat man noch etwas Zeit zur Verfügung und wählt nicht den direkten Weg nach Vancouver, dann lohnt ein kleiner Umweg (rund 60 km) in südlicher Richtung, und es geht weiter auf dem Highway 97 zum 5000-Einwohner-Städtchen **Osoyoos** 27 an der US-Grenze. Die Straße führt am gleichnamigen See entlang. Diese Region ist Kanadas wärmste und trockenste, der See hat im Sommer eine Temperatur von rund 24 °C. Ein Gebiet von etwa 100 ha weist sogar Wüstenflora und -fauna auf mit diversen Kakteenarten, Skorpionen, Eidechsen und Klapperschlangen. Nur ein schmaler bewässerter Korridor entlang dem See ist grün und wird zur Kultivierung von Obst und Wein genutzt.

Im **Osoyoos Desert Centre** an der Kreuzung der Highways 3 und 97, 3 km nördlich der Stadt hat man die Gelegenheit, mehr über das ungewöhnliche und gefährdete Ökosystem zu erfahren. Im Centre gibt es neben Ausstellungen auch Displays zum Anfassen und einen Lehrgarten. Ein 1,5 km langer Plankenweg führt durch das 27 ha große Wüstengebiet, das man so auf eigene Faust oder auch auf geführten Touren erkunden kann (146 Ave., Osoyoos, Tel. 250-495-24 70, 1-877-899-08 97, www.desert.org, Ende April–Mitte Mai, Mitte Sept.–Anf. Okt. 10–14, Mitte Mai–Mitte Sept. 9.30–16.30 Uhr, geführte Touren 10, 12 und 14 Uhr; $ 7).

Auch das **Nk'Mip Desert Culture Centre** im Reservat der Osoyoos-Indianer beschäftigt sich mit der Flora und Fauna dieser einzigartigen Region, und auch hier gibt es einen etwa 2 km langen Lehrpfad. Dazu wird die Kultur der Okanagan First Nations erklärt, unterstützt durch ein rekonstruiertes Dorf der Ureinwohner (1000 Rancher Creek Rd., Tel. 250-495-79 01, www.nkmipdesert.com, Anf. Mai–Ende Juni 9.30–16.30, Anf. Juli–Ende Aug. 9.30–20 Uhr; $ 12, bis 17 Jahre $ 8). Außerdem betreibt der Bund der Osoyoos-Indianer auf dem Reservatgelände einen Weinbaubetrieb, einen Campingplatz und den **Nk'Mip Canyon Desert Golf Course.** Die **Nk'Mip Cellars,** Kanadas erste Weinkellerei im Besitz der Ureinwohner, befinden sich in der Nähe des Kulturzentrums. Sie kann ebenfalls besichtigt werden (Tel. 250-495-29 85, www.nkmipcellars.com, Anf. Jan.–Ende Juni 9–17, Anf. Juli–Anf. Sept. 9–21, Anf. Sept.–Ende Dez. 9–20 Uhr, Führungen 11, 13, 15 und 19 Uhr). Schön gelegen, bilden die sattgrünen Weinberge einen beeindruckenden Kontrast zur Trockenzone.

Info

Osoyoos Visitor Centre: 9912 Hwy 3 (Kreuzung Hwy. 97), Osoyoos, Tel. 250-495-50 70, 1-800-435-56 22, www.destinationosoyoos.com. Ende Mai–Ende Juni 9–17, Ende Juni–Anf. Sept. 8–18, sonst 9–16 Uhr.

Übernachten

Luxus am See ► **Holiday Inn and Suites:** 7906 Main St., Osoyoos, Tel. 250-495-7223, 1-877-786-7773, www.holidayinosoyoos.com. Schön gelegen am Lake Osoyoos mit eigenem 100 m langem Sandstrand, 118 Zimmer und Suiten, Indoorpool, Internetzugang und Benutzung eines Kajaks gratis, Restaurant. $120–230.

Inmitten von Weinbergen ► **The Whitehorse B & B:** 8000 Hwy. 3 E., Osoyoos, Tel. 250-495-28 87, Fax 250-495-78 87, www.thewhitehorsebb.ca. 4 stilvoll eingerichtete Zimmer mit Panoramablick auf See, Obstgärten und Weinberge. Internet, Gourmet-Frühstück mit frischen Obst. $ 90–130.

Camping ► **NK'Mip Campground RV Park:** 8000 45th St. Osoyoos, Tel. 250-495-72 79, www.campingosoyoos.com. Schöner Platz mit Bäumen, 120 Stellplätze direkt am Seeufer, alle Anschlüsse. $ 39–50.

Weiter nach Keremeos

► 1, N 12

Auf dem Highway 3 geht es dann in nordwestlicher Richtung weiter, bis man nach rund 50 km das fruchtbare Tal von **Keremeos** 28 erreicht. Der kleine Ort ist von ausgedehnten Obst- und Gemüseplantagen umgeben, besonders im Frühjahr zur Obstblüte ein bezaubernder Anblick.

Einen Stopp verdient die restaurierte **Keremeos Grist Mill**, eine idyllisch gelegene alte Mühle, die heute als Museum der Pionierzeit dient. In historische Kostüme gekleidete Guides führen umher (1 km östlich vom Hwy. 3A, RR 1, Upper Bench Rd., Keremeos, Tel. 499-28 88, Mitte Mai–Mitte Sept. tgl. 10–16, Nebensaison Mi–So 10–16 Uhr; $ 5).

Gerade einmal zwei Fahrstunden von Vancouver entfernt kann man hier oben in der weitgehend unberührten Berglandschaft um den Allison Pass noch einmal in die grüne Einsamkeit eintauchen: Im **Manning Provincial Park** 29 lädt ein gut ausgebautes Wegenetz zum Wandern ein. Man genießt die Aussicht am Cascade Lookout.

Der Highway 3 führt nun weiter nach Westen. Er schlängelt sich am Ufer des Similkameen River entlang zum alten Bergwerksort **Princeton**, um dann in die Küstenberge hinaufzuklettern, die letzte Barriere vor dem Fraser Valley.

Von Lillooet nach Prince George

Der Cariboo Highway 97 folgt der alten Goldgräberroute vom Fraser Canyon in die Cariboo Mountains nach Barkerville. Die etwa 600 km lange Strecke, die schließlich in Prince George endet, führt durch das sonnenverbrannte Ranchland in Zentral-British Columbia, berührt typische kleine Western-Orte und bietet als Höhepunkt eine Zeitreise in die Goldrausch-Ära im historischen Goldgräbertown Barkerville.

In Lytton (s. S. 194) entscheidet man, ob man den Cariboo Highway über Lillooet oder Cache Creek (s. S. 186) fahren möchte. Nach Cache Creek führt der Trans-Canada Highway 1 über Spences Bridge durch das Tal des Thompson River nordwärts. Der Highway 12 folgt dem Lauf des Fraser entlang eindrucksvoller Klippen bis Lillooet, wo 1858 die legendäre erste Cariboo Road, auch als Gold Rush Trail bekannt, als Meile 0 begann.

Für die Tour sollte man einschließlich des Besuchs in Barkerville zwei bis drei Tage Zeit einplanen. Eine Kanufahrt auf dem Bowron Lake (s. Aktiv unterwegs S. 222) verlängert die Tour entsprechend.

Lillooet ► 1, L 10

Karte: rechts

Der verschlafene 2500-Seelen-Ort **Lillooet** **1** lässt kaum erahnen, dass hier um 1860 auf dem Höhepunkt des Goldrausches fast 20 000 Menschen lebten, und dass Lillooet damals die größte Stadt nördlich von San Francisco war.

Die Gegend um Lillooet ist ideales Ferienland, denn im Sommer darf man hier im Regenschatten der Coast Range getrost mit sonnigem, heißem Wetter rechnen. Gerade einmal 260 mm Niederschlag pro Jahr fällt hier. Auf guten Schotterstraßen kann man das Hinterland mit seinen lang gestreckten Seen erforschen. Eine schöne Bademöglichkeit bietet etwa der **Seton Lake** an. Das kleine **Lillooet Historic Museum** an der Main Street im alten Bau der früheren anglikanischen Kirche zeigt Goldrauschgeschichte und erläutert den Bau der Eisenbahn. In dem Gebäude ist auch die Touristeninformation untergebracht (790 Main St., Tel. 250-256-43 08, Juli/Aug. tgl. 9–17, Mai/Juni und Sept./Okt. Di–Sa 10–16 Uhr; Eintritt frei, Spende erbeten).

Infos

Lillooet Visitor Info Center: 790 Main St., Tel. 250-256-43 08, www.lillooetbc.com, Juli/Aug. tgl. 9–17, Mai/Juni und Sept./Okt. Di–Sa 10–16 Uhr.

Aktiv

Trailritte ► Red Rock Trail Rides: Lillooet, Tel. 250-256-44 95. Geführte Trailritte auf der historischen Cariboo Road.

Jet Boating ► Fraser River Jet Boat Adventures: Cayoosh Creek Campground, 100 Hwy. 99 S., Lillooet, Tel. 250-256-41 80, www.bcadventure.com/fraserriverjetboat. Flussabenteuer auf dem Fraser River.

Termine

Only in Lillooet Days: Juni. Ein bunter Reigen von Veranstaltungen lässt eine Woche lang die Zeit des Goldrauschs wieder lebendig werden.

Historic Hat Creek Ranch ► 1, L 10

Karte: rechts
Von Lillooet führt der Highway 99 in östlicher Richtung zum Highway 97. Gleich an der Kreuzung, etwa 11 km nördlich von **Cache Creek** liegt die sehenswerte **Historic Hat Creek Ranch** **2**. Im meist braun verdorrten Buschland eines weiten Tales liegt das 1860 errichtete und heute zum Museum restaurierte *Roadhouse* der Ranch. Über 20 historische Gebäude stehen auf dem 130 ha großen Gelände. Kinder dürfen mit der Kutsche über das Ranchgelände fahren, Erwachsene können auch hoch zu Ross die Umgebung erkunden. Den Besuchern werden außer Führungen auch Campingmöglichkeiten und ein Restaurationsbetrieb geboten. Auf dem Gelände befinden sich zudem indianische Schwitzhütten (an der Kreuzung der Highways 97 und 99, Tel. 457-97 22, 1-800-782-09 22, www.hatcreekranch.com. Restaurant, Cabins $ 85–95, Führungen $ 12, Juli/Aug. tgl. 9–18 Uhr, Mai, Juni, Sept. 9–17 Uhr. Campingplätze $ 15–20).

In schneller Folge reihen sich nun auf der Weiterfahrt nach Norden die kleinen Pionierorte aneinander.

Clinton ► 1, L 9

Karte: rechts
Clinton **3** entstand bei Meile 47 an der alten Cariboo Road. Es ist ein typisches Westernörtchen, wie es im Ranchland von Zentral-British Columbia viele gibt: mit einer *Main Street* und ein paar Seitenstraßen mit modernen Wohnhäusern. Typisch sind auch die Läden, die all das anbieten, was die Ranches der Umgebung so benötigen. Vom großkarierten Holzfällerhemd bis zum Maschendraht, vom Steakgewürz bis zur aktuellen Information über die holprigen Seitenstraßen ins Hinterland ist hier alles zu haben.

Im *Coffee Shop* an der Hauptstraße wird noch Pionierkost in Pioniermengen serviert: saftige Steaks und Ribs am Abend, zum

Frühstück mächtige Omeletts mit Schinken und Käse und dazu Hash Browns, eine Art Kartoffelpuffer.

Morgens stärken sich hier oft auch die Drachenflieger. In der Umgebung von Clinton sind die Aufwinde ideal und einige der *Hanggliders* sind sogar schon von hier bis ins 200 km entfernte Okanagan Valley geflogen. Jedes Jahr im Mai finden am Lime Mountain

aktiv unterwegs

Ranchurlaub in den Cariboos

Infos

Standort: Clinton/Jesmond und Lone Butte (beide in 5–6 Std. mit dem Auto von Vancouver über den Cariboo Highway zu erreichen)
Anbieter: Echo Valley Ranch & Spa, Clinton/Jesmond, Tel. 604-988-32 30, 1-800-253-88 31, 778-340-10 77, www.evranch.com (in Deutschland über Argus Reisen, Tel. 055 94-93 09 30, www.argusreisen.de).
Beaver Guest Ranch, 7471 Cariboo Chalet Rd., Lone Butte, Tel. 250-593-93 03, www.beaverguestranch.com (in Deutschland über Argus Reisen, Tel. 055 94-93 09 30, www.argusreisen.de).
Kosten: Beaver Ranch 4 Tage ab 460 € pro Person, eine Woche ab 690 € pro Person. Echo Valley Ranch ab 2440 € pro Person und Woche.

Ein Urlaub auf einer Guest Ranch ist nicht nur etwas für erfahrene Reiter. Anders als auf einer Working Ranch wird man hier kaum größere Rinderherden finden. Statt klassischer Rancharbeit steht auf der Guest Ranch der Gast im Mittelpunkt und dementsprechend wird auch ein buntes Programm von Aktivitäten geboten. So stehen Ausritte unterschiedlicher Länge, Reitunterricht und auf manchen Ranches auch Trailritte mit Übernachtung im Camp auf dem Programm – besondere Vorkenntnisse sind dabei nicht vonnöten. Zum Zeitvertreib tragen weiterhin Kanu-, Mountainbike- und Angelexkursionen bei, auch werden Ausflüge zu interessanten Zielen in der Umgebung organisiert. Abends sitzt man gemeinsam am Lagerfeuer, tauscht sich über das Erlebte aus und übt sich nebenbei im Hufeisenwerfen.

Dabei lässt der Begriff ›Guest Ranch‹ eine große Bandbreite zu: Das Spektrum reicht von der rustikalen kleinen Familienranch, die maximal ein Dutzend Gäste aufnehmen kann, bis zum großen, luxuriös ausgestatteten Betrieb mit Platz für 60 oder mehr Gäste, denen neben den typischen Ranch-Aktivitäten auch Wellnessanwendungen und gehobene Restaurantküche geboten werden. Stets herrscht jedoch eine lockere Atmosphäre, sind Jeans das richtige Outfit.

Die kleine **Beaver Guest Ranch** wird seit 2001 vom Schweizer Ehepaar Bettina und Mario Huebel geführt. Das rund 4 ha große Ranchgelände grenzt im Norden an den glasklaren Sulphurous Lake und im Süden an den Deka Lake. Bis zu 10 Gäste kann die Ranch aufnehmen, sodass im großen Haupthaus, das im typischen kanadischen Blockhausstil gebaut ist, eine eher familäre Atmosphäre herrscht. Bei den Gästen besonders beliebt sind Ausritte in die ursprünglichen Wälder um den Deka Lake, alternativ kann man den See auf einer Paddeltour mit dem Kanu erkunden. Zum Angebot gehören weiterhin Fliegenfischen, Wildwassertouren auf dem Fraser River und Ausflüge in die Wildnis des Wells Gray Provincial Park.

Die wunderschön gelegene **Echo Valley Guest Ranch** bietet ihren bis zu 40 Gästen neben den typischen Ranch-Aktivitäten auch alle Annehmlichkeiten eines Vier-Sterne-Spa-Resorts mit erstklassigem Restaurant. Man kann wählen, ob man an den zweimal am Tag angebotenen, mehrstündigen Ausritten teilnehmen möchte, oder sich doch lieber für Sauna, Pool oder Golfplatz entscheidet. Für das umfangreiche Reitprogramm hat die Ranch über 30 Pferde zur Verfügung. Wer das Reiten erst erlernen möchte oder nur über Grundkenntnisse verfügt, dem wird ein erfahrener Reitlehrer zur Seite gestellt. Die angebotenen Aktivitäten sind vielfältig: Man kann sein Glück beim Goldwaschen oder Fliegenfischen versuchen, einem Falkner bei der Arbeit zusehen oder die Umgebung der Ranch mit einem Allradfahrzeug erkunden.

Die Williams Lake Stampede ist eines der größten Rodeos in Kanada

die westkanadischen Meisterschaften im Drachenfliegen statt.

Im Zuge der kanadischen Selbstfindung und des immer stärker aufkommenden Geschichtsbedürfnisses entstanden in den letzten 20 Jahren in fast allen kleinen Orten in British Columbia so genannte *Historical* oder *Pioneer Societies,* die örtliche Museen aufbauten und historische Gebäude restaurierten. So gewährt auch das **Clinton Museum** an der Hauptstraße geschichtsträchtige Einblicke in das Leben der Indianer und Goldgräber sowie der Geologie und Botanik der Region. Die Sammlungen des kleinen Pioniermuseums sind im alten Schul- und Gerichtsgebäude von 1890 untergebracht, in dem einst Richter Begbie Justitia sprechen ließ (1419 Cariboo Hwy., Tel. 250-459-24 42, im Sommer tgl. 9–17 Uhr; Eintritt frei, Spende erbeten). Sehenswerte historische Gebäude sind das 1862 erbaute **Palace Hotel** und das **Robertson House** von 1866.

Nach Williams Lake

► 1, L 7–9

Karte: S. 213

Typisches Ranchland begleitet den Highway 97 nordwärts nach Williams Lake. Ab und an tauchen alte Holzzäune auf: *Post and Rail, Snake Rail* oder *Russell Fence* heißen die erfinderischen Konstruktionen. In Schlangenlinien ziehen sich die Zäune durch die *Sage Brush*-Steppe. *Bunchgrass,* die einheimische Grasart, ist heute meist vom *Sage Brush* verdrängt – ein Zeichen für Überweidung.

Dazwischen immer wieder kleine Orte in der Meilenchronologie der Cariboo Road: 100 Mile House, 150 Mile House. Knapp 20 km nordöstlich von 70 Mile House zweigt eine Stichstraße zum **Green Lake Provincial Park** ab. Der smaragdgrüne See lädt zum Schwimmen und Angeln ein, beim Sunset View Campground beginnt ein beschilderter, etwa 1 km langer Lehrpfad.

Bei 108 Mile wartet wieder ein Blick in die Geschichte: In der **108 Mile Heritage Site** 4 wurde die ursprüngliche Ranch zu einem kleinen Museumsdorf restauriert, mit riesiger Scheune im Blockhausstil, Ausstellungen und sogar einer kleinen Galerie mit Kunsthandwerk (Tel. 250-791-52 88, 791-19 71, Ende Mai–Anfang Sept. 10–17 Uhr; Eintritt frei, Spende erbeten).

Von 150 Mile House aus kann ein weiterer Provinzpark erkundet werden: Eine streckenweise nur geschotterte Panoramastraße führt zum **Horsefly Lake,** den ein urwüchsiger Wald mit alten Zedern und Douglas-Fichten umgibt. Im See kann man angeln, Kanu fahren und schwimmen – es gibt einen Strand und einen hölzernen Steg. Ein reizvoller Wanderweg führt zu einem Aussichtspunkt oberhalb des Horsefly Lake.

Wirtschaftliches Herz des Bezirkes ist **Williams Lake** 5 (10 000 Einw.), eine moderne Stadt mit vielen Forstwirtschaftsunternehmen und Ausrüstungsläden für die Bergwerke und Ranches im Umland. Hier wartet wieder ein Pioniermuseum, das **Museum of the Cariboo Chilcotin** mit *Cowboy Hall of Fame* und Ausstellungen zu Pionieren und Indianern (113 N. 4th Ave., Tel. 392-74 04, Mo–Sa 10–16 Uhr; $ 2). Interessant ist auch das **Scout Island Nature Centre** am Westufer des Sees mit Ausstellungen zur Flora und Fauna der Region. Lehrpfade erschließen das umliegende Feuchtgebiet, in dem viele Vögel auf ihrer jährlichen Wanderung rasten (1305A Borland Rd., Tel. 250-398-85 32, Mai–Mitte Okt. bei Tageslicht; Eintritt frei).

Das Ereignis schlechthin in Williams Lake findet jeweils am Canada Day, dem 1. Juli, statt: die **Williams Lake Stampede**. Seit den 1920er-Jahren richtet die Stadt dieses Rodeo aus, das sich mittlerweile zum größten in der ganzen Provinz gemausert hat. Auf den Stampede Grounds an der Kreuzung der Highways 97 und 20 trifft sich dann die Elite der Rodeoreiter – manche kommen sogar aus Australien, um hier ihre Sattelfestigkeit unter Beweis zu stellen und Preise davonzutragen. Je nach Wettbewerb winken dem Sieger beträchtliche Geldsummen.

Über der Arena der ›Cowtown‹, so der offizielle Beiname des Ortes, steigt dann der Staub auf: Da werden Kälber mit dem Lasso gefangen, Bullen geritten und im *Bucking Contest* schließlich wild buckelnde Broncos bestiegen. Zum Begleitprogramm gehören Umzüge, Kutschen- und Planwagenrennen, Barbecues und Tänze. Die ganze Stadt kleidet sich zu diesem Anlass stilgerecht im Western Look.

Infos

South Cariboo Info Centre: 422 Cariboo Hwy. 97, 100 Mile House, Tel. 250-395-53 53, 1-877-511-53 53, im Sommer tgl. 8.30–16.30 Uhr.

Williams Lake Visitor Centre: 1148 Broadway South, Williams Lake, BC V2G 1A2, Tel. 250-392-50 25, 1-877-967-52 53, Fax 392-42 14, www.williamslakechamber.com, www.williams lake.ca. Im Sommer tgl. 8–18, sonst Mo–Fr 9–17 Uhr.

Übernachten

Familienfreundlich ▶ Overlander Hotel: 1118 Lakeview Crescent, Williams Lake, BC V2G 1A3, Tel. 250-392-33 21, 1-800-663-68 98, Fax 250-392-3983, www.overlanderhotel.com. Etwas außerhalb auf einem Hügel, Steakhouse, Coffee Shop. $ 99–115.

Schön gelegen ▶ Drummond Lodge & Motel: 1405 Hwy 97 S., Williams Lake, Tel. 250-392-53 34, www.drummondlodge.com. Nicht weit vom Ortskern in einer schönen Gartenanlage mit Blick auf den Williams Lake; die meisten der modern eingerichteten Zimmer und Suiten haben Kitchenette und einen Balkon, Highspeed-Internet. Ab $ 75.

Camping ▶ Williams Lake Stampede Campground: 850 S. Mackenzie Ave., Williams Lake, Tel. 250-398-67 18, www.williams lakestampede.com. 74 Stellplätze auf dem Gelände des berühmten Rodeos. $ 18–28.

Termine

Williams Lake Stampede: am 1. Juli-Wochenende, großes Rodeo mit Paraden und *Powwow* (Tel. 250-398-83 88, 1-800-717-63 36, www.williamslakestampede.com).

Straße der Goldsucher – die Cariboo Road

Thema

Highway 97 – The Cariboo Road! Im Namen der legendären Straße schwingt heute noch etwas mit von der Zielstrebigkeit und der fiebernden Erwartung tausender Goldsucher, die von der Küste kommend auf dem schnellsten Weg den Oberlauf des Fraser erreichen wollten, um ihre Claims abzustecken.

Sie war die erste Wagenstrecke im Westen Kanadas, die in den 60er-Jahren des 19. Jh. von den *Royal Engineers* angelegt wurde. Die Militäringenieure der britischen Krone vermaßen die steilen Wände des Fraser Canyon und legten die beste Route für die Straße zu den Goldfeldern in den Cariboo Mountains fest. Dann wurde eine Schotterpiste bis nach Barkerville, dem Hauptort der Goldberge, gebaut, vorwiegend von billigen Arbeitern aus China.

Das Land entlang der Strecke hat sich seit den Goldtagen kaum verändert: die gleichen sandigen, spärlich bewachsenen Hügel, über die sich schon die Goldgräber auf ihrem 400 km langen Trail mühten. Maultier-Packzüge mit Proviant und Ausrüstung für die Camps zogen hier entlang, die Postkutschen der *BX Stage Coach* preschten vorüber, deren Wagenlenker für ihre Waghalsigkeit und ihr Repertoire an Flüchen bekannt waren.

Hier ritt auch der berühmt-berüchtigte Richter Begbie, der *Hanging Judge,* dessen Galgenbaum in Lillooet immer noch steht. Seine Vorstellung vom Gesetz war höchst eigenwillig. Häufig urteilte er nach seiner Intuition, und doch ist es nicht zuletzt auf ihn zurückzuführen, dass während der Goldrauschzeit in British Columbia Recht und Gesetz herrschten und dass die vielen US-amerikanischen Abenteurer Königin Victoria respektierten. Wen Richter Begbie für schuldig hielt, der hatte es nicht leicht, auch wenn die Jury anders dachte. Als diese einmal einen Mann freisprach, der des Raubmords angeklagt war, da funkelten Begbies eiskalte Augen unter der Perücke: »Gefangener, Sie können gehen! Aber ich hoffe inständig, dass Ihr nächstes Opfer ein Mitglied dieser Jury ist!«

Die erste Cariboo Road begann 1861 in Lillooet. Bis hierher kamen die Goldsucher auf verschiedenen Routen über die Coast Mountains, um dann auf der befestigten Straße nach Barkerville weiterzuziehen. Von Lillooet aus wurden die Meilen gezählt, nach denen viele moderne Orte entlang der Route benannt wurden: 70 Mile House, 100 Mile House usw. Denn je nach Schwierigkeit des Terrains legte man alle 15 bis 25 km ein *roadhouse* an, wo die Reisenden essen und übernachten konnten und die Postkutsche die Pferde wechselte. Nur wenige sind noch so gut erhalten wie etwa die Hat Creek Ranch bei Cache Creek (s. S. 213), aber entlang der ganzen Strecke bis Barkerville findet man immer wieder verfallene Überreste.

Die zweite Cariboo Road startete in Yale, nachdem 1863 ein Pfad entlang dem Fraser River ausgebaut wurde. Als 1886 die Eisenbahn durch das Tal fertig gestellt wurde, verlegte man den Anfangspunkt wieder weiter nach Norden und die Versorgungswagen für die Pioniere zogen von der Bahnstation in Ashcroft aus nach Norden. Ashcroft, heute ein verschlafenes Städtchen abseits des Highway, wurde jedoch beim Bau des Trans-Canada Highway links liegengelassen. So beginnt der offizielle, heutige Cariboo Highway 97 im nahen Cache Creek (s. S. 196).

Aktiv

Rafting ▶ Chilko River Rafting: 1118 Lakeview Cresc., Williams Lake, Tel. 250-267-52 58, 1-888-808-72 38, www.chilkoriver.com. Wildwasser-Tagestouren auf dem Chilko River (Do, Fr, Sa, Mitte Juli–Anf. Sept., $ 125), und auf dem Upper Quesnel River (So, Mitte Juli–Mitte Sept., Tagestour $ 125, halber Tag $ 90), Exkursionen auf dem Fraser River mit einem motorgetriebenen Gummifloß (Di, Mi ab 15. Juli, Tagestour $ 125, zweitägige Tour mit Übernachtung im Camp $ 350).

Reiten ▶ Red Willow Guest Ranch: Elke Hirsch, Lone Butte (der Hwy 24 zweigt bei 93 Mile House vom Cariboo Hwy 97 ab, dann 8 km auf der Watch Lake Road), Tel. 250-395-30 17, Fax 250-395-30 27, www.redwillow.de. Working Ranch unter deutscher Leitung auf dem Fraser Plateau, Reiten für Anfänger und Fortgeschrittene, Reitunterricht, komfortable Unterkünfte in einem Gästehaus mit 13 Zimmern; Reiterpaket $ 130/ Tag (Kinder unter 12 Jahre $ 67), Nichtreiter/ VP $ 95/Tag (Kinder unter 12 Jahre $ 47).

Wildbeobachtung ▶ Ecotours: Peggy und Gary Zorn, Williams Lake, Tel. 250-790-22 92, 1-866-299-91 00, Fax 250-790-22 93, www.ecotours-bc.com. Wildbeobachtung in der Chilkoteen-Region mit Bergen und ursprünglichem Regenwald: Grizzlys, Mountain Karibus, Vögel (Mai–Okt., $ 300/Tag), Wölfe und Elche (Jan.–März, $ 300/Tag). Fliegenfischen mit Guide (Juni–Okt., $ 350/Tag). In den Preisen sind Unterkunft und Mahlzeiten in der Pyna-tee-ah Lodge in der Nähe von Likely inbegriffen, Camperreisende, die nur an der Wildbeobachtung teilnehmen möchten, zahlen $ 180 pro Tag; die Fahrt von Williams Lake nach Likely dauert etwa 90 Min.

Highway 20 nach Bella Coola ▶ 1, F–L 7/8

Karte: S. 213

Keine Reise entlang des Cariboo Highway wäre komplett ohne Abstecher in das riesige *Back Country.* Geschotterte Seitenstraßen führt nach Westen hinaus in die Region der Großranches und nach Osten zur Seenplatte um den Highway 24. Viele Ranches nehmen auch Besucher auf, in mehreren Provinzparks kann man campen und angeln. Mit *Trailriding*-Schildern locken Ranches mit Ausritten.

Auch von Williams Lake aus führen Straßen ins Hinterland: nach Nordosten zu den alten Goldgräberorten Likely und Horsefly etwa, die gut auf einer Tagestour zu erkunden sind. Mehr Zeit braucht man für einen Abstecher nach Westen: Der heute fast durchgängig geteerte Highway 20 ist die einzige Straße im zentralen Teil der Provinz, die bis zum Pazifik führt – 465 einsame Kilometer durch Ranchland, unberührte Waldgebiete und die grandiose Bergwildnis der Coast Mountains. Weit im Westen, kurz bevor die Straße bei Bella Coola das Meer erreicht, überquert man am Heckman-Pass (1524 m) die Coast Range. Für Wohnmobile ist die Route allerdings nicht zu empfehlen.

Hier bietet sich die einzige Möglichkeit, zumindest einen kleinen Teil des **Tweedsmuir Park** motorisiert kennenzulernen. Ansonsten kann man die Natur des mit 1 Mio. ha größten Provinzparks nur beim Berg- und Kanuwandern oder per Flugzeug erschließen. Es gibt einen angelegten Fernwanderweg, den Alexander Mackenzie Heritage Trail. Er folgt auf gut 400 km Länge der historischen Pelzhändlerroute. Am 22. Juli 1793 erreichte hier Alexander Mackenzie als erster Weißer auf der Überlandroute den Pazifik.

1869 etablierte die Hudson's Bay Company in **Bella Coola** 6 einen Pelzhandelsposten und 1894 entstand dann die erste Siedlung im Bella Coola Valley, der Heimat des Nuxalk-Stammes. Im Gebäude des historischen Schulhauses zeigt das **Bella Coola Museum** Fotos und Gegenstände der Pelzhändler und Siedler. Geschichtsbewusste lassen es sich nicht entgehen, den berühmten **Mackenzie's Rock** im Dean Channel zu besichtigen. Hier hatte Alexander Mackenzie sich an jenem denkwürdigen Tag mit rötlicher Farbe aus Vermillion und geschmolzenem Fett mit einer Inschrift auf dem Felsen verewigt: »Alex Mackenzie from Canada by land 22nd July 1793«. Später hat man die Inschrift dauerhaft auf dem Felsen angebracht. Der Felsen ist nur mit dem Boot zu erreichen (Informationen bei **Bella Coola Outfitting,** Tel. 604-946-06 40, www.bcoutfitting.com).

In Bella Coola besteht auch die Möglichkeit, mit ›BC-Ferries‹ nach Port Hardy auf Vancouver Island zu fahren, um dann über Victoria wieder zurück nach Vancouver zu gelangen. Mit allen Stopps dauert die Überfahrt 31 Stunden. Die Überfahrt kostet ab $ 170 pro Person, ab $ 340 für das Auto.

Übernachten

Am Flussufer ▶ **Bella Coola Motel:** 1224 Clayton St., Bella Coola, Tel. 250-799-53 23. Kleine, aber komfortable Zimmer, einige mit komplett eingerichteter Küche, $ 76–125, auch Camping ist möglich, $ 10 Zelt, $ 19 RV-Stellplatz.

Aktiv

Bootsausflüge ▶ **Bella Coola Outfitting:** Tel. 604-946-06 40, www.bcoutfitting.com. Touren mit umgerüsteten Fischerbooten in der Inside-Passage, Wale beobachten, Angel- und Jagdexkursionen.

Verkehr

BC-Fähre: Tel. 250-386-34 31, 1-888-223-37 79, www.bcferries.com.

Quesnel ▶ 1, K 6

Karte: S. 213

Das 8000 Einwohner zählende **Quesnel** 7 liegt etwa 120 km nördlich von Williams Lake am Zusammenfluss von Fraser und Quesnel River. Die Stadt lebt vor allem von der Holzindustrie. An ihrem Nordende kann man vom Aussichtsturm des Forest Industry Lookout einen Überblick über eine der riesigen Sägemühlen gewinnen.

Im modernen, sehr umfangreichen **Quesnel District Museum** wird die Geschichte Alexander Mackenzies und der ersten Durchquerung Kanadas und der nachfolgenden Pioniere erzählt sowie interessante Ausstellungen über die Goldrausch-Ära gezeigt (705 Carson Ave., Tel. 250-992-95 80, im Sommer tgl. 9–18, im Winter Mi–Sa 9.30–16 Uhr; $ 3). An der **Heritage Corner** sind mehrere historische Gebäude versammelt: die Old Fraser Bridge, ein Wasserrad und der Hudsons's Bay Store (Carson Ave./Front St.). Auf dem **Riverfront Walking Trail** kann man, stets dem Flussufer folgend, in etwa einer Stunde den Stadtkern umrunden.

Infos

Quesnel & District Info Centre: 703 Carson Ave., Tel. 250-992-87 16, 1-800-992-49 22, www.northcariboo.com, im Sommer 8–20, im Winter Mo–Fr 8.30–16.30 Uhr.

Übernachten

Komfortable Motelunits ▶ **Ramada Limited:** 383 St. Laurent Ave., Quesnel, BC V2J 2E1, Tel. 992-55 75, 1-800-663-15 81, Fax 992-22 54, www.ramada.ca. Motel im Zentrum, Indoorpool, einige Zimmer mit Kitchenette. $ 69–109.

Camping ▶ **Roberts Roost Campground:** 3121 Gook Rd., Quesnel, Tel. 250-747-20 15, 1-888-227-88 77, www.robertsroostcamp site.ca. Campingplatz an der Westseite des Dragon Lake; Spielplatz, Angeln, Bootfahren. Mitte April–Mitte Okt. $ 20–30.

Termine

Billy Barker Days: am 3. Wochenende im Juli, Festival der ›Pioniere und Goldsucher‹ mit historischen Kostümen, Cowboyhüten, Rodeos, Paraden, Volkstanz, Basaren.

4 Barkerville und Bowron Lake ▶ 1, L/M 6

Karte: S. 213

Kurz hinter Quesnel zweigt der Highway 26 nach Osten ab und schlängelt sich gut 90 km weit in die grünen Hügel – das letzte Stück Weg nach Barkerville**,** dem sagenhaften Eldorado von British Columbia. Gleich zu Anfang passiert man **Cottonwood House** 8, ein sehr stimmungsvolles, restauriertes *Roadhouse* aus den Goldgräbertagen. Zeitgenös-

Der Goldrausch von Barkerville

Thema

Im Jahre 1858, nach den ersten Funden am Unterlauf des Fraser, strömten etwa 25 000 Goldsucher ins Land. Viele kamen aus Kalifornien, wo der Boom des Jahres 1849 in der Sierra Nevada langsam nachließ und die Abenteurer nach neuen Bonanzas suchten. Einmal am Fraser River, zogen die Schürfer nach und nach weiter gen Norden: Das Gold musste ja von weiter oben, aus dem Oberlauf des Flusses kommen.

Lange Monate fand man nichts, bis die ersten Glücksritter schließlich jene Bergkette erreichten, die später als Cariboo Mountains berühmt werden sollte.

Obwohl einige der Männer bereits im Spätherbst 1860 am Antler Creek, etwa 20 km vom heutigen Barkerville entfernt, die ersten Nuggets entdeckten, zog eine Gruppe von ihnen weiter, unter ihnen William Dietz, bekannt als »Dutch Bill«. Er wurde im Canyon eines kleinen Bachs fündig, den sie nach ihm Williams Creek tauften. Die Erde rückte zunächst, als die Männer in drei und vier Metern Tiefe gruben, nur wenig von dem gelben Metall heraus. Erst als einer von ihnen etwas tiefer buddelte, fand er eine Menge des ersehnten Goldes. Noch im selben Sommer schwärmten Hunderte Goldsucher über die Hänge der Schlucht und jeder Zentimeter des 10 km langen Tales wurde besetzt.

Im Sommer 1862 kam Billy Barker, der heute berühmte Seemann aus Cornwall, der in Victoria von seinem Schiff desertiert war, mit einigen Freunden an den Ort, der später seinen Namen tragen sollte. Da an der Talsohle des Canyon bereits alles abgesteckt war, nahmen sie sich einen *Claim* weiter unterhalb. Lange mussten sie graben und fanden nur Kies und Geröll. Doch in einer Schachttiefe von 16 m stieß Billy Barker schließlich auf Gold – für $ 1000 pro Quadratfuß! Sein kleines Stückchen Land brachte ihm Nuggets und Goldstaub im Wert von $ 600 000 ein – ein Vermögen, das Billy allerdings schnell wieder verjubelte. Er starb ohne einen Cent 1894 in Victoria und wurde in einem Armengrab beerdigt.

Doch Billy Barkers Fund löste den größten Gold-Boom British Columbias aus und ließ den nach ihm benannten Ort aufblühen. Um 1870 war Barkerville – Jahre bevor Vancouver überhaupt gegründet wurde – die größte Stadt westlich von Chicago und nördlich von San Francisco. Opern und Melodramen mit international bekannten Schauspielern wurden im eigens errichteten Theatre Royal aufgeführt und in den Saloons schlürften die Besitzer der reichen Claims besten französischen Champagner.

Glücksspiel war erlaubt, selbsternannte Impresarios organisierten Pferderennen und Boxkämpfe. Tänzerinnen und leichte Mädchen, die so genannten ›Hurdy Gurdy Girls‹, zogen den Diggern das mühselig aus der Erde gekratze Geld im Handumdrehen wieder aus der Tasche. So rauschhaft war das Leben in Barkerville, dass die Stadt sechs Wochen nach dem verheerenden Feuer von 1866 wieder aufgebaut war.

Aber die Glückssträhne war nicht von langer Dauer. Schon 1875 hatten die meisten Goldgräber das Gebiet wieder verlassen und um 1900 war Barkerville eine verfallende, fast verlassene Geisterstadt.

sisch kostümierte Führer erläutern im Sommer das Tagwerk in der Station, als hier die Postkutschen verkehrten und sich Tausende von Abenteurern aufhielten.

Wells 9, ein modernes Goldgräberstädtchen, das in einem neuen Boom während der 1930er-Jahre entstand, ist im Gegensatz zu Barkerville auch noch bewohnt. Der Ort bietet preiswerte Unterkunft und eignet sich gut als Ausgangspunkt für die Besichtigung von Barkerville und Touren zum nahegelegenen Bowron Lake.

Als der große Goldrausch am Ende des 19. Jh. vorbei war, begann der Niedergang von **Barkerville**. Die lebenslustige Metropole des Nordens verfiel zur Geisterstadt. Erst als die Regierung den Ort 1958 zum **Barkerville National Historic Park** erklärte, ging es langsam wieder bergauf. Heute sind fast 100 Gebäude restauriert oder wieder aufgebaut – originalgetreu.

Kostümierte ›Bewohner‹ bevölkern das Museumsdorf, arbeiten in den Läden, hämmern in den Werkstätten und drucken die Zeitung wie anno 1870. Ein Stück bachaufwärts residiert im Richfield Courthouse Richter Begbie, verkörpert von einem Schauspieler. Auch im Theatre Royal herrscht wieder Bühnenleben: Eine Schauspielertruppe inszeniert mit Liebe zum historischen Detail Melodramen der Goldgräbertage.

Eine gut befestigte Straße führt von Barkerville tief ins Herz der Cariboo Mountains zum **Bowron Lake Provincial Park**. Größte und beliebteste Attraktion dieses mehr als 120 000 ha großen Wildnisparks ist ein 116 km langer Kanutrail: Man paddelt über eine Kette von lang gestreckten Seen, zeltet auf herrlich gelegenen *Wilderness Campgrounds* und kann mit etwas Glück Elche und Schwarzbären an den Ufern beobachten (s. Aktiv unterwegs S. 222).

Von Quesnel aus verläuft der Highway 97 durch leicht hügeliges Gelände. Die Wälder werden wieder dichter, je weiter man in Richtung Norden vordringt. Fast exakt im geografischen Zentrum der Provinz erreicht man schließlich **Prince George** 10 (s. S. 225).

Im historischen Barkerville wird die Goldrausch-Ära wieder lebendig

aktiv unterwegs

Kanutour auf den Bowron Lakes

Tour-Infos

Start: Bowron Lakes Provincial Park (Highway 26 bis Wells, dann 25 km gut gepflegte Schotterstraße zum Park)
Dauer: 8 Tage
Veranstalter: Pathways Canada Tour Co., Milner, Tel. 604-514-8024, 1-800-924-2944, www.bowronlakes.com. Ausrüster mit der größten Erfahrung in geführten Kanutouren. Zwei Guides begleiten die kleinen Gruppen mit maximal 12 Personen in 6 Kanus; die komplette Ausrüstung wird gestellt.
Becker's Lodge, Wells, Tel. 250-992-8864, 1-800-808-4761 (Reservation Office), 1-604-629-9694 (Lodge, Mai–Sept.), www.beckerslodge.ca. Vermietung von Kanus, Kajaks und Ausrüstung. Unterkunft in Cabins (ab $ 80 pro Tag). Geführte Touren werden von der Lodge nicht mehr angeboten.
Kosten: geführte 8-Tages-Tour $ 1595, Kanuverleih je nach Boot $ 250–500 für 8 Tage, 1/2- bis 3-tägige Rentals $ 50–150.
Hinweis: Bei der Parkbehörde (Tel. 778-373-6107, www.bcparks.ca, Mitte Mai-Ende Sept. 8–18 Uhr) muss zusätzlich zur Parkgebühr noch ein Permit für den Rundkurs gelöst werden (8 Tage $ 60, 3 Tage $ 30).

Die 116 km lange Kanu-Rundtour *(Chain* oder *Circuit)* auf der Seenkette ist die beliebteste Unternehmung im Bowron Lakes Provincial Park, einem 122 000 ha großen Wildnisgebiet in den Cariboo Mountains. Man durchmisst dabei elf Seen, die durch Bäche und Flüsse sowie sieben Portagen miteinander verbunden sind. Mehrere Outdoor-Publikationen zählen diese Tour zu den zehn schönsten Kanutouren der Welt.

Nach der Anmeldung im Registration Centre der Parkverwaltung wird die Ausrüstung, in große Säcke und Behälter verpackt, in den Kanus verstaut: Zelt, Schlafsack, Kochutensilien, Verpflegungspacks und persönliche Gegenstände. Die Tour beginnt mit einer Portage, der ersten von insgesamt sieben. Sie ist mit 2,4 km zugleich die längste. Die schwer bepackten Kanus werden auf Bootswagen den schmalen Pfad entlang gezogen und schließlich am **Kibbee Lake** ins Wasser gelassen. Ruhig gleiten die Kanus dahin, nur das Platschen der Paddel ist zu hören. Das tiefblaue Wasser ist glasklar, und man genießt die grandiose Landschaft mit den vom Urwald bedeckten Bergflanken und weiß schimmernden Gipfeln. Wieder eine Portage, dann ist der Indianpoint Lake erreicht. Hier wird das Nachtlager auf einem primitiven Campground aufgeschlagen. Immerhin ist ein *Outhouse* für dringende Bedürfnisse vorhanden; es gibt auch eine feste Feuerstelle und einen Behälter, in dem Nahrungsmittel bärensicher aufbewahrt werden können.

Am nächsten Tag wird der **Indianpoint Lake** durchquert, dann folgt eine weitere Portage zum Isaac Lake. Hier kampiert die Gruppe am Nigoo Creek in der Wolverine Bay, einem guten Angelplatz.

Den dritten und vierten Tag verbringt man auf dem **Isaac Lake,** der mit 38 km der längste des Rundkurses ist. Hier wehen häufig starke Winde, die schon manchen Kanufahrer in Bedrängnis gebracht haben. Das Zelt wird an der Stelle aufgeschlagen, wo der **Isaac River** aus dem See austritt, Stromschnellen mit starken Wirbeln und Kehrwassern bildend.

Wagemutige können diesen Wildwasserabschnitt am fünften Tag in Angriff nehmen. Der Guide demonstriert zuvor die richtige Technik und lässt ein paar Probeläufe durchführen. Wer sich die Stromschnellen nicht zutraut, muss eine Portage in Kauf nehmen. Die ist auch dort fällig, wo sich der Isaac River in mächtigen Kaskaden 11 m tief in den **MacLeary Lake** hinabstürzt.

Vom MacLeary Lake zweigt der gemächlich dahinfließende **Cariboo River** ab, der die Verbindung zum **Lanezi Lake** herstellt, dem zweitgrößten See des Kurses. Hier muss auf treibende Baumstämme geachtet werden – keine einfache Aufgabe, denn immer wieder zieht die spektakuläre Bergszenerie sämtliche Aufmerksamkeit auf sich. Gegen Abend wird der Campingplatz am Turner Creek angesteuert.

Paddelrevier des sechsten Tages ist der **Sandy Lake.** Hier weitet sich die Landschaft mit zurücktretenden Bergketten; Espenwäldchen und hübsche Strände säumen das Seeufer. Das nächste Lager wird am kleinen **Rum Lake** aufgeschlagen. Hier ist das Wasser deutlich wärmer – es reicht sogar zum Baden. Ein Kanal verbindet den See mit dem **Unna Lake.** Von hier führt eine kurze Wanderung (1,2 km) zu den von üppiger Vegetation umgebenen **Cariboo Falls,** die mit Getöse rund 24 m in die Tiefe stürzen.

Im flachen, klaren Wasser des **Babcock Creek** ziehen die Kanuten am siebten Tag ihre Boote an der Leine hinter sich her. Hier gibt es viele Biber und etliche Male müssen die Kanus sogar über die einen halben Meter oder höher aus dem Wasser ragenden Biberbauten geschleppt werden. Eine kurze Portage führt zum **Skoi Lake,** dem kleinsten See des Kurses, eine weitere zum **Spectacle Lake.** Die Bergszenerie weicht nun einer Marschlandschaft, in der viele Vogelarten, Biber, Bisamratten und nicht selten auch Elche zu beobachten sind. Kampiert wird am Bowron River.

Die letzte Touretappe führt durch den 7 km langen **Bowron Lake.** Nach acht Tagen Wildnisabenteuer ist man am Ende des erlebnisreichen Rundkurses angelangt.

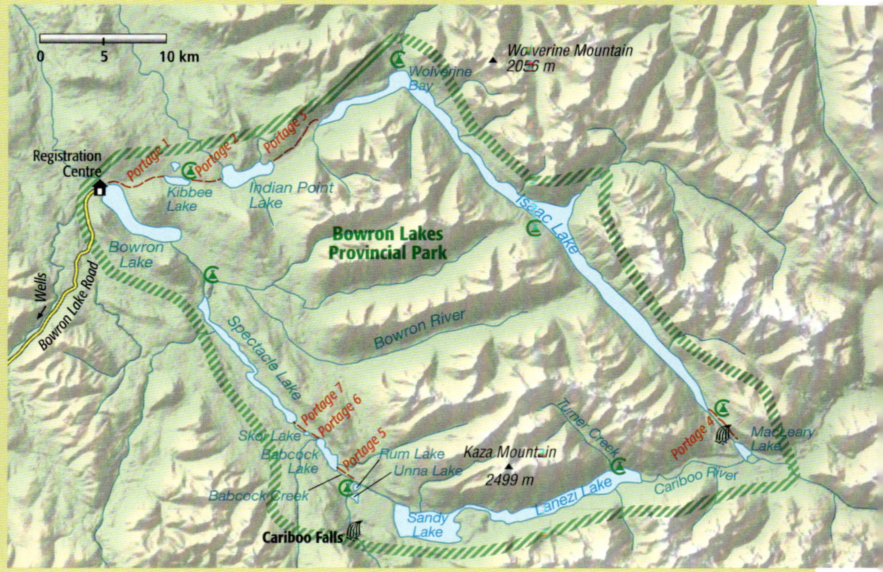

Von Jasper zum Pazifik

Rund 1150 km führt der breite geteerte Highway von Jasper nach Prince Rupert, durch endlose Wälder, vorbei an kleinen Seen und unberührten Flusstälern. Ein paar Tage Zeit sollte man sich nehmen, denn es gibt neben einem historischen Pelzhändlerfort auch Indianerdörfer mit uralten Totempfählen zu sehen.

Der **Yellowhead Highway 16** ist der nördliche ›Bruder‹ des Trans-Canada Highway 1. Erst im Laufe der 1970er-Jahre fertig gestellt, stellt er die einzige große Querverbindung durch West-Kanada außer dem Trans-Canada Highway 1 dar. Er führt von Winnipeg in Manitoba durch die Prärien nach Edmonton, weiter durch den Jasper National Park und über Prince George durch das Herz von British Columbia bis nach Prince Rupert am Pazifik – eine Entfernung von nahezu 3000 km. Benannt wurde die Fernstraße nach Pierre Hatsination, einem irokesischen Trapper der Hudson's Bay Company, dessen blondes Haar ihm den Spitznamen *Tête Jaune*, ›gelber Kopf‹, eintrug. Solch ein Kopf ziert heute die Straßenschilder am Highway 16.

In Prince Rupert heißt es dann umkehren – oder man verlädt sein Fahrzeug auf das große Fährschiff der ›BC-Ferries‹ und schippert durch die legendäre Inside Passage südwärts nach Port Hardy auf Vancouver Island. Alternativ kann man die Reise auch nach Norden fortsetzen – entweder über den Cassiar Highway (s. S. 239) zum Yukon oder mit der Alaska Ferry die Küste entlang.

Vom Jasper National Park nach Prince George

Karte: S. 226

Von Jasper (s. S. 296) führt der Yellowhead Highway 16 über den **Yellowhead-Pass** der die Grenze zwischen British Columbia und Alberta markiert. Sowohl die politische Grenze als auch die Zeitgrenze zwischen Pacific Time und Mountain Time verlaufen am Grat der Rockies entlang, die auf ganzer Länge in Kanada nur auf drei Pässen zu überqueren sind. Der Yellowhead Highway führt über den nördlichen Pass. Diese Straße folgt einer alten Handelsroute der Indianer, die hier einst vor allem Leder und Bisonfelle aus den Prärien mit den Stämmen westlich der Berge handelten.

Mount Robson ► 1, L–O 4–6

Gleich hinter dem Yellowhead Pass beginnt der 2200 km² große **Mount Robson Provincial Park** **1**. Hier dominiert der Mount Robson das Panorama, mit 3954 m der höchste Berg der kanadischen Rockies. Der massige Bergstock liegt ganz am Westrand der Gebirgskette und bekommt daher die volle Wucht der vom Pazifik hereinziehenden Wettersysteme ab. An zwei von drei Tagen ist der Gipfel von Wolken umhüllt. Nicht selten sieht man auch im Hochsommer auf dem Gipfel frischen Schnee glitzern. Am Fuß des Berges führen vom **Visitor Center** gute Wanderwege durch die im Sommer üppig blühenden Wiesen. Eine herrliche, zweitägige Wanderung führt auf dem 22 km langen **Berg Lake Trail** entlang des Robson River zum Berg Lake, in den der Robson-Gletscher mündet.

Auf dem Parkplatz etwa 4 km vor Tête Jaune Cache kündigt ein Schild die **Rearguard Falls** an. Ein kurzer Pfad führt hinab zum Aussichtspunkt über die tosenden Wasserfälle: Der Fraser River fällt hier in einer Stufe gut 10 m ab. Der Katarakt bedeutet für die Lachse die äußerste Grenze ihrer Laichwanderung im Fraser – gut 1000 km entfernt von der Flussmündung in den Pazifik.

Beim kleinen Ort **Tête Jaune Cache** **2** zweigt dann der Highway 5 (ein Seitenarm des ehemaligen Yellowhead Highway) nach Süden ab und folgt dem Lauf des North Thompson River nach Kamloops und berührt dabei auch den riesigen Wells Gray Provincial Park (s. S. 197).

Weiter in Richtung Prince George führt der Yellowhead Highway 16 jetzt durch die Cariboo Mountains am Oberlauf des Fraser River entlang, der am Mount Robson entspringt. Bis auf Straße und Eisenbahnlinie ist dieser Landstrich British Columbias mit seinen endlosen Wäldern völlig unbesiedelt. Für Camper gibt es aber einige schöne Provinzparks mit guten Übernachtungsmöglichkeiten. Der **Purden Lake Provincial Park** **3**, etwa 60 km östlich von Prince George, bietet sogar einen kleinen, warmen Badesee.

Infos

Valemount Visitor Info Centre: 785 Cranberry Lake Rd., Valemount, Tel. 250-566-98 93, www.valemount.org, Juni–Aug. 9–21, Sept. 10–17, Mai 10–16, Juni 10–18, Sept. 10–17 Uhr.

Mount Robson Provincial Park: P.O. Box 579, Valemount, V0E 2Z0, Tel. 250-566-48 11, 1-800-684-90 25 (Reservierungen), www.elp.gov.bc.ca/bcparks. **Camping:** 144 Plätze. Mai–Sept./Okt., $ 14–21.

Übernachten

Camping ► **Irvin's Park & Campground:** 360 Loseth Rd., Valemount, Tel. 250-566-47 81, www.irvins.ca. Reizvoll gelegen, viele Freizeitaktivitäten in der Nähe. April–Okt., $ 30–36.

Aktiv

Wildwasserfahrten ► **Mount Robson Whitewater:** Valemount, Tel. 250-566-48 79, Fax 566-91 90, www.mountrobsonwhitewater.com. Ab $ 49.

Prince George ► 1, K 5

Prince George **4**, mit rund 75 000 Einwohnern der wichtigste Ort im Norden British Columbias, befindet sich im geografischen Zentrum der Provinz. 1807 gründete Simon Fraser hier an der Mündung des Nechako River in den Fraser River einen Pelzhändlerstützpunkt, den er nach dem englischen Monarchen Fort George nannte. Die Siedlung wurde schon bald zum Verkehrsknotenpunkt für das Binnenland westlich der Rockies, vor allem als 1906 die Grand Trunk Pacific Railroad gebaut wurde und eine Verbindung nach Westen zum Pazifik schuf.

Heute lebt die um 1900 in ›Prince George‹ umbenannte Stadt vorwiegend von der Holzindustrie. Kein Wunder, denn ringsum erstreckt sich der größte Forstbezirk von British Columbia und alljährlich werden Millionen Kubikmeter Holz in den Sägewerken und Zellulosefabriken verarbeitet. Aber trotz Urbanisierung hat die Stadt über 100 Parks und die Wildnis liegt gleich vor der Tür. Das städtische **Visitor Centre** arrangiert Führungen durch die riesigen Holzbetriebe.

Im **Fort George Park**, wo die alte Handelsstation stand, kann man das rekonstruierte historische Gebäude besichtigen. Sehenswert ist hier auch **Exploration Place**, ein Museum mit interessanten Ausstellungen zu den Themen Pelzhandel, Holzindustrie, Verkehrswesen und Kultur der First Nations. Gleich gegenüber ist von der alten Fort George Railway Station an Wochenenden auch eine Fahrt mit einer Schmalspur-Dampflokomotive möglich. Schöne Wanderwege führen durch den Park entlang des Flussgebietes von Fraser und Nechako River und zu alten indianischen Begräbnisstätten (333 Becott Place am Ende der 20th Ave. im Fort George Park, Tel. 250-562-16 12, 1-866-562-16 12, www.theexplorationplace.com, tgl. 9–17 Uhr; $ 9).

Ein Muss für Hobby-Eisenbahner ist das östlich der Stadt, über Highway 16 und River Road zu erreichende **Railway and Forestry Museum** im Cottonwood Island Park. Man wandert durch weiträumige Freiluft-Ausstellungen von alten Fahrzeugen, Eisenbahnwagen und historischen Gebäuden und be-

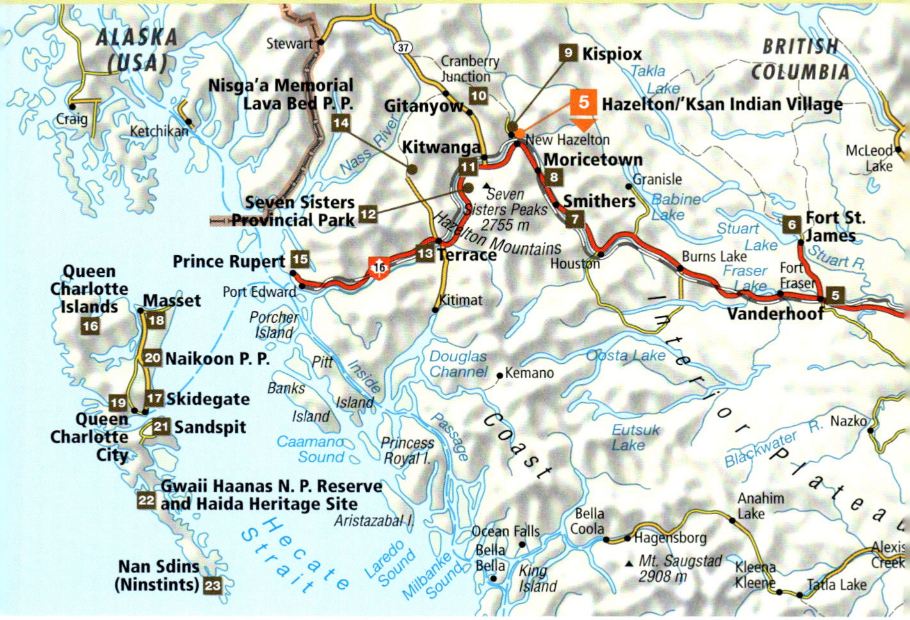

trachtet im Museum historische Fotos (Cottonwood Island Park, Tel. 250-563-73 51, www.pgrfm.bc.ca, im Sommer tgl. 10–17, im Winter Di–Sa 11–16 Uhr; $ 6).

Infos

Northern BC Tourism Association: Main Office 1274 5th Ave., Prince George, BC V2N 2S6, Tel. 250-561-04 32, 1-800-663-88 43, Fax 561-04 50, www.northernbctravel.com. Infos über die Region von Prince George bis Prince Rupert und den Queen Charlotte Islands im Westen sowie Atlin im Norden British Columbias.

Prince George Info Centre: 101-1300 First Ave., Prince George, Tel. 250-562-37 00, 1-800-668-76 46, Fax 564-98 07, www.tourismpg.com, tgl. 8.30–17 Uhr.

Übernachten

Gediegen ▶ The Coast Inn of the North: 770 Brunswick St., Prince George, BC V2L 2C2, Tel. 250-563-01 21, 1-800-716-61 99, Fax 563-19 48, www.coasthotels.com. Zentral gelegen, Fitnessraum, Pool, Sauna, Restaurant und Coffee Shop. Oft Discountpreise über das Internet. $ 140–222.

Modern & geschmackvoll ▶ Esther's Inn: 1151 Commercial Crescent, Prince George, Tel. 250-562-41 31, 1-800-663-68 44, www.esthersinn.bc.ca. Die Zimmer sind um ein Atrium mit hübscher tropischer Pflanzenanlage und Swimming Pool gruppiert; gutes Restaurant auch mit Sitzplätzen am Pool. Lunch 11–14 Uhr, $ 8–12, Dinner $ 16–20, Zimmer $ 80–96.

Camping ▶ Purden Lake Provincial Park: Tel. 250-964-34 89. Am Hwy. 16, 40 km östl. von Prince George, in schöner Waldlandschaft am See, mit kleinem Sandstrand; 78 Plätze. Mai–Sept. $ 15.

Einkaufen

Indianisches Kunsthandwerk ▶ Native Art Gallery: Native Friendship Centre, 1600 3rd Ave., Prince George, Tel. 250-614-77 26. Souvenirs und Kunsthandwerk der indianischen Ureinwohner, Di–Sa 10–17 Uhr.

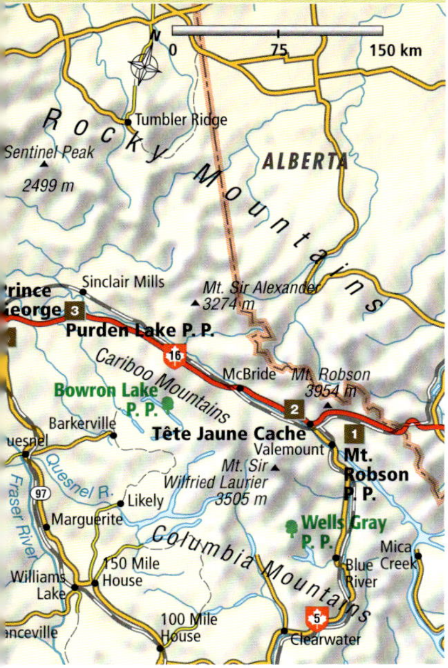

Von Prince George nach Hazelton

Karte: oben

Fort St. James ► 1, J 4

Bereits 100 km westlich von Prince George, bei **Vanderhoof** 5 lohnt sich ein erster Abstecher ins Hinterland. Der Ort hat ein Pioniermuseum, mit einigen sehenswerten Gebäuden aus der Gründerzeit Vanderhoofs, das **Heritage Museum and Historic Village** (478 First Street/Hwy 16, Tel. 250-567-52 52, 22. Mai–30. Sept.; $ 6,50). Im restaurierten historischen O. K. Hotel gibt es im gleichnamigen Café Hausmannskost und leckeren Apfelkuchen sowie einen Internetanschluss.

Die eigentliche Attraktion der Region ist rund 70 km weiter nördlich auf dem Highway 27 zu erreichen. Am Südufer des gut 80 km langen Stuart Lake errichtete Simon Fraser im Jahre 1806 den ersten Stützpunkt der Pelzhändler im heutigen British Columbia. Zu Zeiten der Hudson's Bay Company entwickelte sich sein **Fort St. James** 6 zum wichtigsten Posten der Pelzhandelsgesellschaft im gesamten Westen.

Bis zum Beginn des 20. Jh. war Fort St. James die ›Hauptstadt‹ des nördlichen Interior. Doch Eisenbahn und Straße ließen im 20. Jh. den Handelsposten links liegen; Fort St. James geriet in Vergessenheit. Erst in den letzten Jahren kehrte wieder Leben ein: Die Provinzregierung erklärte die Überreste des Forts zum **Fort St. James National Historic Park**. Die Anlagen des Pelzhandelspostens wurden restauriert und in ein Freiluftmuseum umgewandelt, das die größte Ansammlung von Originalgebäuden aus der Pelzhandelszeit in Kanada umfasst. Im Sommer lassen junge Leute, authentisch gekleidet im Stil der damaligen Epoche, für die Besucher die Geschichte wieder lebendig werden. Im Lagerhaus werden Pelzballen gepresst; im ›Männerhaus‹ erholen sich Trapper von den Strapazen der Wildnis, und am Seeufer werden Kanus geschnitzt. Das angeschlossene Visitor Reception Center erklärt die Handelswege und Hintergründe des Pelzhandels im 19. Jh. (Highway 27, Fort St. James, BC, Tel. 250-996-71 91, www.pc.gc.ca/eng/lhn-nhs/bc/stjames, Führungen Mitte Mai–Sept. tgl. 9–17 Uhr; $ 7,80).

Infos

Vanderhoof Visitor Centre: 2353 Burrard Ave., Vanderhoof, BC V0J 3A0, Tel. 250-567-21 24, 1-800-752-40 94, www.vanderhoofchamber.com, Juni/Aug. Mo–Fr 9–18, Sa/So 9–17, Sept.–Mai Mo–Fr 9–12, 13–17 Uhr.

Übernachten

Geräumige Moteunits ► **North Country Inn:** 2645 Burrard Ave., Vanderhoof, Tel. 250-567-30 47, www.northcountryinnmotel.com. Preiswertes und nettes Hotel mitten im Ort, Zimmer mit Kitchenette, gutes Restaurant. $ 75–110.

Camping ► **Stuart River Campground:** Roberts Road, Fort St. James, BC, Tel. 250-996-86 90, Fax 996-78 32. Wunderschön am Ufer des Stuart River gelegen, Bootsverleih und geführte Touren. $ 18.

Smithers ► 1, F 3

Wieder auf dem Highway 16 folgen bei der Weiterfahrt nach Westen lang gestreckte Seen und große Waldgebiete. Im Hinterland gibt es hier zahlreiche Angel-*Lodges,* die allerdings teilweise nur per Wasserflugzeug zu erreichen sind. In weiten Abständen säumen winzige Pionierorte die Strecke, darunter Fraser Lake, Burns Lake, Houston – allesamt Zentren des Angelsports. Etwas größer ist **Smithers** 7, wo sich in einem breiten fruchtbaren Tal auch zahlreiche Schweizer und deutsche Siedler niedergelassen haben. In dem 6000-Einwohner-Städtchen hat sich in den letzten Jahren eine recht lebendige Kunst- und Musikszene etabliert. Es gibt nette Cafés mit Live-Entertainment, Kunstgalerien und Shops. Im Sommer finden Konzerte und Straßenfeste statt. Höhepunkt ist das dreitägige Midsummer Music Festival im Juni. Das **Bulkley Valley Museum** gibt einen guten Eindruck von der Pioniergeschichte der Region (1425 Main St., Smithers, Tel. 250-847-53 22, Mo–Sa 9–17 Uhr).

Infos

Smithers Travel Info Centre: 1411 Court St., Smithers, Tel. 250-847-50 72, 1-800-542-66 73, Fax 847-33 37, www.tourismsmithers.com, Mo–Sa 10–17 Uhr.

Übernachten

Am Stadtrand ► **Hudson Bay Lodge:** 3251 Hwy. 16 E., Box 3636, Smithers, BC V0J 2N0, Tel. 250-847-45 81, 1-800-663-50 40, Fax 847-48 78, www.hudsonbaylodge.com. Hotel im Fachwerkstil mit großzügigen Zimmern, Restaurant, Pub, Coffee Shop. $ 120–310.

Zentral gelegen ► **Fireweed Motel:** 1515 Main St., Box 2149, Smithers, BC V0J 2N0, Tel. 250-847-22 08, Fax 250-847-23 44, www.fireweedmotel.com. Geräumige, nette Zimmer, auch mit Kitchenette; Restaurant und Shops sind gut zu Fuß erreichbar. $ 75–85.

Camping ► **Riverside Municipal Campsite & RV Park:** 3843 19th Ave., Smithers, Tel. 250-847-16 00. Schöne Lage am Bulkley River, 40 schattige Plätze, alle Einrichtungen, Wanderwege. Mai–Okt. $ 18–28.

Essen & Trinken

Umfangreiche Speisekarte ► **Mountainside Café:** 3763 Fourth Ave., Smithers, Tel. 250-847-34 55, Mo–Sa 11–20 Uhr. Beliebter Treffpunkt, nett eingerichtet, einen Block vom Bulkley Valley Museum entfernt. $ 8–16.

5 Hazelton und 'Ksan Indian Village ► 1, F 2

Schon bei **Moricetown** 8 im Canyon des Bulkley River kann man im Hochsommer oft Indianer beim Lachsfang sehen. Auf traditionelle Art ziehen sie die kräftigen, wild zappelnden Fische Mit langen, hakenbewehrten Stangenaus dem schäumenden Wasser der Stromschnellen. Der Canyon ist Teil der Moricetown Indian Reserve, wo die Gitxsan-Indianer schon vor mehreren Tausend Jahren ihre Dörfer hatten.

Rund 30 km weiter gelangt man zu den Hazeltons am Zusammenfluss von Bulkley und Skeena River. **New Hazelton** (mit rund 1000 Einw. der größte der drei Orte) und **South Hazelton** liegen direkt am Yellowhead Highway. Sie wurden während des Baus der Grand Trunk Pacific Railway gegründet. Die ältere Siedlung **Hazelton** (auch ›Old Town‹ genannt) liegt 6 km weiter nördlich am Highway 62. Letztere ist für Besucher am interessantesten. Schon die Straße nach Old Hazelton ist ein Erlebnis. Hier fährt man durch eine beeindruckende Landschaft und überquert die einspurige **Hagwilget Bridge**, die in fast 80 m Höhe die Schlucht des Bulkley River überspannt. Immerhin ist sie aus Stahl und nicht aus Holz und Rindenseilen wie die ursprüngliche, schwankende Fußgängerbrücke. Rings um Hazelton leben rund 1500 Gitxsan-Indianer in mehreren kleinen Reservatsdörfern.

Bei **Hazelton** steht direkt am Ufer des Skeena River das **'Ksan Indian Village**, ein rekonstruiertes indianisches Dorf mit sieben typischen Plankenhäusern der verschiedenen Klans sowie zahlreichen Totempfählen. 'Ksan ist jedoch nicht nur ein Museumsdorf für weiße Besucher, sondern auch ein wichtiges Kulturzentrum der Gitxsan und eine renommierte Schnitzschule, die *Kitanmax School of*

Northwest Coast Indian Art, in der junge indianische Künstler in der Handwerkskunst ihrer Vorfahren ausgebildet werden. Im Museum des Hauptgebäudes werden Gegenstände der traditionellen Kunst des Stammes gezeigt: schön gearbeitete Kistchen aus Zedernholz, Masken und gewebte Decken sowie Schmuck und rituelle Gegenstände der Schamanen. Wenn man die einzelnen Häuser betreten möchte, muss man sich einer der stündlichen Führungen anschließen. Im Juli und August finden freitags um 20 Uhr traditionelle Tanzvorführungen der *Ksan Dancers* statt (Highway 16, 6 km nördlich von New Hazelton, Tel. 250-842-55 44, 1-877-842-55 18, www.ksan.org, Village geöffnet April–Sept. tgl. 9–17, sonst 9.30–16.30 Uhr; Eintritt $ 5, Führung $ 10).

Auch das kleine Indianerdorf **Kispiox** 9 am Zusammenfluss von Skeena und Kispiox River, 16 km nördlich von Hazelton, lohnt einen Besuch. Hier bieten sich schöne Fotomotive von einer Gruppe alter Totempfähle mit Dorf und schneebedeckten Bergen als Hintergrund.

Infos

The Hazeltons Travel Info Centre: Highway 16, New Hazelton, Tel. 250-842-60 71, www.village.hazelton.bc.ca, ganzjährig geöffnet.

Übernachten

Camping ► **'Ksan Campground:** Hazelton, Tel. 250-842-59 40, 842-52 97, 1-800-663-45 90, Fax 842-63 64, www.gitanmaax.com. An den Ufern von Skeena und Bulkley River; 65 Plätze in der Nähe des 'Ksan Indian Village. Mai–Okt. $ 17–24.

Essen & Trinken

Bodenständig ► **Rob's Restaurant:** Highway 16, 3379 Fielding, New Hazelton, Tel. 250-842-66 54. Lunch und Dinner, Pasta, Steaks, Burger. $ 10–15.

Aktiv

Ausflüge in die Umgebung ► **Skeena Eco-Expedition/Gitxsan Guides:** RR1 Site K Comp 25, Hazelton, BC V0J 1Y0, Tel. 250-842-70 47, 1-877-842-59 11, www.kispioxadventures.com. Ganzjährig Exkursionen, Wanderungen, Angeltrips und Floßtouren mit einheimischen Führern im Kispiox-Hazelton-Gebiet.

Gitwangak, Gitanyow und Kitwanga ► 1, F 2

Weiter geht es auf dem Yellowhead Highway in Richtung Westen. Nach Skeena Crossing gelangt man zum Abzweig des Cassiar Highway 37, eine der großen Nordland-Routen Kanadas, die den Yellowhead mit dem Alaska Highway verbindet (s. S. 239). Hier gibt es auch eine Tankstelle mit Café. Auch wenn man nicht bis ganz nach Norden zum Yukon Territory vorstoßen möchte, lohnt sich aber ein etwa zweitägiger Abstecher nach Stewart und Hyder. Dazu fährt man etwa 160 km bis Medziadin Junction, wo in westlicher Richtung die Straße nach Stewart und Hyder abzweigt. Die Strecke ist bis hierhin geteert und für alle Fahrzeuge befahrbar.

Auf jeden Fall sollte man aber den Skeena River überqueren und die ersten Kilometer auf dem Cassiar Highway zu den Indianersiedlungen **Gitwangak** (Kitwanga) und **Gitanyow** 10 (Kitwancool) fahren. Beide Dörfer sind wegen ihrer alten, außerordentlich schön geschnitzten Totempfähle bekannt. Die Siedlung **Gitwangak** mit ihrer malerischen Holzkirche und Glockenturm hat sich erst in jüngerer Zeit durch ihren indianischen Namen vom größeren, überwiegend von Weißen bewohnten Ort **Kitwanga** 11 abgegrenzt. Hier gibt es alle Service-Einrichtungen und auch einen schön gelegenen Campingplatz. Vom Campingplatz führt ein kurzer Wanderweg zum Kitwanga River, wo man an einem Wehr die wandernden Lachse beobachten kann. Etwa 5 km nördlich vom Yellowhead liegt an der Kitwanga Valley Road die **Kitwanga Fort National Historic Site**.

Übernachten

Camping ► **Cassiar RV Park**: 1535 Barcalow Rd., Kitwanga, Tel. 250-849-57 99, Nebensaison 250-849-55 25, 1-888-663-45 90, www.cassiarrv.ca. Hübsch gestalteter Platz

Am Skeena-River werden Lachse noch nach alter Indianer-Väter-Sitte gefangen

mit komfortablen Einrichtungen, Wohnmobil-Waschanlage, Wandermöglichkeiten. Mai–Sept. $ 15–29.

Einkaufen

Indianisches Kunsthandwerk ► **Gitksan Paintbrush Native Arts and Crafts:** Kitwanga, Tel. 250-849-57 74, www.indianartsandcrafts.com. Schmuck, geschnitze und schön bemalte Masken, Lederarbeiten, Holzkästen und Körbe.

Von Kitwanga nach Prince Rupert

Karte: S. 226

Nur einige Kilometer westlich von Kitwanga führt der Yellowhead Highway 16 durch den **Seven Sisters Provincial Park** 12. Von der Straße aus lässt sich die grandiose Gipfelkette der Seven Sisters nur unvollkommen wahrnehmen. Der Park bietet aber mehrere Wanderwege mit schönen Panoramablicken, wie den 1 km langen Gull Creek Trail und den Coyote Creek Trail, der 9 km entlang einer alten Bergwerksstraße verläuft.

Von Kitwanga aus folgt der Highway 16 dem Tal des Skeena River zum Pazifik. Dies ist der landschaftlich attraktivste Teil der Route. ›Wasser aus den Wolken‹ bedeutet der Flussname in der Sprache der Indianer: Die Westflanke der Küstenberge ist eines der regenreichsten Gebiete Kanadas. Gut 2 km Breite misst der Skeena River in seinem Unterlauf; noch 40 km landeinwärts sind die Gezeitenunterschiede spürbar.

Am Skeena River ► 1, E 3

Der Skeena River war seit vielen Jahrtausenden das zentrale Element im Leben der Ureinwohner. Heute ist der Fluss ein Paradies für Angler und an die alten Zeiten erinnert man sich besonders während der *Riverboat Days*, einem mehrtägigen, alljährlich stattfindenden Festival mit Flussfahrten, Schatzsuche, großer Parade, Feuerwerk und diversen Wettkämpfen.

Viele Naturfreunde und Fotografen kommen auch in der Hoffnung, die seltenen, nur in diesem Teil von British Columbia lebenden, weißen Kermode-Bären zu beobachten und zu fotografieren. Hierbei handelt es sich aber nicht etwa um Albinos oder eine südliche Eisbärenspezies, sondern um eine etwas größere Unterart des gewöhnlichen Schwarzbären mit rezessiven Genen, die zu helleren Farbvariationen führen. So gibt es Bären mit einem prächtigen reinweißen Fell. Eine normal schwarz oder dunkelbraun gefärbte Schwarzbärin kann durchaus auch ein weißes und ein schwarzes Junges bei sich führen. Die Kermode-Bären waren schon fast ausgestorben, sind heute aber streng geschützt und wieder häufiger zu sehen. Bei den Tsimshian-Indianern werden sie *Spirit Bears* genannt.

Terrace 13 bietet nur wenige Attraktionen, das wirklich Reizvolle sind die umgebende Landschaft und der Skeena River. Ansehen sollte man sich aber das kleine **Heritage Park Museum** (4702 Kerby Ave., Tel. 250-635-45 46, Juli/Aug. tgl. 9.30–17.30, Mitte Mai–Juni Mo–Fr 9.30–17.30, Führungen um 10.30, 13 und 15.30 Uhr; $ 5).

Zum Nisga'a Memorial Lava Bed Provincial Park ► 1, E 2

Lohnend ist ein Ausflug zum **Nisga'a Memorial Lava Bed Provincial Park** 14, 80 km nördlich von Terrace. Hier sind in einem 18 x 3 km großen Lavafeld zerklüftete Spalten, bizarre Kegel und leuchtend blaue Pools zu sehen. Man glaubt, dass dieser jüngste vulkanische Ausbruch in Kanada vor etwa 250 Jahren statt gefunden hat. Die Verwaltung des Parks teilen sich British Columbia Parks und der Stamm der Nisga'a First Nation, mit dem die Provinzregierung 1998 einen historischen Vertrag geschlossen hat, der den Ureinwohnern die Selbstverwaltung in einem über 2000 km² großen Gebiet und eine Zahlung von 300 Mio. $ zusichert. Der Park hat ein Visitor Center und einen Campingplatz (Tel. 250-798-22 77, Mitte Juni–Aug. 10–18 Uhr; Eintritt frei. Kratertouren Mitte Juni–Anf. Sept. Do–Mo 10 Uhr; $ 40).

Infos

Kermodei Tourism: 4511 Keith Ave., Terrace, Tel. 250-635-49 44, 1-877-635-49 44, www.kermodeitourism.ca.

Übernachten

Einfach und freundlich ► Cedars Motel: 4830 Hwy. 16., Terrace, Tel. 250-635-22 58, 1-866-635-22 58, www.cedarsmotel.net. Preiswertes Motel westlich von Terrace am Highway, geräumige Zimmer, auch mit Kitchenette. Ab $ 63.

Camping ► Lakelse Provincial Park: 15 km südlich von Terrace am Hwy. 37, Tel. 250-638-84 90. Schöner Platz am See mit Badestrand, Duschen und elektrischen Anschlüssen. Am Informationszentrum startet ein Wanderweg durch den urwüchsigen Wald. Mitte Mai–Mitte Sept. $ 10–30. **Ferry Island Campground:** Terrace, Tel. 250-615-26 52, 250-615-96 57. Auf einer Insel im Skeena River; es gibt einen Store und einige Plätze haben Elektro-Anschluss. Mitte April–Mitte Okt. $ 14–20.

Termine

National Aboriginal Day: Mitte Juni; Festival der indianischen Kultur mit Liedern und Tänzen unter Beteiligung der Tsimshian, Gitxsan, Nisga'a Haisla und Tahltan Nations.

Riverboat Days: Ende Juli/Anfang Aug., einwöchiges Festival mit großer Parade, Flussaktivitäten, Wettkämpfen und Musikveranstaltungen.

Prince Rupert und Umgebung ► 1, C 3

Die rund 150 km von Terrace nach Prince Rupert führt der Yellowhead Highway 16 größtenteils dicht am Nordufer des Skeena River entlang. Diese Route gehört sicher zu den schönsten Strecken in British Columbia.

Am Ende des Yellowhead Highway befindet sich **Prince Rupert** 15. Das 14 000-Einwohner-Städtchen liegt auf **Kaien Island** und ist durch eine kurze Brücke mit dem Festland verbunden. Der Hafenort wurde 1906 als Endstation der Grand Trunk Pacific Railway gegründet und hat sich seither zu einem der wichtigsten Fischerei-, Fähr- und Verladehäfen der Nordwestküste entwickelt. Außerdem wird Prince Rupert heute von zahlreichen Kreuzfahrtschiffen angelaufen. Zahllose Fischkutter haben Prince Rupert als Heimathafen gewählt und gehen vor der Küste auf Fang. Die einst riesigen Lachsschwärme wurden bereits während der ersten Hälfte des 20. Jh. durch Überfischung rücksichtslos dezimiert. Dank streng regulierter Fangquoten erholen sich die Bestände allmählich, sodass wieder gefischt werden darf.

Für Besucher bietet die Stadt sehenswerte Museen und eine bunte Palette von Outdoor-Aktivitäten. Auch ein kleiner Bummel an der Waterfront mit den pittoresken historischen Gebäuden, die oft auf Stelzen über dem Wasser gebaut sind, lohnt sich. Jetzt sind hier Galerien und Restaurants zu finden. Im Stadtgebiet verstreut sind zahlreiche Totempfähle aus neuerer Zeit zu sehen, die Originale stehen im Museum in Victoria. Früher konnte man mit einer Gondelbahn den Gipfel des **Mount Hays** bequem erreichen. Heute muss man eine anstrengende 3- bis 4-stündige Wanderung auf dem Kiwanis Trail zum 708 m hohen Gipfel unternehmen, um den großartigen Panoramablick auf die Stadt und die fjordumschlungenen Berge zu genießen. An klaren Tagen sind sogar die Haida-Gwaii-Inseln am Horizont zu sehen.

Sehr sehenswert ist das den Hafen überblickende **Museum of Northern British Columbia** in der Innenstadt von Prince Rupert. Auch architektonisch ist das unter Verwendung von viel Glas und massiven Zedernstämmen errichtete Gebäude, das einem traditionellen Langhaus der Westküsten-Indianer nachempfunden wurde, interessant. Umfangreiche Sammlungen archäologischer Artefakte aus 5000 Jahren werden gezeigt, auch Themen der jüngeren Geschichte, wie Pelzhandel, Bau der Eisenbahn und Fischverarbeitungsindustrie, kommen nicht zu kurz. Zum Museum gehört auch die Schnitzerwerkstatt im *First Nations Carving Shed*. Hier arbeiten First Nations-Künstler zu ihren eigenen Bedingungen; Besucher sind eingeladen dabei zuzusehen. Das **Tsimshian Longhouse** des Museums lockt mit einem abwechslungsreichen Veranstaltungsprogramm (100 First Ave./McBride St., Tel. 250-624-32 07, www.museumofnorthernbc.com, Juni–Aug. Mo–Sa 9–20, So 9–17 Uhr, sonst Mo–Sa 9–17 Uhr; Museum $ 5, Veranstaltungen sind im Eintrittspreis inbegriffen).

Ebenfalls zum Museum of Northern British Columbia gehört das **Kwinitsa Railway Station Museum** in Prince Ruperts Warterfront Park. Hier wird in einer historischen Eisenbahnstation die Geschichte der Grand Trunk Railway und ihre Bedeutung für Prince Rupert lebendig (Tel. 250-624-32 07, Juni–Aug. tgl. 9–12, 13–17 Uhr).

Einen faszinierenden Blick in die Boomzeit der Lachsfänger erlaubt das **North Pacific Cannery National Historic Site** im 10 km südlich vom Highway 16 gelegenen **Port Edward**. Sorgfältig restaurierte Gebäude einer riesigen Fischkonservenfabrik aus der Zeit um 1889 und ein ganzes Arbeiterdorf mit Kirche, Schule und General Store blieben hier erhalten. Führungen und eine Präsentation der *Skeena River Story* sind im Eintrittspreis inbegriffen (1889 Skeena Dr., Tel. 250-628-35 38, Juli/Aug. tgl. 11–17, Do bis 20, Mai, Juni und Sept. Di–So 12–16.30 Uhr; 12 $). Im Cannery Café werden Fischspezialitäten serviert.

Im **Butze Rapids Park,** 6 km östlich von Prince Rupert am Highway 16 (Yellowhead), gibt es einen 5 km langen Trail zu den **Reversing Rapids,** wo an den Stromschnellen der Fern Passage während der Gezeiten die Fließrichtung wechselt. Der bequeme Rundwanderweg mit Infotafeln führt durch Feuchtgebiete und alten Regenwald; sumpfige Stellen sind durch Plankenwege überbrückt.

Rund 50 km nordöstlich von Prince Rupert liegt der **Khutzeymateen Provincial Park.** Das 44 300 ha große Wildnisgebiet erstreckt sich vom Khutzeymateen Inlet bis zu den Gipfeln der Kitimat-Berge und ist Kanadas einziges Grizzly-Schutzgebiet. Im Sommer sind die Bären am Inlet zu finden, wo sie sich an den Lachsen satt fressen. Die Region ist unzugänglich, aber von Prince Rupert aus finden geführte Touren statt und man kann die mächtigen Tiere vom Schiff aus beobachten.

Mit der Fähre durch die Inside Passage

Der Fährhafen von Prince Rupert liegt 2 km nördlich vom Zentrum. Er ist Ausgangspunkt der British Columbia- und Alaska-Fähren durch die Inside Passage: in südlicher Richtung mit ›BC-Ferries‹ nach Port Hardy auf Vancouver Island und in nördlicher Richtung auf dem Alaska Marine Highway über Ketchikan nach Skagway und Haines (s. S. 460). Sowohl die nördliche wie auch die südliche Route durch die Inside Passage sind attraktive Alternativen für die Reiseplanung: Sie ersparen Hunderte Kilometer Autofahrt und bieten ein ganz besonderes Naturerlebnis. Die Fähren von Prince Rupert haben Restaurants, Duschen, Kabinen und Tagesräume mit bequemen Sesseln *(Recliner Chairs)*, wo man auch die Nacht verbringen kann. Kabinen und Plätze mit Fahrzeug müssen besonders für die Sommermonate unbedingt im Voraus gebucht werden – die Nachfrage ist hoch.

Von Prince Rupert nach Port Hardy dauert die Überfahrt mit der »MV Northern Expedition« auf der rund 450 km langen Strecke ca. 15 Stunden. Die »MV Northern Expedition« kann 600 Passagiere und 130 Fahrzeuge an Bord nehmen.

Infos

Prince Rupert Visitor Info Centre: 215 Cow Bay Rd., Suite 100, Prince Rupert, BC V8J 1A2, Tel. 250-624-56 37, 1-800-667-19 94, Fax 627-09 92, www.tourismprincerupert.com. Juni–Sept. Mo–Sa 9–20, So 9–17, sonst Mo–Sa 9–17 Uhr.

Übernachten

In Downtown ▶ **Coast Prince Rupert Hotel:** 118-6th St., BC V8J 3L7, Tel. 250-624-67 11, 1-800-716-61 99, Fax 624-32 88, www.coasthotels.com. Zentral gelegen, Restaurant mit Pub Food, Fr und Sa Live-Entertainment. $ 139–149.

Am Fähranleger ▶ **Totem Lodge Motel:** 1335 Park Ave., BC V8J 1K3, Tel. 250-624-67 61, 1-800-550-01 78, Fax 624-38 31, www.totemlodge.com. Nicht weit vom Hafen, auch Zimmer mit Kitchenette. $ 89–109.

Gutes Frühstück ▶ **Eagle Bluff B & B:** 201 Cow Bay Road, Tel. 250-627-49 55, 1-800-833-15 50, Fax 250-627-79 45. www.citytel.net/eaglebluff. In zentraler Lage am Wasser mit Blick über den Hafen; komfortable Zimmer, warmes Frühstück. $ 80–110.

Für Budget-Reisende ▶ **Pioneer Hostel:** 167 3rd Ave. E., Tel. 250-624-23 34, 1-888-794-99 98, www.pioneerhostel.com. Preiswertes, sauberes Hostel, Übernachtung in Bunk-Betten, aber auch in Einzelzimmern möglich, freundlicher Aufenthaltsraum, Gemeinschaftsküche, freier Internetzugang; kostenloser Shuttle-Abholservice vom Fährterminal. Bett im Schlafsaal $ 25–30, Einzelzimmer $ 52–80.

Camping ▶ **Park Avenue Campground:** 1750 Park Ave., 1 km vom Fähranleger, Tel. 250-627-10 00, 1-877-624-58 61. 88 Plätze, April–Sept. $ 27–33.

Essen & Trinken

Beliebter Treffpunkt ▶ **Cow Bay Café:** 205 Cow Bay Road, Prince Rupert, Tel. 250-627-12 12, Di 12–14.30, Mi–Sa 12–14.30, 18–20.30 Uhr. Nettes Lokal am Hafen mit schönem Blick, Plätze drinnen und im Freien, gute Tageskarte, auch einige vegetarische Gerichte. Ab $ 11.

Meeresspezialitäten ▶ **Smile's Seafood Café:** 113 Cow Bay Rd., Prince Rupert, Tel. 250-624-30 72, im Sommer 9–22, sonst 11–20 Uhr. Bei den Einheimischen sehr beliebtes Fischrestaurant mit maritimem Ambiente, große Portionen. Leckere Salate und Sandwiches mit Seafood. $ 8–20.

Einkaufen

Bücher und Karten ▶ **Rainforest Books:** 251 3rd Ave. W., Prince Rupert, Tel. 250-624-41 95, www.rainforestbooks.net. Viele Bücher über Prince Rupert und die Region sowie Outdoor-Guides und Kartenmaterial.

Aktiv

Flightseeing ▶ **North Pacific Seaplanes:** Prince Rupert, Tel. 250-627-13 41, 1-800-689-42 34, www.northpacificseaplanes.com. Rundflüge über Prince Rupert ($ 150), Flüge zu den Queen Charlotte Islands ($ 246) und zum Khutzeymateen Valley Grizzly-Schutzgebiet ($ 300).

Naturexkursionen ▶ **Prince Rupert Adventure Tours:** C2-215 Cow Bay Rd., Prince Rupert, Tel. 250-627-91 66, 1-800-201-83 77, www.adventuretours.net. Exkursionen ins Khutzeymateen Grizzly-Schutzgebiet; auf der Fahrt entlang der Küste lassen sich Weißkopfseeadler, Orcas und andere Wale beobachten (6 Std. $ 199). **Seashore Charters:** Atlin Terminal, 9 Cow Bay Rd., Tel. 250-624-56 45, 1-800-667-43 93, www.seashorecharters.com. Exkursionen u. a. zum Laxspa'aws (Pike Island), wo neben Felszeichnungen der Ureinwohner auch Spuren prähistorischer Siedlungen zu sehen sind, weiterhin Tagestouren mit Ausflugsbooten zur Beobachtung von Seeadlern, Orcas, Delfinen und Fischottern; auch Exkursionen zum Khutzeymateen Grizzly Bear Sanctuary.

Paddeltouren ▶ **Skeena Kayaking:** 1534 11th Ave. East, Prince Rupert, Tel. 250-624-52 46, 250-624-19 21, www.skeenakayaking.ca. Unterricht, Vermietung, geführte Paddeltouren entlang der Küste, 1,5 Std. $ 75.

Alte, kunstvoll geschnitzte Totempfähle im Gwaii Haanas National Park Reserve

Termine

National Aboriginal Day: Mitte Juni; Festival der indianischen Kultur mit Liedern und Tänzen unter Beteiligung der Tsimshian, Gitxsan, Nisga'a Haisla und Tahltan Nations.

Verkehr

BC-Fähre: Tel. 250-386-34 31, 1-888-223-37 79, Fax 907-277-48 29, www.bcferries.com. Von Prince Rupert nach Port Hardy (Vancouver Island), 7 Überfahrten im Mai, im Juni, Juli und Sept. an geraden Wochentagen, im August an ungeraden Tagen; von Port Hardy umgekehrt. Abfahrten um 7.30, Fähre erreicht um 22.30 Zielhafen. Zwischen Prince Rupert und Skidegate auf den Queen Charlotte Islands; Mai–Ende Sept. Einfach-Passage in der Hauptsaison pro Person $ 39, Fahrzeug je nach Größe ab $ 140, Kabine $ 80–90.

Alaska-Fähre: Tel. 250-627-17 44, 1-800-642-00 66, www.alaska.gov/ferry. Von Prince Rupert nach Ketchikan, Wrangell, Petersburg, Sitka, Juneau (im Sommer auch weiter nach Gustavus), Haines, Skagway. Ganzjährig, bis zu 6 Abfahrten pro Woche. Einfache Überfahrt von Prince Rupert nach Haines pro Person US-$ 316, Fahrzeug ab US-$ 576, mit Kabine ab US-$ 754.

VIA-Rail: Eisenbahnverbindung nach Edmonton, Auskunft Tel. 250-1-888-842-72 45.

Queen Charlotte Islands (Haida Gwaii) ► 1, A/B 5–7

Karte: S. 226

Wem die Regenküste bei Prince Rupert gefallen hat und wer sie gern noch intensiver erleben möchte, der sollte einen Abstecher auf die **Queen Charlotte Islands** 16 einplanen. **Haida Gwaii**, die ›Inseln der Menschen‹, nennen sie die Ureinwohner. Da große Teile der Inseln von den Gletschern der Eiszeit verschont blieben, haben sich hier zahlreiche indigene Pflanzenarten und Unterarten von Vögeln, Fischen und Säugetieren entwickelt. Deshalb wird Haida Gwaii häufig als die ›kanadischen Galapagos-Inseln‹ bezeichnet. Nur hier gibt es die Queen Charlotte Fischotter und hier sind die weltgrößten Schwarzbären zu finden.

Seit Urzeiten sind die Inseln das Reich der Haida-Indianer. Sie schnitzten ihre Legenden und Mythen in massige, teilweise über 10 m hohen Totempfähle. Nachdem die traditionelle Kultur der Haida und über 90 % der Urbevölkerung Ende des 19. Jh. beinahe ausgelöscht waren, ist in den letzten Jahrzehnten eine Wiederbelebung der Kultur der Native Peoples auf den Queen Charlotte Inseln zu spüren – auch unterstützt von der kanadischen Regierung.

Graham Island

Der Archipel von etwa 150 Inseln liegt gut 150 km vom Festland entfernt und ist mit der ›British Columbia‹-Fähre von Prince Rupert aus zu erreichen, die **Skidegate** 17 auf der großen Nordinsel Graham Island anfährt. Hier leben die weitaus meisten der rund 7000 Bewohner. 2000 davon sind Indianer vom Stamm der Haida Gwaii. Die weiße Bevölkerung arbeitet überwiegend als Forstarbeiter, Verwaltungsangestellte, Gewerbetreibende und Fischer. Größter Ort der Inseln ist mit 1500 Einwohnern **Massett** 18 im Norden von Graham Island. **Queen Charlotte City** 19, der andere Hauptort, liegt 5 km westlich vom Fähranleger. Hier gibt es die meisten Unterkunftsmöglichkeiten und auch ein neues Informationszentrum.

Nordöstlich vom Skidegate-Anleger liegt das **Haida Heritage Centre** mit mehreren traditionellen Langhäusern und uralten Totempfählen, kostbaren gewebten Decken, reichen Sammlungen historischer und moderner Schnitzereien aus schwarzem Argillit sowie einer Ausstellung faszinierender Drucke des Haida-Künstlers Robert Davidson. Im *carving shed* ist ein rot und schwarz bemaltes, 15 m langes Kanu untergebracht (Tel. 250-559-78 85, www.haidaheritagecentre.com, Mai Mo–Sa 11–17, Juni–Mitte Sept. tgl. 9–18, Mitte Sept.–April Di–Sa 11–17 Uhr; $ 15, bis 12 Jahre $ 5).

Nicht weit vom Museum liegt weiter nördlich das Haida-Dorf **Skidegate Village**. Vor dem traditionellen *Long House* des Stammes stehen ein über 100 Jahre alter verwitterter Totempfahl und mehrere neueren Datums, darunter ein vom Haida-Künstler Bill Reid geschnitzter Pfahl, das Dogfish Totem.

Auf der Fahrt nach Masset im Norden der Insel kommt man durch das kleine pittoreske Fischerdorf **Port Clements**. Sehenswert ist auch das ein paar Kilometer westlich vom Städtchen Massett im Nordosten der Insel gelegene Indianerdorf **Old Massett** mit dem **Ed Jones Haida Museum**. Östlich von Massett liegt das **Delkatla Wildlife Sanctuary**. Ein schöner Wanderweg, der *Bird Walk Trail*, führt durch Marschwiesen zu einem Aussichtsturm. Im 726 km² großen, landschaftlich äußerst reizvollen **Naikoon Provincial Park** 20 gibt es Campingmöglichkeiten, viele Hiking Trails und endlos weite Strände. Von Massett führt eine Straße in den Park. Die lang gestreckte **North Beach** mit Muscheln, farbigen Steinen und bizarrem Treibholz ist ein Paradies für Beachcomber.

Moresby Island

Nach **Sandspit** 21 (knapp 600 Einw.), dem einzigen Ort auf **Moresby Island** gelangt man mit der kleinen Fähre über den Skidegate Channel. Hier befindet sich auch der Airport der Inselgruppe. Die Südinsel ist weitgehend unerschlossen. Im nördlichen Teil von Moresby Island wird seit langem Holzwirtschaft betrieben. Erst 1987 wurde nach einem langen, erbitterten Kampf von Naturschützern und der Haida Nation gegen die Holzindustrie ein Nationalpark eingerichtet, der die Regenwälder der Region schützt. Seit 1993 wird die 1495 km² große **Gwaii Haanas National Park Reserve & Haida Heritage Site** 22 gemeinsam von der kanadischen Nationalpark-Behörde und der Haida First Nation verwaltet.

Nan Sdins (Ninstints) 23 auf Anthony Island ist ein verlassenes Haida-Dorf, das schon Tausende Jahre vor der Ankunft der Weißen bestand. Hier reihen sich die verwitterten Totempfähle am Ufer vor dem Hintergrund des dichten grünen Regenwaldes, der auch die Reste eines uralten, aus Holzplanken gebauten Langhauses überwuchert. Anthony Island wurde 1981 zur UNESCO World Heritage Site bestimmt.

Der Gwaii Haanas National Park ist nur mit dem Boot oder Wasserflugzeug zu erreichen und auch nur mittels mehrtägiger Bootstouren oder Wildniswanderungen zu erkunden. Sehr beliebt sind Kajakfahrten entlang der Küsten (s. Aktiv unterwegs rechts). Doch wer sich in diese Wildnis vorwagt und die richtige Ausrüstung mitbringt, wird mit unvergleichlichen Naturerlebnissen belohnt. Um die einzigartige Natur wirksam zu schützen, sind von der Parkverwaltung nur 3000 Besucher im Jahr und 300 zur gleichen Zeit zugelassen.

aktiv unterwegs

Paddeln im Gwai Haanas National Park

Tour-Infos

Start: Sandspit, Moresby Island
Dauer: 8 bzw. 10 Tage
Veranstalter: Ocean Sound Kayaking, 1034 Cougar Creek Dr., Canmore, AT T1W 1A7, Tel. 403-609-5576, www.oceansoundkayaking.com. Geführte Kajaktouren.
Moresby Explorers, 365 Beach Rd., Box 127, Sandspit, BC V0T 1T0, Tel. 250-637-2215, www.moresbyexplorers.com. Zodiac-Bootstouren, Kajakvermietung und -transport
Kosten: Kajaktour 8 Tage $ 2095, 10 Tage $ 2275, Tour mit dem Zodiac-Boot 4 Tage $ 1500, 2 Tage $ 620
Hinweis: Die Inseln erreicht man mit der BC-Fähre »Northern Expedition«, die 3- bis 6-mal pro Woche zwischen dem 93 Seemeilen entfernten Prince Rupert auf dem Festland und Skidegate auf Graham Island verkehrt (www.bcferries.com). Die Überfahrt dauert etwa 6,5 Std. ($ 39 pro Pers., Auto $ 140).

Ein Zodiac-Boot von Moresby Explorers bringt die kleine Gruppe samt Ausrüstung und Kajaks nach Hot Springs Island, wo – der Name lässt es schon vermuten – heiße Quellen zum Baden unter freiem Himmel einladen. Von dort geht es im Kajak und mit eigener Muskelkraft bis zur Südspitze des Gwaii Haanas National Park, der auf dem Landweg nicht zu erreichen ist. Paddelnd durchquert man eine reizvolle Landschaft: Uralter üppiggrüner Regenwald wechselt sich ab mit ausgedehnten Stränden, winzigen Inseln und felsigen Küsten mit von der Brandung ausgewaschenen Höhlen. Die nährstoffreichen Gewässer um Gwaii Haanas sorgen für reiches Tierleben und fast immer sieht man Buckelwale, manchmal auch eine Orca-Schule – es ist ein beeindruckendes Erlebnis, wenn die riesigen Meeressäuger dicht neben den Kajaks aus dem Wasser auftauchen.

Die Tour führt zunächst durch den **Juan Perez Sound,** dann an **Burnaby Island** vorbei zum **Skincuttle Inlet.** Anschließend werden **Ikeda Cove** und **Collision Bay** durchquert. Hier sind die **Rankin Islands** Heimat zahlreicher Seevogelarten. **Carpenter Bay** und **Benjamin Point** hinter sich lassend, treiben die Kajaks mit der Strömung des Houston Stewart Channel in die geschützten Gewässer von **Rose Harbour,** 1905–1942 eine florierende Walfängersiedlung. Heute leben hier noch sechs Westküsten-Charaktere, die sich in der Abgeschiedenheit wohl fühlen und mit keinem Städter tauschen möchten.

Highlight der Tour ist das verlassene Haida-Dorf **Ninstints** auf S'Gang Gwaay – so lautete der indianische Name für Anthony Island (s. S. 236). 120 Jahre nach Aufgabe des Orts zeugen hier noch immer verwitterte Totempfähle von der einstigen Größe der Haida-Kultur. »Unser Volk schnitzte *Memorial-, Mortuary-* und *Frontal Poles*«, sagt Jordan, der Haida-Guide. »Oben im *Mortuary Pole* wurde die Asche einer ranghohen Person aufbewahrt. Begräbnispfähle waren kleiner als die großen *Frontal Poles,* die an der Stirnseite der Häuser standen. *Memorial Poles* hingegen erinnerten an fern der Heimat bestattete Personen. Aber alle waren reich geschnitzt und erzählten von den Menschen ...«

Man kann sich der Magie des Ortes nicht entziehen; seinem düsteren Zauber, dem Geheimnis des Untergangs der Siedlung Ninstints, deren Bewohner bei einer Pockenepidemie starben. Wer der Seuche nicht erlag, wanderte aus. Und doch gibt es hier wieder Leben: Längst holte der Wald sich Handbreit für Handbreit zurück, was die Kunghit-Haida zwei Jahrtausende lang genutzt hatten. Nur ein paar im Gras versteckte Hausfragmente blieben. Schnee, Regen und Stürme polierten die Motive der verbliebenen Totempfähle bis zur Unkenntlichkeit.

Infos

Parks Canada: P. O. Box 37, Queen Charlotte, BC V0T 1S0, Tel. 250-559-88 18, www.parkscanada.ca/gwaiihaanas.

Queen Charlotte Islands Tourist Information: P.O. Box 36, Masset, BC V0T 1M0, Tel. 250-626-39 82, Fax 626-39 56, www.massetbc.com.

Übernachten

... auf Graham Island:

Mit gutem Restaurant ▶ **Sea Raven Resort Motel:** 3301 Oceanview Dr., P. O. Box 519, Queen Charlotte, BC V0T 1S0, Tel. 250-559-44 23, 1-800-665-96 06, Fax 559-86 17, www.searaven.com. 3 km vom Skidegate-Fähranleger, Zimmer (einige mit Kitchenette) und komplett eingerichtete Apartments, Lunch und Dinner ($ 9–18), Zimmer $ 79–250.

Üppiges Frühstück ▶ **Dorothy & Mike's:** 3127 2nd Ave., Queen Charlotte City, Tel. 250-559-84 39, www.haidagwaii.net/doromike. Ruhig im Stadtzentrum gelegen, schön eingerichtete Zimmer (»Kumdis«, das wohl schönste Zimmer, hat ein eigenes Sonnendeck mit fantastischem Blick aufs Meer, $ 90), Suiten und Cottages, Küchenbenutzung, TV-Raum und Bibliothek). $ 79–245.

Quartiere für jedes Budget ▶ **Premier Creek Lodging:** 3rd Ave, Queen Charlotte City, Tel. 250-559-84 15, Fax 250-559-81 98, www.qcislands.net/premier. Ältestes Hotel der Inseln, in schöner Lage am Wasser, modernisiert mit 12 gemütlich eingerichteten Zimmern, einige auch mit Kitchenette. Zum Hotel gehört ein kleines Hostel mit 8 Betten in einem separaten Gebäude mit Sonnendeck und Gemeinschaftsküche ($ 25), Zimmer und Suiten $ 35–95.

Camping ▶ **Naikoon Provincial Park:** Skeena District, Bag 5000, Smithers, BC V0J 2N0, Tel. 250-626-51 15, 250-557-43 90. 40 Stellplätze im Nordosten von Graham Island. $ 15.

... auf Moresby Island:

B & B in schöner Lage ▶ **Moresby Island Guest House:** 385 Beach Rd., Box 485, BC V0T 1T0, Tel./Fax 250-637-53 00, 1-877-874-16 54, www.moresbyislandguesthouse.com. B & B an der schönen Shingle Bay, einige Zimmer mit Kitchenette. $ 45–85.

... auf Haida Gwaii:

Für Naturliebhaber ▶ **Rose Harbour Guest House & Wilderness Adventures:** Box 437, Queen Charlotte City, BC V0T 1S0, Tel. 250-559-2326, www.roseharbour.com. Rustikal eingerichtete Gästezimmer auf Kunghit Island; Kajakverleih, geführte Wanderungen und Exkursionen zu alten Haida-Dörfern, Tierbeobachtung (nicht im Tagespreis inbegriffen); deutscher Besitzer. $ 120 (inklusive drei Mahlzeiten).

Aktiv

Zodiac- und Kajak-Touren ▶ **Moresby Explorers:** Box 127, 365 Beach Rd., Sandspit, Tel./Fax 250-637-22 15, 1-800-806-76 33, www.moresbyexplorers.com. Zodiac-Bootstouren, Kajakabenteuer, 1- bis 4-tägige Touren in den Nationalpark. **Pacific Rim Paddling Company:** P. O. Box 1840, 621 Discovery St., Victoria, Tel. 1-888-384-61 03, Fax 389-28 98, www.pacificrimpaddling.com. Mehrtägige Kajak-Exkursionen.

Nationalpark-Exkursionen ▶ **Northwest Recreation Services:** Gwaii Haanas Tour Operators Association: www.placeofwonder.com. Vereinigung von Ausrüstern und Tourveranstaltern, die unter der Überschrift ›Eco Tourism‹ eine Vielzahl von Aktivitäten anbieten: Exkursionen mit Segel- und Motorbooten, Kajaktouren, Charterflüge.

Verkehr

BC-Fähre: Tel. 250-386-34 31, 1-888-223-37 79, Fax 907-277-48 29, www.bcferries.com. 3–6 x pro Woche von Prince Rupert nach Skidegate (rund 6,5 Std. Überfahrt, $ 39 pro Person, Auto ab $ 140).

Air Canada: Tel. 1-888-247-22 62. Es gibt täglich Flugverbindungen zwischen Vancouver und Sandspit.

North Pacific Seaplanes: Tel. 250-627-13 41, 1-800-689-42 34. Flüge von Seal Cove AirBase, Prince Rupert nach Masset und Sandspit.

Budget Car Rental: Sandspit, Reservierungen unter Tel. 250-637-23 55.

Von Kitwanga zum Yukon

Der Cassiar Highway ist British Columbias wahre Wildnisstraße in Richtung Norden. Was man an Fahrkomfort einbüßt, wird wett gemacht durch beeindruckende Berglandschaften, riesige Gletscher und kleine Pionierorte, wo die Zeit stehen geblieben zu sein scheint. Und dazu bieten die rund 750 einsamen Straßenkilometer häufig Gelegenheit, Schwarzbären, Grizzlys und Karibus zu beobachten.

Wer vom Yellowhead Highway bei Prince George auf dem kürzesten Weg zum Yukon fahren möchte, wählt den **Cassiar Highway 37,** statt bei Fort St. John auf den Alaska Highway zu stoßen. Er spart dabei rund 200 km, nimmt dafür aber in Kauf, dass die Reise auf einigen Streckenabschnitten beschwerlich werden kann. Wo der Straßenbelag aus Rollsplit besteht, gerät die Fahrt besonders nach starken Regenfällen schnell zur Rutschpartie. Vorsicht ist auch an den vielen schmallen Brücken geboten, über die Eisenbahnschienen führen.

Das Abenteuer beginnt bei Kitwanga am km 574 des Yellowhead Highway. Von hier führt die Straße über den Skeena River nach Norden, um nach 724 km bei Watson Lake im Yukon Territory auf den Alaska Highway zu treffen. Der Highway 37 ist eine Wildnisstraße mit wenigen, dafür aber gut ausgestatteten Versorgungspunkten (Tankanzeige stets im Auge behalten und rechtzeitig Benzin nachfüllen!).

Gleich am Anfang der Route warten bei **Kitwanga** und den Indianerdörfern **Gitwangak** und **Gitanyow** die größten Ansammlungen authentischer Totempfähle im Nordwesten Kanadas (s. S. 229). Der Blick zurück schweift über das Tal des Skeena River mit den schneebedeckten Bergen der **Seven Sisters**. Eine Forststraße führt entlang des Nass River nach New Aiyansh und zum **Nisga'a Memorial Lava Bed Provincial Park** (s. S. 231).

6 Nach Stewart und Hyder

Karte: S. 242

Nach ungefähr 150 km ist **Meziadin Junction** **1** erreicht. Hier zweigt der Highway 37A nach Stewart und Hyder ab. Der Abstecher lohnt sich, für viele ist er der Hauptgrund, den Cassiar zu wählen. Man fährt auf der breiten asphaltierten Straße etwas mehr als eine Stunde bis Stewart, sollte aber doch eine Übernachtung einplanen – schon allein um die Grizzlys am Fish Creek zu beobachten.

Der **Meziadin Lake Provincial Park** ist der erste Campingplatz am Cassiar Highway. Viele der Stellplätze liegen direkt am Seeufer. Man findet hervorragende Angelmöglichkeiten und auch einen kleinen Strand vor. In einem *General Store* können Vorräte ergänzt und die Angellizenz erworben werden.

Stewart ► 3, T 15

Die landschaftlich reizvolle Straße führt einige Kilometer am Meziadin Lake entlang. Schon nach kurzer Zeit bieten sich grandiose Ausblicke auf den weißblau strahlenden **Bear Glacier** **2**, einen der schönsten Gletscher in den Coast Mountains.

Wenig später erreicht man den alten Bergwerksort **Stewart**, der um 1900 als Erzhafen an der Spitze des 145 km langen Portland Canal entstand. Die stark vergletscherten Berge ringsum sind reich an Bodenschätzen wie Gold, Kupfer und Silber. Bis heute leben die meisten der 1500 Einwohner von den umliegenden Bergwerken. Zahlreiche Gebäude des Ortes stammen aus den 1970er-Jahren, als die Produktion der Granduc Kupfermine auf ihrem Höhepunkt war. Entlang der Hauptstraße stehen noch einige Häuser aus der Zeit um 1900. Da alle Gebäude recht gut erhalten sind, vermittelt der ruhige Ort einen malerischen Eindruck.

Das kleine **Stewart Historical Society Museum** in einem historischen Feuerwehrgebäude zeigt in seinen vollgestopften Räumen ein kunterbuntes Durcheinander von Gegenständen und Fotos, die das Leben und Arbeiten in der Region während der letzten 100 Jahre recht anschaulich dokumentieren (603 Columbia St., Stewart, Tel. 636-25 68, Juli/Aug. 10–18 Uhr, Mai, Juni und Sept. nur an Wochenenden; $ 5).

Ansonsten wartet Stewart noch mit einem gemütlichen Bummel entlang der Main Street und einem entspannten Café-Besuch auf. Überwältigend und immer wieder zum Fotografieren herausfordernd ist die großartige Kulisse der aufragenden Berge ringsum.

Hyder (Alaska) ► 3, T 15

Der Portland Canal bildet die Grenze zu Alaska. Gleich an der Nordseite des Fjordes liegt der winzige Ort **Hyder**, der mit nur 90 Einwohnern heute fast eine Geisterstadt ist. Aber auch nur fast, denn in Hyder gelten bereits alaskische Gesetze; folglich ist eine Sperrstunde für die Bars unbekannt. So trifft man abends die Bevölkerung von Stewart vorwiegend im malerisch verwitterten Hyder. Man schätzt das urige Western Town-Ambiente in Hyder, denn genau auf der kanadisch-amerikanischen Grenze hört die asphaltierte Straße auf. Ab jetzt sind alle Straßen des Ortes nur noch mehr oder minder gut gewalzte Sand- und Schotterwege. Auch die Häuser wirken etwas heruntergekommen und sehen bei Weitem nicht mehr so adrett aus wie in Ste-

Urige Western-Town-Atmosphäre in Hyder

wart. Das Steinhaus gleich hinter der Grenze, ein alter Speicher von 1896, ist eine designierte National Historic Site der US-Nationalparkbehörde.

Es gibt einen schönen Campingplatz unter großen Bäumen, durch den in den frühen Morgenstunden schon einmal die Grizzlys strolchen. Im urigen General Store kann neben preiswerten Goldnuggets, Werkzeug und Anglerbedarf auch eine Riesenauswahl von Waffen aller Art erworben werden. Im Obergeschoss werden auch einige komfortabel eingerichtete Zimmer vermietet.

Schließlich sei auf die beiden legendären Kneipen, die ›Sealaska‹ und die ›Glacier Inn Bar‹, hingewiesen, wo die Wände mit Dollarscheinen tapeziert sind. Angeblich schrieb einst ein Goldsucher seinen Namen auf einen Geldschein und nagelte ihn an die Wand, um nach gescheiterter Suche bei der Rückkehr wenigsten Drink und Mahlzeit gesichert zu haben. In den beiden Bars werden außerdem die berüchtigten hochprozentigen Kornschnäpse ausgeschenkt. Wer sich darauf einlässt, wird *hyderized*, wie die Einheimischen das nennen.

Die eigentliche Attraktion ist aber die Natur rundum: Im **Fish Creek**, einige Kilometer außerhalb von Hyder, laichen im August die Lachse – und an den Ufern warten dann Weißkopfseeadler und Bären auf die leckere Delikatesse. Damit man die zahlreichen Grizzlys zwar von nahem, aber dennoch sicher beobachten kann, hat die alaskische Parkbehörde entlang des Bachufers eine hölzerne Aussichtsplattform auf Stelzen errichtet. Von hier kann man zusehen, wie sich die massigen Braunbären mit erstaunlicher Behändigkeit die Lachse aus dem Wasser schnappen. Die beste Zeit zum Bärenbeobachten sind die frühen Morgenstunden.

Eine rund 50 km lange Schotterpiste führt von Hyder hoch hinauf in die **Coast Mountains** zum Outpost No. 31. Die Straße ist schmal und hat einige starke Steigungen. Bevor man sie in Angriff nimmt, sollte man sich nach ihrem Zustand erkundigen. Mit einem Wohnwagen sollte man die Straße auch bei gutem Zustand nur die ersten rund 30 km bis zum Aussichtspunkt auf den spektakulären, blauweiß schimmernden **Salmon Glacier** 3 fahren. Dies ist ohnehin der schönste Streckenabschnitt. Die Straße wird danach noch schmaler und steiler, windet sich am Gletscher entlang bis zur verlassenen Premier Goldmine.

Infos

Stewart Visitor Center: 222-5th Ave., Stewart, Tel. 636-92 24, 1-888-366-59 99, Fax 636-21 99, www.stewartcassiar.com. 21.–31. Mai Mo–Fr 10–18, Juni–Aug. tgl. 9–17, Anf.–Mitte Sept. 10–16 Uhr.

Übernachten

Mit historischem Flair ▶ The Ripley Creek Inn, The Brothel & the Bayview Hotel: Box 26, 306 5th Ave., Stewart, BC V0T-1W0, Tel. 250-636-23 44, Fax 250-636-26 33, www.ripleycreekinn.homestead.com. Zimmer in der Lodge und in historischen Gebäuden, mit Blick auf Berge und Fjord. $ 105–125.

An der Hauptstraße ▶ King Edward Hotel & Motel: P. O. Box 86, 5th/Columbia St., Stewart, BC V0T 1W0, Tel. 636-22 44, 1-800-663-31 26, Fax 636-91 60, www.kingedwardhotel.com. Angenehme Zimmer, im Motel mit Kitchenette, Coffee Shop und Restaurant. $ 69–119.

Einfach & preiswert ▶ Sealaska Inn: Premier Avenue, Hyder, Tel. 250-636-90 06, www.sealaskainn.com. Schlichte Zimmer im oberen Stockwerk. $ 69–79.

Camping ▶ Rainey Creek Campground: 8th Ave., Stewart, BC V0T 1W0, Tel. 636-25 37, 1-888-366-59 99, Fax 636-26 68. Schöner Campingplatz im Wald in der Nähe des Ortes, Tennis, Wanderwege; 102 Plätze, Mai–Sept. $ 12–22.

Essen & Trinken

Treff der Locals ▶ The Bitter Creek Café: Stewart, Tel. 250-636-21 66. Gleich neben der Bäckerei. Lunch und Dinner $ 7–22.

Termine

Stewart-Hyder International Rodeo: 2. Wochenende im Juni.

Von Meziadin Junction zum Stikine River ► 3, S/T 14/15

Karte: oben

Etwa 100 km nach Meziadin Junction und der ersten schlechten Wegstrecke erreicht man die **Bell II Lodge** 4. Hier wird im Winter Heliskiing angeboten; im Sommer und Herbst werden Angeltouren veranstaltet. Die Lodge bietet Unterkunft, Zeltplätze und Stellplätze für Wohnmobile (Tel. 250-275-47 70, 1-888-499-43 54, www.bell2lodge.com. Zimmer $ 127–179, Stellplätze $ 20–31).

Nun verlässt man das Tal des Nass und Bell-Irving River und kommt in das Einzugsgebiet des Stikine River, der in der Wildnis des fast 8000 km² großen **Spatsizi Provincial Park** 5 entspringt und bei Wrangell (Alaska) in den Pazifik fließt. Der Park ist nur zu Fuß oder mit dem Wasserflugzeug zu erreichen.

Bei km 365 zweigt in Richtung Westen die Zufahrtsstraße zum **Kinaskan Lake Provincial Park** 6 ab. Der Park bietet gute Angelmöglichkeiten und hat Picknicktische am Seeufer. Für Wohnmobile sind 50 Stellplätze vorhanden. Über den See hinweg bietet sich ein schöner Ausblick auf die Vulkan-Berge des **Mount Edziza Provincial Park** 7, ein 2300 km² großes Wildnisgebiet mit weiten Lavafeldern, riesigen Aschekegeln und anderen bizarren vulkanischen Formationen. In der Mitte des Parks dominiert der 2787 m hohe Mount Edziza das versteinerte Inferno. Der Krater des vor 10 000 Jahren zuletzt ausgebrochenen Vulkans hat einen Durchmesser von 2,5 km. In den Mount Edziza Park gelangt man auf dem Pferderücken oder mit dem Wasserflugzeug von Iskut aus. Auch Trekking im Park ist möglich.

Am **Tatogga Lake** 8, 25 km weiter, sollte man eine Rast einlegen. Die Iskut-Seenplatte ist ein äußerst reizvolles Kanu-Revier. In **Iskut** 9, einer knapp 300 Einwohner zählenden Siedlung der Tahltan-Indianer, sind alle Service-Einrichtungen vorhanden. Von hier aus kann man sich beispielsweise mit dem Wasserflugzeug zum Trekking in die Wildnisparks bringen lassen.

Übernachten

... in Iskut:

Zimmer & Cabins ► **Tatogga Lake Resort:** Box 59, BC V0J 1K0, Tel. 250-234-35 26. Zimmer, Cabins, Camping, Bootvermietung, Tankstelle. Stellplätze für Wohnmobile. Zimmer $ 45–80, Cabins (ohne Strom) $ 35, Kanu $ 40 pro Tag.

Camping ► **Mountain Shadow RV Park:** km 408,5, Tel. 250-234-33 33. Schöne Stellplätze mit allen Anschlüssen, April–Sept. $ 35.

Aktiv

Flightseeing ► **North Pacific Seaplanes:** km 390, Tatogga Lake Resort, Iskut, Tel. 250-234-35 26, 1-800-689-42 34, www.northpacificseaplanes.com. Rundflüge, Fly-In-Fishing, Hiking im Mount Edziza und Spatsizi Provincial Park. Charter 45 Min.

Nach Upper Liard am Alaska Highway

Karte: links

Auf den nächsten 40 km wird die Straße kurvenreich und senkt sich dann zur Brücke über den Stikine River. Bei km 488 ist **Dease Lake** 10 (450 Einw.) erreicht. Hier sind ein Service-Zentrum mit Motels, Campingplatz, General Store und Tankstelle zu finden.

Telegraph Creek ► 3, S 14

Von **Dease Lake** führt eine raue Schotterstraße, die Telegraph Creek Road, in südwestlicher Richtung durch das enge Tal des Stikine River nach **Telegraph Creek** 11. Der Ort am Ende der Straße, in dem heute noch 350 Einwohner leben, hat sich die pittoreske Atmosphäre einer Pionier- und Goldgräber-Town bewahrt. Die 115 km lange Forststraße ist nicht für größere Wohnmobile geeignet – und auch nicht für Fahrer, die nicht viel für schmale Straßen mit starken Steigungen und Blick in tiefe Schluchten übrig haben. Bei schlechtem Wetter sollte man auf jeden Fall auf das Abenteuer verzichten. Infos über den aktuellen Zustand der Straße erhält man beim RCMP Office in Dease Lake und bei der Chamber of Commerce in Telegraph Creek (Tel. 250-771-37 00). Bei schönem Wetter belohnen eine grandiose Landschaft und ein verträumter Ort aus der Goldgräberzeit. Nach etwa 90 km gibt es vor einer Haarnadelkurve einen Pullout, von dem man zu einem Aussichtspunkt mit schönem Blick auf den Grand Canyon of the Stikine gehen kann.

Am und auf dem Stikine River, einem der großen Wildwasser-Flüsse für Rafting-Abenteuer, stehen diverse Freizeitaktivitäten zur Auswahl. Von Telegraph Creek kann man Jet Boat-Touren in den Grand Canyon unternehmen. Unterhalb des Canyons sind auch Exkursionen mit Kanu, Kajak und Floß möglich. Für die gesamte Strecke von 240 km bis nach Wrangell muss man vier Tage einplanen.

Sehenswert ist auch die historische **Saint Aidan's Church.** Die malerische kleine Holzkirche steht direkt an der Mündung des Telegraph Creek in den Stikine.

Infos

Dease Lake and Tahltan District Chamber of Commerce: Block D, Highway 37, Dease Lake, Tel. 250-771-37 00, Mo–Fr 8.30–12, 13–16.30 Uhr.

Übernachten

... in Dease Lake:

Modern & schlicht ► **Arctic Divide Inn:** zentral, am Highway 37, Tel. 250-771-31 19. Großzügige, einfach eingerichtete Zimmer. $ 89.

... in Telegraph Creek:

Ehemaliger Handelsposten ► **Stikine RiverSong Lodge:** Box 47, BC V0J 2W0, Tel./Fax 250-235-31 96, www.stikineriversong.com. Zimmer mit Küche und B & B in historischem Gebäude, z. T. mit Küchenbenutzung, Restaurant, Laden, Tankstelle, Jet Boat-Touren, Exkursionen, Trekking, Kanu- und Kajakvermietung, Mo–Sa 11–19 Uhr, So 12–19 Uhr. Zimmer $ 65–88. Touren ab $ 65, Kanus ab $ 38 pro Tag.

Jade City und Boya Lake Provincial Park ► 3, S/T 12

Jade City 12 (12 Einw.), km 602, besteht trotz hochfliegendem Namen eigentlich nur aus zwei Unternehmen: **Cassiar Mountain Jade Store and Mine** westlich vom Highway und **Jade City Jade Store** an der Ostseite der Straße. In Jade City wird der in der Princess Mine abgebaute Halbedelstein verarbeitet und als rohe Mineralienbrocken oder fertiger Schmuck verkauft. Im kleinen Bergwerksmuseum erfährt man Näheres über Geschichte und Abbautechniken der zu den weltweit größten Jadefundstellen zählenden Mine. Camper können kostenlos übernachten.

Gelegenheit für einen letzten schönen Picknick-Stopp mit Gelegenheit zum Angeln, Schwimmen und Campen findet man 2,5 km östlich vom Highway im **Boya Lake Provincial Park** 13. Dies ist das Gebiet der Kaska Dene First Nation. Ein Wanderweg führt am Ufer des glasklaren Sees entlang, ein weiterer zu einem Biberteich.

Nach weiteren 120 km ist schließlich der **Alaska Highway** bei **Upper Liard** erreicht.

Bei Bootstrips über den Maligne Lake im Jasper National Park wird auch die Postkarteninsel Spirit Island angesteuert

Kapitel 3

Alberta

Alberta boomt. In Alberta findet jeder Arbeit. Albertans zahlen keine Verkaufssteuer. Das Zauberwort heißt Öl. Nachdem man 1914 auf das schwarze Gold gestoßen war, erlebte Alberta einen für Kanada bis dahin beispiellosen Strukturwandel. Bis 1975 hatten sich 400 Ölfirmen in Calgary niedergelassen. Die Entdeckung der ölhaltigen Athabasca Oil Sands im Norden der Provinz ließ Alberta zu den führenden Erdöl produzierenden Ländern der Welt aufschließen.

Die 662000 km² große Provinz, die gerade mal 3,3 Mio. Einwohner zählt, ist zudem noch mit einer grandiosen Natur gesegnet. In den Nationalparks von Banff, Jasper und Waterton Lakes leben in den hochalpinen Wildnisgebieten der Rocky Mountains Elche, Bären, Dickhornschafe, Stein- und Weißkopfseeadler, Wölfe und Biber. Die andere Hälfte der Provinz wird von der Prärie bestimmt. Hier wird immer noch im großen Stil Rinderzucht betrieben. Auf gut besuchten Rodeos zeigen Cowboys ihr Können.

Anderthalb Autostunden östlich von Calgary wandert man in der bizarren Mondlandschaft der Badlands bei Drumheller durch den größten Dinosaurier-Friedhof der Welt. In den welligen Foot Hills der Rockies liegt bei Fort MacLeod der Head-Smashed-In-Buffalo-Jump, ein zum UNESCO-Welterbe erklärter Jagdplatz der indianischen Ureinwohner. In Lethbridge kann man die Schauplätze blutiger Gefechte zwischen Indianern und Weißen besuchen und von bewaffneten Einsätzen der Northwest Mounted Police gegen die illegalen amerikanischen Whiskyhändler hören.

Aber auch das supermoderne Calgary, die Stadt der weltberühmten Calgary Stampede, und Edmonton, mit der größten Shopping Mall Nordamerikas, sind ein paar Tage Aufenthalt wert.

Auf einen Blick

Alberta

Sehenswert

7 **Dinosaur Provincial Park:** Der in der Mondlandschaft der Badlands liegende Park ist einer der ergiebigsten Dinosaurierfriedhöfe der Welt (s. S. 268).

8 **Waterton Lakes/Glacier National Park:** Abseits der großen Straßen liegend, ist Waterton Lakes mit seinen klaren Gletscherseen der stille Star unter Albertas Wildnisgebieten (s. S. 275).

9 **Banff National Park:** Der westlich von Calgary liegende Nationalpark zählt mit den angrenzenden Parks Jasper, Yoho und Kootenay zum UNESCO-Welterbe (s. S. 279).

10 **Jasper National Park:** Mit dem Banff Nationalpark durch den Icefields Parkway verbunden, gilt der Jasper National Park als der ruhigere Nachbarpark. Weite Teile sind das Revier von Wölfen und Grizzlys (s. S. 292).

Schöne Routen

Rundreise durch Süd-Alberta: Rockies und Prärie – diese Rundfahrt vereint das Beste aus Albertas beiden prägenden Großlandschaften und vermittelt ein Gefühl für die endlose Weite Kanadas. Ein Abstecher zum Montana's Glacier National Park verlängert das Vergnügen (s. S. 263).

Von Banff auf dem Icefields Parkway nach Jasper: Die von der Panoramastraße Icefields Parkway miteinander verbundenen Naturschauspiele rechtfertigen eine eigene Kanada-Reise. Abstecher in den Yoho und Kootenay National Park in British Columbia sind möglich (s. S. 279).

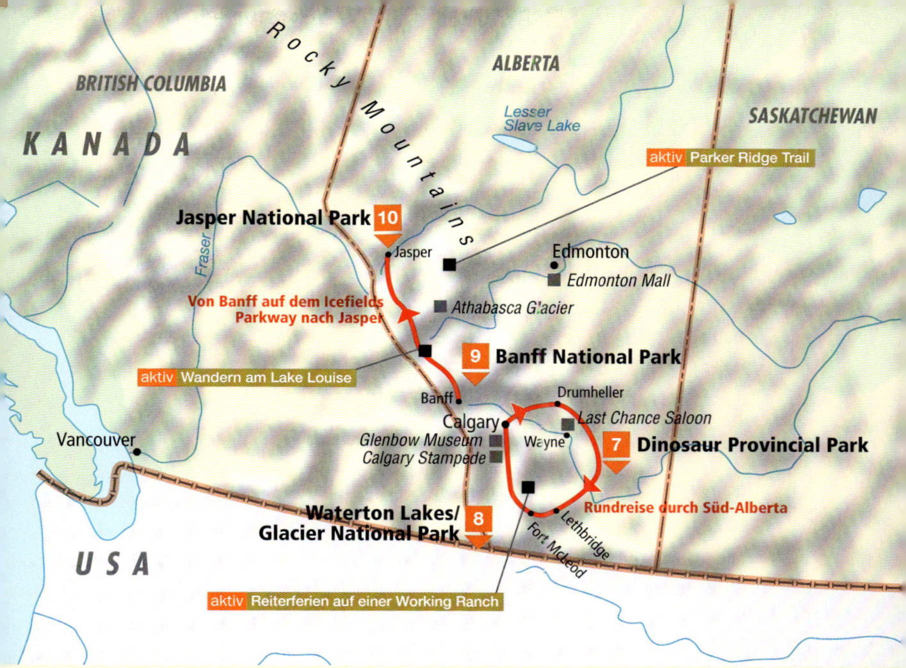

Meine Tipps

Glenbow Museum: Hier wird Albertas spannende Geschichte mit Ausstellungungen zu Indianern, Cowboys und Ölbaronen inszeniert (s. S. 251).

Calgary Stampede: Man erlebt spannende Rodeos und Wagenrennen und genießt dabei die hemdsärmelige Gastfreundschaft der Albertans (s. S. 258).

Last Chance Saloon: Pionier-Atmosphäre in der Beinahe-Ghost-Town Wayne in den Badlands (s. S. 267).

Athabasca Glacier: Den vielleicht berühmtesten Gletscher der Rockies kann man auf einer geführten Wanderung oder mit dem Snowcoach erkunden (s. S. 292).

Edmonton Mall: Die komfortable Kunstwelt ist die Nummer eins, was Konsum- und Freizeitarchitektur betrifft (s. S. 307).

aktiv unterwegs

Reiterferien auf einer Working Ranch: Auf der Lucasia Ranch bei Claresholm können Gäste das Alltagsleben der Cowboys kennenlernen (s. S. 272).

Wandern am Lake Louise: Einige der schönsten Trails im Banff National Park findet man in den Bergen am Lake Louise und im Paradise Valley. Ein- und mehrstündige Wanderungen lassen sich gut zu einer Tagestour verbinden (s. S. 286).

Parker Ridge Trail: Diese reizvolle Wanderung führt durch Wiesen und alpine Tundra zu einem Bergkamm mit überwältigendem Blick auf den Saskatchewan Glacier, mit 9 km der längste Gletscher des Columbia Icefield (s. S. 293).

Calgary und Umgebung ▶ 1, T 9

Von Null auf über 1 Mio. Einwohner in 125 Jahren: Calgary ist Kanadas Boomtown. Vielleicht halten die Calgarians deshalb so stur an ›Cowtown‹ fest. Denn der alte Spitzname der Stadt erinnert nicht nur an Calgarys Viehzüchtertage. Er beschwört auch Kleinstadt-Atmosphäre, die West-Kanadas Finanzzentrum ein menschliches Antlitz verleiht.

Nach einer Fahrt durch die weite Prärie fällt der Blick plötzlich auf schimmernde Türme. Glasflächen glänzen orangefarben im Sonnenlicht. Eine Fata Morgana: Wolkenkratzer in der Prärie, die Hochhäuser der Stadt Calgary, Energiemetropole und eine der wachstumsstärksten Städte Kanadas. Eine runde Million Einwohner zählt sie heute. Bis vor ein paar Jahrzehnten hatte die Stadt noch eine relativ homogene Bevölkerungsstruktur. Zwar waren mit dem Eisenbahnbau Chinesen und um 1900 Italiener, Deutsche und Osteuropäer in die Stadt gekommen, aber Calgarys Einwohner waren überwiegend britischer Herkunft. Das änderte sich in den 1960er- und 1970er-Jahren, als verstärkt Einwanderer aus Indien, Pakistan, Sri Lanka, Bangladesh, Vietnam und Südamerika kamen und der Stadt ihr kosmopolitisches Gepräge gaben. Auch in den Jahren vor 1997, als Hongkong Teil der Volksrepublik China wurde, erlebte die Stadt einen Zustrom chinesischer Neubürger.

Der Slogan ›Go West‹, um das Glück zu machen, hat immer noch Gültigkeit – hauptsächlich für Techniker und Spezialisten. Calgary ist ein neues Mekka für Ingenieure, Wirtschaftsberater, Rechtsanwälte, Geologen und Computerspezialisten. Dennoch hat es sein Western-Image nie verloren. Immer noch träumt die Stadt von Öl, Geld und Rindern. Ihre raue Schale zeigen die Calgarians gern durch ihre Kleidung. Zum Cowboylook gehören Designer-Jeans, Cowboy-Shirt mit Perlmuttdruckknöpfen und V-Einsatz vorn und hinten. Und der Gürtel muss mit einem großen, verzierten Gürtelschloss versehen sein. Dazu der weiße *Stetson*-Hut und Cowboystiefel, versteht sich. Eine elegantere Version ist der sogenannte *Frontier Suit,* der mehr dem traditionellen Anzug ähnelt.

Calgary ist die Hauptstadt der kanadischen Ölindustrie und Hochfinanz. Von den Öl- und Erdgasgesellschaften des Landes haben die meisten, nämlich mehrere Hundert, hier ihr Hauptquartier. Dazu kommen ebenso viele Zulieferfirmen und Dienstleistungsbetriebe, die mit der Ölindustrie verbunden sind. Außer allen kanadischen Banken sind auch rund 50 internationale Finanzinstitute vertreten. Am schnellsten wachsen die High-Tech-Industrie und der Tourismusbereich. Auch die Filmindustrie hat in den vergangenen beiden Jahrzehnten zunehmend Gefallen an Calgary gefunden.

Die wirtschaftliche Entwicklung der 1960er- und 1970er-Jahre verursachte eine Baulust ohnegleichen, die bis heute angehalten hat. Ein Büropalast nach dem anderen schoss aus dem Boden. Entsprechend schnell wuchs auch die Bevölkerung: 1875 als Polizeiposten der Northwest Mounted Police am Zusammenfluss von Bow und Elbow River gegründet, hatte die Stadt um 1900 etwa 4000 Einwohner, 1980 waren es rund 600 000, 2000 zählte man ca. 800 000 Calgarians, heute sind es im Großraum über 1 Mio.

Die *Rush Hour* beginnt im Vergleich zu anderen kanadischen Städten besonders früh, und in den meisten Büros setzt schon um 7 Uhr morgens Hektik ein. Durch den dreistündigen Zeitunterschied bedingt, öffnet dann nämlich die Börse in Toronto.

Der traditionelle ›Calgary Lunch‹ ist nichts für schwache Mägen. Zum kräftigen Steak gehört nämlich ein kaltes *Red Eye,* eine Mischung aus Bier und Tomatensaft, oder ein *Bloody Caesar* aus Wodka, Tomatensaft und scharfen Gewürzen. Als Kur für den *Hangover* nach einem ausgedehnten Barbesuch bewähren sich die Drinks bestens.

Man sagt den Calgarians nach, dass sie auf Reisen kaum Steaks oder Roastbeef essen, denn sie meinen, nirgendwo auf der Welt seien sie mit der heimatlichen Qualität vergleichbar. Nun, der Feinschmecker muss sich nicht auf dieses Standardmenü beschränken. Es gibt zahlreiche exzellente Restaurants, und die Zuwanderer haben für kulinarische Vielfalt gesorgt. Selbst Fisch und Meeresfrüchte sind frisch: Sie werden von den beiden kanadischen Küsten täglich eingeflogen.

Durch den Ölreichtum der Provinz und das enorme Kapital, das sich in Calgary konzentriert, sowie ein ausgeprägtes Mäzenatentum, gibt es eine Vielzahl hervorragender Kultureinrichtungen: Museen, Theater, Oper und Orchester erfüllen höchste Ansprüche, und das Entertainment in den vielen Bars und Nachtclubs wird immer internationaler.

Downtown

Cityplan: S. 250

Die Sehenswürdigkeiten von Downtown erkundet man am besten zu Fuß, Parkplätze sind rar. Noch bequemer wird der Bummel, wenn man sich dabei des *C-Train* bedient, der in Downtown entlang der 7th Avenue parallel zum Stephen Avenue Walk verkehrt. In Downtown ist die Benutzung dieser modernen Straßenbahn kostenlos. Einen guten Eindruck von Calgarys Innenstadt bekommt man bei einem Bummel über die Stephen Avenue Mall, an der sich modernste Hochhäuser aus Stahl und Glas mit historischen Sandsteingebäuden abwechseln.

Stephen Avenue Mall 1

Ein beliebter Treffpunkt der Calgarians ist die **Stephen Avenue Mall**, eine quirlige Fußgängerzone, die sich über mehrere Straßenblocks an der 8th Avenue in Downtown erstreckt. Umgeben von schimmernden Wolkenkratzern stehen an diesem Straßenzug, eher bescheiden wirkend, die ältesten Gebäude der Stadt, ganz im Baustil des ausgehenden 19. Jh. mit Sandsteinfassaden, aufgesetzten Giebeln und bogenförmigen Fenstern. Auf der Einkaufsstraße herrscht immer buntes Treiben: Straßenmusikanten und manchmal auch Gaukler werben um die Aufmerksamkeit der Passanten, Eis- und Snackverkäufer machen gute Geschäfte, und auf den Bänken verbringen viele Angestellte der Downtown-Büros ihre Mittagspause. Auch wenn kein Bedarf an Cowboystiefeln oder *Stetsons* besteht, sollte man doch einmal in einen der traditionsreichen *Western Stores* hineinschauen. Etwa bei **Riley & McCormick**, Calgarys ältestem *Western Outfitter.* Hier gibt es alles, was das Cowboyherz begehrt: Sättel, handgearbeitete Gürtel, Jeans, Berge von *Stetsons* für alle Anlässe und an den Wänden endlose Reihen von Stiefeln in allen Farben und Lederqualitäten. Man kann zuschauen, wie ein Rodeoreiter beraten wird und findet vielleicht auch ein Western-Souvenir, das in den Koffer passt (220 8th Ave. S. W., Tel. 403-228-40 24, www.realcowboys.com).

Olympic Plaza

Am Ostende der Stephen Avenue mündet die Fußgängerzone in die **Olympic Plaza** 2. Hier trafen sich während der Olympischen Winterspiele allabendlich Zehntausende, um der Siegerehrung und dem Feuerwerk zuzusehen und spontane Straßenfeste zu feiern. Zusammen mit der anschließenden Municipal Plaza bildet der Platz das Herz der Stadt. Zierlich wirkt das Sandsteingebäude des alten Rathauses mit seinem Uhrturm und den roten Ziegeldächern vor dem blau schimmernden Glaspalast des neuen **Municipal Building**, wo Calgarys 1700 Stadtangestellte arbeiten. Ein paar Schritte weiter, an der 8th Avenue liegt das **Epcor Centre for the Performing**

Calgary

Sehenswert
1 Stephen Avenue Mall
2 Olympic Plaza
3 Epcor Centre for the Performing Arts
4 Glenbow Museum
5 Calgary Tower
6 Devonian Gardens
7 Chinese Cultural Centre
8 Eau Claire Market
9 TELUS World of Science
10 Fort Calgary Historic Park
11 Calgary Zoo

Übernachten
1 The Fairmont Palliser Hotel
2 Calgary Marriott Hotel
3 Holiday Inn Express
4 Blackfoot Inn
5 Calgary Downtown Suites
6 Inglewood
7 HI Calgary City Centre
8 Calaway RV Park & Campground

Essen & Trinken
1 La Chaumière
2 Caesar's Steakhouse
3 The Embarcadero
4 Silver Dragon
5 Restaurant Row
6 Chief Chiniki Restaurant

Einkaufen
1 Alberta Boot
2 Riley & McCormick
3 Cottage Craft Gifts & Fine Arts

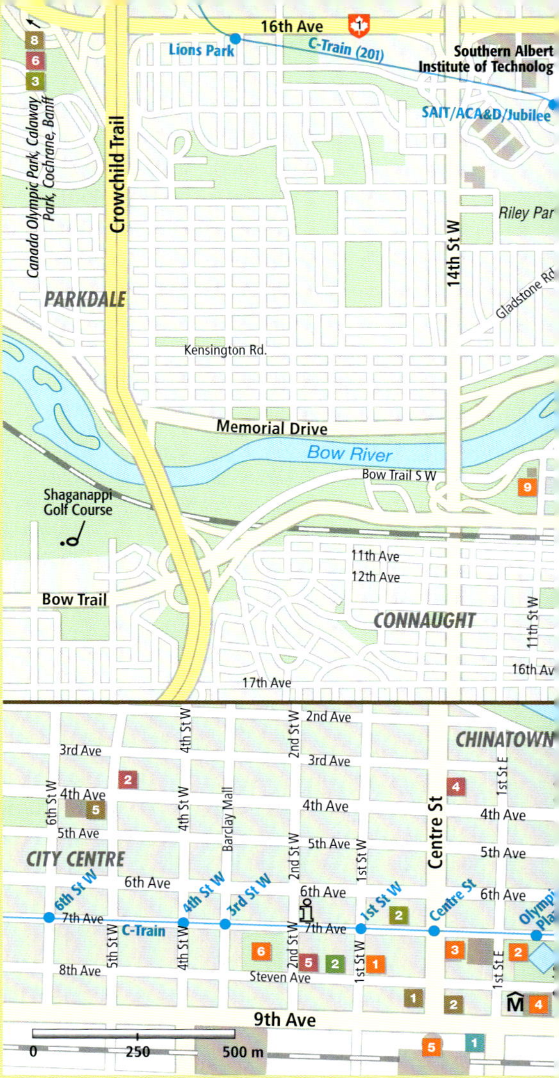

Abends & Nachts
1 Lunchbox Theatre
2 Stage West
3 Ranchman's

Aktiv
1 Rainbow Balloons
2 Brewster Transportation
3 Calaway Park

Arts 3, Calgarys moderner Theater- und Konzertkomplex. Hier finden die Aufführungen des Philharmonic Orchestra, der Calgary Opera, des Alberta Theatre Project und des Theatre Calgary statt (Karten unter Tel. 403-294-94 94, www.epcorcentre.org).

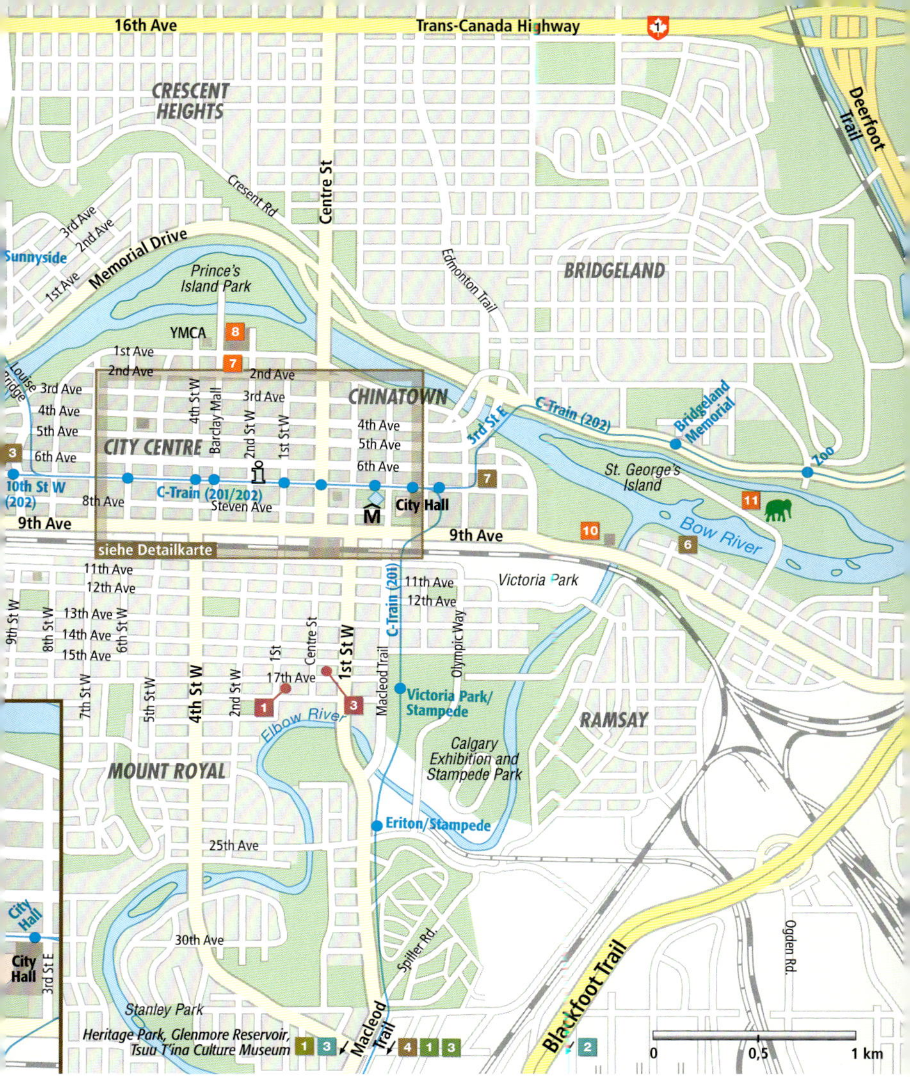

Glenbow Museum 4

Gleich nebenan, Ecke 9th Avenue und 1st Street E., ist das **Glenbow Museum,** ein einzigartiges Kunst- und Kulturzentrum des kanadischen Westens und der Prärieindianer. Der achtstöckige Bau beherbergt Ausstellungen von internationalem Rang. Vor allem die umfangreichen Sammlungen über die Kultur der *Native People* Kanadas und die Geschichte des Westens und seiner Besiedlung gehören zu den besten des Landes. Man erfährt, wie die Indianer zur Zeit der großen Bisonherden lebten, und wird über die Entstehung und Entwicklung der Ölindustrie ebenso wie über den Aufbau der Hutterer-Kolonien in Alberta informiert. Dem Museum angeschlossen sind ein hervorragendes Archiv mit historischen Fotos und Dokumenten

Lebendige Geschichte präsentiert das Glenbow Museum

sowie eine Bibliothek. Das Museum ist ein gutes Beispiel für die Spendierfreudigkeit von Calgarys Hochfinanz: Sowohl das Gebäude wie auch der größte Teil der Sammlungen wurden der Stadt vom Ölmagnaten Eric Harvie vermacht (Convention Centre, 130–9th Ave. S.E., Tel. 403-268-41 00, www.glenbow.org, Mo–Sa 9–17, So 12–17 Uhr; $ 14).

Calgary Tower 5

Gegenüber ragt der **Calgary Tower** 192 m hoch in den blauen Präriehimmel. Vom rotierenden Restaurant und Aussichtsdeck reicht der Blick von den Wolkenkratzern der Downtown über das Stadtpanorama mit seinen vielen Parks im Süden bis zu der weiten Prärielandschaft im Osten und den schneebedeckten Gipfeln der Rocky Mountains im Westen (101–9th Ave. S.W., Tel. 403-266-71 71, www.calgarytower.com, im Sommer tgl. 9–22, sonst 9–21 Uhr; $ 14). Im **Calgary Tourist Information Centre** zu Füßen des Turmes versorgen freundliche Mitarbeiter den Besucher mit Broschüren und Karten und wissen auf fast jede Frage eine Antwort (Tel. 403-263-85 10, 1-800-661-16 78). Calgarys historisches **Palliser Hotel**, ein paar Schritte westlich vom Tower, wurde 1914 im Jahr der ersten Ölfunde im Turner Valley erbaut, knapp 40 Jahre nach Gründung der Stadt. Das Hotel stand im Zentrum des Ölbooms, hier feierte man rauschende Feste, hier wurden Vermögen gemacht – und verloren. Jahrzehntelang dominierte das zwölfstöckige Sandsteingebäude mit seinen drei massiven Flügeln das Bild der Downtown.

Plus 15 Skywalk

Bürgersteige, die mindestens 4,5 m hoch liegen (also höher als 15 ft, daher rührt der Name), würden in jeder Stadt als Unikum gelten. Die Calgarians haben sich an das System dieser *Sky Walks* gewöhnt. Mit über 30 verglasten Brücken verbindet der sog. **Plus 15 Skywalk** auf einer Gesamtlänge von über 16 km in der Innenstadt viele Gebäude, Malls und Shoppingcenter. In den kalten Wintern und bei schlechtem Wetter braucht man also praktisch gar nicht nach draußen, um Einkäufe zu erledigen oder zum Lunch zu gehen. Mit dem *Skywalk* verbunden sind auch die **Devonian Gardens** 6 im 4. Stock des Toronto Dominion Square am Westende der Stephen Avenue Mall. Ganzjährig bilden hier rund 20 000 üppig wuchernde Pflanzen sowie Pools und kleine Wasserfälle ein 10 000 m² großes subtropisches Paradies. Wechselausstellungen präsentieren Werke örtlicher Künstler (Tel. 403-268-38 30; Eintritt frei).

Chinatown

Einige Straßenzüge nördlich der Stephen Avenue Mall gelangt man auf der Centre Street zur **Chinatown**. Seitdem hier Kanadas größtes **Chinese Cultural Centre** 7 errichtet wurde, ist das kleine Chinesenviertel der Stadt um eine wirkliche Attraktion reicher. Mittelpunkt des Kulturzentrums ist die sechsstöckige große Halle mit der auf vergoldeten Säulen ruhenden, mosaikverzierten Kuppel. Vorbild war der ›Tempel des Himmels‹ in Peking (197–1st St. S.W., Tel. 403-262-50 71, www.culturalcentre.ca, tgl. 9–21 Uhr; $ 4). Im Gebäude sind neben Versammlungsräumen, Geschäften und einer Bibliothek auch ein Museum, eine Kunstgalerie und ein Restaurant untergebracht. Ausstellungen, Festivals und andere Veranstaltungen der chinesischen Kommune finden das ganze Jahr über statt. Am Prince's Island Park, wenige Schritte nördlich von Chinatown, liegt der neue **Eau Claire Market** 8 mit zahlreichen Läden, Boutiquen, Kinos, Restaurants und Cafés sowie einem IMAX-Theater (Tel. 403-264-64 50, www.eauclairemarket.com, Mo–Mi 10–18, Do/Fr 10–20, Sa 10–18, So 11–17 Uhr).

TELUS World of Science 9

In der **Telus World of Science,** früher Calgary Science Centre, wird der ganzen Familie Technik zum Anfassen geboten. Im Discovery Dome sorgen Lasershows, Hologramme und optische Täuschungen für Unterhaltung. (701–11th St. S.W., Tel. 403-268-83 00, www.calgaryscience.ca, Juli/Sept. tgl. 9.30–17, sonst Di–So 10–17 Uhr; $ 23,50). Die TELUS World of Science eröffnet voraussichtlich im Frühjahr 2012 an ihrem neuen Standort in Nose Creek Valley, unmittelbar nördlich des Calgary Zoo. Das neue Science Centre wird nicht nur deutlich größer sein, sondern verspricht zudem ein weiteres architektonisches Highlight der Stadt zu werden (aktuelle Informationen unter www.imagineaction.ca).

Fort Calgary Historic Park

Östlich der Downtown, wo Bow und Elbow River zusammenfließen, ist auf dem Gelände des ursprünglichen Polizeipostens der **Fort Calgary Historic Park** 10 entstanden. Rekonstruierte Blockhütten und ein Interpretive Centre mit Ausstellungen sowie audio-visuellen Präsentationen und authentisch kostümiertem Personal vermitteln einen Eindruck von Calgarys abenteuerlicher Gründungszeit (750–9th Ave. S.E., Tel. 403-290-18 75, tgl. 9–17 Uhr; $ 11). Gegenüber dem Fort, auf der anderen Seite des Elbow River, kann man im **Deane House Historic Site & Restaurant**, dem restaurierten Wohnhaus des ehemaligen Kommandeurs von Fort Calgary, Lunch, Tea oder Dinner einnehmen. Abends sogar mit Unterhaltung – dann werden zum Essen Krimi-Komödien aufgeführt (806 9th Ave. S.E., Tel. 403-269-77 47, www.fortcalgary.com, Di–Fr 11–15, Sa/So 9–14 Uhr, Lunch ab $ 13, Dinner Show 19 Uhr, $ 75).

Auf St. Georges Island im Bow River liegen die großzügigen Anlagen des **Calgary Zoo** 11 und der damit verbundene **Botanical Garden and Prehistoric Park** mit über 1000 Tieren in naturnah gestalteten Freigehegen, schönen Gärten und tropischen Gewächshäusern, in denen exotische Schmetterlinge und Vögel umherflattern. Eines der größten Gehege zeigt kanadische Wildtiere, denen man auf einer Reise durch Alberta in freier Wildbahn begegnen könnte. In speziell abgedunkelten Räumen sind nachtaktive Tiere zu sehen. Jenseits einer Brücke über den Bow River erstreckt sich der Prehistoric Park mit beeindruckenden Nachbildungen fossiler Flora und Fauna – er gibt einen Eindruck davon, wie es in prähistorischer Zeit in Alberta ausgesehen haben könnte (1300 Zoo Rd., St. George's Island, Tel. 403-232-93 00, www.calgaryzoo.ab.ca, tgl. 9–17 Uhr; $ 21).

Rodeo – ein Sport für harte Männer

Beim Sport der Prellungen und Knochenbrüche hört man das Herz des alten Alberta am lautesten schlagen. Junge Kerle zeigen beim Ritt auf wild gewordenen Muskelbergen, was sie drauf haben. Ihre Familien sind mit Kind und Kegel dabei – mit ›jiieehaa‹, Bier und Sandwiches.

Beim *Saddle Bronc*-Reiten, der klassischen Rodeodisziplin, muss der Cowboy sich acht Sekunden lang auf einem bockenden Mustang bewähren, der in dieser Zeit 8 bis 13 Luftsprünge macht. Das Wildpferd ist zwar gesattelt, aber Halt findet der Reiter nur an einem Strick, der mit dem Halfter verbunden ist. Verliert der Reiter einen Steigbügel oder berührt er mit dem frei schwingenden Arm Pferd oder Ausrüstung, wird er disqualifiziert. Beim *Bareback Bronc* gelten gleiche Bedingungen, nur geht es noch wilder zu, wenn sich die *Chute,* das Tor des Korrals, öffnet und der Reiter wie auf einer rasenden Furie in die Arena geschossen kommt. Einen Sattel gibt es dabei nicht. Der einzige Halt des Cowboys ist das *Riggin,* ein Lederriemen, der dicht hinter den Vorderbeinen um den Pferdeleib geschnallt ist. Bei dieser jüngsten Rodeodisziplin wird die Wildheit des Pferdes besonders hoch gewertet.

Das gefährlichste Ereignis ist das *Bull Riding.* Vor dem Ritt schlingt der Reiter in der engen *Chute* ein Seil um das Tier. Dies ist der einzige Halt für den festen Griff der handschuhgeschützten Hand. Schon während der Stress-Sekunden vor dem Öffnen des Gatters besteht die Gefahr, dass der Bulle die Beine des Cowboys an die Wände quetscht. Er muss also jederzeit darauf vorbereitet sein, blitzschnell die Hand aus dem Seil zu lösen und sich in Sicherheit zu bringen. Der Cowboy signalisiert mit einem Kopfnicken seine Bereitschaft, das Horn ertönt: Stier und Reiter explodieren in die Arena. Die Sekunden ziehen sich auf dem bockenden Tier endlos lange hin, bis schließlich das erlösende Signal ertönt. Der Reiter hat die volle Distanz geschafft. Sein Ritt gilt. Aber seine Kraft reicht nicht mehr. Im nächsten Augenblick fliegt er in hohem Bogen in den Staub. Sofort nimmt sich der schnaubende Bulle den verhassten Reiter vor. Nun ist der Moment für die beiden Clowns gekommen. Sie haben bisher in der Arena herumgealbert und den Bullen gereizt. Hinter ihren spaßigen Masken stecken mutige Männer, die das wütende Tier vom abgeworfenen Reiter ablenken, damit dieser sich in Sicherheit bringen kann.

Nervenkitzelnde, aber auch so manche komische Momente erlebt man gewöhnlich beim *Steer Wrestling,* wobei ein junger Stier mit bloßen Händen zu Boden geworfen werden muss. Der *Wrestler* springt dann in einem genau abgepassten Moment aus vollem Ritt vom Pferd, um den Stier bei den Hörnern zu packen. Unter Einsatz seines Körpergewichtes, mit viel Kraft und Geschicklichkeit zwingt er den Stier zu Boden, bis er flach auf der Seite liegt. Nur wer das Ganze in wenigen Sekunden schafft, hat Chancen. Die Sache ist auch nicht ungefährlich: Die Hörner des Stiers oder die Hufe der galoppierenden Pferde haben schon manchen Cowboy verletzt. Spaßig wird es erst, wenn sich der Cowboy verschätzt, den Stier verpasst und geradewegs in den Staub hechtet.

Cowboy-Können ist auch beim *Calf Roping* gefragt. Auf einem rasant angaloppierenden Pferd und mit gekonntem Lassowurf

Thema

wird das Kalb eingefangen und mit einem Strick an den Beinen so gefesselt, dass es sich innerhalb von sechs Sekunden nicht wieder befreien kann.

Wem es weniger auf sportliche Höchstleistungen ankommt, sondern mehr auf das gesamte Drum und Dran, der sollte eins der vielen Country-Rodeos in den kleinen Kommunen auf dem Lande besuchen. Da die Spitzenprofis schließlich nicht von der Stampede oder einigen anderen großen Rodeos in den USA leben können, sind auch immer einige von ihnen bei den Country-Rodeos dabei. Hier kann der Besucher auch mal hinter die Kulissen gucken, zu den Ställen gehen, wo die Pferde gestriegelt werden und wo die Cowboys rauchend und diskutierend auf den Balken der *Bucking Chutes,* den engen Korrälen mit wild buckelnden Pferden und Stieren, sitzen.

Faszinierend sind auch die Rodeos in den Indianerreservaten, die oft mit einem großen Powwow verbunden sind. Indianer der verschiedenen Stämme – Blood, Sarcee, Blackfoot, Peagan, Stoney und Crow – reisen mit Kind und Kegel von weither an und leben während der Zeit der Aktivitäten in ihren mitgebrachten Tipis, die viele Familien für solche Zwecke noch haben und von denen die schönsten prämiert werden. Außer Reiterwettkämpfen gibt es Wettbewerbe in den traditionellen Tänzen, alle mit ursprünglichen Gesängen, Trommelrhythmen und Tänzern in vollem, farbenprächtigem Federschmuck.

Cowboy in Aktion beim *Saddle-Bronc*-Reiten

Das Stampede-Gelände wird vom Saddle Dome beherrscht

Infos

Calgary Convention & Visitors Bureau: 200-238 11th Ave. S. E., Tel. 403-263-85 10, 1-800-661-16 78, Fax 262-38 09.

Tourism Calgary: 101 9th Ave. S.W. (Calgary Tower), Tel. 403-750-23 62, im Sommer tgl. 8–20, im Winter Mo–Fr 8.30–16.30 Uhr; ein weiterer Informationsstand befindet sich im Calgary Airport, Tel. 403-735-1234, www.tourismcalgary.com.

Alberta Tourism: City Centre Building, 10155 102nd St., Tel. 403-427-43 21, 1-800-661-88 88, www.travelalberta.com.

Übernachten

Traditionsreiches Grand Hotel ▶ **The Fairmont Palliser Hotel 1:** 133 9th Ave., Calgary, Tel. 403-262-12 34, 1-800-441-14 14, Fax 260-12 60, www.fairmont.com. Die Grande Dame unter Calgarys Hotels wurde 1914 von der Canadian Pacific Railway erbaut. Marmortreppen und Kristalllüster zieren die Lobby. Im stilvollen Speiseraum mit Kamin begleitet Klaviermusik das Essen. Ein weiterer Pluspunkt ist die Lage in der Nähe des Calgary Tower. $ 299–339.

Für gehobene Ansprüche ▶ **Calgary Marriott Hotel 2:** 110–9th Ave./Centre St., Calgary, Tel. 403-266-73 31, 1-800-896-68 78, Fax 269-19 61, www.calgarymarriott.com. Luxushotel mit Gartenterrasse, Pool, Gourmetrestaurant, Familienbuffet; Zugang zum Palliser Square; Shows und hervorragende Jazzcombos. $ 262–409.

Solide Mittelklasse ▶ **Holiday Inn Express 3:** 1020 8th Ave. S. W., Calgary, Tel. 403-269-82 62, 1-800-661-60 17, Fax 403-269-48 68, www.hiexpress.com. Recht zentral, freundlicher Service, gutes Restaurant. $ 189–216.

Stilvolles Boutiquehotel ▶ **Blackfoot Inn 4:** 5940 Blackfoot Trail S. E., Calgary, Tel. 403-252-22 53, 1-800-661-11 51, Fax 252-

35 74, www.blackfootinn.com. Nahe den Stampede Grounds, Restaurants, Nachtclub, Lounge. $ 154–194.
Apartmenthotel ► **Calgary Downtown Suites 5**: 618 5th Ave. S.W., Calgary, Tel. 1-877-890-76 66, www.5calgary.com. Gut ausgestattete Apartments mit Kitchenette in zentraler Lage; Restaurant, Lounge. $ 149.
Familiäres B & B ► **Inglewood 6**: 1006 8th Ave. S.E., Calgary, Tel. 403-262-65 70, www.inglewoodbedandbreakfast.com. Drei komfortabel eingerichtete Zimmer mit eigenem Bad in großem Haus im viktorianischen Stil in einem Park in der Nähe von Bow und Elbow River, WLAN-Internetzugang, gutes Frühstück. $ 100–165.
Budgetunterkunft ► **HI Calgary City Centre 7**: 520 7th Ave. S.E., Tel. 403-670-75 80, 1-888-762-41 22, www.hihostels.ca. Calgarys beliebtestes Hostel, frisch renoviert und zentral gelegen, Küchenbenutzung, nette Gemeinschaftsräume, WLAN, kostenloses Pancake-Frühstück, BBQ; Schlafsäle mit 6 Betten und Einzelzimmer. Bett im Schlafsaal $ 30–42, Zimmer $ 75–103.
Camping ► **Calaway RV Park & Campground 8**: S.W. Trans-Canada Hwy. 1 und Springbank Rd., Calgary, Tel. 403-240-38 22, www.calawaypark.com. Private Campsite mit 104 Plätzen, alle Services. Ende Mai–Anf. Sept. $ 34–37.

Essen & Trinken

Französisch ► **La Chaumière 1**: 139–17th Ave. S.W., Calgary, Tel. 228-56 90, Mo–Fr 12–14.30, 18–24, Sa 17.30–24 Uhr. Feine französische Küche, Soufflés, Reservierung empfohlen, elegantere Kleidung. $ 26–36.
Steaks und mehr ► **Caesar's Steakhouse 2**: 512 4th Ave. S.W., Calgary, Tel. 403-264-12 22, Filiale 10816 MacLeod Trail S., Tel. 403-278-39 30, Mo–Fr 11–13, 16.30–24, Sa 16.30–24 Uhr. Exzellente Steaks und Rippchen. Ab $ 25.
Panoramarestaurant ► **Sky 360 Calgary Tower 5**: 101 9th Ave./Centre St. S., Calgary, Tel. 403-532-79 66, tgl. 7–14.30, 17–21.30 Uhr. Drehrestaurant mit fantastischer Aussicht. Dinner $ 23–42.
Angesagt ► **The Embarcadero 3**: 208 17th Ave., Tel. 403-263-08 48, Mo–Do 11–23, Fr 11–24, Sa 16–24 Uhr. Kleine Austern- und Weinbar, Meeresfrüchte, Fisch- und Fleischgerichte. Schöner Patio. $ 18–39.
International ► **Rimrock Dining Room 1**: The Fairmont Palliser Hotel, 9th Ave./1st St. S.W., Calgary, Tel. 403-260-42 34, tgl. bis 21 Uhr. Kamin, Westerndekor, exzellente Steaks. $ 16–34.
Chinesisch ► **Silver Dragon 4**: 106 3rd Ave. S.E., Calgary, Tel. 403-264-53 26, Mo–Do 10–23.30, Fr/Sa 9.30–1, So 9.30–22 Uhr. Viele chinesische Gäste, gutes Dim Sum, auch veganische Gerichte, sehr zu empfehlen. $ 10–15.
Große Auswahl ► **Restaurant Row 5**: 8th Ave. S.W. (Stephen Ave.). Calgarys Restaurant Hot Spot mit über zwei Dutzend Restaurants – von Fast Food bis zum Feinschmecker-Menü.

... nahe Calgary:

Indianische Küche ► **Chief Chiniki Restaurant 6**: eine halbe Autostunde westl. von Calgary, Morley, Tel. 403-881-42 04, www.chiniki.com/restaurant.html, im Sommer tgl. 8–19, Winter 8–16 Uhr. Von Angehörigen des Stoney-Indianerstammes betriebenes Restaurant mit Kunsthandwerk-Shop. Kanadische und traditionell indianische Kost wie Bisonfleisch, Wildbraten, Bannock (Indianerbrot) und Lachs. $ 8–20.

Einkaufen

Cowboystiefel ► **Alberta Boot 1**: 50 50th Ave. S., Tel. 403-263-46 23, www.albertaboot.com, Mo–Fr 9–21, Sa 9–18, So 11–16 Uhr.
Western Store ► **Riley & McCormick 2**: 220 8th Ave. S.W., Calgary, Tel. 403-228-40 24, www.realcowboys.com, Mo–Sa 9.30–18, Do/Fr bis 20, So 12–17 Uhr. Hier gibt es alles, was das Cowboyherz begehrt: Sättel, Stiefel, handgearbeitete Gürtel, Hemden, Jeans und natürlich Stetsons.
Indianer- und Eskimokunst ► **Cottage Craft Gifts & Fine Arts 3**: 8330 MacLeod Trail S., Calgary, Tel. 403-252-37 97, www.cottage-craft.com, Mo–Fr 9.30–17.30, Sa bis 17 Uhr. Schnitzereien und mehr.

Tipp: Die Calgary Stampede

Im Juli steht Calgary für zehn Tage Kopf. Dann findet die Stampede statt, die **›größte Schau der Welt‹**, wie Calgarians mit texanischer Bescheidenheit ihr Mammut-Rodeo nennen: eine Mischung von Wildwestspektakel, Viehmarkt und Volksfest. In der supermodernen Stadt lebt die ›Cowtown‹-Ära von vor 100 Jahren wieder auf. Mehr als sonst kleiden sich die Leute im Western Look mit Cowboystiefeln, Jeans und Stetson.

Während der Stampede befreit sich die schnelllebige Stadt von ihren Alltagszwängen. Natürlich geht man im Western-Look ins Büro und die Geschäfte führen *Stampede Specials.* In Einkaufszentren, auf den Straßen und Plätzen in Downtown und in den Vororten wird von *Chuckwagons* (Küchenwagen), die auf den *Stampede Grounds* die Rennen fahren, frühmorgens kostenlos ein herzhaftes *Flapjacks*-Frühstück (kleine dicke Pfannkuchen mit Sirup nach Westernart) mit gebratenem Speck, Kaffee und Orangensaft serviert. Bunter Trubel herrscht, es gibt Musik und *Square Dance*, und in den Bars schlagen die Wellen hoch. Die Begrüßung **›Howdy Pardner‹** wird Losungswort. Berühmt sind die großen *Stampede Breakfasts,* die auf einigen Ranches in der Umgebung stattfinden.

Seit 1922 ist die Stampede ein alljährliches Ereignis. Damals wurde auch das *Chuckwagon*-Rennen ins Programm genommen. Es erinnerte an die Zeit der Landnahme, als die Siedler ihre Gespanne vorwärtspeitschten, um das beste Stück Land zu erwischen. Früher war es üblich, dass Cowboys nach dem *Round Up* auf der Prärie mit ihren *Chuckwagons* über die letzte halbe Meile bis zur nächsten Stadt ein Wettrennen veranstalteten, um dort als erste ihren Durst zu löschen. Die letzte Crew musste den Whiskey zahlen.

Heute ist die Stampede eine Reiter- und Western-Schau der Superlative. Über 200 fest angestellte und 1500 freiwillige Mitarbeiter wirken bei der Durchführung mit, und über 1 Mio. Zuschauer sind alljährlich dabei, davon einige Hunderttausend von außerhalb. Es winken Preisgelder von über 1,5 Mio. Dollar, die höchste Summe in der Geschichte des Rodeosports. Gut 300 **Cowboy-Profis** versuchen nach zahlreichen Ausscheidungskämpfen die Endrunde in den fünf Hauptdisziplinen zu erreichen, die zugleich für die Nordamerikanische Meisterschaft gewertet werden. Im *Saddle Bronc, Bareback Bronc, Bull Riding, Steer Wrestling* und *Calf Roping* erhält der Sieger dann jeweils 100 000 Dollar Prämie, das begehrte silberne Gürtelschloss und eine Trophäe in Form einer Skulptur, die die jeweilige Disziplin darstellt.

Allabendlicher Höhepunkt der wilden Spiele sind die *Chuckwagon Races.* 36 Teams kämpfen um den Siegertitel und eine halbe Million Dollar Prämien. Am Schluss der Stampede wird die **Weltmeisterschaft** zwischen den vier übrig gebliebenen Teams entschieden. Jeweils vier Planwagengespanne gehen auf den Rundkurs, von jeweils vier Vollblütern gezogen und von vier *Outriders* (Außenreiter) begleitet. Mit einem Gewehrschuss rasen sie los: 32 Pferde und vier Chuckwagons, jeweils mit einem *Cookstove* (Kochherd) beladen. Die Außenreiter kämpfen im gefährlichen Gedränge der Jagd um die besten Positionen und aus dem Lautsprecher dröhnt die erregte Stimme des Kommentators.

Nach den Rennen herrscht in der Arena noch **viel Trubel**: Bands, internationale Sänger und örtliche Talente heizen die Stimmung an und ein prächtiges Feuerwerk erleuchtet den Himmel über der Stadt. Zweifelsohne ist die Calgary Stampede zuallererst eine Show für hochbezahlte Profis, mit Riesenaufwand perfekt organisiert, ein Geschäft – bis hin zu den teuren Werbeslogans auf den Planen der *Chuckwagons.* Aber hinter dem Spektakel steckt mehr. Allein die große Zahl freiwilliger Helfer zeigt die Verbundenheit der Region mit dieser Veranstaltung, die durch ihre enorme Publikumswirkung Millionen Menschen die Mythen des Westens lebendig hält.

Abends & Nachts

Theater und Konzerte ▶ Epcor Centre for the Performing Arts 3: 225 8th Ave. S.E., Calgary, Tel. 403-294-74 55, Karten Tel. 403-294-94 94, www.epcorcentre.org, Mo–Sa 10–18 Uhr, tel. Auskünfte Mo–Fr 9–20, Sa 10–18, an Feiertagen 12–16 Uhr. Veranstaltungen des Calgary Philharmonic Orchestra, des Alberta Theatre Project und des Theatre Calgary.

Komödien in der Mittagspause ▶ Lunchbox Theatre 1: 160 115 9th Ave. S.W. (am Calgary Tower), Calgary, Tel. 403-265-42 92, www.lunchboxtheatre.com. Etwas Besonderes – Theater in der Mittagspause. Das Programm reicht von klassischen Stücken bis zu aktuellen Broadway-Produktionen, der Schwerpunkt liegt allerdings auf Komödien. Mo–So 12 Uhr. $ 18.

Dinner-Theater ▶ Stage West 2: 727–42nd Ave. S.E., Calgary, Tel. 403-243-66 42, Di–Sa 18 Uhr, Mi Matinee 10.30 Uhr, So Brunch 17 Uhr, Dinner 17 Uhr. Populäre Broadway-Produktionen. $ 69–99.

Western Bar ▶ Ranchman's 3: 9615 MacLeod Trail S., Calgary, Tel. 403-253-11 00, www.ranchmans.com, Mo–Fr 17–2, Sa 16–2 Uhr. Western Bar und Dance Hall mit Top-Country-Music-Entertainment. Vor allem während der Calgary Stampede *der* Treff. Menü $ 9–19.

Aktiv

Ballonfahren ▶ Rainbow Balloons 1: 1316 87th Ave. S.W., Calgary, Tel. 403-259-31 54. Fahrten mit dem Heißluftballon über Calgary und Umgebung. $ 350.

Stadtrundfahrten & Ausflüge ▶ Brewster Transportation 2: Tel. 403-221-82 42, 1-800-661-11 52, www.brewster.ca. Stadtrundfahrt 4 Std.: Downtown, Fort Calgary und Heritage Park. Touren in die Rockies, die längste (12 Std.) schließt einen Besuch des Columbia-Eisfeldes ein; alle Touren führen über Banff.

Vergnügungspark ▶ Calaway Park 3: am Hwy. 1 ca. 10 km westl. von Calgary, Tel. 403-240-38 22, www.calawaypark.com. West-Kanadas größter Freizeitpark mit 27 Fahrgeschäften vom Karussell bis zur Achterbahn, diversen Shows sowie fünf Restaurants. Mitte Mai–Juni nur Sa/So 10–19, Juli/Aug. tgl. 10–19, Sept.–Mitte Okt. Sa/So 11–18 Uhr; $ 32, alle Attraktionen inklusive.

Termine

Calgary Winterfest: Mitte Febr., www.calgary winterfest.com).

Calgary Stampede: Anf. Juli, Tel. 403-269-98 22, 1-800-261-01 01, www.calgarystam pede.com (Details s. Tipp links).

Calgary Folk Music Festival: Ende Juni im Spruce Meadows Outdoor Centre.

Verkehr

Calgary Transit Information: 224 7th Ave. S.W., Tel. 403-262-10 00.

Ausflüge von Calgary

Die Sommer in Calgary sind warm und trocken, tiefblauer Himmel und Sonnenschein die Regel. Im Winter muss man allerdings auf das andere Extrem des Präriеklimas gefasst sein: Die Temperaturen fallen dann häufiger unter –40 °C. Bei solchen Minusgraden bringt dann nur der legendäre ›Chinook‹ die ersehnte Erleichterung (s. Thema S. 261). Wenn dieser warme, trockene Wind kräftig von den Rocky Mountains herunterbläst, sind Temperaturanstiege von 20 bis 30 °C keine Seltenheit. Dabei kann eine Schneedecke von 50 cm Höhe regelrecht über Nacht verschwinden.

Im Nordosten, knapp drei Autostunden entfernt, liegen die Drumheller Badlands (s. S. 263), eine beeindruckende, urweltliche Landschaft mit Fossilien und Dinosaurierskeletten. Auf dem Highway 2 in Richtung Süden fährt man durch verschlafene Farmkommunen und riesige Ranches und erreicht nach wenigen Stunden das große Naturschutzgebiet des Waterton Lakes National Park an der Grenze zu Montana, an den sich der wesentlich größere Glacier National Park mit seiner gewaltigen Gletscherlandschaft anschließt (s. S. 275).

Zum Calgary Stampede Park

Auf dem MacLeod Trail (Hwy. 2) geht es in Richtung Süden. Ein paar Kilometer außerhalb Downtowns liegt der **Calgary Exhibition and Stampede Park** mit dem **Olympic Saddle Dome.** Die bekannteste Veranstaltung des Parks ist sicherlich die Calgary Stampede, aber auch sonst finden vor der großen Tribüne das ganze Jahr über Pferde- und Trabrennen statt. Das sattelförmige Stadion, 1988 anlässlich der Winterolympiade gebaut, ist schnell zum Wahrzeichen der Stadt geworden. Hier finden außer den Spielen der Basketball- und Eishockeyprofis auch große Rockkonzerte statt. Im *Roundup Center* des Parks ist das **Grain Academy Museum** untergebracht. Die Ausstellung, zu der auch funktionierende Modelle von Eisenbahnen und Getreidespeicher gehören, befasst sich mit der Geschichte des Weizenanbaus und mit der Farmökonomie der Provinz (Tel. 403-263-45 94, Mo–Fr 10–16, 1. April–30. Sept. auch Sa 12–16 Uhr; Eintritt frei, Spende erbeten).

Ausflug in die Pionierzeit

Im **Heritage Park Historical Village,** mit mehr als 150 Gebäuden Kanadas größtes Freilichtmuseum, wird auf einem 25 ha großen Areal das Leben im kanadischen Westen vom Ende des 19. Jh. bis etwa 1914 gezeigt. Es gibt eine Siedlung mit alten Blockhütten, in denen das karge Leben der frühen *Homesteader* dargestellt wird, einen Hudson's-Bay-Handelsposten, ein Tipi, wie es von den Indianern im Winter benutzt wurde, die Hütte eines Landvermessers – alles originalgetreu eingerichtet. Ein Bummel entlang der Main Street eines kleinen Präriestädtchens versetzt den Besucher in die Zeit um 1900. Und die Western-Town mit den ›falschen Fassaden‹ ist sogar echt – man hat historische Gebäude aus ganz West-Kanada zusammengetragen, sie hier wieder aufgebaut und detailgetreu mit originalen Einrichtungsgegenständen ausgestattet. Aus der Dorfbäckerei weht der Duft von frisch gebackenem Brot und im Wainwright Hotel gibt es deftige Pionierkost. Höhepunkte sind eine Fahrt mit einem schnaufenden Dampfzug und die Kreuzfahrt mit dem alten Schaufelraddampfer »S.S. Moyie« auf dem Glenmore Reservoir (1900 Heritage Dr. S.W., Calgary, Tel. 403-268-85 00, www.heritagepark.ab.ca, Mitte Mai–Mitte Sept. tgl. 9.30–17, Mitte Sept–Okt. Sa/So 9.30–17; $ 19,50, Kinder $ 15, Tickets inkl. Nutzung aller Fahrten zusätzl. $ 12).

Ins Reservat der Sarcee-Indianer

Ein paar Kilometer weiter südlich des Glenmore Reservoir, am westlichen Ende der Anderson Road, beginnt das Reservat der Sarcee-Indianer. Im **Tsuu T'ina Culture Museum** informiert eine kleine Ausstellung über diesen vor 100 Jahren zugewanderten Stamm der Prärie-Indianer, der trotz seiner kulturellen Verschiedenheit mit den hier ansässigen kriegerischen Blackfoot in Frieden lebte. Heute zählen sich die Sarcee zu den Athabaska-Stämmen (135-3700 Anderson Rd. S.W., östl. 37th St. S.W., Tel. 403-238-26 77, Mo–Fr 9–16 Uhr; $ 5).

Canada Olympic Park

Am Trans-Canada Highway, knapp 20 km von der Innenstadt entfernt, liegt der **Canada Olympic Park.** Hier fanden 1988 die olympischen Wettbewerbe der Bobfahrer, Rodler und Skispringer statt. In der ›Ehrenhalle‹ erinnern Fotos und Displays an die Sportler vergangener Olympischer Winterspiele. Die Einrichtungen des Geländes können besichtigt werden, und wer Nervenkitzel sucht, kann mit dem *Bobsleigh Bullet* die Bobbahn ausprobieren (Hwy. 1 West, Tel. 403-247-54 52, die Hall of Fame im Sommer Mo–Fr 10–21, Sa/So 9–17, im Winter tgl. 10–17 Uhr; $ 6).

Ein paar Kilometer weiter am Highway 1 wartet dann richtiger Familienspaß. Als einer der größten Vergnügungsparks in Kanada bietet der **Calaway Park** neben Super-Achterbahnen und Rutschen, Musikveranstaltungen und Ballspielen auch einen Streichelzoo und Programme für die Kleinsten der Familie (245033 Range Rd. 33, Tel. 403-240-38 22, www.calawaypark.com, $ 32).

Chinook – Wettermacher aus den Rocky Mountains

Thema

Besonders im Winter entsteht im Südwesten Albertas häufig eine Wetterlage, die seit Urzeiten zur Legendenbildung gereizt hat. Bedingt durch die Wetterbarriere der Rocky Mountains, die sich den wärmeren Pazifikwolken entgegenstellt, kommt es zu dramatischen Temperaturanstiegen innerhalb kürzester Zeit.

Eine klimatische Besonderheit der Südwestregion Albertas sind die Chinook-Winde, die für extreme Temperaturschwankungen sorgen, wie sie anderswo kaum zu finden sind. So wurde am 27. Januar 1962 in Pincher Creek innerhalb einer Stunde ein Temperaturanstieg von –20°C auf +3°C gemessen. Das eigentliche Phänomen besteht jedoch darin, dass sich die pazifischen Luftmassen auf ihrem Weg über die Rockies zuerst abkühlen, sich dann aber durch die Fallgeschwindigkeit und den Feuchtigkeitsverlust sogar noch auf das Doppelte der ursprünglichen Temperatur erwärmen.

Die Chinook-Winde machen sich hauptsächlich im Winterhalbjahr bemerkbar. Besonders nach extremen Kältewellen klart der Himmel schlagartig auf, und im Westen ist der typische Chinook-Wolkenbogen am Himmel zu sehen. Die dann herrschenden Frühlingstemperaturen lassen nicht selten Blumen sprießen und Bäume grünen – und das mitten im Januar oder Februar. Ein starker Chinook kann eine 30 cm dicke Schneedecke an einem Tag vollständig schmelzen, wobei der Schnee nicht nur zu Wasser wird, sondern im trockenen Wind teilweise auch verdampft.

Kaum verwunderlich, dass dieses Phänomen Gegenstand vieler Legenden und *Big Tales* im ›Chinook Country‹ ist, wie die Region gern genannt wird. Jeden Winter hört man in Calgary die Geschichte vom Farmer, der mit seinem Schlittengespann auf dem Heimweg vom Chinook überrascht wurde. Kaum, dass er im Westen den Wolkenbogen des bevorstehenden Wettergeschehens gesehen hat, treibt er seine Pferde mit der Peitsche an, um mit viel Mühe die vorderen Kufen seines Schlittens auf dem Schnee zu halten, während die hinteren schon im Matsch schleifen und das Ersatzpferd hinter dem Schlitten bereits den Staub aufwirbelt. Die Indianer erzählen die Sage von einem schönen Mädchen namens *Chinook,* das sich zu weit von seinem Stamm entfernt in den Rockies verlaufen hatte und trotz langen Suchens von den tapferen Kriegern nicht mehr gefunden wurde. Als eines Tages der warme, sanfte Wind von Westen blies, hielten sie ihn für den Atem der schönen Squaw.

Während der Olympischen Winterspiele in Calgary wurde der Chinook weltberühmt, als er die Verantwortlichen zur Verzweiflung trieb. Selbst wer sein ganzes Leben in ›Cow Town‹ verbracht hatte, erlebte so etwas zum ersten Mal. So oft mussten laufende Wettbewerbe unterbrochen werden, dass der gesamte olympische Veranstaltungskalender nur noch Makulatur war. Der Chinook brachte den Schnee in Rekordgeschwindigkeit zum Schmelzen, heftige Winde machten vor allem das Skispringen zu einer lebensgefährlichen Angelegenheit. Am Ende verzeichneten die Organisatoren 21 Verschiebungen und Verzögerungen. Die Zahl der Nervenzusammenbrüche ist dagegen nicht überliefert.

Calgarys Parks

Calgary hat Hunderte von Parks und Grünflächen. Es gibt zahlreiche Golf-, Tennis- und Picknickplätze, segeln kann man auf dem Glenmore Lake. Mehr als 200 km Fahrradwege durchziehen alle Gebiete der Stadt. Im **Riley Park** nördlich der Downtown bietet sich ein farbenprächtiges Bild, wenn Dutzende von Heißluftballons aufsteigen und über der Stadt schweben. Ein wahrhaft erhebendes Erlebnis – und gar nicht so teuer.

Durch ihre zentrale Lage ist die Stadt idealer Ausganspunkt für Ausflüge in die landschaftlich und geologisch faszinierende Umgebung. Im Westen, knapp zwei Autostunden entfernt, erheben sich die Bergketten der Rocky Mountains mit dem Banff National Park, einer der schönsten Bergregionen der Welt mit romantischen Wäldern, Gletscherbächen und schimmernden Seen. Im Winter ist dort Skilaufen Trumpf.

Feriengebiet Kananaskis Country

Mit Einnahmen aus dem Ölgeschäft wurde in den 1970er-Jahren westlich von Calgary das Feriengebiet Kananaskis Country aus der Taufe gehoben. Namensgeber des über 4000 km^2 großen Gebietes ist das von eiszeitlichen Gletschern ausgehobelte **Kananaskis Valley**. Westlich davon streben die zerklüfteten Gipfel der Rocky Mountains gen Himmel, nach Osten läuft das Terrain in die Foothills aus. Eine Hauptattraktion von Kananaskis Country ist die ›Creme‹ der kanadischen Tierwelt: Elche, Wölfe, Schwarzbären, Dickhornschafe und Berglöwen sind hier zuhause und relativ leicht zu beobachten.

Kananaskis Country umfasst vier Provincial Parks, darunter **Bow Valley** und **Peter Lougheed**, und wird von mehreren hundert Kilometern Wanderwegen durchzogen. Mountainbiker und Reiter finden ebenfalls reichlich Auslauf. Die Winteraktivitäten konzentrieren sich um das **Nakiska Resort**, das 1988 für die Olympischen Winterspiele gebaut und danach für die Öffentlichkeit freigegeben wurde. Ein weiteres Wintersportdorado ist **Fortress Mountain**.

Zentrum des Feriengebiets ist das Kananaskis Valley mit seiner hochentwickelten, in **Kananaskis Village** konzentrierten touristischen Infrastruktur. In dem ebenfalls 1988 gebauten Village gibt es hervorragende Unterkünfte, Campingplätze und Restaurants. Bei gut ausgestatteten Outfittern kann man seine Wanderausrüstung vervollständigen und auf den Trails der Umgebung ausprobieren. Wer es gern ruhiger angehen lässt, wird sich auf dem 36-Loch-Golfplatz Kananaskis Country Golf Course wohlfühlen.

Ein ausgesprochenes Wanderer-Paradies ist der **Peter Lougheed Provincial Park** (bis 1986 Kananaskis Provincial Park genannt). Die 500 km^2 große Hochgebirgswelt nördlich vom Kananaskis Valley bietet Wanderwege jeder Länge und aller Schwierigkeitsgrade. Zahlreiche dieser Trails stehen auch Mountainbikern offen.

Der **Bow Valley Provincial Park** markiert das Nordende von Kananaskis Country. Die von Gletschern ausgehobelte, klassische U-Form zeigt sich im Bow Valley besonders eindrucksvoll. Während der Sommermonate gedeihen auf dem Talboden über 300 Pflanzenarten, die sich auf mehreren Lehrpfaden aus der Nähe bewundern lassen. Radwanderern steht ein asphaltiertes Radwegsystem zur Verfügung.

Übernachten

Mit Outdoor-Angeboten ► Delta Lodge at Kananaskis: P. O. Box 249, Kananaskis Village, AB T0L 2H0, Tel. 403-591-77 11, 1-888-890-32 22, Fax 591-77 70, www.deltahotels.com, www.kananaskisview.com. Hotel und Resort in schöner Lage, verschiedene Freizeitaktivitäten, Restaurant. Ab $ 200.

Essen & Trinken

Bodenständig ► Boulton Creek Trading Post: Peter Lougheed Provincial Park, Lower Kananaskis Lake (Südufer), Tel. 403-591-75 44, Mitte–Ende Mai, Mitte Sept.–Okt. 9–18, Mitte Juni–Mitte Sept. 9–21 Uhr. Zünftige Essstube mit angeschlossenem Lebensmittelgeschäft, auf der Speisenkarte: Pizza, Pasta, Burger, Salate. Ab $ 5.

Rundreise durch Süd-Alberta

Süd-Alberta ist ein Urlaubsgebiet, das kaum Wünsche offen lässt. Landschaftlich präsentiert sich die Region äußerst vielfältig: sattgrünes Farmland, hügelige Prärie, Canyons und bizarre Sandsteinformationen in den Badlands und im Westen die grandiose Bergwelt der Rocky Mountains.

Schon die ersten europäischen Reisenden ließen sich verzaubern: Trotz aller Strapazen, die die Durchquerung Kanadas zu Fuß, zu Pferd oder per Ochsenkarren mit sich brachte, übersahen sie nicht die herrlichen Sonnenuntergänge über den Rocky Mountains. Der Blick über die Prärie auf die Berge ist noch immer Süd-Albertas Trumpfkarte.

In der endlosen Weite, heute als Farmland genutzt, ragen nur die bunt angestrichenen Getreidespeicher, die ›Kathedralen des Westens‹, auf. Hin und wieder haben Wasser, Wind und Wetter, die Baumeister der Erosion, den Boden aufgerissen und, wie im Dinosaur Provincial Park, zu menschenfeindlichen, aber dafür umso faszinierenderen Badlands gemacht. Süd-Alberta ist aber auch Cowboy Country, Land der Stetsons und karierten Wollhemden, der ramponierten Trucks und schläfrigen Nester am Ende der Welt. Jedes Dorf, das etwas auf sich hält, betreibt ein Pioniermuseum, das die ›Sodbuster‹, die Pioniere, die einst die Prärie urbar machten, hochleben lässt. Und man veranstaltet Rodeos am Ortsrand, wo die Dorfjugend auf widerspenstigen Vierbeinern zeigt, was sie kann.

Süd-Alberta, das bedeutet auch Begegnungen mit den Ureinwohnern, allen voran mit den stolzen Blackfoot-Indianern. Am Head-Smashed-In Buffalo Jump begegnet man ihnen meist zuerst. Dort erklären sie dem Besucher, wie ihre Vorfahren, damals noch ohne Pferde, es schafften, Tausende von Bisons über die mehr als 100 m hohen Klippen zu treiben. Und dann die Rocky Mountains. Nirgend sonst in Nordamerika erheben sie sich so dramatisch aus der Prärie wie im Waterton Lakes National Park im Südwesten der Provinz. Keine Foothills verstellen den Blick auf die zerklüfteten Zweieinhalbtausender, die, einer gigantischen Mauer gleich, die Schönheit der alpinen Wildnis dahinter zu beschützen scheinen. Calgary ist ein guter Ausgangspunkt für Rundreisen in dieser Region.

Die Badlands von Drumheller ► 1, U 8

Karte: S. 269

Im Horseshoe Canyon

Nach etwa 30 km auf dem Trans-Canada Highway Richtung Osten folgt man dem Highway 9 weiter nordwärts. In der Nähe des kleinen Örtchens **Beiseker** 1 fährt man an einer Kolonie der Hutterischen Brüder vorbei. Schnurgerade führt die Straße durch endlose Weizen- und Rapsfelder, die sich bis zum Horizont erstrecken. Nach einer guten Stunde Fahrt sieht man vor Drumheller links den 150 m tiefen **Horseshoe Canyon** 2. Stark verwitterte Felsformationen kontrastieren mit dem Grün der umliegenden Prärielandschaft. Im Horseshoe Canyon Interpretive Centre sind Ausstellungen zur Geschichte, Geologie, Flora und Fauna der Region zu sehen. Der Canyon gibt jedoch nur einen Vorgeschmack auf das große, sonnendurchglühte ›Tal der Dinosaurier‹ an den Ufern des Red Deer River, in dessen Mittelpunkt Drumheller liegt.

Drumheller 3

Vor 70 Mio. Jahren erstreckten sich rund um das heutige Drumheller an den Ufern eines riesigen Binnenmeeres tropische Regenwälder, Sümpfe und Marschen. Zu dieser Zeit gab es die Rocky Mountains noch nicht. Ausbrüche großer Vulkane im Südwesten ließen Ascheregen niedergehen. Gegen Ende der Dinosaurierzeit türmten sich dann die Bergketten der Rocky Mountains auf. Flüsse brachten Schlamm und Gesteinsablagerungen aus den Bergen in die Region. Millionen Jahre später ließen Klimaveränderungen das Land unter einer dicken Eisschicht verschwinden. Das Ende der letzten Eiszeit brachte Schmelzwasserströme und Gletscheraktivitäten, die Erosion von Wind und Wetter formte in Tausenden von Jahren schließlich das Tal, wie man es heute antrifft. Die farbenprächtigen Schichten der Talwände bestehen aus Sand, Sedimenten, Schlamm, vulkanischer Asche und Pflanzen, die in Millionen Jahren komprimiert wurden und fossile Reste von Dinosauriern und anderen prähistorischen Lebensformen einschlossen.

Die versteinerten Überreste der urzeitlichen Riesenechsen waren es auch, die zuerst das Interesse an der Region erweckten, die bis dahin nur als *Bad Lands* galten, eine semiaride Landschaft ohne jeden Nutzen. 1884 entdeckte der kanadische Geologe Joseph B. Tyrrell auf der Suche nach Kohle den Kopf eines versteinerten Sauriers. Weitere Funde im Tal des Red Deer River folgten: Fossilien von über 30 Saurierarten. Viele davon sind heute der Stolz der Museen in New York, Chicago, London und anderen Metropolen. Prachtstücke zeigt das Royal Tyrrell Museum of Paleontology bei Drumheller.

Das heute 8000 Einwohner zählende **Drumheller** wurde 1910 gegründet, doch bereits 1902 trafen die ersten Siedler ein. Kohlefunde brachten Wohlstand in die Region – in wenigen Jahren wurden über 40 Bergwerke eröffnet. Nach dem Zweiten Weltkrieg endete der Boom; Öl und Erdgas verdrängten die Kohle. Heute wird das ›schwarze Gold‹ im Umkreis von 50 km aus über 3000 Quellen gefördert.

Dinosaur Trail

Karte: S. 266

Drumheller ist Ausgangspunkt für den **Dinosaur Trail**, eine etwa 50 km lange Rundstrecke durch das urweltliche Tal des Red Deer River. Man sollte sich für die Fahrt einige Stunden Zeit nehmen. Das **Drumheller Badlands Historical Centre** informiert über die geologische und kulturelle Geschichte der Region (335 1st St. E., Tel. 403-823-25 93, Mai–Okt. 10–18 Uhr). Am Anfang des Trails konfrontiert das **Homestead Antique Museum** zunächst mit wesentlich jüngerer Zeit. Das Mini-Museum zeigt Gegenstände aus dem Alltag der Pioniere und Siedler, klassische Automobile, Relikte aus der Indianerzeit, Militaria, Werkzeuge aus dem Kohlebergbau und Waffen (Hwy. 9, 901 Dinosaur Trail, Tel. 403-823-26 00, Mai–Anf. Okt. tgl. 10–17, Juli/Aug. zusätzlich Do–So 10–20 Uhr; $ 5).

Bald folgt McMullen Island im **Midland Provincial Park** 1, eine grüne Oase in der heißen Semi-Wüste der Badlands. Hier, an einem toten Seitenarm des Red Deer River, wachsen im fruchtbaren Schwemmland Balsampappeln, Weiden, Dogwood- und Rosenbüsche, unter denen Rehwild, Kaninchen und zahlreiche Vogelarten Schutz finden.

Royal Tyrrell Museum 2

Karte: S. 266

10 km westlich von Drumheller bietet das **Royal Tyrrell Museum** einen exzellenten Einblick in Geologie und Paläontologie der Region. Das 1985 gegründete Museum zeigt einige Dutzend Skelette von Dinosauriern, darunter das komplette Skelett eines Tyrannosaurus Rex, das 10 m lange Skelett des Edmontosaurus mit seinem riesigen ›Entenkopf‹, den 400 kg schweren Schädel eines Pachyrhinosauriers oder das Skelett eines Eiszeitbisons, in dessen Schädel noch die Speerspitze eines prähistorischen Jägers steckt. Durch Panoramascheiben kann man beobachten, wie Wissenschaftler an Fundstücken arbeiten. Neben Vorträgen und Veranstaltungen ermöglicht das Museum durch ein- oder siebentägige Exkursionen auch die Teilnahme an Ausgrabungsarbeiten.

Zum Museum gehört ein Gewächshaus mit Pflanzen, die einen Millionen Jahre alten Stammbaum haben und so oder ähnlich auch zu Dinosaurierzeiten wuchsen. Seit seiner Eröffnung im Jahre 1985 haben über 4 Mio. Besucher das auch architektonisch interessante Gebäude betreten. Von einer Anhöhe hat man einen schönen Blick über die modernen Anlagen, die sich harmonisch in die Landschaft fügen (Dinosaur Trail, Hwy. 838 nordwestl. von Drumheller, Tel. 403-823-77 07, 1-888-440-42 40, www.tyrrellmuseum.com, Victoria Day–Labour Day tgl. 9–21 Uhr, sonst Di–So 10–17 Uhr; $ 10). Gleich hinter dem Royal Tyrrell Museum taucht eine winzige Kirche auf. Der weiße Holzbau wird jährlich von Tausenden besucht, aber nur sechs Personen passen gleichzeitig hinein.

Horsethief Canyon 3

Karte: S. 266

Beim **Horsethief Canyon** schweift der Blick über ein weites Tal mit fossilen Austernbänken und von Wind und Erosion geschaffenen steilen Hügeln. Mitten in der Prärie sieht das Land hier aus, als ob die Erde eingestürzt wäre – eine trostlose, windverwehte Einöde – genau der richtige Drehort für Filme, die eine prähistorische Kulisse erfordern. Bald darauf, 27 km nordwestlich von Drumheller, ist der Scheitelpunkt des Dinosaur Trail erreicht. Hier führt die Straße hinunter zum Ufer des Red Deer River. Von quietschenden Stahlseilen gezogen, geht es mit einer alten Fähre, wie sie in Pioniertagen gebräuchlich war, über den Fluss. Die **Bleriot Ferry** 4, 1913 gebaut, ist eine der letzten Kabelfähren Albertas. Sie kann bis zu acht Autos befördern (Mai–Aug.).

Auf der anderen Seite gelangt man auf dem Südzweig des Dinosaurier Trail (Route 837) wieder zurück nach Drumheller. Gleich bei der Anlegestelle gibt es einen kleinen Campingplatz (ohne Service-Einrichtungen). Nördlich davon erstreckt sich ein reiches Fundgebiet von Fossilien, der ›Friedhof der Dinosaurier‹. Nach etwa 10 km hat man beim **Orkney Hill Viewpoint** 5 einen großartigen Panoramablick über den Red Deer River mit den umgebenden Badlands. In der Nähe des Aussichtspunktes befinden sich die Überreste eines prähistorischen *Buffalo Jumps* (vgl. dazu S. 271).

Absolutes Highlight in Sachen Saurier und Fossilien: das Royal Tyrrell Museum

Rund um Drumheller

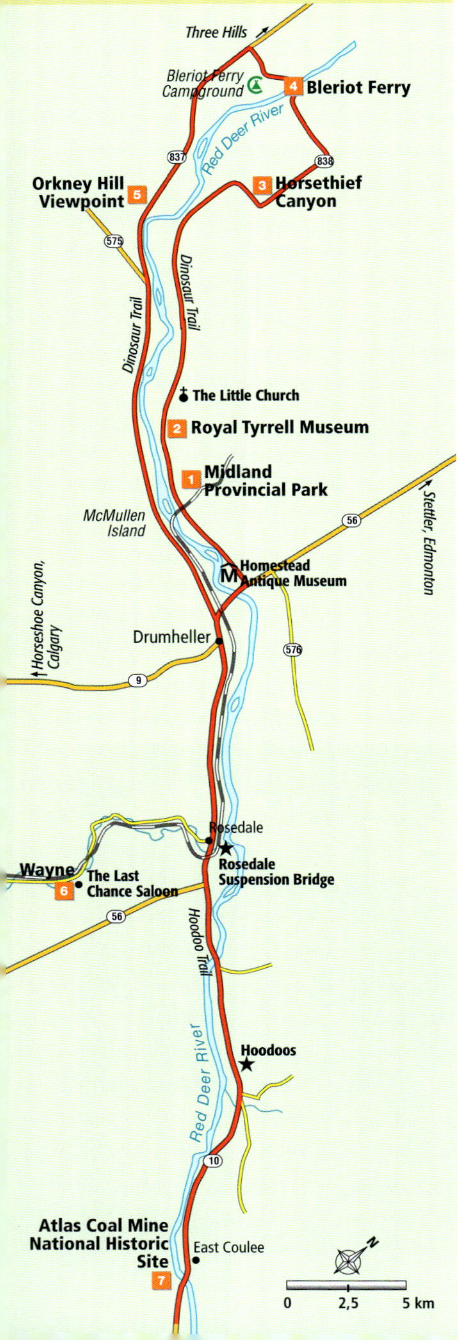

Hoodoo Trail

Karte: links

Südlich von Drumheller führt der Highway 10 auf dem **Hoodoo Trail** zum 25 km entfernten Ort East Coulee. In der Region wurde früher Kohlebergbau betrieben, hin und wieder stößt man noch auf Überreste aus dieser Zeit. Im kleinen Bergwerksort Rosedale führt eine Hängebrücke über den Red Deer River, die früher von Bergleuten benutzt wurde; heute bietet sie einen schönen Blick über das Flusstal. Von hier lohnt sich der kleine Abstecher (etwa 10 km) auf der Route 10X zum 40-Einwohner-Ort **Wayne** 6 mit seinem historischen **Rosedeer Hotel** und dem ›Last Chance Saloon‹ – beides immer noch in Betrieb. Hier gibt es auch einen Campingplatz (Wayne, Tel. 403-823-91 89).

Auf der Fahrt nach East Coulee kommt man durch das Tal der **Hoodoos**, eigenartige pilzförmige Türme, die Wind und Wetter aus dem Sandstein geschliffen haben. Ihre Form verdankt sich der Tatsache, dass die obere Felsschicht härter ist und der Erosion besser standhält. Geologen schätzen, dass in kaum 100 Jahren nur noch wenige Felsen überdauert haben werden. Blackfoot- und Cree-Indianer hielten die Hoodoos für versteinerte Riesen, die nachts lebendig wurden und Felsbrocken auf Ruhestörer warfen.

In **East Coulee** erinnert die **Atlas Coal Mine National Historic Site** 7 an die geschäftige Zeit des Kohlebergbaus zu Beginn des 20. Jh., als hier Tausende lebten und arbeiteten. Heute ist der Ort fast eine *Ghost Town.* Die verwitterten Gebäude der Atlas Mine sind restauriert und können besichtigt werden (18 km östl. Drumheller am Hwy. 10, Tel. 403-822-22 20, Mai–Juni 9.30–17, Juli/Aug. bis 20.30, Sept.–Mitte Okt. 10–17 Uhr; Führungen, auch per Minenbahn, ab $ 9).

Infos

Drumheller Regional Chamber of Development and Tourism: 60 1st Ave., Tel. 403-823-81 00, 1-866-823-81 00, Fax 823-44 69, www. dinosaurvalley.com, www.drumheller view.com, Juli/Aug. tgl. 9–21, Sept.–April 10–17.30 Uhr, Mai/Juni länger geöffnet.

Übernachten

... nahe Drumheller:

Stilvoller Landgasthof ▶ **Heartwood Manor:** 320 Railway Ave. East, Drumheller, Tel. 403-823-64 95, 1-888-823-64 95,www.innsatheartwood.com. Bed & Breakfast mit viktorianischem Ambiente nahe dem Ortszentrum, einige Zimmer auch mit Kamin und Whirlpool, leckeres reichhaltiges Frühstück $ 10 p. P., Zimmer $ 115–199.

Schlicht & preiswert ▶ **Hoo-Doo Motel:** P.O. Box 310, AB T0J 0Y0, Tel. 403-823-56 62, www.members.shaw.ca/hoodoomotel. Funktionelle Motelunits 1 km südl. von Drumheller am Hwy. 9. $ 89–115.

Camping ▶ **Dinosaur Trail RV Resort:** AB, Tel. 403-823-93 33, Fax 823-36 26, www.dinosaurtrailrv.com. 11 km westl. von Drumheller in den Badlands, am Fluss gelegen, 205 Plätze; geheizter Pool, Kanufahren. $ 32–50.

... in Wayne:

Mit Western-Flair ▶ **Rosedeer Hotel and Last Chance Saloon:** Tel. 403-823-91 89. Historisches Hotel mit originellem Western Saloon, uriges Restaurant. Zimmer $ 60, Camping $ 15, Restaurant $ 7–19.

Essen & Trinken

Pancakes nonstop ▶ **Whifs Flapjack House:** 801 N. Dinosaur Trail, Drumheller, Tel. 403-823-7595, 6–2 Uhr. Spezialität des Hauses sind Pfannkuchen, es gibt aber auch andere leckere Kleinigkeiten. $ 5–10.

Dinosaur Provincial Park und Umgebung

Karte: S. 269

Blackfoot-Reservat ▶ 1, U 9

In südlicher Richtung geht es ab Cambria auf dem Highway 56 bis zum Trans-Canada Highway durch das Land der Blackfoot-Indianer. Von der stolzen Kultur der Prärie-Indianer ist wenig übrig geblieben. Bei den Orten **Gleichen** und Cluny leben sie im Reservat in verstreut liegenden, eher armseligen Häusern.

Im September 1877 versammelten sich die Stämme der Blackfoot Nation am Bow River – über 4000 Indianer mit 15 000 Pferden und Ponys unter Führung von Häuptling Crowfoot. Er und die anderen Stammeshäuptlinge unterzeichneten mit einem ›X‹ den Treaty No. 7, mit dem sie dem weißen Mann 50 000 Quadratmeilen Land übergaben. Sie hofften, damit ihre Zukunft gesichert zu haben – ein Trugschluss, denn schon kurz danach starben Hunderte Blackfeet den Hungertod.

Bei **Cluny** 4, 8 km südlich vom Trans-Canada Highway, wird die dramatische Geschichte im **Blackfoot Crossing Historical Park and Interpretive Center** anhand vieler Exponate wieder lebendig. Die großzügige Anlage wurde im Sommer 2007 feierlich eingeweiht. Bei Rundgängen durch den Park erläutern einheimische Führer die historischen Ereignisse und Stätten wie das Grab und das letzte Tipi von Chief Crowfoot (P.O. Box 1639, Siksika, AB T0J 3W0, Hwy. 842, Tel. 403-734-23 46, 1-888-654-62 74, www.blackfootcrossing.ca, im Sommer tgl. 9–18, sonst Mo–Fr 9–17 Uhr; $ 10).

Den kleinen Abstecher ins Indianerreservat kann man mit einer Kabelfährenfahrt über den Bow River verbinden und so wieder zum Trans-Canada Highway zurückkehren.

Tal der Dinosaurier ▶ 1, V 9

Etwa 60 km weiter östlich am Trans-Canada liegt die Stadt **Brooks** 5, Ausgangspunkt zum Dinosaur Provincial Park, den man nach weiteren 50 km auf Nebenstraßen (542, 544) in nordöstlicher Richtung erreicht. Der Park ist ein natürliches Museum, fast 10 000 ha groß. Der Blick über diesen Abschnitt der Badlands beeindruckt noch mehr als der bei Drumheller (120 km flussaufwärts gelegen): Man steht plötzlich vor dem 12 km breiten Tal des Red Deer River und einem Panorama wie aus einer anderen Welt. Tiefe Erosionsrillen in den Felswänden, steil geformte Felsnadeln und -kegel in Verbindung mit den horizontalen Linien der verschiedenen Schichten aus Ton, Sandstein und eisenhaltiger Erde ergeben ein Puzzle voller Pastell-, Grau-, Braun- und Grüntöne, besonders schön im Licht der späten Nachmittagssonne. Obwohl die Erosion rasch fortschreitet und die Lebensbedingungen für Tiere und Pflanzen erheblich erschwert, leben dennoch Antilopen, Biber, Kojoten und Luchse in diesem sonnendurchglühten Tal, dessen einzige baumbewachsene Grünzone die Ufer des Flusses säumt. Das war vor 70 Mio. Jahren anders. Damals ließ das feuchtwarme Klima Palmen, Feigenbäume, Redwoods und Magnolien wachsen. Krokodile und Haie schwammen in den Zuflüssen des Bear-Paw-Meeres, und in den Niederungen streiften Saurier umher.

7 Dinosaur Provincial Park

► 1, V 9

Heute ist das Gebiet des **Dinosaur Provincial Park,** in dem das Royal Tyrrell Museum eine Außenstelle unterhält, die größte prähistorische Fundstätte der Welt. 1979 wurde der Park von der UNESCO zum Welterbe erklärt. Rund 150 vollständige Skelette von über 30 verschiedenen Arten sind hier gefunden worden. Es gibt Lehrpfade, zu denen man eine Begleitbroschüre erhält, und die Parkranger geben Auskunft über alles, was den Park und die Geschichte der Region betrifft. Das Ausgrabungscamp ist von Mai bis Oktober geöffnet und bietet Ausstellungen sowie die Möglichkeit, bei Arbeiten an Fossilienfunden zuzuschauen. Der Dinosaur Provincial Park wird auch gern als Ausgangs- oder Endpunkt für Kanutouren auf dem Red Deer River genutzt. Ein Campingplatz unter schattigen Bäumen ermöglicht einen mehrtägigen Aufenthalt in dieser bizarren Welt. In der Nähe kann die Siedlerhütte von Albertas legendärem schwarzen Cowboy John Ware besichtigt werden, und auf dem Cottonwood Trail lassen sich über 130 Vogelarten beobachten (Tel. 403-378-43 44, www.cd.gov.ab.ca/parks/dinosaur, $ 5, Camping $ 21–27).

Immer wieder werden bei Wanderungen in den Badlands entlang des Red Deer River neue Lager von fossilen Knochen entdeckt, die Wasser und Erosion freigelegt haben. Man sollte aber daran denken, dass auch in Alberta das Sammeln von prähistorischen Fundstücken streng verboten ist!

Writing-on-Stone Provincial Park

► 1, V 12

Von Brooks gelangt man auf dem Highway 36 nach 110 km zum Städtchen Taber. Will man nicht gleich auf dem Highway 3 nach Lethbridge abbiegen, empfiehlt sich die Weiterfahrt über die Highways 4 und 501 zum **Writing-on-Stone Provincial Park** 6 an der Südgrenze von Alberta. Der Provinzpark am Milk River, 2005 zur National Historic Site ernannt, ist ein geologisches Wunderland mit vielen bizarren Sandsteinformationen, Säulen, Türmen und natürlichen Brücken. Indianer aus prähistorischer Zeit haben Piktogramme und Motive von Bisons, Bären und Schild tragenden Kriegern in die Sandsteinwände geritzt – die größte Konzentration von Felszeichnungen dieser Art in der nordamerikanischen Ebene. Die ältesten der heute noch erhaltenen Zeichnungen wurden vermutlich vor rund 700 Jahren angefertigt, Ausgrabungen haben aber ergeben, dass die Gegend schon vor mindestens 3000 Jahren besiedelt war. Ein Lehrpfad führt an den Felsformationen vorbei, die nummerierten Stellen werden in einer Broschüre erläutert, die im Besucherzenturm erhältlich ist. Im Sommer werden 90-minütige Führungen angeboten. Der Park besitzt auch eine Campsite (Tel. 403-647-23 64, Camping $ 20–25).

Lethbridge

► 1, U 11

Karte: rechts

Lethbridge 7 ist eine lebendige Universitätsstadt und mit über 63 000 Einwohnern Mittelpunkt der Südwestregion Albertas. Auf den breiten Straßen trifft man Farmer und Cowboys beim Einkaufen genauso wie Indianer und altertümlich gekleidete Hutterer. Die Stadt war schon in den 1860er-Jahren ein Handelszentrum. Es waren raue Zeiten damals, als hier Pelze und Bisonhäute gegen Whiskey getauscht wurden. Die Invasion gesetzloser Whiskeyhändler und Desperados aus Fort Benton in Montana von 1869 bis 1874 führte zur Errichtung von über 40 ›Whiskey-Forts‹ in Süd-Alberta. Im Gebiet des heutigen Leth-

Süd-Alberta

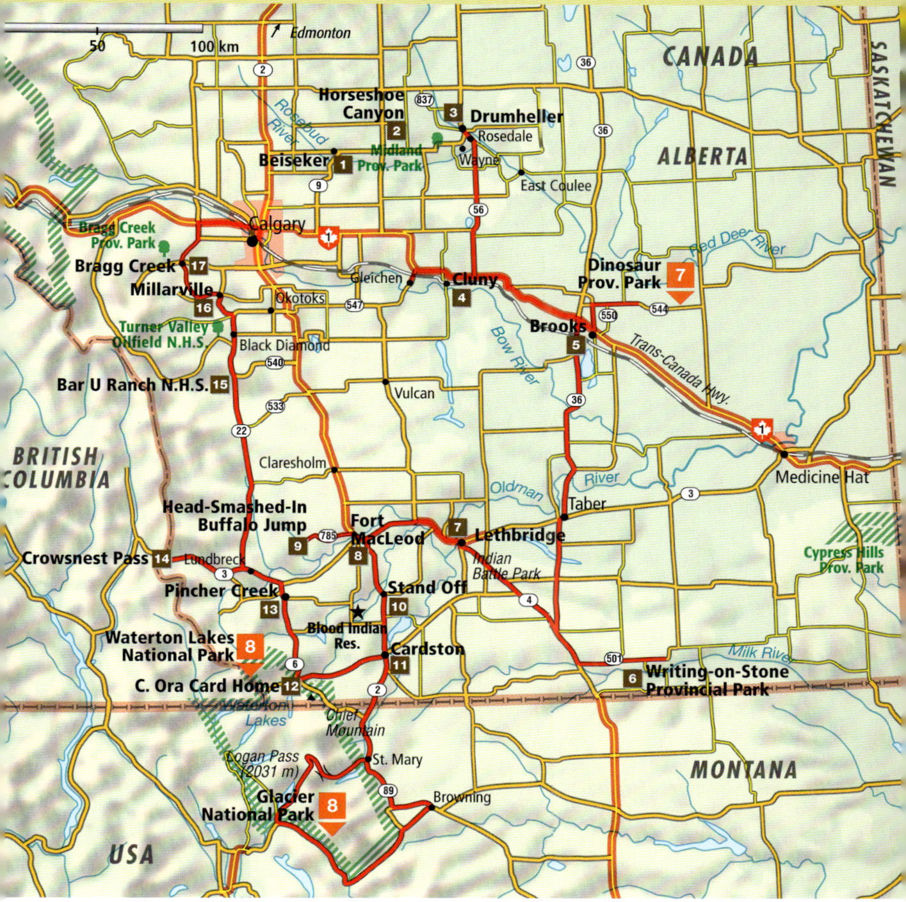

bridge stand das größte, berüchtigste: Fort Whoop-Up. Bei Siedlern und Indianern häuften sich die Klagen über Ausschreitungen und rücksichtslose Handelspraktiken der Whiskeyhändler, die man als ernste Bedrohung für Kanadas junge Westprovinzen empfand. Kein Wunder, dass die Northwest Mounted Police im Fort Whoop-Up zuerst aufräumte, als sie zu Beginn der 1870er-Jahre in die Region kam, um für Recht und Ordnung zu sorgen. Nach und nach wurden alle Whiskey-Forts geräumt und der Verkauf von Alkohol an die Indianer verboten.

Am Westrand der Stadt, im Oldman River Valley, liegt der **Indian Battle Park**. Er erhielt seinen Namen nach der letzten großen Indianerschlacht in Kanada, die bis 1870 zwischen Cree- und Blackfoot-Indianern stattfand. Im Park ist ein rötlicher Felsbrocken zu sehen, den die Indianer als heiligen ›Medizinstein‹ verehrten und auf dem sie Opfergaben niederlegten. Die Attraktion des Parks stellt das wieder aufgebaute **Fort Whoop-Up** dar. Durch Ausstellungen, Darbietungen und Führungen wird in der National Historic Site Albertas frühere Geschichte hier lebendig

(Tel. 403-329-04 44, www.fortwhoopup.com, geführte Touren und Wagenfahrten auf Anfrage, Juni–Sept. Mi–Mo 10–17, sonst Mi–So 12–16 Uhr, $ 7).

Lohnend ist auch ein Besuch im **The Galt Museum** mit einer umfangreichen Sammlung, deren zeitliches Spektrum von der Pionierära bis in die jüngere Vergangenheit reicht. Vom Museum hat man einen schönen Blick über das Tal des Oldman River (1st St./5th Ave. S., Lethbridge, Tel. 403-320-38 98, www.galtmuseum.com, Mitte Mai–Aug. Mo–Sa 10–17, So 13–17, Sept.– Mitte Mai Mo–Sa 10–16.30, So 13–16.30 Uhr; $ 5).

Der Stolz der Stadt sind die **Nikka Yuko Japanese Gardens**, einer der größten japanischen Gärten Nordamerikas und zugleich eine gelungene Kombination von traditioneller asiatischer Gartenkunst mit kanadischer Prärieumgebung. Errichtet wurden die Gärten als Freundschaftssymbol und wohl auch zur Erinnerung an die schlechte Behandlung, die Westkanadas japanische Bürger während des Zweiten Weltkriegs erdulden mussten (Henderson Lake Park, 9th Ave. und Mayor Magrath Dr., Lethbridge, Tel. 403-328-35 11, www.nikkayuko.com, 10. Mai–10. Okt. tgl. 9–17, Juli/Aug. 9–20 Uhr; $ 7).

Infos

Chinook Country Tourist Association: 2805 Scenic Dr. South, Lethbridge, Tel. 403-320-12 22, 1-800-661-12 22, www.chinookcountry.com.

Übernachten

Gepflegt ► **Lethbridge Lodge:** 320 Scenic Dr., Lethbridge, AB T1J 4B4, Tel. 403-328-11 23, 1-800-661-12 32, Fax 328-00 02, www.lethbridgelodge.com. Indoorpool, Coffee Shop, Restaurant, Nachtclub. Ab $ 115.

Essen & Trinken

Chinesisch ► **Shanghai Restaurant:** 610 3rd Ave. S., Lethbridge, Tel. 403-327-35 52, Di–Do 11–24, Fr 11–1, Sa 12–1, So 16–22 Uhr. Alteingesessenes, sehr beliebtes Lokal, große Auswahl an chinesischen Spezialitäten, kleineres amerikanisches Menü. $ 7–15.

Fort MacLeod ► 1, T 11

Karte: S. 269

Lethbridge auf dem Highway 3 in westlicher Richtung verlassend, folgt man den Spuren der Northwest Mounted Police, die im Spätherbst 1874 nach der Einnahme von Fort Whoop-Up auf der Suche nach einem Winterlager war. Ihr Méti-Scout Jerry Potts fand den richtigen Platz auf einer Insel im Oldman River. Hier wurde das erste Fort MacLeod errichtet. Wegen einer Überschwemmung verlegte man es neun Jahre später auf höher gelegenes Terrain. Kunstbegeisterte werden einen Besuch der Southern Alberta Art Gallery einschließen, um sich die zeitgenössischen Werke kanadischer Künstler anzusehen.

So ist das 3000-Einwohner-Städtchen **Fort MacLeod** 8 Süd-Albertas älteste Siedlung und durchaus einen Aufenthalt wert. Viele der ursprünglichen Sandsteinhäuser an der Main Street sind erhalten geblieben, sodass die Provinzregierung das Zentrum der Stadt zur *Historic Area* erklärt hat. Im Gebäude der »MacLeod Gazette«, einer der ältesten Zeitungen Albertas, lassen sich die abenteuerlichen Ereignisse des Westens in alten Ausgaben bis zum Jahr 1882 zurückverfolgen, und im 1912 erbauten **Empress Theatre**, einst eine gut besuchte *Vaudeville*-Bühne, wird heute ein buntes Programm von Shows, Theater, Film, Pop und Blues aufgeführt (235 Main St., Tel. 403-553-44 04, 1-800-540-92 29, www.empresstheatre.ab.ca, Juni–Aug., Aufführungen 19.30 oder 20 Uhr; Filmvorführungen Sept.–Mai 19.30 Uhr).

Am Stadtrand wurde hinter Palisaden eine Replik des historischen Polizeipostens als **Museum of the North West Mounted Police** aufgebaut, mit faszinierenden Gegenständen und Dokumenten aus der Gründerzeit: Polizeiwaffen und Uniformen aus dem ursprünglichen Fort, die Schmiede, eine Kapelle, der medizinische Behandlungsraum mit dem alten fußbetriebenen Zahnbohrer und ein Originaldokument mit einem heute amüsanten Inhalt, nämlich die alte Hausordnung des MacLeod Hotels: »Alle Gäste müssen um 6 Uhr morgens aufstehen. Dies ist erforderlich, weil die Bettlaken als Tischtücher gebraucht werden. Tätlichkeiten gegenüber dem Koch sind verboten. Gäste, die hier umgebracht werden, dürfen nicht im Haus bleiben.« Auf dem Gelände des Museums steht auch das originale Blockhaus von Fred Kanouse, Pelzhändler aus dem 19. Jh. und Weggefährte des legendären Kootenay Brown. Die tägliche Reiterparade, durchgeführt von Studenten in historischen Uniformen der Royal Canadian Mounted Police ist im Sommer ein Publikumsmagnet (219–25th St., Tel. 403-553-47 03, Mai–Aug. tgl. 9–17 Uhr, Schauritte im Sommer 4 x tgl.; $ 10).

Infos

Fort MacLeod Chamber of Commerce: P.O. Box 1420, Fort MacLeod, Tel. 403-553-33 91, www.fortmacleod.com.

Termine

Head-Smashed-In Buffalo Days Powwow and Tipi Village: 3. Juli-Wochenende. Größtes Indianerfest der Region.

Head-Smashed-In Buffalo Jump ► 1, T 11

Karte: S. 269

Nur 20 km westlich von Fort MacLeod, über die Landstraße 785 zu erreichen, liegt der **Head-Smashed-In Buffalo Jump 9**, einer der ältesten und am besten erhaltenen Jagdplätze der Indianer in Nordamerika und eine kulturhistorische Stätte ersten Ranges, die von der UNESCO zum Welterbe erklärt wurde. Schon vor über 5500 Jahren trieben hier Indianer Bisonherden über die Klippen der Porcupine Hills, um ihre Fleischvorräte für den Winter zu sichern. In der *Kill Site* unterhalb des Abhangs, wo die Indianer verletzte Tiere schlachteten, hat man bis zu einer Tiefe von 10 m Überreste, Knochen und Pfeilspitzen von aufeinander folgenden *Jumps* gefunden.

Heute hat man hier ein hervorragendes, architektonisch einfühlsam gestaltetes **Interpretive Centre** in die Prärie gebaut, direkt neben den Abhang, wo sich die Bisons zu Tode stürzten. Auf mehreren Ebenen wird die Lebensweise der prähistorischen Prärie-Indianer und der späteren Blackfoot-Indianer vor und nach der Verdrängung durch den ›weißen Mann‹ erklärt. Im unteren Teil des Museums gewinnt man einen Einblick in die Arbeit der Archäologen, die die ausgefeilte Jagdtechnik erklären: Eine verhältnismäßig kleine Gruppe von Indianern, die noch nicht im Besitz von Pferden waren, konnte auf diese Weise riesige Bisonherden über die Klippen treiben (Hwy. 785, 18 km westl. vom Hwy. 2, Tel. 403-553-27 31, www.head-smashed-in.com, tgl. 10–17 Uhr; $ 10, bis 17 Jahre $ 5).

Vor Ankunft des weißen Mannes lebten über 60 Mio. Bisons auf den Prärien Nordamerikas. Sie bildeten die Lebensgrundlage der indianischen Völker dieser Region, wodurch jedoch ihr Bestand in keiner Weise gefährdet war. Fell, Fleisch, Sehnen und Knochen, alles wurde verwertet. Auch in die Region der Porcupine Hills kamen die wandernden Herden der Bisons. Mit Bisonhäuten getarnte Jäger lockten die Leitkühe einer vorbeiziehenden Herde in die Nähe des *Jumps,* dort versuchten weitere Indianer die Herde zur *Stampede* (Flucht) zu bringen, bis sie sich blindlings über den Abgrund stürzten. Auf der Ebene unterhalb der Klippen wurden die Bisons geschlachtet und zerlegt, im nahen Camp trocknete man das Fleisch und verarbeitete die Häute.

Der Name des Jagdplatzes führt auf eine 150 Jahre alte indianische Legende zurück. Damals postierte sich ein junger Blackfoot-Krieger direkt unter einem vorspringenden Felsüberhang, um von diesem ›Logenplatz‹ aus dem *Jump* zuzusehen. Wie ein Mann hinter einem Wasserfall beobachtete er den Sturz der Bisons über die Klippen. Die Jagd an diesem Tage war außerordentlich gut und die aufeinander fallenden Körper der Bisons häuften sich, sodass er bald zwischen ihnen und den Felsen gefangen war. Als die Indianer mit dem Schlachten der Tiere begannen, fanden sie den jungen Krieger mit zerschmettertem Schädel. Seither heißt der Ort ›Head-Smashed-In Buffalo Jump‹.

aktiv unterwegs

Reiterferien auf einer Working Ranch

Infos

Standort: Claresholm, am Hwy. 2, zwischen Calgary und Fort MacLeod
Veranstalter: Lucasia Ranch, Claresholm, Tel. 403-625-22 95, 1-877-477-26 24, www.lucasiaranch.com (in Deutschland über Argus Reisen, Bovenden, Tel. 055 94-93 09 30, www.argusreisen.de)
Kosten: ab 689 € pro Woche, Cattle Drive 1245 € pro Woche
Hinweis: Reiterferien auf der Working Ranch sind nicht nur etwas für Profi-Reiter, aber ein wenig Erfahrung im Umgang mit Pferden sollte man mitbringen. Besonders beim Cattle Drive, wo man fünf bis acht Stunden im Sattel sitzt, ist Durchhaltevermögen und eine Hornhaut an den richtigen Stellen hilfreich. Wenn man so viel Zeit im Pferdesattel verbringt, sollte man sich auch die richtige Ausrüstung besorgen: einen Hut und Cowboystiefel – beides findet man in den Western Stores im nahen Calgary in reicher Auswahl. Für einen Aufenthalt auf einer Working Ranch sollte man mindestens eine Woche einplanen und rechtzeitig reservieren, besonders wenn man an den Cattle Drives teilnehmen möchte.

Auf der weiten, offenen Range in den Foothills der kanadischen Rockies grasen Texas Longhorns, Crossbreed-Rinder, Appaloosa und Quarterhorses. Dazwischen mischen sich kleine Herden Wapitis und vereinzelt auch Rehwild. Über 1600 ha groß ist das Gebiet der Lucasia Ranch in den Porcupine Hills im Südwesten Albertas. Noch heute ist die 1881 von Colonel Lyndon gegründete Ranch ein Familienbetrieb, wo Wayne und Judy Lucas die alten Western-Traditionen pflegen und über 600 Rinder und 80 Pferde halten.

Die Lucasia ist eine der wenigen Ranches, auf denen ein Gast das Alltagsleben der Cowboys kennenlernen kann. Es werden selten mehr als ein halbes Dutzend Gäste aufgenommen, die Atmosphäre ist familiär und locker und schon nach dem ersten gemeinsamen Essen ist man Teil der Familie. Als Unterkunft kann man wählen zwischen einem Zimmer im Ranchhaus, in der über 100 Jahre alten Pionier-Blockhütte oder in der 2008 gebauten Log-Cabin. Man nimmt am Ranchbetrieb teil, hilft den Cowboys bei der täglichen Arbeit, oder reitet auch mal ganz spontan mit ihnen aus, wenn auf einer Weide Rinder ausgebrochen sind, die nun schnellstens wieder eingefangen werden müssen. Im Frühjahr und im Herbst steht die Arbeit mit den Rindern im Vordergrund. Oft bietet sich aber auch die Gelegenheit, auf ausgedehnten Ausritten die Ranch zu erkunden. Durch die günstige Lage der Ranch bieten sich für Besucher auch Ausflüge in die Umgebung an: Calgary, Banff, Fort MacLeod, Lethbridge, der Waterton National Park und auch der legendäre Head-Smashed-In Buffalo Jump sind schnell mit dem Auto erreicht.

Besonders beliebt sind die beiden Cattle Drives, die in Abhängigkeit von der Witterung zu Beginn des Sommers durchgeführt werden. Anfang Juni treibt man zusammen mit den Cowboys der Ranch eine Herde mit ein paar Hundert Tieren, überwiegend Yearlings

Blood Indian Reservation

► 1, T/U 11/12

Karte: S. 269

Bei **Stand Off** 10, etwa auf halber Strecke zwischen Fort MacLeod und dem Ort Cardston, führt der Highway 2 durch die Blood Indian Reservation. Schon früher war Stand Off ein wichtiger Handelsposten für die Blood-Indianer, die der Blackfoot Confederacy angehören. Ihr Reservat ist mit über 1000 km^2 das größte in Kanada. In verstreu-

(ein oder zwei Jahre alte Rinder), zunächst auf das Land einer benachbarten Ranch, um sie mit der dortigen Herde zu vereinen. Am nächsten Tag wird die gesamte Herde dann über eine Distanz von rund 30 km von den Porcupine Hills zu den Sommerweiden in den Ausläufern der Rockies getrieben. Der zweite Cattle Drive findet Mitte Juli statt. Nun werden die etwas älteren Tiere auf die Sommerweiden gebracht.

Anfang Oktober findet dann das große Zusammentreiben der Herde statt, der ›Round Up‹. Bis Mitte Oktober müssen die letzten Tiere das Sommerquartier verlassen haben. Cowboys und ihre Gäste reiten frühmorgens von den äußeren Weiden der Ranch in die Berge, wo die Rinder in dem weitläufigen Areal gefunden und in einen großen Corral zusammengetrieben werden. Am nächsten Tag werden noch verstreute Tiere gesucht, dann kann der große Cattle Drive beginnen, bei dem die Rinder zu den einzelnen Ranches gebracht werden. Insgesamt haben fünf Ranches gleichzeitig ihre Rinder auf den Sommerweiden. Die Lucasia Ranch ist etwa 12 km vom Corral entfernt.

Höhepunkt eines Urlaubs auf einer Working Ranch: der Cattle Drive

ten Häusern und Siedlerstellen leben etwa 7500 Indianer von Viehzucht und Weizenanbau. In den letzten Jahren kamen Einkünfte aus Erdgas und Öl dazu, das auf ihrem Land gefördert wird und einen gewissen Wohlstand gebracht hat. In den Produktionsstätten der stammeseigenen Kenai Industries werden Fertighäuser hergestellt. Nach Voranmeldung kann man das Werk besichtigen.

Zu den *Powwows,* den farbenprächtigen Tanzfesten, die in den Sommermonaten stattfinden, kommen Tausende von Indianern aus

West-Kanada und den nördlichen US-Staaten. Auch weiße Gäste sind dazu herzlich willkommen. Das größte dieser Indianerfeste findet Mitte Juli in Stand Off statt: bei den **Stand Off Indian Days and Powwow** gibt es dann außer den Tanzwettbewerben indianische Spiele, Ausstellungen von Kunsthandwerk und ein großes Rodeo.

In Stand Off kann man in einer Galerie die Arbeiten von Gerald Tail Feathers, einem Maler und Illustrator aus dem Stamm der Blood, bewundern. Bevor er ins Reservat zurückkehrte, arbeitete er als Maler und Grafiker für große Kaufhäuser, Ölfirmen und New Yorker Werbeagenturen.

Cardston ► 1, U 12

Karte: S. 269

An einem alten Indianerfriedhof vorbei führt die Straße dann weiter nach **Cardston** **11**, das als erste Mormonensiedlung in Alberta 1887 von Charles Ora Card, dem Schwiegersohn des Mormonenführers Brigham Young, gegründet wurde. Er war mit 11 Familien in Planwagen von Utah aus Richtung Norden gezogen. Heute steht hier Kanadas einziger Mormonentempel, ganz aus weißem Marmor und Granit gebaut. Betreten werden darf er allerdings nur von gläubigen Mormonen. Man kann sich aber das **C. Ora Card Home** **12**, die erste Heimstätte von Ora Card, ansehen, eine Blockhütte, die heute als Museum dient (337 Main St., Tel. 403-653-43 22, Juli/Aug. Mo–Sa 11.30–17 Uhr; Eintritt frei, Spende erbeten).

1993 hat Cardston eine weitere Attraktion bekommen: Im **Remington-Alberta Carriage Centre** kann sich der Besucher in die Zeit zurückversetzen, als Pferd und Wagen die einzigen Transportmittel waren. Über 250 Kutschen und Fuhrwerke aus dem 19. und frühen 20. Jh. sind ausgestellt. Daneben ist auch ein Besuch in der authentischen Hufschmiede, der Sattlerei und beim Pferde- und Kutschenverkäufer möglich. Führungen werden angeboten, abgerundet wird die Reise ins 19. Jh. schließlich mit einer Kutschfahrt im

eleganten Landauer. Zum Museum gehören auch ein Theater und ein Restaurant (623 Main St., Tel. 403-653-51 39, www.remington carriagemuseum.com, Juli/Aug. tgl. 9–17, sonst 10–17 Uhr; $ 10, bis 17 Jahre $ 5).

In der Nähe von Cardston befindet sich eine der etwa 40 Kolonien der Hutterischen Brüder in Alberta, die gemäß ihren jahrhundertealten Traditionen leben, ihr Land gemeinschaftlich bewirtschaften und immer noch den alten hochdeutschen Dialekt sprechen. Die ganz in schwarz gekleideten Hutterer haben nichts dagegen, wenn man sie in ihrer florierenden Kolonie mit den adretten weißen Holzhäusern besucht. Die ersten Hutterer in Süd-Alberta kamen 1918 aus den USA nach Kanada, um hier landwirtschaftliche Kommunen aufzubauen.

Die Indianer bezeichneten das Gebiet rund um den Waterton Lake als ›Land der leuchtenden Berge‹

8 Waterton Lakes/Glacier National Park ▶ 1, T 12

Karte: S. 269

Waterton Lakes National Park

Auf dem Highway 5 dauert die Fahrt von Cardston zum **Waterton Lakes National Park** weniger als eine Stunde. Er ist mit 525 km^2 eines der kleineren Naturschutzgebiete Kanadas, aber dennoch einmalig im System der Nationalparks, weil sich hier auf relativ engem Raum völlig verschiedene Landschaftszonen mit entsprechender Flora und Fauna begegnen. Nach der sanfthügeligen Prärie vollzieht sich abrupt der Wechsel zum Hochgebirge. Die majestätischen Berggipfel schimmern in roten, grünen, weißen, blaugrünen, braunen und violetten Schattierungen, eine Farbpalette, hervorgerufen durch die verschiedenen im Felsgestein enthaltenen Mineralien. Als weitere geologische Besonderheit weist der Park das älteste, über 1,5 Mrd. Jahre alte Sedimentgestein in Nordamerika auf. Durch massive Erdbewegungen vor 65 Mio. Jahren schoben sich riesige Massen des uralten Gesteins über das deutlich jüngere. Gletscheraktivitäten haben danach die vielen tiefen Seen, Täler und Wasserläufe geschaffen.

Weitsichtige Männer wie John ›Kootenay‹ Brown in Kanada und George Bird Grinnell in den USA betrieben 1895 die Gründung des Waterton Lakes National Park und 1910 die des wesentlich größeren **Glacier National Park** im angrenzenden Montana. Beide bilden eine geografische Einheit mit gleicher Flora und Fauna. Man sollte sich für dieses grandiose Gebiet schon einige Zeit nehmen und möglichst auch den amerikanischen Teil in seine Entdeckungsreisen einbeziehen.

Die Rundfahrt durch das Parkgebiet zum amerikanischen Parkeingang bei St. Mary, über den Logan-Pass und die Highways 2, 89 und 17 lässt sich an einem Tag bewältigen. Sie führt durch eine beeindruckende Gebirgs- und Gletscherlandschaft, über die *Continental Divide,* die Wasserscheide des amerikanischen Kontinents, vorbei an zahlreichen Gletscherseen und über mehrere Pässe mit fantastischen Ausblicken.

Red Rock Canyon

Auch etliche kleinere Autotouren sind möglich. Gleich hinter dem Eingang zum Park auf der kanadischen Seite führt eine Straßenschleife durch die **Bison Paddocks**, wo eine kleine Herde Präriebisons auf dem hügeligen Steppenland weidet. Nach etwa 5 km, vorbei am Lower Waterton Lake, verläuft rechts die 15 km lange, schmale Red Rock Canyon Road am Blakiston Creek entlang, um schließlich am **Red Rock Canyon** zu enden. An dieser Straße ist fast immer Wild zu beobachten. Besonders Dickhornschafe kommen in Gruppen bis ans geparkte Auto. Zahlreiche Wanderwege führen ins *Back Country.* Vor allem der etwa 1 km lange Pfad entlang der Schlucht des Blakiston Creek bietet prächtige Fotomotive. Durch das Tal des Blakiston zogen schon die Kootenay-Indianer aus den Bergen British Columbias zu den Prärien, um dort Bisons zu jagen.

Waterton Village

Auf den Park-Highway zurückgekehrt, ist man nach wenigen Kilometern im **Waterton Village** am Upper Waterton Lake. Kurz vor dem Ort liegt auf einer Anhöhe das 1927 errichtete **Prince of Wales Hotel**, sicherlich eines der schönsten Gebäude Albertas. Auch wenn man dort nicht übernachten will, sollte man einmal durch die große Lobby gehen, um den herrlichen Panoramablick zu genießen: weit über den tiefblauen See mit den Häusern des Dorfes an seinem Ufer bis zu den majestätischen Berggipfeln Montanas. Direkt im Ort gibt es einen hübschen Wasserfall zu bewundern: die **Cameron Falls**.

Waterton verfügt über einen schönen 18-Loch-Golfplatz und ein beheiztes Schwimmbad. Man kann Tennis spielen, Wasserski laufen, Pferde für eine Reittour mieten, mit dem Boot fahren oder eine zweistündige Kreuzfahrt auf dem Waterton-See unternehmen. Mehrere Campingplätze sind komfortabel eingerichtet, während die zahlreichen kleineren Zeltplätze an den Trails mehr für den Wanderer, der der Zivilisation entfliehen möchte, geeignet sind. Jagen darf man im Waterton- und Glacier-Nationalpark natürlich nicht, aber dafür angeln. Ein *Permit* (Erlaubnisschein) gibt es bei den Rangerstationen.

Der Akamina Parkway folgt von Waterton einem Bergfluss zum malerischen **Cameron Lake**. Die 16 km lange Straße passiert Albertas erste Ölquelle, die 1902 gebohrt wurde, aber nicht lange in Betrieb war. Die **Discovery Well** ist heute eine National Historic Site. ›Kootenay‹ Brown tauschte das ölige Sumpfloch von den Blood-Indianern gegen ein Pferd. Er merkte bald, dass sich mit der übel riechenden schwarzen Flüssigkeit, die er vom Morast abschöpfte, ein gutes Geschäft machen ließ. Nach dieser Entdeckung am Ende der 1890er-Jahre gründete man sogar eine Ölgesellschaft; sie ging aber bald wieder ein. Am Cameron Lake kann man ein Kanu mieten und damit sogar einen Ausflug in die USA unternehmen – der See liegt direkt an der amerikanischen Grenze.

Richtig kennen lernt man den Waterton/Glacier Park erst auf den unzähligen Wanderwegen. Allein auf der kanadischen Seite winden sie sich über 180 km durch die Berge und Täler des *Back Country,* auf der amerikanischen Seite sind es sogar über 1200 km.

Das Ökosystem des Waterton/Glacier National Park

Auf den Prärien an der Ostseite des Parks wachsen rote und weiße Geranien, Astern, Indian Paintbrush und köstliche Beeren. Dichte farbige Teppiche aus Gletscherlilien und anderen Alpenblumen überziehen die Bergregionen, und an den Hängen wachsen die kerzenförmigen weißen Stauden des Bärengrases. In den kühlen Wäldern wuchern riesige Pilze, und von den Bäumen baumelt das ›Squaw hair‹ – eine Parasitenpflanze mit langen schwarzen Strähnen.

Zur reichhaltigen Tierwelt des **Waterton/ Glacier National Park** gehören Dickhornschafe, Schneeziegen, Elche, Wapitihirsche, Biber, Schwarzbären, der seltene Berglöwe und das größte Raubtier des amerikanischen Kontinents, der Grizzly. Zu sehen bekommt man Grizzlys oder Pumas allerdings kaum. Eher entdeckt man schon mal einen Biberdamm. Mit einem pistolenschussähnlichen Knall, hervorgerufen durch einen Schlag mit seinem breiten Schwanz auf die Wasseroberfläche, erschreckt der Biber den unvorbereiteten Eindringling und warnt seine Artgenossen. Unterwegs im Park lässt sich manchmal eine Wartepause nicht vermeiden, wenn eine Herde Dickhornschafe die Straße kreuzt. Sie lassen sich auch durch Fotografieren nicht stören.

Waterton/Glacier ist aber nicht nur ein Tipp für Wildnisliebhaber. Außer den schwierigen *Back Country Trails* gibt es auch viele Pfade, die leicht zu erwandern sind. Der Park verbindet beides: unberührte Wildnis und die Annehmlichkeiten der Zivilisation wie gute Hotels, Lodges und Restaurants.

Infos

Waterton Lakes National Park: Waterton Park, AB T0K 2M0, Tel. 403-859-21 50, www.watertonpark.com. Besucherzentrum des Parks Mai–3. Juniwoche 9–16.30, Ende Juni–Anf. Sept. 8–19, Anf. Sept.–Anf. Okt. 9–16.30 Uhr; Eintritt $ 8.

Übernachten

... im Waterton Park:

Einmalige Lage ► **Prince of Wales Hotel:** AB T0K 2M0, Tel. 403-236-34 00, Fax 406-892-13 75, www.princeofwaleswaterton.com. Historisches Hotel, wunderschön hoch über dem Waterton Lake gelegen. Juni–Sept. Ab $ 194 (1. Junihälfte, danach $ 234–299).

Zimmer mit Kitchenette ► **Bar Mountain Motel:** 208 Mount View Rd., Box 182, Waterton Lakes, Tel. 403-859-23 66, www.bearmountainmotel.com, verschiedene Zimmer, relativ klein, viele mit Küchenzeile. $ 99–125.

Camping ► **Waterton Townsite Campground:** AB, Tel. 403-859-22 24. 238 Plätze; kompletter Service, Pool, Marina, Freizeitaktivitäten. Mitte April–9. Okt. $ 23–38.

Aktiv

Bootstouren ► **Waterton Shoreline Sightseeing:** Waterton Park, AB, Tel. 403-859-23 62 (Sommer), 859-21 80 (Winter). Bootstouren auf dem Waterton Lake mit mehreren Stopps; Abfahrt: Juli/Aug. um 10, 13, 16 und 19 Uhr, Nebensaison zwei Abfahrten tgl., z. T. ohne Stopps. $ 38.

Von Pincher Creek zum Crowsnest Pass

Karte: S. 269

Kootenai Brown Pioneer Village ► 1, T 11

Auf dem Highway 6 geht es gen Norden zum Rancher-Städtchen **Pincher Creek** 13. Im **Kootenai Brown Pioneer Village** mit 12 originalen *Cabins* und alten Ranchgebäuden wird die Ära der frühen Pioniere dokumentiert. Hier steht auch die Blockhütte von ›Kootenai Brown‹, dem ersten Weißen in der Waterton Lakes Region (1037 Bev McLachlin Dr., Pincher Creek, Tel. 403-627-36 84, www.kootenaibrown.org, Juni–Aug. tgl. 10–18, sonst Mo–Mi und Fr 10–16.30 Uhr; $ 10). Er war englischer Armeeoffizier, Pony-Express-Reiter, Abenteurer und Trapper, mit einer Indianerin verheiratet – und einer der ersten Naturschützer. Die Gründung des Waterton Lakes National Park geht zurück auf Gespräche, die Kootenai Brown in seiner Hütte mit dem einflussreichen Rancher F. W. Godall führte. Der schrieb an die kanadische Regierung, die daraufhin bereits 1895 den Kern des Gebietes zum Naturschutzgebiet erklärte und Kootenai als Parkranger bestellte.

Übernachten

Farmurlaub ▶ **Willow Lane Guest Ranch:** P.O. Box 114, Granum, AB T0L 1A0, Tel. 403-687-22 84, 1-800-665-02 84, Fax 687-24 09, www.willowlaneranch.com. Gastfreundliche Familienranch und B & B am Ostrand der Rockies. B & B $ 85 DZ, Pauschalangebote inklusive Ranchaktivitäten Juni–Anf. Okt. $ 1500 p.P., ab $ 400 p.P.

Crowsnest Pass ▶ 1, S 11

Nach ein paar Kilometern ist der Highway 3 erreicht. Er führt auf den nächsten 60 km durch die Berge am **Crowsnest Pass** **14**, bekannt geworden durch eine Naturkatastrophe: Am 29. April 1903 brach hier vom Turtle Mountain eine gigantische Kalksteinmasse aus dem Berg: über 1000 m breit, 450 m hoch, 150 m dick. Das Ganze donnerte zu Tal und begrub das kleine Städtchen Frank unter sich. 68 Menschen kamen dabei ums Leben. Am Nordrand des ›Frank Slide‹ genannten Erdrutschgebietes informiert ein Besucherzentrum über die Tragödie.

Ranch Country ▶ 1, S/T 9–11

Auf dem Highway 22 geht es zurück nach Calgary. Die Straße führt durch das hügelige Weideland der Porcupine Hills mit freiem Blick auf die endlose Weite der Prärie im Osten, während im Westen die rauen Bergketten der Rocky Mountains zum Greifen nahe scheinen. Dies ist das Gebiet der großen Ranches. Die Cowboys der ›Bar U Ranch‹ am Pekisco Creek, zu denen auch der berüchtigte Sundance Kid gehörte, trieben in ihren besten Zeiten über 30 000 Rinder, und die Percival Ranch hatte mehr als 15 000 Longhorns auf der *range.* Beim Abzweig der Route 540 südlich von Longview lohnt ein Besuch der **Bar U Ranch National Historic Site** **15** mit 35 historischen Gebäuden auf 150 ha Ranchland. Sie vermittelt mit Ausstellungen und Filmen einen Eindruck von der Zeit der großen Ranches und vom Leben der Cowboys, die, tief verbunden mit dem Land, für geringen Lohn härteste Arbeit leisteten. Die Besichtigung lässt sich zu Fuß oder auf dem Heuwagen durchführen. Im Besucherzentrum kann man auch deftige Cowboy-Kost probieren (Tel. 403-395-22 12, 1-888-773-88 88, www.parkscanada.ca/baru, Ende Mai–Anf. Okt. tgl. 9–17 Uhr; $ 7,80).

Turner Valley ▶ 1, S 9

Von Black Diamond bis **Millarville** **16** durchzieht der Highway 22 das **Turner Valley**, in dem Albertas erste große Ölquelle, *Dingman No. 1,* entdeckt wurde. Zwischen 1926 und 1947 kamen aus diesem Tal 90 % der kanadischen Ölproduktion. Schon 1913 machte ein schwefeliger Geruch William Stewart Heron neugierig: Er entdeckte Erdgas am Sheep Creek. Um Investoren zu überzeugen, entzündete er das aus einer Erdspalte strömende Gas und briet Eier und Speck darauf: ein Frühstück, das Geschichte gemacht hat. Ein wilder *Rush* setzte ein, fast 500 Ölfirmen wurden gegründet. Bevor die Pipeline nach Calgary gebaut wurde, brachte man das Rohöl mit sechsspännigen Pferdewagen zum 27 km entfernten Okotoks. Da es für Erdgas noch keinen Markt gab, fackelte man es einfach ab. *Hell's Half Acre* nannte man das Tal, weil die zahllosen Gasfackeln die Nacht zum Tage machten. Die Wiedereröffnung der **Turner Valley Gas Plant National Historic Site** bei Millarville, in der man sich über die Anfänge von Albertas Öl- und Erdgasindustrie informieren konnte, ist wegen umfangreicher Umweltschutzmaßnahmen noch ungewiss, sodass man sich einstweilen mit einem Blick auf die hohe Gasflamme der Förderstätte begnügen muss.

Bei der Millarville-Tankstelle zweigt eine Straße nach Osten ab, auf der es nach 8 km eine originelle Kirche zu besichtigen gibt: die **Christ Church**, eine der ältesten Kirchen in Alberta, 1895 im Blockhüttenstil erbaut. Ihre Besonderheit: Die Baumstämme sind senkrecht angeordnet. Zurück in westlicher Richtung gelangt man über die Landstraße 762 durch ein Indianerreservat nach **Bragg Creek** **17**. Hier feiern die Sarcee-Indianer im Sommer eines der größten *Powwows* der Region mit traditionellen Tänzen und einem Rodeo. Nach einer knappen Stunde Fahrt auf dem Highway 8 ist man wieder in Calgary.

Von Banff nach Jasper

Türkisfarbene Gletscherseen, dramatische Felsgipfel und tiefgrüne Berghänge, Wapitihirsche, Bergziegen und Grizzlybären am Straßenrand: Der Highway 93, der die Nationalparks Banff und Jasper verbindet, gilt als die schönste Panoramaroute West-Kanadas. Als ›Icefields Parkway‹ führt die Gletscherstraße der kanadischen Rockies mitten durch das Herz des Felsengebirges, immer an dessen Hauptgrat entlang.

Ob im Rahmen einer Rundreise durch British Columbia (s. S. 191) oder als Höhepunkt einer Alberta-Reise, in keiner Routenplanung für West-Kanada sollte diese Strecke fehlen. Da ist es denn auch zu verschmerzen, wenn der Highway im Hochsommer zur beliebten Reisestrecke (fast) aller Besucher wird, mit gelegentlich überfüllten Aussichtspunkten und kleinen Verkehrsstaus bei jedem Bären, der am Straßenrand grast. Um dem zu entgehen, bricht man am besten frühmorgens, mit Picknickutensilien versorgt, zu der 285 km langen Fahrt von Banff nach Jasper auf. Unterwegs kann man auf ein- bis dreistündigen Wanderungen schnell in die stille Natur gelangen und die unberührte Bergwildnis abseits des Trubels genießen. Die reine Fahrstrecke lässt sich an einem Tag bewältigen, doch wäre es schade, die reizvolle Region im Schnelldurchgang ›abzuhaken‹. In welcher Richtung die Strecke befahren wird, ist im Prinzip gleich. Es lohnt auch, die Strecke hin und zurück zu fahren, denn so erschließen sich dem Besucher wieder völlig neue Panoramen.

9 Banff National Park

▶ 1, P–R 7–9

Cityplan: S. 282; **Karte:** S. 288

Hübsch gelegen im Tal des Bow River und umgeben von den schroffen Gipfeln der Cascade und Stoney Mountains im Norden, dem Tunnel Mountain im Osten und dem bewaldeten Sulphur Mountain im Süden, ist die Stadt **Banff** 1 das touristische Zentrum des Nationalparks. Der Ort hat heute über 5000 Einwohner, eine Zahl, die durch den Besucherstrom im Sommer leicht auf über 35000 anwachsen kann. An der breiten Banff Avenue, wo die meisten Geschäfte, Restaurants und Hotels zu finden sind, herrscht dann dichtes Gedränge. Neben den üblichen Souvenirs und Touristenkitsch präsentieren die Schaufenster teuren Schmuck und exklusive Mode ebenso wie Ausrüstungen für Bergwanderer, Mountainbiker und Angler.

Viele *Backpacker* benutzen den Ort als Ausgangspunkt für Aktivitäten in der Umgebung, abends trifft man sich in der Disko. Im Verhältnis zu seiner Größe hat Banff ein erstaunlich reges Nachtleben. Dennoch, trotz allem Trubel lohnt ein Aufenthalt von ein paar Tagen, denn die herrliche Bergwelt rings um das Städtchen macht vieles wieder wett. Neben guten Hotels finden sich in Banff zahlreiche gemütliche Restaurants und Cafés.

Den Namen Banff erhielt ›Siding 29‹, wie der kleine Eisenbahnposten zuvor schlicht genannt wurde, in Erinnerung an das schottische Banffshire. Dort wurde Sir George Stephen, der erste Präsident der Canadian Pacific Railway, geboren. Bei den Straßen hat man sich an die heimische Tierwelt gehalten: Bis auf die Banff Avenue und wenige andere Straßen heißen sie Caribou, Moose, Wolf, Beaver …

Banffs Museen

Auch kulturell hat Banff einiges zu bieten. Im **Banff Centre** 1 finden ganzjährig Ausstellungen und Veranstaltungen statt, die ihre Höhepunkte während des sommerlangen *Banff Festival of the Arts* finden. Dann lockt ein buntes Programm Besucher aus aller Welt: Kunstausstellungen und Workshops, Literaturlesungen, Oper, Musicals, Theater, Ballett, klassische Musik und Jazzkonzerte – für jeden Geschmack und Anspruch etwas (107 Tunnel Mountain Dr., Tel. 403-762-61 00, Box Office 762-6301, www.banffcentre.ca). In der Galerie des **Whyte Museum of the Canadian Rockies** 2 werden – mit Schwerpunkt auf den Rocky Mountains – Arbeiten von örtlichen und nationalen Künstlern gezeigt und Vorträge und Lesungen gehalten. Ein umfangreiches Archiv enthält Memorabilien, Dokumente und Fotos zur Geschichte von Banff und der Region. Interessant sind auch die Manuskripte und Tonbandaufzeichnungen von zahlreichen Pionieren und Outfittern aus den Anfangsjahren des Banff National Park (111 Bear St., Tel. 403-762-22 91, www.whyte.org, tgl. 10–17 Uhr; $ 10).

Das **Buffalo Nations Museum** 3 am südlichen Ufer des Bow River beschäftigt sich mit dem Leben der Prärie-Indianer. Gebäude und Exponate sind das Lebenswerk von Norman Luxton, einem Redakteur, Zeitungsverleger und frühen Promoter des Tourismus, der die ›Banff Indian Days‹ organisierte und den Banff Winter Carnival ins Leben rief. Luxton hatte sich durch seine Aufrichtigkeit und Hilfsbereitschaft den Respekt und das Vertrauen der Stoney-Indianer erworben. 1952 eröffnete er mit den Sammlungen aus seiner schließlich 60-jährigen Freundschaft mit den Stoneys das kleine Indianermuseum in einem rekonstruierten *Trading Post* am Bow River (1 Birch Ave., Tel. 403-762-23 88, im Sommer tgl. 11–18, sonst 13–17 Uhr; $ 8).

Im Ortszentrum an der Banff Avenue gibt es zwei kleine naturgeschichtliche Museen. Die 1895 gegründete **Banff Park Museum National Historic Site** 4 ist West-Kanadas ältestes Naturkundemuseum. Hier sind praktisch alle Säugetiere und Vögel des Banff National Park untergebracht – ausgestopft natürlich. Insgesamt werden über 5000 Spezies gezeigt – wie in der Frühzeit der Museen üblich. Auch wenn man sonst nichts für präparierte Tiere übrig hat, gewinnt man hier doch wertvolle Einsichten für die spätere Naturbeobachtung in freier Wildbahn. Die Trophäen stammen übrigens aus der Anfangszeit des Parks, als das Jagen in der Region noch erlaubt war. Das historische Gebäude des Museums, 1903 erbaut und innen ganz mit Douglasien-Holz eingerichtet, steht unter Denkmalschutz (93 Banff Ave., Tel. 403-762-15 58, Mitte Mai–Ende Sept. tgl. 10–18 Uhr, sonst 13–17 Uhr, im Sommer Führungen tgl. 15 Uhr; $ 4).

Im **Parks Canada Banff Infocentre** (Banff Information Centre, 224 Banff Avenue, Tel. 762-15 50, www.banffnationalpark.com) gibt es hervorragendes Karten- und Informationsmaterial über Banff und den Nationalpark: Sehenswürdigkeiten, die besten Wander- und Fahrradwege, Campingplätze, aktuelle Wettervorhersagen – und man erfährt hier auch, wann und wo in letzter Zeit Bären gesichtet wurden. Denn die gibt es natürlich auch im Banff-Nationalpark, wenn auch nicht so häufig wie in Jasper.

Vermillion Lakes 5

Westlich der Stadt führt eine 10 km lange Straße parallel zum Trans-Canada Highway zu den **Vermillion Lakes**. Die drei Seen liegen im Überschwemmungsgebiet des Bow River und sind ein Wild- und Vogelparadies. Fischadler und *Bald Eagles* (Weißkopfseeadler) horsten hier. Auf dem **Fenland Trail**, einem idyllischen 1,5 km langen Rundweg, sieht man Biber, Wapiti und zuweilen Elche. Mitte der 1980er-Jahre fanden Archäologen hier große Mengen Knochenreste von Dallschafen, die vor etwa 10 000 Jahren vermutlich frühen Jägern als Werkzeug dienten.

Sulphur Mountain

Der beste Überblick über das 1384 m hoch gelegene Banff und das Bow Valley bietet sich vom 2285 m hohen Gipfel des **Sulphur Mountain**. Acht Minuten lang hat man während der Fahrt mit der **Banff Gondola** 6 zur Bergstation Zeit, den 360°-Panoramablick zu genießen (3 km von Banff, an der Mountain Ave., Tel. 403-762-25 23, www. banffgondola. com, Juli/Aug. tgl. 8.30–21 Uhr, weitere Betriebszeiten erfragen; $ 38, bei Ticketbestellung via Internet $ 5 weniger). Oben angelangt, kann man in Kanadas höchstem Restaurant dinieren oder sich auf dem 1 km langen Summit Ridge Trail und dem ebenfalls kurzen **Vista Trail** zum nahen Samson Peak die Beine vertreten. Von hier überblickt man die gesamte Stadt mit dem Bow Valley bis zu den Ausläufern des **Lake Minnewanka**, dem größten See des Parks. Er wurde 1941 zu seiner jetzigen Größe aufgestaut und ist ein beliebtes Ausflugsziel, vor allem für Wanderer und Angler. Besonders letztere finden hier die richtigen Fischgründe – vor einigen Jahren wurde ein 30-pfündiger Seesaibling *(Lake Trout)* aus dem kühlen Wasser geholt.

Am Nordufer führt ein 27 km langer Trail entlang, auf dem man häufig äußerst zutraulichen Bighorn-Schafen begegnet. Wer nicht wandern möchte, kann den See auch auf einer 1,5-stündigen Bootstour genießen.

Cave and Basin National Historic Site 7

Doch zurück zum **Sulphur Mountain**, denn hier betritt man geschichtsträchtiges Terrain. An seiner Flanke wurden vor gut 100 Jahren Schwefelquellen entdeckt, die zur Gründung des damals noch kleinen Nationalparks führten und den Kurort Banff bald weltberühmt machten. In der **Cave and Basin National Historic Site** am Fuße des Berges ist die historische Höhle der *Hot Springs* zu besichtigen (311 Cave Ave., Tel. 403-762-15 66, www.pc.gc.ca/lhn-nhs/ab/caveandbasin; der Badepavillon und die National Historic Site werden zurzeit renoviert und öffnen voraussichtlich im Mai 2012 wieder; neue Öffnungszeiten erfragen). Im Hauptgebäude erläutern Ausstellungen die Geologie der Rockies und die Auswirkungen des warmen Schwefelwassers auf Flora und Fauna der Region. Insgesamt sprudeln acht heiße Quellen in der Umgebung von Banff, fünf davon am Sulphur Mountain, darunter auch die mit 42 °C wärmsten, die Upper Hot Springs nahe der Talstation der Gondola.

Die Indianer kannten die heilsame Wirkung der Quellen schon lange. Aber es bedurfte erst eines Zufalls, um die Cave and Basin Hot Springs, wie sie später genannt wurden, zu entdecken. An einem Novembertag des Jahres 1883 nutzten die Eisenbahnarbeiter Frank McCabe, Thomas McCardell und sein Bruder William ihre Freizeit dazu, um nach Gold und Silber zu schürfen. Nuggets fanden sie nicht, aber sie stießen zuerst auf das Quellbecken und danach auch auf die Höhle. Über einen umgestürzten Baumstamm kletterten sie hinein, um ein warmes Bad zu nehmen. In den Pioniertagen des Westens bedeutete heißes Wasser im Überfluss echten Luxus. Die Hobby-Prospektoren hatten somit flüssiges Gold gefunden. Mangelndes Verhandlungsgeschick brachte sie jedoch um die Früchte ihrer Entdeckung; sie wurden von der Regierung mit ein paar Tausend Dollar abgefunden.

Erfolgreicher waren die Eisenbahnmagnaten Sanford Fleming und Cornelius van Horne. Auf ihren Vorschlag hin wurde im November 1885 ein 26 km² großes Schutzgebiet um die Hot Springs errichtet – mit besonderen Erschließungsrechten für die Canadian Pacific Railway. 1887 wurde das Gebiet zum Rocky Mountains Park erweitert.

Fairmont Banff Springs Hotel 8

Um der eben erst fertig gestellten transkontinentalen Eisenbahn wirtschaftlichen Auftrieb zu verschaffen, suchte man das Potenzial der heißen Quellen und der einmaligen Landschaft zu nutzen. »Wenn wir die Landschaft nicht exportieren können, dann müssen wir eben die Touristen importieren« – mit diesem Motto leitete Eisenbahndirektor van Horne die Werbekampagne für den neu gegründeten Kurort ein. 1888 wurde das von der CPR gebaute **Fairmont Banff Springs Hotel** eröffnet. Der massige, schlossartige Bau mit seinen Türmen und Erkern hoch über dem Bow River war damals mit 250 Zimmern

0
250
500 m
Banff Ave.
Bighorn St.
Squirrel St.
Marten St.
Moose St.
Elk St.
Beaver St.
Muskrat St.
Wolf St.
Lynx St.
Bear St.
Banff Ave.
Otter St.
Caribou St.
Bow Ave.
Beaver St.
Muskrat St.
Buffalo St.
Trans-Canada-Highway
Forty Mile Creek
Banff Ave.
Village II
Villa
Tunnel Mountain Rd.
Cougar St.
siehe Detailkarte
Railway Station
Mt. Norquay Rd.
Vermillion Lakes Dr.
Fenland
Lake Louise
First Vermillion Lake
Second Vermillion Lake
Echo Creek
Bow River
Squirrel St.
Marten St.
Elk St.
Wolf St.
Otter St.
Bear St.
Banff Ave.
Caribou St.
Buffalo St.
Tunnel Mountain
Tunnel Mountain Dr.
St. Julien Rd.
Bow River/Hoodoos Trail
Bow River
Bow Falls
Golf Course Loop Rd.
Cave Ave.
Park Ave.
Glen Ave.
Spray Ave.
Kootenay
Rundle
Marsh Loop Trail
Middle Springs
Mountain Ave.
Spray River
Upper Hot Springs
Sanson Peak
Sulphur Mountain 2285 m
0
500
1 km

Banff

Sehenswert
1 Banff Centre and School of Fine Arts
2 Whyte Museum of the Canadian Rockies
3 Buffalo Nations Museum
4 Banff Park Museum National Historic Site
5 Vermillion Lakes
6 Banff Gondola
7 Cave and Basin National Historic Site
8 Fairmont Banff Springs Hotel

Übernachten
1 Banff Caribou Lodge
2 Mount Royal Hotel
3 Rundle Manor
4 Homestead Inn
5 HI Banff Alpine Centre
6 Tunnel Mountain Village Campground
7 Castle Mountain Camping & RV

Essen & Trinken
1 Le Beaujolais
2 Melissa's Restaurant & Bar
3 Giorgio's Trattoria
4 Evelyn's Coffee Bar

Einkaufen
1 The Bay
2 Great Northern Trading Co.

Aktiv
1 Brewster Tour & Transportation Centre
2 Lake Minnewanka Boat Tours
3 Warner Guiding & Outfitting
4 Wild Water Adventures

das größte Hotel der Welt. Sogar das Wasser der heißen Schwefelquellen holte man sich ins Haus – durch Röhren von den 2 km entfernten Upper Hot Springs. 5000 Gäste kamen schon im ersten Jahr. Von 1925 bis 1928 wurde das Hotel erweitert und renoviert – mit einem Aufwand und Luxus ohnegleichen. Seit seiner Eröffnung sind die Großen dieser Welt hier zu Gast gewesen, haben Könige und Präsidenten, Showstars und Industrielle hier genächtigt. Heute geht es demokratischer zu; in der Lobby sind auch japanische Touristen und Pauschalreisende anzutreffen. Das tut dem Flair des Hauses jedoch keinen Abbruch.

Mitte der 1890er-Jahre reisten die ersten Bergtouristen aus Europa und Amerika an, um die Gipfel der Rocky Mountains zu bezwingen. Als die Canadian Pacific Railway um 1900 schließlich sogar Bergführer aus der Schweiz nach Banff und Lake Louise holte und damit das Bergsteigen sicherer machte, entwickelte sich der Klettertourismus zum großen Geschäft.

Aus dem 26 km² kleinen Schutzgebiet der Hot Springs von 1887 entstand der heutige Banff National Park mit 6641 km² – Teil eines zusammenhängenden Gebietes von vier Nationalparks mit einer Gesamtfläche von 20 160 km². Über 3 Mio. Besucher kommen jedes Jahr nach Banff. Mag der Ort auch sehr dem touristischen Rummel verfallen sein – ringsum in der wilden Natur des Parks hat sich nur wenig verändert. Im Bergwandern, Trailreiten, Kanufahren und Angeln finden die ursprünglichen Fortbewegungsarten ihre komfortable und beliebte Fortsetzung.

Infos

Banff National Park Information Centre: 224 Banff Ave., Banff, Tel. 403-762-15 50, www.banffnationalpark.com. Mitte Mai–Mitte Juni 9–19, Mitte Juni–Anf. Sept. 8–20, sonst 9–17 Uhr; Parkeintritt $ 10. Neuer Service ›tent4rent‹: Campingausrüstung vom Zelt bis zum Klappstuhl kann geliehen werden.

Banff Tourism Bureau: P.O. Box 12 98, 317 Banff Ave., Suite 375, Banff, AB T1L 1B3, Tel. 403-762-84 21, Fax 762-8163, www.banfflakelouise.com, www.banffview.com.

Übernachten

Topadresse ▸ **Fairmont Banff Springs Hotel 8:** 405 Spray Ave., Banff, AB T1L 1J4, Tel. 403-762-22 11, 1-800-441-14 14, Fax 762-57 55, www.fairmont.com. Das Traditionshotel gehört zu Kanadas besten Häusern. Südlich von Banff am Zusammenfluss von Bow und Spray River gelegen, mehrere exquisite Restaurants, Lounges, Boutiquen, Geschäfte, Golfplatz. $ 249–450.

Sporthotel ▸ **Banff Caribou Lodge 1:** 521 Banff Ave., Banff, AB T1L 1A4, Tel. 403-762-58 87, 1-800-563-87 64, Fax 762-59 18,

www.bestofbanff.com. Großes Hotel, schöne Lobby mit Kamin; beliebtes Steak-Restaurant. $ 190–300.
Zentral gelegen ▶ **Mount Royal Hotel 2:** 138 Banff Ave., Banff, AB T1L 1A7, Tel. 403-762-33 31, 1-877-442-26 23, Fax 760-85 51, www.mountroyalhotel.com. Geräumige Zimmer, rustikaler Speiseraum, abends Country und Folk. $ 169–269.
Für Selbstversorger ▶ **Rundle Manor 3:** 348 Marten St., Banff, AB T1L 1H8, Tel. 403-762-55 44, 1-800-661-12 72, Fax 762-07 03, www.bestofbanff.com. Apartments, geeignet für Familien oder Kleingruppen, voll eingerichtete Küchen. $ 149–219.
Im Chaletstil ▶ **Homestead Inn 4:** 217 Lynx St., Banff, AB T1L 1A7, Tel. 403-762-44 71, 1-800-661-10 21, Fax 762-88 77, www.homesteadinnbanff.com. Zentral gelegen. Nebenan befindet sich ›Melissa's‹ mit ausgezeichneter Küche (s. unten). Ab $ 149.
Budgetunterkunft ▶ **HI Banff Alpine Centre 5:** 801 Hidden Ridge Way, Banff, Tel. 403-762-41 23, 1-866-762-41 22, www.hihostels.ca. Modernes Hostel, etwa 3 km vom Ortskern entfernt, Schlafsäle mit 2, 4 und 6 Betten ($ 38) sowie private Zimmer und Cabin Suites ($109–170); Cafeteria mit Selbstbedienung, Internet, Gemeinschaftsraum mit Kamin, kleiner Pub, Bus zur Downtown, Buchung von diversen Aktivitäten.
Camping ▶ **Tunnel Mountain Village Campground 6:** Banff National Park, Tel. 403-762-15 50. 3 km von Banff entfernt; Village 1 (618 Plätze), Village 2 (188 Plätze). $ 27–38. **Castle Mountain Campground 7:** Banff National Park, Tel. 403-762-15 50. 30 km westl. von Banff am Hwy. 1A, 43 Plätze. $ 6 (Zelt), $ 21 (RV).

Essen & Trinken

Fine Dining ▶ **Le Beaujolais 1:** Ecke Banff Ave./Buffalo St., Banff, Tel. 403-762-27 12,tgl. 17–23 Uhr. Restaurant, Bistro und Weinstube. Französische Küche, elegante Atmosphäre, schöner Blick. $ 30–55
Steaks, Burger & Co. ▶ **Melissa's Restaurant & Bar 2:** 218 Lynx St., Banff, Tel. 403-762-55 11, tgl. 7.30–22 Uhr, Bar bis 2 Uhr. Restaurant in rustikalem Blockhaus, Frühstück, Lunch und Dinner. $ 12–26.
Beliebter Italiener ▶ **Giorgio's Trattoria 3:** 219 Banff Ave., Banff, Tel. 403-762-51 14. Stets gut besuchtes italienisches Restaurant. Leckere Pizza und hausgemachte Pasta, Fleisch- und Fischgerichte. $ 12–24.
Für den kleinen Hunger ▶ **Evelyn's Coffee Bar 4:** 119 Banff Ave., Banff, Tel. 403-762-0352, www.evelynscoffeebar.com. Beliebtes Café mit drei Filialen in Banff (201 Banff Ave., 229 Bear St.); frische Backwaren – und der beste Kaffee, leckere Sandwiches und Salate, Frühstück und Lunch. $ 5–12.

Einkaufen

Kaufhaus ▶ **The Bay 1:** 125 Banff Ave., Banff, Tel. 403-762-55 25, Mo–Sa 9.30–21, So 9.30–18 Uhr. Kanadas traditioneller Department Store, auch gute Auswahl an Canadiana und Souvenirs, u. a. die berühmten bunten Hudson's Bay-Wolldecken.
Regionale Produkte ▶ **Great Northern Trading Co. 2:** 201 Banff Ave., Banff, Tel. 403-762-41 66. Kunsthandwerk, Souvenirs, Spezialitäten, Kleidung – alles handgefertigt in Alberta.

Aktiv

Nationalparkführungen ▶ **The Cave & Basin National Historic Site 7:** Cave Ave., Banff, Tel. 403-762-15 66. Interpretive Centre ganzjährig geöffnet, im Sommer Führungen tgl. 15 Uhr, Pool Mitte Mai–Ende Sept. 9–18, übrige Zeit Mo–Fr 11–16 und Sa/So 9.30–17 Uhr; $ 4.
Busrundfahrten ▶ **Brewster Tour & Transportation Center 1:** 110 Gopher St., Banff, AB, Tel. 403-762-67 00, 1-866-606-67 00, www.brewster.ca. Exkursionen und Rundreisen: Icefields Parkway Tour von Banff nach Jasper oder umgekehrt, mit Besuch des Lake Louise; bei Rundreise Übernachtung in Banff oder Jasper; Columbia Icefield Tour von Banff aus, ca. 9 Std. Dauer, mit Mittagspause am Gletscher.
Bootstouren ▶ **Lake Minnewanka Boat Tours 2:** Am Trans-Canada Hwy., 15 Min. nordöstl. von Banff, Tel. 403-762-34 73,

Banff vor der Kulisse des Cascade Mountain

www.minnewankaboattours.com. 90-minütige Bootsfahrten auf dem Minnewanka-See, 4–5 x tgl., Victoria Day–Anfang Sept. $ 44. Auskünfte auch in Banff, 103 Jay St., Tel. 403-762-4425.

Ausritte ► **Warner Guiding and Outfitting** 3: 132 Banff Ave., P.O. Box 22 80, Banff, T1L 1C1, Tel. 403-762-45 51, www.horseback.com. Von Frühjahr bis Herbst große Auswahl von Touren im Banff National Park; Schlafsack mitbringen.

Wildwasserfahrten ► **Wild Water Adventures** 4: Tel. 403-522-22 11, 1-888-647-64 44. Büro im Chateau Lake Louise in Lake Louise, Touren auch in Banff buchbar. Wildwasserfahrten im Nationalpark, Pick-up-Service von den Hotels.

Termine

Banff Festival of the Arts: während des Sommers Kunstausstellungen und Workshops.

Lake Louise ► 1, Q 8

Vor der knapp 60 km langen Fahrt von Banff nach Lake Louise muss man sich entscheiden: Entweder nimmt man den schnelleren Trans-Canada Highway westlich des Bow River mit besonders schöner Aussicht auf den Fluss und den imposanten Castle Mountain – oder man trödelt gemütlich auf dem **Bow Valley Parkway** nordwärts, einer idyllischen, weniger befahrenen Nebenstrecke östlich des Flusses mit Möglichkeiten zum Wandern, Angeln und Wildbeobachten. Beide Strecken sind etwa gleich lang und landschaftlich reizvoll. Besonders lohnend ist eine 1 km lange Wanderung zum **Johnston Canyon**, wo ein Steg über die vom schäumenden Johnston Creek tief eingeschnittene Schlucht führt. Eine 5,6 km lange Wanderung führt zu den **Ink Pots** – sechs aus dem Boden sprudelnden Mineralquellen mit schönen Wasserfärbungen und einer konstanten Temperatur von 4° C.

aktiv unterwegs

Wandern am Lake Louise

Tour-Infos

Start: Chateau Lake Louise, Upper Lake Louise Parkplatz, 4 km vom Ort entfernt
Länge: 2–10 km
Dauer: 1 Stunde bis ganzer Tag
Schwierigkeitsgrad: leicht bis moderat
Infos und geführte Touren: Banff National Park, Lake Louise Visitor Centre (im Ort an der Samson Mall), Tel. 403-522-38 33, 403-522-126 4, April 9–16, Anf. Mai–Mitte Juni 9–17, Mitte Juni–Mitte Sept. 8–20, Mitte–Ende Sept. 9–17, restliche Zeit 9–16.30 Uhr. Im Besucherzentrum erhält man auch Kartenmaterial und Wanderführer.
Einkehr: Lake Agnes Teahouse, Anf. Juni–Anf. Sept. 9–18, Sept.–Okt. 10–17.30 Uhr. Hervorragende Auswahl an Teesorten, Kaffee, Kuchen und Sandwiches.

Der Banff National Park gilt als ein wahres Paradies für Wanderer. Ein Netz von 1600 km gut gepflegter und gekennzeichneter Trails durchziehen den Park. Einige der schönsten Wanderwege findet man in den Bergen am Lake Louise und im Paradise Valley.

Lake Louise Lakeshore

Dieser einfache und entsprechend beliebte Wanderweg beginnt vor dem **Chateau Lake Louise** und führt dann auf ebener Strecke etwa 2 km am **Seeufer** entlang. Für den Hin- und Rückweg muss man etwa 1 Std. rechnen. Immer wieder bieten sich schöne Blicke auf den türkisfarbenen See mit seinem imposanten Gipfelpanorama, besonders hübsch im Herbst, wenn die Blätter sich goldgelb färben. Am Ende des Weges trifft man auf den milchig-trüben Bach, der dem See seine faszinierende Farbe verleiht. Vom Uferweg zweigen mehrere Trails ab, sodass man die Wanderung beliebig verlängern kann.

Lake Agnes und Beehives

Auch dieser Trail beginnt beim Chateau. Bis zum wunderschön gelegenen **Lake Agnes** läuft man etwa 3,5 km (385 Höhenmeter). Hin und zurück sollte man gut 3 Std. rechnen – oder länger, wenn man im gemütlichen kleinen Tea House am Lake Agnes einkehrt. Der Weg führt durch alte Waldbestände, dann wird der Bewuchs lichter und es bieten sich bezaubernde Blicke auf den leuchtend türkisfarbenen Lake Louise, den schimmernde Gletscher rahmen. Die Wanderung wird länger, wenn man die beiden Seitentrails vom Lake Agnes zum **Little Beehive** (1 km einfacher Weg, 105 Höhenmeter) und zum **Big Beehive** (1,6 km einfacher Weg, 135 Höhenmeter) hinzunimmt. Auch hier belohnen großartige Ausblicke für die Mühe. *Beehive* heißt Bienenkorb – der Name erklärt sich beim Anblick der beiden Bergkuppen von selbst.

Plain of Six Glaciers

Der Trail führt vom Chateau aus über den Uferwanderweg hinauf in eine grandiose Bergwelt mit dichtem Wald, Wasserfällen und Gletschern. Ein kleiner Abstecher zum **Abbot Pass Viewpoint** (1,5 km, 50 Höhenmeter,

Der kleine Ort **Lake Louise** **2** besitzt einige Geschäfte und Hotels sowie eine Bahnstation. Die **Lake Louise Gondola** (Tel. 403-522-35 55, Ende Juni–Anf. Sept. 9–17, Aug. 9–18, Mitte Mai–Ende Juni 9.30–16, Anf. Sept.–Anf. Okt. 9.30–16.30 Uhr; $ 27) fährt zur 2088 m hoch gelegenen Bergstation des Mount Whitehorn (2669 m). Die Fahrt dauert rund 15 Minuten. Oben gibt es neben Restaurant und Souvenirshop alpine Wiesen und Panoramablicke auf schneebedeckte Berge und den Lake Louise in der Ferne. Im Winter gilt der Berg als eines der größten und schönsten Skigebiete Kanadas.

1 Std.) ermöglicht einen Blick in die Gletscherspalten des **Lower Victoria Glacier.** Am Trailende angekommen, wartet ein Bergpanorama mit sechs Gletschern, das sich auch vom Plain of Six Glaciers Teahouse genießen lässt. Der Weg ist einfach 5,4 km lang und überwindet 365 Höhenmeter. Für den Hin- und Rückweg sollte man etwa 4 Std. veranschlagen. Der Plain of Six Glaciers Trail lässt sich über den Highline Trail mit dem Lake Agnes Trail zu einer Tagestour verbinden (etwa 15 km, 5–6 Std.).

Fairview Lookout

Auf der anderen Seite des Lake Louise, beginnend beim Boathouse, lohnt sich der kurze, allerdings sehr steile Wanderweg zum Fairview Lookout, einem Aussichtspunkt an der Flanke des **Fairview Mountain** (1 km einfacher Weg, 100 Höhenmeter). Der etwa 30-minütige Aufstieg ist anstrengend, wird jedoch mit einem herrlichen Blick auf den Lake Louise und das historische Chateau belohnt. Wer mag, kann noch den durch Lärchenwald führenden Saddleback Trail anschließen.

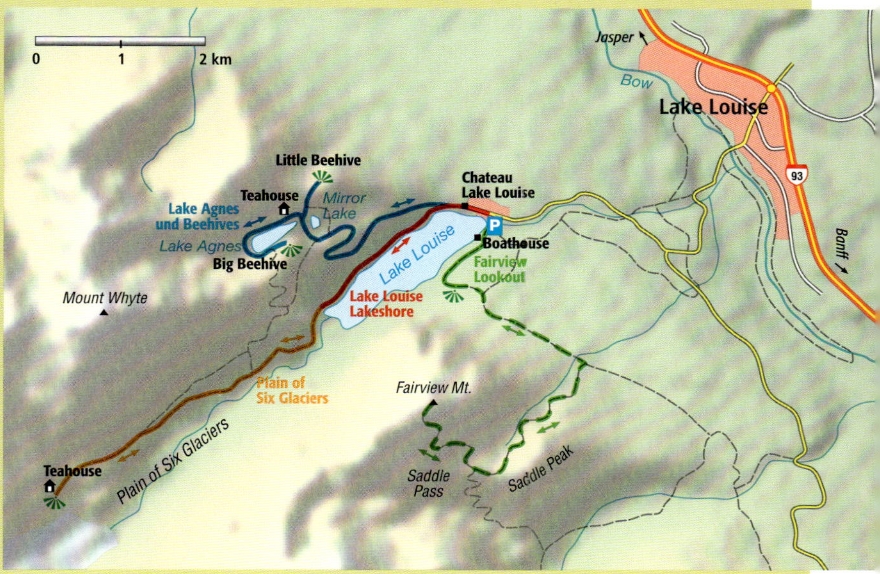

Die Hauptattraktion dieser Region ist natürlich der **Lake Louise** mit dem mächtigen Victoria-Gletscher. Der blaugrün schimmernde See, von einer malerischen Bergkulisse umrahmt, ist der meistbesuchte der Rocky Mountains. Tom Wilson, ein Arbeiter der Canadian Pacific Railroad, war der erste Europäer, der diese ›Perle der Rockies‹ zu Gesicht bekam. Am Seeufer thront inmitten schöner Blumenanlagen das trutzige **Château Lake Louise** mit Übernachtungsmöglichkeiten für über 1000 Gäste. Es wurde ursprünglich 1890 von der Canadian Pacific Railroad gebaut und nach einem Feuer 1924 neu errich-

Von Banff nach Jasper

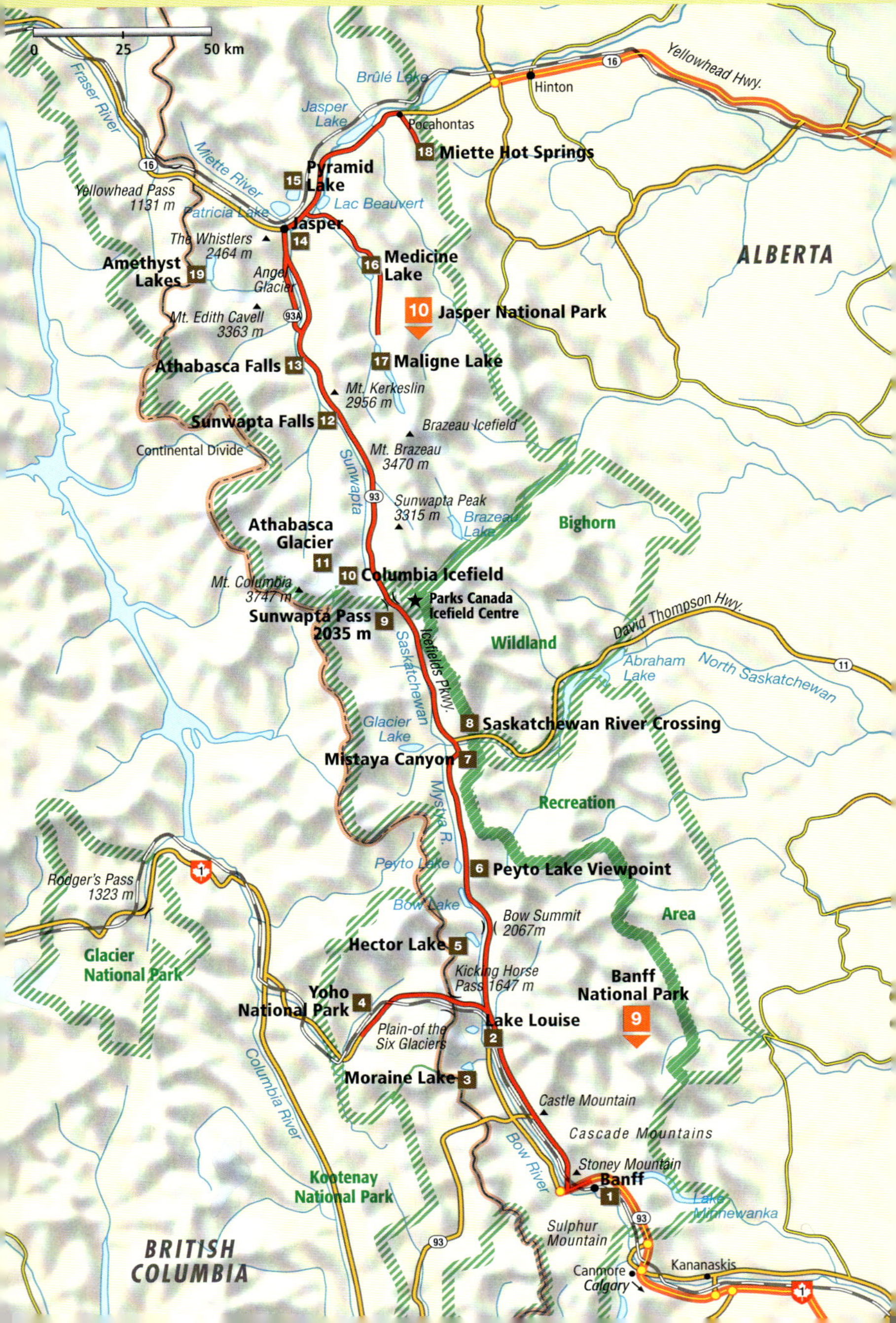

tet. Man kann Kanus mieten, und ein Netz gut markierter Wanderpfade erschließt die Berglandschaft ringsum. Am besten fährt man früh morgens zum See. Dann sind die Anlagen und Wanderwege noch nicht überlaufen, und man findet leicht einen Parkplatz. Das Wasser des Sees ist eiskalt, nur knapp über dem Gefrierpunkt. Anfang August ist die höchste Temperatur von 4 °C (!) erreicht.

Besonders reizvoll sind die Wanderungen zum **Lake Agnes** (3,5 km) und zum **Plain of the Six Glaciers** (5,5 km), einem Bergplateau mit subalpiner Vegetation und schöner Aussicht auf sechs Gletscher. Gelegentlich hört man das Geräusch von Gletscherabbrüchen und ins Tal polternden Felsbrocken. Beide Wanderungen beginnen mit einem Spaziergang entlang des rechten Seeufers. An ihren Endpunkten wartet jeweils ein *Teahouse,* wo man rasten und den mitgebrachten Lunch verzehren kann. Aber auch hier gilt: Je früher man sich auf den Weg macht, um so ruhiger und idyllischer die Wanderung.

Ein weiterer Ausflug führt über eine 12 km lange Stichstraße zum **Moraine Lake** 3 im ›Tal der zehn Gipfel‹. Der stille, milchig blaue Gletschersee, den die wild gezackten, schneebedeckten Felsgipfel der Wenkchemna Peaks umrahmen, wurde erst wenige Jahre vor 1900 entdeckt. See und Berge, die über 20 Jahre lang die Rückseite der kanadischen 20-Dollar-Note zierten, sind landschaftlich genauso attraktiv wie Lake Louise, jedoch nicht so überlaufen. Vom Moraine Lake aus lassen sich Wandertouren unternehmen, Kanus können gemietet werden.

Infos

Im Internet:
www.lakelouise.com

Übernachten

Hotellegende ► Fairmont Chateau Lake Louise: Lake Louise, AB T0L 1E0, Tel. 403-522-35 11, 1-800-441-14 14, Fax 403-522-31 11, www.fairmont.com. Von Canadian Pacific Railways betrieben, ca. 50 km westl. von Banff am schönsten See der Rockies; hier sind schon Fürsten und Könige zu Gast gewesen; Restaurants, Pool, Boutiquen und Schönheitssalon. Ab $ 250.

Verschiedene Zimmertypen ► Lake Louise Inn: 210 Village Rd., Lake Louise, AB T0L 1E0, Tel. 403-522-37 91, 1-800-661-92 37, Fax 522-20 18, www.lakelouiseinn.com. Schön gelegen, mit Pool, Restaurant und Lounge. Einige Zimmer mit Kitchenette, andere mit Balkon und/oder Kamin. Ab $ 165.

Budgetunterkunft ► Hostel Lake Louise Alpine Centre: 203 Village Rd., Tel. 403-522-22 01, 1-866-762-41 22, Fax 522-22 53, www.hihostels.ca. Preisgünstiges Alpenvereinsquartier vor beeindruckender Gebirgskulisse, Internet, Waschsalon, Bibliothek, Café, $ 38, Privatzimmer $ 120.

Camping ► Lake Louise Trailer Park: Banff National Park, 1 km östl. von Lake Louise, Tel. 403-762-15 50, 1-877-737-37 83. 189 Plätze. $ 33, Zeltplätze $ 30.

Aktiv

Ausritte ► Timberline Tours: P.O. Box 14, Lake Louise, AB T0L 1E0, Tel. 403-522-37 43, 1-888-858-33 88, www.timberlinetours.ca. 3-, 4-, 7- und 10-Tage-Ritte vom Lake Louise; auch für Kinder (ab $ 470); Unterbringung in Zelten, Schlafsack mitbringen! Auch Stunden- oder Tagesritte ($ 70–180). Juni–Sept. **Brewster Adventures:** Tel. 403-762-54 54, 1-800-691-50 85, www.brewsteradventures.com. Ausritte zum Lake Louise (2 Std., $ 72), zum Lake Agnes (4 Std., $ 115) und zur Plain of Six Glaciers (5 Std., $ 145).

Abstecher zum Yoho National Park ► 1, Q 8/9

Karte: links

Wenige Kilometer nach Lake Louise Village führt der Highway 1 nach Westen und überquert die Rockies. Wer genug Zeit zur Verfügung hat, sollte hier einen Abstecher machen und dem Trans-Canada noch bis zum nahen **Yoho National Park** 4 (s. S. 289) folgen, bevor er seine Fahrt auf dem Icefields Parkway beginnt. Schon nach wenigen Kilometern westwärts überwindet man den Kicking

Beliebtes Fotomotiv: der türkisfarben leuchtende Peyto Lake

Horse Pass. Hier beginnt die Provinz British Columbia und – direkt an den Banff National Park angrenzend – auch der 1300 km² große Yoho-Nationalpark an der Westflanke der Rocky Mountains. Ein noch wenig erschlossenes Schutzgebiet, das dem Banff National Park mit grandiosen Hochgebirgslandschaften, reißenden Flüssen, tosenden Wasserfällen und stillen Seen in nichts nachsteht.

Icefields Parkway

► 1, P/Q 7/8

Karte: S. 288

Die Reise nach Jasper in Richtung Norden beginnt auf dem **Icefields Parkway**, wie der 230 km lange Teil des Highway 93 zwischen Lake Louise und Jasper genannt wird. Es ist sicherlich eine der schönsten Bergstraßen der Welt; sie führt entlang der kontinentalen Wasserscheide mitten durch das Herz der kanadischen Rockies, vorbei an zahlreichen Gletschern, Wasserfällen, Seen und grandiosen Bergketten, durch weite Flusstäler und tiefgrüne Fichtenwälder. Schon Anfang des 19. Jh. benutzten Indianer und Trapper diese Route, die sie den ›Wundertrail‹ nannten.

Der Highway 93 entstand im Rahmen einer Arbeitsbeschaffungsmaßnahme während der Wirtschaftskrise der 1930er-Jahre. 1940 rollten die ersten Autos über den Parkway, der 1961 in seiner jetzigen Form ausgebaut wurde. Heute befahren jährlich über 1 Mio. Menschen die Strecke zwischen Lake Louise und Jasper. Dennoch, mit Ausnahme der Hauptreisezeit im Juli/August, ist von zu großer Verkehrsdichte wenig zu spüren.

Der Icefields Parkway verläuft zunächst im Tal des Bow River, vorbei am idyllischen **Herbert Lake**, bei dem ein Picknickplatz zur Rast einlädt. Nach ungefähr 15 km erreicht man den Trailhead eines schönen Wanderweges zum **Hector Lake** 5. Gleich danach kommt Mosquito Creek mit einem Campingplatz, der auch RV-Stellplätze aufweist. Danach folgen mehrere großartige Aussichtspunkte entlang des Bow Lake, bis der Parkway sich schließlich zum **Bow Summit** emporschwingt, mit 2067 m der höchste Pass des Icefields Parkway. Am Bow Lake gibt es ein Restaurant und auch Übernachtungsmöglichkeiten.

Peyto Lake

Vom Highway führt eine kurze Straße mit anschließendem Wanderweg zum **Peyto Lake Viewpoint** 6. Hier bietet sich ein atemberaubender Panoramablick über den in intensivem Türkis leuchtenden ›Bilderbuch‹-See. Ein steiler Pfad führt hinunter. Der **Peyto Lake**, bis Juni mit Eis bedeckt, ist ein Gletschersee, der durch die im Schmelzwasser enthaltenen Sedimente seine typische Farbe erhält. Die extrem feinen Gesteinspartikel reflektieren besonders das blaugrüne Farbspektrum. Deshalb ist der See bei Beginn des Sommers noch tiefblau, um dann mit zunehmendem Sedimentanteil eine seiner berühmten Türkisschattierungen anzunehmen. Seinen Namen erhielt der See nach ›Wild‹ Bill Peyto, einem der ersten Bergführer und späteren Ranger des Parks.

Vom Mistaya Canyon nach Saskatchewan Crossing

Beim Howse Pass, 30 km weiter, folgt die nächste Sehenswürdigkeit, die man sich nicht entgehen lassen sollte: Von einem *Turnout* führt ein kurzer Weg hinab zu einer Fußgängerbrücke über den **Mistaya Canyon** 7. Hier hat sich der Fluss in Jahrtausenden tief in den Kalksteinfels eingegraben und durch mitgeführte Steine und Felsbrocken Treppen, Bögen, Kessel und Höhlen aus dem Fels geschliffen. Einige Kilometer weiter öffnet sich am **Howse River Viewpoint** ein beeindruckender Panoramablick über das Tal des North Saskatchewan River und die Täler seiner Zuflüsse, des Mistaya und Howse River.

Am **Saskatchewan River Crossing** 8 wird der North Saskatchewan überquert, der sich hier in einem breiten Tal den Weg nach Osten durch die *Front Range* der Rockies gebahnt hat. Hier zweigt der David Thompson Highway 11 ab, der dem Fluss in Richtung Osten nach **Rocky Mountain House** folgt. An der Abzweigung des Highway 11 gibt es eine Raststätte und hier befindet sich auch die einzige Tankstelle auf dem Icefields Parkway (Mitte März–Mitte Nov.). Wer sich nicht sicher ist, ob die Tankfüllung für die nächsten 150 km bis Jasper reicht, sollte hier tanken.

Abstecher auf dem David Thompson Highway

Bei Saskatchewan River Crossing bietet sich auch ein Abstecher auf dem David Thompson Highway 11 an. Insgesamt 180 km sind es bis Rocky Mountain House. Die Stadt selbst hat keine nennenswerten Sehenswürdigkeiten zu bieten – außer eben der **Rocky Mountain House National Historic Site**, etwa 6 km außerhalb des Ortes an den bewaldeten Ufern des North Saskatchewan River gelegen. Hier erinnern die Überreste von vier Pelzhandelsposten an die Zeit des Pelzhandels von 1799 bis 1875 und die Rivalität zwischen der North West Company und der Hudson's Bay Company. Beide Gesellschaften erreichten den North Saskatchewan River fast in der gleichen Woche im Sommer 1799, um Handel mit den Indianern zu treiben. Der scharfe Wettbewerb hörte erst auf, als sich die beiden Pelzhandelsgesellschaften 1821 vereinigten.1875 wurde der letzte der *Trading Posts* aufgegeben.

Heute kann man auf einer halbstündigen Wanderung neben den Überresten der historischen Handelsstation auch ein nachgebautes typisches Flussboot, Wagen und eine Pelzpresse sowie Indianer-Tipis und eine Büffelherde besichtigen. Im Visitor Centre werden neben einer kleinen Ausstellung von Handelswaren und indianischen Tauschartikeln auch informative Filme gezeigt (Tel. 403-845-24 12, www.pc.gc.ca/lhn-nhs/ab/rocky mountain, Mitte Mai–Aug. tgl. 10–17 Uhr, Sept–Anf. Okt. nur Mo–Fr; $ 4). Auch wenn man nicht die ganze Strecke fahren möchte, lohnt ein Ausflug zum etwa 50 km vom Icefields Parkway entfernten **Abraham Lake**. Dieser Streckenabschnitt des David Thompson Highway gehört zu den schönsten Bergstraßen der Rockies.

Sunwapta Pass 9

Bis zum Sunwapta Pass sind es noch gut 700 Höhenmeter. Und da durch das breite Saskatchewan-Tal vom Osten her wärmere und trockene Luft strömt, gleicht die Landschaft hier eher den *Foothills* als einem alpinen Hochgebirge. Bevor die Brücke über den Saskatchewan River gebaut wurde, war die Durchquerung des Flusses immer eine kritische Phase für die Pferdekarawanen auf dem Weg von Lake Louise nach Norden. So manche Expedition musste hier abgebrochen werden, weil die Vorräte verloren gingen.

Auf den nächsten 45 km steigt der Icefields Parkway zum Sunwapta Pass auf 2030 m Höhe empor. Die **Parker Ridge** kurz vor der Passhöhe ist einer der besten Plätze, um Schneeziegen aus der Nähe zu beobachten. Warm anziehen sollte man sich auf jeden Fall, denn hier oben weht meist ein böiger Wind, und durch die Nähe des Eisfeldes ist es hier bis zu 10 °C kälter als im Tal. Vom Trailhead führt ein 3 km langer Rundweg durch Fichtenwald, bizarres Krummholz und alpine Tundra zu einem Bergkamm mit überwältigendem Ausblick auf den Saskatchewan Glacier, aus dessen Schmelzwasser auch der gleichnamige Fluss entstanden ist. Von Mitte Juni bis Mitte Juli blühen zahlreiche Bergblumen: alpine Heide, Immergrün, Schneeröschen. Das intensive Blau von Enzian und Vergissmeinnicht bildet einen auffallenden Farbkontrast zu den dichten rosa Blütenpolstern des Campion-Mooses.

10 Jasper National Park

Karte: S. 288

Der 2030 m hohe Sunwapta Pass markiert die Grenze zum Jasper National Park und die Wasserscheide zwischen Sunwapta und North Saskatchewan River. Gleich hinter dem Pass ist der Höhepunkt der Fahrt erreicht, das **Columbia Icefield** 10, dem der Mount Columbia, mit 3747 m zweithöchster Berg der kanadischen Rockies, seinen Namen verlieh. Es ist das größte Eisfeld der Rocky Mountains. In 3000 m Höhe bedeckt die über 360 m dicke und 325 km² große Eisfläche die Berge und Täler an der kontinentalen Wasserscheide *(Continental Divide).* Acht Gletscher haben hier ihren Ursprung; ihr Schmelzwasser speist drei von Kanadas großen Flusssystemen, die in drei Meere münden: Im Westen fließt der Columbia River zum Pazifik, im Norden der Athabasca zum Eismeer und im Osten der North Saskatchewan River über die Hudson Bay zum Atlantik. Mehr als 10 m Schnee pro Jahr sorgen für Nachschub. Drei der Gletscher sind vom Icefields Parkway aus sichtbar: Stutfield, Dome und Athabasca. Einen kleinen Vorgeschmack auf das riesige Eisfeld vermittelt der Blick auf das ›Amphitheater‹ des Stutfield-Gletschers. Am leichtesten zugänglich ist der mächtige **Athabasca Glacier**. Bis auf 1,5 km reicht er an den Highway heran.

Beim **Icefield Centre** des National Park Service sollte man Station machen. Gut gemachte Ausstellungen, Dia-Shows und Filmvorführungen erklären die Geschichte und Geologie des Nationalparks und des Icefields Parkway. Und man bekommt ausführliches Informationsmaterial. Ein Hotel- und Restaurationsbetrieb ermöglicht auch einen längeren Aufenthalt. Dann sollte man vorher reservieren (1. Mai–15. Okt.).

Athabasca Glacier ► 1, P 7

Auf der gegenüberliegenden Seite des Highway führt eine Straße zum Parkplatz am **Sunwapta Lake.** Von hier aus läuft man über das Geröll der Endmoräne ein paar Minuten zum Fuß des Gletschers. Hinweisschilder entlang der Straße zeigen die jeweilige Ausdehnung des Gletschers während der vergangenen Jahrzehnte an.

Noch vor 100 Jahren hätte man den Highway durch den **Athabasca Glacier** 11 hindurch bauen müssen. Zurzeit zieht er sich jedes Jahr um einige Meter zurück. Man kann auch über das Eis laufen, aber hier auf dem

aktiv unterwegs

Parker Ridge Trail

Tour-Infos

Start: Parkplatz am Icefield Parkway (Hwy 93, 4 km südlich der Grenze zum Jasper National Park)
Länge: 2,7 km (ein Weg)
Dauer: 1–1,5 Stunden (ein Weg)
Schwierigkeitsgrad: moderat
Hinweise: Der Trailhead lieg 180 km von Banff und 115 km von Jasper entfernt. Er ist durch einen Marker und eine Info-Tafel gekennzeichnet und liegt von Banff aus gesehen auf der linken Seite der Straße. Etwas Warmes zum Überziehen sollte man mitnehmen, da auf der baumlosen Ridge meist ein scharfer Wind bläst. Auf dem Trail ist im Juli und August viel los, man beginnt die Wanderung daher am besten frühmorgens oder am Spätnachmittag. Im Frühsommer oder Herbst sollte man sich auf jeden Fall nach den Schneeverhältnissen erkundigen. Im Visitor Centre der beiden Nationalparks erhält man einen kostenlosen Wanderführer.

Der Parker Ridge Trail ist eine der schönsten Wanderungen im Banff National Park. Er bietet atemberaubende Panoramablicke auf schneebedeckte Berge und den Saskatchewan Glacier, mit 9 km der längste Gletscher des Columbia Icefield. Unterwegs lassen sich mit etwas Glück Bergziegen, Dickhornschafe, Steinadler und das Weißschwanz-Schneehuhn beobachten.

Der gut markierte Trail führt auf den 2250 m hohen Rücken einer baumlosen Bergkette. Er steigt streckenweise steil an, aber zahlreiche Spitzkehren sorgen dafür, dass der Weg nicht zu anstrengend wird. Etwa 260 Höhenmeter sind zu überwinden – der erste Kilometer weist die stärkste Steigung auf. Der Weg führt über Geröll, das die Hinterlassenschaft von Lawinen darstellt, und durch aromatisch duftende Gruppen von Engelmann-Fichten. Farbtupfer setzen bunte Flecken alpiner Flora. Ab einer Höhe von 2100 m verläuft der Trail durch karge alpine Tundra. Meist bläst ein kalter Wind, doch auch hier überleben zahlreiche Wildblumen – die saftiggrüne Kissen bildende Polsternelke mit ihren rosa Blüten, Vergissmeinnicht, Alpen-Mannschild und Weiße Silberwurz. In der felsigen Gipfelregion sieht man manchmal Pikas umherhuschen, kleine hasenartige Nagetiere, die als Warnruf hohe Pfeiftöne ausstoßen.

Der Trail erreicht den Höhenrücken nach etwa 2 km. Oben angekommen, muss man dem Kamm noch etwa einen halben Kilometer folgen und auf der anderen Seite wieder ein Stück hinabsteigen, bis man den schönsten Blick auf den imposanten Saskatchewan Glacier hat. An klaren Tagen taucht im Hintergrund der Castleguard Mountain auf, wo der Gletscher seinen Ursprung hat.

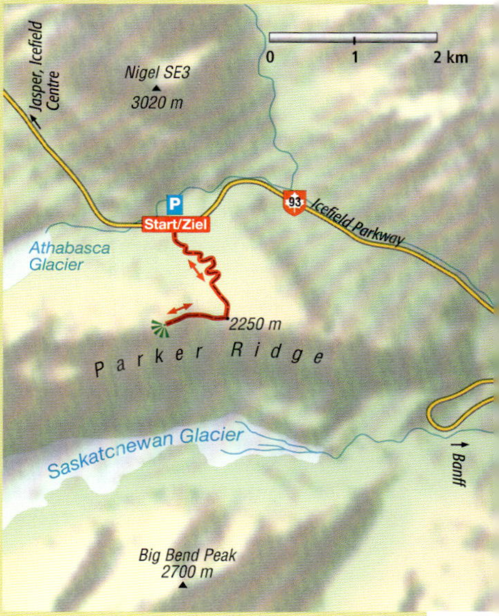

schmuddelig grauen Ausläufer des Gletschers ist das nicht besonders attraktiv. Entweder sollte man an einer der mehrstündigen geführten **Gletscherwanderungen** teilnehmen oder aber eine 80-minütige Exkursion mit dem *Snow coach* auf den Gletscher unternehmen. Diese äußerst geländegängigen, 20 t schweren Spezialfahrzeuge können mit ihren überdimensionalen Reifen auch auf Eis Steigungen bis zu 32 Grad bewältigen. Sie fahren mehrere Kilometer weit auf den Gletscher, wo die Passagiere aussteigen und die grandiose Eislandschaft des Athabasca Glacier hautnah erleben können (**Athabasca Glacier Ice Explorer:** Tel. 1-877-423-74 33, www.brewster.ca, Mitte–Ende April, Anf. Okt.–3. Oktoberwoche 10–16, Mai und Sept. 9–17, Juni/Aug. 9–18 Uhr; $ 50).

Die blendend weiße, zerklüftete Schneefläche ist unterbrochen von blau schimmernden Eisspalten und sprudelnden Schmelzwasserbächen, die manchmal gurgelnd in der Tiefe einer ›Gletschermühle‹ verschwinden. Fast jeder Besucher probiert eine Hand voll Wasser vom Dach der Rocky Mountains.

Sunwapta und Athabasca Falls

► 1, P 6/7

Vom Icefield führt der Parkway in das weite von Gletschern geformte Tal des Sunwapta River. Nach etwa 50 km erreicht man die **Sunwapta Falls** 12, ein weiterer Höhepunkt der Fahrt. Auch hier gibt es eine Raststätte (Mitte Mai–Mitte Okt.) und Picknickgelegenheiten mit guten Parkmöglichkeiten. Vom Parkplatz gelangt man in 15 Min. zu den fotogenen unteren Fällen des Sunwapta River.

Kurz bevor der Highway 93 A vom Icefields Parkway abzweigt, erreicht man die noch eindrucksvolleren **Athabasca Falls** 13. 12 m tief donnert das Wasser des Athabasca River über Quarzgestein in einen kurzen engen Canyon. Auf einem Lehrpfad gelangt man, durch Geländer geschützt, dicht an die Fälle heran. Auf Tafeln wird die Entstehungsgeschichte erklärt. Sprühnebel sorgen für einen Regenbogen und die feuchte Luft für einen dichten grünen Bewuchs des Canyons mit Moosen, Flechten, Wildblumen und Schatten liebenden Büschen. Östlich der Fälle ragt der Mount Kerkeslin auf, dessen Name in der Sprache der Indianer ›Vielfraß‹ bedeutet.

Bis Jasper sind es dann noch etwa 30 km, die der Parkway dem Athabasca River folgt. 10 km vor Jasper könnte man noch eine Pause einlegen: Hier führt ein schöner, leicht zu gehender, 4 km langer Rundweg zum **Valley of the Five Lakes**.

Infos

Jasper National Park: 500 Connaught Dr., P. O. Box 10, Jasper, AB T0E 1E0, Tel. 780-852-61 76, Fax 852-61 52, www.parkscanada.ca/jasper, www.jaspernationalpark.com. April/Mai 9–17, Juni–Aug. 8.30–21, Sept. 9–18, Okt. 9–17, sonst 9–16 Uhr. Parkeintritt $ 9,80.

Übernachten

Camping ► Pocahontas Campground: an der Straße nach Miette Hot Springs, Jasper National Park, Tel. 780-852-61 76, 1-877-737-37 83. 140 Plätze, 15. Mai–1. Sept. $ 17 (Zelt), $ 21 (RV).

Aktiv

Gletschertouren ► Ice Explorer on the Athabasca Glacier: Icefields Parkway, Jasper National Park, 105 km südl. von Jasper, P.O. Box 11 40, Banff AB T0L 0C0, Tel. 852-33 32, 1-877-423-74 33, www.brewster.ca. 80-minütige Tour mit dem ›Snowcoach‹ auf dem Athabasca-Gletscher; Mitte–Ende April, Anf. Okt.–3. Oktoberwoche 10–16, Mai und Sept. 9–17, Juni–Aug. 9–18 Uhr; 50 $.

Klettern ► Peter Amann Mountain Guiding and School: P.O. Box 14 95, Jasper, AB T0E 1E0, Tel. 780-852-32 37, www.incentre.net/pamann. Klettertouren im Jasper National Park für Anfänger und Fortgeschrittene, halb- bis 5-tägige Kurse; auch deutschsprachige Führer.

Rafting ► Jasper Raft Tours: Treffpunkt Brewster Bus Depot, Tel. 780-852-26 65, 1-888-553-56 28, www.jasperrafttours.com. Floßfahrten von 1 bis 2 Std. auf dem Athabasca River, für Kinder geeignet, 15. Mai–30. Sept., im Juli/Aug. 3 x tgl., $ 55.

Die Entstehung der Rocky Mountains

Thema

Über mehrere Hundert Mio. Jahre bedeckte ein urzeitliches Meer einen großen Teil des westlichen Nordamerika. Prähistorische Flüsse transportierten Sedimente heran, die sich unter dem Druck der nachfolgenden Ablagerungen zu Gesteinsschichten verdichteten (die häufigsten sind Quarzit, Schiefer, Kalk- und Sandstein). Jede Schichtstufe ist charakteristisch für eine bestimmte Zeitperiode.

Durch die Verschiebung der pazifischen Platte unter die nordamerikanische Kontinentalplatte hoben sich diese Gesteinsschichten vor rund 100 bis 65 Mio. Jahren und wurden scheinbar nach Osten gedrückt. Große Gesteinseinheiten wurden verfaltet oder schoben sich übereinander, teilweise über eine Entfernung von 50 bis 60 km. Unter gewaltigem Druck hoben sich die Schichtstufen zu den für die Rocky Mountains typischen, parallel verlaufenden Bergketten. So sind heute mehrere hundert Mio. Jahre alte Gesteinsschichten an den Berghängen der Rocky Mountains zu erkennen. Zum Teil bildeten sich so genannte synklinale (muldenförmige) und antiklinale (bogenförmige) Strukturen, die unterschiedlich schnell erodieren. Synklinale Berge weisen durch die hohe Komprimierung bei der Verformung an ihrer Basis festere, weniger erodierende Gesteinsschichten auf; bei antiklinalen ist das Gestein der Kuppe gedehnt, damit geschwächt und der Erosion viel schneller preisgegeben.

Wind und Wetter und die großen Eiszeiten mit ihren mächtigen Gletschern schufen dann das Bild der Rockies, wie wir es heute sehen. Die Gletscher frästen tiefe, u-förmige Täler aus, schleiften Hänge ab und ließen Moränenhügel und Seen zurück. Flüsse zerschnitten Felsen und gruben v-förmige Täler. Die verbliebenen Gletscher der letzten Eiszeit sind das Ursprungsgebiet der vier großen Ströme: Columbia, Fraser, Athabasca und Saskatchewan River.

Vor Millionen von Jahren falteten sich die Rocky Mountains in parallel verlaufende Bergketten auf

Jasper ► 1, P 6

Jasper Townsite 14, am Nordende der Route, hat etwa 4000 Einwohner, die hauptsächlich für die großen Arbeitgeber der Region arbeiten – den Tourismus und die Canadian National Railroad. Obwohl hier im Sommer ebenfalls lebhafter Betrieb herrscht, ist der Ort im Gegensatz zum mondäneren Banff eher ruhig und bestens für einen preiswerten Familienurlaub geeignet. Auch die Bergwelt rings um den Ort wirkt ursprünglicher als die des Banff National Park. Während Banff von der Nähe zu Calgary profitiert, ist Jasper bequem vom 370 km entfernten Edmonton zu erreichen: auf dem Yellowhead Highway (Hwy. 16) oder viermal täglich mit dem Greyhound-Bus. Und seit die VIA-Rail den regulären Betrieb auf der Südroute über Banff eingestellt hat, führt heute die einzige Eisenbahnverbindung quer durch Kanada über Edmonton und Jasper nach Vancouver.

Jasper ist eine vergleichsweise junge Stadt. Erst 1911, als der Schienenstrang der Grand Trunk Pacific Railroad von Edmonton nach Prince Rupert durch das Athabasca-Tal zum Yellowhead-Pass verlegt wurde, begann sich der Ort zu entwickeln – zunächst noch unter dem Namen ›Fitzhugh‹, benannt nach dem Vizepräsidenten der Eisenbahngesellschaft. Die Anfänge sind allerdings viel früher zu suchen: Der Trapper William Henry, mit der Thompson-Expedition in die Region gekommen, ließ sich bereits 1811 in der Nähe der heutigen Jasper Townsite nieder. Die erste europäische Siedlung in den Rockies, ›Henry House‹ genannt, wurde schnell zur willkommenen Raststätte für die Pelzhändler der North West Company auf ihrem beschwerlichen Weg über den Athabasca-Pass.

1813 baute dann der Pelzhändler Jasper Hawes das ›Jasper House‹ am Ufer des Brûlé Lake am Osteingang des heutigen Parks als weiteren Stützpunkt für die Handelsbrigaden der North West Company und später ein provisorisches Hotel für Reisende. Nach der Gründung des Nationalparks im Jahre 1907 und dem Bau einer zweiten Eisenbahnlinie, der Canadian Northern, die die ersten Touristen in die Region brachte, erhielten Ort und Nationalpark 1913 offiziell die Bezeichnung Jasper. Im **Jasper Yellowhead Museum** kann man sich anhand von historischen Fotos und Dokumenten eingehend über die Geschichte informieren (400 Bonhomme St., Tel. 780-852-30 13, www.jaspermuseum.org, im Sommer tgl. 10–17 Uhr, sonst nur Do–So; $ 6).

Das heutige Städtchen selbst hat zwar kaum Sehenswürdigkeiten zu bieten, eignet sich jedoch hervorragend als Ausgangspunkt für Tagesausflüge und Wanderungen in die grandiose Bergwelt ringsum. Im **Jasper National Park Information Centre** gegenüber vom Bahnhof erhält man detaillierte Informationen und umfangreiches Material über den Nationalpark, über Campingmöglichkeiten und *Hiking Trails* (500 Connaught Dr., Tel. 780-852-61 76). Am Connaught Drive, der Hauptstraße von Jasper, befinden sich die meisten Restaurants und Geschäfte.

Infos

Jasper Tourism and Commerce: 632 Connaught Dr., Jasper, AB T0E 1E0, Tel. 852-38 58, Fax 852-49 32, www.jaspercanadianrockies.com.

Übernachten

Topadresse ► Fairmont Jasper Park Lodge: Old Lodge Rd. (über Maligne Lake Rd.), P.O. Box 40, Jasper, AB T0E 1E0, Tel. 780-852-33 01, 1-800-441-14 14, Fax 852-51 07, www.fairmont.com. Luxuriöse Anlage am Lac Beauvert; hervorragendes Restaurant; beheizter Pool, breites Angebot an Aktivitäten. Ab $ 280.

Komfortables Kettenhotel ► Jasper Inn Alpine Resort: Bonhomme St./Geikie St., Jasper, AB T0E 1E0, Tel. 780-852-44 61, 1-800-661-19 33, www.jasperinn.com. Am Ortsrand; Chalets mit Küche, Zimmer, teilweise mit Kamin; Restaurant, Pool, Sauna. $ 243–282.

Viktorianisches Flair ► Athabasca Hotel: 510 Patricia St., Jasper, AB T0E 1E0, Tel. 780-852-33 86, 1-877-542-84 22, Fax 852-49 55, www.athabascahotel.com. Schönes älteres Hotel in zentraler Lage mit Bergblick und Jagdhaus-Atmosphäre, Wildtrophäen in der Lobby; Restaurant, Coffee Shop, Entertainment. $ 159–165.

... nahe Jasper:

Im Landhausstil ► **Tekarra Lodge:** Am Hwy. 93A (1 km südl. von Jasper), Tel. 780-852-30 58, 1-877-532-58 62, Fax 852-46 36, www.tekarralodge.com. Geräumige, gemütlich eingerichtete Blockhäuser mit Kamin auf einem Waldgelände am Athabasca River; Restaurant. Ende April–Mitte Okt. Ab $ 144.

Rustikale Blockhütten ► **Becker's Chalets:** Hwy. 93 (5 km südl. von Jasper), Tel. 780-852-37 79, Fax 852-72 02, www.beckers chalets.com. Am Ufer des Athabasca River; Chalets mit Kamin und Küche, Zimmer, Gourmetrestaurant. Mai–Okt. Chalets $ 165–195, Zimmer $ 120.

Camping ► **Whistlers Campground:** 3 km südl. von Jasper, AB, Tel. 780-852-61 76, 1-877-737-37 83, www.parkscanada.ca/jasper. 781 Plätze, mit Spielplatz. Anf. Mai–15. Okt. $ 32–40.

Essen & Trinken

Fine Dining ► **The Edith Cavell:** in der Fairmont Jasper Park Lodge, Old Lodge Rd., über Maligne Lake Rd. zu erreichen, Tel. 780-852-60 52. Mehrere exzellente Restaurants und Lounges mit herrlicher Aussicht; Breakfast, Lunch, Dinner. $ 34–42.

Traditionslokal ► **Papa George's Restaurant:** Astoria Hotel, 404 Connaught Dr., Jasper, Tel. 780-852-33 51, tgl. 7.30–14, 17–21 Uhr. Beliebtes, 1924 eröffnetes Familienrestaurant mit großer Auswahl, auch vegetarisch; Breakfast, Lunch, Dinner. $ 12–35.

Steaks & Meeresfrüchte ► **Tonquin Prime Rib Village:** Juniper St. (zwischen Connaught und Geikie St.), Tel. 780-852-49 66. Jaspers bestes Restaurant für Alberta Steaks, Rippchen und Meeresfrüchte, Speisekarte auch auf Deutsch. Im Sommer Frühstück 7–11 Uhr, Dinner 16–24 Uhr, im Winter 16–23 Uhr; $ 20–35.

Mit mediterranem Touch ► **Something Else Restaurant:** 621 Patricia St., Jasper, Tel. 780-852-38 50, tgl. 11–23 Uhr. Griechisch-italienische und Cajun-Küche, Spezialitäten vom Grill, Pizzen. $ 11–25.

Mit der Gondel auf den Whistlers Mountain ► 1, O 6

Den besten Überblick auf die Umgebung erhält man vom **Whistlers Mountain**, ein paar Kilometer südlich des Ortes. Mit der **Jasper Tramway** geht es fast 1000 m steil bergauf. Von der Bergstation in 2278 m Höhe bietet sich ein herrlicher Blick über Jasper und die Täler von Athabasca und Miette River mit zahlreichen Seen und Bergketten. An klaren Tagen ist im Nordwesten sogar der 80 km entfernte gletscherbedeckte Gipfel des Mount Robson zu sehen – mit 3954 m der höchste Berg der kanadischen Rockies. Die spektakuläre Aussicht lässt sich entweder gemütlich vom Restaurant aus genießen oder während einer einstündigen Wanderung zum 2464 m hohen Gipfelpunkt des Whistlers. Unterwegs gewinnt man einen guten Einblick in das alpine Ökosystem und kann Erdhörnchen, Raben und Murmeltiere beobachten. Die pfeifenden Gesellen haben dem Berg seinen Namen gegeben (Icefields Pkwy., 7 km südlich von Jasper, Tel. 780-852-30 93, 1-866-850-87 26, www.jaspertramway.com, Mitte April–Mitte Mai 10–17, Mitte Mai–Juni 9.30–18.30, Juli/Aug. 9–20, Sept.–Mitte Okt. 10–17 Uhr; $ 30).

Aktiv

Kanu- und Radverleih ► **The Boat House, Jasper Park Lodge:** BBQ-Deck – Lac Beauvert, Jasper, Tel. 780-852-57 08. Stunden- und tageweiser Verleih von Booten, Fahrrädern und Angelausrüstung.

Touren in den Nationalpark ► **Maligne Lake Tours:** 616 Patricia St., Jasper, Tel. 780-852-33 70, 1-866-625-44 63, www.maligne lake.com. 90-minütige Bootstouren auf dem Maligne Lake und nach Spirit Island (bis Anf. Juni 10, 11, 12, 13, 14 und 15 Uhr, Juni, Sept., Okt. zusätzlich 16 Uhr, Juli/Aug. 16 und 17 Uhr; $ 55, Kinder $ 27,50); Wildwasser-Abenteuer mit dem Schlauchboot auf dem Sunwapta und Fraser (ab $ 59, Kinder $ 25), Shuttle von Jasper zum Maligne Lake ($ 20 einfach) und Maligne Canyon ($ 15 einfach), Kanu-, Kajak- und Ruderboot-Vermietung am Maligne Lake (ab $ 30/Std.).

Seilbahnfahrt ▶ **Jasper Tramway:** Icefield Pkwy., 7 km südl. von Jasper, Tel. 780-852-30 93, 1-866-850-87 26, www.jaspertramway.com. Seilbahn auf den Whistlers Mountain. Juli/Aug. 9–20, Nebensaison 10–17 Uhr. $ 30.

Ausflüge in die Umgebung von Jasper ▶ 1, O/P 6

Nördlich von Jasper führt die 5 km lange Pyramid Lake Road zu zwei der größten und schönsten Seen in der Umgebung: **Patricia Lake** und **Pyramid Lake** 15, stille Waldseen mit guten Möglichkeiten zum Wandern, Kanufahren, Segeln, Angeln und Trailreiten.

Wie in Banff gibt es auch im Jasper National Park ein ehrwürdiges großes *Railroad Hotel,* die **Jasper Park Lodge** am idyllischen Lac Beauvert. Die erste Lodge, damals die größte Blockhütte der Welt, wurde 1922 von der neu gegründeten Canadian National Railway erbaut. Sie brannte 1952 ab und wurde durch das heutige luxuriöse Resort-Hotel ersetzt. Auch wenn man hier nicht übernachten will, lohnt sich ein Besuch, vielleicht verbunden mit einem Dinner bei schöner Aussicht.

Bemerkenswert ist der Wildreichtum der Region: Stattliche Wapitihirsche plündern so manches Mal die Blumenrabatten an Jaspers Hauptstraße, und auch die Bighorn-Schafe am Ortsausgang kümmern sich wenig um die motorisierten Touristen. Auf Fahrten und Wanderungen in der Umgebung sind häufig Elche und Schwarzbären zu beobachten, in den entlegeneren Bergregionen leben auch Grizzlys. So ist es keine übertriebene Vorsicht, wenn die Parkverwaltung durch Schilder und Broschüren darauf hinweist, dass man sich im *Bear Country* befindet und diese Tatsache entsprechend respektieren sollte. Das bedeutet, vor allem beim Campen keine Nahrungsmittel und Abfälle offen liegen zu lassen, sondern in den dafür aufgestellten bärensicheren Behältern oder in freier Natur auf Bäumen zu deponieren (s. S. 20). Für Autofahrer gilt die Mahnung, jederzeit mit Wild auf der Fahrbahn zu rechnen und entsprechend vorsichtig zu fahren. Die zahlreichen Wildunfälle im Jasper-Nationalpark unterstreichen die Berechtigung solcher Ratschläge.

Medicine und Maligne Lake ▶ 1, P 6/7

Besondere Vorsicht empfiehlt sich auch auf der 50 km langen Strecke zum Maligne Lake, wo man vor allem morgens und abends mit Sicherheit Wild begegnen wird. Eine ausgezeichnete Gelegenheit zum Fotografieren – sogar vom Auto aus lassen sich Aufnahmen von Elchen und Bären machen. Auch an landschaftlichen Attraktionen hat der Weg zum See einiges zu bieten, daher sollte man sich für den Ausflug genügend Zeit nehmen.

Bereits wenige Kilometer außerhalb von Jasper beginnt eine Art geologisches ›Wunderland‹, der **Maligne Canyon**, den der Maligne River (1846 vom Jesuitenmissionar Pater de Smet so benannt, da er den Fluss nur unter großen Schwierigkeiten überqueren konnte) im Laufe der letzten 11 000 Jahre bis zu 55 m tief in die Kalksteinfelsen geschliffen hat. An manchen Stellen ist der Canyon so schmal, dass Eichhörnchen ihn mühelos überspringen können. Die Luft ist kühl und feucht, uralte Douglas-Fichten klammern sich an die bemoosten Felsen über der Schlucht. Der am Canyonrand entlangführende Trail (Hinweisschilder) ist an mehreren Stellen von der Maligne Road aus zugänglich. Der kürzeste Rundweg dauert knapp 30 Min.; man kann der Schlucht aber auch 2 Std. lang folgen.

Eine geologische Besonderheit ist auch der **Medicine Lake** 16. Sein Wasser und das des Maligne River verschwindet alljährlich im Herbst in einem Höhlensystem des verkarsteten Untergrundes. Erst im 17 km entfernten Maligne Canyon taucht es wieder auf. Vom Herbst bis zum Frühjahr durchziehen nur dünne Rinnsale den ausgetrockneten Seeboden, bis dann das starke Schmelzwasser der Gletscher den See im Sommer auffüllt und auch der Maligne River wieder munter durch sein Bett strömt. Die Höhlen und Kanäle des unterirdischen Flusses können ein Wasservolumen von fast 60 m^3 pro Sekunde befördern. Das Karstsystem des Maligne ist einzigartig und gilt als das größte dieser Art in der Welt – einer der Hauptgründe, weshalb der Jasper Park von der UNESCO zum Welterbe erklärt wurde.

Am Ende des Tals ist dann auch das Ziel dieses Ausflugs erreicht – **Maligne Lake** 17. Wohl nur Lake Louise dient so oft als Fotomotiv wie dieses Juwel des Jasper National Park. 1875 trafen die ersten weißen Pioniere auf den See, ohne ihm viel Beachtung zu schenken. Erst im Jahre 1908 entdeckte die Fotografin und Schriftstellerin Mary Schäfer den Bergsee neu.

Mit einer Länge von 22 km, einer durchschnittlichen Breite von 1 km und einer Tiefe von bis zu 96 m ist der Maligne Lake der größte See der kanadischen Rockies. Gespeist wird er von den Schmelzwassern der Brazeau Icefields. Neben seiner sprichwörtlichen Schönheit ist der See auch als ein Angelgewässer für ›Rekordforellen‹ bekannt. Weithin leuchtet das rote Dach des historischen Bootshauses, wo Kanus gemietet werden können, und Ausflugsschiffe bringen den Besucher zur ›Postkarteninsel‹ **Spirit Island** und bis ans Ende des von schneebedeckten Dreitausendern umrahmten Sees. Zwei Stunden dauert die eindrucksvolle Rundfahrt mit dem Boot. Ein etwa 3 km langer Wanderweg führt am Seeufer entlang.

Miette Hot Springs ► 1, P 6

Wie in vielen anderen Regionen der Rockies gibt es auch im Jasper National Park heiße Quellen. Ab Jasper folgt der Highway 16 in nordöstlicher Richtung dem breit mäandernden Athabasca River, der sich nach einigen Kilometern zum Jasper Lake weitet. Bei Pocahontas, einem ehemaligen Minenort, bildet der Athabasca kleine Seen, an deren Ufern Biber und besonders im Frühjahr und Herbst viele Vogelarten zu beobachten sind. Hier zweigt die Straße nach **Miette Hot Springs** 18 ab. Die Mineralquellen von Miette sind mit 54 °C nicht nur die heißesten der Rockies, sie sprudeln auch am kräftigsten. Schon die Indianer und Trapper wussten ihre wohltuende Wirkung zu schätzen. Erst die Bergarbeiter von Pocahontas bahnten jedoch 1910 einen Weg zur Quelle und bauten einen kleinen Pool. Heute führt eine bequeme Straße dorthin. Ein Chalet mit Restaurant sorgt für den nötigen Komfort.

Aktiv

Bootstouren ► **Maligne Lake Tours Ltd.:** 616 Patricia St., Jasper, Tel. 780-852-33 70, www.malignelake.com. Bootstouren Mai–Anf. Sept. 10–17 Uhr zur vollen Stunde. $ 50. Auch Kanuvermietung, Wildwasserfahrten, Trailreiten.

Thermalbad ► **Miette Hot Springs:** P.O. Box 452, Jasper, AB T0E 1E0, Tel. 780-852-39 39, 1-800-767-16 11, www.parkscanada.ca/hotsprings. Heiße Quellen etwa 60 km östlich von Jasper; Verleih von Badesachen. Im Sommer tgl. 8.30–22.30, Frühjahr/Herbst 10.30–21 Uhr, im Winter geschlossen. $ 6.

Tonquin Valley ► 1, P 6/7

Ein schöner Tagesausflug ist die Rundfahrt über den Highway 93 und 93A zu den Athabasca Falls, knapp 30 km südlich von Jasper Townsite. Vom 93A lohnt ein 15 km-Abstecher zum Cavell Lake, in dem sich das bläulich schimmernde Eis des Angel Glacier und des **Mount Edith Cavell** spiegeln. Der 3363 m hohe Berg wurde nach einer englischen Krankenschwester benannt, die im Ersten Weltkrieg belgischen Kriegsgefangenen zur Flucht verhalf und von einem deutschen Kriegsgericht zum Tode verurteilt wurde. Ein kurzer Pfad führt über eine Moräne zu einem Aussichtspunkt, der einen herrlichen Blick über Tal und Bergmassiv bietet. Das schönste Fotolicht herrscht abends oder ganz früh am Morgen. Hier beginnt auch einer der beliebtesten Trails ins Jasper Backcountry – eine 42 km lange Rundstrecke zum tiefgrünen, idyllischen **Tonquin Valley** mit den **Amethyst Lakes** 19. Wer sie nicht zu Fuß erwandern möchte, kann die Landschaft auch auf dem Pferderücken erleben, denn Outfitter veranstalten hier mehrtägige Trailritte.

Aktiv

Trailritte ► **Tonquin Valley Adventures:** P.O. Box 17 95, Jasper, AB T0E 1E0, Tel. 780-852-11 88, www.tonquinadventures.com. 3- bis 5-tägige Ritte im Tonquin Valley ab Mt. Edith Cavell, Abholung vom Hotel möglich, auch für Kinder geeignet; Übernachtung in Hütten. Juni–Sept.

Edmonton ► 1, T 5

Edmonton wächst aus der weiten Endlosigkeit wie eine Insel aus dem Ozean. Die Hauptstadt Albertas empfängt den Besucher mit einer dynamischen, während des Ölbooms der 1970er-Jahre quasi über Nacht entstandenen Skyline. Kaum zu glauben, dass hier vor 100 Jahren nur ein paar Saloons standen.

Edmonton ist das ›Tor zum Norden‹. Hier beginnen die berühmten Nordlandstraßen Alaska Highway und Yellowhead Highway. Seit dem Bau des Alaska Highway gilt Edmonton als Ausgangspunkt für Exkursionen in die ›Eisbox Amerikas‹. Auch für den Luftverkehr ist die Stadt zur Drehscheibe geworden, und seit einigen Jahren führt VIA Rail's Canadian Route als einzige Transkanada-Eisenbahnverbindung für Passagierzüge durch Edmonton.

Ein Blick zurück

Dem mächtigen North Saskatchewan River, der gemächlich durch die Stadt mäandert, verdankt Edmonton seine Existenz. Wieder einmal waren es Pelzhändler der Hudson's Bay Company, die den Reichtum des Westens, aber auch die Handelsmöglichkeiten mit den USA erkannten und 1795 an seinem Ufer Fort Edmonton erbauten. Noch heute kann man ihren Fährten folgen, sei es bei einer Paddeltour auf dem North Saskatchewan River Richtung Rocky Mountains oder auf den Spuren des Trappers *Tête Jaune* in den Jasper National Park, von dem viele behaupten, er sei der schönere, wildere der beiden berühmten Nationalparks Banff und Jasper – auf jeden Fall ist er der stillere.

1892 lebten gerade mal 700 Menschen im Fort Edmonton. Zählt man die Bevölkerung der angrenzenden Ortschaften von *Greater Edmonton* hinzu, kommt man heute auf eine runde Million Einwohner – und das wenig mehr als ein Jahrhundert später! Somit steht Edmonton mit Calgary an fünfter Stelle der Metropolen Kanadas. Pokerten beide Rivalen noch vor wenigen Jahren um Macht und Ansehen im umkämpften Ölgeschäft, so scheint es heute, als wolle einer den anderen durch immer brillantere, futuristischere Architektur ausstechen.

Das Tor zum Norden

Es lohnt sich, auf einer der zehn Brücken auf die Südseite des Saskatchewan River zu fahren und das Bild der ständig höher strebenden Skyline mit den reflektierenden Fassaden in Bronze, Blau, Grün und Gold auf sich wirken zu lassen. Dass es um viel Geld geht, ist unverkennbar. Mehr als 80 % aller Ölpumpen Albertas arbeiten im Einzugsbereich Edmontons und saugen das schwarze Gold aus dem Prärieboden, gut die Hälfte der bedeutendsten Ölfelder Albertas liegt in einem 150-km-Radius um die City verstreut. So hat auch die Erdöl und Kohle verarbeitende sowie die petrochemische Industrie mit fast 40 % einen hohen Anteil an der industriellen Produktion.

Dennoch ist Edmonton eine erfrischend grüne Stadt mit einem zumeist freundlichen, tiefblauen Himmel, den es einem stabilen kontinentalen Klima verdankt. Mittleren sommerlichen Höchsttemperaturen an der 17 °C-Marke steht im Winter ein Temperaturmittel von –15 °C gegenüber. Im Juni laden 17 Stunden Tageslicht zum Bummel durch die 460 (!) Stadtparks ein. Den Höhepunkt stellt zweifellos die kultivierte Wildnis längs des North Saskatchewan River dar, vom Hermitage Park im Nordwesten bis Kinsmen Park unterhalb der High Level Bridge. 74 000 ha Grünland und 25 km *Nature Trails* machen Edmontons grüne Lunge zum größten städtischen Parkland Nordamerikas.

Bei allem urbanem Chic und Lifestyle lebt die Pioniermentalität fort – kein Wunder, die Tage, als man ein Problem beseitigte, indem man die Ärmel aufkrempelte, liegen ja nicht allzu weit zurück. Und so sind die Heimspiele des Eishockeyteams der Edmonton Oilers, wo es auf Kraft und Schnelligkeit ankommt, stets ebenso ausverkauft wie die der Football spielenden Edmonton Eskimos.

Wenn auch Calgary mit seiner weltberühmten Stampede glänzt, so hatte Edmonton doch zwei der ganz großen kanadischen Wildwest-Ereignisse auf seinem Veranstaltungskalender: das *Canadian Finals Rodeo* und die *Klondike Days*. Vor allem die Klondike Days haben eine lange Tradition: Seit vielen Jahrzehnten ließ Edmonton im Juli/August zehn Tage lang die Goldrausch-Zeiten wieder aufleben; mit von Ochsen gezogenen Planwagen, die rumpelnd durch die Stadt zogen, Postkutschen, die von verwegenen Reitern begleitet wurden, und Scharen von Edmontonians, die sich beim Klang von Fiedlern und Honky-Tonk Pianos in historischen Kostümen des 19. Jh. vergnügten. Doch irgendwie müssen die Edmontonians wohl die Lust daran verloren haben. Jedenfalls fand die große Party 2005 zum letzten Mal statt.

Nach über 127 Jahren – davon 44 mit dem ›Klondike Days‹-Thema – wird Edmontons großes Sommerfest jetzt mit breiterem Inhalt und unter dem neuen, eher nichtssagenden Namen ›Edmonton's Capital Ex‹ gefeiert. Nach wie vor ist es aber der wichtigste Termin im Veranstaltungskalender der Stadt, und einige Wildwest-Features sind auch erhalten geblieben, z. B. ein großes Chuckwagon Derby und Wettbewerbe im Goldwaschen. Historisch begründet war das Klondike-Thema wohl ohnehin nicht so wirklich, denn die Fakten, die Edmonton mit dem *Gold Rush* in Verbindung bringen, sind eher spärlich gesät. Kaum 1500 Goldsucher waren es, die sich 1898 von Edmonton zur *Bonanza* am Klondike quälten. Weniger als die Hälfte erreichte das Ziel.

Ein Superlativ trifft jedenfalls zu: ›Canada's Festival City‹ nennen die Einwohner liebevoll ihre Stadt. Die ethnische Vielfalt prägt das kulturelle Angebot. 22 % der Bevölkerung sind britischer Abstammung, Deutsche und Ukrainer stellen mit je 7 % die nächststärksten Bevölkerungsgruppen. Den Rest bilden 50 weitere Nationen. Jede hat auf ihre Weise Straßenbild, Architektur, Speisekarten und das kulturelle Leben bereichert. So waren es die vier im Iran geborenen Ghermezian-Brüder, die mit der West Edmonton Mall 1 den weltweit größten Shopping- und Vergnügungskomplex schufen.

Im Juli und August meldet sich die kosmopolitische Gesellschaft beim Edmonton Heritage Festival im Hawrelak Park zu Wort. Aus mehr als 50 Pavillons dringen Klänge und Düfte der Küchen ebenso vieler Nationalitäten. Der Sommer ist nun mal Festivalzeit: Während des Du-Maurier Jazz City-Festivals treten Kanadas beste Jazz-Musiker auf. Und vier Tage lang erklingt im Spätsommer im Gallagher Park das Edmonton Folk Music Festival.

Stadtbesichtigung

Cityplan: S. 302

Edmontons Downtown lässt sich am besten zu Fuß und mit öffentlichen Verkehrsmitteln erobern. Bei Ausflügen im Stadtgebiet und in der Umgebung kommt man mit dem Auto gut zurecht, die Straßen sind übersichtlich nummeriert, und genügend Parkplätze sind vorhanden. Und immer wieder trifft man beim Stadtbummel auf den Fluss, der Edmonton in zwei Hälften teilt und auf diese Weise die Strenge der aufstrebenden Hochhauszeilen etwas mildert.

Edmonton

Sehenswert

1 Legislative Building
2 Hotel Macdonald
3 Art Gallery of Alberta
4 Chinatown
5 Edmonton City Hall
6 Royal Alberta Museum
7 Fort Edmonton Park
8 John Janzen Nature Centre
9 Muttart Conservatory
10 Edmonton Queen Riverboat
11 Telus World of Science
12 Alberta Aviation Museum
13 Old Strathcona

Übernachten

1 Fantasyland Hotel
2 Delta Edmonton Centre Suite Hotel
3 Howard Johnson Hotel
4 Go Backpackers Hostel
5 HI Edmonton
6 Klondike Valley RV Park

Essen & Trinken

1 Red Ox Restaurant
2 La Ronde Restaurant
3 Hardware Grill
4 The Crêperie

Einkaufen

1 High Street
2 West Edmonton Mall
3 Alberta Craft Council

Abends & Nachts

1 The Citadel Theatre
2 Mayfield Inn Dinner Theatre
3 Jubilee Auditorium
4 F. Winspear Centre for Music
5 Cook County Saloon
6 The Armoury

Aktiv

1 Eddie Bus
2 Valley Zoo
3 Windship Aviation
4 Klondike Jet Boats

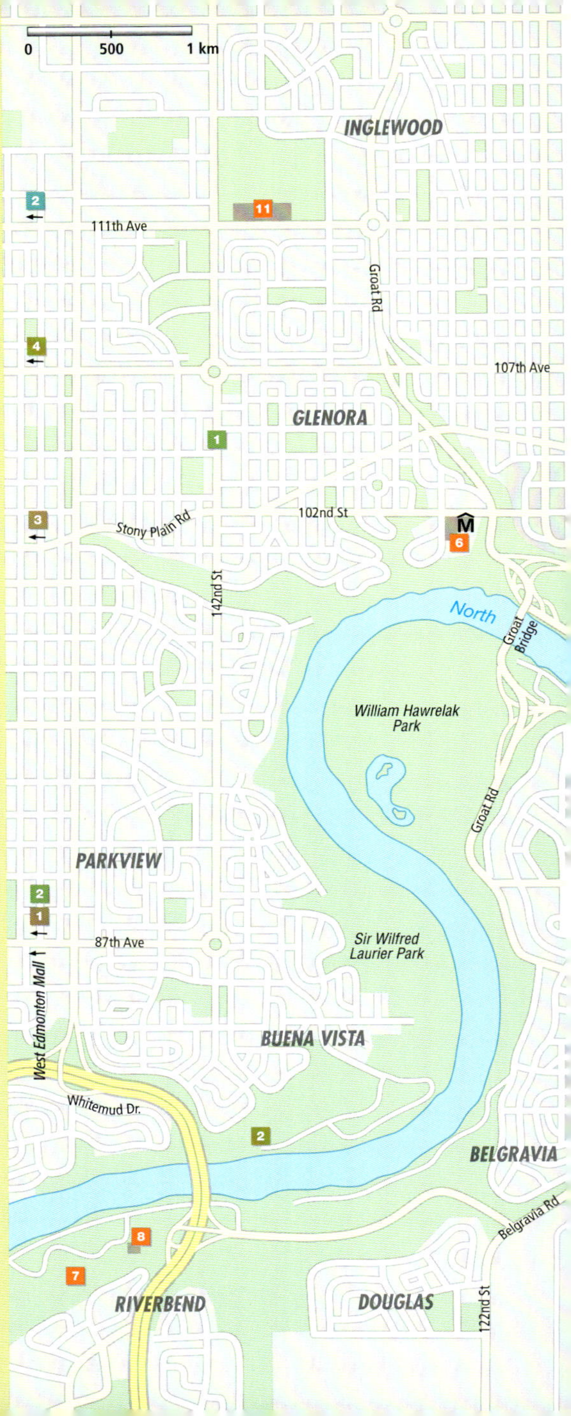

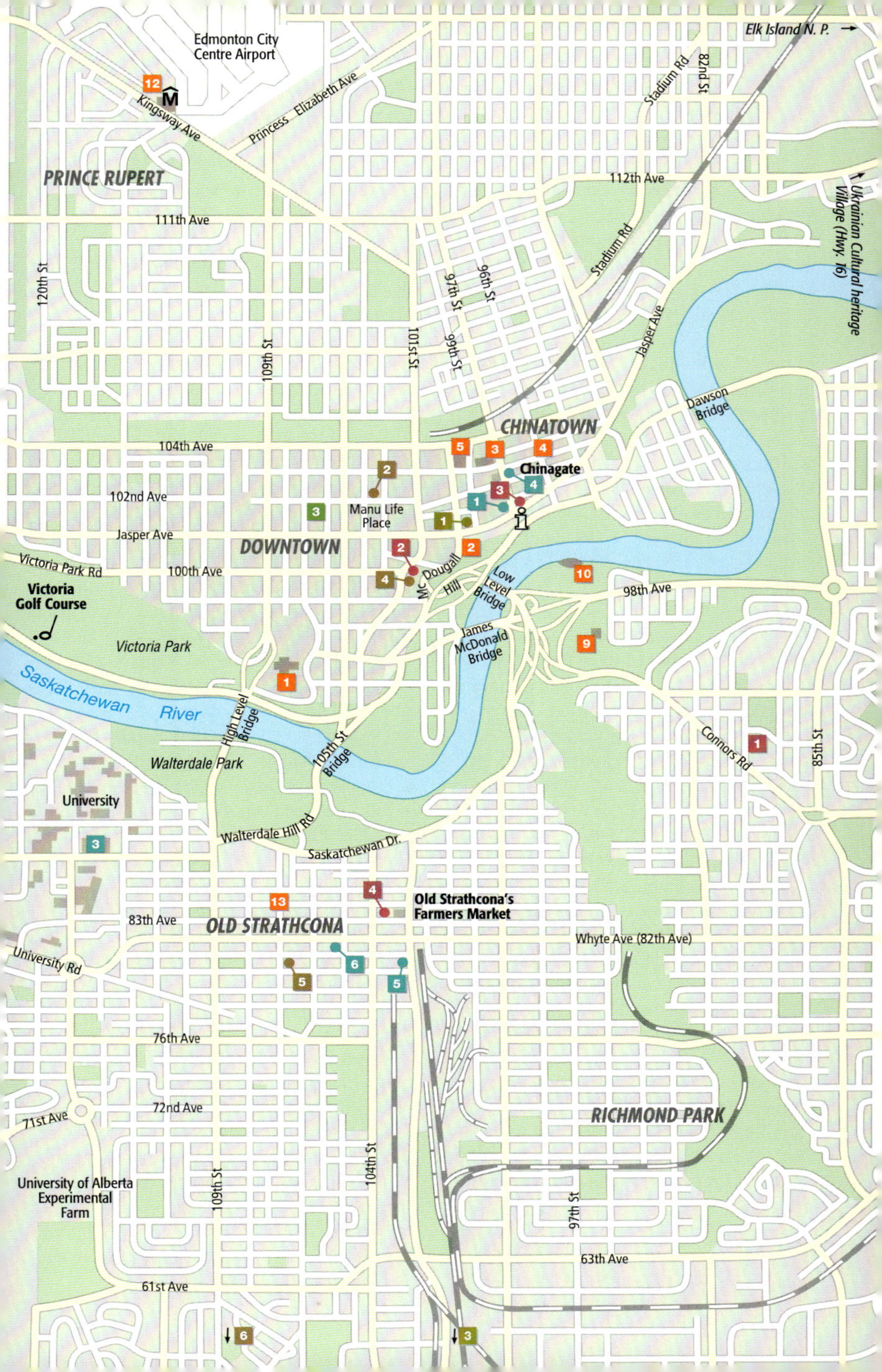

Edmonton City Centre Airport
Elk Island N. P.
Kingsway Ave
Princess Elizabeth Ave
Stadium Rd
82nd St
PRINCE RUPERT
112th Ave
Ukrainian Cultural heritage Village (Hwy. 16)
111th Ave
Stadium Rd
120th St
97th St
96th St
Jasper Ave
99th St
101st St
109th St
Dawson Bridge
CHINATOWN
104th Ave
Chinagate
102nd Ave
Manu Life Place
Jasper Ave
DOWNTOWN
Victoria Park Rd
100th Ave
Mc Dougall Hill
Low Level Bridge
98th Ave
Victoria Golf Course
James McDonald Bridge
Victoria Park
Saskatchewan River
High Level Bridge
105th St Bridge
Connors Rd
85th St
Walterdale Park
University
Walterdale Hill Rd
Saskatchewan Dr.
Old Strathcona's Farmers Market
83th Ave
OLD STRATHCONA
Whyte Ave (82th Ave)
University Rd
76th Ave
72nd Ave
71st Ave
RICHMOND PARK
University of Alberta Experimental Farm
109th St
104th St
97th St
63th Ave
61st Ave

Vom Legislative Building zur City Hall

Zwischen 109th Street und 97th Avenue, dort, wo die High Level Bridge den Fluss überspannt, steht Albertas **Legislative Building** 1, das Parlamentsgebäude der Provinz. Oberhalb des alten Fort Edmonton errichtet, wurde es 1912 fertig gestellt (97 Ave./107th St, Tel. 780-427-73 62, www.assembly.ab.ca, im Sommer tgl. 9–16, im Winter Mo–Fr 9–15, Sa/So 12–16 Uhr, Führungen stündlich, an Sommernachmittagen halbstündlich). Auch wenn das Gebäude mit romanischer Kuppel und bombastischem Äußerem manchen Provinzler anziehen mag, ist es doch ein anderes Bauwerk, das die Aufmerksamkeit auf sich lenkt: **Hotel MacDonald** 2, das älteste Luxushotel der Stadt. Die *Grande Dame* der Downtown-Hotels wurde 1991 nach längerer Umbauzeit und einem 28-Millionen-Dollar-›*Facelift*‹ wiedereröffnet.

Ein guter Ausgangspunkt, um Edmonton auf eigene Faust kennen zu lernen, ist der **Sir Winston Churchill Square** im Herzen der City. Hier lohnt zunächst die **Art Gallery of Alberta** 3 (früher Edmonton Art Gallery) mit exzellenten Sammlungen kanadischer Kunst einen Besuch. Damit sich die Kleinen nicht langweilen, gibt es in der *Children's Gallery* ›Kunst zum Anfassen‹ (2 Sir Winston Churchill Square, 99th St. und 102nd Ave., Tel. 780-422-62 23, www.artgalleryalberta.com, Di–Fr 11–19, Sa/So 11–17 Uhr; $ 12,50).

Weitere Attraktionen befinden sich gleich in der Nähe wie z. B. das China Gate (102nd Ave./97th St.), der Eingang zur **Chinatown** 4. Das Kontrastprogramm bietet nebenan die 1992 eröffnete **Edmonton City Hall** 5, eine achtstöckige gläserne Pyramide. Beeindruckend ist der bläulich schimmernde Manu-Life Place, ein 36-stöckiger Wolkenkratzer. Moderne Architektur besticht auch beim Canada Place, dem Sitz der Bundesbehörden. Den spektakulärsten Blick auf die Stadt hat man vom **La Ronde Revolving Restaurant** hoch oben auf dem Crowne Plaza Chateau Lacombe (10111 Bellamy Hill, Tel. 780-428-66 11, www.chateaulacombe.com/laronde.php, 17.30–22.30, So auch 10.30–14 Uhr).

Royal Alberta Museum 6

Unvollständig bliebe ein Besuch Edmontons ohne den Besuch des **Royal Alberta Museum**, Ecke 102nd Avenue/120th St., in dem die kanadische Tierwelt mitsamt ihren ›natürlichen Lebensräumen‹ täuschend ähnlich nachgestellt wird. Adler füttern Junge im Nest, und wachsam äugt ein äsender Elch aus dem Herbstwald. Man entdeckt handgearbeitete Birkenrindenkanus neben Ausstellungen über Geschichte und Lebensgewohnheiten der Indianer. Die *Syncrude Gallery of Aboriginal Culture* ist eine der besten Ausstellungen Kanadas zu indianischen Kulturen. Für diesen Ausflug ist das Auto erforderlich, ebenso wie für den Besuch von Fort Edmonton Park, einem der größten historischen Dörfer Kanadas (Tel. 780-453-91 00, www.royalalbertamuseum.ca, tgl. 9–17 Uhr; $ 10).

Fort Edmonton Park

Im originalgetreu rekonstruierten **Fort Edmonton Park and Trading Post** 7, einem Nachbau des historischen Hudson's Bay-Handelspostens Fort Edmonton, wird die abenteuerliche Vergangenheit des kanadischen Westens noch einmal lebendig: Händler in alten Trachten schleppen Pelzbündel und ein Typ wie Casey Jones brettert mit seiner fauchenden Dampflok über das Gelände. Frühaufstehern serviert man hier ein *Pioneer Breakfast* im **Jasper House Hotel** in der 1885th Street. Ein Besuch der 1905th Street ist ein Schritt zurück in jene Zeit, als Edmonton 1905 die Hauptstadt Albertas wurde (Whitemud Dr./Fox Dr., Tel. 780-496-87 77, www.fortedmontonpark.ca, 3. Maiwoche–Mitte Juni tgl. 10–16, Juli/Aug. 10–18 Uhr, $ 15,75).

Gleich neben dem Fort Edmonton Park bietet das erst kürzlich von Grund auf renovierte **John Janzen Nature Centre** 8 Gelegenheit zum Erkunden der Flusslandschaft am Saskatchewan River mit Ausstellungen, Naturlehrpfaden und Programmen zum Mitmachen für Kinder (Kreuzung Fox und Whitemud Dr., Tel. 780-442-53 11, im Sommer Mo–Fr 9–18, Sa/So 11–18, im Winter Mo–Fr 9–16, Sa/So 13–16 Uhr; $ 5).

Botanische Gärten und High Tech-Welten

Unter den markanten und sehr fotogenen vier Glaspyramiden des **Muttart Conservatory** 9 gibt es 700 Pflanzenarten aus aller Welt in unterschiedlichen Klimazonen zu bestaunen. Ein Restaurant sorgt für das leibliche Wohl der Besucher. Von den Parkanlagen des Conservatory aus bietet sich ein schöner Panoramablick auf die Skyline der Stadt (98th Ave./96 A St., Tel. 780-496-87 55, www.edmonton.ca/muttart, Mo–Fr 10–17, Sa/So 11–17 Uhr; 11,50 $).

Etwas weiter nördlich vom Muttart Conservatory ist die Anlegestelle für das **Edmonton Queen Riverboat** 10, einem schaufelradbetriebenem Flussboot, mit dem man auf dem North Saskatchewan River einstündige Fahrten unternehmen kann (9734–98 Ave., Tel. 780-424-26 28, www.edmontonqueen.com, Mai–Sept. Do–So 3 x tgl.; ab $ 18).

In der **TELUS World of Science** 11 (früher: Odyssium) kann man den ›Sprung ins nächste Jahrhundert‹ wagen. Außer simulierten Space Missions erlebt man den Sternenhimmel im Margaret Zeidler Star Theatre, Nordamerikas größtem Planetarium, sowie überwältigende Filmszenen im IMAX Theatre (111th Ave./142nd St., Tel. 780-451-33 44, www.edmontonscience.com, tgl. 10–17 Uhr, $ 16,95, Kombiticket mit Imax $ 24,95).

Im **Alberta Aviation Museum** 12, ein paar Kilometer weiter östlich beim Edmonton City Centre Airport, unternimmt man dann eine Reise in die Vergangenheit der Luftfahrt mit interessanten Ausstellungen und vielen originalen Flugzeugen aus den Anfängen der Fliegerei in Alberta um 1920 bis zu historischen und modernen Kampfflugzeugen (11410 Kingsway Ave., Edmonton, Tel. 780-451-11 75, www.albertaaviationmuseum.com, Flugzeug-Oldtimer und Ausstellungen Mo–Fr 10–18, Sa/So 10–16 Uhr; $ 7).

Old Strathcona 13

Von der Downtown in das historische Viertel Edmontons gelangt man ganz stilvoll mit der *High Level Streetcar,* einer restaurierten antiken Straßenbahn, die über die High Level Bridge nach **Old Strathcona** mit seinen schönen alten Backsteingebäuden fährt. Hier kann man gemütlich bummeln, Antiquitäten einkaufen oder in einem der zahlreichen Restaurants, Pubs und Straßencafés in der Vergangenheit schwelgen. 1891 hatte die Eisenbahntrasse hier die Südseite des North Saskatchewan River erreicht. 1912 beschlossen die 7200 Einwohner Strathconas, sich mit ihrer Schwesterstadt zu vereinen. Das Viertel hat sich nun auf seinen Charme von gestern besonnen. Touristisches Zentrum ist die Whyte Avenue (82nd Ave.) mit hübschen Fassaden und dem farbenfrohen Farmers' Market.

Infos

Edmonton Tourism: 9990 Jasper Ave. N. W., Edmonton, AB T5J 1P7, Tel. 780-426-47 15, 1-877-917-76 26, Fax 425-52 83, www.edmonton.com, tgl. geöffnet. Auskünfte über Sport- und Freizeitaktivitäten.

Übernachten

Themenzimmer ▶ Fantasyland Hotel 1: West Edmonton Mall, 17700–87 Ave., Edmonton AB T5T 4V4, Tel. 780-444-30 00, 1-800-737-37 83, Fax 444-32 94, www.fantasylandhotel.com. Es gibt Themenzimmer, z. B. Hollywood-Traumsuiten, römischer Palast, sogar Betten auf der Ladefläche von Pick up-Trucks. Die normalen Zimmer sind groß, gut eingerichtet, mit Jacuzzi im Zimmer und einer voll verglasten Wand, die einen weiten Blick über die Stadt erlaubt. Ab $ 249.

Hotellegende ▶ The Fairmont Hotel Macdonald 2: 10065–100th St., Edmonton, AB T5J 0N6, Tel. 780-424-51 81, 1-866-540-44 69, Fax 429-64 81, www.fairmont.com. Edmontons Klassiker im Chateau-Stil, renoviert, Hallenbad, gutes Restaurant; mit schönem Blick über das Flusstal. Ab $ 229.

Modern und geschmackvoll ▶ Delta Edmonton Centre Suite Hotel 2: 10222–102nd St., Edmonton, AB T5J 4C5, Tel. 780-429-39 00, 1-800-661-66 55, Fax 780-426-0562, www.deltahotels.com. Zentral gelegen, erstklassiges Hotel mit Pool, Restaurant; sehr zu empfehlen. Ab $ 229.

Bewährtes Kettenhotel ▶ **Howard Johnson Hotel 3**: 15540 Stony Plain Rd., Edmonton, Tel. 780-484-33 33, 1-800-446-46 56, Fax 489-37 74, www.hojoedmonton.com. Etwa 10 Min. vom Zentrum und 5 Min. zur West Edmonton Mall, preiswert; erstklassiges Restaurant, Coffee Shop, geheizter Dachpool. $ 74–125.

Budgetunterkünfte ▶ **Go Backpackers Hostel 4**: 10209 100th Ave., Tel. 780-423-41 46, 1-877-646-78 35, www.gohostels.ca. Zentral in der Downtown gelegen, Bars, Entertainment, Restaurants in Fußweite, Gemeinschaftsraum, Internet, Pub, 6- und 4-Bett-Dormitory inkl. großem verschließbarem Spind ab $ 25, Einzelzimmer ab $ 69.

HI Edmonton 5: 10647 81st Street, Old Strathcona, Tel. 778-328-22 20, 1-866-762-41 22, www.hihostels.ca. In Edmontons angesagtestem Viertel nahe Whyte Ave. mit vielen Restaurants, Pubs, Musikclubs, Shops und Antiquitätenläden; Gemeinschaftsraum, Küchenbenutzung, WLAN, Activity Desk, 2-Bett-Zimmer ab $ 29, EZ ab $ 65, EZ mit eigenem Bad ab $ 81.

Camping ▶ **Klondike Valley RV Park 6**: 1660 Calgary Trail, South Edmonton, am Südrand der Stadt, Hwy. 2 und Ellerslie Rd., Tel. 780-988-50 67. 160 Plätze in ruhiger Lage am Blackmud Creek, kompletter Service. $ 28–30.

Essen & Trinken

Einfallsreich ▶ **Red Ox Restaurant 1**: 9420 91st St. NW, Tel. 780-465-57 27. Kleines Lokal mit kreativer Küche, Dinner Di–So ab 17 Uhr. $ 29–36.

Mit Aussicht ▶ **La Ronde 2**: 10111 Bellamy Hill (Crowne Plaza Chateau Lacombe), Edmonton, Tel. 780-428-66 11, tgl. 17.30–22.30, So auch 10.30–14 Uhr. Drehrestaurant mit schönem Panoramablick, serviert wird gehobene kanadische Küche, u.a. gegrillte Bisonrippchen und mit Ahornsirup glasierter Seesaibling. $ 23–48.

Regionale Frischeküche ▶ **Hardware Grill 3**: 9698 Jasper Ave. N.W. (Ecke 97th), Edmonton, Tel. 780-423-09 69, www.hardwaregrill.com. Top-Restaurant in einem alten originell restaurierten Backsteingebäude in wenig vornehmer Nachbarschaft; Canadian Cuisine vom Feinsten mit gediegenen Kreationen, schön angerichtet, Lunch und Brunch $16–20, Dinner $ 35–44.

Crêpe-Variationen ▶ **The Crêperie 4**: 10220–103rd St., Edmonton, Tel. 780-420-66 56, Mo–Do bis 22, So bis 21, Fr/Sa bis 23 Uhr. Beliebt und gemütlich; zu empfehlen: Cordon bleu, Geflügel, Crêpes, Schokoladenfondue. $ 11–29.

Einkaufen

Shoppingmeile ▶ **The High Street 1**: 124th St. (zwischen 102nd Ave. und 109th Ave.), Edmonton. Boutiquen, Buchläden, Restaurants, Kunstgalerien.

Einkaufszentren ▶ **Old Strathcona 13**: Whyte Ave. (zwischen 99th St. und 109th St.), Edmonton. Historische Gebäude mit zahlreichen Geschäften, Restaurants und Boutiquen. **West Edmonton Mall 2**: 87 Ave./170th St., Edmonton, Tel. 780-444-53 00, www.westedmall.com, Mo–Fr 10–21, Sa 9.30–19, So 12–18 Uhr. Fast 1000 Geschäfte und der weltgrößte Indoor-Vergnügungspark unter einem Dach; Wellenbad mit Strand. Auch So geöffnet.

Kunsthandwerk und Schmuck ▶ **Alberta Craft Council 3**: 10186–106 St, Tel. 780-488-66 11, 1-800-362-72 38, www.albertacraft.ab.ca, Mo–Sa 10–17 Uhr. Gemeinnütziges Unternehmen mit originellem breitgefächertem Angebot an Kunstgewerbe und Schmuck aus Alberta, Ausstellungen.

Termine

Sprechtheater ▶ **The Citadel Theatre 1**: 9828–101 A Ave., Edmonton, Tel. 780-425-18 20, www.citadeltheatre.com. Theater, Workshops, Seminarräume und Restaurant; faszinierende Glasarchitektur; Klassiker und Stücke zeitgenössischer kanadischer Autoren. **Mayfield Inn Dinner Theatre 2**: Mayfield Inn, 16615–109th Ave., Edmonton, Tel. 780-483-40 51. Eines der erfolgreichsten Dinner-Theater in Kanada: Spannendes auf der Bühne, leckere Menüs. Di–So, 18 Uhr, So Matineen 10 Uhr.

Tipp: Edmonton Mall

Sie ist auf Anhieb die Nummer Eins in Edmonton geworden – die attraktive Edmonton Mall. Hier wird, was modernste Konsum- und Freizeitarchitektur angeht, wahrlich nicht gekleckert. Hunderte von Geschäften, Boutiquen, Freizeitangebote, Kinos, Restaurants – alles ist großzügig ausgelegt und von überwältigender Üppigkeit.

Vom **Eisstadion** ist es nicht weit bis zur **künstlichen Lagune,** in der die Delfine ihre Show abziehen, eine Nachbildung von Kolumbus' »Santa Maria« in voller Größe zu bewundern ist und Miniatur-U-Boote zu Rundfahrten einladen. Hier hat Disneyland Pate gestanden. **Galaxyland** lockt mit diversen Fahrgeschäften: von der Superachterbahn mit doppeltem Looping über Kettenkarussell, Geisterhöhle, Autoscooter bis zum schönen, alten Karussell mit Holzpferdchen, auf denen man reiten kann – eine Luxusausführung der orgelpfeifenbestückten Kirmesknüller der 1950er-Jahre.

Großer Beliebtheit erfreut sich auch das Hallenbad der Mall – ein **Erlebnisbad** mit Pfiff, das mit wogenden Wellen, einem riesigen *Hot Tub* und einem ganzen Dutzend kirchturmhoher Rutschbahnen für jeden Grad an Wagemut aufwartet.

Auch das **Fantasyland Hotel and Resort** ist anders als ein normales Hotel, versteht sich. Hier kann man sich in Themenzimmern‹ in eine andere Welt versetzen lassen: Es gibt Hollywood-Traumsuiten, Gemächer aus einem römischen Palast, ja sogar Betten auf einer Ladefläche von *Pick-up Trucks* – der Fantasie sind hier wirklich keine Grenzen gesetzt. Die Geschäftsleitung behauptet, dass manche Besucher eigens anreisen, um in der Edmonton Mall eine komplette Urlaubswoche zu verbringen.

Info: Tel. 780-444-53 04, 1-800-661-88 90, www.westedmall.com. **Galaxyland** $ 33, **Water Park** $ 33, **Ice Palace** $ 7,95, **Deep Sea Derby** $ 8.

Die Edmonton Mall ist einer der größten Entertainment-Komplexe weltweit

Musiktheater ▶ Northern Alberta Jubilee Auditorium 3: 11455–87th Ave., Edmonton, Tel. 780-427-27 60. Programme von Ballett bis Musical, Gospel und Jazz.
Klassische Konzerte ▶ Francis Winspear Centre for Music 4: 9720–102 A Ave., Tel. 780-428-14 14, www.winspearcentre.com. Konzerthalle, in der u. a. das Edmonton Symphony Orchestra spielt.
Livemusik ▶ Cook County Saloon 5: 8010–103rd St. (Old Strathcona), Edmonton, Tel. 780-432-26 65, www.cookcountysaloon.com, Do–Sa 20–2 Uhr. Top live Country Music Club, auch Rock und Pop.
Disco ▶ The Armoury 6: 10310–85th Ave. (Old Strathcona), Edmonton, Tel. 780-432-73 00. Populäre Disco und Dance Lounge.

Aktiv

Stadtrundfahrten ▶ Eddie Bus 1: 9990 Jasper Ave., 780-420-17 57, 1-800-463-46 67. Hop-on-, Hop-off-Bus – nach Belieben ein- und aussteigen an den 18 wichtigsten Sehenswürdigkeiten der Stadt, im Sommer tgl. 10–18.45 Uhr, im Stundentakt. $ 15.
Zoobesuch ▶ Valley Zoo 2: 13315 Buena Vista Rd., Edmonton, Tel. 780-496-87 87, www.valleyzoo.ca. Kleiner Zoo mit Vergnügungspark. Anf. Mai–Aug. 9.30–18, Sept.–April 9.30–16 Uhr; $ 11,50.
Ballonfahrten ▶ Windship Aviation 3: 5615 Gateway Blvd., Edmonton, Tel. 780-438-01 11, www.windship.com. Fahrten mit Heißluftballons.
Jet Boating ▶ Klondike Jet Boats 4: Laurier Park (beim Valley Zoo), Edmonton, Tel. 780-486-08 96. Ausflugstouren mit dem Jet-Boot auf dem North Saskatchewan River. Mai–Sept. tgl. 11 Uhr, vorherige Reservierung erforderlich.

Termine

Edmonton's Capital EX: Ende Juli. Zehntägiges Volksfest auf dem Northlands-Gelände.
Edmonton Heritage Festival: Anf. Aug. Kulturelles und Kulinarisches aus aller Welt (www.heritage-festival.ca).
Canadian Finals Rodeo: 2. Nov.-Woche, www.canadianfinalsrodeo.com.

Verkehr

Edmonton Transit: Downtown Information Centre, 99th St. und 102A Jasper Ave., Tel. in Edmonton 311, sonst 780-496-16 22.
VIA-Rail: Tel. 780-422-60 32, Baggage-Info Tel. 448-25 75, 1-888-842-72 45.

Edmontons Umgebung

▶ 1, T 5

Elk Island National Park

Der zünftigste Einstieg in Landschaft und Tierwelt der Prärien erfolgt 45 km vor den Toren der City. **Elk Island National Park** heißt das Wildnisgebiet am Yellowhead Highway 16 östlich von Edmonton. Früher grasten einmal 60 Mio. Bisons in den Prärien. Ende des 19. Jh. waren sie auf ein paar Hundert dezimiert. Heute beherbergt das 195 km² große Schutzgebiet rund 600 Bisons, Elche, eine Herde Wapitihirsche und mehrere Biberkolonien. Die Seen und Feuchtgebiete des Parks sind ein Refugium für viele Wasservogelarten, die hier ihren Nachwuchs aufziehen. Im Mittelpunkt der Freizeitaktivitäten stehen Kanutouren auf dem Astotin Lake, Camping und Wandern (12 Wanderwege mit einer Länge von 1,5 bis 18,5 km). Der Park ist ganzjährig geöffnet (Tel. 780-992-29 50, www.parkscanada.ca/ elkisland; Tageskarte $ 7,80, Pkw maximal $ 20, Camping $ 25,50).

Ukrainian Cultural Heritage Village

In der Nähe des Nationalparks, ebenfalls über den Yellowhead Highway 16 in einer guten halben Stunde von Edmonton zu erreichen, liegt das **Ukrainian Cultural Heritage Village**. Dieses einzigartige Museumsdorf mit 34 historischen Gebäuden lässt den Besucher die Geschichte der ukrainischen Siedler in der Provinz von 1892 bis in die 1930er-Jahre erleben. Kostümiertes Museumspersonal vermittelt ein authentisches Bild vom frühen Siedlerleben der ukrainischen Volksgruppe (Tel. 780-662-36 40, Ende Mai–Aug. tgl. 10–17 Uhr; $ 8).

Grasende Bisons im Elk Island National Park

Alberta Railway Museum

Die Eisenbahn, sagen die Kanadier, hat unser Riesenland überhaupt erst zusammen gebracht. Historiker bestätigen: Ohne sein Gleiskorsett wären große Teile Kanadas an die USA gegangen. Die im **Alberta Railway Museum** im Nordosten Edmontons geparkten Lokomotiven hatten großen Anteil am *Nation Building*. Mehrere Dutzend historischer Lokomotiven sowie komplette Züge, darunter ein Passagierzug der Northern Alberta Railways, bringen die Augen von Eisenbahnfans zum Leuchten (24215–34 St., Tel. 780-472-62 29, www.albertarailwaymuseum.com, im Sommer tgl. 10–17 Uhr; $ 5).

Fort Saskatchewan Museum and Historic Site

Anders als bei der Erschließung des Wilden Westens der USA kam bei der Besiedelung des kanadischen Westens erst das Gesetz und dann die Siedler. Auch in Fort Saskatchewan, 30 km nordöstl. von Edmonton, war das so. 1875 brachte eine Abteilung der North West Mounted Police mit der Gründung von Fort Saskatchewan kanadisches Recht und Gesetz in die noch menschenleere Gegend am North Saskatchewan River. Im **Fort Saskatchewan Museum** sind heute noch acht historische Gebäude zu sehen, darunter das alte Courthouse, dessen Museum die Geschichte des Forts dokumentiert. 2011 wurde die originalgetreu wieder aufgebaute Anlage des alten NWMP-Forts eingeweiht (10006–100th Ave., Tel. 780-998-17 83, im Sommer Mo–Sa 10–16, sonst Mo–Fr 10–16 Uhr; $ 5).

Canadian Petroleum Interpretive Centre

Am 13. Februar 1947 ging eine Meldung durch die nordamerikanische Presse, die Geschichte machte: Öl in Alberta! Der Ölfund in **Leduc**, einem heute nur zehn Autominuten vom Edmonton International Airport entfernten Nest, brachte Alberta auf die Karte der Erdöl fördernden Regionen und setzte einen Boom in Gang, dessen Ende bis heute noch nicht absehbar ist. Das **Canadian Petroleum Interpretive Centre** rekonstruiert diesen denkwürdigen Tag an Ort und Stelle, zeigt den Originalförderturm und informiert über Albertas Ölindustrie im Allgemeinen (Hwys. 60 und 19, Tel. 780-987-43 23, 1-866-987-43 23, www.c-pic.org, Mo–Fr 9–17 Uhr; $ 8).

Getreide so weit das Auge reicht – die Prärieprovinzen sind die Vorratskammer des Landes

Kapitel 4

Saskatchewan und Manitoba

Die ersten europäischen Reisenden hatten so etwas noch nie gesehen: ›Meer aus Gras‹ nannten sie die flache Endlosigkeit. Heute ist dies Kanadas Kornkammer, Land der Mähdrescher und Getreidesilos. Jenseits der Klischees können die beiden Prärie-Provinzen jedoch auch anders.

Auf der Reise durch Kanadas Westen, von Winnipeg in Manitoba bis nach Saskatchewan und Alberta, hat der Reisende oft das Gefühl, durch ein einziges riesiges Getreidefeld zu fahren. Es lohnt sich, einmal anzuhalten, den Motor abzustellen und auszusteigen. Bei klarem Wetter reicht der Blick bis zum Horizont. Atemberaubend ist auch die Stille. Und über allem wölbt sich ein Himmel, der riesig erscheint im Vergleich zu dem daheim, vor allem, wenn er gigantische Cumuluswolken erzeugt, die wie Himmelsschlösser über dem Highway hängen und darauf warten, fotografiert zu werden.

Dies ist der Brotkorb Kanadas, geflochten von zumeist ukrainischen Einwanderern, die Ende des 19. Jh. hier ähnliche Klima- und Bodenverhältnisse vorfanden wie in ihrer alten Heimat. Durch anhaltende Anwerbung von Einwanderern und Landarbeitern entwickelte sich im 20. Jh. zwischen dem Südwestrand des Kanadischen Schildes am Lake Winnipeg und den Foothills der Rocky Mountains in Alberta eines der größten Getreideanbaugebiete der Welt.

Natürlich sind da auch noch die übrigen Großlandschaften, allen voran der Kanadische Schild, auf dem im Sommer die Eisbären auf das Zufrieren der Hudson Bay warten und dessen zahllose Seen ein Paradies für Paddler und Angler darstellen. Regina, Saskatoon und Winnipeg, die einzigen nennenswerten Großstädte in dieser Region, wirken da fast schon wie Anomalitäten.

Auf einen Blick

Saskatchewan und Manitoba

Sehenswert

Grasslands National Park: Eine der letzten naturbelassenen Prärien Nordamerikas. So sah die Landschaft vor Ankunft der Pioniere aus, als das Land noch den Indianern und den riesigen Bisonherden gehörte (s. S. 318).

Prince Albert National Park: Der riesige Park bietet unberührte Wildnis und komfortable Urlaubsmöglichkeiten zugleich. Beliebt sind Wanderungen zur Grey Owl Cabin (s. S. 323).

Lac La Ronge Provincial Park: Die für den Kanadischen Schild typische nördliche Waldlandschaft ist ein Paradies für Angler, Kanuten und Camper (s. S. 323).

Riding Mountain National Park: Ein 400 km langes Netz von Wanderwegen erschließt den schönen Park – von kurzen, bequemen Trails zum nächsten Biberdamm bis zu mehrtägigen, anstrengenden Wandertouren durch den Busch (s. S. 331).

Schöne Routen

Von Regina zum Grasslands Nationalpark und in die Cypress Hills: Die schönste Tour im Süden Saskatchewans führt zu den letzten Stücken unberührter Prärie in Nordamerika (s. S. 319, 322).

Von Regina zum Lac La Ronge Provincial Park: Nördlich vom Montréal Lake liegt eine wildromantische Landschaft mit Seen und Wäldern, die sich seit der Ära der Pelzhändler nur unwesentlich verändert hat (s. S. 323).

Von Winnipeg zum Whiteshell Provincial Park: Über die felsigen Ausläufer des Kanadischen Schildes geht es in ein beeindruckendes Wildnisgebiet mit erstaunlich guter touristischer Infrastruktur (s. S. 330).

Von Winnipeg zum Riding Mountain National Park: Bisons und Wölfe hausen in dieser bergigen Wildnis, die wie eine Insel in der Endlosigkeit der Prärie schwimmt (s. S. 331).

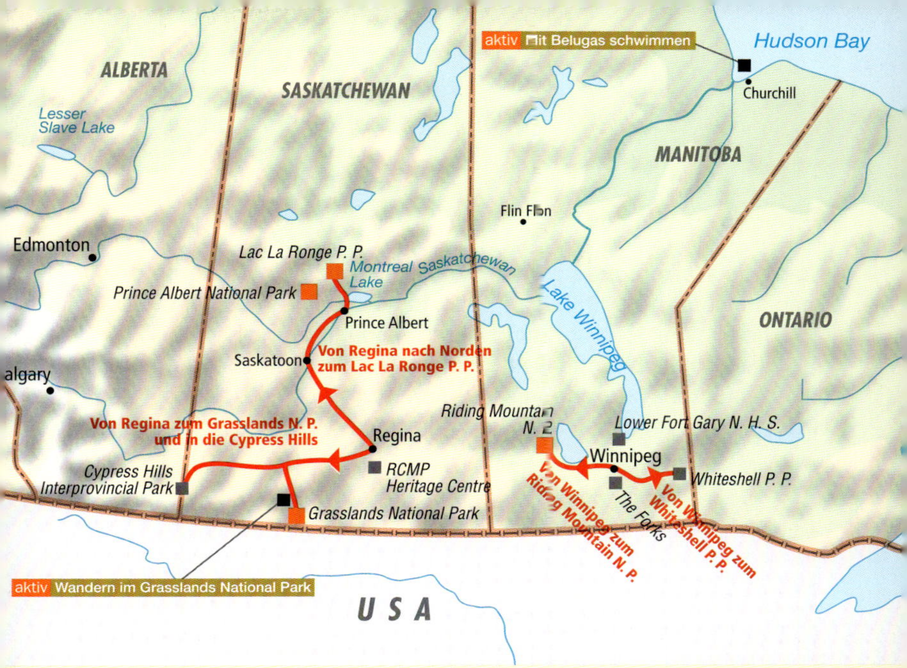

Meine Tipps

RCMP Heritage Centre in Regina: Das Museum der Royal Canadian Mounted Police zeigt eindrucksvoll die Rolle der Polizeitruppe bei der Erschließung der Prärien durch die Pioniere (s. S. 316).

Cypress Hills Interprovincial Park: Während der 1870er-Jahre war dies Kanadas Wilder Westen – ein Nachbau des alten Fort Walsh erinnert daran (s. S. 322).

The Forks in Winnipeg: Einst Handelsplatz von Assiniboine-Indianern, Métis und weißen Pelzhändlern, heute touristisches Gravitationszentrum Manitobas mit Parks und Wegen am Flussufer, Restaurants und Läden (s. S. 325).

Lower Fort Gary National Historic Site: Der älteste noch gut erhaltene Pelzhandelsposten in Nordamerika wurde liebevoll restauriert und original ausgestattet (s. S. 329).

aktiv unterwegs

Wandern im Grasslands National Park: Den Wagen stehen lassen und zu Fuß durch das wellige, von hüfthohem Gras bedeckte Land des Grasslands National Park streifen – oder hier das Zelt aufbauen und nachts Sternschnuppen zählen (s. S. 320).

Mit Belugas schwimmen: In Churchill, Manitoba, fährt man mit dem Schlauchboot auf die Hudson Bay hinaus und kann mit Beluga-Walen auf Tuchfühlung gehen (s. S. 334).

Saskatchewan

Wogende Weizenfelder bis zum Horizont, endlose Wälder und 100 000 Seen im Norden der Provinz – Saskatchewan ist etwas für Individualisten. Die Provinz ist zwar nicht gerade eines der großen Touristikziele, aber die sprichwörtliche Gastfreundschaft der Präriebewohner und ein unverfälschtes Naturerlebnis in einem der riesigen National- und Provinzparks mit Angeln, Reiten und Kanufahren lohnen den Besuch.

Wäre sie nicht landwirtschaftlich so intensiv genutzt, könnte man die einsame Prärieprovinz mit den besiedelten Weiten Australiens vergleichen. Der Landschaftsgürtel zwischen dem 49. und in etwa dem 54. Breitengrad gleicht aus der Luft einem riesigen Schachbrett. Lediglich einige Seen und Flusstäler, der aus Alberta kommende South Saskatchewan River, der Lake Diefenbaker und das Qu'Appelle Valley lockern die geometrischen Strukturen etwas auf.

Zu Zeiten der ersten Einwanderungswellen gegen Ende des 19. Jh. wurde das jungfräuliche Land einfach in Quadratmeilen (= 2,56 km^2) vermessen, die oftmals zum Preis von einem Dollar verkauft wurden. Das erscheint geschenkt, aber der wirkliche Preis musste danach gezahlt werden, denn mitten im Niemandsland verließen die Siedler die Eisenbahn, um so schnell wie möglich mit Hilfe ihrer bescheidenen Habe und wenigen Werkzeugen ein Quartier herzustellen, in dem sie den ersten Winter überleben konnten. Viele Neueinwanderer hatten keine andere Wahl, als sich Erdgrubenhäuser zu graben, die notdürftig mit dem wenigen Holz, das sich finden ließ, abgedeckt werden konnten. Vor allem das extreme Klima machte ihnen zu schaffen: Große Hitze im Sommer und die gefürchteten Blizzards im Winter – mehrere Tage anhaltende Schneestürme und Temperaturen von unter –30 °C – machten ein Verlassen jeglicher Schutzzonen unmöglich.

Fruchtbares Land, die Größe der Farmen und der Einzug modernster Technik machten die Prärieprovinzen zur Kornkammer Kanadas. Über 50 % von Kanadas Weizen wird in Saskatchewan geerntet. Und so prägen diese sich endlos weit erstreckenden, golden schimmernden Weizenfelder das Image der Provinz . Die nördliche Hälfte Saskatchewans besteht aus Wäldern und über 100 000 Seen – ein Paradies für Jäger und Angler.

Die Gesamtbevölkerung Saskatchewans beträgt heute etwa 1 Mio., wobei jeder fünfte Einwohner deutsche Vorfahren hat. Die beiden größten Städte der Provinz sind Saskatoon mit 195 000 und die Hauptstadt Regina mit rund 180 000 Einwohnern.

Regina ►4, E 9

Cityplan: S. 317; **Karte:** S. 319

Die Geschichte der Provinzhauptstadt **Regina** **1** beginnt erst 1882, als im Zuge der Erschließung des kanadischen Westens hier am Flussufer des Wascana Creek eine kleine Pioniersiedlung entstand. Möglich wurde es durch den Bau der Canadian Pacific Railway, die in diesem Jahr den Schienenstrang in Saskatchewan fertigstellte. Doch bereits neun Jahre zuvor wurde in der Region die berittene Polizeitruppe der Northwest Mounted Police eingesetzt, aus der die heutige RCMP (Royal Canadian Mounted Police) hervorging. Sie sollte damals bei den unvermeidlichen Zwistigkeiten zwischen Einwanderergruppen die öffentliche Ordnung gewährleisten.

Heute hat die Stadt knapp 180 000 Einwohner, denen in punkto Lebensqualität einiges geboten wird. So braucht Regina den Vergleich mit anderen berühmteren Großstädten nicht zu scheuen. Die Stadt besitzt einen der größten urbanen Parks in Nordamerika, hat wie Vancouver die Wildnis innerhalb der Stadtgrenzen und bietet ihren Bürgern neben dem großen Outdoor-Angebot auch ein breites kulturelles Angebot: Das *Regina Symphony Orchestra* ist eines der traditionsreichsten Orchester Kanadas, das *Globe Theatre* besticht durch innovative Produktionen und zahlreiche Kunstgalerien und Museen bieten den Reginans ein sehenswertes Programm – und das bei kostenlosem Eintritt. Auch an Festen hat es keinen Mangel, unter ihnen das große *Powwow*, veranstaltet von der First Nations University of Canada, das *Regina Folk Festival* und das *Regina Children's Festival*. Sportfreunde begeistern sich an Kanadas vielleicht beliebtestem Football Team, den *Saskatchewan Roughriders*.

Wascana Centre

Das 930 ha große **Wascana Centre** 1 ist nicht nur das grüne Herz der Stadt, sondern zugleich Reginas kulturelles Zentrum. Die hügelige Parklandschaft mit schönen alten Bäumen bietet reichlich Gelegenheit zum Spazierengehen. Zum idyllischen kleinen **Willow Island** setzt man mit der Fähre über (Mo–Fr 12–16, Sa/So 12–21 Uhr; $ 3. Rundfahrten mit der Fähre sind ebenfalls möglich, Reservierung Tel. 306-522-36 61) und an der **Wascana Marina** kann man sich ein Boot leihen, um den See auf eigene Faust zu erkunden (Tel. 306-780-93 11, www.wascana.sk.ca).

Im Wascana Centre sind auch einige interessante öffentliche Bauten zu besichtigen, darunter der Sitz der Provinzregierung, das 1912 fertig gestellte **Legislative Building** 2 (2405 Legislative Dr., Tel. 306-787-23 76). Im Regierungsgebäude sind auch mehrere Galerien untergebracht, unter ihnen die *Cumberland Gallery*, mit schönen Stücken der Native Heritage Foundation und Ausstellungen von Werken einheimischer Künstler (Tel. 306-569-31 55, Sommer tgl. 8–21, Winter 8–17 Uhr, Führungen halbstündlich, Eintritt frei).

Mit ihren roten Jacken und den breitkrempigen Hüten sind die ›Mounties‹ ein Symbol für Recht und Ordnung in Kanada

Im sehenswerten **Royal Saskatchewan Museum** 3, ebenfalls im Wascana Centre gelegen, wird vor allem die Naturgeschichte der Prärie gezeigt. In der *First Nations Gallery* wird mit hervorragenden Ausstellungen ein Eindruck von Saskatchewans indianischer Urbevölkerung vermittelt. *Die Life Sciences Gallery* informiert über die Naturgeschichte der Provinz und über globale Umweltprobleme (College Ave./Albert St., Wascana Centre, Tel. 306-787-28 15, www.royalsaskmuseum.ca, Anfang Mai–Anfang Sept. tgl. 9–17.30, sonst 9–16.30 Uhr; Eintritt frei, Spendenvorschlag $ 6).

Auch das **Saskatchewan Science Centre** 4, das in einem ehemaligen Kraftwerk untergebracht ist, gehört zum Park. Hier findet man Technik und Wissenschaft zum Anfassen; im *Imax Theatre* sind atemberaubende Filme der Superlative zu sehen (Winnipeg St./Wascana Drive, Tel. 306-791-79 00, 1-800-667- 63 00, www.sasksciencecentre.com, Di–Fr 9–17, Sa/So 12–18 Uhr, IMAX Di–So 12–20.30 Uhr, im Winter geschl.; $ 8, IMAX $ 9).

RCMP Heritage Centre 5

Das **RCMP Heritage Centre** nimmt den Platz des alten RCMP Centennial Museum in der Royal Canadian Mounted Police Academy ein. Die Verbundenheit der Polizeitruppe mit der Erschließung der Prärien wird hier sehr eindrucksvoll dargestellt. Im gleichen Gebäude befindet sich auch die nationale Trainingsakademie der RCMP, in der jedes Jahr 600 Rekruten gedrillt werden. Im angeschlossenen Museum wird die Geschichte der legendären Polizeitruppe und ihrer Abenteuer mit Goldsuchern und Whiskyschmugglern und Indianern dokumentiert. Die täglich auf dem Exerzierplatz stattfindenden Paraden geben durch die leuchtend roten Uniformen ein prächtiges Bild ab und locken große Zuschauermengen an (5907 Dewdney Ave., Tel. 306-780-55 22, 1-866-567-726, www.rcmpheritagecentre.com, Mo–Fr 10–17, Sa/So 12–17 Uhr, Paraden Juli–Mitte Aug., Info unter Tel. 306-780-59 00; $ 12 inkl. Führung und Multimedia-Show).

Regina Plains Museum und Government House Museum

Das **Regina Plains Museum** 6 beherbergt sehenswerte Ausstellungen über die Métis und First Nations sowie über das Leben der Pioniere der Provinz (Old Post Office, 2nd Floor, 1835 Scarth St., Tel. 306-780-94 35, www.reginaplainsmuseum.com, Di–Fr 10–16, Mo 13–17 Uhr; Eintritt frei, Spende erbeten).

Das **Government House Museum and Heritage Property** 7 ist die frühere Residenz der Gouverneure von Saskatchewan und der alten Northwest Territories. Liebevoll restauriert und umgeben von gepflegten Gärten lohnt sie einen Besuch (4607 Dewdney Ave., Tel. 306-787-57 73, Ende Mai–Anf. Sept. 9–17, im Winter Di–So 9–16 Uhr, Eintritt frei).

Infos

Tourism Saskatchewan: 1922 Park St., Regina, Tel. 306-787-96 00, 1-877-237-22 73, www.sasktourism.com, www.reginakiosk.ca, Mai–Aug. Mo–Fr 8–17, Sa/So 9–16, sonst Mo–Fr 8–7 Uhr.

Übernachten

Mit viktorianischem Flair ▶ **Hotel Saskatchewan Radisson Plaza** 1: 2125 Victoria Ave., Regina, SK, Tel. 306-522-76 91, 1-800-333-33 33, Fax 757-55 21, www.hotelsask.com. Schönes altes Hotel mit Blick auf den Victoria Park; Restaurant und Nachtclub. $ 209–359.

Familiär ▶ **Country Inn & Suites Regina** 2: 3321 Eastgate Bay, Tel. 306-789-9117, 1-800-596-2375. Gemütliches kleineres Inn, alle Sehenswürdigkeiten gut zu erreichen, nette Zimmer, Suiten mit Kühlschrank und Mikrowelle, Fitnessraum. $ 101–135.

Essen & Trinken

Steaks und mehr ▶ **Golf's Steak House** 1: 1945 Victoria Ave., Tel. 306-525-5808, Mo–Fr 11–24, Sa/So 16–24 Uhr, traditionsreiches Lokal, auch vegetarische und Fischgerichte. Ab $ 18.

Mit viel Atmosphäre ▶ **Cathedral Village Free House** 2: 2062 Albert St., Tel. 306-359-

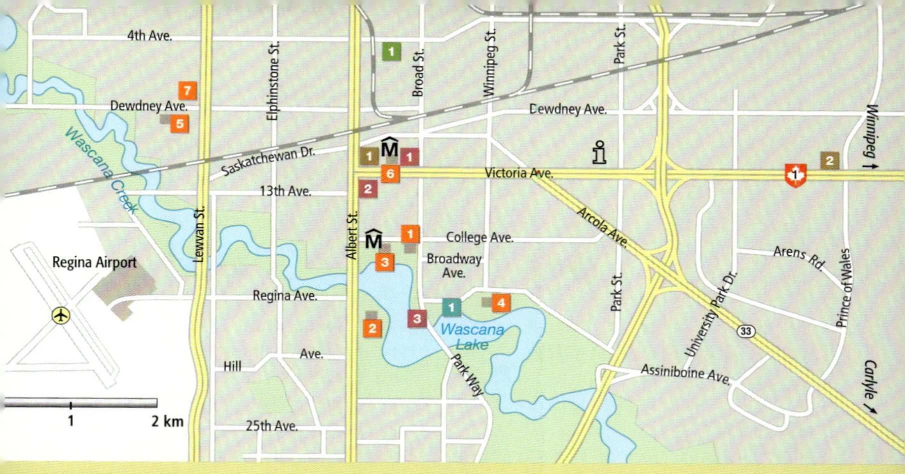

Regina

Sehenswert
1 Wascana Centre
2 Legislative Building
3 Royal Saskatchewan Museum
4 Saskatchewan Science Centre
5 RCMP Heritage Centre
6 Regina Plains Museum
7 Government House Museum

Übernachten
1 Saskatchewan Radisson Plaza
2 Country Inn Suites

Essen & Trinken
1 Golf's Steak House
2 Cathedral Village Free House
3 The Willow of Wascana

Einkaufen
1 Antique Mall

Abends & Nachts
1 Conexus Arts Centre

16 61, www.thefreehouse.com/cathedral, Mo–Mi 11–1, Sa 11–2, So 12–24 Uhr. Beliebter Pub mit hausgebrautem Bier und internationaler Küche, besonders zu empfehlen: Hähnchen, Rippchen, Steaks und Zander aus dem holzbefeuerten Ofen. $ 13–23.

Am Fluss ▶ **The Willow of Wascana** 3: 3000 Wascana Dr., Tel. 306-585-36 63. Gemütliches Restaurant im Park; das Essen ist lecker, im Sommer kann man draußen sitzen und hat eine wunderbare Aussicht auf den Fluss. Lunch $ 11–15, Dinner $ 18–35.

Einkaufen

Antiquitäten ▶ **Antique Mall** 1: 1175 Rose St., Regina, SK, Tel. 306-525-96 88. Einkaufszentrum mit rund 30 Antiquitätengeschäften.

Abends & Nachts

Kulturzentrum ▶ **Conexus Arts Centre** 1: 200 Lakeshore Dr., Wascana Centre, Regina, SK, Tel. 306-525-99 99, 1-800-667-84 97, www.conexusartscentre.ca. Theater-, Ballett-, Tanz- und Musikproduktionen, Spielstätte des Regina Symphony Orchestra.

Termine

RCMP Sergeant Major's Parade: Mo, Mi und Fr 12.45 Uhr, bei schlechtem Wetter in der Drill Hall. Tel. 306-780-59 00.

Trial of Louis Riel: 13.–29. Juli Mi, Do, Fr 19.30 Uhr. Realistische Darstellung des berüchtigten Gerichtsverfahrens, in dem der Métis-Rebell Louis Riel zum Tode verurteilt wurde. MacKenzie Art Gallery, 3475 Albert St.,Tel. 306-728-57 28.

Regina Folk Festival: Mitte Aug., Victoria Park. Teilnahme von internationalen Pop- und Folk-Gruppen (www.reginafolkfestival.com).

Verkehr

Regina Transit: 2124-11th Ave., nahe Cornwall Centre, Tel. 306-777-74 33, www.reginatransit.com. Sightseeing-Bus.

Sehenswertes in der Provinz

Karte: rechts

Saskatchewan ist reich an Naturschutzgebieten und historischen Denkmälern. Es gibt über 200 Parks mit einer Gesamtfläche von 1,9 Mio. ha. Dazu gehören zwei Nationalparks und mehrere National Historic Sites. Der Südwesten der Provinz gibt einen Vorgeschmack auf die Badlands, die im angrenzenden Alberta noch größeren Raum einnehmen.

Grasslands National Park ► 4, D 9

An der Südgrenze der Provinz, über Trans-Canada Highway und Highway 19 zu erreichen, steht seit ein paar Jahren im 900 km² großen **Grasslands National Park** 2 eines der wenigen naturbelassenen Präriegebiete unter Schutz. Hier bekommt man eine Vorstellung, wie die Landschaft vor Ankunft der Pioniere aussah. Dabei beeindrucken nicht nur die ›wogenden‹ Grashügel – im östlichen Teil des Gebietes dominieren die Killdeer Badlands mit grotesken Formen und Farben einer stark erodierten Erdoberfläche. Kojoten, Adler, Klapperschlangen und Antilopen haben hier ein ungestörtes Refugium. Schon in der Vorzeit war diese Region besiedelt. Es finden sich prähistorische Ausgrabungen und *Buffalo Jumps* (s. Aktiv unterwegs S. 320).

Infos

Grasslands National Park: P.O. Box 150, Val Marie, SK, S0N 2T0, Tel. 306-298-22 57, 298-20 42. Office tgl. 8–16.30 Uhr, Informationszentrum vom 16. Mai–6. Sept. tgl. 8–17, Fr bis 19 Uhr; Eintritt frei.

Übernachten

Ehemaliges Kloster ► Convent Country Inn: Box 209, Hwy. 4 Süd, Val Marie, SK S0N 2T0, Tel. 306-298-45 15, www.convent.ca. Umfassend renoviertes historisches Gemäuer mit großen hellen Räumen. Einzelzimmer ab $ 55, Doppelzimmer $ 75.

Cypress Hills Interprovincial Park ► 4, D 9

Im **Cypress Hills Interprovincial Park** 3 im äußersten Südwesten finden sich mit fast 1400 m die höchsten Erhebungen Saskatchewans, die nicht von Eiszeitgletschern bedeckt waren. Auffallend ist hier die mannigfaltige Vegetation mit einer Vielzahl von Orchideen sowie einer Mischung von Wald und Hügeln, wie sie sonst nur in den Vorbergen der Rocky Mountains zu finden ist (Hwy. 21, südl. von Maple Creek, Tel. 306-662-54 11, in Alberta 403-893-38 33, Visitor Centre Juli/Aug. 9.30–19, Sept.–Anf. Okt. Do–Mo 9.30–17 Uhr; Reiten, Wandern, Camping).

Fort Walsh National Historic Park ► 4, D 9

In der Nähe liegt der **Fort Walsh National Historic Park** 4, ein ehemaliger Posten der Northwest Mounted Police und eine restaurierte Pelzhandelsstation aus dem Jahre 1872 (am Hwy. 271, 55 km südwestl. von Maple Creek, SK, Tel. 306-662-35 90, 662-26 45, Mitte Mai–Ende Sept. tgl. 9.30–17.30 Uhr, sonst unter Tel. 662-26 45 erfragen; $ 9,80).

Saskatoon ► 4, E 9

Über den Highway 11 gelangt man vom Trans-Canada Highway schnell nach **Saskatoon** 5. Die Stadt entwickelte sich mehr und mehr zum eigentlichen Wirtschafts- und Wissenschaftszentrum der Provinz. Am Yellowhead Highway gelegen, profitiert sie vom Durchgangsverkehr nach Edmonton und Alaska. Zur Verarbeitung der Pottasche-Vorkommen entstanden moderne Industrien. Besonders für wissenschaftlich Interessierte zu empfehlen sind die Besichtigungstouren an der **University of Saskatchewan** mit ihrer Agricultural Research Station, wo Untersu-

Saskatchewan

aktiv unterwegs

Wandern im Grasslands National Park

Tour-Infos

Start: Parkeingang in Val Marie (am Hwy 4 von Swift Current)
Infos: Eine Broschüre mit einer Karte für die Wanderwege erhält man im Besucherzentrum des Nationalparks in Val Marie, Tel. 306-298-22 57, 306-298-20 42, Mitte Mai–Mitte Sept. 8–17, Fr bis 19 Uhr.

Der Grasslands National Park besteht aus zwei räumlich voneinander getrennten Teilen. Der ›West Block‹ ist überwiegend mesaähnliches Hochland, das vom Frenchman River Valley bis zu 200 m tief durchschnitten wird. Die Gletscher der letzten Eiszeit haben hier eine Landschaft aus Hügeln und grasbedeckten Tälern, den ›Coulées‹, hinterlassen. Der ›East Block‹ mit den Killdeer Badlands ist rauer. Auch dessen Buttes, Hoodoos und erodierte Sandsteinformationen sind ein Produkt der letzten Eiszeit. Dutzende abgehärteter Wildgrasarten gedeihen hier, Kakteen und Salbeibüsche sorgen für Halbwüstencharakter. Tierische Bewohner sind Goldadler, Füchse, Koyoten, Präriehunde und Pronghorn-Antilopen. Große ovale Mulden erinnern an die einst zu Millionen durchziehenden Büffel: In den ›Buffalo Wallows‹ wälzten sie sich zwecks Körperpflege, an blank gescheuerten Felsbrocken, den ›Rubbing Stones‹, massierten sie ihre Flanken. Auch die von ihnen lebten, haben Spuren hinterlassen: Vorzugsweise auf Kuppen mit Rundumblick legten prähistorische Jäger ihre manchmal riesigen ›medicine wheels‹ an, zu Kreisen angeordnete Steinreihen für rituelle Zwecke.

Grasslands wurde 1989 gegründet und 2001 offiziell zum Nationalpark erklärt. Der erwartete Besucheransturm blieb jedoch aus. Ganze 7000 Gäste pro Jahr registriert die in Val Marie am Rand des West Block ansässige Parkverwaltung. Verantwortlich dafür mag die isolierte Lage in der untouristischen Mitte Kanadas sein. Nach Calgary sind es 700 km, nach Regina 300 km. Damit liegt der Park abseits der Touristenströme.

Ein anderer Grund ist die große Leere. Nur wenige können sich mit ihr anfreunden. Einen Vorgeschmack bekommen wir, als wir mit dem Auto von Val Marie aus auf der einzigen Piste des Parks tief ins Frenchman River

chungen über die Verbesserung der Ernteerträge durchgeführt werden.

In der **Western Development Museum's 1910 Boomtown** wird die Besiedlung des Westens in einem Pionierdorf mit über 30 Gebäuden dargestellt (2610 Lorne Ave., Tel. Tel. 306- 931-19 10, www.wdm.ca, April–Dez. tgl. 9–17 Uhr, Jan.–März nur Di–So; $ 8,50).

Sehenswert ist auch der **Wanuskewin Heritage Park**, 3 km nördlich von Saskatoon. Hier erfährt man viel über 6000 Jahre indianischer Geschichte. Im Tal gibt es 19 archäologische Grabungsstätten von Bedeutung. Das Interpretive Centre zeigt Ausstellungen, Modelle und kulturelle Darbietungen (5 km nördl. am Hwy. 11, 3 km südl. Warman Rd., 2 km östl. Penner Rd., Tel. 306-931-67 67, 1-877-547-65 46, www.wanuskewin.com, Mitte Mai–Aug. 9–21, sonst 9–17 Uhr; $ 8,50).

Infos

Tourism Saskatoon: 6-305 Idylwyld Dr., Saskatoon, SK S7L 0Z1, Tel. 306-242-12 06, 1-800-567-24 44, www.tourismsaskatoon.com.

Übernachten

Hotelpalast ► Delta Bessborough: 601 Spadina Crescent E., Saskatoon, Tel. 306-244-55 21, 1-888-890-32 22, Fax 306-653-24 58, www.deltahotels.com. Schlossähnlicher Bau am Ufer des South Saskatchewan. $ 210–360.

Valley vorstoßen. Markierte Wege gibt es nicht. Was die Parkverwaltung Trails nennt, liest sich in der Wegbeschreibung so: »Parken Sie 2,8 km nach dem Parkeingang. Steigen Sie in südöstlicher Richtung die enge Falte hinab, die in das Timmons Coulée führt. Von hier aus folgen Sie am besten den Trails, die Hochwild und Antilopen hinterlassen haben. Im Norden sehen Sie bald eine U-förmige Ausbuchtung im Hang. Dies ist der Weg in das Police Coulée ...«

Zuerst schlagen wir unser Zelt auf. Mindestens 1 km von der Piste entfernt soll es stehen, bittet die Verwaltung. Unseren Aufbruch zum Frenchman River Valley verfolgt ein Rudel Antilopen. Als wir die sofakissenähnlichen Hänge ins Timmons Coulée hinabklettern, folgt es uns oben auf der Ebene. Auf der gegenüberliegenden Seite des Coulée kraxeln wir einen erodierten Hang zur Mesa hinauf. Der Blick ist überwältigend. Der Himmel ist endlos, wir sind winzig klein. Im Westen ragt ›70 Mile Butte‹ auf, ein alle anderen überragender Tafelberg. Der einzige Blickfang im Osten ist ein von dunkelgrüner Vegetation umgebenes Wasserloch.

Auch die französischen Reisenden, die im 18. Jh. als erste Weiße hier durchkamen, hatten so etwas noch nie gesehen. Sie nannten die Prärie ein ›Meer aus Gras, so weit das Auge reicht‹. Früher prägte es das Herzland des Kontinents, von Nord-Alberta bis nach Texas reichend. Geblieben sind nur winzige Grasland-Inseln. Und der Grasslands National Park, der die Prärie noch so zeigt, wie sie die von Sitting Bull geführten Sioux sahen, als sie unweit von hier nach der Schlacht am Little Big Horn die Grenze überschritten, um Schutz in Kanada zu suchen.

Im Frenchman River Valley empfangen uns Präriehunde mit einem schrillen Pfeifkonzert, als wir mitten durch ihre Kolonie, ein fußballfeldgroßes, von ihren halbmeterhohen Burgen übersätes Areal wandern. Und die Bisons sind auch wieder da, inzwischen immerhin eine Herde von 110 Tieren. 2007 hatte die Parkverwaltung 72 Bisons in den Park umgesiedelt. Die Tiere erhielten ein 180 km^2 Gebiet im West Block, das eingezäunt wurde, weil einige Ranches angrenzen. Hier leben die Bisons halbwild und fühlen sich wie ihre Vorfahren offenbar wohl im Grasslands Park.

Geräumige Motelunits ▶ Saskatoon TraveLodge: Tel. 306-242-88 81, 1-888-278-42 09, Fax 665-73 78, www.travelodgesaskatoon.com. Große, originell und farbenfroh eingerichtete Zimmer, Pool, Sauna, Kühlschrank und Mikrowelle, Restaurant. $ 150–195.

Essen & Trinken

Für Eisenbahn-Fans ▶ Saskatoon Station Place: 221 Idylwyld Dr. S., Saskatoon, Tel. 306-244-77 77. Steaks und griechische Spezialitäten in einer Bahnstation. Ab $ 25.

Beliebter Italiener ▶ Chianti: 102 Idylwyld Dr. N., Ecke 22nd St. E., Saskatoon, Tel. 306-665-84 66. Kreative Pastamenüs, Meeresfrüchte und Geflügelspezialitäten. $ 8–16.

Einkaufen

Kunsthandwerk ▶ Saskatchewan Craft Council Gallery: 813 Broadway Ave., Saskatoon, Tel. 306-653-36 16, www.saskcraftcouncil.org, tgl. 13–17 Uhr.

Termine

Pion-Era: Mitte Juli, Pionierfestival mit Pferde- und Wagenrennen, Handwerksvorführungen und Essensständen. Western Development Museum, 2610 Lorne Ave., Saskatoon, Tel. 306-931-19 10.

Verkehr

Saskatoon Transit: Tel. 306-975-31 00, Bus-Depot Tel. 306-933-80 00.

Tipp: Cypress Hills

Von den bis zu 1400 m hohen Cypress Hills sieht man Staubstraßen am Horizont verschwinden und Wolkenschatten über weites Weideland wandern. Durch den nach Alberta hineinreichenden **Cypress Hills Interprovincial Park** (s. S. 318) unweit der amerikanischen Grenze führen schöne Aussichtsstraßen, aber auch Pisten, die schon ein paar Regentropfen unpassierbar machen. Besucher sind rar, auch während der Hochsaison. 14 Orchideenarten gedeihen hier, über 200 Vogelarten wurden hier gezählt, und selbst Wildkatzen, Koyoten und Füchse kann man beobachten. Die Südseite der Cypress, tiefe, grasbewachsene Hügelfalten und enge Täler, erinnen an Wildwest-Kulissen, und während der 1870er-Jahre war dies tatsächlich **Kanadas Wilder Westen**. Amerikanische Whiskyhändler verkauften hier auf ihren Stützpunkten, den sog. Whisky-Forts, billigen Fusel und Waffen an die Indianer und hetzten diese gegeneinander auf. 1873 kam es hier zum ›Cypress Hills Massacre‹, bei dem 70 Assiniboine-Indianer getötet wurden. Ottawa reagierte mit der Gründung der **Northwest Mounted Police**, dem Vorläufer der Bundespolizei RCMP. 1875 bauten die Mounties Fort Walsh, von wo aus sie in der Folgezeit für Ruhe und Ordnung sorgten. Heute erinnert an der Stelle des alten, zwischen grünen Hügeln liegenden Forts eine palisadenbewehrte Replik an die wilden Zeiten. 1876 ritt Inspektor James Walsh von hier aus nach Wood Mountain, um 5000 vor der US-Kavallerie geflohene Sioux-Krieger unter Sitting Bull in Empfang zu nehmen. Diese und andere spannende Geschichten werden in der **Fort Walsh National Historic Site** erzählt (Hwy. 271, Tel. 306-662-26 45, Victoria Day–Labour Day tgl. 9.30–17.30 Uhr; $ 9,80).

Herrlich zum Wandern: die Cypress Hills

Batoche National Historic Site

► 4, E 8

Zwischen Saskatoon und Prince Albert liegt etwas abseits vom Highway 11 die **Batoche National Historic Site** 6. Hier wird die dramatische Geschichte des Métis-Revolutionärs Louis Riel in einem ausgezeichneten Museum wieder lebendig. An dieser Stelle musste sich 1885 der Anführer des bewaffneten Aufruhrs von Indianern und Mestizen gegen die kanadische Regierung ergeben. Er wurde zum Tode verurteilt und bald darauf gehängt (Tel. 306-423-62 27, www.pc.gc.ca, Mitte Mai–Sept. tgl. 9–17 Uhr; $ 7,80).

Prince Albert N. P. und Meadow Lake P. P. ► 4, D/E 8

Fährt man weiter nach Norden, ändert sich die Landschaft ähnlich wie in den benachbarten Provinzen Manitoba und Alberta. Mehr und mehr beherrschen Wälder und Seen das Landschaftsbild. Auf dem Highway gelangt man nach **Prince Albert,** Tor zum benachbarten **Prince Albert National Park** 7. Auf 388 000 ha Land erstrecken sich ausgedehnte Laub- und Nadelwälder, 20 % der Fläche sind von Wasser bedeckt. In den Flusstälern weiden heute noch Bisons.

Beliebt sind die Wanderungen zum Blockhaus des legendären ›Grey Owl‹. Der Engländer Archibald Belaney nahm in den 1930er-Jahren einen indianischen Namen an und lebte im Einklang mit der Natur der nördlichen Wälder. Als Referent und Autor wurde er zu einer bekannten Persönlichkeit.

Über den Highway 55 gelangt man dann über den **Meadow Lake Provincial Park** 8 bis zur Provinz Alberta. Die Strecke führt durch eine für Kanada so typische Einsamkeit, in der auch heute noch der heisere Schrei des Weißkopfseeadlers und nachts der klagende Ruf des *Loon* (Eistaucher) über den Wassern zu hören ist.

Infos

Prince Albert National Park: P.O. Box 100, Waskesiu Lake, SK S0J 2Y0, Tel. 306-663-45 22, 1-888-773-88 88, im Sommer tgl. 8–20 Uhr, sonst kürzer. Parkeintritt 7,80 $.

Prince Albert Tourism and Convention Bureau: 3700-2nd Ave., Prince Albert, SK S6W 1A2, Tel. 306-953-43 85, 306-953-43 87, 1-877-868-74 70.

Übernachten

Frisch renoviert ► Prince Albert Inn: 3680-2nd Ave. W., Prince Albert, SK S6V 5G2, Tel. 306-922-50 00, 1-800-922-58 55, Fax 922-22 24, www.painn.com. Restaurant und abendliches Entertainment, über einen Skywalk gelangt man zum angeschlossenen Casino. $ 80–175.

Familienfreundlich ► Baker's Waskesiu Bungalows: Waskesiu Dr., nördl. von Waskesiu Lake, SK S0J 2Y0, Tel. 306-663-52 11, Fax 663-51 15, www.bakersbungalows.com. Blockhütten am See mit 1 oder 2 Schlafzimmern ($ 65–210), Shop, auch Camping.

Aktiv

Bootstouren & Kanuverleih ► Waskesiu Marina Adventure Centre: Waskesiu, Tel. 306-663-19 99 (Sommer), 306-763-12 78 (Winter), www.waskesiumarina.com. Bootstouren und Exkursionen auf dem See, Shuttleboot zur Grey Owls Cabin, Vermietung von Kanus ($ 20/Std.) und Kajaks ($ 17/Std.)

Lac La Ronge Provincial Park

► 4, E 8

Weiter führt der noch geteerte Highway 2 in den **Lac La Ronge Provincial Park** 9, wo kapitale Hechte und Saiblinge gefangen werden können. Hier ist man bereits weit in die nördliche Waldlandschaft des Kanadischen Schildes vorgedrungen. Nur noch wenige Schotterstraßen führen als Stichstraßen zu Holzfällercamps, kleinen Bergwerken und fischreichen Seen. Kanu-Enthusiasten können auf einer der rund 30 Kanurouten ins Innere dieser Wildnis vorstoßen (Hwy. 102 und Hwy. 915, Tel. 306-425-42 34).

Aktiv

Rundflüge ► TransWest Air: La Ronge, SK, Tel. 306-425-23 82, 1-800-667-93 56 (nur in SK), www.transwestair.com. Flightseeing und Linienflüge im Norden Saskatchewans.

Manitoba

Während die Einwohner von Churchill noch mit Motorschlitten über die Tundra sausen, genießen die Hauptstädter in Winnipegs Straßencafés bereits ihren Cappuccino. Die Palette der Aktivitäten in der Mitte zwischen Atlantik und Pazifik reicht vom Outdoor-Spaß bis zum Museumsbesuch.

Die Prärieprovinz Manitoba bietet aufgrund verschiedener Klimaeinflüsse erstaunlich unterschiedliche Landschaften. Während der Südwesten an der Grenze zu Saskatchewan und Nord-Dakota mit großer Sommerhitze bis über 40 °C steppenhaft trocken ist, steht der Nordosten an der Hudson Bay bereits unter subarktischem Einfluss. Dazwischen erfährt der Reisende fließende Übergänge zwischen landwirtschaftlich genutzten Zonen, bewaldeten Mittelgebirgen, weiten Flusstälern und Steppengebieten, in denen Kakteen und seltene Schlangen vorkommen. Der flächenmäßig größte Teil der Provinz gehört zum Kanadischen Schild, einem Felsplateau, das sich rund um die Hudson Bay bis Labrador erstreckt. Er besteht hauptsächlich aus Granit und Gneis und gehört zu den ältesten Gesteinen der Erde. Geologen stellten fest, dass sich die riesige Platte bereits vor 2 Mrd. Jahren bildete. Unwegsame, von einer dünnen Vegetationsdecke aus Moosen und Nadelwald bedeckte Felsenlandschaft kennzeichnet diese fast unbesiedelte Region. Manitoba, mit ungefähr 1,2 Mio. Einwohnern, ist auch ethnologisch vielfältig: Etwa 50 Volksgruppen aus aller Herren Länder leben hier.

Winnipeg ► 4, F 10

Cityplan: S. 326; **Karte:** S. 331

Kommt man aus der östlich gelegenen Nachbarprovinz Ontario nach Manitoba, erkennt man im tischebenen Grasland die Silhouette **Winnipegs** **1** bereits aus über 50 km Entfernung. Die Bürotürme der Downtown inmitten der weiträumigen Stadt (rund 650 000 Einwohner) ragen hoch in den Präriehimmel. Obwohl Wasser hier knapp ist, muss es dennoch gebändigt werden. Der von Süden kommende Red River und der aus Saskatchewan heranfließende Assiniboine River vereinigen sich nahe der Stadtmitte. Um verheerende Frühjahrsfluten nach der Schneeschmelze zu verhindern, die früher häufig auftraten, wurde das gesamte Stadtgebiet mit einem ringförmigen Kanal umgeben, dem Red River Floodway, der die Wassermassen bändigt.

Archäologische Funde lassen darauf schließen, dass am Zusammenfluss von Red und Assiniboine River schon vor 6000 Jahren Ureinwohner siedelten und Handel trieben. Als erste Europäer kamen 1738 die Voyageure unter Pierre de la Vérendrye und gründeten Fort Rouge. 1804 folgten die Pelzhändler der North West Company und errichteten Fort Gibraltar. 1821 baute dann die Hudson's Bay Company eine Pelzhandelsstation, Upper Fort Garry, das sich bald zu einem der bedeutendsten Zentren ihres Handels entwickelte. Wegen der häufigen Überflutungen am Zusammenfluss beider Flüsse verlegte man die Station später etwa 30 km flussabwärts an den Red River und nannte sie Lower Fort Garry.

Im Jahr der Gründung von Fort Garry brachte Lord Selkirk Siedler aus dem schottischen Hochland in die Region, die jedoch auf offene Feindseligkeiten der Trapper und Pelzhändler stießen, weil diese nicht zu Unrecht eine Beeinträchtigung des Pelzhandels durch die wachsende Erschließung der Region befürchteten. Trotz anfänglicher Probleme überlebte und wuchs die kleine Red River Siedlung. Verstärkte Einwandererwerbung führte in der zweiten Hälfte des 19. Jh. zu neuen Siedlerströmen aus allen Ländern Europas und dem frankokanadischen Québec. So entstand 1874 die Stadt Winnipeg. Die Fertigstellung der Transkanada-Eisenbahn 1885, zentrale Lage und rasches Wirtschaftswachstum ließen den Ort innerhalb weniger Jahrzehnte zur Großstadt und zum Verwaltungszentrum der Provinz werden.

Nach Québec und New Brunswick leben in Manitoba die meisten frankophonen Bürger im Verhältnis zur Einwohnerzahl der Provinz. Dabei ist zu berücksichtigen, dass von den etwa 1,2 Mio. Einwohnern Manitobas über die Hälfte in Winnipeg wohnen.

Ein Besuch Winnipegs lässt sich vor allem in kultureller Hinsicht mit einem vielfältigen Programm verbinden. Die Stadt hat über drei Dutzend Museen, 17 Theater, viele Kunstgalerien. Auch international berühmt sind das ausgezeichnete Winnipeg Symphony Orchestra und das Royal Winnipeg Ballet, das bereits in den meisten Ländern der Erde aufgetreten ist. Unter Mitarbeit von tausenden freiwilligen Helfern findet jedes Jahr im August das zweiwöchige Folklorama statt. Hier erlebt man die ethnische Vielfalt der Volksgruppen Manitobas. Ein farbenfrohes Festival für Auge, Ohr und Gaumen. Die Vielfalt der Kulturen zeigt sich natürlich auch in den Speisekarten der exotischen Restaurants, wo von indischen bis ukrainischen Leckerbissen so ziemlich alle Gerichte der Welt angeboten werden. Winnipeg ist dazu eine ausgesprochen einkaufsfreundliche Stadt – auch in den bitterkalten Wintern. Shopping Malls, Geschäfte und Restaurants im Zentrum sind durch Tunnels und Glasbrücken verbunden, sodass es den Passanten selbst bei schlechtem Wetter und Kälte nicht an Komfort mangelt.

Downtown

Sehenswert ist das von gepflegten Parkanlagen umgebene **Manitoba Legislative Building** 1 an Broadway und Osborne Street im Herzen der Stadt. Auf der Kuppel des Parlamentgebäudes thront der weithin sichtbare ›Golden Boy‹. Mit einer Weizengarbe in der Hand symbolisiert er die Fruchtbarkeit der Prärieprovinz (Broadway Ave. und Kennedy St., Winnipeg, Führungen, Tel. 204-945-58 13, Juli–Anfang Sept. 9–15 Uhr, sonst Zeiten erfragen). Weiter auf der Osborne Street lohnt die **Winnipeg Art Gallery** 2 mit ihren hervorragenden Ausstellungen zeitgenössischer Inuit-Kunst einen Besuch. Die Sammlung ist die weltweit größte dieser Art (300 Memorial Blvd., Winnipeg, Tel. 204-786-66 41, www.wag.mb.ca. Nette Cafeteria. Di–So 11–17, Do 11–21 Uhr; $ 9).

The Forks 3

The Forks, ein 23 ha großer Uferpark am Zusammenfluss von Red und Assiniboine River, ist Winnipegs Vorzeigeprojekt zur Stadterneuerung: mit schönen Parkanlagen und Wanderwegen am Flussufer, einer Vielfalt von kulturellen Veranstaltungen und der gelungenen Mischung aus Einkaufen, Essen und Vergnügen (Waterfront, Winnipeg, Tel. 204-945-37 77, 1-888-942-63 02, www.theforks.com. Veranstaltungen: Tel. 204-957-76 18).

Ein 5 ha großer Teil des Parks am Westufer mit schönem Blick über das Wasser auf den Stadtteil St. Boniface ist als **The Forks National Historic Site** eingetragen (Tel. 204-983-67 57). Dies ist historischer Boden. Schon vor 6000 Jahren trafen sich hier Ureinwohner, im 18. und 19. Jh. wurden Pelzhandelsforts und die erste Siedlung gegründet. Danach wurde das Gelände von der Canadian National Railway als Verschiebebahnhof und zur Wartung der Züge benutzt. In den letzten zwei Jahrzehnten hat man das Gelände saniert, die Gleise entfernt und Parkanlagen geschaffen. Heute sind in die alten Hallen – so z. B. in das restaurierte Johnston Terminal aus den 1920er-Jahren – Boutiquen, Restaurants und Cafés eingezogen. Im quirligen **Forks Public Market** (Tel. 204-942-63 02, tgl. 9.30–18.30, Fr bis 21 Uhr) gibt es neben Gemüse, Backwaren, Meeresfrüchten und Fleischspezialitäten auch handgefertigten Schmuck, Kunsthandwerk und Folklore.

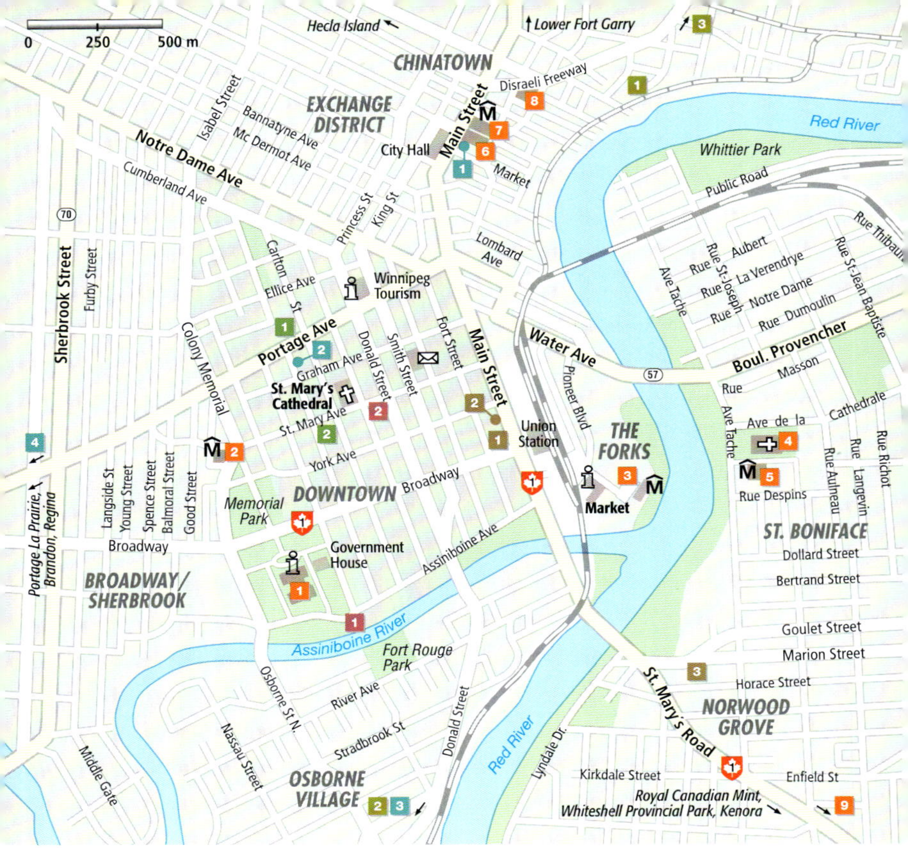

Auch für die Unterhaltung der Kleinen ist gesorgt: Das **Manitoba Children's Museum** bietet interessante Ausstellungen und interaktive Displays. Das ›Rückgrat‹ der Ausstellung bildet ein historische Lokomotive mit Pullman-Waggons (45 Forks Market Rd., Tel. 204-924-40 00, www.childrensmuseum.com, tgl. 9.30–18 Uhr, geschl. an 4 auf Labour Day folgenden Tagen; $ 10). Im Theatre for the Young richten sich die Aufführungen speziell an Jugendliche. Im **Forks Historic Port**, wo früher York-Boote und Schaufelraddampfer anlegten, kann man heute Kanus und Ruderboote mieten, oder mit dem Water Bus halbstündige Touren auf dem Assiniboine und Red River unternehmen. Daneben sind Ausflugsfahrten mit nostalgischen Schaufelraddampfern möglich.

St. Boniface

Auf der anderen Seite des Flusses, über eine Brücke oder mit dem ›Wasserbus‹ zu erreichen, liegt **St. Boniface**, das französische Viertel der Stadt. Hier ist die älteste Kathedrale West-Kanadas, die **St. Boniface Basilica** 4 zu besichtigen – bzw. was davon übrig geblieben ist. 1818 errichtet, nach mehreren Feuern immer wieder aufgebaut, steht heute nur noch die ursprüngliche Fassade vor dem 1972 neu errichteten Gebäude. Auf dem benachbarten Friedhof befindet sich das Grab des Métis-Helden und Revolutionärs Louis Riel. Nebenan ist im ältesten Gebäude der Stadt, dem 1846–51 aus mächtigen Eichenbalken erbauten früheren Konvent, das **St. Boniface Museum** 5 untergebracht. Hier lässt sich die Geschichte der Frankoka-

Winnipeg

Sehenswert

1 Manitoba Legislative Building
2 Winnipeg Art Gallery
3 The Forks
4 St. Boniface Basilica
5 St. Boniface Museum
6 Manitoba Theatre Centre
7 Manitoba Museum
8 Ukrainian Cultural and Educational Centre
9 Royal Canadian Mint

Übernachten

1 Fort Garry Hotel
2 Place Louis Riel
3 Norwood Hotel

Essen & Trinken

1 Dubrovnik Restaurant
2 Amici
3 Alycia's

Einkaufen

1 Northern Images
2 The Upstairs Gallery

Abends & Nachts

1 Centennial Concert Hall
2 Royal Winnipeg Ballet
3 Celebrations Dinner Theatre
4 Palomino Club

Aktiv

1 Paddlewheel River Rouge Tours
2 Prairie Dog Central Steam Train
3 Frontiers North Adventures

nadier und der Métis, mischblütiger Nachfahren von französischen Pelzhändlern und Indianern, verfolgen (494 Ave. Taché, Winnipeg, Tel. 204-237-45 00, www.msbm.mb.ca, im Sommer Mo–Fr 9–17, Sa/So 12–16, im Winter Mo–Fr 9–17, So 12–16 Uhr; $ 5).

Zu Fuß oder mit dem Wasserbus kommt man zum Exchange District nördlich von Portage Avenue und Main Street. Im **Tourism Winnipeg Visitor Bureau** kann man sich mit Info-Material versorgen. Das um 1900 etablierte Viertel ist das ursprüngliche Kultur- und Kommerzzentrum. Geführte Touren sind möglich. An Portage und Main Street steht ›The Bay‹, das Stammhaus der Hudson's Bay Company. Hier liegt auch der quirlige Theater- und Entertainment-Bezirk mit vielen Restaurants, Cafés und Bars.

An der Ecke Main Street/Market schlägt das kulturelle Herz der Stadt: In der **Centennial Concert Hall** sind das Royal Winnipeg Ballet und das Winnipeg Symphony Orchestra zu Hause. Das **Manitoba Theatre Centre** 6, MTC Warehouse Theatre und Pantages Playhouse Theatre befinden sich östlich der Main Street. Die historischen Gebäude des Old Market Square District beherbergen viele Galerien, Studios und Workshops.

Winnipegs Museen

Unbedingt besuchen sollte man das hervorragende **Manitoba Museum** 7, das zu den besten Kanadas gehört. Hier werden die Geschichte Manitobas und seiner Bewohner, die geografischen Zonen der Provinz, ihre Pflanzen- und Tierwelt sowie das Phänomen des Nordlichts, der *Aurora Borealis,* anschaulich dokumentiert. Auch das im Maßstab 1 : 1 naturgetreu nachgebaute Segelschiff ›Nonsuch‹ kann besichtigt werden. Das Schiff segelte 1668 von England aus in die Hudson Bay und brachte eine wertvolle Ladung Pelze zurück – Anlass für die Gründung der Hudson's Bay Company. In der *Earth History Gallery* wird die Geologie und Evolution der Region und in der *Arctic and Subarctic Gallery* die Flora und Fauna sowie die Kultur der Inuit dargestellt. In der *Grasslands Gallery* wird die Entwicklung von Manitobas Süden, von den Ureinwohnern bis zur modernen Agrarsiedlung, gezeigt. Die *Urban Gallery* schließlich erzählt die Geschichte der Metropole Winnipeg. Dem Museum ist auch ein *Planetarium* und ein *Science Centre* angeschlossen (190 Rupert Ave., Tel. 204-956-28 30, www.manitobamuseum.ca, im Sommer tgl. 10–17, im Winter Di–So 10–16, Sa/So 11–17 Uhr; Museum $ 8, mit Planetarium und Science Gallery $ 19).

Nur ein paar Schritte vom Museum entfernt liegt das kleine pittoreske **Chinatown** mit ›Willkommenstor‹, chinesischen Gärten sowie typischen Restaurants und Spezialitätenläden. Auch das **Ukrainian Cultural and Educational Centre** 8, das bedeutendste Museum ukrainischer Kultur außerhalb der

Winnipegs alter und neuer Brennpunkt ist The Forks

Ukraine, liegt in der Nähe (184 Alexander Ave., Winnipeg, Tel. 204-942-02 18, www.osederok.org, Mo–Sa 10–16, So 14–17 Uhr; Eintritt frei, Spende).

Im Süden der Stadt (520 Lagimodière Blvd.) werden im pyramidenförmigen Glaspalast der **Royal Canadian Mint 9** kanadische und auch ausländische Münzen geprägt. Geführte Touren durch die Münzanstalt werden angeboten (520 Lagimodière Blvd., Tel. 204-983-64 29, www.mint.ca, Führungen Mai–Aug. Di–Sa 16 Uhr; $ 5).

Infos

Tourism Winnipeg: 300-259 Portage Ave., Winnipeg, MB R3B 2A9, Tel. 204-943-19 70, 1-800-665-02 04, www.tourism.winnipeg.mb.ca. Mo–Fr 8.30–16.30 Uhr.

Übernachten

Mit nostalgischem Charme ► **Fort Garry Hotel 1:** 222 Broadway, Winnipeg, MB R3C 0R3, Tel. 204-942-82 51, 1-800-665-80 88, Fax 956-23 51, www.fortgarryhotel.com. Elegantes altes Hotel in der Innenstadt mit 250 Zimmern und elegantem Foyer, kürzlich umfassend renoviert. Ab $ 165.

Klassisch-modern ► **Place Louis Riel 2:** 190 Smith St., Winnipeg, MB R3C 1J8, Tel. 204-947-69 61, 1-800-665-05 69, Fax 947-30 29, www.placelouisriel.com. Wohnliches Apartmenthotel in ausgezeichneter Lage. $ 117–141.

Preiswert & nett ► **Norwood Hotel 3:** 12 Marion St., Tel. 204-233-44 75, 1-888-888-18 78, www.norwood-hotel.com. Gepflegte Zimmer und Suiten. $ 109–159.

Essen & Trinken

Innovativ-europäisch ► **Dubrovnik Restaurant 1:** 390 Assiniboine Ave., Winnipeg, Tel. 204-944-05 94, www.restaurantdubrovnik.com. Französische und andere europäische Spezialitäten in einem alten Gebäude am Fluss. $ 38–58.

Klassisch-italienisch ► **Amici 2:** 326 Broadway, Tel. 204-943-49 97, www.amiciwpg.com, Mo–Fr 11.30–14, 17–22, Sa 17–22 Uhr. Pasta, Meeresfrüchte, Gegrilltes und Wild, sehr gute Weinkarte. $ 19-48.

Ukrainisch ▶ Alycia's 3: 559 Cathedral Ave., Winnipeg, Tel. 204-582-87 89, Di–Fr 11–20, Sa 9–20 Uhr. Einfaches Restaurant mit leckeren Piroggen und anderen ukrainischen Spezialitäten. $ 8–30.

Einkaufen

Kunstgalerien ▶ Northern Images 1: 2nd Level Portage Place Mall Store, Winnipeg, Tel. 204-942-55 01. Kunst und Kunsthandwerk der Inuit und Dene. **The Upstairs Gallery 2:** 266 Edmonton St., Winnipeg, MB, Tel. 204-943-27 34. Winnipegs größte Galerie für Inuit-Kunst und -Kunsthandwerk.

Abends & Nachts

Ballett & Konzerte ▶ Centennial Concert Hall 1: 555 Main St., Winnipeg, Tel. 204-956-13 60, Ticket-Info 956-27 92, www.mbccc.ca. Ballet, Symphony and Opera Association. **Royal Winnipeg Ballet 2:** 380 Graham Ave., Winnipeg, Tel. 204-956-27 92 (Ticket-Info).

Dinnertheater ▶ Celebrations Dinner Theatre 3: Canadian Inn, Fort Garry, 1824 Pembina Hwy., Winnipeg, Tel. 204-982-82 82. Restaurant mit abendlichen Theateraufführungen; Mi–So.

Livemusik ▶ Palomino Club 4: 1133 Portage Ave., Winnipeg, Tel. 204-772-04 54. Beliebter Classic Rock Club, Live Entertainment, Restaurant, Bar.

Aktiv

Sightseeingtouren ▶ Paddlewheel River Rouge Tours 1: Waterfront Dr./Gilroy Ave., Winnipeg, Tel. 204-942-45 00, 944-80 00, Fax 942-89 71, www.paddlewheelcruises.com. Sightseeing im Doppeldeckerbus und Schiffstouren auf dem Red River und dem Assiniboine, abends auch mit Dinner. Ab $ 17,75.

Dampflokfahrten ▶ Prairie Dog Central Steam Train 2: Inkster Junction (zwischen Sturgeon Road und Metro Route 90), Winnipeg, Tel. 204-832-52 59, www.pdcrailway.com. Von Winnipeg nach Grosse Isle im Dampfzug von 1882; Juli–Aug. Sa, So, Fei; Mai/Juni und Sept. nur So, ab $ 25.

Tierbeobachtung ▶ Frontiers North Adventures 3: P.O. Box 40063, 204–1111 Munroe Ave., RPO Lagimodière, MB R2C 4P3, Tel. 204-949-20 50, 675-21 21, (Juli–Nov.), 1-800-663-98 32, Fax 667-10 51, www.tundrabuggytours.com. Tundratouren mit Spezialfahrzeugen, Beobachtung von Eisbären Ende Okt.–Anf. Nov., im Sommer Vogelpirsch und Beobachtung von Belugawalen.

Termine

Festival du Voyageur: 2./3. Febr.-Woche. Erinnerung an die Zeit des Pelzhandels, (www.festivalvoyageur.mb.ca).

Winnipeg International Children's Festival: Anf. Juni (www.kidsfest.ca).

Winnipeg Folk Festival: Mitte Juli (www.winnipegfolkfestival.ca).

Folklorama: Anf. Aug. (www.folklorama.ca).

Verkehr

VIA-Rail Ticket Office: 123 Main St., Winnipeg, Tel. 204-949-74 00, 1-888-842-72 45. 2,5-tägige Zugfahrt von Winnipeg nach Churchill an der Hudson Bay; ganzjährig, 2 x wöchentlich.

Winnipeg Transit: Tel. 204-986-57 00.

Sehenswertes in der Provinz

Karte: S. 331

Lower Fort Garry ▶ 4, F 9

Lower Fort Garry National Historic Site 2 in der Nähe des Ortes Selkirk vor den Toren der Großstadt Winnipeg ist eine Hauptattraktion der Region. Der älteste aus Stein erbaute Pelzhandelsposten in Nordamerika ist noch gut erhalten, die Gebäude sind liebevoll restauriert und original ausgestattet. Kostümiertes Personal in den Rollen des Gouverneurs von Prince Rupert's Land und der Hudson's Bay-Trapper versetzen den Besucher in die Blütezeit des Pelzhandels Mitte des 19. Jh. Höhepunkt ist das **Red River Rendezvous**, die farbenprächtige Darstellung des großen Pelzhändlertreffens, das jedes Jahr im August im Fort stattfindet. Es gibt ein Restaurant, und im Besucherzentrum informieren Ausstellungen über die Geschichte des Pelzhandels (Hwy. 9, Tel. 204-785-60 50, 1-888-773-88 88, Mitte Mai–Anf. Sept. tgl. 9–17 Uhr, Führungen 11 und 13 Uhr; $ 7,80).

Whiteshell Provincial Park

► 4, G 9/10

Im Osten Manitobas, an der Grenze zu Ontario, liegt der **Whiteshell Provincial Park** **3**. Das 2600 km^2 große Areal, ein Mosaik aus Fels, Wald und Wasser, bietet Wildnis und Freizeitvergnügen zugleich. Hier locken ein Anglerparadies mit über 200 Seen, einer der besten Golfplätze und der größte Segelclub der Provinz (Tel. 204-348-22 01, 1-888-482-22 67, www.manitobaparks.com).

Aktiv

Outdoor-Abenteuer im Park ► **Inverness Falls Resort:** General Delivery, Rennie, MB R0E 1R0, Tel. 204-369-53 36, 1-877-467-08 32, Fax 369-56 29, www.invernessfalls.mb.ca. Wildnisabenteuer, Wandern, Mountainbiking, Kanufahren im Park.

Hecla/Grindstone Provincial Park ► 4, F 9

Sehenswerte Vogelschutzgebiete mit herrlichen Dünen und Badestrände mit vielfältigem Freizeitangebot findet man nördlich von Winnipeg, am Südzipfel des Lake Winnipeg und besonders im **Hecla/Grindstone Provincial Park** **4**, einer Insel, die über einen Damm zu erreichen ist. Durch das Sumpfland der Grassy Narrows Marsh, im Sommer Heimat von über 50 000 Wasservögeln, führt ein bequemer Plankenweg. Früher siedelten auf der Insel isländische Fischer. Im **Hecla Village** stehen pittoreske Häuser und das alte Dock erinnert an die Zeit, als der Fischfang noch eine große Rolle spielte.

Infos

Hecla/Grindstone Provincial Park: P.O. Box 70, Riverton, MB R0C 2R0, Tel. 204-279-20 56, 1-888-482-22 67. Erklärende Programme und geführte Touren. $ 5.

Übernachten

Gästehaus mit Garten ► **Solmundson Gesta Hus:** General Delivery, Hecla, MB R0C 2R0, Tel./Fax 279-20 88, www.bbcanada.com/hecla. Im historischen Dorf Hecla, mit Veranda und Blick über den Lake Winnipeg; Einzel- und Doppelzimmer, Fahrradbenutzung, leckeres Frühstück. $ 75–90.

Steinbach ► 4, F 10

Südöstlich von Winnipeg, über Highway 1 und 12 zu erreichen, liegt **Steinbach** **5**, ein mennonitisches Siedlungsgebiet mit ursprünglichen Farmhäusern. In der alten Tracht ihrer Vorväter bestellen die Mennoniten ihre Felder und gehen traditionellem Handwerk nach. **Im Mennonite Heritage Village Museum** ist der Nachbau eines mennonitischen Dorfes mit rund 20 voll eingerichteten historischen Häusern zu besichtigen, die nach Steinbach gebracht und hier wieder aufgebaut wurden. Anfang August werden in Steinbach die **Pioneer Days** gefeiert (3 km nördl. am Hwy. 12, Tel. 204-326-96 61, 1-866-280-87 41, www.mennoniteheritagevillage.com, Mai/Juni und Sept. Mo–Sa 10–17, So 12–17, Juli/Aug. Mo–Sa 10–18, So 12–18, sonst Mo–Fr 10–16 Uhr; $ 10).

Von Winnipeg nach Brandon

► 4, F 9/10

Der Trans-Canada Highway ist sicher die meistbefahrene Strecke Manitobas. Obwohl ihn viele nur zur Durchfahrt benutzen, befinden sich unweit davon verlockende Ziele, die einen Abstecher lohnen. Auf dem Weg nach Westen führt die vierspurige Straße bei **Carberry** durch eine mit Buschwerk und einzelnen Tannen bewachsene wüstenartige Dünenlandschaft. Südlich vom Highway 1 gelangt man dann in den **Spruce Woods Provincial Park** **6**, wo der Assiniboine River eine weite Schleife zieht. Von hier führt ein Trail in das eigentliche Dünengebiet, die Spirit Sands. Hier gibt es riesige, bis 30 m hohe Sanddünen mit Herden von Wapitihirschen, die sonst nur in den Rocky Mountains heimisch sind. Die verbreiteten Sandvorkommen in dieser Region sind Reste von Schwemm-

sänden, die das Mündungsdelta nach den Eiszeiten im Lake Agassiz ablagerte. Dieses ›Binnenmeer‹ nahm damals das Schmelzwasser einer riesigen Region auf. Lake Winnipeg und Lake Manitoba, die beiden größten Seen der Provinz, sind heute Reste dieser eiszeitlichen Gewässer.

Nach einer weiteren Stunde Fahrt gelangt man nach **Brandon** **7**. Mitten im *Farm Country* gelegen nennt Brandon sich selbst *The Wheat City*, ›Weizenstadt‹. Tatsächlich kommen Farmer aus allen Himmelsrichtungen hierher, um ihre Maschinen warten zu lassen, Saatgut zu kaufen und etwas Kultur zu tanken, denn im dünn besiedelten Manitoba bietet selbst eine Kleinstadt wie Brandon mit rund 40 000 Einwohnern Abwechslung genug. Die Stadt hat nicht nur eine Universität, Museen und eine Kunstgalerie, es finden auch Konzerte und Theateraufführungen statt. Den größten Zulauf haben jedoch Rodeos und die Eishockeyspiele im Keystone Centre.

Riding Mountain National Park

▶ 4, F 9

Von Brandon aus führt der Highway 10 nach Norden in Gebiete, in denen man echte Abenteuerferien erleben kann. Reiten, Angeln und eine Kanutour auf der historischen Route der *Voyageurs* sind hier möglich. Dabei bieten sich immer wieder Gelegenheiten, Elche, Schwarzbären und Woodland-Karibus zu fotografieren.

Allmählich ändert sich die Landschaft. Die großflächigen Felder werden mehr und mehr durch Hügel und kleine Baumgruppen aufgelockert. Tümpel mit zahlreichen Wasservögeln bereichern das Landschaftsbild. Schließlich ist man nach etwa 100 km am Rande des 3000 km² großen **Riding Mountain National Park** **8** angelangt. In diesem knapp 800 m hohen Mittelgebirge fallen mehr Niederschläge, und die Hügelketten sind mit dichtem Wald überzogen. **Wasagaming,** nahe am Südeingang des Parks, bietet zahlreiche Freizeitaktivitäten. Hier können am Strand des Clear Lake Paddel-, Motor- und Segelboote gemietet werden.

In der Nähe des **Lake Audy** 9 weiden auf einem 530 ha großen Präriegebiet Bisons, die man während einer Fahrt durch das riesige Freigehege meist gut beobachten kann. Nach Regenfällen sind die Grasflächen von duftenden Blüten übersät und auf den Rohrkolben der Schilfflächen singen *Blackbirds* (Amseln), die einem überall im kanadischen Westen begegnen. Mit etwas Glück bekommt man auch Schwarzbären oder Elche zu sehen.

Infos

Riding Mountain National Park: Wasagaming, MB R0J 2H0, Tel. 204-848-72 75, Fax 204-848-25 96, Visitor Centre Mitte Mai–Juni und Sept.–Anf. Okt. 9.30–17, Juli/Aug. 9.30–20 Uhr, im Winter geschlossen.

Aktiv

Naturexkursionen ► **Riding Mountain Nature Tours:** P. O. Box 429, Erickson, MB R0J 0P0, Tel. 204-636-29 68, 1-877-636-29 68, Fax 636-25 57, www.churchillnaturetours.com. Wildnisabenteuer, Trailritte.

Dauphin und Duck Mountains

► 4, F 9

Nördlich vom Nationalpark liegt das Farmerstädtchen **Dauphin** 10. Im nahe gelegenen **Ukrainian Heritage Village**, einer restaurierten Siedlerstätte mit orthodoxer Kirche, findet jährlich im Spätsommer das National Ukrainian Festival statt – mit bunter Folklore und kulinarischen Leckerbissen der osteuropäischen Einwanderer (12 km südl. von Dauphin, Tel. 204-638-13 45).

Der Highway 10 führt in ein weiteres Bergland, die **Duck Mountains** 11. Wie die Riding Mountains und die weiter im Norden gelegenen Porcupine Mountains sind sie Teil des sog. *Manitoba Escarpments*, einer Kette von Moränenwällen aus der Eiszeit, die sich bis zu 800 m über den Meeresspiegel erheben und als bewaldete Mittelgebirge von vielen Seen durchsetzt sind. Sie erstrecken sich von den Rocky Mountains bis zur Hudson Bay.

Manitobas hoher Norden

► 4, F 8

Auf der Fahrt nach Norden wird die Besiedlung merklich dünner. Stundenlang säumen einsame Wälder die Straße. An jeder Tankstelle wird man freundlich begrüßt und muss sogleich über Herkunft und Fahrtziel berichten. Im Nebenzimmer der Tankstellenstation, die mit ihrem Laden auch als Kommunikationszentrum für einen größeren Umkreis dient, sitzen Truckfahrer und Einheimische zusammen und tauschen Neuigkeiten aus.

Der hohe Norden Manitobas bleibt nur wenigen Reisenden vorbehalten. Dort geben sich auf rekordverdächtigen Gewässern die Angler ein Stelldichein. Allerdings sind die Seen mit den größten Fischen – Hechte oder Saiblinge von bis zu 20 kg – meist nur mit dem Wasserflugzeug zu erreichen. An ihren Ufern liegen aber sehr komfortable Unterkünfte.

Neben dem Trans-Canada Highway führen noch zwei weitere, nicht minder interessante Strecken ins benachbarte Saskatchewan und weiter nach Alberta. Bei **Portage La Prairie** zweigt der nach einer alten Legende auch Yellowhead Highway genannte Highway 16 nach Westen ab. Er führt auf einer Länge von mehr als 3000 km über Edmonton bis nach Prince Rupert am Pazifik.

Von der Bergwerksstadt **Flin Flon** verläuft die Northern Wood and Water Route durch die Taiga westwärts. Sie führt durch die nördliche Einsamkeit der Provinzen Manitoba und Saskatchewan, an vielen Seen und Mooren vorbei, zum Lesser Slave Lake in Alberta.

Nach Churchill an der Hudson Bay ► 4, G 7

Nur 1000 Menschen leben in Churchill. Eine Straße zu diesem in subarktischer Tundra ausharrenden Vorposten gibt es nicht, nur eine Eisenbahn. Und natürlich eine Flugverbindung. Churchill, Kanadas einziger Hafen am Eismeer, liegt am Südende der tief ins Land reichenden Hudson Bay. Dennoch löst sein größtes touristisches Kapital alljährlich wahre Migrationen aus – unter den Touristen.

Ein paar Straßen, moderne Fertighäuser und für Siedlungen in diesen Breiten typische Vielzweckgebäude, in denen die Bürgerversammlungen stattfinden, Basketball gespielt wird und der Nachwuchs die Schulbank drückt: Das 1700 km nördlich von Winnipeg liegende **Churchill**, das 1717 als englischer Handelsposten an der Mündung des Churchill River begann, ist nicht schön, aber praktisch. Alles hier oben dient dazu, das Leben fernab der Zivilisation in erster Linie sicher, aber ganz nebenbei auch so angenehm wie möglich zu machen.

Churchills Eisbären

Höchste Gebäude sind die weithin sichtbaren Getreidespeicher, in denen der Weizen aus dem Süden auf seine Verschiffung wartet. Zeit dazu bleibt nicht allzu viel: Der Hafen ist nur wenige Monate im Jahr eisfrei. Churchills touristische Hochsaison beginnt dagegen erst im Herbst. Mit dem Gewehr auf dem Rücken patrouillieren dann Streifen auf den Straßen, begleiten Kinder auf dem Schulweg und Nachtschwärmer auf dem Weg zurück nach Hause. Der Grund für das martialische Gebaren: Churchill ist die ›World Capital of Polar Bears‹. Wenn im Mai/Juni das Eis der Hudson Bay schmilzt, gehen die Eisbären an der Südküste der Bay an Land, um hier auf den nächsten Winter zu warten. Während dieser Zeit wandern sie auf der Suche nach Nahrung bis zu 60 km tief landeinwärts. Im Oktober sammeln sie sich rund um Churchill, um von hier aus auf dem Eis wieder nach Norden zu ziehen. **Eisbären-Alarm** gehört dann zum Alltag: Patrouillen halten die unberechenbaren Besucher auf Abstand. Allzu vorwitzige Vertreter werden betäubt und im sogenannten Eisbären-Gefängnis bis zum Winter verwahrt. Während die Eisbären darauf warten, dass das Eis dick genug wird, um sie zu tragen, kommen Tausende eisbärbegeisterter Touristen herbei – für Churchills stark saisonabhängige Infrastruktur längst eine unverzichtbare Finanzspritze. In Spezialfahrzeugen, den hochbeinigen, sogenannten Tundra Buggies, können sie die Eisbären dann in ihrem natürlichen Element beobachten – ein unvergessliches Erlebnis.

Die ›Könige der Arktis‹ trollen sich von dannen ...

aktiv unterwegs

Mit Belugas schwimmen

Tour-Infos

Start: Seal River Heritage Lodge, Churchill, Manitoba

Veranstalter/Kosten: Lazy Bear Lodge, P.O. Box 880, Churchill MB R0B 0E0, Tel. 204-663-93 77, 1-866-687-23 27, www.lazybearlodge.com. 2 Übernachtungen in der Lodge inkl. Mahlzeiten und einer Exkursion zu den Beluga-Walen $ 385 pro Person, inkl. Flug von/nach Winnipeg $ 1585.

Churchill Wild, P.O. Box 79, Kleefeld, Manitoba, R0A 0V0, Tel. 204-377-50 90, 1-866-846-94 53, www.churchillwild.com. Achttägiges Adventure-Paket : außer Schwimmen mit Beluga-Walen auch Exkursionen, Trekkingtouren, Ausflüge mit dem Tundra Buggy, Vogelbeobachtung, Fotopirsch auf Eisbären (auch im Sommer). Preis inkl. Unterkunft, Mahlzeiten, Exkursionen und Flug von/nach Winnipeg $ 7995.

Das Meer ist kalt, grau und unruhig. Der Wind kommt von Norden, aus Richtung Baffin Island, und ist bitterkalt. Unser Guide zieht Taucherbrille, Schnorchel und einen Neoprenanzug aus dem Seesack und lässt die Gegenstände nach vorn reichen, an die Spitze des Schlauchboots. Die übrigen Walbeobachter aus der Gruppe waren schon am Tag zuvor im Wasser und feixen. Kalt sei die Hudson Bay nur am Anfang.

Etwa 60 Beluga-Wale umschwimmen das Schlauchboot. Überall weiße Rücken und schnaufend ausgestoßene Atemfontänen. Hin und wieder, zwischen den Wellen, ein neugieriger Blick aus schwarzen Knopfaugen. Einige scheinen sich besonders für den Außenbordmotor zu interessieren. Sie kommen so nahe heran, dass Ian ihnen die hohe Stirn tätschelt. Die größten von ihnen sind reichlich 4m lang.

Das Wasser ist 5 °C kalt. Die Füße in einer Schlaufe und mit dem Gesicht nach unten treibe ich am Seil hinter dem Schlauchboot. Das stark sedimenthaltige Wasser ist braungrünlich und nicht mehr als 3 m tief. Um mich herum gurgelt die Hudson Bay, doch dann mischen sich plötzlich andere Töne in die Wassermusik. Es pfeift und knistert und zirpt, dann pfeift es wieder, dieses Mal klingt der Ton wie ein Wasserkessel. Ein paar Sekunden später sind durch die Taucherbrille weiße Schemen im bernsteinfarbenen Nichts auszumachen. Die Wale kommen immer näher heran, vorsichtig und doch, so scheint es, neugierig. Einige schwimmen eine Weile dicht neben mir her, die Augen aufmerksam auf mich gerichtet. Andere schwimmen unter mir, in Rückenlage, und spendieren dabei das delfinartige Lächeln. Es ist ein wunderbarer Moment. Einer wird richtig anhänglich. Eine ganze Weile begleitet er mich, neben, unter und hinter mir schwimmend.

Bis zu 3000 dieser kleinen weißen Wale halten sich während des kurzen arktischen Sommers in der Mündung des Seal River auf. In dem flachen Wasser finden sie ausreichend Nahrung – Kapelin, einen kleinen, nährstoffreichen Fisch –, und wenn sie satt sind, reiben sie ihre Bäuche auf dem rauen Kieselboden der Bay.

Weitere Sehenswürdigkeiten

Churchills zweite Trumpfkarte sind die Beluga-Wale. Mehrere Tausend dieser intelligenten, bis zu 4 m langen weißen Zahnwale versammeln sich im Sommer in den eisfreien Mündungen von Churchill und Seal River – ein Naturschauspiel, das vom Flugzeug, am besten aber per Schlauchboot aus nächster Nähe beobachtet werden kann.

Eisbären und Belugas sind die Hauptgründe für einen Abstecher nach Churchill. Die Zeit zwischen den Trips zu den weißen Bewohnern der Bay kann man sich mit Besuchen der übrigen Attraktionen vertreiben. So sind im **Eskimo Museum** Exponate zur Kulturgeschichte der Inuit zu sehen (242 La Verendrye Ave., Tel. 204-675-20 30, Juni–Anf. Nov. Di–Sa 9–12, 13–17, sonst Mo–Sa 13–16.30 Uhr).

Während des Sommers verkehren Boote von Churchill zu den Überresten des mächtigen, mit 12 m dicken Steinmauern ausgerüsteten **Fort Prince of Wales**, mit dessen Errichtung die Hudson's Bay Company 1731 begann und das nach 40-jähriger Bauzeit fertiggestellt wurde. Das Fort sollte die Unternehmungen der Pelzhandelsgesellschaft schützen, musste seine Wehrhaftigkeit aber nie unter Beweis stellen. Heute ist die Anlage eine *National Historic Site* (Juli/Aug., Besuchszeiten gezeitenabhängig).

Churchill ist nur mit Flugzeug oder Eisenbahn (Via Rail) von Winnipeg und Thompson aus zu erreichen. Während der ›Eisbär-Saison‹ im Oktober/November muss man mit 40–60 % höheren Unterkunftskosten rechnen, man sollte auch gut ein Jahr im Voraus buchen.

Infos

Parks Canada Visitor Reception Centre: Bayport Plaza, Churchill, MB, Tel. 675-88 63, Fax 675-20 26. Ausstellungen zur Pelzhandelsgeschichte.

Churchill Visitor Info Centre: Tel. 204-675-20 22.

Übernachten

Bestes Haus im Ort ▶ **Polar Inn & Suites:** 153 Kelsey Blvd., Box 1031, Churchill, MB R0B 0E0, Tel. 204-675-88 78, 1-877-765-27 33, Fax 675-26 47, www.polarinn.com. Zimmer und Suiten mit Kitchenette. Ab $ 135.

Geräumige Zimmer ▶ **Tundra Inn:** 34 Franklin St., Box 999, Churchill, MB R0B 0E0, Tel. 204-675-88 31, 1-800-265-85 63, www.tundrainn.com. Zentrale Lage, gepflegt, mit Whirlpool. Ab $ 220 (Okt./Nov.), sonst $ 129.

Freundlich geführt ▶ **Bear Country Inn:** 126 Kelsey Blvd., Box 788, Churchill, R0B 0E0, Tel. 204-675-82 99, Fax 675-88 03. Schlichte, recht kleine Zimmer. Ab $ 100.

Essen & Trinken

Mit Pelzhändler-Ambiente ▶ **Arctic Trading Company/The Trader's Table:** 141 Kelsey Blvd., Churchill, MB, Tel. 204-675-88 04. Memorabilien und Kunsthandwerk aus dem Norden. Man speist am Pelzhändler-Tisch, empfehlenswert sind Nordlandspezialitäten wie Karibufleisch, Elcheintopf und gebratener Saibling. $ 20–35.

Einkaufen

Inuit- und Dene-Kunst ▶ **Northern Images:** 174 Kelsey Blvd., Churchill, Tel. 204-675-26 81. Kunsthandwerk, Specksteinskulpturen , Schnitzereien aus Walrosszahn und Karibugeweih, Lithographien.

Aktiv

Tierbeobachtung ▶ **Churchill Wilderness Encounter:** P.O. Box 1356, Gimli, MB R0C 1B0, Tel. 204-675-22 48, Fax 675-20 45, 1-800-265-94 58. Touren in Tundra Buggys, Beobachtung von Eisbären; Saison: Ende Okt./Anf. Nov. Im Sommer Vogelpirsch und Beobachtung von Belugawalen. Exkursionen ab $ 250. **Churchill Wild:** P.O. Box 79, Kleefeld, Manitoba, Kanada R0A 0V0, Tel. 204-377-50 90, www.churchillwild.com. Das ›Beluga-Package‹ kostet umgerechnet $ 7295. Es umfasst den Flug von Churchill zur Seal River Lodge, sechs Übernachtungen mit Vollpension und geführte Ausflüge. **Tundra Buggy Tours:** 124 Kelsey Blvd., Churchill, Tel. 204-675-21 21. Touren mit dem Tundra Buggy.

Militärhistorische Exkursionen ▶ **Prince of Wales Fort:** National Historic Site, Churchill, MB, Tel. 204-675-88 63. Bootstouren zu den Überresten des HBC Forts; Start: Besucherzentrum Churchill, Juli/Aug. 6-stündig je nach Gezeiten. $ 80.

Verkehr

VIA-Rail Ticket Office: 123 Main St., Winnipeg, MB, Tel. 204-675-88 63, 1-888-842-72 45. 3-tägige Bahnreise von Winnipeg nach Churchill an der Hudson Bay; ganzjährig, 2 x wöchentlich. Platzkarten sollte man schon von Deutschland aus reservieren. Winnipeg–Churchill ab $ 400 Rundfahrt.

Eindrucksvolle Landschaft in den Tombstone Mountains

Kapitel 5

Yukon Territory

Geschichtlich gesehen ist der Yukon untrennbar verbunden mit dem großen Goldrausch am Klondike Ende des 19. Jh. Damals strömten Zehntausende Glücksritter in das bisher nur von der indigenen Bevölkerung und einigen Pelzjägern der Hudson's Bay Company bewohnte Land. Diese Veränderungen bewirkten, dass die kanadische Regierung 1898 das Gebiet offiziell zum Yukon Territorium erklärte und zur Durchsetzung der Staatsgewalt die North West Mounted Police in die Region schickte. Gold war der alles bestimmende Wirtschaftsfaktor, später kamen noch Silber und andere Erze hinzu.

Das Land in der Nordwestecke Kanadas erhielt den Namen Yukon von den Gwitchin-Indianern: ›Yu-kun-ah‹ – der große Fluss. Mit knapp 483 450 km^2 ist das Territorium die neuntgrößte der neun kanadischen Provinzen und drei Territorien – nur die atlantischen Provinzen sind kleiner. Dennoch ist der Yukon größer als Deutschland, Dänemark, Belgien und die Niederlande zusammen.

Von den ca. 31 000 Menschen im Yukon leben 22 600 in der Hauptstadt Whitehorse. Als Territorium hat der Yukon zwar Selbstverwaltung, aber nicht die vollen Rechte der Provinzen. Die Kontrolle über die Nutzung von Wasserwegen, Land, Forsten und Bodenschätzen hat die kanadische Bundesregierung.

Etwa 25 % der Bevölkerung sind Ureinwohner wie Kutchin, Han, Tutchone, Tlingit, Kaska und Tagish, die zur Gruppe der Athapaskan-Indianer zählen. Schon in den 1970er-Jahren begannen Verhandlungen um mehr Selbstbestimmung, aber erst 1993 kamen Verträge zwischen der kanadischen Regierung, der Verwaltung des Territoriums und dem Council for Yukon Indians zum Abschluss, die den First Nations mehr Landrechte zubilligen.

Auf einen Blick

Yukon Territory

Sehenswert

11 **Kluane National Park:** Grandioses Naturparadies mit schneebedeckten Bergen, riesigen Gletschern, Seen und Wildwasserflüssen (s. S. 355).

12 **Dawson City:** Die legendäre Goldgräberstadt am Klondike, Top-Attraktion im Yukon Territory (s. S. 358).

Haines: Der malerische Fischerort in Alaska mit seiner imposanten Bergkulisse ist mit dem Auto nur vom Yukon Territory aus zu erreichen (s. S. 366).

Skagway: Im einstigen Tor zu den Goldfeldern des Klondike erinnern gut erhaltene Westernfassaden an die turbulenten Tage des Jahres 1897 (s. S. 369).

Atlin: Der idyllische Goldgräberort liegt am Westufer des kristallklaren Atlin Lake inmitten unberührter Bergwildnis (s. S. 373).

Schöne Routen

Auf dem Alaska Highway von Dawson Creek nach Whitehorse: Der Zugang zum Yukon auf der legendären Nordlandstraße (s. S. 341).

Von Whitehorse nach Dawson City: Auf den Spuren der Goldgräber zum Klondike, der erste Teil der Yukon-Rundreise (s. S. 349).

Von Tok nach Haines Junction: Von Alaska entlang der St. Elias Mountains, zweiter Teil der großen Yukon-Rundreise (s. S. 354).

Von Whitehorse nach Haines und Skagway: Rundreise durch eine Berglandschaft mit historischen Goldgräberorten (s. S. 365).

Auf dem Dempster Highway von Dawson City zum Eismeer: Kanadas einzige Straße über den Polarkreis mit grandiosem Panorama und farbenprächtiger Tundra im Spätsommer (s. S. 379).

Meine Tipps

Liard River Hot Springs Provincial Park: Mitten in der Wildnis sprudeln hier heiße Quellen in Naturbecken – ein herrliches Badevergnügen (s. S. 342).

Schifffahrt auf dem Yukon River: Mit der »M. V. Schwatka« kann man von Whitehorse aus der Route der Goldsucher nach Dawson folgen (s. S. 348).

Panoramablick vom Midnight Dome: Von dem Dawson überragenden Berg schweift der Blick über die Stadt und die zerwühlten Goldfelder in der Umgebung (s. S. 358).

White Pass & Yukon Route: Nostalgische Bahnfahrt entlang dem alten Goldsuchertrail durch eine der schönsten und wildesten Berglandschaften Nordamerikas (s. S. 371).

aktiv unterwegs

Sky High Wilderness Ranch: Unter den vielen hier angebotenen Outdoor-Aktivitäten sind mehrtägige Trailritte in die Wildnis sicher die abenteuerlichsten. Im Winter ersetzen Hundeschlitten die Pferde (s. S. 350).

Wandern im Kluane National Park: Von dieser grandiosen Berg- und Gletscherregion erhält man schon auf kurzen und nicht zu schwierigen Wanderungen einen recht guten Eindruck (s. S. 356).

Goldwaschen im Yukon: In Dawson City kann man die Goldbottom Mine besichtigen, eine noch aktive Placer Goldmine am Gold Bottom und Hunker Creek, und hinterher sein Glück beim Goldwaschen im Bach versuchen (s. S 363).

Der Südwesten des Yukon Territory

›Canada's True North‹ – ›Kanadas wahrer Norden‹ heißt der offizielle Wahlspruch des Territoriums. Dieses wilde einsame Land mit seiner vergletscherten Bergwelt, reißenden Wildwasserflüssen und der endlosen Weite der Tundra hat schon Jack London und Robert Service, den Barden des Yukon, in seinen Bann geschlagen. Auch heute noch trifft der Reisende auf die Legenden der Abenteurer, Glücksritter und Goldsucher.

Das Yukon Territory im äußersten Nordwesten Kanadas ist heute touristisch recht gut erschlossen. Komfortable Lodges und gut ausgebaute Highways machen die Reise in den Norden einfach. In den Supermärkten gibt es – etwas teurer zwar – alle Genüsse, die auch der Süden Kanadas zu bieten hat. Doch dies ist nur eine Seite des gewaltigen Landes: Rechts und links der (wenigen) Highways dehnt sich wie seit Urzeiten ein einsames Wald- und Tundragebiet aus, und beim abendlichen Lagerfeuer an einem der stillen Seen kommt auch heute noch mühelos ›Jack-London-Stimmung‹ auf. Im Hinterland warten namenlose Bergketten auf Wildniswanderer und völlig unberührte Flüsse auf Kanuten und Schlauchbootfahrer.

Geografisch besteht das Territorium aus zwei Regionen: der riesigen Ebene der Tundra im arktischen Norden und dem breiten borealen Waldgürtel der subarktischen Taiga. Dazu kommt im Südwesten noch die vergletscherte Bergregion der Saint Elias Mountains mit den weltgrößten Eisfeldern außerhalb der Polarregionen und über 20 Viertausendern. Hier befindet sich auch der Mount Logan, mit 5959 m Kanadas höchster Berg. Über 80 % der Landfläche des Yukon Territory ist Wildnis – Heimat für Grizzly, Schwarzbär, Elch, Dallschaf, Schneeziege und Karibu. Im Norden grenzt es an die Beaufort Sea, im Westen an Alaska, im Osten an die Northwest Territories und im Süden an British Columbia.

Steigende Goldpreise sorgten dafür, das bis heute im Yukon nach Gold geschürft wird. Aber die Haupteinnahmequelle des Territoriums ist mittlerweile der Tourismus. Und da hat der Yukon ja auch einiges zu bieten: Dawson City, die Stadt des Goldes mit viel historischem Lokalkolorit, erinnert noch heute an den großen Goldrausch, genauso wie der Goldsucher-Trail über den Chilkoot Pass und die kleinen Ghosttowns und verlassenen Blockhütten. Der Kluane-Nationalpark in den grandiosen Saint Elias Mountains ist ein wahres Paradies für Outdoor-Fans. Der 1979 fertiggestellte Dempster Highway, nur eine Schotterpiste, aber Kanadas einzige Straße über den Polarkreis zum Eismeer, ist ebenfalls zur Attraktion für abenteuerlustige Yukon-Reisende geworden.

Über Jahrzehnte war der 1942 erbaute, legendäre Alaska Highway die einzige Landverbindung ins Yukon Territory, eine abenteuerliche Rüttelpiste ins Nordland. Zwar ist der Highway heute geteert, aber er führt noch immer durch menschenleere Wildnisregionen, und nur alle 30 bis 50 km verspricht eine Lodge am Highway den Komfort der Zivilisation. Als Alternativroute hinzugekommen ist der Cassiar Highway, der von Hazelton im Nordwesten British Columbias entlang der Coast Mountains 733 km nordwärts bis nach Watson Lake im Yukon Territory führt und dort an den Alaska Highway anschließt. So kann man heute eine Rund-

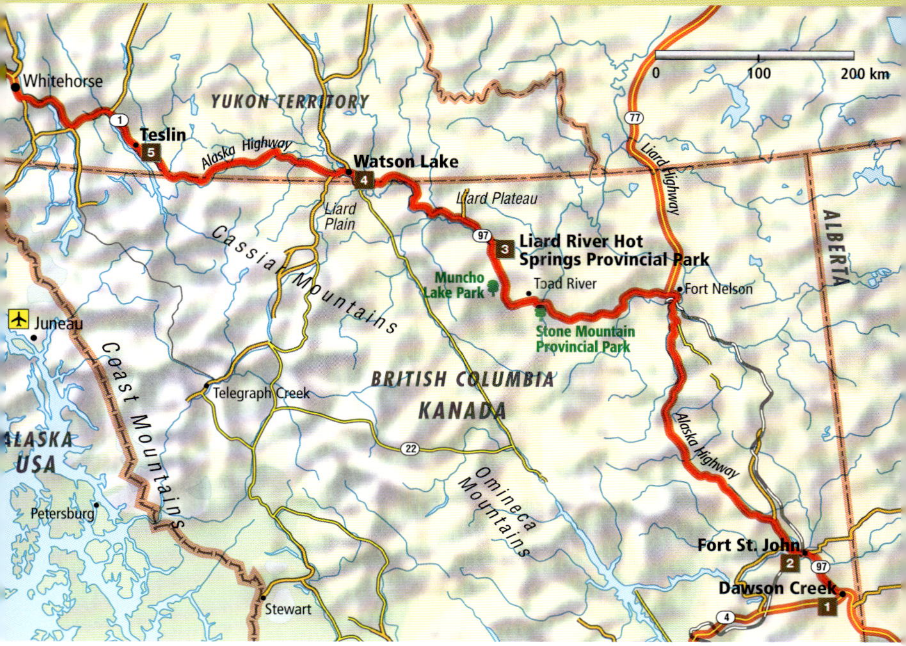

fahrt ins Yukon Territory gut von Edmonton aus planen: über den Alaska Highway nach Norden und über den Cassiar Highway wieder zurück. Noch schöner, aber nur nach rechtzeitiger Vorausbuchung machbar, ist eine Hin- oder Rückfahrt mit der Alaska Ferry durch die Inside Passage Alaskas von Prince Rupert nach Skagway – die alte Route der Goldgräber nach Dawson City. Man kann jedoch auch von Edmonton nach Whitehorse fliegen und dort einen Leihwagen nehmen.

Ein guter Ausgangspunkt für die Reise sind Calgary und Edmonton in Alberta, hier gibt es eine Auswahl guter Auto- und Campervermietungen, und in den Supermärkten kann man sich preiswert mit Vorräten für die lange Tour eindecken. Über Grande Prairie in Nord-Alberta geht es dann nach Dawson Creek, dem Ausgangspunkt des Alaska Highway und über den Yellowhead Highway kehrt man vom Cassiar Highway kommend über den Jasper National Park wieder nach Edmonton zurück.

Von Dawson Creek nach Whitehorse

Karte: oben

Dawson Creek ► 4, C 7

In **Dawson Creek** 1 im nördlichen British Columbia beginnt am **Milepost ›0‹** der legendäre Alaska Highway. Dawson Creek, das noch vor Jahren nur ein einsamer Außenposten der Zivilisation war, hat in den letzten Jahren kräftig zugelegt und ist heute eine geschäftige Stadt mit 12 000 Einwohnern. Ringsum blühen im Sommer knallgelbe Rapsfelder bis zum flachen Horizont, Sägewerke und Sperrholzfabriken verarbeiten das Fichtenholz aus den Wäldern des Hinterlandes. Und nicht zuletzt hat auch der Erdgas-Boom der letzten 20 Jahre für neue Arbeitsplätze gesorgt.

Sehenswert ist neben dem berühmten Meilenstein ›0‹ im Ortszentrum der **Northern Alberta Railway Park**. Hier ist in einer restaurierten Eisenbahnstation ein Museum mit Erinnerungsstücken aus den letzten 75 Jahren Bahngeschichte untergebracht, und einen historischen Getreidespeicher hat man in eine faszinierende Galerie verwandelt, in der Kunst und Kunsthandwerk örtlicher Künstler zu bewundern und zu erwerben ist. Im Park steht auch das Tourismusbüro der Stadt (Tel. 250-782-95 95, Mai–Anf. Sept. 9–17, sonst Di–Sa 10–12, 13–17 Uhr).

Das Museumsdorf **Walter Wright Pioneer Village** mit authentisch eingerichteter Kirche, Schmiede, General Store und Trapper Cabin spiegelt das Leben der ersten Pioniere der Region wider (Alaska Hwy./Hart Hwy., Tel. 250-782-71 44. Souvenirshop und Restaurant. Anf. Juni–Anf. Sept. tgl. 10–18 Uhr).

Dann beginnt die lange Fahrt nach Norden. Doch von einem mühevollen Weg und staubiger Schotterpiste kann heute nicht mehr die Rede sein – die alte Alaska Road ist hier längst zu einem perfekt geteerten, sofasanften Highway ausgebaut worden. Der kurvige alte Highway wurde in British Columbia weitgehend durch eine neue Straße ersetzt. Nur bei km 28 kann man noch auf einer kurzen Stichstraße dem alten Militärhighway von 1942 ein Stück weit folgen und auch die einzige erhaltene originale Holzbrücke bewundern, die Kiskatinaw River Bridge.

Rund 50 km weiter stößt man auf **Fort St. John** **2**, mit 14 000 Einwohnern. Es ist eine der ältesten nicht-indianischen Siedlungen in British Columbia und heute ein Zentrum der Erdgas- und Ölindustrie. Schon im Jahre 1794 entstand an den schlammigen Ufern des Peace River die Pelzhandelsstation Rocky Mountain Fort. 1793 machte Alexander MacKenzie dann auf seiner Entdeckungsreise zum Pazifik hier Station. Das kleine Museum im Centennial Park informiert über die Pionierzeit.

Infos

Dawson Creek Visitor Information Centre: 900 Alaska Ave., Tel. 250-782-95 95, 1-866-645-30 22, Fax 782-95 38, www.tourismdawsoncreek.com. Im Sommer tgl. 8–17.30, im Winter Di–Sa 10–12, 13–17 Uhr.

Übernachten

Geräumige Motelunits ▶ **Inn on the Creek:** 10600 8th St., Dawson Creek, BC V1G 3R3, Tel. 250-782-81 36, 1-888-782-81 36, Fax 782-75 35, www.innonthecreek.bc.ca. Große freundliche Zimmer, auch mit Kitchenette, kürzlich renoviert, angeschlossenes Restaurant. $ 112.

Mit historischem Flair ▶ **Alaska Hotel:** 10209 10th St., Dawson Creek, Tel. 250-782-79 98, Fax 250-782-62 77, www.alaskahotel.com. Schön restauriertes, historisches Hotel, schlichte Zimmer mit Etagenbad, Küche zur gemeinschaftlichen Benutzung, Bar mit Live-Entertainment, in der sich auch die Locals treffen (12–2 Uhr). Ab $ 55.

Camping ▶ **Mile ›0‹ RV Park & Campground:** Mile 2,5 Alaska Hwy., Dawson Creek BC V1G 4T9, Tel. 250-782-25 90. Nächstgelegener Campingplatz, eine Meile westlich der Stadt an der Kreuzung von Hart und Alaska Highway. Waschsalon, Picknicktische, WLAN. $ 22–38.

Liard River Hot Springs Provincial Park ▶ 4, B 5

Von Fort St. John bis Fort Nelson führt der Highway durch einsame Waldstrecken, klettert am Trutch Mountain über die nördlichen Ausläufer der Rocky Mountains, und nur alle 30 oder 40 km sorgen eine kleine Lodge, ein verschwiegener Waldsee oder ein kreuzender Elch für Abwechslung. Bei km 764,7 gelangt man an die Abzweigung zum **Liard River Hot Springs Provincial Park** **3**. Mitten in der Wildnis sprudelt hier heißes Quellwasser aus dem Boden – eine willkommene Badegelegenheit schon damals für die Indianer und Trapper. Seitdem hat man einen rund 500 m langen, hölzernen Plankenweg durch den Sumpf um die Quellen gelegt und Badehäuschen gebaut. Die Quellbecken selbst aber sind nach wie vor naturbelassen. Das Wasser gefriert auch im kältesten Winter nicht, und die aufsteigenden heißen Dämpfe schaffen dann eine zauberhafte, wie überzuckert wirkende Landschaft ($ 5). Elche und Grizzlys kommen von weit her, um an den Quellen zu weiden und zu trinken.

Watson Lake und Teslin

▶ 4, B 5

Bei **Watson Lake** 4 (km 1021) ist man bereits im Yukon Territory. Ein einfacher GI legte beim Bau des Highway den Grundstein für die Popularität von Watson Lake. Vom Heimweh geplagt, nagelte er das Ortsschild seiner Heimatgemeinde an einen Baum. In mehr als 40 Jahren entstand daraus der größte Schilderwald auf Erden: ein Meer bunter Tafeln, vom Highway aus nicht zu übersehen. Irgendwo dazwischen verkündet ein Schild: »Mitführen und Laufenlassen von Hunden verboten. Stadt Augsburg, Gartenamt.«

Im **Yukon Visitor Information Centre** gibt es Informationsmaterial und eine Videoshow über die Region zu sehen. Wen das Phänomen ›Aurora Borealis‹ interessiert, der sollte dem **Northern Lights Centre** mit seinen interaktiven Displays und täglichen Nordlichtinszenierungen im Electric Sky Theatre einen Besuch abstatten (Tel. 867-536-78 27, www.northernlightscentre.ca, Mitte Mai–Mitte Sept. tgl. 13–20.30 Uhr stündliche Shows, $ 10).

Von den derzeit 480 Einwohnern des kleinen Ortes **Teslin** 5 sind die meisten Indianer, die großteils noch von Fischfang und Fallenstellen leben.

Im **George Johnston Museum** ist die größte Sammlung von Tlingit-Kunst im Gebiet des Yukon zu sehen (Tel. 86-390-25 50, Mitte Mai–Ende Aug. tgl. 9–18 Uhr; $ 5). Der fast 140 km lange **Teslin Lake**, dem der Highway am Nordufer folgt, bietet ausgezeichnete Angelmöglichkeiten. Weiter nördlich überquert der Highway eine Hügelkette und führt dann am Ufer des flachen, lichtblauen Marsh Lake entlang, der bereits zum Flusssystem des Yukon gehört. Wenig später ist **Whitehorse** erreicht.

Infos

Watson Lake Visitor Information Centre: Kreuzung Alaska und Robert Campbell Hwy., Tel. 867-536-74 69, www.tc.gov.yk.ca, www.travelyukon.com, im Sommer tgl. 8–20, in der Nebensaison 8–18 Uhr. Informationsmaterial und Diashow.

Der berühmte Schilderwald von Watson Lake

Der Alaska Highway – Geschichte einer Legende

Thema

Straßenbau der Superlative: In nur acht Monaten und zwölf Tagen wird 1942 eine 2400 km lange Trasse durch die Wildnis geschlagen und befestigt. Der ›Alaska Highway‹, der von Dawson Creek, British Columbia, durch das Yukon Territory nach Alaska führt, entwickelt sich in den folgenden Jahrzehnten zur legendären Nordlandroute.

Januar 1940, Zweiter Weltkrieg: 72 000 Menschen leben zu diesem Zeitpunkt in Alaska. Über Nacht rückt das Land, bis dahin ein kaum beachtetes nördliches ›Anhängsel‹, in den Blickpunkt nationaler Interessen. Die Sowjetunion, Nachbar jenseits der Beringsee, baut wenige Kilometer vor der Westküste einen Militärflughafen, und die Bedrohung durch die Japaner nimmt zu. Die Soldaten des Tenno erobern wenig später sogar zwei Inseln der äußeren Alëuten. Alaska mit seinen 1 518 000 km^2 ist zu diesem Zeitpunkt militärisch nahezu ungeschützt.

Am 2. Februar 1942 beschließen die amerikanische und die kanadische Regierung den Bau einer Militärstraße mit Routenführung durch die kanadischen Provinzen Alberta, British Columbia und das Yukon Territory. Zwölf Tage später, am 14. Februar 1942, erfolgt der erste Spatenstich. Alles in allem werden in diesem Jahr 11 000 Männer am sogenannten ›Alcan Highway‹ arbeiten. ›Alcan‹, die Bezeichnung steht für Alaska und Kanada. Erst nach Freigabe für nichtmilitärische Zwecke wird sich die Bezeichnung ›Alaska Highway‹ durchsetzen.

Dawson Creek, Meile Null des Highways: Es wimmelt jetzt von Soldaten in dem einst verschlafenen Ort. Die Route soll dem alten Winterpfad der Indianer und Trapper nach Norden folgen. Unbekannte Namen erscheinen nun auf Militärkarten: Fort St. John, Fort Nelson. Zur gleichen Zeit startet ein Gegentrupp mit dem Bau in Alaska – 1200 Meilen entfernt.

März 1942: Noch liegen die Temperaturen bei –20 °C. Nur langsam kommt der Frühling, aber mit ihm auch Myriaden stechender Moskitos. Allen Unbilden zum Trotz werden an manchen Tagen bis zu 7 km der Straße in die Wildnis hineingeschlagen. Der beginnende Nordlandsommer ermöglicht es den Männern, rund um die Uhr zu arbeiten. Für die Ingenieure ergibt sich ein ganz neues Problem: Wie baut man eine Straße auf permanent gefrorenem Boden und *Muskeg,* dem tiefen Moos des Nordens? Das Unternehmen fordert seinen Tribut. Maschinen halten den Dauerbelastungen nicht stand. Soldaten verunglücken in großer Zahl. Am 14. Mai 1942 ertrinken elf Mann im Charlie Lake.

Nach Monaten extremer Härte treffen sich am 24. September des Jahres 1942 die Regimenter von Norden und Süden am Contact Creek. Eine Pionierstraße ist damit geschaffen worden, mehr als 1500 Meilen lang, in einer Rekordzeit von nur acht Monaten und zwölf Tagen.

Mehr als 60 Jahre später gilt die Befahrung des Alaska Highway als Krönung jedes Urlaubes im Norden Nordamerikas. Der Zustand der zweispurigen, inzwischen fast durchgehend asphaltierten Straße hat sich dabei dramatisch verbessert, doch oft genug ist es den Straßenarbeitern einfach unmöglich, mit den anstehenden Reparaturarbeiten Schritt zu halten. Vorsicht ist also bei vom Frost aufgerissenen Schlaglöchern und unbefestigten Straßenrändern geboten!

Übernachten

... in Watson Lake:

Geräumige Motelunits ▶ A Nice Motel: Alaska Highway, neben Northern Lights Centre, Tel. 867-536-72 22, Fax 536-71 46. Hübsch und komfortabel eingerichtet, mit Kitchenette und Kamin. $ 159.

Camping ▶ Downtown RV Park: Alaska Hwy. und Yukon Hwy. 1, YT Y0A 1C0, Tel. 867-536-26 46, 1-867-536-26 46, Fax 536-26 70. Campingplatz im Ort in der Nähe des Seeufers, Geschäfte. Ab $ 30.

... in Teslin:

Zimmer, Hütten, Stellplätze ▶ Dawson Peaks Resort & RV Park: km 1232 Alaska Hwy., Box 80, YT Y0A 1B0, Tel. 867-390-22 44, 1-866-402-22 44, www.dawsonpeaks.ca. Motelzimmer ($ 74), Stellplätze für Zelte und RVs ($ 14/27), Hütten ($ 104), Restaurant, frische Backwaren, Kanu- und Bootsverleih, Touren, Tankstelle, Angeln.

Whitehorse ▶ 3, Q 11

Cityplan: S. 346; **Karte:** S. 349

In **Whitehorse** 1, seit 1953 Hauptstadt des Yukon Territory, leben über zwei Drittel aller Bewohner des Territoriums. Mit 24 000 Einwohnern ist die Stadt, in der 250 Tage im Jahr Frost herrscht, die größte im nördlichen Kanada. Ihre Geschichte reicht zurück bis ins Frühjahr 1898, als Zehntausende Goldsucher über den Chilkoot und den White Pass kamen, um vom Lake Lindeman oder Lake Bennett mit Booten den Yukon River hinunter nach Dawson zu fahren. Die White Horse Rapids im Miles Canyon, die gefährlichsten Stromschnellen des Yukon, drohten zum Massengrab der unerfahrenen Bootsführer zu werden. Deshalb richtete man eine 8 km lange Pferdebahn als Umgehung des Canyons ein. Dort, wo die Boote wieder beladen wurden, erstreckte sich bald ein riesiges Zeltlager, aus dem sich schnell die Stadt Whitehorse entwickelte. Als die White Pass & Yukon Railroad im Jahr 1900 das aufblühende Städtchen erreichte, wurden hier Fracht und Passagiere auf die Schaufelraddampfer gebracht, die die Reise nach Dawson City auf dem Fluss fortsetzten. Im Zweiten Weltkrieg kam dann noch einmal ein Boom, als die Stadt während der Bauarbeiten am Alcan Highway zum Knotenpunkt wurde. Danach verlor Dawson City, zuvor die Hauptstadt des Territory, immer mehr an Bedeutung, und Whitehorse entwickelte sich nach dem Zweiten Weltkrieg zur Metropole des Nordens.

Besichtigung

In der Nähe der Robert-Campbell-Brücke liegt auf einer Sandbank die **›S. S. Klondike‹** 1. Der schön restaurierte Schaufelraddampfer beförderte von 1937 bis 1955 Fracht und Passagiere auf dem Yukon von Whitehorse nach Dawson City. Anderthalb Tage dauerte damals die Reise flussabwärts, viereinhalb Tage flussaufwärts. In den 1950er-Jahren wurden dann alle Yukon-Dampfer aus dem Verkehr gezogen, weil die neuen Brücken für die Schiffe zu niedrig waren. 1966 wurde die **»S. S. Klondike«** zum **National Historic Site** erklärt, restauriert und originalgetreu eingerichtet – einschließlich der Zeitschriften aus dem Jahr 1937. Die einstündige Besichtigungstour sollte man nicht versäumen (2nd Ave., Whitehorse, Tel. 867-667-45 11, 1-800-661-04 86, im Sommer tgl. 9.30–17 Uhr; $ 6).

Weitere Erinnerungen an die Pionierzeit warten im **MacBride Museum** 2 in der Innenstadt. In mehreren historischen und modernen Blockhütten werden Ausstellungen über Goldgräberzeit, Pioniere, Ureinwohner und Mounties gezeigt. Displays und Fotos vermitteln einen faszinierenden Einblick in die Jahre des großen Goldfiebers (1124 1st Ave./Wood St., Tel. 867-667-27 09, Mitte Mai–Anf. Sept. 9–19, sonst Di–Sa 12–16 Uhr; $ 8).

Wer sich eingehender über die Geschichte des Yukon informieren möchte, findet in der **Whitehorse Public Library** 3 und vor allem in den Yukon Archives eine Fülle von Fotos, Dokumenten, Zeitschriften und Büchern, deren Erscheinungsdaten teilweise bis auf das Jahr 1846 zurückgehen. Der Internetzugang ist kostenlos (2071 2nd Ave, Tel. 867-667-52 39, www.ypl.gov.yk.ca/wpl. html, Mo–Fr 10–21, Sa 10–18, So 13–21 Uhr).

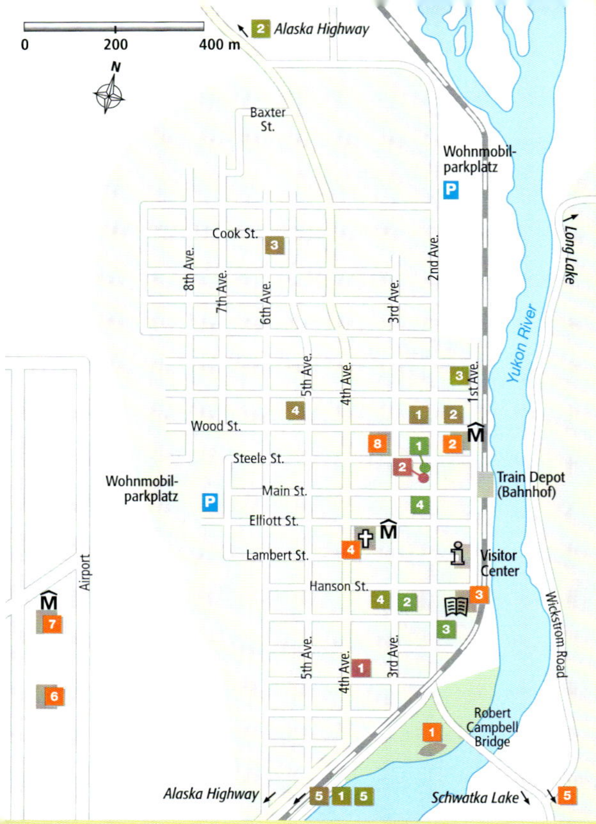

Whitehorse

7 Yukon Transportation Museum
8 Yukon Art Society

Übernachten
1 Westmark Whitehorse Hotel
2 River View Hotel
3 Midnight Sun B & B
4 Historical Guesthouse B & B
5 Robert Service Campground

Essen & Trinken
1 The Deck
2 Klondike Rib & Salmon BBQ

Einkaufen
1 Mac's Fireweed Books
2 Hougen's
3 Yukon Gallery
4 Murdoch's

Aktiv
1 »M.V. Schwatka« Yukon River Cruise
2 Yukon Wide Adventures
3 Up North Adventures
4 Yukon Conservation Society
5 Whitehorse Riding Stables

Sehenswert
1 »S.S. Klondike«
2 MacBride Museum
3 Whitehorse Public Library
4 Old Log Church
5 Whitehorse Fishway
6 Yukon Beringia Interpretive Centre

In der historischen **Old Log Church** **4** aus dem Jahr 1900 an der 3rd Ave. und Elliott Street kann man sich über die Missionierungsgeschichte im Nordland informieren (3rd Ave./Elliott St., Tel. 867-668-25 55, Führungen, im Sommer Mo–Sa 9–18 Uhr; $ 3).

Die Atmosphäre der Goldrausch-Jahre wird in der Vaudeville-Show der ›**Frantic Follies**‹ mit Sketchen von Robert Service wieder lebendig. Seit fast 30 Jahren findet die beliebte Show im Westmark Whitehorse Hotel statt (201 Wood St., Tel. 867-668-20 42, www.franticfollies.com, tgl. zwei Shows, Mitte Mai–Anf. Sept.; $ 24, bis 12 Jahre $ 10).

Lohnend sind auch die zweistündigen, kommentierten Bootstouren auf den Spuren der Goldgräber auf dem Yukon River. Man fährt mit der **»M.V. Schwatka«** am Dock des Schwatka Lake startend flussaufwärts durch den landschaftlich reizvollen **Miles Canyon** (Miles Canyon Rd., 1 km südl. der Downtown, Tel. 867-668-47 16, Ende Mai–Anf. Sept. tgl. 14, Mitte Juni–Mitte Aug. auch 16 Uhr; $ 30, bis 12 Jahre $ 15).

Der **Whitehorse Fishway** 5, eine rund 360 m lange Fischleiter aus Holz, wurde gebaut, damit die Fische den Stausee, der die berüchtigten Stromschnellen der Whitehorse Rapids zähmte, auf ihrer Wanderung von der Bering See zu den Laichgründen im Süd-Yukon umgehen können. Durch große Unterwasserfenster lassen sich die Lachse gut beobachten (Nisutlin Dr., Whitehorse, Tel. 867-633-59 65, im Sommer 9–20.30 Uhr; Eintritt frei, Spende).

Im **Yukon Beringia Interpretive Centre** 6 in der Nähe vom Airport werden aufschlussreiche Displays über das Yukon Territory zu prähistorischer Zeit gezeigt (Alaska Hwy. km 1423 beim Airport, Tel. 867-667-88 55, www.beringia.com, Mitte Mai–Sept. tgl. 9–18, sonst So und Mo 12–17 Uhr; $ 6), während es im **Yukon Transportation Museum** 7 Ausstellungen aus der jüngeren Geschichte zu sehen gibt: vor allem über Hundeschlitten, Buschpiloten, Flussdampfer und die White Pass & Yukon Railroad (30 Electra Crescent, Tel. 867-668-47 92, Mitte Mai–Aug. tgl. 10–18 Uhr; $ 6).

Im **Captain Martin House** stellt die **Yukon Art Society** 8 Werke von über 150 Künstlern aus dem Yukon vor (305 Wood St., Tel./Fax 867-667-40 80, im Sommer 10–18 Uhr).

Infos

Whitehorse Visitor Reception Centre: 2nd Ave. und 100 Hanson St., Whitehorse, Tel. 867-667-30 84, 1-800-661-04 94, im Sommer tgl. 8–20, im Winter Mo–Fr 8.30–17, Sa 10–14 Uhr.

City of Whitehorse: 2121–2nd Ave., Whitehorse, YT Y1A 1C2, Tel. 867-667-64 01, www.city.whitehorse.yk.ca, 8.30–16.30 Uhr. Informationen, Broschüren, CD über Unterkunft, Aktivitäten, Sehenswürdigkeiten.

Übernachten

Stilecht ▶ **Westmark Whitehorse Hotel** 1: 201 Wood St., Whitehorse, YT Y1A 2E4, Tel. 867-393-97 00, 1-800-544-09 70, Fax 668-27 89, www.westmarkhotels.com. Komfortable Zimmer, interessanter Coffee Shop, ›Sternwheeler Lounge‹, Restaurant, Trappers Pub, abendliche Vaudeville Show ›Frantic Follies‹. $ 69–189.

Schön gelegen ▶ **River View Hotel** 2: 102 Wood St., Whitehorse, YT Y1A 2E3, Tel. 867-667-78 01, Fax 668-60 75, www.riverviewhotel.ca. Komfortables Hotel direkt am Yukon, alle Sehenswürdigkeiten sind gut zu Fuß erreichbar. Ab $ 120.

Familiär ▶ **Midnight Sun Bed & Breakfast** 3: 6188- 6th Ave. (Ecke 6th/Cook St.), Whitehorse, YTY1A 1N8, Tel. 867-667-22 55, 1-866-284-44 48, Fax 867-43 76, www.midnightsunbb.com. Zentral gelegen, 5 hübsch und komfortabel eingerichtete Zimmer, attraktive Gemeinschaftsräume, Waschmaschine, Internetzugang. $ 119–139.

Historisches Blockhaus ▶ **Historical Guest House B & B** 4: 5th Ave./Wood St., Whitehorse YT Y1A 1L6, Tel. 867-668-39 07, www.yukongold.com. Stilvoll eingerichtete Zimmer mit Frühstück in einem historischen Blockhaus von 1907 mit schönem Garten in der Downtown, Küchenbenutzung, Barbecue im Garten; die Gastgeber wohnen in einem anderen historischen Gebäude gegenüber. $ 95–110.

Camping ▶ **Robert Service Campground** 5: 120 R. Service Way, Whitehorse, Tel. 867-668-37 21, Fax 667-60 76. Schöner Campingplatz am Yukon-Ufer, mit allen Einrichtungen, Laden, Café. Mitte Mai–Ende Sept. Ab $ 18.

Essen & Trinken

Lokale Biere ▶ **Steele Street Ale & Roast House** 1: Westmark Whitehorse Hotel, 201 Wood St., Whitehorse, Tel. 867-393-97 00. Restaurant mit 1898er-Goldrausch-Atmosphäre, beheizte Außenterrasse, Frühstücksbuffet, Lunch und Dinner. $ 15–35.

Pub-Food ▶ **The Deck** 1: 4051–4th Ave., Whitehorse, Tel. 867-667-44 71, 1-800-554-44 71. Beliebtes Restaurant mit Pub im High Country Inn, Wildspezialitäten, Buffalo Burger, Barbecue, einheimisches Bier, Patio. $ 12–35.

Grillspezialitäten ▶ **Klondike Rib & Salmon BBQ** 2: 2nd/Steele Sts., Whitehorse, Tel. 867-667-75 54, www.klondikerib.com.

Besonders lecker: Chowder, Fish & Chips, Lachs, Grillrippchen, Karibu-Steak. Lunch $ 12–15, Dinner $ 12–30.

Einkaufen

Bücher und Karten ▶ **Mac's Fireweed Books** 1: 203 Main St., Whitehorse, Tel. 867-668-24 34, 1-800-661-05 08, www.macsbooks.ca. Bücher über den Norden, Landkarten, Zeitungen aus aller Welt.

Outdoor-Spezialist ▶ **Hougen's** 2: 305 Main St., Whitehorse, Tel. 867-668-21 03, Mo–Sa 9.30–18 Uhr. Sportgeschäft mit reichem Angebot an Büchern und Souvenirs bis zu Foto- und Wildnisausrüstung.

Kunstgalerie ▶ **Yukon Gallery** 3: 118-1116 1st Ave. (gegenüber der historischen White Pass Station), Whitehorse, Tel. 867-393-35 90, www.northendgallery.ca, Mo–Sa 9–20, So 9–18 Uhr. Kunsthandwerk, Poster, Gemälde, Skulpturen, Keramik, Schmuck.

Nuggetschmuck ▶ **Murdoch's** 4: 207 Main St., Whitehorse, Tel. 867-667-74 03. Auch wenn man nichts kaufen möchte, sollte man sich die Nugget-Sammlung und den antiken und modernen Nuggetschmuck dieses Juweliers einmal anschauen.

Abends & Nachts

Goldgräber-Musical ▶ **Frantic Follies Vaudeville Revue** 1: Mitte Mai–Anf. Sept., Westmark Whitehorse Hotel, 201 Wood St., Tel. 867-668-20 42, www.franticfollies.com. Show tgl. 20.30 Uhr.

Aktiv

Bootsausflüge ▶ **»M. V. Schwatka« Yukon River Cruise** 1: Whitehorse, Tel. 867-668-47 16. 2-stündige Fahrt mit dem Schiff auf den Spuren der Goldgräber durch den Miles Canyon, Ende Mai–Anf. Sept. tgl. 14 Uhr, Mitte Juni–Mitte Aug. auch 16 Uhr, $ 30.

Outdoor-Aktivitäten ▶ **Yukon Wide Adventures** 2: P.O. Box 20036, 12 Evergreen Cresc., Whitehorse, Yukon Y1A 7A2, Tel./Fax 867-393-21 11, www.abenteueryukon.com. Geführte Kanu- und Wandertouren, Mountainbiking (deutschsprachige Guides), Yukon Rendezvous Tour, auch Ausrüstungsverleih für Individualreisende. **Up North Adventures** 3: 103 Strickland St., Whitehorse, Tel. 867-667-70 35, www.upnorthadventures.com. Halb- und ganztägige Exkursionen mit dem Kanu, Kajak oder Fahrrad (ab $ 105), Vermietung von Kanus, Kajaks und Rädern sowie Ausrüstung (ab $ 35/Tag), Unterricht. Im Winter Hundeschlittentouren und Schneeschuhwanderungen.

Geführte Wanderungen ▶ **Yukon Conservation Society** 4: 302 Hawkins St., Whitehorse, Tel. 867-668-56 78, www.yukonconservation.org. Kostenlose geführte Wanderungen in der Umgebung von Whitehorse von 2–6 Stunden.

Ausritte ▶ **Whitehorse Riding Stables** 12: 91211 Alaska Hwy., P.O. Box 4434, Whitehorse, YT Y1A 3T5, Tel. 867-633-30 86, Fax 667-28 43, www.yukonweb.com/tourism/whrs. 1- bis 4-stündige Ausritte, Trailritte mit Picknick, Packtrips mit Angeln.

Termine

Yukon Quest International Dog Sled Race: Mitte Feb., Hundeschlittenrennen von Whitehorse nach Fairbanks (www.yukonquest.com).

Yukon Sourdough Rendezvous Festival: Ende Feb./Anf. März, Winter-Festival mit diversen Wettkämpfen und Events. Tel. 867-667-21 48 (www.yukonrendezvous.com).

National Aboriginal Day: 2. Juni-Hälfte, Festival der Urbevölkerung mit traditionellem Geschichtenerzählen, Musik, Tänzen, Spielen und Kunsthandwerk (www.yfnta.org).

Yukon River Quest Canoe and Kayak Race: Ende Juni/Anfang Juli, längstes Kanu- und Kajakrennen der Welt, von Whitehorse nach Dawson City. Tel. 867-333-56 28 (www.yukonriverquest.com).

Verkehr

Gray Line Yukon: P.O. Box 4157, 2nd Ave./Steele St., Whitehorse, YT Y1A 3S9, Tel. 867-668-32 25, Fax 667-44 94. Bustouren nach Atlin, Dawson City, Eagle, Skagway, Airport Transfer, Linienbus-Service zwischen Whitehorse und Tok sowie Fairbanks, Anchorage und Valdez. Rundfahrten innerhalb von Whitehorse $ 32.

Südwesten des Yukon Territory

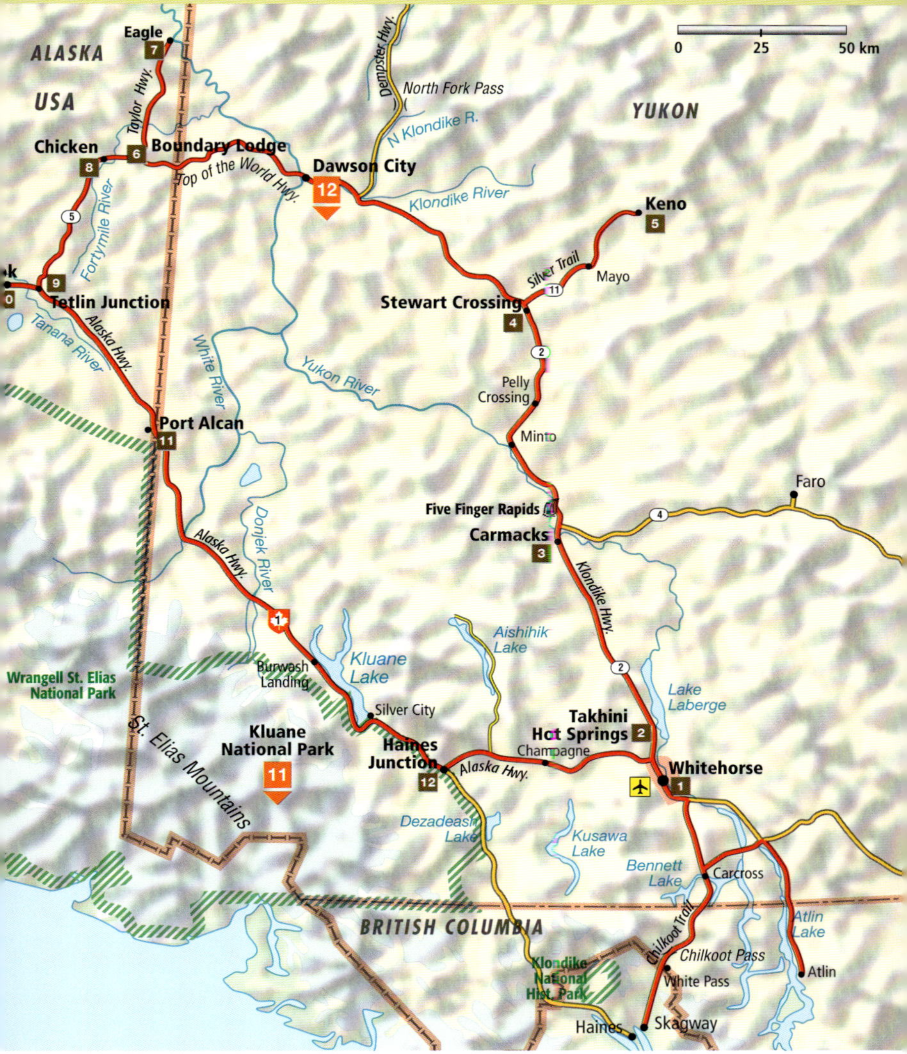

Von Whitehorse nach Dawson City ► 3, O–Q 8–11

Karte: oben

Von Whitehorse führt der Klondike Highway (Hwy. 2) im Tal des Yukon durch riesige Waldgebiete nach Norden. 20 km nördlich von Whitehorse lohnt ein kurzer Abstecher zu den **Takhini Hot Springs** 2, wo heißes Quellwasser ein Badebecken füllt und man nebenan gut campen kann. Von dort verläuft der Highway entlang des **Lake Laberge**, einem See im Flusssystem des Yukon. Der lang gestreckte See inspirierte den Dichter Robert

aktiv unterwegs

Sky High Wilderness Ranch

Infos

Standort: Whitehorse, Yukon Territory.

Veranstalter: Sky High Wilderness Ranch, km 16, Fish Lake Road, Whitehorse, Yukon, Tel. 867-667-4321, Fax 867-667-7210, www.skyhighwilderness.com. In Deutschland über Argus Reisen, Bovenden, Tel. 055 94-93 09 30, www.argusreisen.de.

Kosten: Reiten $ 35/Std., $ 119/4 Std., $ 140/½ Tag; Übernachtung ab € 40/Pers. im Haupthaus der Ranch, ab € 60 in einer Blockhütte, 3-tägige Trailritte € 750, 10-tägiger Packtrip mit Pferden in die Wildnis € 2500, Hundeschlitten-Exkursionen ab € 775/Pers. für 3 Tage, 15-tägiges Wildnisabenteuer mit dem Hundeschlitten ab € 2850/Pers.

Die kleine Sky High Wilderness Ranch ist nur rund 25 km von Whitehorse, der Provinzhauptstadt des Yukon Territory, entfernt. Dennoch liegt die Wildnis gleich vor der Tür. Die Abenteuerranch am Ufer des glasklaren Fish Lake ist schon seit über 30 Jahren in Betrieb. Die Gäste übernachten in Doppelzimmern im Ranchhaus oder in gemütlichen Blockhütten. Im Sommer wird eine bunte Palette an Outdoor-Aktivitäten geboten: Wandern, Kanufahren auf dem See, Angeln und vor allem Reiten. 24 Pferde stehen zur Verfügung. Das Spektrum reicht von kurzen Ausritten für Novizen bis zu 15-tägigen Pack Trips in die Wildnis, für die man Kondition und Reiterfahrung mitbringen sollte. Bei den längeren Wildnistrips ins Backcountry wird nur vor und nach den Ausritten auf der Ranch übernachtet, die restlichen Nächte verbringt man im Zelt.

Dies ist das wahre Abenteuer: Zusammen mit einem erfahrenen Guide bahnt man sich seinen Trail in das spektakuläre Hinterland, den Spuren von Trappern, Goldsuchern und Yukon-Pionieren wie George Carmacks folgend. Der Ritt führt über majestätische Bergrücken und alpine Tundralandschaften, durch weite Täler entlang klarer Wildbäche. Nicht selten werden dabei Elche, Karibus, Bergschafe und auch Bären beobachtet. Nach dem Ritt werden die Pferde versorgt, das Camp aufgeschlagen und das Abendessen – darunter selbst gefangene Fische – am Lagerfeuer zubereitet. Da solche Exkursionen auch über das Land der Kwanlin Dunn First Nations führen, hat die Ranch mit dem Stamm eine Vereinbarung über eine Nutzung des Territoriums getroffen.

Das Abenteuerprogramm im Winter ist nicht weniger authentisch: Von Mitte November bis Mitte April ist das Wetter ideal für Exkursionen mit dem Hundeschlitten. Es gibt genug Schnee und auch viel Sonne, und weil die Luft trocken ist, sind auch extreme Minustemperaturen noch erträglich. Man fühlt sich in die Zeit zurückversetzt, in der Hundeschlitten im Norden Kanadas noch eines der wichtigsten Transportmittel waren.

Zuerst wird man auf der Ranch mit den Grundlagen des *Mushing,* wie das Hundeschlittenfahren in Kanada und Alaska genannt wird, vertraut gemacht. Man lernt, wie die Hunde versorgt und gepflegt werden, wie man sie richtig vor den Schlitten spannt und mit welchen Kommandos man sie lenkt. Einfache und kurze Ausfahrten, die nach und nach anspruchsvoller werden, folgen und da-

Service zu seiner berühmten Ballade »Die Verbrennung des Sam McGee«.

Carmacks 3 hat ein historisches Hotel, wo Bootstouren angeboten und Kanus verliehen werden. Sehenswert ist auch die **Carmacks Roadhouse Heritage Site**, ein restauriertes historisches Rasthaus (km 431,3, Klondike Hwy., Tel. 867-863-62 71).

Kurz nach Carmacks erreicht man die **Five Finger Rapids**, wo zur Goldgräberzeit

bei lernt man auch die Schlittenhunde seines Gespanns, meistens Huskies, genauer kennen. Man merkt schnell, dass alle Tiere einen unterschiedlichen Charakter und auch ihren bestimmten Platz im Gespann haben. Vor allem findet man schnell heraus, dass der Leithund eine Vorzugsstellung genießt – er wird es einem nie verzeihen, wenn er nicht als erster sein Futter bekommt. Strecken von 35 km und mehr machen den Huskies nichts aus – dem *Musher* schon eher, wenn er nicht in Übung ist. Aber man kann sich ja nach so einem anstrengenden Tag abends auf der Ranch in der Sauna oder unter der heißen Dusche entspannen. Schon bald stellen sich Erfolgserlebnisse ein, und man genießt das Gefühl, seine sechs munteren Huskies und den Schlitten ganz gut im Griff zu haben.

Dann geht es los in die Berge, die Landschaft ist spektakulär, blauer Himmel und Stille, die nur durch das schleifende Knirschen der Kufen im Schnee und das Hecheln der Hunde unterbrochen wird. Nach der Rückkehr am Abend werden die Hunde versorgt und man macht es sich vor dem bullernden Holzofen im Zelt gemütlich.

Im Winter gehören Exkursionen mit dem Hundeschlitten zum Freizeitprogramm

so mancher Raddampfer zerschellte. Pilzsucher können im Gebiet um **Minto**, den historischen Landeplatz der Dampfer, leicht eine Abendmahlzeit finden – hier gibt es einen schönen Campingplatz am Yukon-Ufer. Der nächste Ort ist **Pelly Crossing**, eine kleine Siedlung der Selkirk-Indianer. Hier kann man noch einmal tanken und Vorräte ergänzen, denn bis Dawson City sind es noch 260 km.

Bei **Stewart Crossing** 4 zweigt der Yukon Highway (Hwy. 11) nach **Mayo** (500 Einwohner) und **Keno City** ab. Die ersten 55 km des Highway, der durch die enormen Silberfunde in der Region um Keno auch *Silver Trail* genannt wird, sind geteert, die letzten 60 km ab Mayo nur noch Schotterstraße. Der Bergwerksort **Keno** 5 war 1920 eine turbulente *Boom Town.* Heute hat der Ort nur noch 30 Einwohner, ein Hotel mit Bar, einen Coffee Shop und einen Campingplatz. Im kleinen **Keno Mining Museum** wird die Bergwerksgeschichte der Region dargestellt (Tel. 867-995-31 03, Juni–Sept. tgl. 10–18 Uhr).

Noch einige Hügelketten und Wälder, dann erreicht man das Tal des **Klondike River** – und stößt auch bald auf die ersten Schutthalden aus der Goldgräberzeit. Breite Kiesbänke säumen die Ufer des Flusses, an dem Abenteurer vor rund 100 Jahren jeden Stein umdrehten, um sich ihre Träume vom schnellen Reichtum zu erfüllen. Noch heute sieht man am Bonanza Creek moderne Goldsucher, die ihre *Claims* mit schwerem Gerät ausbeuten. **Dawson City** – einst als ›Paris des Nordens‹ bezeichnet – ist erreicht (s. S. 358).

Infos

Silver Trail Tourism Association: P.O. Box 160, Mayo YT, Y0B 1M0, Tel. 867-996-23 17, www.yukonweb.com/community/mayo, Mo–Fr 8–12, 13–17 Uhr.

Übernachten

Am Yukon ▶ Carmacks Hotel: P.O. Box 160, YT Y0B 1C0, Tel. 867-863-52 21, Fax 863-56 05, www.hotelcarmacks.com. Historisches Hotel mit Restaurant, Lounge, Cabins, Stellplätze für Camper. Bootstouren und Kanuverleih werden abgeboten. $ 89–109.

Camping ▶ Takhini Hot Springs Campground: Takhini Hot Springs Rd., etwa 30 km von Whitehorse und 10 km westlich vom Klondike Hwy., Tel. 867-633-27 06, www.takhinihotsprings.yk.ca. Pool im Sommer tgl. 8–21.30 Uhr. $ 17–35. **Keno City Campground:** Tel. 867-995-31 03. 18 Stellplätze an einem Bach in der Nähe des Ortes stehen zur Verfügung. $ 10.

Von Dawson City nach Tok (Alaska) ▶ 3, M/N 8/9

Karte: S. 349

Dawson City verlässt man mit der staatlichen Fähre über den Yukon River nach Westen. Der **Top-of-the-World Highway** zur alaskischen Grenze ist eine der einsamsten und beeindruckendsten Strecken des kanadischen Nordens – durch Tundra- und Taigaregionen windet sich die Straße die windzerzausten Bergkuppen entlang. Bis zum fernen Horizont dehnen sich grüne Hügelzüge ohne die geringsten Zeichen menschlicher Zivilisation. Gut 100 km geht das so, ehe die Grenze zu Alaska auftaucht: lediglich zwei einsame Grenzhäuschen. Einige Kilometer hinter der Grenze steht das erste Haus in Alaska: die **Boundary Lodge** 6 mit einer Tankstelle und einem urigen Saloon. 20 km weiter zweigt der Taylor Highway nach Norden hin ab. Der rund 100 km lange Abstecher nach **Eagle** 7, einem weltvergessenen historischen Pionierstädtchen am Yukon-Ufer, lohnt sich. Wildniskanuten können von hier zu einer Tour auf dem Yukon durch das Yukon-Charley Rivers National Preserve aufbrechen; wer es lieber etwas bequemer hat, kann von hier aus mit der ›Yukon Queen‹ auf dem Fluss von Eagle nach Dawson fahren.

In südlicher Richtung folgt der Taylor Highway dem Fortymile River, einem der Goldflüsse Alaskas. Was noch heute deutlich zu sehen ist, denn der Highway passiert mehrere Camps moderner Goldgräber, die mit Bulldozern und anderem schweren Gerät die Sandbänke am Ufer durchwühlen. Auch der Fortymile ist ein bei Kanufahrern beliebter Fluss, der sogar von der US-Regierung zum Wild and Scenic River erklärt wurde.

Der einzige Ort entlang der Strecke ist **Chicken** 8, eine alte Goldgräber- und Trappersiedlung, die durch Ann Purdys Buch ›Tisha‹ bekannt wurde, in dem die Autorin ihr Leben als Lehrerin im damals noch völlig von der Außenwelt abgeschnittenen Wildnisnest Chicken beschreibt. Noch mehr Wälder, noch mehr Hügelketten, dann ist schließlich **Tetlin Junction** 9 erreicht und damit der Alaska

Goldrausch am Bonanza Creek

Thema

George Carmack, Skookum Jim und Dawson Charlie – die Namen wurden zur Legende. Im August 1896 rasteten die Männer am Rabbit Creek, einem Seitenbach des Klondike River – und fanden ganz nebenbei Mengen von Gold. Damit lösten sie den größten Goldrausch des Jahrhunderts aus: Der kleine Bach wurde zum ›Bonanza Creek‹ umgetauft und binnen weniger Monate wühlten hier über 30 000 Goldgräber wie die Maulwürfe.

Die Geschichte von Dawson City beginnt am 16. August 1896. Vier Männer, Jim Mason und George Carmack mit ihren indianischen Freunden Dawson Charlie und Patsy, dem Neffen Dawson Charlies, campierten am Rabbit Creek. Wenige Tage zuvor hatten sie Robert Henderson getroffen, der ihnen etwas von Gold in den Bächen der Gegend erzählt hatte. Daher waren sie, statt wie geplant Lachse zu fischen, über die Berge gestiegen und hatten sich Hendersons *Claim* angesehen, ohne jedoch selber einen *Claim* abzustecken. Auf dem Rückweg rasteten sie am Rabbit Creek. Der Legende nach fiel George Carmack auf, dass das Wasser des Bachs über geriffeltes Felsgestein lief, und mehr aus Gewohnheit als aus Absicht sah er sich den Boden des Bachs etwas näher an. Irgendetwas erregte seine Aufmerksamkeit. »Ich bückte mich, langte hin und hielt ein Nugget, ungefähr in der Größe eines 10-Cent-Stücks, in meiner Hand«, erzählte er später. »Ich steckte es zwischen meine Zähne, biss darauf, so wie ein Zeitungsjunge, der einen *quarter* auf der Straße gefunden hat. Ich hielt es zwischen Daumen und Zeigefinger hoch in die Luft und schaute mich nach meinen zwei Begleitern um und rief: ›Hey, hier ist Gold! Gold! Bringt Pfanne und Schaufel, schnell!‹ Ich nahm die Schaufel und grub etwas von dem verwitterten Felsgestein auf. Als ich die ebenen Bruchstücke umdrehte, konnte ich das rohe Gold in dicken Lagen zwischen den verwitterten Felsstücken liegen sehen, wie Käse in einem Sandwich.«

George Washington Carmack, der Entdecker des Goldes, war ein seltsamer Typ: mehr Elchjäger als Goldsucher, mehr an Silberlachsen interessiert als am Gold. Er war 1885 in den Norden gekommen und hatte sich schnell an das Indianerleben gewöhnt. Er verbrachte die meiste Zeit mit Jagen und Fischen und baute sich eine Hütte nahe den Five Finger Rapids, wo er mit seiner indianischen Frau lebte und gelegentlich Gedichte schrieb. Doch jetzt verbrachten er und seine Begleiter den Rest des Tages damit, überall im Kies des Bachs nach dem glänzenden Metall zu suchen. Wo auch immer sie gruben, fanden sie Gold! Ihre *Claims* waren schnell abgesteckt, und binnen zwei Jahren waren aus den Vieren am Rabbit Creek 30 000 fieberhaft in der Erde wühlende Goldsucher am neu benannten Bonanza Creek geworden.

Wer wirklich das Gold fand, ist nicht klar. Carmack behauptete, er sei der Finder, aber Skookum Jim und Tagish Charlie behaupteten, Skookum Jim habe das Gold gefunden, als er einen Kochtopf im Rabbit Creek reinigen wollte, während Carmack schlief. Fest steht nur, dass an diesem Abend vier Männer einen der größten Goldfunde der Geschichte machten. In wenigen Monaten entstand eine Boomtown mit mehreren tausend Einwohnern und Dawson City wurde die größte Stadt des Nordens.

Highway. Auch wenn man hier wieder nach Süden weiterfährt, lohnt sich ein kurzer Abstecher – nun auf Asphalt – bis **Tok** **10**, der ›Schlittenhunde-Hauptstadt‹ Alaskas. Dort herrscht wieder Zivilisation mit Motels, Souvenirläden, Luxuscampingplätzen und anderen Einrichtungen für Reisende.

Von Tok nach Whitehorse

Karte: S. 349

Nach Haines Junction

► 3, M–P 9–11

Durch das Gebiet der Tetlin Indian Reservation führt der hier gut ausgebaute Alaska Highway im breiten Flussbett des Tanana River nach Süden. Bei **Port Alcan** **11** ist dann die kanadische Grenze erreicht. Beiderseits der Grenzmarkierung sieht man eine breite, schnurgerade Schneise durch die lichten Nadelwälder laufen: Auf 6 m Breite und fast 1000 km Länge schlugen hier Vermessungstrupps 1904–1920 eine Bresche in die Wildnis, um die internationale Grenze zu markieren. Sie verläuft immer entlang des 141. Längengrades vom Polarmeer im Norden bis tief hinein in die Wrangell-St. Elias Mountains.

Hinter der Grenze ist der Alaska Highway wieder schlechter zu befahren. Er ist zwar immer noch geteert, schmiegt sich aber in zahllosen Kurven an die Hügel und bremst jeden forschen Fahrer durch große, unvermittelt auftauchende Schlaglöcher ab. Die mächtigen Gletscherströme des White und Donjek River werden überquert.

Ab **Burwash Landing** verläuft die Straße auf gut 60 km Länge entlang des Kluane Lake, des größten Sees im Yukon Territory. Zur Rechten bilden die mächtigen, fast 6000 m hoch aufragenden **St. Elias Mountains** mit ihren eisbedeckten Gipfeln eine beeindruckende Kulisse. Hier beginnt der **Kluane National Park**, ein völlig unerschlossenes, 13 600 km^2 großes Wildnisgebiet. In diesem größten Gletscherareal außerhalb der Arktis ist der Mount Logan mit 5959 m der höchste Berg Kanadas. 1980 wurde die

Hochgebirgsregion zusammen mit dem angrenzenden Wrangell-St. Elias National Park in Alaska zum UNESCO-Weltnaturerbe erklärt. Der Kluane Lake fungiert als Stützpunkt einiger Wildnis-Outfitter, die hier Angel-, Rafting, Kanu- und Backpacking Trips arrangieren. Am Südende des Sees zweigt eine Straße zur Geisterstadt **Silver City** ab.

Von Burwash Landing bis Whitehorse finden auf dem Alaska Highway umfangreiche Straßenarbeiten mit gewaltigen Erdbewegungen statt. Riesige Trucks und Schaufelbagger schaffen hier eine neue Trasse. Man muss demzufolge in den nächsten Jahren auf dieser Strecke mit erheblichen Verkehrsbehinderungen rechnen.

Der Kluane National Park ist ein Paradies für Freunde der Wildnis

11 Kluane National Park

► 3, N–P 11/12

Haines Junction 12 ist ein ruhiger kleiner Ort vor der spektakulären Kulisse der schneebedeckten St. Elias Mountains. Es empfiehlt sich, das **Visitor Center** des Kluane National Park zu besuchen, um sich die ausgezeichnete Diashow über die Hochgebirgsregionen des Parks anzusehen. Wer Zeit hat und wunderbare Stille in unberührter Natur genießen möchte, kann noch einen Abstecher zum Aishihik oder zum Kusawa Lake unternehmen. Auch als Basis für Wanderungen in den Park ist Haines Junction gut geeignet. Im Ort sind mehrere Ausrüster und Tourveranstalter tätig. Geboten werden Kanu- und Trekkingtouren, Wildwasser-Floßfahrten, Trailreiten und Sightseeing-Flüge. Man kann sich aber auch Kanus oder Mountainbikes leihen und auf eigene Faust etwas unternehmen.

Von Haines Junction sind es auf dem Alaska Highway bis nach Whitehorse nur noch rund 160 km. Die neue schnelle Trasse umgeht jetzt das kleine Indianerdorf Champagne (s. S. 365) und die Strecke ist in weniger als 2 Std. zu fahren – oder man verlängert die Rundfahrt durch den Südteil des Yukon-Territoriums und ein kleines Stückchen Alaska um einige Tage und rund 1000 km. Dann fährt man über Haines, Skagway und Carcross nach Whitehorse – und kommt in den Genuss der wohl schönsten Route im Yukon.

aktiv unterwegs

Wandern im Kluane National Park

Tour-Infos

Start: Kluane National Park
Länge: 2–10 km
Dauer: 1 Stunde bis ganzer Tag
Schwierigkeitsgrad: leicht bis schwer
Infos und geführte Touren: Kluane National Park, Tel. 867-634-72 50, www.parkscanada.ca. Karten und Registrierung für Trekking und Backcountry-Camping. Mitte Mai–Mitte Sept. 8–20 Uhr. Parkeintritt kostenlos.

Der Kluane National Park ist ein Paradies für Trekker, die sich gern für eine Woche oder länger in die Wildnis verabschieden. Von dieser grandiosen Berg- und Gletscherregion erhält man aber auch schon auf kurzen und nicht zu schwierigen Wanderungen einen guten Eindruck. Im folgenden werden einige der schönsten vorgestellt.

Dezadeash River Trail

Dieser kurze und bequem zu wandernde Weg (5,5 km Rundweg, 1–2 Std.), der auch für Familien mit kleinen Kindern gut geeignet ist, beginnt südlich von Haines Junction an einem Parkplatz bei der Brücke über den Dezadeash River. Er führt zunächst am Flussufer entlang, streckenweise über einen Plankensteg durch Feuchtgebiete, Wiesen und Espen-Stände, und schlängelt sich später durch einen schattigen Fichtenwald. Außer schönen Landschaftpanoramen bietet der Trail Gelegenheit, Elche und Biber, manchmal auch Bären und vor allem eine Vielzahl von Vögeln zu beobachten. Tafeln am Wegesrand erläutern Tierwelt und Ökosystem der Region. Nach etwa 1 km kommt man zu einem Aussichtspunkt, der sich besonders gut zur Tierbeobachtung eignet.

Sheep Creek Trail

Der Sheep Mountain ist ein beliebtes Gebiet für Backcountry-Trekking und Tageswanderungen. Die First Nations Stämme der Region nennen den Berg, an dessen Basis sich der größte See des Yukon, der Kluane Lake, erstreckt, den Tachal Dhal. So heißt auch das Besucherzentrum des Parks, das an seinem Ufer errichtet wurde. Der Trail (5 km einfach, 4 Std. hin und zurück) verläuft dem Sheep Creek folgend an der Flanke des Berges entlang. Immer wieder bieten sich schöne Ausblicke, mit etwas Glück kann man Dallschafe beobachten, die im Sommer die saftigen Futtergründe der tieferen Lagen aufsuchen.

Nachdem man sich im Tachal Dhal Information Centre angemeldet hat, fährt oder geht man 2,6 km bis zu einem Gatter, wo sich ein kleiner Parkplatz mit Picknicktischen befindet. Eine Tafel mit einer Karte informiert über den Trail, dessen eigentlicher Startpunkt

Infos

Kluane National Park and Reserve Visitor Center: P.O. Box 5495, Haines Junction, YT Y0B 1L0, Tel. 867-634-72 07, Fax 634-72 08, www.parkscanada.ca. Ausstellungen über den Park, Informationsmaterial, Karten und Registrierung für Trekking und Backcountry-Camping. Mitte Mai–Mitte Sept. 9–17 Uhr. Parkeintritt kostenlos.
Village of Haines Junction: P.O. Box 5339, Haines Junction, YT Y0B 1L0, Tel. 867-634-71 00, Fax 634-20 08, www.hainesjunctionyukon.com.

Übernachten

Am See ► **Dalton Trail Lodge:** km 208, P.O. Box 5331, Y0B 1L0, Haines Hwy., YT, Tel. 867-634-20 99, Fax 634-20 98, www.daltontrail.com. Schöne Lodge am Dezadeash Lake, erstklassiges Restaurant, Wildnis-Blockhütten, Kanus, Motorboote, Mountainbikes, Angeln. Ab $ 240 mit VP.

etwa 5 Min. vom Parkplatz entfernt liegt. Der Weg führt stetig aufwärts, etwa 430 Höhenmeter müssen überwunden werden. Nach rund 2 km ist eine Aussichtsplattform erreicht. Hier kehrt man um und geht auf dem gleichen Weg zurück, andernfalls folgt man der alten Minenstraße bis zu einem Abzweig, der links zum Sheep Creek hinunterführt, rechts hingegen weiter bergauf zum Trailende am Rand einer Schlucht mit Blick auf den Forty-eight Pup Creek. Bei dieser Variante verlängert sich die Tour auf ca. 7 Std.

Rock Glacier Trail

Der Trailhead befindet sich 50 km südlich von Haines Junction an einem kleinen geschotterten Pullout am Haines Highway. Der Weg ist gut unterhalten und leicht zu wandern, überwindet aber auf einer Strecke von knapp 1 km einen Höhenunterschied von 90 m. Für den Hin- und Rückweg sollte man 1–2 Std. veranschlagen. Der Trail führt durch verschiedene Ökosysteme, vom Feuchtgebiet bis zur kahlen Felslandschaft. Unterwegs erläutern Hinweistafeln die Ökologie der diversen Landschaftsformen und die Besonderheiten eines Blockgletschers. Zuerst geht es auf einem erhöhten Plankenweg durch sumpfiges Gebiet, dann durch Fichtenwald und Pappelbestände mit Gletscherbächen. Anschließend führt der Trail nahe an den Fuß eines Blockgletschers heran. Von der Aussichtsplattform bietet sich ein schöner Blick über das von imposanten Bergen gerahmte Tal und den schimmernden Dezadesh Lake. Festes Schuhwerk ist nötig, wenn man noch über das Geröll des Gletschers wandern will.

Mit gutem Restaurant ▶ The Raven Hotel: 181 Alaska Highway, Haines Junction, Tel. 867-634-25 00, Fax 867-634-25 17, www.ravenhotelyukon.com. Man spricht auch Deutsch. 12 nicht allzu große, aber gemütliche Zimmer, alle mit direktem Zugang von außen. Restaurant mit ausgezeichneten Wild- und Fischgerichten. Ab 69 $.

Camping ▶ Kluane RV Kampground: P.O. Box 5496, km 1640, Alaska Highway, Haines Junction, YT Y0B 1L0, Tel. 867-634-27 09, 1-866-634-67 89, Fax 634-27 35, www.kluanerv.ca. Einkaufsmöglichkeiten, Tankstelle, Wanderwege, Angellizenzen und -ausrüstung. Ab $ 25.

Aktiv

Outdoor-Aktivitäten ▶ Paddle Wheel Adventures: P.O. Box 2079, Haines Junction, YT Y0B 1L0, Tel. 867-634-26 83, www.paddlewheeladventures.com. Trekking, Rafting, Angeln, Mountainbike- und Kanuverleih, Cabins.

Termine

Alsek Music Festival and Kluane Mountain Bluegrass Festival: Mitte Juni, 3-tägiges Festival mit Folk- und Bluegrass-Musik und Tanz, Tel. 867-634-25 91, www.yukonbluegrass.com.

12 Dawson City ▶ 3, O 8

Karte: S. 349; **Cityplan:** S. 360

Dawsons turbulente Geschichte

Seine Gründung hat **Dawson City** dem Oldtimer Joseph Ladue zu verdanken, der schon 16 Jahre im Yukon lebte, als er von einem großen Goldfund am Rabbit Creek hörte. Statt mit den anderen dem Gold hinterherzujagen, kaufte er das flache Stück Land am Zusammenfluss von Klondike und Yukon, ließ es vermessen, in Parzellen aufteilen und begann, Grundstücke zu verkaufen. Auf der einstigen Elchweide entstand innerhalb eines Sommers aus Holzhäusern und Zelten Dawson City. 1897 lebten hier 5000 Leute aus allen Ecken der Welt. 1898, als der Hauptstrom der Goldsucher eintraf, wuchs die Bevölkerung auf rund 30 000 an. Dawson City wurde zur größten kanadischen Stadt westlich von Winnipeg. Joseph Ladue hatte sich seine eigene ›Goldmine‹ geschaffen. Es dauerte nicht lange und er besaß richtige Goldminen, Sägewerke und eine Dampfschifflinie auf dem Yukon. Während dieser hektischen Jahre war Dawson City Kanadas äußerste Grenze der Zivilisation. Riesige Vermögen wurden hier gemacht und verloren.

Dawson City, nur 150 Meilen südlich des Polarkreises gelegen, hieß schnell ›das Paris des Nordens‹: mit Hotels, Theatern, Tanzhallen und Bars, Kirchen und Hospitälern Seite an Seite mit Blockhütten und Lagerhäusern. Die Bevölkerung war ein buntes Gemisch von Goldgräbern, Ärzten, Tanzmädchen, Pfarrern und schillernden Persönlichkeiten wie Diamond Tooth Gertie, Klondike Kate oder auch Jack London. Jeden Sommer kamen Raddampfer Tausende von Meilen den Yukon herauf und brachten französischen Wein, Bücher, Kleider nach der neuesten Mode, Pianos und Goldgräberausrüstungen.

Danach ging es abwärts. Große Firmen kauften die einzelnen *Claims* auf, um sie in großem Stil auszubeuten. Die Meute der Goldsucher zog weiter nach Alaska. 1906 wühlten bereits vier große Schaufelradbagger im Grund der Täler am Klondike, um noch mehr Gold auszuwaschen. Um 1940 war Dawson ein Dorf mit weniger als 1000 Einwohnern. 1953 wurde auch die Regierung des Territoriums nach Whitehorse verlegt.

Dawson City verfiel, das Unkraut wuchs hoch zwischen den verrottenden hölzernen Bürgersteigen. Hoch oben vom **Midnight Dome**, dem Berg über der Stadt, ist das Schachbrettmuster der Straßen noch gut zu erkennen. Den Berggipfel erreicht man über die Midnight Dome Road. Ein anderer, ebenso schöner Aussichtspunkt befindet sich beim **Top of the World Golf Course** am anderen Ufer des Yukon River. Man setzt mit der Yukon-Fähre über den Fluss und fährt auf dem Top-of-the-World Highway bis zur Abzweigung zum Golfplatz. Von hier bietet sich ein spektakulärer Panoramablick über die gesamte Stadt mit dem Zusammenfluss von Yukon und Klondike River.

Da ganz Dawson zum historischen Nationalpark erklärt wurde, versucht man die alte Goldgräber-Atmosphäre so gut wie möglich zu erhalten. Erst durch den Tourismus ist der Ort in den letzten Jahren wieder gewachsen. Etwa 1900 Einwohner leben zurzeit ganzjährig in Dawson. Neue Häuser entstehen, alte Gebäude werden instand gesetzt. Einige Bauten aus der Goldrauschzeit wurden von der kanadischen Regierung restauriert und dienen heute als Museen, Geschäfte oder Wohnhäuser. Im kurzen Sommer schwillt die Bevölkerung für einige Monate an, wenn die Saisonarbeiter aus dem Süden kommen, um die vielen Besucher zu versorgen – besonders, wenn am dritten Montag im August während der Discovery Days jener 16. August gefeiert wird, an dem der spektakulärste Goldfund des Jahrhunderts gemacht wurde.

Vieles hat sich geändert am Klondike, aber noch heute gibt es Goldgräber, die die Täler durchwühlen und Tonnen von Schlamm und Geröll auswaschen, um einige Gramm Gold zu gewinnen. Der Yukon ist allerdings nicht mehr die große Verkehrsader, der Verkehr rollt heute über die Highways. Nur am Samstagabend, wenn die modernen Goldsucher von ihren *claims* in die Stadt hereinkommen und sich unter die Touristen mischen, ist es noch wie damals: In den Saloons geht es hoch her, im Casino von ›*Diamond Tooth Gertie's*‹ wird gepokert, auf der Bühne schwingen die Cancan-Girls ihre Beine. Auch das Ambiente längst vergangener Zeiten ist noch zu spüren: Hölzerne Gehsteige begleiten die unbefestigten Straßen. Neben leeren, von Unkraut überwucherten Parzellen, auf denen alte Maschinen und Gerümpel vor sich hinrosten, sinken alte Gebäude mit ihren im harschen Klima ergrauten hölzernen Fassaden langsam in den Permafrostboden. Durch leer gähnende Fenster- und Türöffnungen blitzt das Blau des Himmels.

Der heutige Reisende betritt die Stadt quasi durch die Hintertür (vorne ist das Flussufer). Der Klondike Highway führt ihn auf den letzten Kilometern mitten durch die hohen Schotterhügel, die die überdimensionalen, schwimmenden Goldwaschanlagen im Tal des Klondike River hinterließen.

Rundgang durch den historischen Distrikt

Wo Klondike und Yukon sich vereinigen, biegt die Straße zum Yukon-Ufer ab und geht in die Front Street über. Hier erinnern der Steinbau der **Canadian Imperial Bank of Commerce** 1 und der hoch auf dem Trockenen sitzende Raddampfer **»S.S. Keno«** 2, ein typischer Yukon-Schaufelraddampfer aus der Zeit um 1900, noch an die glorreichen Tage. Das

Bis heute ist Dawson City mit seinen restaurierten Gebäuden eine der interessantesten Städte im Yukon Territorium

Dawson City

8 Klondike Institute of Arts and Culture
9 Harrington's Store
10 Dawson City Museum
11 Minto-Park
12 Rovert Service Cabin
13 Jack London Cabin
14 Bonanza Creek
15 Gold Dredge No. 4
16 Discovery Claim

Übernachten
1 Dawson City B & B
2 Eldorado Hotel
3 Downtown Hotel
4 Dawson City River Hostel/ Tenting
5 Klondike Kate's Cabins
6 Gold Rush Campground
7 Bonanza Gold RV Park & Motel

Essen & Trinken
1 Tintina Bakery

Einkaufen
1 Claim 33
2 Nuggets & Ivory Shop

Aktiv
1 Gold City Tours
2 Trans North Helicopters
3 Dawson Trading Post
4 Ancient Voices Wildernes Camp

Sehenswert
1 Canadian Imperial Bank of Commerce
2 »S.S. Keno«
3 Dänojà Zho Cultural Centre
4 Diamond Tooth Gertie's Saloon
5 Palace Grand Theatre
6 Post Office
7 Commissioner's Residence

Schiff wurde in Whitehorse gebaut, um Erz aus den Abbaugebieten um Mayo zu transportieren. Es bracht seine Fracht auf dem Stewart River zum Yukon, wo man sie in größere Schiffe umlud.

Ein Straßenblock beherbergt ein architektonisch auffallendes Gebäude, das **Dänojà Zho Cultural Centre** 3. Hier werden Ausstellungen zur Kultur der Tr'ondek Hwechn'in First Nation People der Klondike-Region gezeigt: historische Fotos und Filme, Kunst und Kunsthandwerk sowie kulturelle Darbietungen (Tel. 867-993-67 68, www.trondek.ca, Mitte Mai–Mitte Sept. tgl. 10–17 Uhr; $ 5).

Auf der gegenüberliegenden Straßenseite ist in einem rekonstruierten historischen Gebäude das **Dawson City Visitor Reception Centre** untergebracht. Hier sollte man seine Tour durch die Stadt beginnen. Man erhält vom freundlichen Personal nicht nur alle nur denkbaren Informationen sowie gutes Kartenmaterial, allein die attraktive Gestaltung des Centers und interessante Ausstellungen lohnen den Besuch. Hier sind auch Admission Coupons für Dawsons Sehenswürdigkeiten erhältlich (Front St./King St., Dawson City, Tel. 867-993-55 66).

Hinter den farbenfrohen Fassaden der originalgetreu restaurierten Häuser finden sich Geschäfte und Hotels, Werkstätten, ein Theater und Kneipen; eine der schönsten Fassaden gehört zu **Diamond Tooth Gertie's Saloon** 4. Das **Palace Grand Theatre** 5 wurde an der King Street genau so rekonstruiert, wie es Arizona Charley Meadows 1899 erbaut hatte, unter Verwendung des Holzes von zwei stillgegelten Schaufelraddampfern. Auf der Bühne erinnert im Sommer jeden Abend die Show der ›Gaslight Follies‹ an die große Zeit der Stadt.

Schräg gegenüber vom Palace Grand, an der Ecke von King Street und 3rd Avenue, steht das 1902 erbaute **Post Office** 6, das auch heute noch in Betrieb ist. Es ist ein hervorragendes Beispiel für Kanadas viktorianische Architektur des ausgehenden 19. Jhs., genauso wie die alte **Commissioner's Residence** 7. Das sorgsam restaurierte Gebäude war von 1900 bis 1916 Sitz des Commissioner of the Yukon, des obersten Regierungsvertreters. Personal in historischen Kostümen führt durch das Anwesen ($ 7,50)

Aber nicht nur von außen gibt es etwas zu sehen: An der Princess St./2nd Avenue zeigt das **Klondike Institute of Arts and Culture** 8 Kunstausstellungen und Aufführungen (Tel. 867-993-50 05, www.kiac.org). Im historischen **Harrington's Store** 9 an der Ecke 3rd Avenue/Princess Street illustriert eine Fotoausstellung die frühen Tage der Stadt. Die beste Sammlung zur Geschichte des Goldrausches aber zeigt das **Dawson City Museum** 10 im alten Gebäude der Territorialregierung. Dia-Shows und historische Filmaufnahmen aus den Goldgräbertagen runden die reichhaltigen Ausstellungen ab (5th Ave./Church St., Tel. 867-993-52 91, www.dawsonmuseum.ca, im Sommer 10–18 Uhr; $ 9,45). Nebenan im **Minto-Park** 11 stehen alte Lokomotiven der Eisenbahnlinie, mit der man für wenige Jahre Dawson und die Goldfelder erreichen konnte.

Am Ortsrand erinnert die **Robert Service Cabin** 12 an den berühmten Dichter, im Norden noch immer als ›Barde des Yukon‹ verehrt (8th Ave./Church St., Tel. 867-993-72 00, Juni–Mitte Sept. tgl. 10–12 und 13–16.30 Uhr, Dichterlesungen 10 und 15 Uhr; $ 8, Kinder $ 4,50). Gleich nebenan steht die **Jack London Cabin** 13, die rekonstruierte Hütte des noch berühmteren Schriftstellers (Tel. 867-993-55 75, Mai–Mitte Sept.; $ 2).

Die historischen Goldfelder liegen etwas außerhalb von Dawson und können in einem halbtägigen Ausflug besucht werden. Nur wenige Kilometer stromaufwärts am Klondike River zweigt eine Schotterstraße, die Bonanza Creek Road, nach Süden hin ab und folgt dem Verlauf des berühmten **Bonanza Creek** 14. Riesige Schotterhalden, die *Tailings,* säumen das schmale Rinnsal kilometerweit ins Hinterland. Hier und dort sieht man noch heute moderne Goldgräber, die sich mit Baggern oder Hochdruck-Wasserstrahlern in die Berghänge buddeln.

Mehrere kleine Unternehmen entlang der Straße wie etwa der **Claim 33** bieten Goldwaschen für Besucher an. Der Erfolg ist garantiert, krummer Rücken inklusive. Etwas weiter liegt die riesige, heute zum Museum restaurierte **Gold Dredge No. 4** 15, einer der gewaltigen Schaufelradbagger, die nach 1900 im großen Stil die Bachtäler am Klondike durchwühlten, um auch noch jedes kleine Fitzelchen Gold herauszuwaschen. Gleich danach erreicht man dann den **Discovery Claim** 16, den ältesten *Claim* der Region, wo einst George Carmack und seine Freunde das erste Gold entdeckten.

Alle Wege in Dawson führen früher oder später zu Gertie's, denn hier geht es immer noch hoch her. **Diamond Tooth Gertie's Gambling Hall and Saloon** war über Jahrzehnte das einzige legale Spielkasino Kanadas. Während auf der Bühne Cancan-Girls die Röcke schwingen und ein Klavierspieler für Untermalung sorgt, drängen sich an den Roulette- und Blackjack-Tischen stoppelbärtige *Placer Miners* neben Indianern und Touristen. Gertie's ist der informelle Treff- und Sammelpunkt der ganzen Gegend. Über das Klappern der Roulettekugeln, die gedämpft klingenden Ansagen der Blackjack-Dealer und das Geklimpere des Pianisten tönt von den Tischen der Bar von Zeit zu Zeit ein dröhnendes Lachen: Dort stecken die Oldtimer die Köpfe zusammen und erzählen sich die schauerlichsten Geschichten (4th/Queen Sts., Tel. 867-993-55 25, Mitte Mai–Mitte Sept. 19–2 Uhr, 4. Juni–4. Sept. von 14–2 Uhr, Shows 20.30, 22.30 und 24 Uhr).

Infos

Dawson City Visitor Reception Centre: Front St./King St, Dawson City, Tel. 867-993-55 66. Informationen und Material über Unterkunft, Aktivitäten und Sehenswürdigkeiten, wechselnde Ausstellungen zur Geschichte von Dawson City.

Klondike Visitors Association: P.O. Box 389, Dawson City, YT Y0B 1G0, Tel. 867-993-55 75, Fax 993-64 15, www.dawsoncity.ca.

Dawson Historical Complex: National Historic Site, Tel. 867-993-72 00, Fax 993-72 03, www.parkscanada.ca. Informationen über die historischen Sehenswürdigkeiten sowie verschiedene geführte Touren: *Dredge* und *Bear Creek Gold Room,* größter Schwimmbagger des Goldrausches und historischer Ladenkomplex, *Harrington's Store,* Fotos und Dokumente aus der Goldgräberzeit in historischem Laden, *Palace Grand Theatre* von 1899, *Robert Service Cabin,* Blockhütte des Yukon-Barden, *S. S. Keno,* einer der letzten Schaufelraddampfer des Yukon, *Commissioner's Residence,* restaurierter Wohnsitz des Commissioner für den Yukon, *1901 Post Office,* heute noch in Betrieb.

Übernachten

Gemütliche Pension ► **Dawson City Bed & Breakfast 1:** 451 Craig St., P.O. Box 954, Dawson City, YT Y0B 1G0, Tel. 867-993-56 49, 1-800-697-65 39, Fax 993-56 48, www.dawsonbb.com. Ruhig gelegenes Quartier, hervorragendes Frühstück, Fahrräder- und Angelrutenverleih. $ 165.

Zentral gelegen ► **Eldorado Hotel 2:** 902 3rd Ave, Dawson, Tel. 867-993-5451, 1-800-764-35 36, www.eldoradohotel.ca. Großzügige Zimmer, teils mit Kitchenette, komfortable Ausstattung. Ab 149 $.

Restauriertes Goldgräberhotel ► **Downtown Hotel 3:** 2nd Ave., Queen St., P.O. Box 780 Dawson, YT Y0B 1G0, Tel. 867-993-53 46, 1-800-661-0514, Fax 993-5076, www.downtownhotel.ca. Historisches Hotel mit Komfort und Atmosphäre, gutes Restaurant und die richtige Stimmung im Sourdough Saloon. $ 135–142.

Gepflegte Holzhütten ► **Dawson City River Hostel/ Tenting 4:** P.O. Box 32, westlich von Dawson City, YT Y0B 1G0, Tel. 867-993-68 23, www.yukonhostels.com. Mit Panoramablick auf Dawson City. Cabins für 2–6 Personen, großer Gemeinschaftsraum, Zeltplatz, Fahrrad- und Kanuvermietung. Deutsche Leitung. Mitte Mai–Anf. Sept., Hostel $ 22, Zimmer $ 46.

Goldrausch-Flair ► **Klondike Kate's Cabins 5:** Rooms & Restaurant: P.O. Box 417, 3rd Ave./King St., Dawson City, YT Y0B 1G0, Tel. 867-993-65 27, Fax 993-60 44. Zimmer und Hütten in authentischer 1898er Goldrausch-Atmosphäre. Lounge, Restaurant mit guter Auswahl, guter Kaffee. April–Sept. 7–23 Uhr. $ 15–30, Hütten $ 125–160.

Camping ► **Gold Rush Campground 6:** P.O. Box 198, Dawson City, YT Y0B 1G0, Tel. 867-993-52 47, Fax 604-467-12 25, www.goldrushcampground.com. Im Ort, Sehenswürdigkeiten sind bequem zu Fuß zu erreichen. $ 19–39.

Motelzimmer & Stellplätze ► **Bonanza Gold RV Park & Motel 7:** Bonanza Creek Rd., südl. von Dawson City, Tel. 867-993-67 89, Fax 993-67 77, 1-888-993-67 89, www.bonanzagold.ca. Nettes Motel mit 45 Zimmern, alle mit Jacuzzi, und Campingplatz mit allen Einrichtungen, Restaurant; Stellplätze $ 15–39, Zimmer $ 119.

Essen & Trinken

Relaxte Atmosphäre ► **Klondike Kate's Restaurant 5:** 3rd Ave./King St., Tel. 867-993-65 27. Populäres Restaurant mit Gold-

aktiv unterwegs

Goldwaschen im Yukon

Tour-Infos

Start: Dawson City
Veranstalter: Goldbottom Tours, Tour Office beim Dawson Trading Post an der Front Street, Tel. 867-993-50 23, Fax 867-993-67 15, www.goldbottom.com.
Saison: 1. Juni–Mitte/Ende Sept.
Kosten: Besichtigung und anschließendes Goldwaschen $ 45; Goldwaschen ohne Tour $ 10–25; Schnupper-Goldwaschen beim Tour Office neben dem Dawson Trading Post $ 6; Übernachtung im Blockhaus inkl. unbegrenztem Goldwaschen ab $ 100 p. P., sonst $ 65, $ 10 für jede weitere Person.

Keine Reise in das legendäre Goldland des Yukon Territory ist komplett, wenn man nicht einmal das Goldwaschen selbst ausprobiert hat. Die Tourismusindustrie trägt dem Rechnung und so kann man vielerorts für ein paar Dollar aus einem mit ›goldhaltigem‹ Sand gefüllten Trog die winzigen Goldflöckchen herauswaschen. In einem kleinen Glasröhrchen lässt sich das Resultat dann mit nach Hause nehmen.

In Dawson City lädt die Goldbottom Mine zur Besichtigung ein, eine noch aktive Placer Goldmine von 1898 am Gold Bottom und Hunker Creek. Im Anschluss an die Tour kann man sein Glück beim Goldwaschen im Bach versuchen – ganz authentisch, mit kalten Füßen und gebeugtem Rücken, wie es die Goldsucher seit eh und je gemacht haben. Gummistiefel, Schaufel und Waschpfanne werden zur Verfügung gestellt und auch eine kurze Einführung in den richtigen Umgang mit der Pfanne gibt es dazu – das erhöht die Aussicht auf Erfolg ungemein.

Während der Führung erfährt man das Wichtigste über den Prozess der heutigen Goldgewinnung im Yukon: das Registrieren eines Claims, Erschließung, Einsatz von Gerät, Schmelzen des goldhaltigen Erzes und den Verkauf von Nuggets und Goldbarren. Neben modernen Methoden der Goldgewinnung werden auch die historischen Techniken der Oldtimer erklärt und gezeigt. Die Goldbottom Mine ist ein Familienbetrieb mit jahrzehntelanger Goldsuchertradition. Heute wird die Mine von Rona, David und Deborah Millar betrieben. In Zeiten steigender Goldpreise ist der Minenbetrieb das Hauptgeschäft, die Einnahmen aus dem Tourismus sind jedoch ein willkommenes Zubrot.

Die 1,5-stündigen Touren finden zweimal täglich statt. Im Anschluss an die Tour kann noch 1 Std. im Creek Gold gewaschen werden (Letzteres ist auch ohne vorherige Tour möglich). Für Besucher mit wenig Zeit, die nur einmal eine Waschpfanne in der Hand halten möchten, besteht die Möglichkeit zum Ausprobieren beim Goldbottom Tour Office nebenan vom Dawson Trading Post.

Wen das Goldfieber aber so richtig gepackt hat und wem ein ganzer Tag nicht reicht, der kann sich in einer der vier rustikal, aber recht gemütlich eingerichteten Blockhütten einquartieren und die langen Yukon-Tage fürs Goldwaschen nutzen. Die Hütten sind mit einem Holzofen, Gaskocher, Küchenutensilien sowie Bettzeug und Handtüchern ausgestattet, nur Verpflegung muss mitgebracht werden. Eine der Blockhütten ist als Sauna und Dusche eingerichtet worden und als ›stilles Örtchen‹ dient wie in alten Zeiten das Outhouse.

Auch für ernsthaftere Hobby-Goldsucher bieten die Millars ein Programm. Sie haben 69 Claims in den Goldfeldern am Goldbottom und Hunker Creek, die mit einer Mini Sluice, einer kleinen Spezial-Waschanlage im Bachbett, ausgebeutet werden können. Die Kulisse ist großartig, das Goldwaschen ein echtes Abenteuer und was immer an Gold gefunden wird ein zusätzlicher Bonus.

rausch-Atmosphäre, im Sommer auch Essen im (geheizten) Patio, große Auswahl an Sandwiches, Fleisch- u. Fischgerichte. $ 12–25.

Backwaren & Snacks ▶ **Tintina Bakery** 1: 20 km südl. von Dawson City auf dem Hwy. 2, Henderson Corner), Tel. 867-993-55 58. Der Weg zu dieser abgeschiedenen Bäckerei/Restaurant ist gut ausgeschildert; ein guter Stopp, um sich mit leckeren Backwaren oder Snacks einzudecken bzw. sich vor Ort zu stärken. Dinner $ 8–12.

Einkaufen

Yukon-Gold ▶ **Claim 33** 1: km 10 am Bonanza Creek, Dawson City, Tel. 867-993-66 26. Souvenirs und Goldschmuck direkt aus den *claims*; man kann auch selbst Gold waschen. **Nuggets & Ivory Shop** 2: Front/ Queen Sts., Tel. 867-993-54 32, 1-866-260-93 33. Über 100 Jahre altes Geschäft, Gold Nuggets, Goldschmuck und Schnitzwerk aus fossilem Mammut-Elfenbein.

Abends & Nachts

Bar & Spielcasino ▶ **Diamond Tooth Gertie's Saloon & Gambling Hall** 4: 4th Ave./ Queen St., Dawson City, Tel. 867-993-55 75. Black Jack und Roulette mit historischem Ambiente, Shows mit Musik und Can-Can-Tanz. Der erzielte Gewinn fließt dem Erhalt der Sehenswürdigkeiten der Stadt Dawson zu. Anf. Mai–Mitte Sept. tgl. 14–2 Uhr morgens, abends jeweils drei 30-minütige Bühnenshows; $ 10.

Varieté ▶ **Gaslight Follies at the Palace Grand Theatre** 5: King St./3rd. Ave., Dawson City, Tel. 867-993-62 17. Historisches Opernhaus der Goldgräber. Mitte Juni–Mitte Aug. Mo–Do 20.30, Fr–Sa 19 und 21 Uhr, Mitte Mai–Anf. Sept. tgl. 20 Uhr großes Melodrama und Varieté, 15–17 $, Tel. 1-867-993-5575.

Aktiv

Stadttouren & Exkursionen ▶ **Gold City Tours** 1: Front St., gegenüber »S.S. Keno«, Dawson City, Tel. 867-993-51 75, Mo–Fr 9–17.30 Uhr. Sightseeing und geführte Stadttouren, auch Goldwaschen.

Helikopter-Rundflüge ▶ **Trans North Helicopters** 2: P.O. Box 388, Dawson City, YT Y0B 1 G0, Tel. 867-668-21 77, 1-867-993-54 94, Fax 668-34 20, www.tntaheli.com. Hubschrauberflüge über Dawson City und die Tombstone Mountains, auch Heli-Hiking und Heli-Fishing.

Outdoor-Aktivitäten ▶ **Dawson Trading Post** 3: Front St., P.O. Box 889, Dawson City, YT Y0B 1G0, Tel. 867-993-53 16, tgl. 9–19 Uhr. Vermietung von Kanus, Camping-, Angel- und Jagdausrüstung, Touren.

Indianische Kultur ▶ **Ancient Voices Wilderness Camp** 4: 27 km nördlich von Dawson City, P.O. Box 679, Dawson City, YT Y0B 1 G0, Tel. 867-993-56 05, Fax 993-65 32. Camp unter indianischer Leitung mit Unterkunft in Blockhütten und Zelten, Demonstration überlieferter Handwerks- und Kunsttechniken, Lachsgrillen.

Goldwaschen ▶ **Gold Bottom Mine Tour** 3: Front Street Office (Dawson Trading Post), Dawson City, Tel. 867-993-5023, www.goldbottom.com, Anf. Juni–Ende Sept. Besichtigungstour der Goldmine am Hunker Creek mit Gelegenheit zum Goldwaschen (s. Aktiv unterwegs S. 363).

Termine

Annual Dawson City International Gold Show: Ende Mai, Nordamerikas größte Ausstellung für Placer Mining (Tel. 867-993-52 74, www.dawsongoldshow.com).

Yukon River Quest Canoe and Kayak Race: Ende Juni/Anfang Juli, längstes Kanu- und Kajakrennen der Welt, von Whitehorse nach Dawson City (Tel. 867-333-56 28, www.yukonriverquest.com).

Yukon Gold Panning Championships: Anf. Juli, Goldwasch-Wettbewerbe für jedermann (Tel. 867-993-55 75, www.dawsoncity.org).

Discovery Days Festival: Mitte Aug., Erinnerung an den Goldrausch mit historischen Kostümen, Parade und Aufführungen (Tel. 867-993-23 51, www.dawsoncity.org).

Yukon Riverside Arts Festival: Mitte Aug., Ausstellungen am Fluss, Kunstauktionen, Workshops (Tel. 867-993-50 05, www.kiac.org/artsfest).

Von Whitehorse nach Südost-Alaska

Diese kleine Rundreise zählt zu den schönsten Routen in West-Kanada und Alaska. Sie folgt alten Gold Rush- und Indianer-Trails, berührt pittoreske kleine Yukon Towns mit Goldgräbervergangenheit und führt durch eine spektakuläre Gebirgslandschaft mit imposanten Passhöhen, leuchtend blauen Bergseen und reißenden Gletscherflüssen nach Haines und Skagway im Alaska Panhandle.

Haines Highway

Karte: S. 368

Von Whitehorse nach Haines

► 3, P/Q 11–13

Auf dem Weg von Whitehorse nach Haines Junction (etwa 160 km) umgeht der Alaska Highway den Indianerort **Champagne** 1, den man jetzt nur durch einen Abstecher erreicht. Hier fuhr man früher an einem völkerkundlichen ›Leckerbissen‹ vorbei: einem Indianerfriedhof mit farbig bemalten *Spirit Houses*. In den auf den Gräbern errichteten ›Geisterhäuschen‹ sollen die Seelen der Verstorbenen eine Bleibe finden. Die Indianer möchten nicht, dass der Friedhof betreten wird, was auf jeden Fall zu respektieren ist.

Von **Haines Junction** 2 (s. S. 355) führt der Haines Highway durch den **Kluane National Park** und am Dezadeash und Kathleen Lake vorbei. Erbaut wurde diese landschaftlich außerordentlich reizvolle Bergstraße aber aus ganz anderen Gründen: Man wollte 1943 eine Nachschub-Verbindung vom Pazifikhafen Haines zum Alaska Highway herstellen. Vorher existierte nur ein mehr oder minder unzugänglicher Handelspfad der Chilkat-Indianer, die Fischöl über die Küstenberge zu den Indianerstämmen im Landesinneren brachten, um dort Felle einzutauschen. Ende der 1890er-Jahre machte der Yukon-Oldtimer Jack Dalton daraus einen Trail, der sich auch für Packpferde eignete – und kassierte für die Benutzung der 490 km die damals stolze Summe von $ 150. Bewaffnete Männer sorgten dafür, dass auch jeder Goldsucher den Wegezoll bezahlte. Die meisten zogen deshalb den mühsameren, aber billigeren Weg über Skagway vor.

Noch bis in die 1980er-Jahre hinein war der Haines Highway eine Pionierstraße, geschottert, staubig und mitunter abenteuerlich zu fahren. Heute jedoch führt er als breites glattes Asphaltband durch die Landschaft und nur schlechtes Wetter, Schnee und Nebel können in den Küstenbergen manchmal auch im Sommer das Fahren erschweren. Bei schlechtem Wetter ist es ratsam, sich in Haines Junction über die Straßenverhältnisse zu informieren (oder telefonisch unter 867-456-76 23).

Für die Fahrt sollte man sich in jedem Fall den ganzen Tag für die Strecke reservieren, denn zahlreiche Aussichtspunkte laden zum Verweilen ein und das Panorama ist einfach überwältigend: dunkelgrüne Wälder, mit rosa Weidenröschen übersäte Hänge und im Hintergrund die imposanten, mit Eis und Schnee bedeckten Berggipfel, von denen Wasserfälle ins Tal rauschen. Besonders schön ist der Haines Highway im Frühherbst, wenn der Indian Summer die Espen und Ebereschen goldgelb und rot leuchten lässt. Am **Chilkat Pass** 3 ist mit 1065 m die höchste Stelle des Highways erreicht. Hier hat man das grandiose Panorama der vergletscherten Takhinsha Mountains vor sich.

Nach der Passhöhe folgt der Highway dem Klehini River und dem breiter werdenden Tal des Chilkat River, dem berühmten Winterplatz der Weißkopfseeadler. Die meisten Reisenden werden zwar die Region im Sommer besuchen wollen, doch hat auch der Winter hier ein ganz besonderes Erlebnis zu bieten: In der Zeit vom späten Oktober bis Januar versammeln sich in der **Chilkat Bald Eagle Preserve** 4, knapp 30 km nördlich von Haines, Tausende von Weißkopfseeadlern. Ein beeindruckendes Bild: Auf den Sandbänken und Bäumen zu beiden Seiten des Chilkat-Flusses warten die Adler auf die späten Lachsschwärme, die zum Laichen den Fluss hinaufziehen. Vom Haines Highway, der durch das 20 000 ha große Naturschutzgebiet führt, kann man die majestätischen Vögel beobachten, wie sie immer wieder ins Wasser stürzen und mit einem zappelnden Fisch in den Fängen zu ihrem Warteplatz zurückkehren. Doch auch im Sommer kann man immer noch viele Weißkopfseeadler beobachten, z. B. auf einer gemütlichen Floßfahrt auf dem Chilkat River.

Haines ► 3, Q 13

Der malerische Fischerort **Haines** 5 mit der imposanten Bergkulisse im Hintergrund begann 1881 als Missionsstation. Zuvor hatten John Muir und der presbyterianische Missionar Samuel Young gemeinsam eine Erkundungsreise in die Region unternommen. Man fand das Gebiet, in dem sich seit langem Siedlungen der Chilkat- und Chilkoot-Tlingit befanden, als für die Missionsarbeit bestens geeignet. Von den ehemals fünf Indianerdörfern ist heute nur noch Klukwan am Chilkat River mit etwa 130 Bewohnern übrig geblieben. Aus dem traditionellen Dorf kamen Meisterschnitzer und die Weber der berühmten Chilkat-Decken aus der feinen Wolle von Bergziegen. Heute lebt der 1800-Einwohner-Ort hauptsächlich vom Fischfang und vom Tourismus.

Im Süden von Haines liegt **Fort William H. Seward**, das von der US-Army kurz nach 1900 erbaut und 1978 in ein National Historic Landmark umgewandelt wurde. In den gut erhaltenen Gebäuden leben und arbeiten jetzt Künstler, Kunsthandwerk wird verkauft, und im ehemaligen Offiziersheim, dem jetzigen **Halsingland Hotel**, kann man stilvoll übernachten und speisen.

Im **Alaska Indian Arts Workshop** wird das traditionelle Kunsthandwerk der Tlingit gepflegt. Der Besucher ist herzlich eingeladen, den Totempfahl-Schnitzern bei der Arbeit zuzusehen. Von ihnen stammt auch das **Totem Village Tribal House,** ein schön verziertes Stammeshaus auf dem Paradeplatz des Forts (Fort William H. Seward, Tel. 907-766-21 60, www. alaskaindianarts.com, Mo–Fr 9–17 Uhr, auch Workshops).

Sehenswert ist weiterhin das **Sheldon Museum and Cultural Center** mit einer faszinierenden Sammlung von Kunst- und Gebrauchsgegenständen der Tlingit. Es zeigt auch einige der seltenen *Chilkat*-Decken mit ihren dekorativen Mustern. Daneben gibt es Memorabilien aus der Goldrausch-Zeit zu sehen und im Museumsladen kann man nette Souvenirs kaufen (Main St./1st Ave., Haines, Tel. 907-766-23 66, www.sheldonmuseum.org, im Sommer Mo–Fr 10–17, Sa/So 13–16, sonst Mo–Sa 13–16 Uhr; $ 5).

Der **Lookout Park** in der Nähe des Hafens ist ein ideales Fleckchen für ein Picknick. Von hier bietet sich ein schöner Blick über den Lynn Canal und die ein- und auslaufenden Fischerboote. Hinter dem Park befindet sich ein Pionierfriedhof mit Gräbern aus dem 19. Jh. Die Uferstraße führt vorbei an verfallenden Fischkuttern und einsamen Buchten. Ein schöner Ausflug führt auf der Lutuk Road zum 16 km nördlich von Haines gelegenen **Chilkoot Lake**.

Zu einem Haines-Besuch gehört unbedingt eine Floßtour auf dem Chilkat River durch die **Bald Eagle Preserve** (s. links). Auf der vierstündigen Exkursion kann man mit etwas Glück Weißkopfseeadler beobachten. Wenn nicht, bleibt immer noch der Spaß auf dem Wasser und das großartige Panorama der schneebedeckten Chilkat Mountains. Auch auf dem **Chilkoot Lake** werden Sight-

Die Chilkat Dancers präsentieren sich in traditionellen, farbenfrohen Kostümen

seeing- und Angeltouren angeboten und man kann Weißkopfseeadler und Bären sehen. Im **Bald Eagle Interpretive Center** (Natural History Museum & Live Raptor Center) in Haines kann man sich über den Weißkopfseeadler und sein Habitat informieren (Haines Highway/Ecke 2nd Ave., Tel. 907-766-30 94, www.baldeagles.org, im Sommer Mo–Fr 9–18, Sa/So 13–16, im Winter Mo, Mi und Fr 13–16 Uhr, $ 5).

In **Klukwan,** einem kleinen Tlingit-Dorf mit rund 150 Einwohnern am Ufer des Chilkat River, mitten in der Bald Eagle Preserve, hat der Chilkat Clan ein Kulturzentrum mit dem Nachbau eines traditionellen Langhauses errichtet, das **Jilkaat Kwaan Cultural Center.** Hier erfährt man Interessantes über die uralte Kultur der Tlingit, kann beim Lachsfang dabei sein, Weißkopfseeadler beobachten, zuschauen wie Masken und Totems geschnitzt werden und auch wieder die Chilkat Dancers erleben. Ihre Aufführungen im Totem Village Tribal House, einst die Hauptattraktion des Forts, wurden vor einigen Jahren eingestellt. Nun treten die Tänzer, die in farbenprächtigen, traditionellen Kostümen mit ihren rituellen Tänzen die Mythen und Legenden der Tlingit interpretieren, in Klukwan auf.

Im Halbtagesprogramm des Kulturzentrums ($ 125) ist auch ein *Salmon Dinner* (Lachs-Menü) inbegriffen. Ein Museum befindet sich im Bau, das bis spätestens 2013 eröffnet werden soll. Dann können die mehrere Jahrhunderte alten, kostbaren Originale – To-

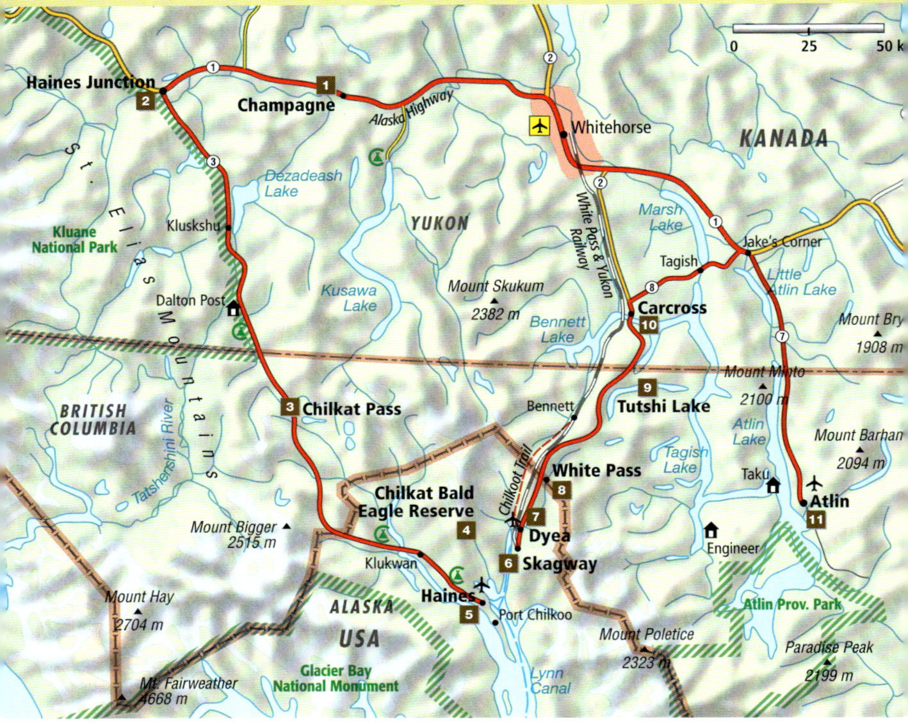

tems, Masken, gewebte Chilkat-Decken, Gemälde und andere Kunstwerke – besichtigt werden, die zu den berühmtesten der Westküste gehören (Chilkat Indian Village, Haines Highway, 35 km nördlich von Haines, Tel. 907-767-40 00, 907-767-55 05, 1-800-443-51 90, www.chilkatindianvillage.org, www.visitklukwan.com).

Von Haines aus verkehrt eine Autofähre des Alaska Marine Highway nach **Skagway.** Beide Orte bieten sich auch als Anlaufpunkte im Rahmen einer Fährfahrt durch die **Inside Passage** an (detaillierte Beschreibung s. S. 460). Haines und Skagway sind zudem durch eine Passagierfähre miteinander verbunden, die »Fast Ferry«, die zweimal täglich (Di, Mi und Do auch häufiger) die 45-minütige Überfahrt unternimmt. Auf dem Landweg beträgt die Entfernung zwischen den beiden Orte mehr als 560 km.

Infos

Visitor Center: 2nd/Ecke Willard Sts., P.O. Box 530, Haines, AK 99827, Tel. 907-766-22 34, 1-800-458-35 79, Fax 766-31 55, www.haines.ak.us. Mitte Mai–Mitte Sept. Mo–Sa 10–17 Uhr.

Übernachten

Viktorianisches Flair ▶ Hotel Hälsingland: P.O. Box 1649, Haines, AK 99827, Tel. 907-766-20 00, 1-800-542-63 63, Fax 766-20 60, www.hotelhalsingland.com. Historisches Hotel im Fort William H. Seward; viel Atmosphäre, schöne Lage. Das Restaurant ist auf frische Meeresfrüchte spezialisiert und sehr zu empfehlen. Buffet im alten Offizierskasino des Forts, Lachs-Grillen im Totem Village. Zimmer $ 79–119, Restaurant ab $ 22.

B & B in schöner Lage ▶ The Summer Inn: P.O. Box 1198, 117 2nd Ave., Haines, AK

99827, Tel./Fax 907-766-29 70. Freundliches B & B in historischem Gebäude, schöner Blick auf den Lynn Canal. Ab $ 90.

Rustikale Hütten ▶ Bear Creek Cabins & International Hostel: P.O. Box 908, Haines, AK 99827, Tel./Fax 907-766-22 59. Einfache, aber gepflegte Unterkünfte in schöner Lage. Hostel ab $ 20, Cabins ab $ 68.

Camping ▶ Port Chilkoot Camper Park: 123 Mud Bay Rd., Haines, AK 99827, Tel. 907-766-20 00, 1-800-542-63 63. $ 25.

Essen & Trinken

Seafood mit Hafenblick ▶ Lighthouse Restaurant: 2 Front St., Haines, Tel. 907-766-24 42. Dinieren mit Blick über Lynn Canal und Bootshafen. Leckere Meeresfrüchte, Steaks und Salate. $ 17–23.

Nettes Ambiente ▶ Fireweed Restaurant: Blacksmith Rd., Historical Building 37, Tel. 907-766-38 38. Leckere Vorspeisen, Spezialität Pizza, Fisch und Salate, auch zum Draußensitzen. Große Pizza $ 25.

Aktiv

Bootstouren ▶ Chilkat Cruises & Tours: 142 Beach Rd., Haines, Tel. 907-766-21 00, 1-888-766-21 03, Fax 766-21 01, www.haines tours.com. Exkursionen zur Chilkat Bald Eagle Preserve. **Chilkoot Lake Tours:** 1069 Haines Hwy., Tel. 907-766-28 91, 1-800 354-60 09, www.alaskaeagletours.com. Zwei Touren täglich, Mai–Anf. Sept. Sightseeing $ 85, Angeltour $ 100.

Naturexkursionen ▶ Chilkat Bald Eagle Preserve Float Trip: P.O. Box 170, 170 Sawmill Rd., Haines, AK 99827, Tel. 907-766-24 91, Fax 766-24 09, 1-888-292-77 89, www.raftalaska.com. Flussfahrten durch das Weißkopfseeadler-Schutzgebiet am Chilkat River; Kajak- und Backpack-Exkursionen im Glacier Bay National Park. **Alaska Nature Tours:** 109 2nd Ave., Haines, Tel. 907-766-28 76, Fax 907-766-28 44, www.alaskanaturetours.net. Valley of the Eagles Tour: Beobachtung von Weißkopfseeadlern (und häufig auch von Grizzlys) am Chilkoot River (4,5 Std., $ 85), von Skagway aus kann die Tour mit einer Fahrt mit der Fast Ferry verbunden werden (6 Std., $ 140), unterschiedliche Wanderungen im Chilkat Valley (3–8 Std., $ 85–130).

Verkehr

Chilkat Cruises: Haines, Tel. 907-766-21 00, 1-800-642-63 63, www.hainestours.com. Täglicher Passagierservice mit der »M.V. Fairweather« nach Skagway. 35 Min.

Alaska Marine Highway: Haines Ferry Terminal, Tel. 907-766-21 11, 1-800-642-00 66, www.ferryalaska.com.

Fast Ferry: 142 Beach Rd. (Shuttle Dock & Terminal), Haines, Tel. 907-766-21 00, 1-888-766-21 03, www.hainesskagwayfastferry.com. Kleine Passagierfähre, die mehrmals täglich zwischen Haines und Skagway verkehrt (Fahrtdauer 45 Min., einfache Fahrt $ 35, bis 12 Jahre $ 18, Hin- und Rückfahrt $ 68, bis 12 Jahre $ 34).

Skagway ▶ 3, Q 12

Karte: links

Skagway 6 war einst Tor zu den Goldfeldern des Klondike, heute ist der Ort der nördlichste Hafen der Inside Passage. Die gut erhaltenen Westernfassaden, hölzernen Bürgersteige, Hotels und Saloons erinnern an die turbulenten Tage des Jahres 1897, als Skagway innerhalb von vier Monaten von 2000 auf über 20 000 Einwohner anwuchs. In wenigen Wochen strömten mehr als 40 000 Goldsucher auf dem Weg nach Dawson City durch die Stadt. Noch im August des Jahres 1896, als George Carmack und seine Gefährten das Gold am Klondike fanden, stand in Skagway nur eine einzige Trapperhütte.

Mit Packpferden machten sich die wohlhabenderen der Goldsucher auf den Weg über den White Pass, der angeblich der ›bequemere‹, für Lasttiere geeignete Trail sein sollte. Er war es nicht: Mehrere tausend Pferde und Maultiere und nicht wenige ihrer Führer kamen auf dem schmalen Pfad im zerklüfteten Berggelände ums Leben. Noch heute erinnert die *Dead Horse Gulch*, die ›Schlucht der toten Pferde‹, an die verzweifelten Goldsucher. So blieb der steile, aber nicht so gefährliche Weg von **Dyea** **7**, heute eine *Ghost Town,* über den Chilkoot Pass, die Hauptroute für Zehntausende schwer beladener Goldgräber, die den mühsamen Aufstieg sogar bis zu 40-mal machen mussten, da die Northwest Police im Yukon nur Goldsucher ins Territorium ließ, die für mindestens ein Jahr Vorräte mitbrachten.

In Skagway leben das Jahr über etwa 800 Menschen. Aber mit der Ruhe und Beschaulichkeit ist es schon seit Längerem vorbei. Heute ankern von Mai bis September täglich bis zu sechs Kreuzfahrtschiffe im Hafen und dann sind bis zu 12 000 Touristen im Ort unterwegs. An den Wochenenden ist es erheblich ruhiger, denn dann legen keine oder nur wenige Schiffe an. Auch abends sind die meisten Touristen wieder an Bord, da die Schiffe nicht über Nacht im Hafen bleiben – dann wird es auch im legendären »Red Onion Saloon« wieder gemütlicher. Weil Skagway nicht allzu viele Hotels besitzt, sollte man sein Zimmer unbedingt vorab reservieren.

Praktisch die gesamte Downtown von Skagway ist Teil des **Klondike Gold Rush National Historical Park**, zu dem auch noch der **Chilkoot Trail** (s. S. 375) und der White Pass gehören.

Zur Erinnerung an die große Zeit werden in historischen Kostümen Melodramen aufgeführt, die sich vor allem um den Desperado und Barbesitzer Jefferson R. ›Soapy‹ Smith und seine Spießgesellen drehen. Nachdem der berüchtigte Soapy Smith monatelang die Goldgräber ausgeraubt, betrogen und Schutzgelder erpresst hatte, wehrten sich die Bürger. Es kam zum *Shoot Uut* zwischen Soapy und dem Stadtvermesser Frank Reid. Bei dem Revolverduell blieben beide auf der Strecke. Ihre letzten Ruhestätten kann man im alten Goldgräberfriedhof neben denen von Goldgräbern und Pionieren finden. Der **Gold Rush Cemetary** ist auf einer gemütlichen Wanderung, die auch landschaftlich ganz reizvoll ist, etwa 2,5 km nördlich vom Stadtzentrum zu erreichen.

Auf keinen Fall sollte man einen Besuch des **Trail of '98 Museum & Archives** in der 7th Avenue versäumen. Das Pionier- und Goldgräbermuseum ist im 2. Stock des ältesten Steingebäudes in Alaska untergebracht – damals war es das Gerichtsgebäude, heute dient es als Rathaus. Neben einem Kriegskanu und anderen Gebrauchsgegenständen der Tlingit sowie Exponaten aus der Goldgräberzeit sind hier auch persönliche Gegenstände des Bösewichts ›Soapy‹ Smith zu besichtigen. In alten Ausgaben der »Skagway News« kann man Interessantes aus der gesetzlosen Zeit des Ortes nachlesen (7th Ave., Tel. 907-983-24 20, im Sommer Mo–Fr 9–17, Sa 10–17, So 10–16 Uhr; $ 2).

Sehenswert und kurios ist die aus über 20 000 Treibholzstangen errichtete Fassade der **Arctic Brotherhood Hall**. Im Jahr 1898 als Gemeinschaftshalle der Goldgräber errichtet, ist hier heute das Visitor Bureau untergebracht.

Im ältesten Hotel Alaskas, dem **Golden North Hotel**, konnte man bis 2002 im Stil der Goldgräberzeit logieren; heute werden hier Souvenirs verkauft.

Stilechtes Entertainment, Musik, Billard und Drinks gibt es im historischen **Red Onion Saloon** (Ecke 2nd St./Broadway St., Tel. 907-983-22 22), Melodramen erlebt man im ›The Days of '98 Theater‹ in der **Eagles Hall**.

Infos

Skagway Convention & Visitors Bureau: Arctic Brotherhood Hall, 2nd und Broadway St., P.O. Box 1029, Skagway AK 99840, Tel. 907-983-28 54, 1-888-762-18 98, Fax 983-38 54, www.skagway.org. Anf. Mai–Ende Sept. 8–18 Uhr, sonst 8–17 Uhr.

Klondike Goldrush National Historic Park Visitor Center: 2nd Ave. und Broadway St. (im restaurierten Railway Depot), P.O. Box 517, Skagway AK 99840, Tel. 907-983-29 21. Ausstellungen und Filme zu Skagways Geschichte und Informationen über den Chilkoot Trail. Im Sommer tgl. 7.30–19, sonst 8–17 Uhr. Rundgänge um 9, 10, 11, 14 und 15 Uhr.

Übernachten

Stilvolles B & B ▶ At the White House: Ecke Main und 8th St., Skagway, P.O. Box 514, AK 99840–0041, Tel. 907-983-90 00,

Fax 983-90 10, www.atthewhitehouse.com. Stilvolles B & B in einem wiederaufgebauten historischen Gebäude. Ab $ 135.

Historisches Gasthaus ▶ **Skagway Historic Inn:** 7th Ave./Broadway St., P.O. Box 500, Skagway, AK 99840, Tel. 907-983-22 89, 1-888-752-49 29, Fax 983-27 13, www.skagway inn.com. Schön restauriertes historisches Gasthaus aus der Goldgräberzeit, 1897 als Saloon gebaut; Nichtraucher; gutes Restaurant, Spezialität: Meeresfrüchte. Restaurant ab $ 12, Zimmer ab $ 99.

Budgetunterkunft ▶ **Skagway Home Hostel:** 3rd Ave. (Nähe Main St.), P.O. Box 231, Skagway, AK 99840, Tel. 907-983-21 31, 1-888-752-49 29, www.skagwayhostel.com. Getrennte Schlafräume für Männer und Frauen, Einzel- und Doppelzimmer in historischem Haus, freundliche Atmosphäre, Waschmaschinen, Fahrräder, keine Kreditkarten. Hostel $ 15–20, Zimmer $ 50.

Camping ▶ **Skagway Mountain View RV Park:** 12th und Broadway, Skagway, Tel. 907-983-33 33, 1-888-778-77 00. www.alaskarv.com. Zelt $ 26, RV-Stellplatz $ 26–47 $. **Pullen Creek RV & Camping Parks:** Pullen Creek, Skagway, Tel. 907-983-27 68, 1-800-936-37 31. Nicht weit vom Fähranleger und vom Bootshafen. Ab $ 25.

Essen & Trinken

Goldrausch-Atmosphäre ▶ **Red Onion Saloon:** Broadway St., Skagway, AK, Tel. 907-983-22 22. Drinks, Sandwiches, Musik und Billard im historischen Saloon (auf dem Boden wird Sägemehl ausgestreut), Restaurant nebenan.

Einkaufen

Kunsthandwerk ▶ **Corringston's Alaska Ivory Company:** Broadway St. zwischen 5th und Broadway, Skagway, AK, Tel. 907-983-25 79, 1-888-222-18 98. Schnitzereien aus Jade, Speckstein und Walross-Elfenbein in großer Auswahl, schöne Ausstellung historischer Stücke.

Literatur ▶ **Skagway News Depot & Books:** 264 Broadway, Skagway, Tel. 907-983-33 54, Fax 983-23 56, www.skagway books.com. Hervorragende Auswahl an Büchern über Alaska und Yukon, Klondike Goldrush und Chilkoot Trail.

Abends & Nachts

Vaudeville-Theater ▶ **The Days of '98 Show:** Eagles Hall, 6th Ave./Broadway St., Skagway, Tel. 907-983-25 45. ›Soapy Smith‹ Vaudeville-Show. Mitte Mai–Ende Sept. tgl. 10.30, 12.30, 14.30 und 20 Uhr. $ 16.

Aktiv

Eisenbahnfahrt ▶ **White Pass & Yukon Railroad Route:** 231 2nd Ave., Skagway, AK 99840, Tel. 907-983-22 17, 1-800-343-73 73, www.whitepassrailroad.com (s. unten).

Tipp: Bahnfahrt auf der White Pass & Yukon Route

Von Skagway kann man heute den Spuren der Klondike-Abenteurer auf bequemere Art folgen. Entlang des alten Goldsuchertrails führt **die White Pass & Yukon Route** von Skagway zur Station Fraser in British Columbia durch eine der schönsten und wildesten Berglandschaften Nordamerikas. Die Fahrt mit der historischen Eisenbahn über den White Pass ist ein einmaliges Erlebnis.

Angeboten wird ein täglicher Service zwischen Skagway und Fraser, British Columbia, dreistündige Fahrten zur Passhöhe und zurück, achtstündige Exkursionen mit der Dampflok zum Lake Bennett, Exkursionen nach Carcross und eine Kombination von Eisenbahn und Bus von Skagway nach Whitehorse. Chilkoot Trail Trekker fahren nach der Wanderung über den Chilkoot Pass mit der Bahn von Lake Bennett nach Skagway oder per Bus nach Whitehorse.

White Pass & Yukon Railroad Route: P.O. Box 435, Skagway, AK 99840, Tel. 907-983-22 17, 1-800-343-73 73, www.whitepass railroad.com. Anf. Mai–Ende Sept. tgl. Fahrten, 3 Std. Rundfahrt zum White Pass, 8 Std. Rundfahrt zum Lake Bennett, Eisenbahn-/ Bustouren nach Whitehorse. Ab $ 119.

Stadttouren per Bus ▶ Skagway Street Car Co.: 270 2nd St., Tel. 907-983-29 08. Skagway-Rundfahrt in alten Tourbussen – vom Landeplatz der Goldgräber bis zum Pionierfriedhof.
Helikopter-Rundflüge ▶ Temsco Helicopters: 901 S. Terminal Way, Tel.907-983-29 00, 1-866-683-29 00. Kombinierte Helicopter-Hundeschlitten-Touren, Gletscherflüge, Gletscher-Heli-Hiking, Charterflüge.
Naturexkursionen ▶ Alaska Nature Tours: 109 2nd Ave., Haines, Tel. 907-766-28 76, Fax 907-766-28 44, www.alaskanaturetours.net (s. S. 369). Die in Haines ansässige Firma bietet auch Exkursionen in das Chilkat Valley von Skagway aus an. Die Fahrt an den Ufern des Taya Inlet und des Lynn Canal entlang ist landschaftlich sehr reizvoll (ab $ 148).

Verkehr

Alaska Marine Highway: Skagway Ferry Terminal, Halibut Point, Mile 7, Tel. 907-983-29 41, 1-800-642-00 66, www.ferryalaska.com.
Fast Ferry: Skagway (Boat Harbour), Tel. 907-766-21 00, 1-888-766-21 03, www.hainesskagwayfastferry.com. Kleine Passagierfähre, die mehrmals täglich zwischen Skagway und Haines verkehrt (Fahrtdauer 45 Min., einfache Fahrt $ 35, bis 12 Jahre $ 18, Hin- und Rückfahrt $ 68, bis 12 Jahre $ 34).

Von Skagway zum Yukon Territory ▶ 3, Q 12

Karte: S. 368

Nach Carcross

Von Skagway fährt man auf dem South Klondike Highway durch das Tal des Skagway River in karger Felslandschaft mit gewaltigen Wasserfällen über den 1003 m hohen White Pass und folgt dabei einer alten Goldgräber-Route zum Yukon. Die Landschaft auf dieser Strecke ist ebenso beeindruckend wie auf dem Haines Highway.

Wenige Kilometer hinter Skagway beginnt die Straße ihren steilen Aufstieg und verläuft dabei parallel zur bereits 1900 gebauten historischen White Pass & Yukon-Schmalspurbahn-Strecke, die wie an den Felsen geklebt, hoch über dem gegenüberliegenden Flussufer zu sehen ist. Bis zur Eröffnung der Straße 1981 war die Schiene die einzige Verbindung zwischen Skagway und Whitehorse über den White Pass. Danach wurde der Betrieb jedoch unwirtschaftlich und 1982 eingestellt. Inzwischen befördert der nostalgische Zug Touristen und fährt von Mai bis September täglich von Skagway zum White Pass und wieder zurück (Abfahrten 8.15 und 12.45 Uhr, Di/Mi auch 16.30 Uhr, Fahrtdauer 3 Std.).

Die US-Grenzstation bei Meile 6,8 ist im Sommer 24 Std. geöffnet. Am **White Pass** 8 (1003 m) ist der höchste Punkt des Highways erreicht. Bei Meile 22,7 (km 36,5) muss man dann den kanadischen Grenzbeamten den Pass vorzeigen. Hier wechselt man auch in eine andere Zeitzone, und zwar von der Alaska-Zeit zur Pazifik-Zeit (die Uhr 1 Std. vorstellen). Einige Kilometer weiter ist **Log Cabin** erreicht, eine Chilkoot Trail National Site. 1900 befand sich hier die Zollstation der kanadischen North West Mounted Police. Dann führt der Highway zum leuchtend blauen **Tutshi Lake** 9 und Windy Arm hinunter, bis schließlich Carcross am Lake Bennett erreicht ist. Mehrere Aussichtspunkte bieten schöne Fotomöglichkeiten.

Carcross 10

Der malerische kleine Ort **Carcross**, der früher einmal *Caribou Crossing* hieß, erhielt erst 1978 Straßenanschluss, hat aber seinen verschlafenen Charakter bis heute nicht verloren. Das beweist deutlich das alte Hotel, der General Store oder der Wildwest-Bahnhof, in dem heute das **Yukon Visitor Reception Centre** untergebracht ist (Tel. 867-821-44 31). Der Ort war eine der wichtigsten Stationen der White Pass & Yukon Railroad. In Carcross wechselten Menschen und Güter von der Bahn auf einen der großen Schaufelraddampfer. Einen dieser historischen Sternwheeler, die »S. S. Tutshi«, konnte man noch lange Jahre am Ufer des Lake Bennett besichtigen, bis das Schiff durch ein Feuer zerstört wurde. Das alte WP & YR Depot, **Kool-**

seen Place, wurde restauriert. Hier zeigt man heute historische Fotos der Eisenbahngesellschaft.

Gleich hinter km 108 verweist ein Schild auf die **Carcross Desert**, die ›kleinste Wüste der Welt‹. Über knapp 2 km erstrecken sich die Sanddünen östlich vom Highway. Den Sand hinterließ die letzte Eiszeit, und die starken Winde vom Lake Bennett lassen nur eine marginale Vegetation zu.

Ein paar hundert Meter weiter gibt es beim **Caribou Crossing Trading Post** frische Backwaren, Snacks und örtliches Kunsthandwerk zu kaufen. Im kleinen **Yukon Museum of Natural History** erklären Ausstellungen die Flora und Fauna des Yukon Territory. In der *Wildlife Gallery* ist neben anderem Yukon-Großwild auch ein riesiger ausgestopfter Eisbär zu sehen – angeblich der größte Bär der Welt.

Dichte Wälder mit blaugrün schimmernden Seen wie dem **Emerald Lake** bei km 117,3 säumen dann die Strecke nach Whitehorse. Auf der Anhöhe gegenüber vom Aussichtspunkt, auf der anderen Seite des Highway, bieten sich die besten Fotomöglichkeiten.

Infos

Yukon Visitor Reception Centre: in der historischen Eisenbahnstation der White Pass & Yukon Route, Tel. 867-821-44 31. Mitte Mai–Mitte Sept. 8–20 Uhr.

Übernachten

Rustikaler Komfort ▶ **Spirit Lake Wilderness Resort:** Box 115, AB Y0B 1B0, km 115,4 S. Klondike Hwy., Tel. 867-821-43 37, 1-866-739-85 66, www.spiritlakeyukon.com. Am Spirit Lake, nahe beim alten Goldgräberort. Reiten, Angeln. 2 Nächte $ 150–165.

Camping ▶ **Carcross Campground:** Nördl. des Flugfeldes. 12 Stellplätze, Picknickmöglichkeiten, Holz für Lagerfeuer, einfache sanitäre Anlagen. $ 12.

Essen & Trinken

Versorgungsstopp ▶ **Caribou Crossing Trading Post:** 3 km nördl. von Carcross, Tel. 867-821-40 55, www.cariboucrossing.ca. Restaurant, frische Backwaren, örtliches Kunsthandwerk, Andenken, gleich nebenan das **Yukon Museum of Natural History** mit Ausstellungen zur Fauna des Yukon. Geöffnet Mitte Mai–Mitte Sept.

Abstecher nach Atlin

▶ 3, Q 12

Karte: S. 368

Fährt man von Carcross auf dem Highway 2 weiter, ist man in etwas mehr als 1 Std. in Whitehorse (75 km). Möchte man jedoch auf dem Alaska Highway in östlicher Richtung weiter fahren oder den (lohnenden) Abstecher nach Atlin machen, dann nimmt man bei km 107 den in nordöstlicher Richtung abzweigenden Highway 8 (Tagish Road) nach Jakes Corner am Alaska Highway. Von dort geht's dann in südlicher Richtung auf der Atlin Road weiter. Insgesamt sind es bis Artlin rund 150 km. Und da der Ort ›am Ende der Straße‹ liegt, muss man die 150 km auch wieder zurück fahren. Der größte Teil der Straße ist geschottert, aber eben und auch für Wohnmobile gut befahrbar. Unterwegs gibt es einige Aussichtspunkte, aber der eigentliche Höhepunkt ist natürlich Atlin und der Atlin Lake.

Der idyllische Goldgräberort **Atlin** 11 liegt am Westufer des kristallklaren, von schneebedeckten Gipfeln umrahmten Atlin Lake inmitten unberührter Bergwildnis. Zwar wird in der Umgebung noch immer nach Gold geschürft, aber der 500-Seelen-Ort ist heute vor allem ein Refugium für Zivilisationsmüde und Künstler. Im Sommer treffen sie sich im **Atlin Centre for the Arts.** Der sich am See entlang erstreckende Ort zeigt ein buntes Gemisch von neueren Häusern im Blockhüttenstil, sorgfältig restaurierten Häusern aus der Pionierzeit und malerischen, in allen Stadien des Verfalls befindlichen Gebäuden, die ein wenig die morbide Atmosphäre einer *Ghost Town* verbreiten.

Der Ort hat ein Hotel, einige Bed & Breakfast Inns, ein Restaurant, einen General Store, ein paar Läden und eine Tankstelle mit Reparatur-Service. Der Campingplatz liegt direkt am See und bietet Ruhe und eine wunderschöne Aussicht. Als Künstlerkolonie hat der Ort auch ein entsprechendes Sommerfest: das Atlin Arts & Music Festival (Anfang/Mitte Juli, www.atlin.net.).

Atlin ist ein **Outdoor-Paradies**. Goldwaschen kann man am Spruce Creek an der Discovery Road. Man braucht sich nur die erforderliche Waschpfanne im Ort zu leihen oder zu zu kaufen ($ 10–20). Touren in die großartige Wildnis des Atlin Provincial Park sind allerdings nur mit Boot oder dem Wasserflugzeug möglich. Man kann sich aber ein Kanu oder Kajak leihen und den See auf eigene Faust erkunden. Für Wanderlustige gibt es zwei schöne Trails an der **Warm Bay Road**, an der neben schönen Aussichtspunkten auch einige Camping- und Picknickplätze liegen. Der 5 km lange Monarch Trail hat ein paar steilere Abschnitte und bietet einen beeindruckenden Panoramablick; kürzer und leichter ist der Beach Trail.

Das gemütliche **Atlin Historical Museum** ist auch zugleich das **Visitor Centre**, beides untergebracht im historischen Schulhaus. Die Ausstellungen beschäftigen sich hauptsächlich mit der Pionier-Vergangenheit des Ortes, also überwiegend aus der Zeit des Gold Rush (Ecke 3rd St./Trainor Ave., Tel. 250-651-75 22, im Sommer 10–16 Uhr; $ 2,50). Daran erinnert auch der **Pioneer Cemetery** mit seinen verwitterten Grabmalen bei km 1,7 an der Discovery Road.

Am Seeufer liegt die **»M.V. Tarahne«**, die 1916 in Atlin von der Whitepass & Yukon Route für den Verkehr auf dem See zwischen Atlin und Scotia Bay gebaut wurde. Sie war das erste Motorschiff der White Pass Flotte. 1936, währen der großen Depression, wurde es stillgelegt. Nachdem das Schiff Jahrzehnte vor sich hin rottete, hat man es in den letzten Jahren liebevoll zu altem Glanz restauriert. Man kann es besichtigen und im Sommer finden auf dem Schiff Veranstaltungen statt.

Infos

Atlin Visitors Association: 3rd St. und Trainor Ave., P.O. Box 365, Atlin, BC V0W 1A0, Tel./Fax 250-651-75 22, 1-877-399-26 65, www.atlinbc.ca, www.discoveratlin.com.

Übernachten

Komfortables Blockhaus ▶ Quilts & Comforts B & B: Lois & Earl Clark, Box 59, Atlin, BC V0W 1A0, Tel. 250-651-00 07, 1-800-836-18 18. Schön eingerichtete Zimmer mit eigenem Eingang, Patio und schöner Garten mit Blick auf die Stadt und den See. Ab $ 85.

Mit Kanuvermietung ▶ Sidka Tours/Glacier View Cabins: Warm Bay Rd., Box 368, Atlin BC V0W 1A0, Tel. 250-651-76 91, www.sidkatours.com. Blockhütten ab $ 80 pro Tag, Kanu und Kajak-Vermietung ab $ 25 pro Tag. Man spricht auch Deutsch.

Camping ▶ Norseman Adventures: Box 184, Atlin BC V0W 1A0, Tel. 250-651-75 35 (Mai–Okt.), 604-823-22 59 (Nov.–April). Angenehmer Campingplatz am See, auch Touren. RV $ 11–16.

Essen & Trinken

Pub im Goldgräberstil ▶ Riffle Room Pub: 1st Street, Tel. 250-651-75 46, tgl. 12–24 Uhr. Schön am See gelegen, beliebter Treff.

Grundversorgung ▶ The Food Basket: 2nd Street, Tel. 250-651-76 76, Lebensmittelgeschäft mit Bäckerei, Sandwiches und Kaffee. **The Trading Post:** Discovery Ave., Tel. 250-651-75 74. Lebensmittelgeschäft, auch alkoholische Getränke.

Aktiv

Charterflüge ▶ Atlin Air Charters: (Chris und Sue Moser) Waterfront Nähe Rant Ave., Atlin, Tel. 250-651-00 25, 250-6 51-78 28, Fax 651-00 35. Rundflüge über Atlin Lake, Llewellyn Glacier und Coast Mountains, zum Taku Valley. Charterflüge nach Whitehorse, Telegraph Creek, Skagway und Juneau.

Outdoor-Abenteuer & Kunstkurse ▶ Atlinart/Atlinquest: Gernot Dick, Atlin, Tel. 250-651-74 52, 1-800-651-88 82, www.atlinquest.com. Geführte Wanderungen, Gletschertouren, Kunstkurse, mehrtägige Abenteuerprogramme.

Termine

Atlin Arts & Music Festival: Anf. Juli. Musik- und Kunstveranstaltungen, Kunsthandwerk, Workshops (www.atlinfestival.ca).

Über den Chilkoot-Pass zum Yukon ► 3, Q 12

Karte: S. 376

Der legendäre Chilkoot Trail führt vom Watt des Lynn-Kanals durch üppiggrünen pazifischen Regenwald und alpine Tundra über den 1074 m hohen Pass zu den türkisfarbenen Bergseen in British Columbia. Liegengelassene Gegenstände der Goldsucher, das Erlebnis einer grandiosen Natur mit tiefen Schluchten, Wasserfällen, Gletschern und Panoramablicken, belohnen die heutigen Abenteurer für ihr Mühe.

Der Chilkoot Trail einst und heute

»Der Dampfer Portland, auf dem Weg von St. Michael, Alaska, nach Seattle, lief heute morgen mit einer Tonne Gold an Bord im Hafen ein« (17. Juli 1897). Diese Schlagzeile auf der Titelseite des »Seattle Intelligencer« löste den größten Goldrausch in der Geschichte Nordamerikas aus. Tausende hörten und lasen die Berichte vom Gold im Rabbit Creek irgendwo im Norden Kanadas, ließen alles stehen und liegen und machten sich auf den Weg nach Norden. Sie kamen zu Fuß und zu Pferd über Land, drangen mit Dampfschiffen über die Bering-Straße den Yukon hinauf an den Klondike vor, oder reisten gar von Europa aus über den Panamakanal an.

Die kürzeste und populärste Route aber führte von Seattle aus per Schiff durch die heute legendäre Inside Passage nach Dyea, dem späteren Skagway, und dann über die Berge zum Lake Bennett oder Lake Lindeman. Von dort waren es noch 600 Meilen über die Seen und den Yukon hinunter bis nach Dawson City und zu den sagenhaften Goldfeldern am Klondike River. Zwei Wege führten über die Berge: von Skagway über den White Pass zum Lake Bennett, genannt ›des reichen Mannes Route‹, weil der Weg für Packtiere begehbar war, und ein alter Handelspfad der Chilkat-Indianer, von Dyea über den Chilkoot-Pass zum Lake Lindeman. Die große Masse der Goldsucher bevorzugte diesen kürzeren Weg.

Tipp: Wanderung auf dem Chilkoot Trail

Die Trailwanderung über den Chilkoot Pass sollte rechtzeitig vorbereitet werden, da dieser einmalige Wanderweg immer beliebter wird und die Nationalpark-Behörden die Wanderaktivitäten mit strikten Vorschriften regulieren. Nur 50 Wanderer werden pro Tag auf den Trail gelassen – aus ökologischen Gründen und um ein Überfüllen der Campingplätze zu vermeiden. Ohne *Permit* darf man also nicht auf den Trail. Pro Tag werden nur 42 Reservierungen angenommen, 8 *Permits* bleiben für *Walk-ins*, um denjenigen, die keine Reservierung mehr erhalten haben, noch eine Chance zu geben. Verlassen sollte man sich aber nicht darauf.

Reservierungen können jedes Jahr ab Anfang Januar telefonisch mit Angabe einer Kreditkartennummer gemacht werden (Tel. 867-667-39 10, 1-800-661-04 86, Mo–Fr 8.30–16.30 Uhr). Für die Reservierung werden $ 12 berechnet, das *Chilkoot Trail Trip Permit* kostet extra: $ 55 für Erwachsene und $ 27,50 für Jugendliche. Die notwendige detaillierte Wanderkarte für den Trail kostet $ 6. Die Permits müssen am Mittag des Vortages im **Chilkoot Trail Centre** (Tel. 907-983-36 55, 8–17 Uhr) in Skagway abgeholt werden (Ausweis vorzeigen), sonst verfällt die Reservierung für die gesamte Wanderung. Da man am Chilkoot Pass die kanadische Grenze überquert, muss man seinen Reisepass dabei haben.

Zur Ausrüstung gehört: warme Kleidung und stabile Wanderschuhe, Regenschutz, Zelt, Schlafsack, Verpflegung und auch ein Coleman Stove zum Kochen.

Wer nicht den ganzen Trail wandern, bzw. nicht auf dem Trail übernachten will, braucht auf der US-Seite kein *Permit*, auf der kanadischen einen Tagespass ($ 10).

Nach Beendigung der Wanderung besteht die Möglichkeit, mit der Eisenbahn nach Skagway zurückzufahren. US-$ 65 kostet die Fahrt mit der White Pass and Yukon Route Railway von Bennett nach Skagway.

Chilkoot-Pass

Unter den 25 000 Menschen – nahezu ausschließlich Männer –, die im Winter 1897/98 über den Chilkoot gingen, war auch ein 21-jähriger Kalifornier, der später seine Erlebnisse am Chilkoot (»Alaska-Kid«) und im Yukon (»Lockruf des Goldes«) aufschrieb: Jack London. Schon im Sommer '98 verließ er den Yukon wieder. Sein *Claim,* Nr. 54 am Henderson Creek, enthielt kein Gold!

Der Trail, über den London und so viele andere Abenteurer zogen und über den Charlie Chaplin seinen berühmten Film »Gold« drehte, ist heute einer der schönsten und beliebtesten Wanderpfade des Nordens. Zum Glück muss man heute die Tour nicht wie die Goldsucher im Winter unternehmen, um rechtzeitig zum Eisaufbruch im Yukon Territory zu sein. Und als Gepäck reicht ein Rucksack mit Zelt und Verpflegung – und nicht Ausrüstung für ein ganzes Jahr. So reduziert sich der gut dreimonatige Treck der alten Goldgräber auf eine anstrengende, aber großartige Wandertour von 4 oder 5 Tagen. Gutes Informations- und Kartenmaterial über die Route erhält man im Visitor Center des **Klondike Gold Rush National Historic Park** in Skagway, oder von **Parks Canada** in Whitehorse.

Der 53 km lange Trail über den Pass wurde mittlerweile unter Denkmalschutz gestellt und ist Teil des Klondike Gold Rush National Historic Park, der gemeinsam von den Parkbehörden der USA und Kanada verwaltet wird. So sorgen heute die Park Ranger dafür, dass die Wanderer gut vorbereitet losziehen und der historische Boden unversehrt bleibt.

Startpunkt ist **Dyea**: Pfostenstümpfe, die sich eine halbe Meile schnurgerade vom Schwemmland des Taya River ins Watt des Lynn-Kanals hinausziehen, vereinzelte Andeutungen von Fundamenten und ein Friedhof im Wald: mehr ist nicht übrig geblieben. Dyea, das Tor zum Chilkoot, hatte sich 1897 innerhalb weniger Wochen vom kleinen indianischen Handelsposten zu einer der größten Städte in Alaska gemausert: 1899, nach Eröffnung der White-Pass-Eisenbahn, geriet es schnell in Vergessenheit, und seine Holzhäuser dienten als Brennholzquelle für die Bewohner des benachbarten Skagway.

Zum Trailhead in Dyea besteht ein Taxi-Service von Skagway. Fährt man selbst, kann man das Auto beim etwa 1 km vom Trailhead entfernten National Parks Service Campground abstellen.

Der Trail beginnt an der Straßenbrücke über den Taya River und steigt auf den ersten 500 m steil an. Er führt durch üppigen Küsten-Regenwald, dichte Bestände von Hemlocktannen, Sitkafichten, Pappeln, Erlen und Espen, die für diesen Küstenstrich am Westhang der Berge typisch sind und in Höhen bis zu 900 m reichen. Im Unterholz gedeihen Moose, Farne, Blaubeeren und der großblättrige und äußerst unangenehme, stachlige *Devil's Club*. Während der Lachswanderungen im Taya River zieht es die Schwarzbären und Grizzlys (die man jedoch eher selten zu sehen bekommt) an den Fluss, und auch die Weißkopfseeadler finden dann reiche Beute.

Nach 2,5 km stößt man auf einen alten Holzfällerweg, der zur Old Sawmill Site, den Resten einer Sägemühle aus den 1940er-Jahren, führt. Nach weiteren 2 km endet der Waldweg bei **Finnegan's Point** und geht in einen Pfad über, der in kräfteraubendem Auf- und Abstieg tiefer in den Wald aus Sitka- und Hemlocktannen hineinführt. Zwischen Granitblöcken hindurch geht es über Wurzeln und Steine hinab zum Ufer des Taya River. Es folgt spärlich bewachsenes Geröll eines alten Bachbettes neben sumpfigen Stellen, Farn und *Devil's Club*. Von Zeit zu Zeit gibt die Wildnis den Blick frei auf die andere Seite des Tals, wo weißblaues Gletschereis tief den Berghang hinunterreicht und zahlreiche Schmelzwasserbäche wie weiße Girlanden den Berg verzieren.

Ab Canyon City

Nahe **Canyon City** steht die erste Schutzhütte entlang des Trails, ein willkommener Unterschlupf für durchnässte Wanderer und zugleich Nachrichtenbörse für Informationen über den Zustand des Weges. Canyon City war vor dem Goldrausch ein Lagerplatz für die Indianer und Prospektoren auf dem Weg ins Innere des Kontinents. Im Sommer 1897 entwickelte sich binnen weniger Wochen am Eingang der zwei Meilen langen und nur 20 m breiten Schlucht des Taya eine große Ansiedlung. Heute führt eine schwankende Hängebrücke aus Holz und Stahlseilen über den Fluss zu den Resten verfallener Blockhütten. Teile eines Kochherds, rostende Kaminrohre und die Ruinen eines Dampfkessels finden sich zwischen Büschen und spärlichen jungen Bäumen.

Der ›höllische‹ Anstieg

Nicht weit hinter der Canyon-City-Brücke beginnt der steile Anstieg zum Canyonrand. Dichter Wald, bemooste Granitfelsen und Reste einer Telegrafenleitung begleiten den Wanderer zum **Pleasant Camp**, dem (feuchten) Lagerplatz am oberen Rand des Canyons. Blauer Himmel und Sonnenschein sind auf der Westseite der Berge auch im Sommer eine Ausnahme.

Bei **Sheep Camp**, einem weiteren Lagerplatz mit Schutzhütte, beginnt der lange Anstieg. 12- bis 18-Grad-Steigung auf den ersten 3 Meilen, dann 25 Grad. Immer wieder muss der mit eiskaltem Schmelzwasser gefüllte Taya durchquert werden. Die Verschnaufpause folgt in einem kleinen Tal zu Füßen des Passes, das als **The Scales**, die Waage, bekannt wurde. Hier rasteten auch die Goldsucher, wogen ihre Lasten, und nahmen die ›Goldene Treppe‹, die letzte zermürbende 45-Grad-Steigung zur Passhöhe, in Angriff.

Knochenreste liegen herum, rostende Wasserkesse , modernde Schuhe und Fetzen von Stoff, Stahlseile und Maschinenteile, Reste von Geschirr, Schaufelblätter und verrottendes Holz. Viele Enttäuschte standen damals hier, blickten hinauf und verkauften voller Verzweiflung ihre Habe, die sie in wochenlanger Schinderei bis hierher geschleppt hatten. Andere ließen einfach alles liegen und gingen, ohne einen Blick zurück, hinunter an die Küste, um in die Zivilisation zurückzukehren.

An den **Scales** beginnt der letzte, der steilste und anstrengendste Anstieg hinauf zum Chilkoot Pass. Im Winter 1897/98 bedeckten Eis und Schnee die Geröllhalde. Auf über 1200 Eisstufen quälte sich damals eine endlose Kette schwer bepackter Gestalten den Hang hinauf. »Eine Kette von Verdammten«, schrieb Jack London. Für jeden einzelnen 20-, 30-mal dieselbe Qual, bis er die vorgeschriebene Tonne Ausrüstung und Lebensmittel endlich zur Passhöhe geschafft hatte. Der Weg ist gesäumt von Requisiten des kollektiven Wahnsinns namens Goldrausch: Stahlseile, Schaufelblätter, Lagerblöcke, Blechdosen und oben, auf einer Hangkante, die Reste einer alten Winde. Erst sieht es so aus, als sei hier die Passhöhe erreicht, aber es ist nur ein Ansatz, hinter dem ein letzter geröllübersäter Steilhang hinauf zur Grenzlinie zwischen Himmel und Berg führt. Ein Steinobelisk erinnert an die *Stampeders,* die den »Vorraum zur Hölle«, wie ihn Jack London nannte, bezwangen. Auf den Felsen darüber liegt eine Anzahl zerlegter Boote aus Holz und Stoff, die Goldrausch-Version unserer heutigen Faltboote. Nach einem letzten Blick zurück nach Alaska, zum Lynn-Kanal und den Küstenbergen mit ihren Gletschern, geht es über ein Schneefeld hinunter zum **Crater Lake**.

Hinab zum Lake Bennett

Der Weg vom Crater Lake hinunter zum Canyon vor dem Long Lake verläuft durch Heide, Moos und blühende Wildblumen zum nächsten Camp, das ganz treffend **›Happy Camp‹** genannt wird. Noch drei anstrengende Meilen den Schotter im Canyon bis hinab zum Camp am **Deep Lake**, dann wird der Pfad bequemer: Er führt hinüber zum Canyon, wo der Moose Creek als Wasserfall den See verlässt, und von dort zwischen Fichten hinunter zu den Rangerhütten am **Lake Lindeman** und weiter auf den Bergrücken über dem See. Die letzten 10 km führen gemütlich durch Wald und Blaubeergebüsch, vorbei an kleinen Seen und einer verfallenen Blockhütte zu einer hölzernen Kirche am Ende des **Lake Bennett.**

Von hier fällt dann der Blick auf den ersten Außenposten der Zivilisation: die **Bennett Station** der ›White Pass and Yukon Route‹-Eisenbahn. Viele Wanderer nehmen den Zug von hier zurück nach Skagway. Alternativ kann man sich auch in Bennett mit einem Motorboot abholen lassen oder von Lake Lindeman nach **Log Cabin** (an der Straße nach Skagway) gehen, um von dort per Bus oder Anhalter weiterzukommen. Vier oder fünf Tage Wildniswanderung sind zu Ende – die Goldgräber von einst mussten nach ihrer Überquerung des Chilkoot Pass noch einige Wochen auf dem eisigen Yukon flussabwärts paddeln, um an ihr Traumziel zu gelangen (s. Tipp S. 375).

Infos

Parks Canada – Yukon: Suite 205, 300 Main Street, Whitehorse, Y. T., Canada, Y1A 2B5, Tel. 867-667-39 10, 1-800-661-04 86, Fax 867-393-67 01, www.parkscanada.ca.

Yukon Tourism: Whitehorse Info Centre, Tel. 867-667-30 84, 1-800-661-04 94, www.travelyukon.com.

US National Park Service: Box 517, Skagway, AK, 99840, Tel. 907-983-29 21, www.nps.gov/klgo. Anf. Mai–Ende Sept. Mo–Fr 7.30–19, Sa/So 8–18 Uhr.

Skagway Tourism: Tel. 1-88-762-18 98, Fax 907-983-38 54, www.skagway.org. Mo–Fr 9–17 Uhr.

White Pass and Yukon Route Railway: 231 2nd Ave., Skagway, Tel. 907-983-22 17, 1-800-343-73 73, www.whitepassrailroad.com.

Übernachten

Camping ▶ **Finnegan's Point:** km 7,9; **Canyon City:** km 12,5; **Pleasant Camp:** km 16,9; **Sheep Camp:** km 18,9; **Happy Camp:** km 33; **Deep Lake:** km 37*; **Lindeman City:** km 41,8; **Bare Loon Lake:** km 46,7*; **Bennett:** km 53,1* (* = Campingplätze ohne Schutzhütte).

Aktiv

Geführte Trekkingtouren ▶ **Nature Tours of Yukon:** P.O. Box 31187, Whitehorse, Yukon, Canada, Y1A 5P7, Tel. 867-667-48 68, www.naturetoursyukon.com. **Canadian Wilderness Travel:** P.O. Box 114, Carmacks, Y0B 1C0, Yukon Territory, Canada, Tel. 867-863 54 04, Fax 867 863 54 05, www.canwild.com.

Von Dawson nach Inuvik

Rund 1470 km muss man auf dieser Schotterstraße zurücklegen. Oft genug meinen es Straße und Wetter nicht gut mit einem, und es gibt nur wenige Servicepunkte. Ein echtes Abenteuer also – gut vorbereitet und ausgerüstet aber durchaus in 4 bis 5 Tagen zu schaffen. Als Belohnung winkt das spektakuläre Panorama der farbenprächtigen Tundralandschaft mit den Bergketten der Ogilvie und Richardson Mountains.

Die große, einsame Wildnisstraße

Der 1979 fertig gestellte **Dempster Highway** ist die große Wildnisstraße der kanadischen Arktis und ein echter Kanada-Mythos. Mit Ausnahme des Dalton Highway in Alaska führt der Dempster als einzige Straße Nordamerikas über den Polarkreis hinaus bis zur Nordküste des Kontinents. Er ist ein Highway in die Einsamkeit und ein wahres Dorado für Naturfotografen: Über die gesamte Länge beginnt die Wildnis direkt am Wegesrand. Auf 735 km Länge liegen bis zum Endpunkt Inuvik nur ein einziges Hotel, ein paar Wildniscampingplätze und zwei winzige Indianersiedlungen entlang der gesamten Strecke. Sonst gibt es nur Wälder mit dünnen, vom eisigen Winter verkrüppelten Bäumen, karge, im Sommer und Herbst jedoch farbenprächtige Tundra und grandiose Panoramablicke bis zum fernen Horizont. Mit etwas Glück können Bären, Wölfe, Bergschafe, Elche und von Mitte September bis Oktober auch Karibuherden beobachtet werden.

Der Dempster Highway folgt im wesentlichen einem jahrhundertealten Handelsweg der Kutchin-Indianer und dem alten Dawson-McPherson Trail. Auf dieser Route zogen von 1904 bis 1921 die Hundeschlittenpatrouillen der Northwest Mounted Police bis hinauf zur Walfangstation auf Herschel Island an der Eismeerküste des Yukon Territory, um den Kontakt mit den isolierten Trappern, Indianern und Prospektoren aufrechtzuerhalten und ihnen von Zeit zu Zeit Post zu bringen. Die Straße trägt den Namen jenes berühmten Corporal Dempster, der mehr Schlittenreisen auf diesem Trail machte als jeder andere *Mountie.*

Als 1954 die Ölexploration begann, folgten die von Raupenschleppern gezogenen Schlittenzüge mit schwerem Bohrgerät dieser Route. 1958 wurden die ersten 116 km des Dempster über die Ogilvie Mountains gebaut. Dann wurde es wieder ruhig in der Region. Erst in den 1970er-Jahren, zur Zeit der großen Öl- und Gasfunde in Nord-Alaska, kam neuer Schwung in das Projekt einer Versorgungsstraße in das Mackenzie-Delta und zu den neuen Explorationsvorhaben in der Beaufort Sea. 1978 wurde der Highway schließlich bis Inuvik fertig gestellt.

Vor dem Bau der Straße war das gesamte nördliche Yukon Territory und das Mackenzie-Delta eine unerschlossene und nahezu unerreichbare Region: Gewaltige Sümpfe, menschenfeindliche, fast vegetationslose Bergzüge und unüberbrückbare Flüsse machten jedes Reisen zur extremen Expedition. Hinzu kamen Tagestemperaturen von bis zu +35 °C im Sommer, begleitet von Myriaden von Moskitos, und Winternächte, in denen das Thermometer auf –45 °C sank. Daran hat sich bis heute nichts geändert, und die Straße ist immer noch ein Wildniserlebnis, eine spektakuläre Nordlandroute für Naturfreunde.

Der Dempster Highway führt durch zumeist noch unberührte Wildnis

Dempster Highway

► 3, O–Q 4–8

Karte: rechts

Das breite Schotterband des Dempster nimmt seinen Anfang 40 km östlich von Dawson City an der Südflanke der Ogilvie Mountains. Am Abzweig vom Klondike Highway (Yukon Hwy. 2) kann man sich in der **Klondike River Lodge** noch einmal im Restaurant stärken – und vor allem den Tank füllen, denn auf den nächsten 345 km bis Fort McPherson gibt es keine Tankstelle mehr.

Zuerst folgt der Highway dann dem Tal des North Klondike River durch dichten Fichtenwald, aufgelockert durch einzelne Stände von Espen und Birken. Schnell lässt man die Schutthalden der Goldgräber von Dawson hinter sich; Einsamkeit umfängt die Straße. Nur am **Wolf Creek**, bei km 51, steht eine kleine Trapperhütte. Bei km 72 liegt der **Tombstone Mountain Campground** 1, der erste der wenigen Campingplätze entlang der Strecke mit kleinem **Interpretive Centre,** wo man Karten- und Infomaterial erhält und *Nature Walks* und *Campfire-Programme* geboten werden. Auch auf eigene Faust lassen sich vom Campground aus einige schöne Wanderungen in die Tombstone Mountains unternehmen.

Hier ist schon fast die Grenze erreicht, wo der Wald in Tundra übergeht. Die Straße steigt nun hinauf zum 1300 m hohen **North Fork Pass** (km 82), der Wasserscheide zwischen Pazifik und Eismeer. Vom Pass aus reicht der Blick über das Tal des oberen North Klondike hinauf zum **Tombstone Mountain** (2193 m). Der keilförmige ›Grabstein‹-Berg war früher ein wichtiger Orientierungspunkt für die Prospektoren und Trapper, die sich in die südlichen Ogilvie Mountains wagten.

Nördlich des Passes verläuft die Straße zwischen kahlen Bergen, deren steile Flanken mit riesigen Geröllhalden überzogen sind. Bei km 87 senkt sie sich schließlich in das von Adlern, Falken und vielen anderen Vogelarten bewohnte Tundragebiet des **Blackstone-Hochlandes**. Am **Cache Creek** beginnen die nördlichen Ogilvies: abgerundete Berge und Hügel aus stark verwittertem Kalkstein und Schiefer – riesige graue, unbewachsene Schotterhaufen über bewaldeten Tälern.

Die Straße folgt jetzt dem **Ogilvie River**. Die riesigen Geröllkegel am Wegesrand tragen Kronen, Türme und Zinnen aus bizarr erodierten Felsen. Die zwischen km 210 und 240 entlang des Ogilvie River reichlich wachsenden Beeren locken im August Grizzlys an. Oft finden sich ihre Spuren in den Schlamm- und Sandbänken des Flusses. Bei km 240 verlässt die Straße den Fluss; der Anstieg ins Hochplateau der Eagle Plains beginnt.

Ab km 268 verläuft die Straße auf dem Kamm einer Hügelkette. Nach Süden schweift der Blick über das weite Tal des Ogilvie River zur Kette der nördlichen **Ogilvie Mountains**. Besonders im Herbst, wenn der erste Schnee die Bergkegel weiß überzieht und das Tal im bunten Herbstlaub von Weide, Birke und *Bearberry* erglüht, bietet sich von hier ein unvergessliches Panorama.

Das **Eagle Plains Hotel** **2** (km 365) markiert die Hälfte des Wegs nach Inuvik. Auch wer hier nur tanken und nicht essen oder übernachten möchte, sollte sich die Lodge von innen ansehen. An den Wänden hängen sehenswerte alte Fotos aus der Zeit der *Mountie*-Patrouillen und der Schlittenzüge während der frühen Exploration.

Bei km 403 ist der **Artic Circle** erreicht. Hier beginnt das Reich der Mitternachtssonne, die 57 Tage nicht mehr untergeht, und der langen, dunklen Wintertage vom 6. Dezember bis zum 6. Januar. Der Dempster folgt nun über eine weite Strecke den Hügeln am Westrand der **Richardson Mountains**. Diese Landschaft von schlichter Schönheit besticht durch ihre klaren Linien: Weite Tundratäler, umgeben von den Kuppen der Berge und Hügel aus Geröll und Kies, begleiten die einsame Straße. Permafrost und stetiger Wind erzeugen ein arktisches Mikroklima, in dem Bäume nur an den geschützten Ufern der tief eingeschnittenen Bäche existieren können.

Zwischen Polarkreis und **Rock River** (km 433) kreuzt die Wanderroute einer Karibuherde den Dempster. Vom Parkplatz bei km 465 fällt der Blick noch einmal zurück auf die vom schwarzen Schotterband durchschnittene Ebene und die südlichen Richardson-Berge, bevor die Straße mit einer jähen Wen-

Dempster Highway

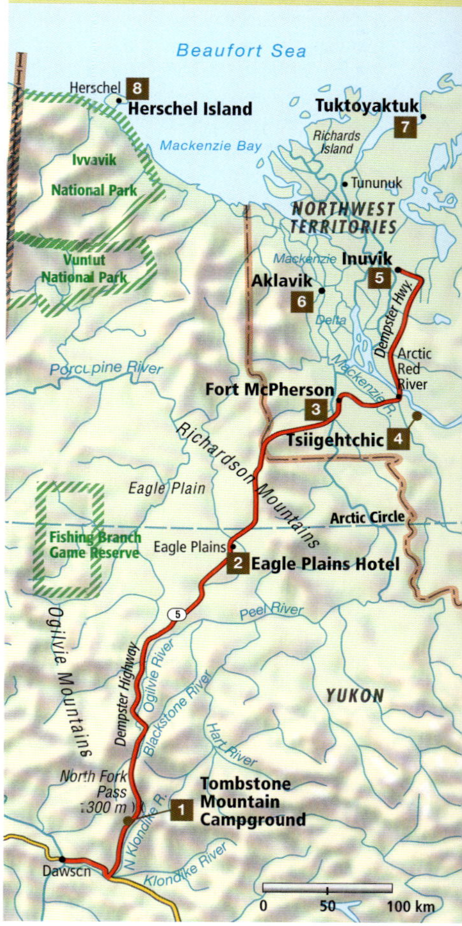

dung nach Osten in den Tälern verschwindet. Jetzt befindet man sich auch in einer anderen Zeitzone: statt ›Pacific Time‹ gilt ›Mountain Time‹, d. h. die Uhr wird 1 Std. vorgestellt.

Nun beginnt der Abstieg in das Mackenzie-Delta. Gut 160 km breit erstreckt sich das Tiefland an der Mündung des gewaltigen Stromes in das Polarmeer, ein Labyrinth von Seen und Sümpfen, durch das der träge fließende Mackenzie weite Schleifen zieht. Bei km 545 setzt man mit der Fähre über den **Peel River**, einem der großen Nebenflüsse des Mackenzie. Die Kabelfähre ist kostenlos und von Juni bis Oktober 15 Std. täglich in Betrieb. Im Winter, ab Anfang Dezember, fahren die Autos dann übers Eis (Informationen über die Fähre Tel. 1-800-661-07 52).

Von **Peel River Crossing** sind es noch etwa 13 km bis **Fort McPherson** 3 – einem alten Handelsposten der Hudson's Bay Company, aus dem über die Jahre eine kleine Siedlung der Dene-Indianer entstand. Das **Visitor Center** ist in einem restaurierten Blockhaus untergebracht. In der **Chief Julius School** vermitteln Fotos und historische Gegenstände einen Eindruck vom Leben der kleinen Dene Community.

Auf den nächsten 70 km windet sich die Straße durch sumpfigen Fichtenwald nach **Tsiigehtchic** 4, einer kleinen Siedlung der Gwichya Gwich'in Indianer. Hier führt die Fähre über den **Mackenzie River**. Der malerisch auf dem Steilufer gelegene Ort, dessen weiß gestrichene Kirche weit über den Fluss leuchtet, ist nur mit der Fähre zugänglich. Die etwa 100 Einwohner leben überwiegend vom Jagen, Fischen und Fallenstellen. Es gibt einen kleinen Laden mit einer Cafeteria.

Nochmals rund 130 km durch monotones Flachland und sumpfigen Krüppelwald, dann ist **Inuvik** 5 erreicht, ›der Platz der Menschen‹ in der Eskimosprache. 1954 wurde die Stadt quasi aus der Retorte an den Rand des Mackenzie-Deltas gestellt, um einen Ersatz für die jedes Jahr von Frühjahrshochwasser überflutete Siedlung Aklavik mitten im Delta zu schaffen. Der moderne Ort dient als Verwaltungs- und Versorgungszentrum für das Mackenzie-Delta und für die Öl- bzw. Gasexploration in der Beaufort-See. Mit rund 3200 Einwohnern ist Inuvik die größte kanadische Siedlung nördlich des Polarkreises.

Nach endlosen Kilometern Wildnis wirkt Inuvik wie ein harsches Kontrastprogramm. Dennoch, dieser so pionierhaft roh in die Wildnis gesetzte Ort hat auch seine attraktiven Seiten: Die bunt gestrichenen Häuser, die der Stadt den Spitznamen ›Ostereierstadt‹ eingetragen haben, setzen bunte Farbklekse in die einförmig grüne Landschaft. Die tatsächlich wie ein Schneehaus aussehende **Igloo Church** lohnt einen Besuch wegen ihrer von der Inuit-Künstlerin Mona Thrasher gemalten Kreuzwegbilder.

Das Mackenzie River Delta

Beim größten Kunstfestival des Nordens, dem **Great Northern Art Festival**, treffen sich über 100 Künstler und Darsteller der Gwich'in, Metis, Dene, Inuit und Inuvialuit um Mitte Juli zehn Tage lang zu Workshops, Aufführungen, Tänzen und dem Verkauf von Kunsthandwerk.

Das **Western Artic Regional Visitors Centre** ist durch die als Wetterfahne dienende grün-weiße Cessna auf dem Gelände nicht zu verfehlen. Im Besucherzentrum sind Displays zur Naturgeschichte zu sehen, und hier erhält man auch Infos über Sehenswürdigkeiten und Tagesausflüge in der Umgebung. Angeboten werden z. B. Rundflüge über das Delta nach Tuktuyaktuk oder zum Aulavik-Nationalpark auf Banks Island.

Von Inuvik aus kann man sehr eindrucksvolle Sightseeing-Flüge über das Mackenzie-Delta unternehmen. Zu buchen sind hier auch Tagesexkursionen zur traditionellen Indianersiedlung **Aklavik** 6 im Delta, oder nach **Tuktoyaktuk** 7, einem Inuit-Dorf am Eismeer. Besonders zu empfehlen ist die Tour nach **Herschel Island** 8, wo eine verlassene Walfangstation besichtigt werden kann.

Dann geht es wieder die einsamen 750 km zurück durch die arktische Weite.

Wichtig für die Planung

Für die Fahrt auf dem Dempster mietet man sich am besten in Whitehorse ein für diese Strecke zugelassenes – und ausgerüstetes – Fahrzeug. Fast alle Mietwagenfirmen südlich des Yukon schließen das Befahren des Dempster mit ihren Fahrzeugen aus. Mit dem Wohnmobil sowieso – denn diese haben in der Regel noch nicht einmal ein Reserverad dabei. Fährt man trotzdem und bleibt mit einer Panne liegen, müssen alle entstehenden Kosten selbst getragen werden. Das heißt jedoch nicht, dass man den Dempster nur mit einem Geländewagen befahren kann. Der Dempster ist zwar auf der gesamten Länge eine sogenannte *Gravel Road*, aber solche **Schotterpisten** gibt es überall im Norden Kanadas. Und der Dempster ist in der Regel auch in gutem Zustand. Nur ist das Wetter hier um den Polarkreis unberechenbar und die Straße kann schlüpfrig werden. Außerdem können von den schweren Trucks auch neue Straßenschäden hinzugekommen sein. Der teilweise sehr scharfkantige Schotter bekommt manchen Reifen gar nicht gut und Pannen sind eher die Regel als die Ausnahme. Deshalb sollte man entsprechendes Werkzeug und am besten zwei Reserveräder dabei haben. Bedingt durch einen unfreiwilligen Aufenthalt ist unter Umständen auch die Fähre nicht rechtzeitig zu erreichen. Zelt, Schlafsack, Verpflegung und Mückenspray sollten deshalb ebenfalls nicht fehlen. Und vor allem ist es ratsam, genügend Zeit einzuplanen und noch vorsichtiger als sonst zu fahren, denn die oft schnurgerade, relativ ebene Straße verführt mitunter zu schnellerer Fahrweise, erweist sich dann aber als unverhofft tückisch. Da Tankstellen nur am Anfang des Dempster bei der Klondike River Lodge, beim Eagle Plains Hotel und in Fort McPherson und dann erst wieder in Inuvik vorhanden sind, gilt: »Tanken, wo immer sich die Gelegenheit bietet«.

Befahrbar ist die Strecke generell im Sommer von Mitte Juni bis Mitte Oktober, und im Winter, wenn der Boden gefroren ist, von Mitte Dezember bis Ende April (die genauen Daten müssen erfragt werden). Im Herbst und im Frühjahr ist der Dempster geschlossen, wenn der Peel und der Mackenzie River zufrieren bzw. aufbrechen.

Bevor man zu diesem Abenteuer aufbricht, sollte man sich unbedingt im North West Territories Info Center in Dawson City über den Straßenzustand erkundigen und sich Informationsmaterial geben lassen.

Infos

Western Artic Information Centre: Front St. u. King, Dawson City (gegenüber vom Dawson Visitor Centre), Tel. 1-800-661-07 50. Mitte Mai–Mitte Sept. tgl. 9–20 Uhr. Umfangreiche Informationen und detailliertes Material über den Dempster Highway und die Northwest Territories.

Western Artic Regional Visitors Centre: Mackenzie Road, Inuvik, Tel. 867-777-47 27, Fax 777-73 21.

Tourism Inuvik: Box 1160, 2 Firth St., Inuvik, NT X0E 0T0, Tel. 867-777-86 00, Fax 777-86 01, www.inuvik.ca/tourism.
Parks Canada: Box 1840, Inuvik, NT X0E 0T0, Tel. 867-777-88 00, Fax 777-88 20, www.parkscanada.ca. Juni–Sept. Infos und Material über die National Park Reserves: Aulavik NP, Ivvavik NP, Tuktut Nogait NP, Vuntut NP (alle nördl. des Polarkreises, nur von Inuvik mit Charterflug oder Outfitter erreichbar).
Fort McPherson Visitor Centre: Tel. 867-952-24 28. Besucherzentrum in einer Blockhütte. Geöffnet von Anfang Juni bis Mitte Sept. 9–21 Uhr.

Übernachten/Essen & Trinken

... in Eagle Plains:
Oase am Dempster ▶ **Eagle Plains Hotel:** km 365,7, Bag Service 2735, Yukon Y1A 3V5, Tel./Fax 867-993-24 53. Hotel mit Restaurant, Waschsalon, Shop, Tankstelle, Camping. Restaurant ab $ 8–10, Zimmer ab $ 120.
... in Inuvik:
Bestes Haus im Ort ▶ **Mackenzie Hotel:** Box 2303, 185 Mackenzie Rd., Inuvik, NT X0E 0T0, Tel. 867-777-28 61, Fax 777-33 17, www.mackenziehotel.com. Nette Atmosphäre, gutes Restaurant und stimmungsvolle Bar. $ 160–240.
Sauber & ordentlich ▶ **Eskimo Inn:** 133 Mackenzie Road, P.O. Box 1740, NT X0E 0T0, Tel. 867-777-28 01, Fax 777-32 34. Modernes Hotel in der Stadtmitte. Ab $ 130.
Schön gelegen ▶ **Arctic Chalet Bed & Breakfast Inn:** Box 1099, 25 Carn Rd., NT X0E 0T0, Tel. 867-777-35 35, 1-800-685-94 17, Fax 777-44 43, www.arcticchalet.com. 7 Zimmer, teils mit Kitchenette, 3 Hütten, Waschsalon, kurze und mehrtägige Touren per Jeep oder Wasserflugzeug, Hundeschlitten- und Schneemobil-Touren im Winter, Kajak-/Kanuverleih, freier Shuttle-Service zur Downtown. Ganzjährig geöffnet. $ 110–150.
Familiär ▶ **Polar B & B**: 75 Mackenzie Rd., P.O. Box 2258, NT X0E 0T0, Tel. 867-777-28 61, Fax 777-26 28, www.polarbedandbreakfast.com. In der Stadtmitte gelegen, schlicht, aber ordentlich möblierte Zimmer, Waschmaschine, Küchenbenutzung. Ab $ 115.
Camping ▶ **Happy Valley Territorial Campground:** Tel. 867-777-36 52. Campingplatz auf einer Anhöhe über dem East Channel des Mackenzie Delta, mit schönem Blick auf die Richardson Mountains. 36 Sites, davon 19 mit Wasser- und Stromanschluss; Hiking, Verleih von Kanus. 1. Juni–15. Sept. $ 20.
... am Dempster Highway:
Camping ▶ **Tombstone Mountain Campground:** km 72,6, Dempster Hwy., Tel. 867-993-24 41, 1-866-617-27 57. Eine der schönsten Wildnis-Campsites am Dempster, leider manchmal stark belegt, Interpretive Centre, aber kein fließend Wasser. Juni–Mitte Sept. $ 15. **Rock River Campground:** km 448, Dempster Hwy., Tel. 867-993-24 41, 1-866-617-27 57. Kleiner geschützter Wildnis-Campingplatz am Dempster. $ 15.

Aktiv

Wildnistouren ▶ **Arctic Nature Tours:** Box 1190, Inuvik, NT X0E 0T0, Tel. 867-777-33 00, Fax 777-34 00, www.arcticnaturetours.com. Cultural Tours zu traditionellen Inuvialuit-Siedlungen und Fishing Camps; naturkundliche Exkursionen mit Boot und Wasserflugzeug nach Tuktoyaktuk, Aklavik, Herschel und Banks Island, Richardson Mountains, Mackenzie Delta.

Termine

Sunrise Festival: 1. Woche im Jan. Alljährliches Fest um die Wiederkehr der Sonne nach 30 Tagen Dunkelheit zu feiern.
Midnight Madness: 22. Juni. Festival zur Sommersonnenwende.
Great Northern Arts Festival: Zehn Tage ab Mitte Juli (Tel. 867-777-35 36, Fax 777-44 45, www.gnaf.org).

Verkehr

Aklak Air: Box 1190, Inuvik, NT X0E 0T0, Tel. 867-777-35 55, 1-866-707-49 77, www.aklakair.ca. Linien- und Charterflüge nach Tuktoyaktuk, Paulatuk, Aklavik, Fort McPherson, Holman auf Victoria Island sowie Sachs Harbour auf Banks Island.
City Courier: Tel. 867-993-66 88. Bus-Service zwischen Dawson City und Inuvik.

Erdöl in der Beaufort-See

Thema

Seit zu Beginn des 20. Jh. die ersten Ölsickerstellen an der Oberfläche entdeckt wurden, befindet sich Alaskas Norden im Fokus der amerikanischen Regierung und der Ölgesellschaften. In den 1940er- und 1950er-Jahren wühlten sich Prospektoren durch den Permafrostboden und bohrten in der Beaufort-See. 1968 wurden sie fündig: In der Prudhoe Bay wurden die größten Ölvorkommen Nordamerikas entdeckt.

Seither transportiert eine 800 km lange Pipeline das schwarze Gold vom Eismeer quer durch Alaska nach Valdez am Pazifik, wo es in die Bäuche der Suptertanker geleitet wird.

Inzwischen wurden 95 % der Eismeerküste Alaskas für die Öl- und Erdgassuche geöffnet. Seit ein paar Jahren richten sich das Interesse Washingtons und Ölgesellschaften wie Chevron, British Petroleum und Exxon auch auf das Arctic Wildlife Refuge an der Grenze zu Kanada. Das Refuge schützt u. a. einen flachen Küstenstreifen zwischen den Brooks Mountains und dem Eismeer und wird oft die ›Serengeti Nordamerikas‹ genannt: Seit Menschengedenken ist die Küstenebene das Migrationsziel von Karibus der 130 000 Tiere zählenden Porcupine-Herde, die hier ihren Nachwuchs zur Welt bringen. Die Erschließung ihrer *Calving Grounds* für die Öl- und Erdgasgewinnung hätte, so warnen Experten, unabsehbare Folgen für den jahrtausendealten Zyklus dieser kanadischen Rentiere und könnte langfristig sogar ihr Ende bedeuten. Einwände der Ölfirmen, dass man inzwischen über umweltfreundliche Technologien verfüge, kontern die Umweltschützer mit traurigen Fakten von der Ölgewinnung am Rest der Eismeerküste. Dort hat die Infrastruktur der Ölindustrie die Karibuherden entweder ganz verdrängt oder zu einem drastischen Geburtenrückgang geführt. In den ›calving grounds‹ des Arctic Wildlife Refuge wären die Folgen aus verschiedenen Gründen noch dramatischer. Da hier das Öl nicht in einem einzigen großen, sondern in zahlreichen kleinen Ölfeldern vermutet wird, wäre eine flächendeckende Infrastruktur aus Straßen, Ölplattformen, Raffinerien und Flugfeldern notwendig. Die hochschwanger hier ankommenden Karibu-Kühe würden ihrer jährlichen, proteinreichen Kost aus Gras und Ried beraubt. Zum anderen würde die Reduzierung des ohnehin schon überschaubaren Küstenstreifens die während des Kalbens äußerst sensible Herde noch anfälliger für Raubtiere machen.

Zur Zeit weiß niemand genau, wie die Zukunft des Arctic Wildlife Refuge aussehen wird, doch die Zeichen stehen auf Sturm. So gibt sich die amerikanische Ölindustrie zuversichtlich, dass sich das ›Problem‹ von selbst regeln wird, so lange nur die Öl- und Gaspreise hoch bleiben.

Aktivisten und Umweltschützer engagieren sich zugleich in zahlreichen Kampagnen und klopfen in Washington an die Türen der Lobbyisten. Um auf den Kampf im Norden aufmerksam zu machen, scheuen sie auch vor abenteuerlichen Aktionen nicht zurück. So folgte einer von ihnen vor wenigen Jahren der Porcupine-Herde auf ihrer Wanderung vom Winter- zum Sommerrevier – auf Skiern, Schneeschuhen und zu Fuß. Und legte dabei mehrere tausend Kilometer zurück.

Im äußersten Norden: Pond Inlet an der Nordküste von Baffin Island ist nur aus der Luft zu erreichen

Kapitel 6

Northwest Territories und Nunavut

Das Gebiet der Northwest Territories und Nunavuts nimmt fast ein Drittel der Gesamtfläche Kanadas ein. Die 3,2 Mio. km² große Landmasse erstreckt sich vom 60. Breitengrad, der Grenze zu British Columbia, Alberta und den Prärieprovinzen, bis fast zum Nordpol und vom Yukon bis Grönland im Osten – über 3200 km Ausdehnung in beide Richtungen. Nur rund 76 000 Menschen (Northwest Territories 42 000, Nunavut 25 000) besiedeln das riesige Land. Das Straßennetz ist dünn, in Nunavut fast inexistent – hier ist das Flugzeug das Haupttransportmittel. Die Versorgung aus der Luft bedingt, dass das Reisen im Norden teurer ist.

Dennoch lohnt ein Besuch der beiden Territories. Wer dem ›Ruf des Nordens‹ folgt, erlebt überwältigende Landschaften, die sich seit den Tagen der ersten Entdecker und Forscher kaum verändert haben, eine großartige Tierwelt und Menschen, fremdartig und doch beeindruckend gastfreundlich.

Die jahrhundertelange Suche nach der Nordwestpassage öffnete die Arktis für Walfänger, Pelzhändler und Missionare. In der zweiten Hälfte des 20. Jh. traten Abenteurer, Prospektoren, Ingenieure, Buschpiloten und Geschäftsleute an ihre Stelle. So hat die moderne Zeit auch vor Kanadas hohem Norden nicht Halt gemacht. Alte Lebensweisen verschwinden zunehmend. Mehr und mehr ersetzen Kleinunternehmertum und Jobs in Öl- und Erdgasindustrie, Bergbau und Verwaltung das Fallenstellen. Der Tourismus gewinnt zunehmend an Bedeutung.

Auch politisch hat sich einiges getan. Den Dene, Métis und Inuvialuit in den westlichen Gebieten wurden Landrechte zugesprochen. Seit 1999 haben die Inuit, die im östlichen Teil rund 80 % der Bevölkerung ausmachen, ihr eigenes Territorium, Nunavut.

Auf einen Blick

Northwest Territories und Nunavut

Sehenswert

Wood Buffalo National Park: Der Park ist Heimat der größten freilebenden Bisonherde Nordamerikas. 3500 der urweltlichen Tiere ziehen hier über die borealen Plains (s. S. 392).

Nahanni National Park: Tiefe Schluchten, steil aufragende Berge, Wildwasser, heiße Quellen und Sinter-Terrassen umfasst dieses rund 5000 km² große Wildnisgebiet am South Nahanni River. Ein Höhepunkt sind die 90 m tief in einen gewaltigen Kessel stürzenden Virginia Falls (s. S. 393).

Aulavik National Park: Nicht nur für Kanu- und Floßexkursionen ist der 12 000 km² große Park auf Banks Island in den NWT ein ideales Terrain, auch Naturfotografen finden hier lohnende Motive (s. S. 394).

Nunatta Sunakkutaanngit Museum in Iqaluit: Das in einem ehemaligen Gebäude der Hudson's Bay Company untergebrachte Museum zeigt traditionelle Inuit-Artefakte, darunter ein mit Seehundhaut bezogenes Kajak und Kunsthandwerk aus den weiter nördlich gelegenen Siedlungen (s. S. 399).

Auyuittuq National Park: Der nur eine kurze Bootsfahrt von der Siedlung Pangnirtung auf Baffin Island entfernte Park bietet mit seiner überwältigenden Bergwelt herrliche Trekking-Möglichkeiten (s. S. 400).

›Künstlerdorf‹ Cape Dorset: Die kleine Gemeinde ist seit den 1950er-Jahren berühmt für ihre talentierten Künstler, die neben Schnitzereien auch Gemälde und Drucke mit traditionellen und modernen Motiven produzieren (s. S. 403).

Meine Tipps

Prince of Wales Northern Heritage Centre in Yellowknife: Der beste Ort, um die traditionellen Kulturen der Dene-Indianer und Inuit kennenzulernen (s. S. 391).

Kunsthandwerk in Iqaluit: Aus den einfachen, Alltags- und Jagdszenen darstellenden Specksteinschnitzereien der Alten entwickelte sich in den letzten 50 Jahre eine Kunstform mit deutlichen Wurzeln in der traditionellen Inuit-Kultur. Das Angebot reicht von Briefbeschwerern in Form von Moschusochsen bis zu surreal anmutenden Statuen von Jägern, Müttern und Schamanen (s. S. 400).

Expedition zum magnetischen Nordpol: Wer den magnetischen Nordpol in der Nähe von Bathurst Island besuchen, mit dem Snowmobil übers Eis fahren und im Iglu übernachten will, vertraut sich Nanuk Outfitting an (s. S. 403).

aktiv unterwegs

Paddeln auf dem Keele River: Ein Wasserflugzeug bringt die Expeditionsmitglieder zum Einstieg in den Mackenzie Mountains, doch während der nächsten zwölf Tage auf dem Mackenzie River ist man ganz auf sich gestellt – ein Kanu-Erlebnis der Extraklasse (s. S. 395).

Northwest Territories

Die Statistik sagt eigentlich schon alles: Auf 1,43 Mio. Quadratkilometern leben gerade einmal 43 000 Menschen, davon beinahe die Hälfte in der Hauptstadt Yellowknife. Der Rest ist Wildnis, fast fünfmal so groß wie Deutschland, kraftvoll und grandios, von bestürzender Schönheit und nicht selten unerwartet lieblich.

Wer hier lebt, nimmt die von Mutter Natur diktierten Lebensbedingungen mit Humor – tatsächlich bleibt den Bewohnern auch nichts anderes übrig. Man habe hier oben, so wird gejuxt, ebenso vier Jahreszeiten wie die Landsleute im Süden. Sie seien nur ein wenig verschoben, nämlich Juni, Juli, August und Winter. Dafür fällt der ›Nicht-Winter‹ umso schöner aus: Wildblumenübersäte Tundra so weit das Auge reicht, das unwirkliche Licht der Mitsommernacht und ein Eismeer, in das man zumindest seinen Zeh tauchen kann, ohne dass er zu erfrieren droht.

Im Westen von Kanadas Norden liegt die unberührte Bergwelt der Mackenzie Mountains, Heimat von Grizzly, Luchs und Dallschaf. Hier strömt der Mackenzie River gen Norden – der historische Wasserweg zur Arktis. Im Süden erstrecken sich dunkle Fichtenwälder mit glitzernden Seen und Flüssen, das Revier von Elch und Biber. Nördlich der Baumgrenze beginnt die Tundra, im Winter windumtost und unwirtlich, im Sommer dagegen erstaunlich sanft, mit explodierenden Farben im Herbst. Urweltliche Moschusochsen und die Tausende zählenden Karibu-Herden ziehen übers Land. Im Norden ragen die Bergketten der hohen Arktis auf wie gigantische Festungen mit schimmernden Eiskappen. Narwale, Belugas und Seehunde finden Nahrung in den polaren Gewässern. Eisbären jagen an den Rändern des ewigen Eises.

Die wenigen über das weite Land verstreuten Siedlungen mindern kaum das Gefühl von Weite, Einsamkeit und schier endloser Wildnis. Die Bevölkerung setzt sich aus fünf größeren Gruppen zusammen, den Dene, Métis, Inuit, Inuvialuit und einer kleineren Gruppe Euro-Kanadiern. Neun offizielle Sprachen werden gesprochen, aber die meisten Bewohner sprechen auch Englisch oder verstehen es zumindest.

Dennoch, überlieferte Kultur und Traditionen sind noch vorhanden. Zwar wird vielerorts längst das Schneemobil zur Jagd benutzt und über Satellit hat auch das Fernsehen inzwischen seinen Einzug gehalten – doch viele der Dene, Métis, Inuvaluit und Inuit sind für ihren Lebensunterhalt auf Jagd und Fischfang angewiesen und benutzen auch noch traditionelle Techniken zur Herstellung von Kleidung und Gebrauchsartikeln und zum Konservieren und Zubereiten ihrer Nahrung. Die außergewöhnlichen handwerklichen Fähigkeiten haben durch den wachsenden Tourismus sogar einen zusätzlichen Auftrieb erhalten. So werden bei den Dene kunstvoll verzierte Mokassins und Kleidung aus gegerbtem Karibu-Leder sowie Körbchen aus Birkenrinde hergestellt.

Yellowknife ► 4, D 5

Yellowknife, die Hauptstadt der Northwest Territories am Great Slave Lake, ist einer der wenigen Orte, die im Norden mit dem Auto erreichbar sind. Faszinierend ist die 1500 km lange Fahrt auf dem Mackenzie Highway von Edmonton, bei der zwei große Flüsse mit der

Fähre überquert werden. Dennoch bevorzugen die meisten Besucher die Anreise per Flugzeug – von Calgary, Edmonton, Iqaluit oder auch Montréal. Yellowknife (ca. 17 500 Einwohner) vereint die Kontraste einer schnell wachsenden Stadt mit modernen Hotels, Shopping Centre, Bürohochhäusern und regem Straßenverkehr mit einer noch immer spürbaren *Frontier*-Atmosphäre, wo Hundeschlitten, Kajaks und Kanus genauso selbstverständlich sind wie Motorschlitten und Lastwagen. Hier befindet sich auch das Hauptquartier für die meisten Ausrüster und Flugcharterer. Auf dem Großen Sklavensee kann man Bootstouren unternehmen und in einigen der etwa 30 Restaurants arktische Spezialitäten wie Steaks vom Karibu und Moschusochsen probieren.

Die ersten weißen Siedler kamen erst 1934 nach Yellowknife, nachdem am Seeufer Gold gefunden wurde. Anfang der 1940er-Jahre waren die ersten Quellen des begehrten Edelmetalls bereits erschöpft und Yellowknife eine Geisterstadt. Der 1945 einsetzende zweite Goldrausch hielt länger an. Die Stadt blieb auf der Landkarte bestehen und hat heute noch zwei prosperierende Goldminen, Cominco und Giant Yellowknife.

Das **Prince of Wales Northern Heritage Centre** dient als Schaufenster des Nordens und ist auch architektonisch interessant. In Ausstellungen, Dioramen und Multimedia Shows erfährt man alles über die abenteuerliche Geschichte des Nordens, seiner Bewohner und seiner Tierwelt. Hauptthema ist das Überleben in einer unwirtlichen Umwelt. Interessant sind vor allem ein mit Elchhaut überzogenes Dene-Kanu und eine von 39 in Kanada verbliebenen Fox Moths, dem damals klassischen kanadischen Buschflugzeug (Tel. 867-873-75 51, www.pwnhc.learnnet.nt.ca, Juni–Aug. tgl. 10.30–17.30, sonst Mo–Fr 10.30–17, Sa/So 12–17 Uhr).

Auf einem Hügel über den Schuppen und Hütten von *Old town,* dem Überbleibsel der Siedlung aus Zeiten der ersten Goldfunde, steht das Bush Pilots Monument zu Ehren der Buschpiloten, von dem man einen guten Blick auf die Stadt und den See hat.

Infos

NWT Arctic Tourism: Box 610, Yellowknife, NT X1A 2N5, Tel. 867-873-72 00, 1-800-661-07 88, Fax 873-40 59, www.explorenwt.com.

Northern Frontier Visitor Centre: 4807-49th St., Yellowknife, NT X1A 3T5, Tel. 867-873-42 62, 1-877-881-42 62, Fax 873-36 54, www.northernfrontier.com, im Sommer tgl. 9–17, im Winter Mo–Fr 9–17, Sa/So 12–16 Uhr.

Canadian Wildlife Service: Box 637, Yellowknife, NT X1A 2L5, Tel. 867-920-85 31, Fax 873-31 85. Informationsmaterial über Naturschutzgebiete in den NWT und Nunavut.

Übernachten

Bestes Haus am Platz ▶ **Explorer Hotel:** Yellowknife, Hwy. 4, am Ortseingang, Tel. 867-873-35 31, 1-800-661-08 92, Fax 873-27 89, www.explorerhotel.ca. Modernes, komfortables Hotel mit 110 Zimmern und gutem Restaurant. $ 230.

Zentral gelegen ▶ **Discovery Inn:** Box 784, 4701 Franklin Ave., Yellowknife, NT X1A 2N6, Tel. 867-873-41 51, 1-866-873-41 51, Fax 867-920-79 48, www.discoveryinn.ca. Downtown-Hotel mit 40 Zimmern, Kitchenettes, Highspeed-Internet, Restaurants, Shops gut zu Fuß erreichbar. Ab $ 125.

Am Seeufer ▶ **Bayside B & B:** 3505 MacDonald Dr., Yellowknife, NT X1A 2H2, Tel. 867-669-88 44, Fax 766-49 15. In der historischen Altstadt am Ufer des Great Slave Lake gelegen, herrlicher Blick auf die Bucht. 4 Gästezimmer. $ 80–110.

Klein & familiär ▶ **Blue Raven B & B:** 37 Otto Dr., Yellowknife, NT XIA 2T9, Tel. 867-873-63 28, Fax 920-40 13. Drei Gästezimmer in schöner Lage mit Blick über den Great Slave Lake. $ 80–95.

Essen & Trinken

Gemütliches Blockhaus ▶ **Mackenzie Lounge:** Yellowknife Inn, Yellowknife, Downtown, Tel. 867-873-26 01. Beliebtes Restaurant, Treffpunkt von Piloten und Leuten aus dem Goldminengeschäft. $ 18–35.

Klondyke-Atmosphäre ▶ **The Wild Cat Cafe:** 3904 Wylie Rd., Yellowknife Old Town, Tel. 867-873-88 50. Urige Kneipe aus der

Gründerzeit; man sitzt auf Holzbänken an langen Tischen und isst nordische Spezialitäten wie Karibu Stew oder Moschusochsensteaks. $ 15–30.

Einkaufen

Dene- und Inuit-Kunst ▶ Northern Images, YK Centre Mall, Franklin St./48th St., Tel. 867-873-59 44, Mo–Sa 10–18 Uhr. Hochwertiges Kunsthandwerk der Indianer und Eskimos; Niederlassungen auch in anderen Orten im Yukon und in den Northwest Territories.

Aktiv

Erlebnistouren ▶ North Star Adventures: Box 352, Yellowknife NWT X1A 2N3, Tel. 867-446-29 00, www.northstaradventures.ca. Indianisches Outfitter- und Tourunternehmen mit breitem Angebot, ganzjährig: u. a. 2-, 3- und 4-stündige Bootstouren auf dem Great Slave Lake, Kajaktouren, Ausflüge mit dem Geländewagen oder Schneemobil, Mitte Juni–Mitte Sept., ab $ 39 (bis 12 Jahre $ 19).

Termine

Festival of the Midnight Sun: 22./23. Juni. Fest der Sommersonnenwende.

Raven Mad Daze: Mitte Juli. Festival der Künste.

Folk on the Rocks: Mitte Juli.

Zum Wood Buffalo Park

▶ 4, D 6/7

Auf dem Highway 3 gelangt man nach 100 km zu den Orten Rae und Edzo am Nordarm des Great Slave Lake. **Fort Rae** ist die größte Indianersiedlung in den Northwest Territories. Neben dem Ort befindet sich ein traditioneller Friedhof. Die Fahrt zum 200 km entfernten Fort Providence führt durch das **Mackenzie Bison Sanctuary**, ein Schutzgebiet für eine Herde reinblütiger *Wood Bison*. In Fort Providence locken gute Angelmöglichkeiten; Boote können gemietet werden.

Hay River (3600 Einw.) am Südufer des Great Slave Lake, ist mit 5000 Einwohnern ein geschäftiger Fischereihafen. Ausgrabungen in der Nähe belegen, dass die Dene hier schon vor mehreren tausend Jahren gesiedelt haben. Die Stadt hat mehrere Hotels und Restaurants. 50 km südlich lohnt sich ein Besuch der **Alexandra Falls**. Hier stürzen sich die Wasser des Hay River in die Tiefe.

Der Highway 5 führt in den **Wood Buffalo National Park** an der Südgrenze des Territoriums. In der subarktischen Wildnis im Peace- und Athabasca River-Delta leben 3500 Bisons, die größte noch frei lebende Herde Amerikas. Zudem trifft man hier auf Biber, Bisamratten und 200 verschiedene Vogelarten (Tel. 867-872-79 00, Fax 872-39 10, Ende Mai–Anf. Sept. tgl. 9–17, sonst nur Mo–Fr 9–17 Uhr). Touren in den Nationalpark werden von **Fort Smith** aus arrangiert. Im **Northern Life Museum** (110 King St., Tel. 867-872-28 59, www.northernlifemuseum.com, tgl. 10–21 Uhr; Eintritt frei, Spende erbeten) sind neben Pioniergegenständen Exponate zur Naturgeschichte des Nordens und zur Kultur der Inuit und der Indianer zu sehen.

Infos

Hay River Chamber of Commerce: Box 1278, Hay River, NT X0E 1G1, Tel. 867-874-22 65, www.hayriverchamber.com, ganzjährig geöffnet.

Fort Smith Tourist Information Bureau: 108 King St., Fort Smith, Tel. 867-872-30 65.

Übernachten

... in Hay River:

Zweckmäßig ▶ Ptarmigan Inn Hotel: 10 J Gagnier St., NT X0E 1G1, Tel. 867-874-67 81, 1-800-661-08 42, Fax 874-33 92, www.ptarmiganinn.com. In einem Gebäude mit Restaurant, Bar, Bank und Kunstgewerbeladen. $ 139.

Mit Seeblick ▶ The Harbour House: 2 Lakeshore Dr., NT X0E 0R9, Tel. 867-874-22 33, 1-866-277-77 57, Fax 874-22 59. Preiswertes B & B am Ufer des Great Slave Lake. Ab $ 95.

Camping ▶ Paradise Gardens Campground: Paradise Rd. (Hwy. 2), NT X0E 0R4, Tel. 867-875-44 30, Fax 875-44 22, 15 Stellplätze. $ 18–25.

Fort Simpson und Nahanni National Park ► 4, C 5

Fort Simpson (1300 Einw.), 630 km von Yellowknife entfernt, am Zusammenfluss des Mackenzie und des Liard River, ist der nördlichste Punkt des Mackenzie Highway. 1804 als Fort of the Forks erbaut, wurde es später zu Ehren des Hudson's Bay Company-Gouverneurs George Simpson umbenannt. Das Gebiet ist die Heimat der Slavey Dene. Viele Männer betätigen sich noch als Jäger und Trapper. Im örtlichen *Store* kann man das Kunsthandwerk der Dene-Frauen bewundern. Ein besonders schönes Souvenir: Körbchen, verziert mit den gefärbten *Quills* der Stachelschweine.

Im Ort können Sightseeing-Flüge und Exkursionen in den **Nahanni National Park** organisiert werden, ein rund 5000 km² großes Wildnisareal von überwältigender landschaftlicher Schönheit. Das Parkgebiet erstreckt sich zu beiden Seiten eines etwa 320 km langen Abschnitts des South Nahanni River mit tiefen Schluchten, steil aufragenden Bergen, Wildwassern, heißen Quellen und Sinterterrassen. In der menschenleeren Wildnis leben Bären, Wölfe, Elche, Karibus, Schneeziegen und Dickhornschafe. Die artenreiche Pflanzenwelt umfasst auch seltene Orchideenarten. Im Zentrum des Parks liegen die tosenden **Virginia Falls**, 98 m stürzen die Wasser des South Nahanni River hier in die Tiefe. Ein Traumziel für Wildnisfanatiker und Wildwasserfahrer.

Der nur aus der Luft zugängliche Park lässt sich am besten vom Wasser aus erkunden, ihm Rahmen einer Schlauchboot- oder Kanutour. Die meisten Nahanni-Besucher vertrauen sich einem erfahrenen Outfitter an. Wer nicht über die hier unbedingt notwendige Wildnis- und Wildwassererfahrung verfügt, sollte den Fluss unter keinen Umständen auf eigene Faust angehen. Gleiches sollten die Besucher auch in den anderen Nationalparks in den Northwest Territories und in Nunavut beachten. Grundsätzlich gilt: Physische Fitness und psychische Belastbarkeit sowie eine gute Vorbereitung, Selbstverantwortung und Improvisationstalent sind für Trips in diese menschenleere Wildnis unerlässlich.

Von Fort Simpson fährt man auf der Schotterstraße des Liard Highway nach **Fort Liard.** Eine Strecke von 285 km – von dort sind es dann noch einmal 229 km bis Fort Nelson in British Columbia. Fort Liard wird von den Northerners schon als ›tropisch‹ angesehen, so grün und üppig präsentieren sich hier Bäume und Gärten. Im Durchschnitt ist auch das Klima wesentlich wärmer als in den meisten Orten des Nordens.

Infos

Fort Simpson Visitor & Tourism Services: P.O. Box 438, Main St./Antoine Drive, Fort Simpson, NT X0E 0N0, Tel. 867-695-31 82, Fax 695-25 11, www.fortsimpson.com, Mitte Mai–Mitte Sept. Mo–Fr 9–20, Sa/So 12–20, sonst Mo–Fr 13–17 Uhr.

Nahanni National Park Reserve: P.O. Box 348, Fort Simpson, NT X0E 0N0, Tel. 867-695-31 51, Fax 695-24 46, Mitte Juni–Mitte Sept. tgl. 8–17, sonst Mo–Fr 8.30–17 Uhr.

Übernachten

Funktionell ► **Nahanni Inn:** P.O. Box 248, Fort Simpson, NT X0E 0N0, Tel. 867-695-22 01, Fax 695-30 00. 40 einfache Zimmer, teilweise mit Kitchenette ausgestattet. Das Hotel verfügt über ein Restaurant und einen Coffee Shop. Ab $ 130.

Aktiv

Exkursionen in den Park ► **Simpson Air/ Nahanni Mountain Lodge:** Ted Grant, P.O. Box 260, Fort Simpson, NT X0E 0N0, Tel. 867-695-25 05, 1-866-995-25 05, Fax 695-29 25, www.simpson-air.ca. Transport in den Nationalpark, Kanuvermietung und Sightseeing-Flüge, Pauschalangebote, Unterkunft in Blockhütten. **Nahanni Wilderness Adventures:** 969A Lawrence Grassi Ridge, Canmore, AB T1W 3C3, Tel. 403-678-33 74, 1-888-897-52 23, Fax 403-609-20 42, www.nahanniwild.com. Flugzeugtransport zum Nahanni Nationalpark, Backpack-Exkursionen und Kanufahrten.

Inuvik und die westliche Arktis ► 4, C 3

Dicht an der Grenze zum Yukon Territory liegt **Fort McPherson**, ein alter Handelsposten am Ufer des Peel River. Danach kommt Arctic Red River, ein malerischer kleiner Ort der Gwich'in Dene-Indianer inmitten grüner Hügel, abseits vom Dempster Highway und nur mit einer Fähre zu erreichen.

Inuvik ist der westlichste Ort der Northwest Territories. Hier endet, 200 km über dem Polarkreis, Amerikas nördlichster Highway, der Dempster, und hier mündet auch der Mackenzie River mit Kanadas größtem Flussdelta in das Eismeer (s. S. 382).

Von Inuvik sind Exkursionen mit Boot oder Flugzeug möglich: Beeindruckend ist der Flug über das riesige Delta nach Aklavik am Rande der Baumgrenze und nach Tuktoyaktuk und Paulatuk, zwei traditionellen Inuvialuit-Dörfern. Das kleine Dorf Sachs Harbour auf Banks Island wurde durch die Suche nach der Nordwestpassage bekannt. Auf Banks Island gibt es den nördlichsten navigierbaren Fluss Kanadas, den Thompson River, und einen neuen Nationalpark. Der **Aulavik National Park** bietet gute Möglichkeiten für Kanu- oder Floßexkursionen und ist ein Paradies für Naturfotografen. Im Frühjahr sorgen Inuvialuit-Führer mit ihren Hundeschlittenteams dafür, dass Eisbären und Moschusochsen dicht genug vor die Kamera kommen, und im Sommer kann man riesige Schwärme von Seevögeln beobachten.

Am Shoran Lake auf Banks Island konnte eine der ältesten permanenten Siedlungsstätten der Northwest Territories nachgewiesen werden. Archäologische Ausgrabungen am Fisherman Lake in den Mackenzie Mountains haben 9000 Jahre alte indianische Gegenstände ans Tageslicht gebracht.

Infos

Tourist Information Inuvik: Tel. 867-777-86 18, Fax 777-86 19, www.inuvik.ca/tourism.

Parks Canada: Box 1840, Inuvik, NT X0E 0T0, Tel. 867-777-88 00, Fax 867-777-88 20, www.parkscanada.ca. Infos und Material über vier National Park Reserves: Aulavik NP, Ivvavik NP, Tuktut Nogait NP, Vuntut NP (alle nördl. des Polarkreises, nur von Inuvik mit Charterflug oder Outfitter zu erreichen).

Übernachten

... in Inuvik:

Ordentlich ► **Mackenzie Hotel:** Box 1410, NT X0E 0T0 (gegenüber der Iglu-Kirche), Tel. 867-777-28 61, Fax 777-33 17. Angenehme Atmosphäre, gutes Restaurant und stimmungsvolle Bar. $ 160–240.

Schön gelegen ► **Arctic Chalet B & B:** Box 1099, 25 Carn Rd., NT X0E 0T0, Tel. 867-777-35 35, 1-800-685-94 17, Fax 777-44 43, www.arcticchalet.com. 7 Zimmer, teilweise mit Kitchenette eingerichtet, sowie 3 Hütten,. ein Waschsalon steht zur Verfügung. Kurze oder mehrtägige Exkursionen per Jeep oder Wasserflugzeug, Kajakverleih, Hundeschlitten- und Schneemobiltouren im Winter. Zimmer $ 110–150.

Aktiv

Rundflüge ► **Arctic Wings:** Box 1916, Inuvik, NT X0E 0T0, Tel. 867-777-22 20, Fax 777-34 40. Linien- und Charterflüge nach Aklavik, Fort McPherson sowie Touren im Mackenzie-Delta und in den Richardson Mountains.

Wildnistouren ► **Arctic Nature Tours:** Box 1190, Inuvik, NT X0E 0T0, Tel. 867-777-33 00, Fax 777-34 00, www.arcticnaturetours.com. Cultural Tours zu traditionellen Inuvialuit-Siedlungen und Fishing Camps; naturkundliche Exkursionen mit Boot und Wasserflugzeug nach Tuktoyaktuk und Aklavik, Herschel und Banks Island, in die Richardson Mountains sowie ins Mackenzie-Delta.

Termine

Midnight Madness: 22. Juni, Festival zur Sommersonnenwende.

Great Northern Arts Festival: 10 Tage Mitte Juli. Tel. 867-777-35 36, Fax 777-44 45, www.gnaf.org. Größtes Kunstfestival im Norden mit über 100 einheimischen Künstlern, Workshops, Aufführungen, Tänzen, Verkauf von Kunsthandwerk.

aktiv unterwegs

Paddeln auf dem Keele River

Tour-Infos

Start: Norman Wells, NWT
Dauer: 10 bis 14 Tage
Veranstalter: Wanapitei Canoe, 14-393 Water St., Peterborough, Ontario, Canada K9H 7H5, Tel. 705-745-83 14, 1-888-637-55 57, Fax 705-944-58 40, www.wanapitei.net. Kanadas ältester Kanutrip-Veranstalter organisiert ein- und mehrwöchige Trips für Gruppen bis zu 10 Personen und stellt von den Kanus über die Campingausrüstung bis hin zu erfahrenen Guides alles zum Überleben in der Wildnis Notwendige bereit.
Kosten: ab $ 4600
Schwierigkeitsgrad: mittelschwer, Wildniserfahrung wird vorausgesetzt

Er ist schon ein ganz besonderes Paddelrevier: der Keele River in den kanadischen Northwest Territories. Von seiner Quelle an der Grenze zum Yukon Territory bis zu seiner Mündung in den Mackenzie River fließt er rund 450 km durch die unberührte Bergwelt der Mackenzie Mountains. In der Übersetzung für Outdoorfans bedeutet das: keine Menschenseele, umso mehr Elche, Karibus und Grizzlys. Schneebedeckte Bergriesen, Urwälder aus Schwarzkiefern und Espen und herrliche Lagerstellen. Mitternachtssonne und Angeln der Extraklasse, vor allem Lachse. Gute Aussicht auf warme Sommertage mit Spitzentemperaturen knapp unter 30 °C. Wer seinen Traum wahrmachen und Kanada mit dem Kanu entdecken möchte, liegt hier goldrichtig.

Der Keele River fließt mit einer Geschwindigkeit von 6–8 km/h, nach Regenfällen etwas schneller. Die Stromschnellen und Wirbel rechnen Experten den Kategorien eins und zwei zu, sie sind daher auch von Wildwasser-Novizen zu bewältigen. 10 bis 14 Tage dauert die Tour, bei Tagesetappen zwischen 30 und 60 km. Drei Tage vor der Mündung in den Mackenzie River tritt der Keele River aus den Bergen heraus. Er wird breiter und verlangsamt seine Fließgeschwindigkeit. Hier und da zerfasert er in mehrere flache Kanäle, von denen manche in toten Armen enden.

Norman Wells ist das Basislager für alle Keele-Karuten. Die 800-Seelen-Siedlung am Mackenzie River liegt knapp unter dem Polarkreis und wird täglich von Passagierflugzeugen angeflogen. Straßen hierher gibt es nicht, dafür drei Hotels, drei Restaurants, zwei Supermärkte und eine Espressomaschine. Von Norman Wells geht es mit einer vom Veranstalter gecharterten Twin Otter zum Einstieg (1,5-stündiger Flug). Am ersten Tag paddelt man nur zum ersten Lager wenige Kilometer flussabwärts. Zum Tagesende erlernen die Teilnehmer das kleine Einmaleins des Wildwasser-Kanuwanderns. Wie nähert man sich bis zu 1,5 m hohen Wellen? Wie navigiert man bei Flussmündungen durch fadenscheinige Wirbel? Wie überquert man einen Fluss mit einer Fließgeschwindigkeit von 10 km/h? Wie bleibt man bei hohem Wellengang trocken? Kentern ist bei kanadischen Wassertemperaturen eine ernste Angelegenheit ...

Erstaunlich, wie schnell die Handhabung eines Kanus unter sachkundiger Anleitung in Fleisch und Blut übergeht. Die Mitternachtssonne flegelt auf den gezackten Kämmen der Backbone Range herum und denkt nicht daran unterzugehen. Man schießt im Kanu über weißbemützte Wellenberge hinaus, landet krachend in einem Wellental und brüllt dabei »jiiiieehaaa«. Am Ende des Tages zieht man das Kanu an Land und gönnt sich einen heißen Kaffee. Ein Lachs oder Hecht zieht an der Leine. Oder man schlägt beim Überqueren des Keele der starken Strömung ein Schnippchen und surft im 45-Grad-Winkel elegant über die Wellen. Oder ... Es könnte noch lange so weiter gehen.

Nunavut

Am 1. April 1999 erhielten die Inuit ihr eigenes Territorium. Nunavut, der Ostteil der alten Northwest Territories, besteht aus über 2 Mio. km² arktischer Tundra, Feldern ewigen Eises und einer Straße. Dazu befragt, wie sie das Lebensgefühl in ihrer Heimat erklären, pflegen Inuit zu antworten, dass es leichter für sie wäre, einen 30 Pfund schweren Saibling aus dem Wasser zu ziehen als einen Hamburger zu kaufen.

Kanadas ›neues Territorium‹

Knapp 34 000 Menschen – und 30-mal so viele Karibus – leben in Kanadas neuem Territorium. 90 % der Bewohner sind Inuit, die Amtssprachen sind Inuktitut, Englisch und Französisch. Ein Vergleich hilft, um sich eine Vorstellung von der Ausdehnung und Leere des größten Landesteils Kanadas zu machen. Fast siebenmal so groß wie Deutschland, beläuft sich seine Einwohnerdichte auf die für mitteleuropäische Verhältnisse geradezu lächerliche Zahl von 0,01 Einwohnern pro km². Wäre Nunavut ein unabhängiger Staat, es wäre der am dünnsten besiedelte der Welt.

Den Lebensraum der Inuit bilden die Küsten und Inseln des nördlichen Eismeeres. Sie kamen relativ spät – erst vor etwa 5000 Jahren – über die Beringstraße. Die heutigen Inuit sind Nachkommen eines als *Thule* bezeichneten Volkes. Früher – und häufig auch heute noch – als *Eskimo* (in der Sprache der Cree-Indianer ›Rohfleischesser‹) bezeichnet, nennen sie sich selbst *Inuit,* was ganz einfach ›Mensch‹ bedeutet. Sie jagen Wale, Seehunde und auch Karibus.

Erst in den letzten Jahrzehnten des 18. Jh. kamen die *Inuvialuit* in das Mackenzie River-Delta. Sie lebten ursprünglich in Alaska und verdrängten die Mackenzie-Inuit, die durch die von weißen Walfängern eingeschleppten Krankheiten bereits dezimiert waren.

Nunavut besteht zum größten Teil aus Tundra – Bäume wachsen nur in der unzugänglichen Südwestecke des Territoriums. Einmal mehr ist es der Kanadische Schild, der auch diesem meist über dem Polarkreis liegenden Landesteil seinen Stempel aufgedrückt hat. Tiefe Fjorde und gewaltige Klippen aus grauem Granit charakterisieren vor allem die Küsten der arktischen Inseln, die mit weniger als 200 mm Niederschlag im Jahr technisch gesehen Wüsten sind. Die einzige Straße, abgesehen von denen in der überraschend urban wirkenden Hauptstadt Iqaluit und denen auf dem Reißbrett, ist die 21 km lange Verbindung zwischen Arctic Bay und Nanisivik: Kein Wunder, dass die Inuit fünfmal häufiger fliegen als die Kanadier im Süden des Landes!

Die drei Hauptstandbeine von Nunavuts Wirtschaft sind Bergbau, Fischerei und Tourismus. Letzterer ist der am schnellsten wachsende Wirtschaftszweig. Das Spektrum der angebotenen Wildnisabenteuer reicht von Wandertouren durch Baffin Island über Eisbären-, Wal- und Karibubeobachtung bis zur Kanuexpedition auf Ellesmere Island. Schier überwältigende Naturschauspiele sind garantiert, sowohl während des kurzen, von Juni bis Anfang September reichenden Sommers als auch im Winter, der mit bis zu –40 °C nicht nur bitter kalt ist, sondern mit seinen sternenklaren Nächten kaum weniger beeindruckt. Und *last but not least* wäre da

auch noch die reiche Kultur der Gastgeber. Inuit-Schnitzereien sind weltberühmt. In vielen der 28 Gemeinden Nunavuts werden schöne handgearbeitete Gegenstände hergestellt. Ein Zentrum des Kunsthandwerks ist Iqaluit mit diversen Galerien und dem Nunatta Sunakkutaanngit Museum.

Am 1. April 1999 wurden die Northwest Territories in eine westliche (unter dem alten Namen NWT) und eine östliche Hälfte (unter dem neuen Namen Nunavut) geteilt. Im Rahmen des *Nunavut Land Claims Agreement* wurden den Inuit von der kanadischen Bundesregierung außer der politischen Selbstverwaltung auch Landrechte über fast 360 000 km², Beteiligung an den Bodenschätzen sowie 1,2 Mrd. $ als Finanztransfer zugestanden. Hohe Arbeitslosigkeit und die immensen Kosten für die Infrastruktur machen den Start in die politische Selbstständigkeit nicht eben leicht. Man ist aber optimistisch: Die Bundesregierung Kanadas wird weiterhin helfen; der Tourismus hat noch Wachstumspotenzial und die Bevölkerung ist jung, 60 % der in Nunavut lebenden Menschen sind unter 25 Jahre alt.

Mittlere Arktis-Küste

Karte: oben

Ein weites Tundragebiet mit Seen, die bis Mitte Juli vom Eis bedeckt sind, und unzählige Inseln werden unter diesem Begriff zusammengefasst. Im Sommer färbt ein unendlicher Teppich von winzigen Blüten die Tundra bunt. Hier ist die Heimat der mehrere tausend Tiere umfassenden Karibu-Herden, die auf der Suche nach Nahrung Tausende von Kilometern über das Land ziehen. Weit verstreut liegen die wenigen kleinen Inuit-Siedlungen, fast immer dort, wo gute Möglichkeiten für Jagd und Fischfang bestehen. Auch Angler und Jäger aus allen Teilen der Welt zieht es in diese Region.

In **Kugluktuk** 1 (1300 Einw.), früher Coppermine genannt, an der Mündung des gleichnamigen Flusses in den Coronation Gulf, existieren schon seit Urzeiten Inuit-Siedlungen. Ein Trail führt am Coppermine River entlang zu den Bloody Falls, benannt nach dem Massaker, das die indianischen Chippewayan-Führer des Entdeckers Samuel Hearne hier an den friedlichen Inuit verübten.

Touren zu den Wasserfällen oder entlang der landschaftlich außerordentlich reizvollen Küste können im Ort arrangiert werden.

Mit rund 1500 Einwohnern ist **Cambridge Bay** **2** auf Victoria Island einer der größeren Orte des hohen Nordens und Transport- und Verwaltungsmittelpunkt der Region. Sehenswert ist die malerische Steinkirche. Interessant ist auch ein Besuch der kooperativen Fischverarbeitungsanlage, die hier in den Sommermonaten 50 000 kg Arctic Char (Eismeersaibling), den delikatesten Fisch des Nordens, verarbeitet. In Cambridge Bay lassen sich auch traditionell angefertigte Parkas und Kunsthandwerk erwerben.

Am Bathurst Inlet liegt **Umingmaktok** **3** (50 Einw.), auf Inuktitut der ›Ort der vielen Moschusochsen‹, die einzige Inuit-Siedlung ohne weiße Einwohner. Der althergebrachte Lebensstil mit Fischen und Jagen hat hier überdauert. Ein Dorado für Naturfotografen, denn außer Moschusochsen kann man Karibus, Grizzlies, Seehunde und über 80 Vogelarten fotografieren. Umingmaktok ist nur mit dem Charterflugzeug ab Yellowknife oder Cambridge Bay zu erreichen.

Infos

Arctic Coast Visitor Centre: P. O. Box 1198, Cambridge Bay, NU X0E 0C0, Tel. 867-983-28 42, Fax 983-23 02, www.nunavutparks.com.

Übernachten

... in Cambridge Bay:

Naturnah ► **Arctic Islands Lodge/Inns North:** P. O. Box 1031, NU X0B 0C0, Tel. 867-867-983-23 45, 1-888-866-67 84, Fax 867-

Schnitzereien und Druckgrafiken sind eine wichtige Einnahmequelle in Nunavut

983-24 80, www.cambridgebayhotel.com. An der Nordwestpassage gelegen, 25 Zimmer; Restaurant mit traditionellem Menü, u. a. Moschusochsensteak, Bannock (Indianerbrot), arktischer Saibling vom Grill; naturkundliche und historische Exkursionen. $ 225–325.

Aktiv

Naturexkursionen ▶ **Central Arctic Tours & Outfitters:** Luke Coady, Box 1199, Cambridge Bay, NU X0B 0C0, Tel. 867-983-20 24, Fax 983-28 21, www.huskydog.com. Individuelle Touren zum Mount Pelly und zur Eismeerküste, Angeln; auch Unterkunft in einer Lodge am Queen Maud Gulf möglich.

Termine

Omingmak Frolics: Mitte Mai, Cambridge Bay. Traditionelle Spiele, Schlittenrennen.

Verkehr

Adlair Aviation Ltd.: P. O. Box 111, Cambridge Bay, NU X0B 0C0, Tel. 867-983-25 69, Fax 867-983-28 47, www.adlairaviation.com. Charterflüge in der Zentral-Arktis.

Baffin Island und der äußerste Norden

Karte: S. 397

Eisberge und riesige Eisschollen, Gletscher, die sich zum Meer winden, Eisbären, Wale und Walrosse und die Kultur der Inuit – wohl kaum eine andere Region kommt unseren Vorstellungen von der ›wirklichen‹ Arktis so nah. **Baffin Island** 4 ist eine der bekanntesten Regionen des hohen Nordens. Die Palette an Angeboten für Aktivurlauber ist breit gefächert: Im Frühjahr Fahrten mit dem traditionellen Hundeschlittengespann, Ausflüge mit Motorschlitten oder Skiwanderungen in die Fjorde bis an den Rand des schwimmenden Eises; im Sommer Trekking, Kanutouren auf den Flüssen, Exkursionen mit Booten entlang der Küste. Hauptattraktion ist natürlich der Trek zum Akshayuk Pass im Auyuittuq National Park, der zu Fuß nur von Mitte Juli bis Ende August unternommen werden kann.

Iqaluit 5

Iqaluit, früher Frobisher Bay genannt, an der Südostküste von Baffin Island, ist mit einer Bevölkerung von rund 7500 Einwohnern der größte Ort Nunavuts, Hauptstadt und Verkehrsdrehscheibe. In der Stadt gibt es ein modernes Krankenhaus, Banken, ein Kino, mehrere Hotels und Restaurants. Ausführliche Informationen erhält man im Unikkaarvik Visitor Centre, wo auch die Region in Ausstellungen und Displays vorgestellt wird. Hervorragende arktische Kunst und kunsthandwerkliche Exponate sind im Nunatta Sunakkutaanngit Museum – in einem renovierten historischen Lagerhaus der Hudson's Bay Company – zu sehen.

Eine 20-minütige Bootsfahrt führt zu einer historischen Siedlungsstätte der *Thule*, die hier vor 2600 Jahren lebten. Iqaluit ist im

Linienverkehr von Montréal, Ottawa, Edmonton und Yellowknife zu erreichen. Von hier gibt es auch regelmäßige Flugverbindungen zu den anderen Orten auf Baffin.

Infos

Nunavut Tourism: P.O. Box 1450, Iqaluit, NU X0A 0H0, Tel. 867-979-65 51, 1-866-686-28 88, Fax 979-12 61, www.nunavuttourism.com.

Unikkaarvik Visitors Centre: Tel. 867-979-46 36, 1-866-686-28 88.

Übernachten

Bestes Haus am Platz ▶ **Frobisher Inn,** P.O. Box 4209, Iqaluit, NU X0A 0H0, Tel. 867-979-22 22, 1-877-422-94 22, Fax 979-04 27, www.frobisherinn.com. Großes modernes Haus mit Pool, Laden und Restaurant. Ab $ 255.

Freundlich & modern ▶ **Discovery Lodge Hotel:** P.O. Box 387, Iqaluit, NU X0A 0H0, Tel. 867-979-44 33, Fax 979-65 91, www.discoverylodge.com. Mit gutem Restaurant. Ab $ 230.

Mit Sonnendeck & Meerblick ▶ **Crazy Caribou Bed & Breakfast:** P.O. Box 1686, Iqaluit, NU X0A 0H0, Tel. 979-24 49, 1-866-341-44 41, www.leelieenterprises.ca/cariboubb/index.htm. Komfortables B & B mit 5 Gästezimmern, Sauna, Jacuzzi und spektakulärem Blick auf die Frobisher Bay. Radverleih ($ 25/Tag), Stadttour ($ 40), Zimmer $ 140.

Einkaufen

Inuit-Kunst ▶ **Nunatta Sunakkutaangit Museum:** Tel. 867-979-55 37, Fax 979-45 33. Erstklassige Souvenirs und Kunsthandwerk der Inuit im Museumsladen. Im Juni/Aug. tgl., sonst Di–So 13–17 Uhr. **Iqualuit Fine Arts Gallery:** Thomas Webster, Building 1127, Box 760, Iqaluit, NU X0A 0H0, Tel. 867-979-57 78, Fax 979-60 92. Specksteinskulpturen, traditioneller Schmuck aus Knochen und fossilem Elfenbein, Kleidung, Grafik. **Coman Arctic Galleries**, P.O. Box 128, Building 1127, Iqaluit, NU X0A 0H0, Tel. 867-979-63 00. Werke traditioneller und moderner Inuitkünstler werden hier verkauft. Mo–Fr 10–16 Uhr.

Aktiv

Naturexkursionen ▶ **Polynya Adventure:** Box 2338, Iqaluit, NU X0A 0H0, Tel. 867-979-62 60, 1-866-366-67 84, Fax 979-62 56, www.polynya.ca. Kurze und mehrtägige Exkursionen mit Hundeschlitten, Snowmobile und Boot, Wildbeobachtungen, Angeltouren, Helikopterflüge.

Bootstouren ▶ **Inuksuk Adventures:** P.O. Box 1907, Iqaluit, NU X0A 0H0, Tel. 867-979-21 13, www.inuksukadventures.ca. Bootsexkursionen in der Frobisher Bay mit Wal- und Eisbär-Beobachtungen.

Termine

Toonik Tyme: Anfang April. 7-tägiges Frühlingsfest mit Spielen und Hundeschlittenrennen.

Verkehr

Kenn Borek Air Ltd.: Box 1741, Iqaluit, NU X0A 0H0, Tel. 867-979-00 40, Fax 979-01 32, www.borekair.com. Flüge in der Baffin-Region.

Auyuittuq National Park

Der 21 500 km² große **Auyuittuq National Park** 6 ist urzeitliche Wildnis: mächtige Berge, Gletscher und himmelhohe senkrechte Felswände, riesige Geröllhalden und Wiesen voller arktischer Blumen. Das passende Inuit-Wort bedeutet ›das Land, das niemals auftaut‹. Die Gletscher der Penny Ice Cap, über 2000 m hoch, bedecken über 5100 km² des Parks. Häufig besucht ist das Tal des Weasel River, welches hinaufführt zum Akshayuk Pass (früher Pangnirtung Pass), von dem sich ein überwältigendes Panorama bietet. Gelegentlich lassen sich Eisbären, Walrosse, Belugawale und Narwale mit ihrem bis zu 3 m langen Horn beobachten. Von Mai bis Juni hat man hier 24 Stunden Tageslicht. Die Anreise erfolgt mit dem Flugzeug über Iqaluit nach Pangnirtung. Hier ist auch das Park Office, wo der Weitertransport zum Park vermittelt wird. Die beste Zeit für den Besuch ist Ende Juni bis Anfang August.

In **Pangnirtung** 7 leben rund 1400 Inuit vom Fischfang, von der Jagd auf Karibu, Wal-

Nur wenige kamen durch: die Nordwestpassage

Thema

Die Suche nach der Nordwestpassage ist eines der faszinierendsten Kapitel der kanadischen Geschichte. Für Hunderte mutiger Seefahrer endete sie im ewigen Eis, nur wenige kehrten zurück. Die Erderwärmung rückt sie seit ein paar Jahren wieder verstärkt in den Blickpunkt: Länger eisfrei als je zuvor, verspricht die Passage eine Verkürzung des Seewegs von Europa nach Asien um 4000 km.

Auch vor nunmehr fast 500 Jahren war die Motivation keine andere als heute: Die seefahrenden Nationen Europas träumten von einer Route, die den Weg zu den Reichtümern Asiens verkürzte. Einer der ersten namentlich verbürgten Kapitäne in dem polaren Insellabyrinth vor der Nordküste des Kontinents war der Engländer Martin Frobisher. Gleich dreimal versuchte er es (1576–1578), doch er schaffte es nur bis zu der nach ihm benannten Frobisher Bay. Sein Landsmann Henry Hudson entdeckte 1610 die später nach ihm benannte Hudson Bay, kehrte aber nicht zurück.

Während der nächsten 200 Jahre wurden keine bahnbrechenden Erkenntnisse über die Nordwestpassage gesammelt. Erst zu Beginn des 19. Jh. stachen wieder Expeditionen in See, dieses Mal besser ausgerüstet als je zuvor. Doch auch die Reisen von John Ross, William Edward Parry, James Clark Ross und anderen vermochten dem Puzzle nur einzelne Steinchen hinzuzufügen. Zu Lande war einer bereits weiter gekommen: 1789 hatte der Engländer Samuel Hearne von Fort Churchill aus beim Mackenzie-Delta das Eismeer erreicht – allerdings irrtümlich, war sein Auftrag doch die Erreichung des Pazifiks gewesen.

1845 gingen zwei Schiffe unter dem Kommando von Sir John Franklin vor Baffin Island vor Anker und nahmen von dort aus Kurs auf die Beaufort-See. Sie wurden nie mehr gesehen, und die Suche nach der verlorenen Expedition, die mehrere Jahrzehnte dauerte, produzierte nur wenige neue Erkenntnisse über die Nordwestpassage.

Die ›Eroberung‹ des nördlichsten Wasserwegs der Welt blieb einem Norweger vorbehalten. Von 1903 bis 1906 durchfuhr der Polarforscher Roald Amundsen auf der ›Gjöa‹ die Nordwestpassage vom Atlantik bis zum Pazifik. Die kommerzielle Ausbeutung seiner Tat ließ jedoch zunächst noch auf sich warten: Die von ihm gefundene Route schien für große Schiffe zu flach, die eisfreie Zeit zu kurz.

In der Folgezeit schafften es weitere Expeditionen, die Nordwestpassage in beiden Richtungen zu bezwingen. 1944 gelang der ›St. Roch‹ von der kanadischen RCMP als erstem Schiff die Durchquerung der Passage in einem einzigen Sommer. 1969 sah die Nordwestpassage den ersten Supertanker, doch es sollte noch einmal 30 Jahre dauern, bis die Route etwas erlebte, das die Bezeichnung ›Schiffsverkehr‹ verdiente. Heute nutzen Dutzende von Frachtern und Tankern die von der Erderwärmung verursachte Verlängerung der eisfreien Zeit – sehr zur Verärgerung der kanadischen Regierung, die die Nordwestpassage, im Gegensatz zur EU und den USA, als kanadisches Gewässer ansieht. Zur Unterstreichung ihres Souveränitätsanspruches bezeichnet Ottawa die Region der Nordwestpassage daher seit April 2006 als ›canadian internal waters‹.

ross und Seehund und auch vom Verkauf ihrer begehrten kunsthandwerklichen Arbeiten. In einer dreistündigen Exkursion mit dem Boot lässt sich der 50 km entfernte Kekerten Territorial Park erreichen. Hier findet man ein Freiluftmuseum und Steinfundamente einer alten Walfangstation aus der Mitte des 19. Jh. und Überreste von Erdhäusern der Inuit.

Infos

Angmarlik Visitor Centre: P.O. Box 271, Pangnirtung, NU X0A 0R0, Tel. 867-473-87 37, 1-800-491-75 10, Fax 473-86 85. Arrangiert Touren und Transport in den Nationalpark.

Auyuittuq National Park: P.O. Box 353, Pangnirtung, NU X0A 0R0, Tel. 867-473-25 00, Fax 473-86 12, www.parkscanada.ca/auyuittuq. Auskunft und Material über den Park.

Übernachten

Toller Blick auf den Fjord ▶ Auyuittuq Lodge: Pangnirtung, P.O. Box 53, NU X0A 0R0, Tel. 867-473-89 55, 1-888-866-67 84. Komfortable Lodge und Fishing Camp; gute Küche, Waschsalon. 10. Juli–20. Aug. Ab $ 225 pro Person.

Aktiv

Naturexkursionen ▶ Alivaktuk Outfitting, Box 3, Pangnirtung, NU X0A 0R0, Tel./Fax 473-87 21. Ein- und mehrtägige Exkursionen mit Boot, Hundeschlitten und Snowmobile stehen zur Auswahl. Walbeobachtung und Angeln werden ebenfalls angeboten.

Termine

Pangnirtung Music Festival: Ende Juni.

Zelten auf Ellesmere Island ist eine eiskalte Herausforderung

Cape Dorset

Cape Dorset 8, eine Inuit-Siedlung mit 700 Einwohnern am Südwestzipfel von Baffin Island, ist international als ›Künstlerdorf in der Arktis‹ berühmt für die dort angefertigten, wunderschön geschnitzten Specksteinfiguren und die künstlerisch hochwertigen Lithografien und Drucke. Die Inuit-Künstler haben sich in der West Baffin Eskimo Co-Operative zusammengeschlossen, die den Verkauf der Kunstwerke übernommen hat und der größte Arbeitgeber des Ortes ist. Bei Cape Dorset fanden Archäologen Überreste einer prähistorischen Zivilisation, welche sie **›Dorset-Kultur‹** nannten. Die Grabungsstätten sind per Hundeschlitten oder Boot erreichbar.

Für die besonders Unternehmungslustigen unter den Nordlandreisenden bietet sich **Resolute** 9 auf Cornwallis Island an. Von hier aus arrangiert ein Outfitter verschiedene Touren zum Magnetischen Nordpol in der Nähe von Bathurst Island, zum Ellesmere National Park oder gar zum Nordpol. Das nötige Tageslicht für ein volles Programm steht zur Verfügung: Hier oben im hohen Norden geht die Sonne von Anfang Mai bis Mitte August gar nicht unter (Resolute heißt auf Inuktitut ›Qausuittuq‹, ›Ort ohne Dämmerung‹).

Als Zwischenstation eignet sich **Grise Fjord** 10, der nördlichste Ort Amerikas. Die Inuit-Siedlung mit nur 100 Seelen, landschaftlich außerordentlich schön zwischen Meer und mächtigen Bergen gelegen, gilt als einer der faszinierendsten Orte des hohen Nordens. Auf der anderen Seite des Fjords findet man uralte Steinhütten, Zeltringe und Fischwehre, und noch heute leben die Dorfbewohner von der traditionellen Jagd. Einheimische Führer bringen den Gast auf die riesigen Eisflöße, um Eisbären oder Vögel zu beobachten.

Übernachten

Inuit-geführt ▶ **Qausuittuq Inns North:** P.O. Box 270, Resolute, NU X0A 0V0, Tel. 867-252-39 00, Fax 252-37 66, 1-888-866-67 84, www.innsnorth.com, www.resolutebay.com. Das komfortable Hotel bietet einen schönen Blick auf die Nordwest-Passage und verfügt über ein Restaurant und einen Souvenirladen. Ab $ 225 pro Person.

Leicht angejahrt ▶ **Kingnait Inn:** P.O. Box 89, Cape Dorset, NU X0A 0C0, Tel. 867-897-88 63, Fax 897-89 07. 17 Zimmer mit je 2 Einzelbetten, 8 davon mit eigener Dusche, Restaurant, Waschsalon. Ab $ 210, mit Vollpension ab $ 230.

Mit Tourangebot ▶ **Dorset Suites:** Huit Huit Tours, Box 4, Cape Dorset, NU X0A 0C0, Tel. 867-897-88 06, www.capedorsettours.com. Komfortable, mit Vollpension oder Küchenbenutzung buchbare Zimmer. Zudem besteht die Möglichkeit, Touren und Exkursionen in der Cape Dorset-Region zu unternehmen. Ab $ 200.

Aktiv

Naturexkursionen ▶ **Nanuk Outfitting:** Box 98, Resolute, NU X0A 0V0, Tel. 867-252-36 94, Fax 252-31 19. Ein- und mehrtägige Touren mit dem Snowmobil oder Hundeschlitten auf dem Eis, im Sommer mit dem Allrad-Fahrzeug; Übernachtung im Zelt oder Iglu bzw. Unterbringung in Resolute möglich.

Quttinirpaaq National Park (Ellesmere National Park) 11

Der **Quttinirpaaq National Park** (Ellesmere National Park) mit seinen 40 000 km² unerschlossener Wildnis liegt hoch im Norden der arktischen Insel Ellesmere, nur etwa 800 km vom Nordpol entfernt. Der Besuch ist ein beeindruckendes Erlebnis: blendend weiße Gletscher zwischen Geröllhügeln und Felsen in den verschiedensten Schattierungen von Gelb, Braun und Schwarz, Eisberge in den Fjorden und ein großer Binnensee, der Lake Hazen. Das Gebiet um den See ist eine polare Wüste, windig und trocken. Hier gibt es große Kolonien von Schneehasen. Außerdem kann man Peary-Karibus, Moschusochsen und Wölfe beobachten.

Infos

Quttinirpaaq National Park of Canada, P.O. Box 278, Iqaluit, Nunavut, Canada X0A 0H0, Tel. 867-975-46 73, Fax 975-46 74, Infos unter www.parks canada.ca/quttinirpaaq.

Der Mount McKinley inmitten des Denali National Park ist mit 6194m der höchste Berg Alaskas

Kapitel 7

Alaska (USA)

Alaska, der größte US-Staat im äußersten Nordwesten von Nordamerika, steht als Reiseziel den westkanadischen Provinzen in nichts nach: ein gewaltiges Land mit 6000 m hohen Bergketten, breiten Wildnisflüssen und einsamen Küsten am Pazifik, an der Beringsee und am Polarmeer. Diejenigen, die Abenteuer und besondere Erlebnisse suchen, werden auch hier voll auf ihre Kosten kommen. Exkursionen führen zu den größten Bären der Welt auf Kodiak Island und der Katmai Peninsula, man kann sich von Buschpiloten in die Eiswelt des Mount McKinley fliegen lassen, dem höchsten Berg Nordamerikas, oder mit der Alaska-Fähre den Spuren russischer Pelzhändler durch Südost-Alaska folgen. Dort erstreckt sich mit der Glacier Bay auch eines der spektakulärsten Gletschergebiete der Welt, umrahmt von den 5000 m hohen Bergen der St. Elias- und Fairweather Range. Haushohe, ins Meer ›kalbende‹ Gletscher und eine faszinierende Tierwelt mit Buckel- und Schwertwalen, Grizzlys und Weißkopfseeadlern gehören zu den Hauptattraktionen dieses Nationalparks.

Alaska ist viermal so groß wie Deutschland. Nur ein gutes Dutzend Highways erschließen einen Teil dieser immensen Landfläche – ein weit gespanntes, löchriges Netz von Teer- und Schotterstraßen, das vor allem die Städte Anchorage und Fairbanks umspannt. Die Routenauswahl ist leicht: Es gibt nur drei große Durchgangsstraßen, die in einem Dreieck Anchorage mit Tok bzw. Delta Junction und Fairbanks verbinden. Ein Rundkurs, in den man sich von Anchorage oder auch von Tok aus einklinken kann. Hinzu kommen einige lohnende Stichstraßen in die Wildnis oder an die Küste. Nicht verpassen sollte man einen Ausflug auf die Kenai-Halbinsel südlich von Anchorage.

Auf einen Blick

Alaska (USA)

Sehenswert

13 **Kenai Peninsula:** Das ursprüngliche Alaska mit Fjorden, Wäldern, Gletschern und malerischen Fischerorten (s. S. 413).

14 **Wrangell-St. Elias National Park:** Riesiges Wildnisgebiet mit Gletscherbergen, endlosen Wäldern und Lachsflüssen, mittendrin die *Ghosttown* Kennicott (s. S. 423).

15 **Denali National Park:** Boreale Nadelwälder, weite Tundragebiete und Alaskas höchster Berg, der 6194 m hohe Mount McKinley (s. S. 441).

Katmai National Park: Mondlandschaft aus Felsen, Schlacke und Vulkanasche im Valley of Ten Thousand Smokes (s. S. 453).

Glacier Bay National Park: Spektakuläres Gletschergebiet, umgeben von den mächtigen eisbedeckten St. Elias- und Fairweather-Bergen (s. S. 471).

Schöne Routen

Von Anchorage nach Valdez: Fahrt durch das fruchtbare Matanuska-Tal zum Prince William Sound mit seinen schwimmenden Gletschern (s. S. 419).

Nach McCarthy und Kennicott: Auf dem Edgerton Highway geht es durch ein noch sehr urwüchsiges Alaska zurück in die Pionierzeit (s. S. 421).

Von Valdez nach Fairbanks: Durch die Chugach Mountains und die Alaska Range ins Landesinnere, vorbei an alten Road Houses und Trading Posts (s. S. 429).

Von Fairbanks zum Denali National Park und nach Anchorage: Die Route führt von der ›Metropole‹ Zentralalaskas an die Pazifikküste (s. S. 439).

Meine Tipps

Schifffahrt von Valdez in den Prince William Sound: Grandiose Gebirgsszenerien erleben und dem riesigen Columbia-Gletscher ganz nahe kommen (s. S. 423).

Flightseeing mit Wrangell Air: Von McCarthy startend in luftiger Höhe über die Eisfelder der Wrangell Mountains und die Ghost Town Kennicott schweben (s. S. 428).

University Museum in Fairbanks: Innovative moderne Architektur bewundern und eine spannende Ausstellung zur Natur- und Kulturgeschichte Alaskas sehen (s. S. 433)

Bärenbeobachtung auf Kodiak und Katmai: Mit dem Buschflugzeug den König der alaskischen Wildnis aufspüren (s. S. 454.).

Fährpassage auf dem Alaska Marine Highway: Den Südosten Alaskas vom Wasser aus kennenlernen (s. S. 460).

aktiv unterwegs

Abenteuerfahrt auf dem Dalton Highway: Entlang der Trans-Alaska Pipeline führt die größtenteils geschotterte Straße quer durch die Wildnis über den Polarkreis zur fast 700 km entfernten Service-Siedlung Deadhorse an der Prudhoe Bay (s. S. 446).

Wanderung auf dem Mount Roberts Trail: Von Juneau führt der Weg durch üppigen Regenwald mit moosüberwucherten Baumriesen zum Gipfel, wo der Blick bis zu den Bergen in der Glacier Bay reicht (s. S. 469)

Kayaking in der Glacier Bay: Auf der Paddeltour entlang bewaldeter Ufer trifft man Elche und Schwarzbären, im Wasser tummeln sich Robben und Seeotter (s. S. 472).

Anchorage und Süd-Alaska

Anchorage selbst mag dem Reisenden nicht sehr viel bieten – aber die grandiose Natur liegt gleich vor der Haustür. Ausflüge zur Kenai Peninsula und in die Wrangell-St. Elias Mountains führen durch Bilderbuchlandschaften. Meer und Fjorde, Wälder und Berge sowie malerische Pionier- und Fischerorte zeigen Alaska, wie man es von Bildern kennt.

Anchorage ► 3, J 11

Cityplan: S. 410; **Karte:** S. 413

Crossroads of the World – ›Knotenpunkt der Welt‹: So nennt **Anchorage** 1 sich gerne. Der Name stammt aus den 1970er-Jahren, als Anchorage für internationale Fluglinien ein wichtiger Tankstopp auf der Polroute nach Fernost war. Moderne Flugzeuge mit größerer Reichweite und neue Routen von Europa über Russland nach Japan ließen die Bedeutung von Anchorage seither verblassen. Doch der Ölboom Alaskas und die wachsende Rolle der Stadt als touristischer Ausgangspunkt für eine der letzten Wildnisregionen unserer Erde haben Anchorage fest auf der Landkarte verankert. Seit dem Ende des Kalten Krieges ist die Stadt nun auch Drehscheibe für den neuen Flugverkehr nach Sibirien.

Anchorage ist heute mit knapp 290 000 Einwohnern die einzige echte Großstadt in Alaska. Ihre Gründung verdankt sie den Goldfunden in Fairbanks kurz nach 1900, als die US-Regierung den Bau einer Eisenbahnlinie von Seward auf der Kenai-Halbinsel nach Fairbanks beschloss. Am Ufer des Cook Inlet an der Südküste Alaskas wurde damals ein Bahnarbeitercamp errichtet, das sich zur wichtigsten Stadt des Nordens mauserte. Nahezu jeder zweite Einwohner Alaskas lebt heute im Stadtgebiet von Anchorage.

Mit seinen ausufernden Vorstädten und der betriebsamen Innenstadt verkörpert Anchorage das Alaska des ›weißen Mannes‹. Es ist ein Tentakel, den die amerikanische Massenkultur nach Norden vorgestreckt hat – mit *Fastfood* und *Rush Hour.* Viele Bewohner der Stadt leben in *Mobile Homes* oder Wohnwagen. So können sie schneller umziehen, wenn ein Job sie in eine andere Gegend ruft. Immerhin gibt es in Alaska Arbeitsplätze – mehr und besser bezahlte als unten in den *Lower 48*. Allerdings sind die Lebenshaltungskosten hoch; fast alles kostet um ein Drittel mehr als im US-Durchschnitt.

Doch trotz aller amerikanischen Einflüsse ist Anchorage unverkennbar ein Teil Alaskas. Die grandiose Natur beginnt vor der Haustür. Am Stadtrand ragen die Chugach Mountains auf, mit herrlichen Erholungsgebieten.

Downtown

Ehe man ins Hinterland aufbricht, verdienen die Attraktionen der Stadt einen Besuch: Im **Log Cabin and Downtown Visitor Information Center** an der Ecke 4th Avenue und F Street erhält man Informationen und Kartenmaterial. Die große Blockhütte mit dem Grasdach ist zum Wahrzeichen von Anchorage geworden.

Das **Alaska Public Lands Information Center** schräg gegenüber zeigt Ausstellungen zu den Naturparks, zur Kultur der Ureinwohner sowie zur Flora und Fauna Alaskas.

Ebenfalls eine gute Einstimmung auf die Tour ist ein Besuch im **Anchorage Museum of History and Art** 1, das umfangreiche Sammlungen zur Kultur der Urbevölkerung sowie der europäischen Entdeckung und Besiedlung Alaskas, zum Goldrausch und zur modernen alaskischen Kunst beherbergt. Im Obergeschoss zeigen große Schaukästen die Geschichte Alaskas von der Urzeit bis heute (121 W. 7th Ave., Tel. 907-343-43 26, www.alaskamuseum.org, Mitte Mai–Mitte Sept. Fr–Mi 9–18, im Winter Di–Sa 10–18, So 12–18 Uhr; $ 12).

Das **Alaska Experience Theatre** 2 an der 4th Avenue zeigt eine Ausstellung über das Erdbeben von 1964. Auf einer Riesenleinwand werden u. a. Filme über das Naturereignis gezeigt (333 W. 4th Ave., Tel. 907-276-90 76, www.alaskaexperiencetheatre.com, im Sommer 10–18 Uhr, stdl. Filmvorführungen; $ 7, Theater $ 10).

Entlang der 2nd Avenue findet man noch einige historische Gebäude aus den ersten beiden Jahrzehnten des 19. Jh. In der Nachbarschaft schließt sich ein sehenswertes Polizeimuseum an. Das **Alaska State Trooper Museum** 3 erzählt die Geschichte der Männer, die Gesetz und Ordnung nach Alaska brachten. Im dazugehörigen *Gift Shop* können Souvenirs mit den Insignien der State Troopers erworben werden (245 W. 5th Ave., Tel. 907-279-50 50, Mo–Fr 10–16, Sa 12–16 Uhr; Eintritt frei).

Lake Hood

Ganz im Südwesten der Stadt, nahe dem Internationalen Flughafen, ist eine weitere Attraktion zu entdecken: **Lake Hood** 4, der größte Wasserflughafen der Welt. Hier und auf dem angrenzenden Lake Spenard starten und landen an Sommerwochenenden täglich mehr als 800 Maschinen. Die Haltung eines eigenen Flugzeugs ist in Alaska nicht viel teurer als die eines großen Wagens. So setzen sich viele Städter am Wochenende hinter den Steuerknüppel ihres *Floatplane* und fliegen hinaus an einen der unberührten Seen.

Das **Alaska Aviation Heritage Museum** 5 am Südufer des Lake Hood stellt Flugzeug-Oldtimer aus und illustriert die Geschichte der Buschpiloten (4721 Aircraft Dr., Tel. 907-248-53 25, im Sommer tgl. 9–17, sonst nur Mi–So; $ 10).

Alaska Native Heritage Center 6

Etwas außerhalb, am Glenn Highway und Muldoon Rd., liegt das **Alaska Native Heritage Center**, ein Museumsdorf in einem 10 ha großen Waldgebiet. Hübsch um einen See gelegen sind hier traditionelle Behausungen der fünf eingeborenen Volksgruppen Alaskas nachgebaut. Faszinierende Ausstellungen informieren über Geschichte und Kultur der Ureinwohner: der Athabasken, der Alëuten, der Tlingit, Haida und Thimshian sowie der Inupiaq und Yupik (8800 Heritage Center Dr., Anchorage, AK 99506–1655, Tel. 907-330-80 00, 1-800-315-66 08, Fax 330-80 30, www.alaskanative.net, Mitte Mai–Mitte Sept. 9–17 Uhr; $ 25).

Infos

Anchorage Convention & Visitors Bureau: Log Cabin Visitor Information Center, 4th Ave. und F St., Anchorage, AK 99501, Tel. 907-276-41 18, 1-800-478-12 55, Fax 278-55 59, www.anchorage.net. Juni–Aug. 7.30–19, Mai und Sept. 8–18, Okt.–April 9–16 Uhr.

Alaska Public Lands Information Center: 605 W. 4th Ave., Tel. 907-644-36 61, 1-866-869-68 87, www.nps.gov/aplic/center, www.dnr.stat.ak.us/parks. Juni–Aug. 9–17, sonst Mo–Fr 10–17 Uhr.

Übernachten

Modern & luxuriös ► **Hotel Captain Cook 1**: P.O. Box 102 280, 5th Ave./K St. Anchorage, AK 99510, Tel. 907-276-60 00, 1-800-843-19 50, Fax 343-22 98, www.captaincook.com. Hochhaushotel in Downtown Anchorage mit schönem Blick auf Berge und Bay, mehrere Restaurants, Fitnessraum, Pool. $ 250–400.

Mit historischem Flair ► **Historic Anchorage Hotel 2**: 330 E St., Anchorage, AK 99501, Tel. 907-272-45 53, 1-800-544-09 88, Fax 277-44 83, www.historicanchoragehotel.com. Schön renoviertes kleines Hotel in Downtown. $ 209–249.

Schön gelegen ► **Copperwhale Inn 3**: 440 L St., Anchorage, Tel. 907-258-79 99, 1-866-258-79 99, Fax 907-258-62 13, www.

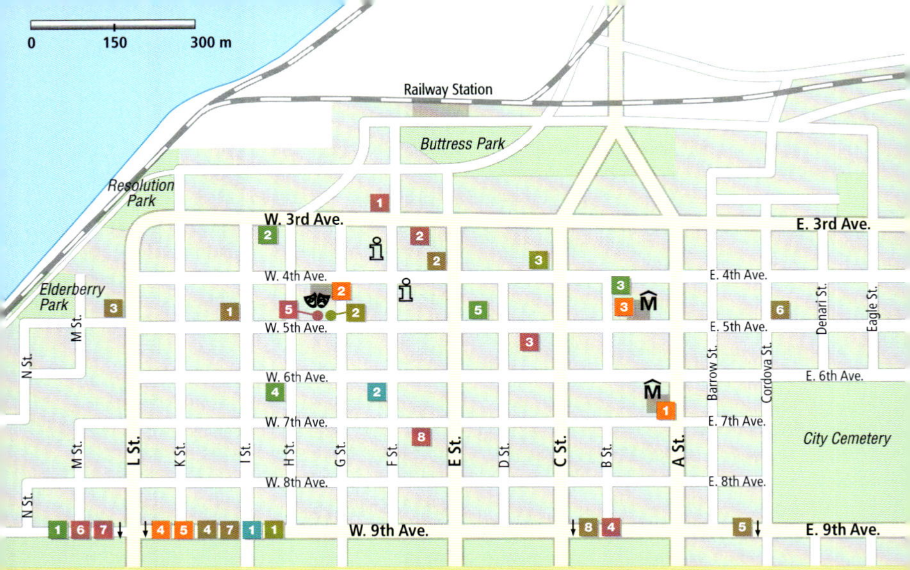

Anchorage

Sehenswert
- 1 Anchorage Museum of History and Art
- 2 Alaska Experience Theatre
- 3 Alaska State Trooper Museum
- 4 Lake Hood
- 5 Alaska Aviation Heritage Museum
- 6 Alaska Native Heritage Centre

Übernachten
- 1 Hotel Captain Cook
- 2 Historic Anchorage Hotel
- 3 Copperwhale Inn
- 4 Oscar Gill House
- 5 Creekwood Inn & RV Park
- 6 Day's Inn
- 7 Anchorage Guesthouse
- 8 Arctic Adventure Hostel

Essen & Trinken
- 1 Marx Bros. Cafe
- 2 Anchorage Top of The World Hilton Hotel
- 3 Phyllis's Cafe & Salmon Bake
- 4 Sourdough Mining Company
- 5 Glacier Brewhouse
- 6 Gwennie's Old Alaska Restaurant
- 7 Organic Oasis
- 8 Dianne's Restaurant

Einkaufen
- 1 Alaska Unique
- 2 Artique Ltd.
- 3 David Green Master Furrier
- 4 Oomingmak-Musk Ox Producers Coop
- 5 Cook Inlet Book Company

Abends & Nachts
- 1 Chilkoot Charlie's
- 2 Humpy's Great Alaskan Alehouse

Aktiv
- 1 ERA Aviation Inc.
- 2 Gray Line of Alaska
- 3 Downtown Bicycle Rental

copperwhale.com. Schön gelegen am Rande der Downtown mit Blick auf Cook Inlet und Alaska Range, mehrere Restaurants sind bequem zu Fuß erreichbar, auch der 16 km lange Coastal Trail liegt nahe, die 14 Zimmer sind vor ein paar Jahren umfassend renoviert worden. Ab $ 185.

Familiäres B & B ▶ **Oscar Gill House** 4: 1344 W. 10th Ave, Anchorage, Tel. 907-279-13 44, www.oscargill.com. Ruhige Lage am

Delaney Park, etwas von der Downtown entfernt, Restaurants und Shops können aber gut zu Fuß erreicht werden, 1 Zimmer mit eigenem Bad und Jacuzzi ($ 135), 2 Zimmer teilen sich ein Bad ($ 115).

Motelunits & Stellplätze ► **Creekwood Inn & RV Park** 5: 2150 Seward Hwy., Anchorage, AK 99503–2299, Tel. 907-258-60 06, 1-800-478-60 08, Fax 279-89 72, www.creekwoodinn-alaska.com. Ruhiger Platz, auch Motelzimmer und Cabins. Motelzimmer $ 99–139, RV $ 44.

Solides Kettenhotel ► **Day's Inn** 6: 321 E. 5th Ave., Anchorage, AK 99501, Tel. 907-276-72 26, Fax 265-51 64, www.daysinnalaska.com. Modernes Hotel in der Innenstadt, gutes Restaurant, Airport Shuttle. Ab $ 89.

Privatunterkünfte ► **Alaska Private Lodgings – Stay with a Friend:** P.O. Box 1924, Homer, AK 99603, Tel. 907-235-21 48, Fax 235-37 73, www.alaskabandb.com. Vermittlung von B-&-B-Unterkünften, etwa 300 Zimmer sind gelistet. Ab $ 75.

Für Budgetreisende ► **Anchorage Guesthouse** 7: 2001 Hillcrest Dr., Anchorage, AK 99517, Tel./Fax 274-04 08, www.akhouse.com. Am Coastal Trail, in der Nähe der Downtown, Schlafsaal und Zimmer, Frühstück, Küchenbenutzung, Waschsalon. 2- und 3-Bettzimmer $ 35 p. P., Privatzimmer für 1–4 Pers. $ 89–140 pro Zimmer.

Bei Travellern beliebt ► **Arctic Adventure Hostel** 8: 337 W. 33rd Ave., Tel. 907-562-57 00, 1-888-886-93 32, www.arcticadventurehostel.com. 2- oder 3-Bettzimmer $ 25, Privatzimmer $ 50, Frühstück inbegriffen.

Essen & Trinken

Verwöhnadresse ► **Marx Bros. Cafe** 1: 627 W. 3rd Ave, Anchorage, Tel. 907-278-21 33, www.marxcafe.com, Mai–Sept. Di–Sa 17.30–22, sonst Di–Do 18–21.30, Fr/Sa 17.30–22 Uhr. Feinschmeckerlokal in einem kleinen historischem Haus, abwechslungsreiches und innovatives Menü und hervorragende Weinkarte, besonders empfehlenswert: gegrillte Elchlende, Heilbutt mit Macadamianuss-Kruste, Königslachs aus dem Cook Inlet. $ 34–60.

Mit Panoramablick ► **Anchorage Top of the World Hilton Hotel** 2: 3rd Ave./E. St., Anchorage, Tel. 907-265-71 11. Restaurant auf dem Dach des Hilton Hotel; Buffet und gepflegte Hotelküche, Reservierung angeraten. $ 24–45.

Beliebter Treffpunkt ► **Phyllis's Cafe & Salmon Bake** 3: 436 D-St., Anchorage, Tel. 907-274-65 76, tgl. 11–22 Uhr. Alaska-Spezialitäten vom Grill, besonders lecker: Salat, Lachsfilet und alaskisches Bier, auch Außenbereich. $ 15–39.

Rekonstruierte Mühle ► **Sourdough Mining Company** 4: 5200 Juneau St./E. Int. Airport Rd., Anchorage, AK 99518, Tel. 907-563-22 72, www.sourdoughmining.com, im Sommer 11–23, im Winter 15–21, So Brunch 10–14 Uhr. Alaskische Küche im Nachbau einer alten Mühle, urige Atmosphäre, viele Gruppen, Seafood, Geräuchertes, Steaks, original Sourdough Bread, freier Shuttle Service von den Hotels, Entertainment Di–So 19.30 Uhr. $ 14–29.

Brauereirestaurant ► **Glacier Brewhouse** 5: 737 W 5th Ave., Suite 110, Anchorage, Tel. 907-274-27 39, www.glacierbrewhouse.com, tgl. 11–22 Uhr. Populäres Restaurant und Mikrobrauerei, gute Auswahl an Bieren (auch Weine) und vielseitiges Menü, Gegrilltes, Meeresfrüchte, Pizza aus dem Holzofen, originelle Desserts. $ 10–36.

Rustikal ► **Gwennie's Old Alaska Restaurant** 6: 4333 Spenard Rd., Anchorage, Tel. 907-243-20 90. Alaskische Spezialitäten in Pionier-Atmosphäre: Rentier-Omelett, geräucherter Lachs, Alaska King Crab; Breakfast, Lunch, Dinner. $ 10–28.

Bio-Kost ► **Organic Oasis** 7: 2610 Spenard Rd., Anchorage, Tel. 907-277-78 82, www.organicoasis.com. Populäres Café mit leckeren Salaten und Sandwiches, veganen Suppen, aber auch Pizza, Burger, Steaks, Lachs und Hähnchen. $ 6–25.

Guter Mittagstisch ► **Dianne's Restaurant** 8: 550 W. 7th Ave., Anchorage, Tel. 907-279-72 43, Frühstück und Lunch Mo–Fr 7–16 Uhr. Naturkost, selbst gebackenes Brot, herzhafte Suppen, leckere Desserts, an warmen Tagen sitzt man im Innenhof. $ 5–11.

Einkaufen

Kunsthandwerk ▶ Alaska Unique 1: 3601 Minnesota Dr., Anchorage, AK 99503, Tel. 907-561-94 98, Fax 561-94 90. Alaskisches Kunsthandwerk, Schnitzkunst aus Walknochen und fossilem Elfenbein, Masken, Speckstein-Skulpturen, Körbchen, Schmuck.

Moderne Kunst ▶ Artique Ltd. 2: 314 G. St., Anchorage, AK, Tel. 907-277-16 63, www.artiqueltd.com, Di–Fr 10–18, Sa 10–17 Uhr. Nichttraditionelle alaskische Kunst, u. a. von Rie Munoz und Fred Machetanz, Gemälde, Drucke, Skulpturen.

Pelze ▶ David Green Master Furrier 3: 130 W. 4th Ave., Anchorage, AK, Tel. 907-277-95 95, Mo–Fr 9–18, Sa 9–17.30, So 12–16 Uhr. Exklusives, alteingesessenes Pelzgeschäft.

Qiviut-Strickwaren ▶ Oomingmak-Musk Ox Producers Co-op 4: 604 H St., Anchorage, AK, Tel. 907-272-92 25. Erstklassige Strickwaren aus Qiviut, der feinen Unterwolle von Moschusochsen.

Bücher ▶ Cook Inlet Book Company 5: 415 W. 5th Ave., Anchorage, AK, Tel. 907-258-41 48, www.cookinlet.com. Die beste Auswahl an Büchern über Alaska und den hohen Norden.

Abends & Nachts

Kino ▶ Alaska Experience Theater 2: 333 W. 4th Ave., Anchorage, Tel. 907-272-90 76. Stdl. Filmvorführungen, auch in 3D, im Sommer 10–21, im Winter 12–18 Uhr. $ 7, Theater $ 10.

Livemusik ▶ Chilkoot Charlie's 1: 2435 Spenard Rd., Anchorage, Tel. 907-272-10 10, www.koots.com, ab 11.30 Uhr. Nachtleben à la Alaska. Rustikaler Saloon, verschiedene Bars, tgl. ab 22 Uhr Live-Bands. **Humpy's Great Alaskan Alehouse: 2:** 610 W. 6th Ave, Anchorage, Tel. 907-276-23 37, www.humpys.com, Mo–So 11–2 Uhr, Sa bis 2.30 Uhr, die Küche macht früher Schluss. Populäre Bierkneipe und Restaurant mit Live-Entertainment von Rock bis Blues, zahlreiche z.T. exotische Biersorten, Restaurant mit vielseitiger Speisekarte, bei schönem Wetter kann man gut draußen sitzen. $ 8–35.

Aktiv

Flightseeing ▶ ERA Aviation Inc. 1: 6160 Carl Brady Dr., Anchorage, AK 99502, Tel. 907-266-83 94, 1-800-866-83 94, Fax 266-83 84, www.flyera.com. Hubschrauber-Rundflüge in und um Anchorage, Denali und Valdez, Charter- und Linienflüge nach Kenai, Homer, Kodiak, Valdez und Whitehorse.

Busreisen ▶ Gray Line of Alaska 2: 705 W. 5th Ave. (Westmark Anchorage Hotel), Anchorage, Tel. 907-277-55 81, 1-888-452-17 37, www.graylineofalaska.com. Rundfahrten und Touren in ganz Alaska.

Radverleih ▶ Downtown Bicycle Rental 3: 333 W. 4th Ave., Anchorage, Tel. 907-279-52 93, www.alaska-bike-rentals.com. Große Auswahl an Leihrädern, Helm inbegriffen, ab $ 16 für 3 Std., pro Tag $ 32, Shuttle auf den Flattop Mountain Round Trip $ 22.

Termine

Fur Rendezvous: 2. Februarwoche. Winterkarneval, Pelzauktion, Hundeschlittenrennen.

Iditarod Trail Sled Dog Race: Anf. März. Hundeschlittenrennen von Anchorage nach Nome, das als längstes und härtestes der Welt gilt. Zum zeremoniellen Start in Anchorage am Samstag wird eigens Schnee in die Innenstadt gebracht. Die Teams starten hier mit 12 Hunden und legen nur eine Strecke von etwas über 30 km zurück. Am Sonntag ist dann der offizielle Start des Rennens in Willow, erst hier beginnt die Wertung.

Verkehr

Alaska Railroad: 327 W. Ship Creek Ave., Anchorage, AK 99510, Tel. 907-265-24 94, 1-888-452-17 37, Fax 265-23 23, www.akrr.com. Eisenbahn-Exkursionen.

Alaska Direct Busline: P.O. Box 501, Anchorage, AK 99510, Tel. 907-770-66 52, Fax 907-244-56 91. Hauptstopps: Skagway, Whitehorse, Tok, Glennallen, Anchorage, Denali, Fairbanks, Delta Junction.

People Mover: Central Bus Depot, Ecke 6th und G Sts., Anchorage, Tel. 907-343-65 43, www.peoplemover.org. Öffentliches Bussystem in Anchorage und Umgebung, in Downtown kostenlos, außerhalb $ 1,75.

Anchorage und Süd-Alaska

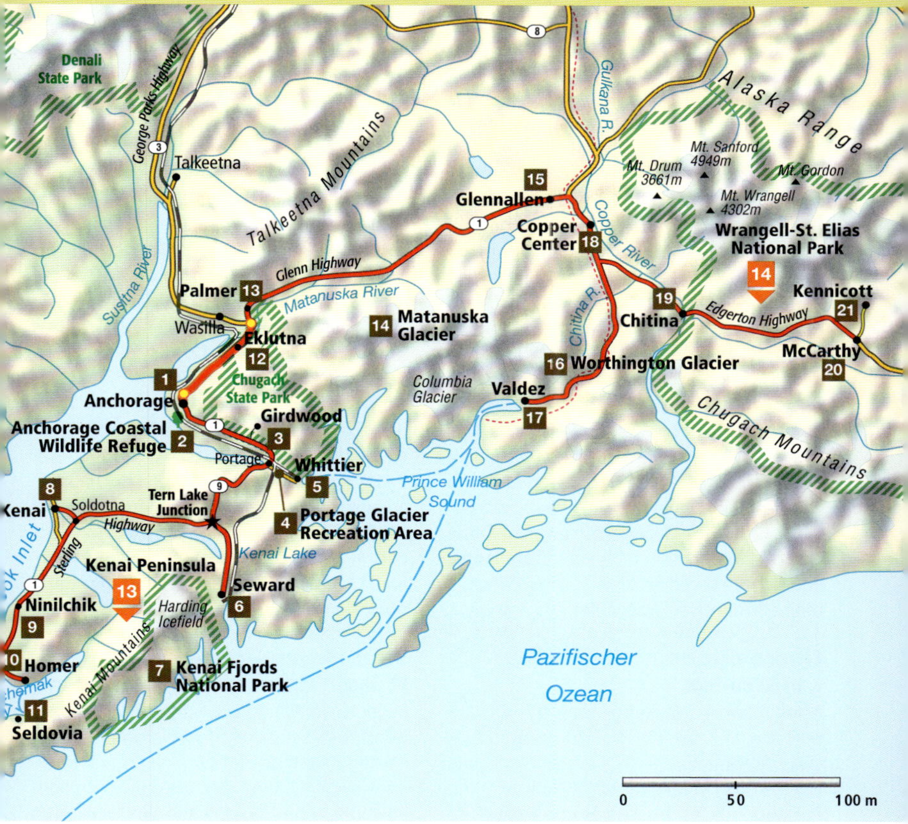

13 Kenai-Halbinsel

Karte: oben

Bevor man Anchorage auf Entdeckungsfahrt nach Norden zum Denali National Park verlässt, sollte man einen Ausflug auf die Kenai-Halbinsel im Süden der Stadt unternehmen. Bis Homer sind rund 360 km zu fahren. Hier erlebt man das ursprüngliche Alaska.

Seward Highway ► 3, J 11

Von Anchorage aus führt der **Seward Highway** in südöstlicher Richtung gut 70 km an einer flachen Meeresbucht entlang. Den Namen ›Turnagain Arm‹ erhielt dieser Fjord 1794 von Captain Cook aufgrund eines Naturphänomens, das mit etwas Geduld heute noch zu beobachten ist. Die Länge und Trichterform des Meeresarms sowie der ungewöhnliche Gezeitenhub, der über 10 m erreichen kann, führen dazu, dass das bei Ebbe abfließende Wasser noch in der Bucht von der Flut überrollt wird und dabei eine Flutwelle bis zu 2 m Höhe entsteht – das Wasser kehrt also um.

Dunkles Wasser und schneebedeckte Bergkuppen bestimmen das Bild entlang der gewundenen Küstenstraße. Gleich zu Anfang passiert man das **Anchorage Coastal Wildlife Refuge** 2, ein 920 ha großes Feuchtgebiet (Potter Marsh), wo ein Brettersteig den Hobby-Ornithologen das Beobachten der Vogelwelt erleichtert. In der **Potter Section**

House Historic Site ist neben dem Hauptquartier des Chugach State Park auch ein kleines Eisenbahnmuseum untergebracht (Tel. 907-345-50 14, Mo–Fr 8–16.30 Uhr).

Dann kurvt der Highway an den steilen Hängen am Fjord entlang. Etwa 60 km von Anchorage entfernt zweigt eine kurze Stichstraße nach **Girdwood** **3** und zum **Mount Alyeska** ab, einem der wenigen Skigebiete Alaskas. Ein Abstecher ist auch im Sommer zu empfehlen: Mit einem Sessellift kann man auf den Berg fahren und von dort den Blick auf die Gletscherwelt um den Turnagain Arm genießen. Im Tal lohnt ein Besuch der **Crow Creek Mine**, ein restauriertes Goldgräbercamp von 1898. Hier kann man sein Glück beim Goldwaschen versuchen (Mile 3,1, Crow Creek Road, Girdwood, Tel. 907-278-80 60, Mitte Mai–Mitte Sept. 9–18 Uhr; $ 5, Camping $ 5). Etwa 5 Meilen weiter auf der Crow Creek Road gelangt man zum **Crow Pass Trailhead**, von dem ein 5,5 km langer Wanderweg durch die alpine Landschaft zum rund 600 m hohen Pass führt.

Übernachten

... in Girdwood:

Sportresort ► **Alyeska Resort:** 1000 Arlberg Ave., AK 99587, Tel. 907-754-21 11, 1-800-880-38 80, www.alyeskaresort.com. Restaurant, Unterkunft. $ 239–259.

Preisgünstig ► **Alyeska Home Hostel:** 45 Meilen südöstl. Vom Anchorage Airport, P.O. Box 12, AK 99587, Tel. 907-783-22 22, www.alyeskahostel.com. Küchenbenutzung, freier Internetzugang. Ab $ 20, Cabin $ 60–80.

Aktiv

Goldwaschen ► **Crow Creek Gold Mine:** Mile 3,1, Crow Creek Road, Tel. 907-229-31 05, www.crowcreekgoldmine.com. Goldwaschen $ 15 pro Tag, Gerätschaften werden ausgeliehen. Camping $ 5.

Portage Glacier ► 3, J 11

Am östlichen Ende des Turnagain Arm zweigt im alten Ort Portage eine Stichstraße zur **Portage Glacier Recreation Area** **4** ab, dem ersten und vielleicht schönsten Ziel der Tour auf die Kenai-Halbinsel. Gleich zu Anfang der 9 km langen Seitenstraße eröffnet sich ein herrlicher Blick auf einen blau-weiß strahlenden Hängegletscher; dann folgen die Einfahrten zu mehreren Busch-Campingplätzen des Forest Service. Am Ende der Straße bietet sich unvermittelt ein grandioses Panorama des von treibenden Eisbergen übersäten **Portage Lake**.

Die malerische Komposition von Eisbergen, glitzerndem Seewasser und dem breit aus den Bergen strömenden Gletscher macht den See zu einem der schönsten Alaskas. Das **Begich Boggs Visitor Center** ist direkt am Seeufer gelegen. Die Ranger helfen mit Tipps für Wanderwege und bieten geführte Wanderungen an (Tel. 907-783-23 26, im Sommer tgl. 9–18 Uhr, sonst Sa/So 10–16 Uhr). Wer den in den See kalbenden Gletscher hautnah erleben möchte, kann mit dem Ausflugsschiff **»M. V. Ptarmigan«** eine kleine Kreuzfahrt auf dem eisigen See unternehmen (Tel. 907-277-55 81, 1-800-544-22 06, im Sommer tgl. 5 Abfahrten ab 10.30 Uhr; $ 21).

Whittier am Prince William Sound ► 3, J 11

In der Nähe des Begich Boggs Visitor Center beginnt der einspurige (gebührenpflichtige) **Portage Glacier Highway**, der durch einen 4 km langen Tunnel (der längste Nordamerikas) unter den Bergen nach **Whittier** **5** am Prince William Sound führt (s. S. 422). Eine Fahrt mit der Autofähre des Alaska Marine Highway von Whittier nach Valdez sollte man bereits vorab von Europa aus reservieren.

Für die weitere Fahrt nach Süden, nach Seward oder hinaus bis Homer, sollte man drei bis vier Tage einplanen. Ab Portage verläuft die Straße auf der Kenai-Halbinsel im Landesinnern durch dicht bewaldete, tief eingeschnittene Täler nach Süden bis zur **Tern Lake Junction**. Wenn man sich links hält, erreicht man auf der Alaska Route 9 nach 25 km den lang gestreckten Kenai Lake, der seine milchig-hellgrüne Färbung durch das zufließende Gletscherwasser erhält. Parallel zur alten Bahnlinie geht es dann entlang dem Seeufer weiter südwärts.

Aktiv

Naturexkursionen ▶ Major Marine Tours: Tel. 907-274-73 00, 1-800-764-73 00, www.majormarine.com. 5-stündige Ausflüge zur Blackstone Bay im Prince William Sound oder zu den Kenai Fjords. $ 107 bzw. $ 79.

Seward ▶ 3, J 12

Der lebhafte kleine Hafen **Seward** 6 mit seinen Ausflugsschiffen, Fischerbooten und Kreuzfahrtschiffen ist der Endpunkt von Straße und Eisenbahnlinie.

Ein wichtiger Wirtschaftszweig der Region ist die Fischerei. Alljährlich im August sammeln sich Hunderttausende von Pink- und Silberlachsen in der Bucht, um dann in die angrenzenden Flüsse und Bäche aufzusteigen – zum Laichen und anschließenden Sterben. Die kommerziellen Fischer holen sich ihren Teil, aber auch die Sportangler kommen nicht zu kurz.

Im **Alaska Sealife Center,** einer Forschungsstätte mit Aquarium, direkt am Meer gelegen, kann man das Ökosystem der Küstenlandschaft mit seinen Seevögeln und Meerestieren studieren. Für Kinder besonders attraktiv ist der Gezeiten-Pool zum Anfassen sowie das große Becken mit den Panoramascheiben, durch die man den 700 kg schweren Steller's Seelöwen zuschauen kann (Mile 0 Seward Hwy., Tel. 907-224-63 00, 1-888-378-25 25, www.alaskasealife.org, im Sommer tgl. 9–18.30, sonst 10–17 Uhr; $ 20).

Im kleinen Seward Resurrection **Bay Historical Society Museum** erfährt man dann mehr über die Geschichte der Region (Jefferson und 3rd St., Seward, Tel. 907-224-39 02, im Sommer 9–17 Uhr; $ 3).

Infos

Seward Visitor Center: 2001 Seward Hwy. und 3rd und Jefferson St., AK 99664, Tel. 907-224-80 51, www.sewardak.org. In einem historischen Eisenbahnwagon. Juni–15. Sept. Mo–Fr 8–18, Sa/So 9–17 Uhr.

Kenai Fjords National Park Visitor Center: 1212 4th Ave. (Small Boat Harbor), Seward, AK 99664, Tel. 907-224-31 75. Ende Mai–Anf. Sept. tgl. 8.30–19 Uhr.

Übernachten

Geschmackvoll ▶ The Van Gilder Hotel: 308 Adams St., P.O. Box 2, Seward, AK 99664, Tel. 907-224-30 79, 1-800-204-68 35, Fax 224-36 89, www.vangilderhotel.com. 23 stilvoll eingerichtete Zimmer, teils mit Privatbad, in historischem Hotel, Küchenbenutzung. $ 109–179.

Preisgünstig ▶ Moby Dick Hostel: 432 Third Avenue, P.O. Box 624, Seward, AK 99664–0624, Tel. 907-224-70 72, www.mobydickhostel.com. Zentral gelegen, Küchenbenutzung, April–Okt. Schlafsaal $ 20, Zimmer (alle ohne Privatbad) $ 59–75.

Camping ▶ Waterfront Park Camp Ground: Ballaine Blvd., Seward, Tel. 907-224-40 55. Großer Campingplatz direkt an der Waterfront mit schönem Blick über den Hafen. $ 15–30.

Essen & Trinken

Mit Hafenblick ▶ Ray's Waterfront: Small Boat Harbour, Seward, AK 99664, Tel. 907-224-56 06, tgl. 11–23 Uhr. Fischspezialitäten und mehr am Wasser. $ 20–35.

Aktiv

Flightseeing ▶ Scenic Mountain Air: Small Boat Harbour, Seward, AK 99664, Tel. 907-288-36 46, www.scenicmountainair.com. Flüge, auch per Wasserflugzeug, ab 30 Min., auch mit Übernachtung, ab $ 99.

Termine

Mount Marathon Race: 4. Juli. Wilder Wettlauf auf den 921 m hohen Berg über der Stadt.

Silver Salmon Derby: Mitte Aug. Seit gut 40 Jahren im Salzwasser der Bay, mit astronomisch hohen Preisgeldern.

Verkehr

Alaska-Fähre: von Homer nach Kodiak und Valdez, ganzjährig. Auskunft und Reservierung Tel. 907-235-70 99, 1-800-382-92 29, www.state.ak.us/ferry.

Alaska-Eisenbahn: Anschluss nach Anchorage und Fairbanks, ganzjährig. Tel. 907-265-24 94, www.alaskarailroad.com.

Kenai Fjords National Park ► 3, H/J 12

Aus touristischer Sicht ist Seward vor allem als Ausgangspunkt für Touren in den **Kenai Fjords National Park** 7 von Bedeutung. Das gut 2600 km² große Schutzgebiet umfasst die spektakulären Fjorde, Gletscher und Bergzüge an der Südseite der Kenai-Halbinsel. Das **Harding Icefield** bedeckt die Bergketten auf einer Fläche von 1800 km² und sendet seine Gletscher hinunter ins Meer, wo Robben, Wale und Seeotter einen geschützten Lebensraum finden. Von Seward aus werden sehr empfehlenswerte Bootsausflüge und Flightseeing-Exkursionen in den Park angeboten. Der einzige Landzugang in den Park liegt etwas nördlich von Seward am Ende der Exit Glacier Road: Von hier schlängelt sich ein gut 1 km langer Wanderweg zum weißblau strahlenden **Exit Glacier**, und längere Trails führen tiefer in die Parkwildnis hinein bis zum Harding Icefield.

Auf dem Rückweg von Seward biegt man an der **Tern Lake Junction** auf die Alaska Route 1, den Sterling Highway, nach Westen ab. Der zentrale Teil der Kenai-Halbinsel, den man nun erreicht, gilt als hervorragendes Jagd- und Angelrevier. Im für Angler legendären **Kenai River** an der Westseite der Halbinsel kämpfen sich Königslachse, die hier bis zu 40 kg Gewicht erreichen, stromaufwärts zu ihren Laichgründen. Im Sommer sieht man auf der Fahrt entlang des Ufers allerorten die Petrijünger im seichten Wasser stehen und auf den großen Fang hoffen – den sie sich allerdings manchmal mit den Bären teilen müssen.

Soldotna und Kenai am Cook Inlet sind alte russische Siedlungsräume. Ausgemusterte Soldaten des Zaren erhielten hier zu Anfang des 19. Jh. Land zugewiesen und versuchten in mühevoller Arbeit, Hafer und Kartoffeln anzubauen.

Infos

Kenai Fjords National Park: P.O. Box 1727, 1212 4th Ave., Seward, AK 99664, Tel. 907-224-75 00, www.nps.gov/kefj. Mai–Sept. tgl. 9–17 Uhr, keine Parkgebühr.

Aktiv

Fjord-Exkursionen ► Kenai Fjords Tours: Tel. 907-224-80 68, 1-877-777-40 51, Fax 224-89 34, www.kenaifjords.com. Touren unterschiedlicher Länge in die Fjorde des Nationalparks. Ab $ 64. Beliebt ist der Tagesausflug mit einem Lachs-Lunch in der Kenai Fjords Wilderness Lodge. $ 94. **Major Marine Tours:** Seward Small Harbor, Tel. 907-274-80 30, 1-800-764-73 00, www.majormarine.com. Halbtages- und Tagestouren in die Resurrection Bay. Ab $ 56.

Flugsafaris & Gletscherflüge ► Scenic Mountain Air: P. O. Box 4, Moose Pass, AK, Tel. 907-288-36 46, www.scenicmountainair.com. Flightseeing, Fly-in-Fishing und Air Taxi vom Seward Airport aus. Kenai Fjords/Harding Icefield Tour (30 oder 60 Min. $ 99 bzw. $ 179).

Der Kenai Fjords National Park – ein Schutzgebiet mit spektakulären Landschaften

Kenai ► 3, H 11

Kenai 8, 1791 gegründet, ist die zweitälteste weiße Siedlung Alaskas. Gleich am Ortseingang steht das moderne **Kenai Visitors and Cultural Center** mit einem Museum, das über die Kultur der Ureinwohner und die russische Geschichte der Region informiert.

Etwas weiter, am Steilufer über dem Kenai River, liegt das rekonstruierte **Fort Kenai**, das 1869 von den ersten amerikanischen Truppen in Alaska gegründet wurde. Gegenüber grüßt die malerische russisch-orthodoxe Kirche. Zur russischen Zeit war Kenai eine der wichtigsten Missionsstationen: Die Missionare hatten außer der Bekehrung der ›Eingeborenen‹ noch andere wichtige Aufgaben. Sie unterhielten Schulen und mussten auf Anordnung des Bischofs hin die Bevölkerung impfen. Die **St. Nicholas Russian Orthodox Church** sowie der Friedhof und die Kapelle können auf einer Führung, die vom Popen angeboten wird, besichtigt werden (Tel. 907-688-60 26).

Später, als die Amerikaner Alaska übernahmen, wurde es schwieriger für die russische Gemeinde. Außerdem war es auf dem Höhepunkt des Kalten Krieges in den 1950er- und 1960er-Jahren nicht vorteilhaft, einer russischen Kirche anzugehören. Seit Ende der 1970er-Jahre amtiert aber wieder ein orthodoxer Priester. Die Kirche wurde restauriert; die Gemeinde wächst nun allmählich.

Die rund 7000 Einwohner Kenais leben heute von Fischerei und Tourismus, hauptsächlich aber vom Öl, denn bereits in den 1950er-Jahren wurde im Cook Inlet Erdöl und später auch Erdgas entdeckt. Von fünf Ölbohrinseln wird das Öl weitergeleitet.

Infos

Kenai Convention & Visitors Bureau: 11471 Kenai Spur Hwy., Tel. 907-283-19 91, Fax 283-22 30, www.visitkenai.com. Im Sommer Mo–Fr 9–20, Sa 10–19, So 11–19 Uhr.

Übernachten

Gediegen ▶ Quality Inn: 10352 Kenai Spur Hwy., Tel. 907-283-60 60, Fax 888-664-05 70. Zentral, nette großzügige Zimmer, mit Frühstück. Innenpool. Ab $ 169.

Zimmer & Stellplätze ▶ Beluga Lookout Lodge & RV Park: 929 Mission Ave., Kenai, Tel. 907-283-59 99, 1-800-745-59 99, Fax 283-49 39. 68 Stellplätze, mit Blick über Kenai River und Cook Inlet. Camping $ 35–65, Zimmer in der Lodge $ 129.

Zum Homer Spit ▶ 3, H 12

Hinter **Soldotna** führt die Route 1 fast die ganze 125 km lange Strecke bis Homer am Meer entlang. An den Stränden, z. B. am Clam Gulch, findet man außer Muscheln oft auch Kohlestückchen, die von den Wellen aus den offenliegenden Flözen der Steilküste gebrochen werden. Bei **Ninilchik** **9**, ebenfalls eine russische Gründung, steht über dem kleinen Ort wieder eine hübsche weiße Kirche mit Zwiebeltürmchen.

Bei **Homer** **10** (4000 Einw.), in der südwestlichen Ecke der Kenai-Halbinsel, endet schließlich die Straße. Das Fischerstädtchen ist unter den Bewohnern von Anchorage als Wochenendziel beliebt. Die wunderschöne Lage, ein breites Freizeitangebot und das milde Klima haben auch Künstler und Kunsthandwerker in den Ort gelockt, die in kleinen interessanten Galerien ihre Werke anbieten.

Der Ort des Geschehens ist in Homer der **Homer Spit**, eine lang gestreckte Kiesbank, die weit in die Kachemak Bay hinausreicht. Fischrestaurants, Bars und einfache Campingplätze locken die Besucher an, vor den kleinen Piers des Spit drängeln sich die Charterboote der Heilbuttfischer.

Ein oder zwei Tage Aufenthalt lohnen sich in der malerischen Szenerie von Homer. Das naturkundliche **Pratt Museum** vermittelt das Rüstzeug für Ausflüge in die Umgebung und gibt einen guten Einblick in die Natur- und Kulturgeschichte Südost-Alaskas (3779 Bartlett St., Homer, Tel. 907-235-86 35, www.prattmuseum.org, im Sommer tgl. 10–18, im Winter Di–So 12–17 Uhr; $ 8).

Man kann an der East End Road einen Ausflug entlang der Kachemak Bay unternehmen oder mit der Fähre für einen Tag zum historischen Fischerhafen **Seldovia** **11** fahren, der auf der Südseite der Bucht liegt.

Infos

Homer Chamber of Commerce: Box 541, 201 Sterling Hwy., Homer, AK 99603, Tel. 907-235-77 40, Fax 235-87 66, www.homeralaska.org.

Übernachten

Am Wasser ▶ Driftwood Inn: 135 W Bunnell Ave., Homer, AK 99603, Tel. 907-235-80 19, 1-800-478-80 19, www.thedriftwoodinn.com. Hübsches Inn mit 2 Lodges und 1 Cottage, schöne Aussicht über die Kachemak Bay. $ 145–180.

Toller Ausblick ▶ Ocean Shores: 3500 Crittenden Dr., Homer, Tel. 1-800-770-77 75. Moderne schlichte, nette Zimmer, mit Balkon oder Kitchenette. $ 129–179.

Preisgünstig ▶ Homer Hostel/Inn: 304 W. Pioneer Ave., Homer, AK 99603, Tel. 907-235-14 63, www.homerhostel.com. Schlafraum und zwei Einzelzimmer, Gemeinschaftsküche. $ 22–59 pro Person.

Camping ▶ Oceanview RV Park: P.O. Box 891, 455 Sterling Hwy., Homer, AK 99603, Tel. 907-235-39 51. Camping mit spektakulärem Blick auf die Kachemak Bay. $ 18–35 (4 Personen).

Essen & Trinken

Gehoben ▶ Café Cups: 162 W. Pioneer Ave., Homer, Tel. 907-235-83 30. Künstlercafé und Gourmetrestaurant. $ 27–32.

Große Auswahl ▶ Cosmic Kitchen: 510 E. Pioneer Ave., Tel. 907-235-63 55, Frühstück und Lunch, Mo–Fr 9–18, Sa 9–15 Uhr. Burger, mexikanische, amerikanische und griechische Gerichte. Lunch und (frühe) 3-Gänge-Dinner-Specials. 13–20 $.

Aktiv

Naturexkursionen ► Center for Alaskan Coastal Studies: Tel. 907-235-66 67, 235-72 72, www.akcoastalstudies.org, Mo–Fr 9–17 Uhr. Geführte Boot- und Kajaktouren, Wanderungen entlang der Kachemak Bay und ins Vogelschutzgebiet.

Stadttouren ► Homer Tours: Tel. 907-235-62 00. Sightseeing-Touren in Homer und Umgebung.

Verkehr

Alaska-Fähre: von Kodiak nach Seldovia, Homer, Port Lions, Valdez und Cordova, Tel. 907-235-84 49, 1-800-92 29, Fax 235-69 07, www.akmhs.com. Ganzjährig Auskunft und Reservierungen.

Von Anchorage nach Valdez

Karte: S. 413

Zurück von der Kenai-Halbinsel geht es quer durch Anchorage weiter ins Landesinnere. Man verlässt die Stadt auf dem Glenn Highway, der Alaska-Route 1, nach Osten in Richtung Palmer. Die gesamte Strecke von Anchorage über Glenallen nach Valdez umfasst 485 km.

Eklutna Spirit Houses ► 3, J 10

Nach etwa 30 km erreicht man auf der gut ausgebauten Schnellstraße das Indianerdorf **Eklutna** 12 mit dem **Eklutna Historical Park**. Die Siedlung entstand als eine russische Missionsgründung. Neben der **St. Nicholas Russion Orthodox Church**, der alten, aus Baumstämmen errichteten Missionskirche von 1830 steht heute ein modernes Gotteshaus. Dahinter liegt der russisch-orthodoxe Indianerfriedhof mit rund 80 bunt bemalten und mit Schnitzereien verzierten Grabhäuschen *(Spirit Houses)*, die von den Tanaina Athabaska-Indianern in den traditionellen Familienfarben und -mustern angefertigt werden (Mile 26 Glenn Hwy., Eagle River, AK 99577, Tel. 907-688-60 26, Mitte Mai–Mitte Sept. Mo–Sa 10–17 Uhr, auch Führungen; $ 5).

Palmer ► 3, J 10

Etwa 20 km jenseits der Gletscherflüsse Matanuska und Knik liegt das Zentrum der Matanuska-Susitna Valley (Mat-Su)-Landwirtschaftsregion. Das heute 4500 Einwohner zählende **Palmer** 13 wurde 1916 als Bahnstation der Alaska Railway gegründet und war seinerzeit Ausgangspunkt für die Erschließung des fruchtbaren Tals. Die alten *Sourdoughs* – so werden seit den Goldrauschzeiten erfahrene Alaskaner genannt – erinnern sich noch an die Anfänge des *Farming* im Matanuska Valley: Während der großen Wirtschaftskrise siedelte die amerikanische Regierung hier Mitte der 1930er-Jahre Farmer an, die im Mittleren Westen ihre Höfe verloren hatten.

Damals war die Bauernkolonie nicht besonders erfolgreich, doch heute hat sich das Matsu-Tal dank neuer Anbaumethoden zur wichtigsten Farmregion Alaskas entwickelt. Nur 80 bis 110 frostfreie Tage können die Bauern pro Jahr erwarten, aber diese haben es in sich, denn die Sonne scheint fast 20 Stunden täglich. So wachsen vor allem Kohlköpfe, Karotten, Salat und anderes Gemüse in kürzester Zeit in riesigen Dimensionen heran. Ein 30 oder 40 Pfund schwerer Kohlkopf ist keine Seltenheit. Solche Exemplare kann man gegen Ende des Sommers auch im Garten des **Palmer Visitor Information Center** bewundern. Das kleine **Colony Museum** im gleichen Gebäude zeigt Informatives aus der Pionierzeit des Tales.

Ein kleiner Abstecher zum **Independence Mine State Historical Park** an der Hatcher Pass Road entlang des Little Susitna River lohnt sich. Außer der reizvollen Landschaft kann man hier eine restaurierte Goldmine aus den 1930er- und 1940er-Jahren besichtigen (Tel. 907-745-28 27, 745-39 75, Mitte Juni–Anf. Sept. 10–19 Uhr, Labor Day–15. Sept. am Wochenende 11–19 Uhr; Eintritt pro Auto $ 5, Führung $ 5).

Die **Musk Ox Farm** am Milepost 50,1 am Glenn Highway vermittelt einen Einblick in die Haltung von Moschusochsen und ihre Rolle in der Kultur der Ureinwohner (Mile 50,1, Glenn Higway, Palmer, Tel. 907-745-41 51,

Buschpiloten in Alaska Thema

Wasserflugzeuge, Air-Taxis und kleine Frachtflieger gehören in Alaska zum täglichen Leben dazu. Seit der alaskische Luftfahrtpionier Ben Eielson 1924 zum ersten Mal mit einem Doppeldecker von Fairbanks zum Goldgräbercamp McGrath flog, sind die Piloten des Nordens untrennbar mit der Erschließungs- und Pioniergeschichte Alaskas – und natürlich auch des kanadischen Nordens – verbunden.

Es gibt sie heute noch, die Buschpiloten des Nordlandes. Sie bringen Lebensmittel und Ausrüstung, Post und Medikamente in die einsamen Camps und Dörfer ohne Straßenanschluss. Sie fliegen Patienten in die Krankenhäuser, suchen Vermisste und bringen Geologen zu ihren Forschungen in die entlegensten Regionen. Ohne Buschpiloten wäre das Leben in den kleinen Orten des Nordens bei weitem nicht so erträglich und fortschrittlich. Und auch als Besucher kann und sollte man sich den Buschfliegern Alaskas anvertrauen – mit ihnen lassen sich Wildnisregionen erleben, von denen man entlang der Highways sonst nur träumen kann.

Anchorage und Fairbanks sind die beiden wichtigsten Stützpunkte der Buschflieger. Lake Hood und Lake Spenard in Anchorage bilden zusammen den größten Flughafen für Wasserflugzeuge weltweit. Das kleine Merrill Field am östlichen Stadtrand von Anchorage zählt nach der Anzahl der Flugbewegungen zu den 100 größten Flughäfen Amerikas. Gut 1300 Starts und Landungen verzeichnet das Flugfeld an einem betriebsamen Tag.

Die modernen Buschpiloten Alaskas haben zwar immer wieder gefährliche Situationen zu bestehen, die Wildnis und unberechenbares Wetter mit sich bringen, aber tollkühn sind sie nicht.

Ein noch härterer Job, aber ein wichtiges finanzielles Standbein für viele Buschflieger, ist das *Fishspotting,* bei dem im Frühjahr aus der Luft die Heringsschwärme vor der Küste geortet und die Kapitäne der Fangschiffe zu den Fischen gelotst werden. Da jeder Skipper seinen eigenen Piloten hat, sind manchmal auf engstem Raum bis zu 60 Flugzeuge in der Luft. Ein gut bezahlter, aber höchst gefährlicher Einsatz, bei dem es um Sekunden geht, denn dem Kapitän, der als erster sein Netz auswirft, dem gehört der größte Teil des Fangs.

Die langjährige Praxis bringt es mit sich, dass Buschpiloten mit sicherem Auge auch die verstecktesten Landeplätze erkennen. Im Winter wird mit Skikufen geflogen und im Sommer häufig auch mit Schwimmern, um überall landen zu können.

Auch wenn die meisten Piloten von Anchorage aus starten, gibt es die kleinen Charterflieger überall. Nahezu jeder noch so kleine Ort im Norden Alaskas und Kanadas hat eine eigene Charter-Airline und einen Flugplatz sowieso. Auf Kodiak und Katmai fliegen die Piloten von Andrew Airways Fotografen zu den Riesenbären von Katmai. In McCarthy fliegen Kelly und Natalie Bay Besucher in die grandiose Bergwelt der Wrangell-St. Elias Mountains. Und in Talkeetna in der Nähe des Denali National Park gibt es keinen, der sich so gut mit den launischen Wetterverhältnissen am Mount McKinley auskennt wie Jim Okonek von K2 Aviation.

www.muskoxfarm.org, Führungen alle 45 Min., Juni–Aug. 10–18 Uhr; $ 8,50).

Von Palmer aus folgt der Glenn Highway dem Tal des Matanuska River nach Osten. Bald rücken die Küstenberge rechter Hand näher an die Straße heran, und die ersten Gletscher kommen in Sicht. Zum **Matanuska Glacier** 14, der in einer gut 6 km breiten, leuchtend weißen Front aus den Bergen strömt, kann man sogar auf einer Privatstraße durch das Glacier Park Resort heranfahren. Der Gletscher bewegt sich mit einer Geschwindigkeit von 30 cm pro Tag.

Infos

Visitor and Information Center: 723 S. Valley Way, Box 115, Palmer, AK 99645, Tel. 907-745-88 78, www.palmerchamber.org. Mai–Sept. 9–18 Uhr.

Termine

Alaska State Fair: Ende Aug./Anf. Sept. Landwirtschaftsausstellung, Straßenfeste, Kunsthandwerk, Rodeo.

Glennallen ► 3, L 10/11

300 km von Anchorage entfernt, erreicht man den rund 1000 Einwohner zählenden Ort **Glennallen** 15, der sich über mehrere Kilometer am Highway entlang zieht.

Der Ort ist Sitz mehrerer *Fly-in Guides,* die Abenteuerlustige zum Jagen und Fischen in die umliegende Wildnis fliegen, und ein guter Ausgangspunkt für Touren und Expeditionen in den 1981 geschaffenen, größten Nationalpark der USA, den **Wrangell-St. Elias National Park** (s. S. 423). In diesem riesigen Wildnisgebiet erhebt sich weiter östlich an der kanadischen Grenze mit 5492 m der zweithöchste Berg Alaskas, der Mount Saint Elias.

In Glennallen erreicht man den aus Fairbanks kommenden **Richardson Highway** (Alaska Route 4), der von hier parallel zur berühmten **Alyeska Pipeline** nach Süden zum Hafen Valdez führt. Ab und an sieht man die meist auf Stelzen gebaute silbrig glänzende Pipeline im Wald neben der Straße aufblitzen.

Südlich des Örtchens **Copper Center** verlässt der Richardson Highway das Flusstal und erklimmt die Chugach Mountains. Ehe man weiter in die Berge fährt, lohnt sich ein Abstecher (aber nicht für große Wohnmobile zu empfehlen) auf der **Edgerton Highway/ McCarthy Road**, einer rund 150 km langen Schotterstraße entlang des Chitina River, die tief in die Wrangell Mountains bis zum alten Bergwerksort **McCarthy** führt (s. S. 425).

Das letzte Stück des Richardson Highway nach Valdez ist eine der schönsten Bergstrecken entlang der Route: In breiter Front strömt der **Worthington Glacier** 16 direkt neben der Straße herab ins Tal. Im engen **Keystone Canyon** schäumen zahllose Wasserfälle die steilen Felswände herab. Dann öffnet sich das breite, von schroffen Gipfeln überragte Tal von Valdez.

Infos

Greater Copper River Visitor Center: Glenn und Richardson Hwy., Milepost 189, Tel. 907-822-55 55, www.traveltoalaska.com. Tgl. 9.30–19 Uhr.

Übernachten

Am Eureka Summit ► **Eureka Lodge:** Mile 128, Glenn Highway, Box 2240, Glennallen, Tel. 907-822-38 08, Fax 822-34 63, www.eurekalodge.com. Rustikale Lodge mit Restaurant. Motelzimmer (2–4 Betten) $ 115–125, Cabins $ 85. RV-Stellplätze $ 25.

Camping ► **Northern Nights Campground:** Glenn Hwy., Milepost 188,7 (Nähe Glennallen Visitor's Center), Tel. 907-822-31 99, www.northernnightscampground.com. RV $ 30, Cabin $ 75.

Aktiv

Per Flugzeug in die Wildnis ► **Copper Valley Air Service:** Milepost 118, Richardson Highway, Glennallen, Tel. 907-822-42 00, 1-866-570-42 00, www.coppervalleyair.com. Flightseeing-Tours und Air-Taxi für Fly-in-Fishing, -Backpacking, -Hiking und -Rafting.

Verkehr

Backcountry Connection: Tel. 907-822-52 92. Busverbindung zwischen Glennallen und McCarthy.

Valdez und Prince William Sound ► 3, K/L 11

Karte: S. 413

Das 4100 Einwohner zählende **Valdez** 17 ist seit 1900 einer der wichtigsten Häfen Alaskas. Hunderte von Abenteurern landeten hier 1897 auf dem Weg zu den Goldfeldern des Klondike; viele kamen auf dem Marsch ums Leben. Die Stadt ist aber nicht wegen ihrer Goldgräbergeschichte bekannt, sondern vor allem als Endpunkt der Alyeska Pipeline, die das Rohöl von der Nordküste Alaskas über 1280 km zum riesigen Tankerterminal am Ostufer der Bucht von Valdez bringt. Bis zum Terrorangriff auf das World Trade Center am 11. September 2001 konnte man das riesige **Alyeska Pipeline Marine Terminal** am Ostufer der Bucht, wo die Supertanker abgefertigt werden, auf einer zweistündigen Tour besichtigen. Aus Sicherheitsgründen ist diese Attraktion leider gestrichen worden.

Im Prince William Sound, wenige Kilometer vor Valdez, lief im Frühjahr 1989 der Supertanker »Exxon Valdez« auf Grund und verursachte eine der größten Ölkatastrophen Amerikas. Fast 40 000 t Rohöl strömten in den Sund und verseuchten Meer und Küste mit einer klebrigen schwarzen Ölschicht. Fast 2000 km Küste im Prince William Sound und auf der Kenai-Halbinsel wurden verschmutzt, Hunderttausende von Wasservögeln, Seeottern, Robben und Weißkopfseeadlern starben. Die Ölgesellschaft Exxon gab sich schuldbewusst, zahlte Milliarden an den Staat Alaska und an die Stadt Valdez, und die – nun arbeitslosen – Lachsfischer der Region wurden als Putzer verpflichtet. Mit Hochdruckstrahlen heißen Wassers reinigte man die Felsen und Strände an der Küste und schamponierte den Seeottern das Öl aus dem Pelz. Der öffentliche Zorn war groß – aber mittlerweile ist wieder alles beim Alten.

Verblüffenderweise hat sich die Natur viel schneller erholt, als man zunächst befürchtet hatte: Das Wasser ist wieder sauber und die Lachse sind zurückgekehrt. Otter schwimmen in der Bucht und Weißkopfseeadler nisten wieder in den Bäumen am Ufer. An den Stränden, die nicht gereinigt wurden, hat sich die Gezeitenflora noch schneller regeneriert als an den gesäuberten. Wellen und Wetter haben das Öl weggewaschen. Die langfristigen Schäden sind allerdings noch nicht absehbar, denn es wird Jahrzehnte dauern, bis sich der auf den Meeresgrund abgesunkene Ölschlick zersetzt hat.

Business as usual also in Valdez, und die in grandiose Fjordlandschaft eingebettete, oft als ›Switzerland Alaskas‹ bezeichnete Stadt ist durchaus bei der Reise zu berücksichtigen. Das **Valdez Museum** zeigt die Geschichte der Region von den Tagen der Goldgräber über das große Erdbeben im Jahr 1964, das den alten Ort völlig zerstörte, bis hin zu den Aufräumarbeiten nach der Ölkatastrophe (217 Egan Dr., Valdez, Tel. 907-835-27 64, www.valdezmuseum.org, im Sommer tgl. 9–17, im Winter Mo–Sa 13–17 Uhr; $ 7).

Die Krönung eines Besuchs in Valdez aber ist ein Ausflug in die Wunderwelt des **Prince William Sound**: dicht bewaldete, tief eingeschnittene Fjorde mit kleinen malerischen Buchten, in denen Weißkopfseeadler fischen, zahllose kleine Inseln, vor deren Ufern Seeotter zwischen Fischerbooten spielen, und von den steil aufragenden Bergen herabfließende Gletscher, die in die glitzernden Wasser der Seitenfjorde münden. Mehrere Veranstalter bieten Bootstouren in den Sund an.

In der fast 40 000 km² großen Meeresbucht treiben Eisschollen, auf denen sich die Robben sonnen. Manchmal begleiten Tümmler das Boot, und vielleicht taucht sogar ein Buckelwal oder ein Schwertwal zwischen den Eisbergen auf. Hauptattraktion der Sightseeing-Fahrten ist der **Columbia-Gletscher**: In 10 km breiter Front wälzt sich die gewaltige Eiszunge aus dem Bergmassiv des Mount Einstein und taucht ins Meer. Mit gut 1100 km² Oberfläche und über 60 km Länge stellt der nach der New Yorker Universität benannte Gletscher eine der größten Eismassen Alaskas dar. Je nach Wasserstand brechen immer wieder riesige Eisberge unter donnerndem Krachen aus der 80 m hohen Stirnseite und bringen das Boot zum Schaukeln – ein unvergessliches Erlebnis.

Infos

Valdez Convention & Visitors Bureau: 200 Chenega St., Valdez, AK, Tel. 907-835-46 36, Fax 835-48 45, www.valdez alaska.org. Informationen, Karten und Vorschläge zu Wanderungen für die Region um Valdez, Reservierungen für Aktivitäten, Hotels und B & B. Mo–Fr 8–19, Sa/So 8–18 Uhr.

Übernachten

Zentral in Hafennähe ▶ **Mountain Sky Hotel & Suites:** 100 Meals Ave., Valdez, Tel. 907-835-44 45, 1-800-478-44 45, Fax 835-24 37, www.mountainskyhotel.com. Funktionell eingerichtete, großzügige Zimmer und Suiten, Pool. $ 169–199.

Gutes Preis-Leistungs-Verhältnis ▶ **Totem Inn:** 144 E. Egan Dr., Valdez, Tel. 907-835-44 43, Fax 834-44 30, www.toteminn.com. Schlichte Zimmer, aber die preiswertesten im Ort; Restaurant mit herzhaften Alaska-Spezialitäten. $ 8–20 Dinner, Zimmer $ 148.

Nette Gastgeber ▶ **Wild Roses By The Sea B & B:** P.O. Box 3396, Valdez, AK 99686, Tel. 907-835-29 30, Fax 835-49 66, www. alaskabytheseabnb.com. Stilvolles B & B mit schönem Blick auf die Bucht von Valdez und Mineral Creek Canyon, Zimmer und Suiten. $ 140–175.

Camping ▶ **Eagles' Rest RV Park:** Richardson Hwy./139 Pioneer Dr., Valdez, Tel. 907-835-23 73, 1-800-553-72 75, www.eagles restrv.com. Campingplatz in schöner Lage mit allen Serviceeinrichtungen. $ 27–43. **Bear Paw RV Park:** North Harbor Dr., Valdez, Tel. 907-835-25 30, Fax 835-52 66, www.bear pawrvpark.com. Zentrale Lage am Bootshafen, die Downtown ist gut zu Fuß erreichbar. $ 25–40.

Aktiv

Naturexkursionen ▶ **Prince William Sound Cruises/Stan Stephens Glacier & Wildlife Cruises:** 112 N. Harbor Dr., Valdez, Tel. 907-835-47 31, 1-866-867-12 97, www.stanste phenscruises.com. Exkursionen im Prince William Sound und zum Columbia-Gletscher, 7- oder 9-Stunden-Cruises. $ 115–150. Es gibt auch mehrtägige Pauschalangebote.

Helikopterrundflüge ▶ **Era Helicopters Valdez:** Tel. 907-835-25 95, 1-800-866-83 94, www.flyera.com. Hubschrauberflüge zum Valdez und Columbia-Gletscher. Ab $ 279.

Termine

Gold Rush Days:
Anf. Aug.

Verkehr

Alaska-Fähre: von Valdez nach Cordova, Whittier und Homer, Auskunft und Reservierungen (erforderlich): Tel. 907-465-39 41, 1-800-642-00 66, www.state.ak.us/ferry.

14 Wrangell-St. Elias National Park

Karte: S. 413

Im Herzen von Amerikas größtem Nationalpark, einem riesigen Wildnisgebiet mit gewaltigen, gletscherbedeckten Bergketten, endlosen Wäldern und reißenden Flüssen, liegt der winzige Ort McCarthy mit der benachbarten *Ghosttown* Kennicott. McCarthy und Kennicott sind nicht ganz ohne Mühe zu erreichen, denn die letzten zwei Drittel der 150 km langen Straße haben es in sich. Doch die Eindrücke im **Wrangell-St. Elias National Park** lohnen den Aufwand allemal (P.O. Box 439, Copper Center, AK 99573, Tel. 907-822-52 34, www.nps.gov/wrst).

Der 1980 gegründete Nationalpark schlägt viele Rekorde. In dem mehr als 53 000 km² großen Gebiet erheben sich 16 der höchsten Berggipfel der USA. Zusammen mit dem angrenzenden Kluane National Park auf kanadischer Seite bildet er eines der größten zusammenhängenden Ökosysteme der Welt – und ist Heimat von Grizzly, Elch, Wolf, Vielfraß, Karibu, Dallschafen und Bergziegen. Trotz seines rauen und wilden Terrains ist der Wrangell-St. Elias National Park mit Hilfe von Buschpiloten relativ leicht zugänglich. Anders als in den Nationalparks in den *Lower 48* dürfen die Piloten im Wrangell-St. Elias National Park überall landen, wo sie ihre Maschine sicher herunterbringen können.

Das **Hauptquartier und Informationszentrum** des Nationalparks befindet sich 16 km südlich von Glennallen am Richardson Highway. Informationsmaterial und Videofilme vermitteln einen Eindruck von dem bevorstehenden Abenteuer. Über **Copper Center** **18** erreicht man nach weiteren 36 km die Abzweigung des Edgerton Highway, der – zunächst noch als Teerstraße – mit langen, steilen Steigungen durch einsames, dicht bewaldetes Gebiet führt. Immer wieder bieten sich schöne Fernsichten auf die schneebedeckte Bergkette der Wrangell Mountains. Bei schönem Wetter sind Mount Drum (3661 m), Mount Wrangell (4317 m) und Mount Blackburn (4996 m) klar zu erkennen.

Am Copper River ► 3, L/M 11

Auf der letzten Hälfte folgt die Straße dem breit mäandernden Copper River. Hier bieten sich schöne Ausblicke auf den Fluss mit den Bergen im Hintergrund. Nach 50 km geruhsamer Fahrt ist **Chitina** **19** erreicht. Der kleine Ort wurde 1908 als Versorgungsposten für die Eisenbahn und die Kennicott-Bergwerke gegründet. Weniger als 100 Einwohner leben hier. Neben einem Restaurant und einer Bar gibt es eine Tankstelle, einen *General Store* und eine Rangerstation des Nationalparks, die in einer historischen Blockhütte untergebracht ist. Hier kann man sich über die bevorstehende Fahrt nach McCarthy informieren. Übernachten kann man im **Chitina House B & B** (s. rechts).

Hauptanziehungspunkt für Sportfischer und Zuschauer sind die großen Lachsschwärme, die von Juni bis September den Copper River hinaufziehen. Auf der O'Brien Creek Road gelangt man zu den Sandbänken am Fluss, wo die Einheimischen die ›Lachsernte‹ mit Tauchnetzen und *Fish Wheels* (Fischfallen, die die Lachse mittels eines Wasserrades aus dem Wasser schaufeln) einbringen. Diese Art des Fischens ist jedoch nur Alaskanern erlaubt, die zudem eine besondere Genehmigung haben müssen.

Amerikas größter Nationalpark: der Wrangell-St. Elias National Park

Einige Kilometer hinter Chitina endet der geteerte Edgerton Highway. Mit der Fahrt auf der **McCarthy Road** beginnt das Abenteuer. Auf dem alten Bahndamm der Copper River & Northwestern Railway verläuft die Straße über 95 km durch völlig menschenleere Wildnis. Mit etwa vier Stunden Fahrtzeit sollte man mindestens rechnen. Zwar braucht man nicht unbedingt einen Geländewagen, um die schmale, oft holprige Straße zu meistern, aber schwierig ist das Fahren allemal. Bei trockenem Wetter wird man in eine Staubwolke gehüllt, regnet es, verwandelt sich die Straße in eine Schlammbahn. Darüber hinaus muss man aufpassen, dass man nicht über einen aus der Fahrbahn ragenden Schwellennagel fährt und sich die Reifen zersticht.

Nach 25 km führt die Straße über die Holzplanken der ehemaligen, 117 m hohen Eisenbahnbrücke über den Kuskulana River. Bevor man hier 1988 ein Geländer anbrachte, war die Überfahrt der absolute Nervenkitzel auf der Strecke.

Übernachten

Nette Atmosphäre ► **Chitina House B & B:** Box 1642, Valdez, AK 99686, Tel. 907-255-22 98, www.chitinahouse.com. Hübsche Pension in einem historischen Gebäude, das früher als Eisenbahner-Quartier diente. $ 145.

McCarthy ► 3, M 11

Am Kennicott River endet die Straße, und man stellt das Auto auf dem (kostenpflichtigen) Parkplatz ab. Bis vor ein paar Jahren noch musste man das breite Flussbett des eiskalten und schnell fließenden Kennicott River in einem schwankenden Gestell sitzend mit einer handbetriebenen Seilbahn überqueren. Jetzt geht man bequem über eine Fußgängerbrücke. Am anderen Ufer des Flusses führt eine 500 m lange Straße nach McCarthy. Man kann sich abholen lassen oder mit einem Shuttle fahren.

Der Ort ist jedoch auch auf weniger mühsame Weise zu erreichen. **Wrangell Mountain Air** in McCarthy unterhält einen Flugservice mit einem Buschflugzeug vom kleinen Flugfeld am Ufer des Copper River, 7 km vor Chitina. Das Auto kann man für ein paar Tage ruhig am Flugfeld stehen lassen. Der Flug über die schneebedeckten Gipfel der Wrangell Mountains und die in der Sonne gleißenden Eisfelder der Riesengletscher ist ein einmaliges Erlebnis. Aus der Luft hat man einen guten Überblick über die verstreut in einem Pappelhain liegenden Holzhäuser von McCarthy, den breiten, silbrig glänzenden Fluss und die benachbarte Ghost Town Kennicott. Der Pilot dreht eine weite Runde über dem Ort. Deutlich ist die McCarthy Lodge und die hellblau gestrichene Westernfassade des alten Pionierhotels zu erkennen. Zwischen Gletscher und Bergkette leuchten die roten Bergwerksgebäude von Kennicott in der Abendsonne. Von der staubigen kleinen Flugpiste etwas außerhalb von McCarthy wird der Besucher dann mit dem *Pick-up Truck* in den Ort gefahren.

In **McCarthy** 20 leben ein paar Dutzend Zivilisationsmüde in Blockhütten und restaurierten historischen Gebäuden, unter ihnen Maler, Fotografen, Geologen, Piloten, Lehrer und Schlittenhunde-Züchter. Im Sommer allerdings beleben mehr und mehr Touristen den verträumten Ort.

Das Leben in der Abgeschiedenheit von McCarthy bringt spezifische Probleme mit sich. Elektrischer Strom muss durch einen Generator erzeugt werden, wenn gleich heute auch Sonnenkollektoren in Gebrauch sind. Zweimal pro Woche kommt die Post. Jedweder Nachschub wird aus dem eine Tagesreise entfernten Anchorage geholt und dann über die neue Fußgängerbrücke gekarrt, oder über eine primitive einspurige Service-Brücke gefahren. Da die Benutzung dieser Brücke, die erst vor einigen Jahren von einem privaten Unternehmer gebaut wurde, sehr teuer ist, nutzen manche McCarthy-Einwohner im Winter auch (wie früher allgemein üblich) den zugefrorenen Fluss als Transportstrecke.

Der Ausbau der Straße und eine öffentliche Brücke würde vieles erleichtern, doch das lehnen die Bewohner von McCarthy ab – man will sich den besonderen Lebensstil bewahren und die Zahl der Besucher auf ein überschaubares Maß begrenzen.

Die **McCarthy Lodge**, ein uriges Holzgebäude mit mächtigem Elchgeweih über dem Eingang und *Frontier Saloon* aus der Zeit um 1900 ist der Mittel- und Treffpunkt des Ortes. Das Restaurant bietet ein Gourmet-Menü, das man in der Wildnis nicht erwarten würde. Abends herrscht im Saloon reges Treiben.

Das kleine, aber sehr sehenswerte **Museum** im alten Eisenbahndepot stellt eine faszinierende Sammlung von Gegenständen und Fotografien aus der Bergwerksgeschichte der Region vor. Hier ist auch ein detaillierter Führer erhältlich, in dem die einzelnen Gebäude des verlassenen Bergwerksortes Kennicott beschrieben sind. Die *Ghost Town* mit über 40 Gebäuden ist heute eine *National Historic Site* und die Hauptattraktion der Region. Es wird versucht, die langsam verfallenden Gebäude zu erhalten, ohne dabei den ursprünglichen Charakter des Ganzen zu verändern.

Übernachten

Pionier-Atmosphäre ▶ Ma Johnson's Hotel: McCarthy Ventures, LLC, PO Box MXY, Glennallen, AK 99588, Tel. 907-554-44 02, Fax 907-554-44 04, www.mccarthylodge.com. Das schön restaurierte Haus gehört zur McCarthy Lodge. Die Pionierherberge mit der überdachten Holzveranda von 1916 könnte auch gut als Kulisse in einem Western dienen. Stilgetreu eingerichtete Räume. DZ $ 169.

Mit gutem Restaurant ▶ McCarthy Lodge: McCarthy, AK 99588, Reservierung Tel. 907-554-44 02, Fax 554-44 04, www.mccarthylodge.com. Viel Atmosphäre, gutes Restaurant (tgl. 18–21 Uhr), urige Bar; Hiking, Schlauchbootfahren und Sightseeing wird arrangiert, Fahrten nach Kennicott im Preis inbegriffen. $ 25–30, 4-Gänge-Menü $ 40.

Für Preisbewusste ▶ Lancaster's Backpacker Hotel: McCarthy Ventures, LLC PO Box MXY, Glennallen, AK 99588, Tel. 907-554-44 02, Fax 907-554-44 04, www.mccarthylodge.com. Ebenfalls zur Lodge gehörend, in deren unmittelbarer Nähe gelegenes historisches Gebäude. Die 11 Zimmer sind schlicht, aber preiswert. Doppelzimmer ab $ 75, Einzelzimmer ab $ 55.

Kennicott ▶ 3, M 11

Eine ca. 8 km lange Schotterstraße führt von McCarthy nach **Kennicott** 21. Eine schöne Wanderung; man kann sich aber auch mit dem Minivan hinbringen lassen. Von der **Kennicott Glacier Lodge** folgt man den Eisenbahnschienen ins Herz des alten *Mining Camps*. Das riesige, 14 Stockwerke hohe Hauptgebäude des alten Bergwerks erstreckt sich über mehrere Ebenen den Berg hinauf. Es ist relativ gut erhalten, aber manche der rostroten Holzgebäude sind schon arg verwittert und lehnen sich bedenklich zur Seite, bei anderen ist das Dach eingestürzt und der Fußboden verrottet. Ungehindert beschleunigen Regen, Schnee und Wind den Verfall. Alte Planken, große gusseiserne Schwungräder und andere Maschinenteile sind über das gesamte Gelände verstreut. Seit einigen Jahren stehen die Ruinen unter der Verwaltung der Nationalparkbehörden und können im Rahmen einer Führung besichtigt werden.

Zu den Aktivitäten der Region gehören *Backpacking* in unberührter Wildnis, Bergsteigen, Gletschertouren, Floßfahrten und Wildbeobachtung, vor allem Bergschafe und -ziegen. Das Piloten-Ehepaar Kelly und Natalie Bay betreibt einen Air Taxi Service, **Wrangell Mountain Air** und fliegt Trekker in die Wildnis und Abenteuerlustige zum Goldwaschen (s. S. 428). Mit der kleinen und leichten ›Super Cub‹ lässt es sich sogar auf Uferstreifen, Sandbänken, Bergwiesen oder Gletschern landen. Möchte man die Gegend auf weniger abenteuerliche Weise kennen lernen, wählt man den bequemen, dabei nicht weniger eindrucksvollen Rundflug über den Kennicott-Gletscher. Außerdem werden Trailritte nach Kennicott und in die Berge veranstaltet. Auf dem Root Glacier ist es möglich, Klettern auf einem Gletscher zu erlernen.

Ohne Wildniserfahrung sollte man alleine keine längeren Exkursionen ins *Back Country* unternehmen. Die Trails sind nicht markiert und dramatische Wetterwechsel kommen in der Region häufiger vor. Kürzere Trailwanderungen in der näheren Umgebung des Ortes sind jedoch völlig unproblematisch. Für ausgedehntere Trekking-Touren, Gletscherwan-

Kennicott – ergiebigste Kupfermine der Welt

Thema

›Glacier City‹, wie man Kennicott scherzhaft nannte, war um 1900 eine Minenstadt der Superlative. Die florierende Kupfermine mitten in der Wildnis der St. Elias Mountains leistete sich sogar ein komplettes Orchester. Nach 40 Jahren war alles vorbei. Heute sind die riesigen roten Holzgebäude pittoreskes Industriedenkmal und Touristenattraktion.

Die Geschichte von Kennicott begann kurz vor 1900, als Prospektoren im Gebiet des Chitina River an mehreren Fundorten Kupfer und andere wertvolle Mineralien entdeckten. Jack Smith und Clarence Warner, auf der Suche nach einem Zugang von Westen, trauten ihren Augen kaum, als sie in der Nähe des Bonanza Creek oberhalb der Baumgrenze auf dem Kamm eines Höhenzuges die grün schimmernden Klippen sahen – sie bestanden aus nahezu reinem Kupfer. Diese Entdeckung führte schließlich zur Gründung der Kennecott Copper Corporation (durch einen Druckfehler bei der Firmengründung wurde damals aus dem ›i‹ in Kennicott ein ›e‹). Finanziert wurde das Unternehmen von den New Yorker Finanzmagnaten Guggenheim und J. P. Morgan.

Der wagemutige Eisenbahnbauer Michael Heney, der schon die Eisenbahn von Skagway nach Whitehorse gebaut hatte, schlug die Trasse von Cordova am Prince William Sound mitten durch die Wildnis bis zum Fuß des Kennicott-Gletschers. Im Frühjahr 1911 erreichte die erste Ladung Erz Cordova. In diesem Jahr förderte die größte Kupfermine der Welt bereits über 10 000 t hochgradiges Erz. Nur mit großem Aufwand ließ sich die Eisenbahnlinie instand halten. Um die Schienen im Winter schneefrei zu halten, wurden die größten Schneepflüge der Welt eingesetzt.

Die Kennecott-Bergwerksgesellschaft hatte ein eigenes Kraftwerk, ein Krankenhaus, Läden, eine Schule und Wohnhäuser für die bis zu 550 Arbeiter und Ingenieure mit ihren Frauen und Kindern. ›Glacier City‹, wie Kennicott scherzhaft genannt wurde, war eine florierende Stadt, die sich sogar ein Orchester leistete. Bars und ›leichte Mädchen‹ waren jedoch nur im 7 km entfernten McCarthy zu finden – um die Moral in Kennicott zu wahren, hatte die Bergwerksdirektion die ›sündige Vorstadt‹ gegründet.

Über ein Vierteljahrhundert herrschte am Kennicott-Gletscher geschäftiges Treiben, hallte der dumpfe Klang der Dynamit-Explosionen durch die Wildnis, dann war alles vorbei. Die Entdeckung großer und leicht zugänglicher Kupferlager in Chile und ein weltweiter Preisverfall führten zur Schließung der Bergwerke. Der letzte Zug verließ Kennicott am 11. November 1938. Die Beschäftigten waren überzeugt, die Minen würden bald wieder geöffnet, und nahmen deshalb nur das Wichtigste mit. Sie irrten sich jedoch – zurück blieb eine Geisterstadt. Bis zur Schließung der Minen wurden in Kennicott Kupfer und Silber im Gesamtwert von rund 250 Mio. $ produziert – mit einem Nettogewinn von über 100 Mio. $.

In den 1960er-Jahren ordnete die Bergwerksgesellschaft die Zerstörung aller Gebäude an, um etwaigen Schadensersatzansprüchen bei Verletzung zu entgehen. Ein paar Häuser wurden zerstört, doch erwies sich die Aktion als zu kostspielig. Seit den 1980er-Jahren sucht man das touristische Potenzial des Geländes auszubeuten.

derungen und Wildwasser-Abenteuer ist es besser, sich an **St. Elias Alpine Guides** in McCarthy zu wenden (s. rechts).

Übernachten

Neben dem alten Bergwerk ▸ **Kennicott Glacier Lodge:** Reservierung P.O. Box 103 940, Anchorage, AK 99510, Tel. 907-258-23 50, 1-800-582-51 28, Fax 248-79 75, www.kennicottlodge.com. Im alten Stil wieder aufgebaute Lodge mit Restaurant und 25 komfortablen Zimmern; Touren werden arrangiert. Übernachtung, Mahlzeiten und Führung extra. DZ $ 295–389.

Aktiv

Flightseeing ▸ **Wrangell Mountain Air:** McCarthy, AK 99588, Tel. 907-554-44 11, 1-800-478-11 60, www.wrangellmountainair.com. McCarthys Buschpilot, Sightseeing-Flüge und Gletscherlandungen, Air-Taxi und im Sommer 3 x tgl. Flüge von Chitina.

Outdoor-Aktivitäten ▸ **St. Elias Alpine Guides:** P.O. Box 92129, Anchorage, AK 99509, Tel. 907-345-90 48, 1-888-933-54 27, www.steliasguides.com. Die Outdoor-Spezialisten für den Wrangell-St. Elias National Park bieten seit über 25 Jahren ein umfangreiches Programm für kleine Gruppen an; Hiking, Trekking, Bergsteigen, Eisklettern und River Rafting Touren.

Verkehr

Backcountry Connection: Tel. 907-822-52 92. Busverbindung zwischen Glennallen und McCarthy.

Wrangell Mountain Bus: Shuttle zwischen McCarthy und Kennicott.

In Kennicott war die einst reichste Kupfermine der Welt beheimatet

Fairbanks und Zentral-Alaska

Man reist auf den Spuren der Pioniere und Goldgräber und besichtigt alte Trading Posts und Road Houses in beeindruckender Natur. Unbestrittenes Highlight der Tour ins Landesinnere und allein die Reise wert ist jedoch der Denali National Park mit dem grandiosen 6194 m hohen Mount McKinley. Er ist der einzige Berg dieser Größenordnung, auf den im Sommer die Mitternachtssonne scheint.

Von Valdez nach Fairbanks ► 3, L 8–11

Karte: S. 431
Von Valdez aus folgt man ab Glennallen dem **Richardson Highway** etwa 250 km nach Norden bis Delta Junction. Der erste Abschnitt der Strecke von Valdez bis Glennallen ist im Kapitel ›Anchorage und Süd-Alaska‹ beschrieben (s. S. 408). Bei **Gulkana** bietet sich eine längere, aber sehr schöne Alternativroute auf dem Glenn Highway/Tok Cut Off nach **Tok** **1** an. Der Ort liegt gut 220 km von Glennallen entfernt am Ostrand des Bundesstaates. Die Route führt direkt am Wrangell-St. Elias National Park entlang. Ein Besuch in Tok lohnt vor allem für Hundefans, denn hier beschäftigt sich jeder dritte Einwohner mit Hundezucht oder -rennen. Im Sommer finden an fast jedem Abend Vorführungen der Hundeschlittenfahrer statt. Das große **Alaska Public Lands Information Center** und das **Tok Visitor Center** nebenan sind auch die Anlaufstelle für Besucher, die über den Alaska Highway angereist sind und in Tok erstmals Station machen. Hier werden sie mit Landkarten, Broschüren und Tipps versorgt (s. S. 430).

Zurück auf dem Richardson Highway, führt die Route hinter **Glennallen** durch das Tal des Gulkana River stromaufwärts und klettert dann hinauf in die Alaska Range, der höchsten Bergkette Nordamerikas. In **Paxson** zweigt der Denali Highway nach Westen ab und folgt der Südseite der Berge. Wer nur begrenzt Zeit zur Verfügung hat und Fairbanks auslassen möchte, kann auf dieser (ungeteerten) Abkürzung in einem halben Tag den Denali National Park (s. S. 441) erreichen und dabei unberührte Wildnis und Einsamkeit erleben.

Auf der Nordseite des Isabel-Passes in der Alaska Range beginnt Zentral-Alaska, das im Wesentlichen das riesige Einzugsgebiet des Yukon umfasst. Abgeschirmt durch die zwei hohen Bergketten im Süden, herrscht hier ein extremes, trocken-sonniges Kontinentalklima. Sommertemperaturen von über 30 °C sind keine Seltenheit, dafür kann das Thermometer im Winter bis unter –50 °C absinken; mehrere Wochen mit Temperaturen von –30 °C sind die Regel. Im Tal des Tanana River hat die US-Army östlich von Delta Junction ein sogenanntes ›Cold Region Test Center‹ eingerichtet, wo Menschen und Material unter härtesten Winterbedingungen getestet werden.

Im kleinen Ort **Delta Junction** **2**, dem Zentrum einer wichtigen Landwirtschaftsregion, stößt der Richardson auf den Alaska Highway. Von hier begannen die Soldaten 1942 den Highway nach Süden zu bauen. Am Schnittpunkt der beiden Highways steht vor dem Informationszentrum der viel fotografierte letzte Meilenstein des Alaska Highway. Einige Kilometer weiter nördlich ist im **Big**

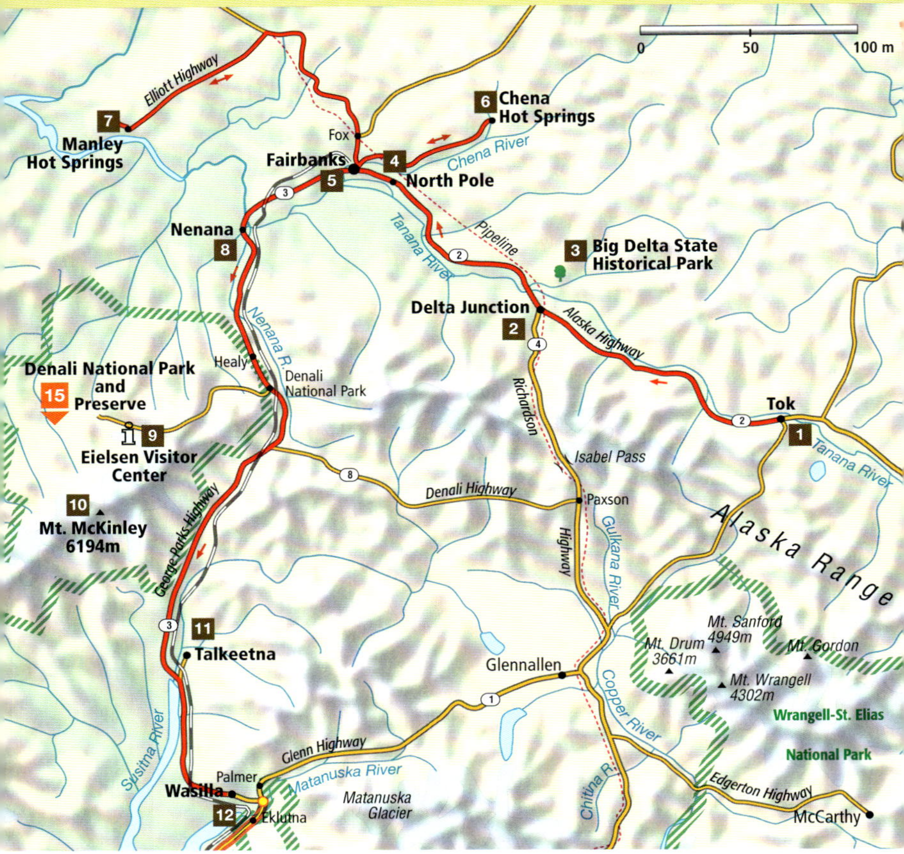

Delta State Historical Park 3 mit dem **Rika's Roadhouse & Landing** noch eines der alten *Road Houses* der Pionierzeit Alaskas erhalten. Schön restauriert und im Stil von 1900 eingerichtet, lohnt es einen Besuch. Der alte Trading Post wurde zur Oase für Trapper, Jäger, Prospektoren, Reisende und frühe Siedler, die hier rasteten, bevor sie über den Fluss setzten (Milepost 275, Richardson Hwy., Tel. 907-895-42 01, Mai–Mitte Sept. 8–20 Uhr; Eintritt frei).

Gleich daneben überspannt die Trans-Alaska Pipeline den Tanana River. Die Straße führt nun über kleinere Hügelketten parallel zum Fluss in Richtung Nordwesten. Immer wieder öffnen sich über dem breiten Tal herrliche Panoramablicke auf die schneebedeckten Dreitausender der Alaska Range.

20 km vor Fairbanks glaubt man plötzlich seinen Augen nicht zu trauen: Eine 10 m hohe Nikolausfigur grüßt von der anderen Straßenseite! Der kleine Ort im dahinter liegenden Wald heißt **North Pole** 4. Hierhin schicken die amerikanischen Kinder ihre Weihnachtswünsche. Der bekanntheitsträchtige Name wird denn auch weidlich ausgenutzt: Ein riesiger Weihnachtsladen neben dem Nikolaus verkauft Christbaumschmuck und winterlichen Nippes. Die Straßen sind das ganze Jahr über weihnachtlich beleuchtet.

Infos

Alaska Public Lands Information Center: Mile 1314, 1 Alaska Hwy., Tok, AK 99780, Tel. 907-883-56 67. Informationen über State Parks, Ausstellungen zur Geschichte und Flora und Fauna des Landes; Ende Mai–Anf. Sept. tgl. 8–19, Okt.–Mitte Mai 8–16.30 Uhr.
Tok Visitor Center: Main St., Tok, AK, Tel. 907-883-58 87, www.tokalaskainfo.com. Mai–Sept. tgl. 8–19 Uhr.

Übernachten

Motelunits & Stellplätze ► Golden Bear Motel & Camper Park: P.O. Box 500, Tok, AK 99780, Tel. 907-883-25 61, 1-866-883-25 61, Fax 883-59 50. 60, www.alaskagolden bear.com. Familiengeführtes Motel mit geräumigen, sauberen Zimmern; Restaurant, Lounge, Waschsalon, Einkaufsmöglichkeiten. $ 85–100, RV $ 16–30.

Fairbanks ► 3, K 7

Karte: links; **Cityplan:** S. 432
Hinter North Pole nimmt der Verkehr zu. Rechter Hand liegen noch zwei Militärstützpunkte, und schließlich erreicht man **Fairbanks** **5**. Der Ursprung der ›Metropole‹ Zentral-Alaskas – heute leben in der Stadt selbst etwa 35 000 und in der Region rund 100 000 Menschen – geht auf einen Goldrausch in den Jahren 1903/04 zurück. 1902 fand der italienische Einwanderer Felix Pedro das erste Gold, es folgten bedeutende Funde weiter nördlich und zur gleichen Zeit gründete Captain E. T. Barnette eine Handelsstation am Ufer des Chena River. So wurde Fairbanks 1903 der Gemeindestatus verliehen. Der eigentliche Aufschwung kam jedoch erst während des Zweiten Weltkriegs, als West-Alaska von den Japanern bedroht war, der Alaska Highway erbaut und der Nachschub für die Sowjetunion über Fairbanks nach Nome und von da weiter nach Sibirien geleitet wurde (s. Thema S. 344).

Die kriegerische Geschichte der Stadt ist längst Vergangenheit. Fairbanks ist heute die zweitgrößte Stadt Alaskas und *der* Ausgangspunkt für die Exploration des hohen Nordens. Von hier aus werden all die kleinen Buschsiedlungen an der Beringstraße und am Polarmeer versorgt.

Die einstige Goldgräberstadt besitzt heute eine florierende Wirtschaft, die auf der Förderung von Öl, Gas, Kohle und Gold beruht. Fairbanks ist zudem Militärstützpunkt und Sitz der University of Alaska, und auch der Tourismus gewinnt stetig an Bedeutung.

Fairbanks, die Stadt im Herzen Alaskas, bietet dem Besucher mit ihren hübschen Anlagen am Chena River gute Möglichkeiten zum Spazierengehen. Ausflüge in die Umgebung geben Gelegenheit, in die abenteuerliche Vergangenheit der Goldgräber-Ära einzutauchen, z. B. beim Besuch des Pioneer Park. Ein Erlebnis ist es auch, wie die Reisenden vergangener Zeiten mit dem Raddampfer, dem Buschflugzeug, der Eisenbahn oder dem Hundeschlitten unterwegs zu sein. Auch auf Kultur muss man in Fairbanks nicht verzichten. Es gibt eine vielfältige Kunst- und Musikszene, zahlreiche Galerien und sogar Symphonieorchester, Ballett und Theater.

Vor allem aber ist Fairbanks eine hervorragende Ausgangsbasis für Entdeckungsreisen in einige der schönsten und wildesten Landschaften Alaskas. So liegt der grandiose Denali Nationalpark nur zwei Autostunden entfernt (195 km), und auch für Erkundungen im hohen Norden Alaskas, ganz gleich ob per Flugzeug oder mit dem Auto, ist Fairbanks der ideale Ausgangspunkt. Von hier gelangt man auf dem Dalton Highway, einer der letzten Abenteuerstraßen des Kontinents, zur Arctic National Wildlife Refuge, zum Gates of the Arctic National Park und schließlich zum rund 800 km entfernten Polarmeer.

Berühmt geworden ist Fairbanks auch duch das faszinierende Naturschauspiel der Aurora Borealis. Die leuchtend grünen, tanzenden Nordlichter sind hier häufiger und besser zu sehen als in den meisten Städten des Nordens – und das nicht nur im Winter: In rund 240 Nächten im Jahr lässt sich das Himmelsspektakel in Fairbanks beobachten.

Auch das Klima spielt mit, denn die Gebirgskette der Alaska Range im Süden ver-

hindert das Eindringen von nasskalten Luftströmungen, und die Berge der Brooks Range im Norden bieten Schutz vor kalten Winden aus der Arktis. Zwar sind die Winter bitterkalt, aber dafür recht sonnig. Der Sommer ist trocken und warm (mit Temperaturen, die schon einmal 30 °C erreichen können), und noch nach 22 Uhr hat man genügend Licht zum Fotografieren.

Downtown

Die geschäftige Innenstadt liegt am Südufer des Chena River. Im Griffin Park, ebenfalls am Fluss gelegen, befindet sich eine Statue, die an die Rolle Fairbanks im Zweiten Weltkrieg erinnert. In der Nähe liegt auch das neue **Morris Thompson Cultural & Visitor Center** 1, das Besucher bei ihren Besichtigungsplänen auch auf Deutsch beraten kann. Hier

Fairbanks

Sehenswert
- 1 Morris Thompson Cultural & Visitor Center
- 2 Yukon Quest Race HQ
- 3 Fairbanks Ice Museum
- 4 University of Alaska
- 5 Pioneer Park
- 6 Riverboat Discovery Cruises
- 7 Fountainhead Antique Auto Museum
- 8 Gold Dredge No. 8
- 9 El Dorado Goldmine

Übernachten
- 1 A Taste of Alaska Lodge
- 2 Alaska Heritage House
- 3 Westmark Fairbanks Hotel
- 4 Bridgewater Hotel
- 5 North Pole Cabins
- 6 Golden North
- 7 Fairbanks B & B
- 8 Billie's Backpackers Hostel
- 9 River's Edge Resort & RV Park
- 10 Chena Hot Springs

Essen & Trinken
- 1 Alaska Salmon Bake & Palace
- 2 The Pumo House Restaurant & Saloon
- 3 Lavelle's Bistro
- 4 Brewster's
- 5 Silver Gulch Brewery
- 6 The Cookie Jar Restaurant

Einkaufen
- 1 Arctic Travelers Gift Shop
- 2 Santa Claus House
- 3 Alaskan Gold Rush Fine Jewelry

Aktiv
- 1 Northern Alaska Tour Company
- 2 Arctic Outfitters
- 3 Go North Travel Center
- 4 Fairbanks Paddle & Pedal
- 5 Alaska Outdoor Rentals & Guides
- 6 Alaskan Husky & Horse Adventure
- 7 Alaska Fishing & Raft Adventures
- 8 Midnight Sun Balloon Tours
- 9 First Alaska Outdoor School

stehen außerdem Telefone, WiFi und Internet zur Verfügung. Es gibt eine Ausstellungshalle mit Displays und Dioramen von Museumsqualität, täglich werden kostenlose Filme zur Kultur- und Naturgeschichte der Region gezeigt. Im Erdgeschoss befindet sich eine umfangreiche Bibliothek mit Karten- und Informationsmaterial. Im neuen Gebäude ist auch das **Alaska Public Lands Information Center** untergebracht (101 Dunkel St., Fairbanks, Tel. 907-459-37 00, 1-800-327-57 74, www.morristhompsoncenter.org, www.explorefairbanks.com, Mitte Mai–Mitte Sept. tgl. 8–21, sonst 8–17 Uhr).

Die pittoreske Log Cabin, in der früher das Visitor Center untergebracht war, beherbergt heute das **Yukon Quest Race Headquarter** 2 (550 1st Ave., Tel. 907-452-79 54, www.yukonquest.com). Direkt an der Blockhütte befindet sich der Start bzw. der Zieleinlauf des Hundeschlittenrennens, das alljährlich im Februar zwischen Fairbanks/Alaska und Whitehorse im Yukon stattfindet. Dabei überqueren die Hundeschlittenführer in jedem ungeraden Jahr (2013, 2015, 2017 etc.) die Ziellinie in Downtown Fairbanks.

Im **Fairbanks Ice Museum** 3, das im historischen Lacey Street Theatre untergebracht ist, sind wunderschöne Eisskulpturen zu bewundern. Und man kann den Künstlern dabei zuschauen, wie sie hinter Glas in Kältekammern ihrer Kreativität freien Lauf lassen. Auf einer großen Leinwand werden die Techniken der Eisbildhauerkunst demonstriert (500 2nd Ave., Fairbanks, Tel. 907-451-82 22, www.icemuseum.com, Mai–Sept. 10–20 Uhr, $ 12, bis 12 Jahre $ 6).

University of Alaska 4

Sehr zu empfehlen ist ein Besuch der **University of Alaska**, die auf einem Hügel im Nordwesten der Stadt liegt. Das **University Museum,** auch Museum of the North genannt, wurde 2008 erheblich erweitert. Die innovative Architektur des schneeweißen Neubaus soll die Bergrücken und Gletscher des Landes versinnbildlichen. Umfangreiche Ausstellungen geben einen ausgezeichneten Überblick über die Natur- und Kulturregionen des Staates und über Tänze und Spiele der Ureinwohner. An einem klaren Tag kann man von dort oben auch den Mount McKinley in der Ferne erspähen (907 Yukon Dr., Tel. 907-474-75 05, www.uaf.edu/museum, Mitte Mai–Mitte Sept. 9–21, sonst Sa 9–17 Uhr, Juni–Aug. Kurzvorträge um 11.30 und 14 Uhr. Multimedia-Show über Aurora Borealis $ 5, Eintritt $ 10). Zum Gelände gehört auch der 2 ha große **Georgeson Botanical Garden** unterhalb des Museums. Hier kann man bewundern, welchen Wachstumsschub die Mitternachtssonne an Riesengemüse, Blumen und anderen Pflanzen vollbringt.

Zur Universität Fairbanks gehört auch die **Large Animal Research Station,** auch als Musk Ox Farm bekannt. Auf dem 55 ha großen Gelände werden 50 Moschusochsen sowie rund 100 Karibus und Rentiere gehalten. Besucher erfahren Wissenswertes über Ökologie und Biologie der Moschusochsen, die sich dem arktischen Klima so gut angepasst haben und in Alaska fast ausgerottet wurden. Von einer Plattform aus kann man die urwüchsigen Tiere beobachten (2220 Yankovich Rd., Fairbanks, Tel. 907-474-5724, www.fairbanksalaska.com/large-animalresearch.htm, Di, Do und Fr 10–16 Uhr, Touren um 10, 12 und 14 Uhr; $ 10).

Im Pioneer Park

Im **Pioneer Park** 5, einem 18 ha großen Stadtpark mit einem Freilichtmuseum am Chena River, kann der Besucher einen Ausflug in die Pionierzeit Fairbanks unternehmen. Hier sind zahlreiche historische Gebäude aus Fairbanks und anderen Regionen Alaskas ›umgesiedelt‹ worden und zu einer authentischen Stadt aus der Zeit des Goldrausches vor 100 Jahren wieder aufgebaut worden. Schon am Eingang grüßt der schön restaurierte Schaufelraddampfer **›Nenana‹** aus dem Jahre 1933. Im Inneren des riesigen Flussdampfers stellen Dioramen die Flussdörfer entlang des Yukon und Tanana River dar (Eintritt $ 3). In der **Gold Rush Town** findet man unter den historischen Gebäuden auch das Haus des ersten Gouverneurs des Alaska Territory, James Wickersham. Im **Pioneer Museum** sind alte Geräte aus der Goldminenzeit zu besichtigen, während im **Pioneer Air Museum** im großen domartigen Gebäude im Zentrum des Parks auch modernere Flugzeuge ausgestellt sind (Pioneer Park, Airport Way, Tel. 907-459-10 87, www.co.fairbanks.ak.us/pioneerpark, Park ganztägig, Läden

Startpunkt für Fahrten mit dem Schaufelraddampfer: das Discovery Dock

und Restaurants tgl. 11–21 Uhr geöffnet. Der Eintritt in den Park ist frei, die Preise für die einzelnen Attraktionen sind auf der Webseite zu finden. Gratis sind auch die allabendlich um 19 Uhr stattfindenden Konzerte).

Weiter westlich kann man vom Dock am Ende der Dale River Road mit **Riverboat Discovery Cruises** 6 an Bord des Schaufelraddampfers »Discovery II« eine dreistündige Tour auf dem Chena und Tanana River unternehmen. Dabei legt das Schiff auch am Dock einer rekonstruierten Alaska-Pioniersiedlung an (1975 Discovery Dr., Tel. 907-479-66 73, 1-866-479-66 73, www.riverboatdiscovery.com, Ende Mai–Mitte Sept. tgl. 8.45 und 14 Uhr; $ 54,95). Mit der »Tanana Chief«, einem kleineren Schaufelraddampfer, werden zweistündige Flusstouren angeboten (Tel. 907-452-86 87, 866-452-86 87; $ 25).

Goldminen und Oldtimer

Für Liebhaber klassischer Oldtimer steht sicher ein Besuch des **Fountainhead Antique Auto Museum** 7 mit einem Streifzug durch die amerikanische Automobilgeschichte auf dem Programm. Hier sind über 70 historisch bedeutende Automodelle zu sehen, unter ihnen Juwelen wie ein Hay Motor Carriage von 1898, ein Owen Magnetic von 1917 und ein Auburn V-12 von 1933 (Wedgewood Resort, 212 Wedgewood Dr., Fairbanks, Tel. 907-450-21 00, www.fountainheadmuseum.com, im Sommer So–Do 11–22, Fr/Sa 11–18, im Winter So 12–18 Uhr, $ 8, bis 12 Jahre $ 5).

15 km nördlich von Fairbanks blieb bei **Fox** am Old Steese Highway ein riesiger alter Schaufelradbagger, **Gold Dredge No. 8** 8, aus den Goldgräbertagen erhalten – ein verblüffender Kontrast zur modernen Alyeska Pipeline, die daran vorbeiführt. Bei einer 90-minütigen Tour können Besucher ihr Glück beim Goldwaschen versuchen (SR 2, Tel. 907-457-60 58, im Sommer tgl. 9.30, 10.30, 11.30, 12.30, 13.30, 14.30, 15.30 Uhr; $ 21).

Die **El Dorado Goldmine** 9 bietet auf einer zweistündigen Tour die Möglichkeit, den Minenbetrieb kennenzulernen. Man fährt mit einem Nachbau der historischen Tanana Valley Railway in die Goldfelder. Von Fairbanks aus besteht ein kostenloser Shuttle-Service (Mile 1,3 Elliott Hwy., Fox, Tel. 907-479- 66 73, 1-866-479-66 73, www.eldoradogoldmine.com, Fahrten Mitte Mai–Mitte Sept. Mo–Fr und So 9.45 und 15 Uhr, Sa 15 Uhr; $ 35).

Infos

Morris Thompson Cultural & Visitor Center: 101 Dunkel St., Fairbanks, Tel. 907-459-37 00, Fax 907-459-37 02, www.morristhompsoncenter.org., Anf. Mai–Anf. Sept. 8–21, sonst 8–17 Uhr.

Alaska Public Lands Information Center: 101 Dunkel St., Fairbanks, Tel. 907-459-37 30, www.nps.gov/aplic/center. Informationen und Ausstellungen über State und National Parks, topografische Karten. Ende Mai–Anfang Sept. 9–18 Uhr, sonst Mo–Sa 9–17 Uhr.

Übernachten

Naturnah ► **A Taste of Alaska Lodge** 1: 551 Eberhardt Rd. (Mile 5.3 Chena Hot Springs Rd.), Fairbanks, Tel. 907-488-78 55, Fax 907-488-37 72, www.atasteofalaska.com. Komfortable Lodge auf einem 110 ha großen bewaldeten Gelände; das Haupthaus (hier wird auch das reichhaltige Frühstück eingenommen) ist im Blockhaustil gebaut und hat 6 Gästezimmer und 2 Suiten, alle mit eigenem Bad und Patio ($ 185), außerdem gibt es noch 2 etwas abseits gelegene, komplett eingerichtete Ferienwohnungen ($ 205–235).

Historisches B & B ► **Alaska Heritage House** 2: 410 Cowles St., Fairbanks, Tel. 907-456-4100, www.alaskaheritagehouse.com. Historisches Haus in hübscher Gartenanlage, wunderschön restauriert mit stilvoll eingerichteten Zimmern und Suiten; Frühstück gibt es im Esszimmer, dessen Möbel 1875 um das Kap Horn reisten, um schließlich mit dem Sternwheeler auf dem Yukon River nach Fairbanks zu gelangen. $ 159–199.

Gehobener Komfort ► **Westmark Fairbanks Hotel** 3: 813 Noble St., Fairbanks, AK 99701, Tel. 907-456-77 22, 1-800-544-09 70, Fax 451-74 78, www.westmarkhotels.com. Komfortable Zimmer, besonders im neuen Turm, Restaurant und Lounge, Flughafen-Transfer kostenlos. $ 120–230.

Gemütliches älteres Haus ▶ Bridgewater Hotel 4: 723 First Ave., Fairbanks, AK 99701, Tel. 907-452-66 61, 1-800-528-49 16, www.fountainheadhotels.com. Kleineres komfortables Hotel am Chena River im Herzen der Stadt, nettes Frühstückscafé im Haus. $ 100–149.

Die Wildnis vor der Haustür ▶ North Pole Cabins 5: 2502 Outside Blvd., North Pole (Hwy 2, 20 Min. vom Airport), Tel. 907-490-64 00, 907-590-90 10, www.northpolecabins.com. Komplett eingerichtete, komfortable Cabins in schöner Landschaft am Fluss, Shops und Restaurants in der Nähe, die Gastgeber bieten auch eine Tour nach Fairbanks im Oldtimer an. Juni–Mitte Sept. $ 139–209, Vor- und Nachsaison $ 89–149, Winter $ 79–99, günstigere Preise bei Aufenthalten von einer Woche oder mehr.

Preiswertes Motel ▶ Golden North 6: 4888 Old Airport Rd, Fairbanks, Tel. 907-479-62 01, 1-800-447-19 10, www.goldennorthmotel.com. Ordentliche Motelunits, kostenloser Shuttle vom Airport, WLAN, viele Zimmer haben eine Mikrowelle und einen Kühlschrank. $ 79–99.

Nette Pension ▶ Fairbanks Bed & Breakfast 7: Barbara Neubauer, 902 Kellum St., Fairbanks, AK 99701, Tel. 907-451-49 67, Fax 451-69 55. In ruhiger Lage, hübsch eingerichtet, an Buslinie. $ 70–120.

Privatunterkünfte ▶ Fairbanks Association of Bed & Breakfast: Fairbanks, Tel. 907-451-04 35, Fax 907-452-39 84, www.ptialaska.net/~fabb. Gemeinschaft von 7 B & Bs in Fairbanks und Umgebung.

Beliebte Budgetunterkunft ▶ Billie's Backpackers Hostel 8: 2895 Mack Rd., Fairbanks, AK 99709, Tel. 907-479-20 34, Fax 457-20 34, www.alaskahostel.com. Gemütliches und sehr beliebtes historisches Hostel in günstiger Lage, 4-Betten-Schlafräume, Fahrradverleih. $ 15–80.

Stellplätze & Cottages ▶ River's Edge Resort & RV Park 9: 4200 Boat St., Fairbanks, AK 99709, Tel. 907-474-02 86, 1-800-770-33 43, www.riversedge.net. Am Chena River, Nähe Shopping Center. Zelt $ 24, RV $ 36–42, Cottages $ 195.

Stellplätze & Zimmer ▶ Chena Hot Springs 10: Mile 56,6, 100 km nordöstl. von Fairbanks am Ende der Chena Hot Springs Rd., Tel. 907-451-81 04, 1-800-478-46 81, Fax 451-81 51, www.chenahotsprings.com. Heiße Quellen, Stellplätze, gemütliche Lodge, Wanderwege. Pool $ 10, Zelt $ 20, RV $ 20.

Essen & Trinken

Barbecue im Park ▶ Pioneer Park/Alaska Salmon Bake & Palace 1: Airport Way, im Pioneer Park, Fairbanks, Tel. 907-452-72 74, 1-800-354-72 74, www.akvisit.com. *Spareribs,* Heilbutt, Lachs und Steaks beim traditionellen Barbecue im Freien. Dinner 17–21 Uhr, Comedy Revue 20.15 Uhr. Dinner $ 31, Show $ 18.

Mit Flussblick ▶ The Pump House Restaurant & Saloon 2: Mile 1,3 Chena Pump Rd., Fairbanks, Tel. 907-479-84 52, www.pumphouse.com. Historisches Gebäude in herrlicher Lage am Chena River; antikes Mobiliar, vorzügliche Küche; beim Mittagsbuffet sieht man die Schaufelraddampfer vorbeiziehen. $ 23–38.

Verwöhnadresse ▶ Lavelle's Bistro 3: 575 1st. Ave., Fairbanks, Tel. 907-450-05 55, www.lavellesbistro.com, So/Mo 16.30–21, Di–Sa 16.30–22 Uhr. Führendes Restaurant in Fairbanks, besonders lecker: Lachs in Kartoffelkruste, Bistro Back Ribs nach Louisiana Art, Hähnchen knusprig gebacken mit Waldpilzen und Brandy-Cremesauce, exzellente Weinkarte, sündhaft gute Desserts. $ 17–46.

Leckere Burger ▶ Brewster's 4: Teddy Bear Plaza, 3578 Airport Way, Tel.907-456-25 38 und North Gate Square, 354 Old Steese Hwy, Tel. 907-374-96 63, Fairbanks, www.brewstersalaska.com. Bei den Locals sehr beliebtes Lokal, große Burger, Steaks, Rippchen, Salate, besonders lecker: Heilbutt-Sandwich, anständige Portionen, Lunch und Dinner Specials. $ 12–25.

Brauereirestaurant ▶ Silver Gulch Brewery 5: 2195 Old Steese Highway N., Fairbanks, Tel. 907-452-27 39, www.silvergulch.com, Mo–Do 16–22, Fr 16–23, Sa 11–23, So 11–22 Uhr, Sa u. So Brunch 11–15 Uhr. Amerikas nördlichste Bierbrauerei, Restaurant mit guter Auswahl an Bieren, Spezialität: Fish & Chips, Seafood Platter, Grillrippchen und Steaks. $ 11–18.

Frühstücksadresse ▶ **The Cookie Jar Restaurant 6**: 1006 Cadillac Court, Fairbanks, Tel. 907-479-83 19, www.cookiejar fairbanks.com, Mo–Do 6.30–20, Fr/Sa 6.30–21, So 8.30–16 Uhr. Reichhaltiges Frühstück (wird den ganzen Tag serviert), Lunch und Dinner, breite Auswahl an Burgern, Sandwiches, Pasta, Steaks. $ 7–25.

Einkaufen

Souvenirs & Kunsthandwerk ▶ **Artic Travelers Gift Shop 1**: 201 Cushman St., Fairbanks AK 99701, Tel. 907-456-70 80, im Sommer Mo–Fr 9–21, So 10–18 Uhr. Souvenirs, alaskisches Kunsthandwerk. **Santa Claus House 2**: Mile 349 Alaska-Richardson Hwy., North Pole, AK, Tel. 907-488-22 00, 1-800-588-40 78, www.santaclaushouse.com, Ende Mai–Anf. Sept. 8–20, Nebensaison Mo–Sa 10–18 Uhr. 20 km östl. von Fairbanks; Souvenirs vom Weihnachtsbaumschmuck bis zur Postkarte.

Goldschmuck ▶ **Alaskan Gold Rush Fine Jewelry 3**: 531 2nd Ave., Fairbanks, Tel. 907-456-49 91, www.goldrushfinejewelry.com, Mo–Fr 9–18, Sa 10–17 Uhr. Nuggetschmuck aus Alaskas traditionellem Goldgebiet um Fairbanks.

Aktiv

Exkursionen nach Nord-Alaska ▶ **Northern Alaska Tour Company 1**: Fairbanks, Tel. 907-474-86 00, 1-800-474-19 86, Fax 907-474-47 67, www.northernalaska.com. Ein- und mehrtägige Exkursionen mit Auto, Schiff und Flugzeug in Alaskas Norden: Dalton Highway, Yukon River, Coldfoot, Prudhoe Bay, Barrow, Kotzebue und Nome; Sightseeing-Flüge zum Polarkreis, über die Brooks Range und nach Anaktuvuk Pass im Gates of the Arctic National Park; einige Preisbeispiele: Fairbanks by Asir $ 119, Arctic Circle Drive Adventure $ 189, Arctic Circle Fly/Drive Adventure $ 359, Arctic Circle Native Culture Adventure $ 379, Round Trip zum Denali $ 339; SUV ab $ 199 pro Tag.

Dalton Highway-Touren ▶ **Arctic Outfitters 2**: Fairbanks, Tel. 907-474-35 30, Fax 907-474-47 67, www.arctic-outfitters.com. Spezialist für Dalton-Highway-Unternehmungen, Transport zu Land und in der Luft, Übernachtung, Vermietung von geeigneten Fahrzeugen, Touren nach Coldfoot, Prudhoe Bay, Nome und Barrow; Roundtrip Yukon River $ 126, Arctic Circle $ 168, Coldfoot $ 212, Prudhoe Bay $ 442.

Outdoor-Spezialist ▶ **Go North Travel Center 3**: 3500 Davis Rd., Fairbanks, Tel. 907-479-72 72, 1-855-236-72 71, Fax 907-474-10 41, www.GoNorth-Alaska.com. Outfitter für Nordland-Exkursionen, geführte Touren im Gates of the Arctic National Park und in der Brooks Range, Vermietung von SUVs (ab $ 133/Tag), Kanus (ab $ 32/Tag), Schlauchbooten (ab $ 55 /Tag), Fahrrädern ($ 3/Tag) und Campingausrüstung für den Norden, man spricht auch Deutsch.

Paddel- & Radtouren ▶ **Fairbanks Paddle and Pedal 4**: 1151 Ivy Dr., Fairbanks, Tel. 907-388-44 80, www.fbxpp.com. Geruhsame Fahrrad- und Flusstour auf dem Chena River, Lunch inbegriffen, Tagestour 9.30–17 Uhr $ 120.

Kanu- und Kajaktouren ▶ **Alaska Outdoor Rentals & Guides 5**: Pioneer Park Boat Dock, Fairbanks, Tel. 907-457-24 53, www.2paddle1.com. Kanu- und Kajaktouren auf dem Chena River; Verleih von Kanus (1/2 Tag $ 37) und Kajaks (1/2 Tag $ 28).

Trailritte & Packtrips ▶ **Alaskan Husky & Horse Adventure 6**: 1285 Sattley Dr., Fairbanks, Tel. 907-457-36 01, 907-460-11 22, www.heavyhorsefarm.com. Trailritte und mehrtägige Packtrips, im Winter auch mit dem Hundeschlitten; Trailritte $ 55 (1 Std.), $ 80 (2 Std.) $ 175 (ganzer Tag), 5-tägiger Packtrip in die Alaska Range Mountains östlich vom Denali National Park ($ 1500).

Angeltouren ▶ **Alaska Fishing & Raft Adventures 7**: Fairbanks, Tel. 1-800-819-07 37, +43 660-142-62 17 (Europa), www.akriver tours.com. Eintägige Angeltouren auf dem Chena River, mehrtägige Angel- und Float Trips durch die Wildnis am Gulkana River; man spricht Deutsch.

Ballonfahrten ▶ Midnight Sun Balloon Tours 8: Fairbanks, Tel. 907-456-30 28, www.alaskaballoontours.com. Heißluftballonfahrten über Fairbanks.

Native Culture ▶ 1st Alaska Outdoor School 9: Fairbanks, Tel. 907-590-59 00, www.1stalaskaoutdoorschool.com. Täglich Fairbanks City & Highlight Tour, Aurora-Borealis-Erlebnistour, Exkursionen zum Polarkreis und der Prudhoe Bay, im Winter Touren mit dem Snowmobil und Hundeschlitten.

Termine

Yukon Quest: Mitte Febr., Tel. 907-452-79 54, www.yukonquest.com. 1000-Meilen-Rennen mit Hundeschlitten zwischen Whitehorse und Fairbanks (an geraden Jahren Start in Fairbanks, an ungeraden in Whitehorse).

World Ice Art Championship: Ende Febr.–Ende März. Künstler aus aller Welt schnitzen bezaubernde Eisskulpturen (Tel. 907-451-82 50, www.icealaska.com).

Summer Art & Jazz Festival: letzte zwei Juliwochen, University of Alaska. Kultur-Highlight des Jahres mit Konzerten, Workshops, klassischer Musik, Gospel, Jazz, Blues, Oper, Theater, Tanz, Literatur und mehr.

Golden Days: Zweite Julihäfte. Fairbanks feiert die Goldrausch-Ära und Pionierzeit mit Paraden, Wettbewerben und anderen Veranstaltungen (Tel. 907-452-11 05, www.fairbankschamber.org).

World Eskimo-Indian Olympics: 4 Tage im Juli oder Aug., Tel. 907-452-6646, www.weio.org. Kultur, traditionelle Spiele, Tänze, Storytelling und Sportwettkämpfe – eines der Highlights ist ›Nalukataq‹: Mit einer großen Decke aus elastischem Walrossfell, gehalten von drei Dutzend Eskimos, wird der Wettkämpfer wie auf einem Trampolin in die Luft geschleudert und wieder aufgefangen.

Chena und Manley Hot Springs ▶ 3, L 7 und J 7

Weitere kürzere Ausflüge in Richtung Osten oder Norden bieten sich an, darunter die 57 Meilen-Fahrt entlang des Chena River zu den heißen Quellen von **Chena Hot Springs 6**. Im **Chena Hot Springs Resort** gibt es komfortable Zimmer, Cabins und Stellplätze für Wohnmobile. Baden kann man in einem Indoor- und Outdoorpool, der von den heißen Quellen gespeist wird. Im Sommer wird eine breite Palette von Freizeitaktivitäten geboten: Trailreiten, Kanu- und Floßtouren, Angeln, Mountainbiking und Goldwaschen; im Winter gibt es Hundeschlitten- und Snowmobile-Fahrten, Skilanglauf – und zudem das bezauberndste Nordlicht-Spektakel.

In nordwestlicher Richtung fährt man auf dem ungeteerten Elliott Highway (163 Meilen) nach **Manley Hot Springs 7**, einem kleinen Pionierort (72 Einw.) mit einem der ältesten Roadhouses Alaskas. Hier kann man auch übernachten, deftig essen und in der Bar mit Goldsuchern, Hundeschlitten-Führern und Trappern einen Drink nehmen (Manley Roadhouse, Mile 152 Elliott Hwy., Manley Hot Springs, Tel. 907-672-31 61). Die Hot Springs, die in drei Steinbecken in einem riesigen Gewächshaus mit üppiger Vegetation sprudeln, lohnen einen Besuch (Mile 151,7; $ 5).

Abenteuer Arktis

Wer viel Zeit hat und das wahre Abenteuer sucht, kann auf dem **Dalton Highway** in Richtung Eismeer aufbrechen (s. Aktiv unterwegs S. 446). Entlang der Trans-Alaska Pipeline führt die größtenteils geschotterte Straße quer durch die Wildnis über den Polarkreis zur fast 700 km entfernten Service-Siedlung Deadhorse an der Prudhoe Bay. Der Dalton Highway wurde 1974 als Service Road für den Bau der Pipeline angelegt und ist seit einiger Zeit auch für die Öffentlichkeit zugelassen. Allerdings kann man nur bis Deadhorse fahren. Um die Ölfelder an der Prudhoe Bay zu sehen, muss man dort eine geführte Tour buchen. Deadhorse hat alle Serviceeinrichtungen.

Aber ehe man sich an die lange Fahrt über die Brooks Range nach Norden wagt, sollte man sich zuvor in Fairbanks und dann an den Servicestationen entlang des Weges genau nach dem Straßenzustand erkundigen – und auch Ersatzreifen nicht vergessen!

Denali National Park und Mount McKinley ► 3, H–K 8/9

Karten: S. 431 und 440
Über niedrige Hügelketten mit Blick auf das Panorama der Alaska Range fährt man auf dem George Parks Highway (Alaska Route 3) wieder nach Süden. 10 km hinter Fairbanks zweigt zwischen alten und neuen Schutthalden der Goldgräber die kurze Seitenstraße nach Ester ab. Bis Anchorage sind insgesamt rund 580 km zu fahren, im Rahmen einer Tagestour gut zu bewältigen. Für die Hauptattraktion, den Denali National Park, sollte man aber zwei bis drei Tage einplanen.

Der kleine Ort **Nenana** 8 (370 Einw.) an der Mündung des gleichnamigen Flusses in den breiten Tanana River ist in ganz Alaska für sein *Ice Classic* bekannt. In diesem seit 1917 alljährlich stattfindenden Wettbewerb geht es um den genauen Zeitpunkt des Eisaufbruchs auf dem Tanana. Für ein paar Dollar können die Bewohner Alaskas, des Yukon-Territoriums und Besucher an über 150

Dallschafe können im Denali National Park aus nächster Nähe beobachtet werden

Denali-Nationalpark

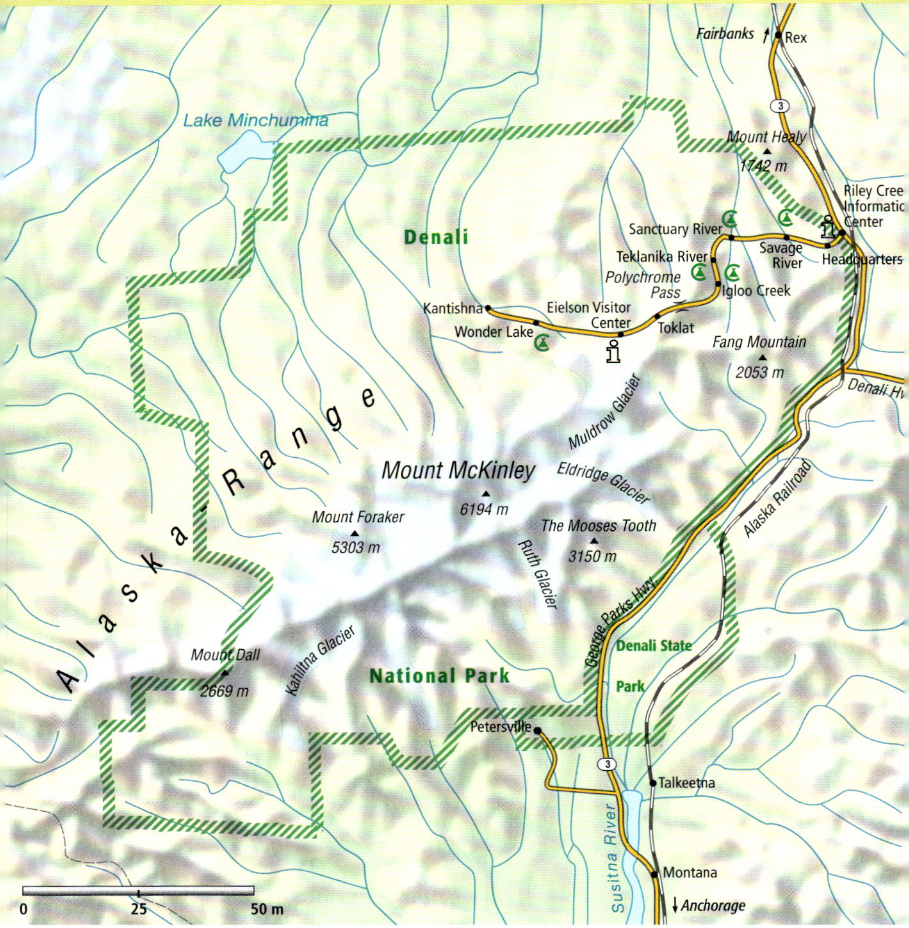

Verkaufsstellen im Staat ein Lotterieticket erwerben und ihre Schätzung für Tag, Stunde und Minute des Aufbruchs abgeben. Am letzten Februarwochenende wird dann im Rahmen eines großen Festes in Nenana der Tripod, eine dreibeinige Holzkonstruktion, auf dem Eis des Tanana aufgestellt und durch ein Seil mit der Stoppuhr am Ufer verbunden.

Ende April oder Anfang Mai ist es dann soweit. Bei den ersten leichten Bewegungen im Eis schlägt der Wächter Alarm. Einige Stunden später beginnt die Eismasse aufzubrechen, um sich dann unter gewaltigem Getöse stromabwärts zu schieben. Das Seil vom Tripod zum Ufer strafft sich, wird durch einen Fallbeilmechanismus gekappt, und die Uhr bleibt stehen. Nun kann der glückliche Gewinner von gut 300 000 $ (etwa die Hälfte der Einnahmen) benachrichtigt werden. Im **Visitor Center** an der Brücke erfährt man alles über die Nenana Ice Classic Tripod Days und den Ort (Tel. 907-832-54 46, www.nenanaakiceclassic.com, Visitor Center Ende Mai–Anf. Sept. 8–18 Uhr).

Im Sommer drehen sich auf dem **Tanana River** die *Salmon Wheels* der Indianer. Diese Holzgerüste mit zwei Schaufeln schwimmen fest verankert im Fluss, werden durch die Wasserkraft gedreht und schaufeln sehr effektiv alle durchschwimmenden Lachse in das daneben liegende Boot. Ursprünglich haben die Weißen diese Fangmethode eingeführt, doch heute dürfen nur noch die Indianer so fischen. Die Lachse werden entweder tiefgefroren und an die Restaurants verkauft oder für den Eigenverbrauch im Winter zubereitet. Hinter so mancher Hütte in Nenana sieht man einen Räucherofen dampfen: Der Lachs wird zuerst in Streifen geschnitten, dann luftgetrocknet und danach etwa zwei Wochen über Eschenholz geräuchert. Diese *salmon strips* halten sich Jahre. Noch ein kurzer Besuch im **Alaska Railroad Museum**, das im alten Bahnhof von Nenana untergebracht ist, dann geht es weiter nach Süden (Tel. 907-832-55 00, Mai–Sept. 8–18 Uhr).

Vorüber am ältesten Kohlebergwerk Alaskas, der Usibelli Coal Mine bei **Healy**, in dem heute jährlich 800 000 t gefördert werden, führt der Highway hinein in die Alaska Range. Der Ort bietet keine Sehenswürdigkeiten, hat aber zahlreiche Motels; eine besonders in der Hochsaison preisgünstige Alternative zu den meist teuren Unterkünften im oder am Park.

Noch knapp 20 km im engen Canyon des Nenana River, dann erreicht man den Höhepunkt jeder Alaskafahrt: den 1917 gegründeten Denali National Park, der 1976 zur internationalen Biosphäre erklärt wurde und 1980 den besonderen Status eines ›National Park and Preserve‹ erhielt.

15 Denali National Park

Der **Denali National Park** ist mit über 24 000 km² einer der größten amerikanischen Nationalparks. Er umschließt ein komplettes Ökosystem aus borealen Nadelwäldern und weiten Tundragebieten, die im Sommer mit winzigen, bunten Blumen bedeckt sind. Ein prachtvoller Anblick vor dem Panorama der schneebedeckten Berge der Alaska Range, die sich im Süden des Parks erstreckt. Hier erhebt sich der eisbedeckte, 6194 m hohe Mount McKinley majestätisch über die erheblich kleineren Berggipfel seiner Umgebung. Der Denali National Park ist auch ein ungestörtes Wildnisparadies für Bären, Elche, Wölfe und Karibus, die hier häufiger beobachtet werden können als in den meisten anderen Parks.

Dabei ist der Denali National Park & Preserve zugleich eines der am leichtesten zugänglichen **Wildnisschutzgebiete** und einer von nur drei Nationalparks des Bundesstaates, die direkt an das Highway-Netz angebunden sind. Über 1 Mio. Besucher nutzen jedes Jahr die Gelegenheit für einen Besuch. Dennoch hat dieser Besucherstrom nicht zu einer übermäßigen Belastung der Natur geführt, wie dies in den meisten Nationalparks in der *Lower 48 states* der Vereinigten Staaten der Fall ist.

In den Denali National Park führt eine einzige, rund 150 km lange Straße, die lediglich auf den ersten 22 km geteert ist. Nur dieser erste Teil der Parkstraße darf in den Sommermonaten mit privaten Fahrzeugen bis zum **Savage River Campground** befahren werden, wo es auch für die Tagesbenutzer einen (nicht sehr großen) Parkplatz gibt. Nur Mitte September wird am Ende der Saison die Straße auf der gesamten Strecke ein paar Tage lang für jeweils 400 Fahrzeuge per Losentscheid, für den man sich im Juli bewerben kann, freigegeben. Ab Mile 15 lassen sich dann die restlichen 130 km der rauen und holprigen Schotterpiste nur mit Hilfe des Park Shuttle vom **Visitor Access Center** aus erkunden. Dabei richtet sich der Preis für ein Tagesticket je nach den gebuchten Stationen entlang der Parkstraße: Für eine Rundfahrt bis nach Toklat bei Meile 53 (6 Std.) kostet das Ticket 25 $; bis Fish Creek, Meile 63

Tipp: Proviant

Das Lunchpaket nicht vergessen, denn im Denali National Park gibt es keinerlei Möglichkeit, etwas Essbares zu kaufen. Am Parkeingang gibt es einen Laden, wo man sich mit dem Nötigsten versorgen kann.

(8 Std.) $ 32; bis Wonder Lake, Meile 86 (11 Std.) $ 43, und bis zum Endpunkt, der Lodge in Kantishna, Meile 91, $ 47. Jugendliche von 15–17 Jahren bezahlen die Hälfte, für unter 15-Jährige ist die Fahrt frei.

Dabei kann die Fahrt für eine Pause oder eine Wanderung jederzeit unterbrochen werden, man kann bis zum gebuchten Ziel weiterfahren und zur Rückfahrt auch bei einem beliebigen Shuttlebus einsteigen. Allerdings müssen dann vielleicht ein- bis zweistündige Wartenzeiten in Kauf genommen werden. In der Praxis führt das dazu, dass die meisten Besucher trotz der langen und ermüdenden Tour lieber in den Bussen bleiben, um ihren Platz nicht zu verlieren. Der Bus hält jedoch oft, denn immer wieder gibt es Tiere am Wegesrand zu beobachten.

Dann gibt es noch die Möglichkeit vom Visitor Center aus Exkursionen mit den sandfarbenen Tourbussen des Parks zu unternehmen: Bei der ›Tundra Wilderness Tour‹ (6–8 Std., $ 99–149) und der ›Denali Natural History Tour‹ (5 Std., $ 80) ist das Lunchpaket im Preis inbegriffen. Auch diese Touren sind äußerst beliebt, daher rechtzeitig reservieren!

Wenn man also über die ersten 22 km hinaus das Herz des Parks erkunden möchte, sollte man auf jeden Fall an rechtzeitige Reservierungen denken. Preise, Abfahrtszeiten und die Bedingungen für eine Reservierung ändern sich laufend (s. S. 443).

Hat man die Reservierung versäumt, kann man sich morgens ab 6 Uhr am Visitor Center anstellen, um vielleicht ein oder zwei Tage später einen der nicht wahrgenommenen Plätze zu ergattern. Dabei gilt ein Trost: Nicht nur das Parkinnere ist attraktiv, auch die Landschaft rings um den Park lohnt den Besuch, und während der Wartezeit lassen sich schöne Wanderungen am Parkeingang, ein Flightseeing-Ausflug in die grandiose Bergwelt ringsum oder auch eine Schlauchboottour auf dem Nenana River unternehmen.

Im Eingangsbereich des Parks (bis zum Riley Creek Loop und zur Savage River Day Use Area) fahren kostenlose Shuttle-Busse. Das alte Denali Park Hotel ist vor ein paar Jahren abgerissen worden. Hier ist ein großzügiges neues, mit Solarenergie betriebenes Visitor Center entstanden. Direkt im Nationalpark gibt es bis auf einige exklusive Lodges in Kantishna am Ende der Parkstraße (um $ 520 pro Person und Tag) keine Unterkunftmöglichkeiten. Diese findet man dann entlang des Highway 3 in der Nähe des Parkeingangs oder im nur wenige Meilen entfernten Healy. Für den Sommer sind überall Reservierungen dringend zu empfehlen. Für Trekker gibt es im Park einige Campingplätze (s. S. 443f.).

Auf der Parkstraße zum Wonder Lake

Hat man das begehrte Ticket für den Shuttle oder den Tourbus, geht es auf rüttelnder Piste los. Die Straße schlängelt sich zunächst durch dicht bewaldetes Elch-Terrain und zieht sich dann über kahle, dabei vielfarbige Berghänge. Im **Igloo Canyon** sind häufig Dallschafe zu sehen. Der Bereich um den **Sable Pass** (1200 m) bei Meile 38 ist Grizzly-Gebiet. Hier darf man als Wanderer zwar nicht aussteigen, kann jedoch die Könige der Tundra in ihrem silbrig braunen Pelzwams häufig vom Bus aus beobachten. Zum ersten Mal auf der Tour besteht nun die Möglichkeit, den zuvor hinter den Vorbergen versteckten Mount McKinley in voller Pracht zu sehen. Häufig hüllen jedoch Wolken den Gipfel des Bergriesen ein, doch mit Glück erwischt man einen klaren Tag. Bei Meile 44 wird der East Fork River überquert. Anschließend beginnt der steile Aufstieg zum **Polychrome Pass**, einer der spektakulärsten Abschnitte der Route. Durch oxidiertes Eisen und andere chemische Reaktionen erscheinen die Felsen in vielfältigen Farbschattierungen von Orange bis Rostrot und Purpur. Nach dem Pass senkt sich die Straße hinunter zum **Toklat River** bei Meile 53, wo die *Tundra Wilderness Tour* endet. Der Shuttle Bus fährt jedoch noch weiter. Nach ca. 4 Std. Fahrt ist bei Meile 66 das **Eielsen Visitor Center** **9** erreicht. Im 2008 eröffneten, umweltbewusst konstruierten Besucherzentrum sind interpretative Ausstellungen zu sehen. Backpacker haben 24 Std. Zugang zu Toiletten und Schutzräumen.

Die Hälfte der Shuttle-Busse fahren vom Visitor Center wieder zurück, der Rest fährt weiter bis zum Wonder Lake und Kantishna. Die Strecke zwischen dem Eielson Visitor Center und **Wonder Lake** (Meile 86) bietet immer wieder überwältigende Ansichten des Bergmassivs in seiner vollen, gletscherbedeckten Pracht – ganz besonders attraktiv in der Zeit von Mitte August bis Anfang September, wenn die Tundra in herbstlichen Farben glüht. Der letzten 5 Meilen vom Wonder Lake bis nach Kantishna fährt man eigentlich nur, wenn man zu einer der Lodges will.

Mount McKinley 10

Der **Mount McKinley** ist der einzige Berg dieser Größenordnung so nahe am Polarkreis gelegen, sodass im Sommer auf seinem Gipfel die Mitternachtssonne scheint. Vier alaskische Goldgräber, echte *Sourdoughs,* bestiegen 1910, durch eine Wette angestachelt, ohne besondere Ausrüstung und Vorkenntnisse den Berg – verirrten sich aber auf den etwas niedrigeren Nordgipfel. Erst 1913 wurde der Eisberg zum ersten Mal bestiegen: Walter Harper, ein junger Athabasken-Indianer aus Nenana, war der erste Mensch auf dem 6194 m hohen Gipfel. Heute bezwingen jährlich viele Expeditionen den Berg. Klettertechnisch nicht besonders schwierig, drohen den Bergsteigern aber aufgrund der nördlichen Lage in den oberen Regionen der Eiskappe auch im Sommer Temperaturen von –40 °C. Der Mount McKinley ist einer der Berge mit den extremsten Witterungsbedingungen auf der Erde – jedes Jahr sind unter den Bergsteigern mehrere Todesfälle zu beklagen.

Es gibt einen einfacheren Weg, die grandiose Eis- und Schneelandschaft aus der Nähe zu erleben: ein **Rundflug zum Mount McKinley**. »Wir fliegen die Bergsteiger zum Einstieg hinauf zu einem der großen Gletscher auf der Südseite des Mount McKinley«, empfiehlt Jim Okonek von K2 Aviation. Und er als Air Taxi-Pilot muss es wissen, wenn er von den wildreichen Wäldern und wilden Gletscherströmen an der Südflanke der Alaska Range schwärmt.

Infos

Denali National Park and Preserve: P.O. Box 9, Denali National Park, AK 99755, Tel. 907-683-22 94, 272-72 75, 406-862-81 90, 1-866-875-84 56 (Campingplatz-Reservierung), Fax 683-96 17, 1-800-622-72 75, www.nps.gov/dena.htm. Infos und Reservierung für Campgrounds und Shuttle Bus. Busverkehr Ende Mai–Mitte Sept., Bus $ 24–47, Parkeintritt $ 10 bzw. $ 20 pro Pkw.

Übernachten

In der Umgebung des Nationalparks, vor allem am Parks Highway, gibt es zahlreiche Lodges, Hotels, Motels und Campgrounds. Trotzdem sind die Unterkünfte in der Hochsaison relativ teuer und meist ausgebucht. Preiswertere Angebote als in direkter Nähe des Parkeingangs findet man in Healy, 15 km nördlich des Parks.

... in Healy:

Gutes Preis-Leistungs-Verhältnis ► **White Moose Lodge:** Mile 248, Parks Hwy., P.O. Box 68, Healy, AK 99743, Tel./Fax 907-683-12 31, 1-800-481-12 32, www.whitemooselodge.com. Motel mit gemütlichen Zimmern mit eigenem Bad; ein einfaches Frühstück ist inbegriffen und wird in der Lobby serviert. $ 105.

Originell ► **Denali Park Hotel:** etwa 1 Meile südl. von Healy, Tel. 907-683-18 00, 866-683-18 00, www.denaliparkhotel.com. Preiswertes, eingeschossiges Hotel in abgeschiedener Lage, alle Zimmer mit Bergblick, die originelle Hotellobby befindet sich in einem alten Eisenbahnwaggon der Alaska Railway. $ 99–120.

... im Denali National Park:

Exklusive Lodge ► **Camp Denali:** P.O. Box 67, Denali National Park, AK 99755, im Sommer Tel. 907-683-22 90, Fax 683-15 68, www.campdenali.com. Am Fuß des Mount McKinley im Herzen des Nationalparks, komfortable Hütten mit Küche, Pauschalangebot, inkl. Mahlzeiten und Aktivitäten, geführte Wanderungen und Kanufahren, Fotokurse. 3 Nächte Minimum $ 1545 p. P. pauschal.

Rustikal ► **Denali Cabins:** Mile 229, Parks Hwy., P.O. Box 229, Denali National Park, AK

99755, Tel. 907-376-19 92, Fax 376-19 99, www.denali-cabins.com. 43 hübsch eingerichtete Blockhütten mit Bad in der Nähe des Nationalparkeingangs. Ab $ 139.

Romantisch ▶ **Touch Of Wilderness B & B Inn:** P.O. Box 397, Denali National Park, AK 99743, Tel. 907-683 2459, 1-800-683-24 59, Fax 907-683-24 55, www.touchofwildernessbb.com. Neun komfortable, sehr schön eingerichtete Zimmer, alle mit eigenem Bad, komplettes Frühstück. Sommer $ 165–195, Nebensaison $ 125–130.

Für Preisbewusste ▶ **Denali Mountain Morning Hostel and Lodge:** Mile 224 Parks Hwy., P.O. Box 208, Denali National Park, AK 99755, Tel. 907-683-75 03, www.hostelalaska.com. Blockhütten und Zimmer, Küchenbenutzung, Trekking-Ausrüstung (Verkauf und Vermietung), Zeltplätze. Schlafsaal $ 32, Zimmer $ 55–80, Hütten ab $ 80.

Camping ▶ **Denali Riverside RV Park:** Mile 240, Parks Hwy., Tel. 907-388-17 48, 1-866-583-26 96, www.denaliriversiderv.com. Am Ufer des Nenana River, Einkaufsmöglichkeiten. $ 20–32.

... nahe Denali National Park:

Camping ▶ **McKinley RV & Campground:** Mile 248.5 Parks Hwy., nördl. vom Denali National Park, P.O. Box 340, Healy, AK 99743, Tel. 907-683-23 79, 1-800-478-25 62, www.mckinleyrv.com. Schöne Lage, Einkaufsmöglichkeiten. Zelt $ 15, RV $ 32.

... nahe Mount McKinley:

Naturnah ▶ **Denali West Lodge:** PO Box 40 AC, Lake Minchumina, Alaska 99757, Tel./Fax 674-31 12, 1-888-607-55 66, www.denaliwest.com. Exzellente Fly in-Lodge für Wildnisliebhaber und Bergsteiger nahe Mount McKinley, schöne Blockhütten, ganzjähriger Betrieb, im Winter Schlittenhundetouren in den Denali Nationalpark, im Sommer u. a. Kanutouren und Wanderungen, man spricht deutsch. Pauschal $ 1370 p. P. für 3 Nächte inkl. Mahlzeiten und Guide.

Essen & Trinken

Mit Bergblick ▶ **Overlook Bar & Grill at the Crow's Nest:** Denali National Park, Tel. 907-683-26 41, www.denalicrowsnest.com, Mitte Mai–Mitte Sept. 11–23 Uhr. Kostenloser Zubringer; Lunch und Dinner mit herrlicher Aussicht auf die Alaska-Berge, Steaks, Meeresfrüchte, Hamburger. $ 9–32.

Aktiv

Nationalpark-Exkursionen ▶ **Kantishna Wilderness Trails:** P.O. Box 130, Denali National Park, AK 99755, Tel. 907-459-21 20, 1-800-230-72 75, Fax 459-21 60, www.seedenali.com. Eintägige Exkursion in den Park, Abholung von den Hotels. $ 159.

Flightseeing ▶ **K2 Aviation:** P.O. Box 545, Talkeetna, AK 99676, Tel. 907-733-22 91, 1-800-764-22 91, Fax 733-12 21, www.flyk2.com. Rundflüge zum Denali National Park, Gletscherlandungen auf dem Mount McKinley und Air-Taxi für Fly-in-Hiking, -Fishing und -Hunting. Ab $ 195, $ 275 mit Gletscherlandung.

Trailritte ▶ **D & S Alaskan Trail Rides:** Steve Van Troba, P. O. Box 1437, Palmer, AK 99645, Tel. 907-733-22 07 (Mount McKinley), 907-733-22 05 (Talkeetna), 907-745-22 08 (Winter), www.alaskantrailrides.com. Geführte Trailritte in Talkeetna und am Mount McKinley. Mai–Sept., 1–8 Std. Ab $ 69.

Vom Denali National Park nach Anchorage

Karte: S. 431

Vom Denali National Park aus führt der George Parks Highway 3 weiter nach Süden über den Broad Pass in das Tal, das der Susitna River und seine Nebenflüsse geschaffen haben. Das Gebiet ist bis hinunter zum Cook Inlet unter den Sportfischern bekannt und beliebt wegen seiner zahlreichen großen Lachszüge, die die Bäche zwischen Juni und September in Angelparadiese verwandeln.

Talkeetna ▶ 3, J 10

Zentrum der Region bildet das 25 km vom Highway 3 entfernt gelegene **Talkeetna** 11 (450 Einw.) mit ländlicher Atmosphäre und alt-alaskischem Charme.

Tipp: Alaska im Winter

Alaska im Winter hat durchaus seine Reize: Anchorage liegt so weit südlich des Polarkreises, dass selbst im Januar hier noch keine dunkle Polarnacht herrscht, wie in den Eskimo-Orten hoch im Norden. Fairbanks ist bekannt für seine spektakulären Nordlichter. Eis und Schnee gibt es dafür auch im Süden reichlich, aber die Kälte im Landesinneren ist trocken und gut verträglich. Zudem trifft man im Winter auf eine stabilere Wetterlage als im Sommer, was die Chancen, den Mount McKinley in seiner ganzen Pracht zu sehen, deutlich erhöht.

In Anchorage strömen jeden Winter Tausende von Alaskanern zum ›Fur Rendezvous‹ zusammen. Seit es 1936 als Pelzauktion für Trapper begann, hat sich das alljährlich Mitte Februar abgehaltene ›Fur Rondy‹ zum größten und buntesten Ereignis der Stadt gemausert. Trauben von Menschen säumen die 4th Avenue, wenn eines der hoch dotierten Hundeschlittenrennen ›abgeht‹. An die 4000 Felle wechseln bei der Pelzauktion ihre Besitzer. Die kalten Füße, die man sich leicht holt, wärmen sich beim Softball-Spiel auf Schneeschuhen schnell wieder auf. Sogar ein Heißluftballon-Rennen steht auf dem Programm des fünftägigen **Winterkarnevals**, der abends im ›Miners and Trappers Ball‹ gipfelt.

Winter in Alaska ist vor allem die Zeit der **Hundeschlittenrennen**. In vielen kleinen Orten werden Wettbewerbe ausgerichtet, deren Höhepunkt das Iditarod-Rennen darstellt. Jedes Jahr im März fällt in Anchorage der Startschuss für das berühmte Hundeschlittenrennen, das über eine 1688 km lange Strecke an die Küste nach Nome führt.

Zahlreiche Veranstalter bieten Touren an, bei denen man selbst einen Hundeschlitten durch die weiße Winterwildnis lenken kann. Oder man beobachtet die in bunten Farben über den Himmel tanzenden Nordlichter, geht zum Skifahren ins (natürlich absolut schneesichere) Alyeska Resort etwas außerhalb von Anchorage, bucht eine Fahrt mit der Alaska Railroad durch die winterliche Landschaft, besucht einen Trapper in der Wildnis oder … oder … oder …

Hundeschlittenrennen sind im Winter sehr beliebt

aktiv unterwegs

Abenteuerfahrt auf dem Dalton Highway

Tour-Infos

Start: Fairbanks
Dauer: 2–3 Tage
Veranstalter: Dalton Highway Express, Fairbanks, Tel. 907-474-35 55. www.daltonhighwayexpress.com. Anf. Juni–Ende Aug. Minibus-Service von Fairbanks nach Deadhorse. Trekker mit Ausrüstung können an beliebigen Punkten entlang dem Dalton abgesetzt werden. Fairbanks–Yukon River $ 63, Coldfoot $ 106, Galbraith Lake $ 154, Toolik Lake $ 159, Deadhorse $ 221 (einfache Fahrt).
Northern Alaska Tour Company, Fairbanks, Tel. 907-474-8600, 1-800-474-1986, www.northernalaska.com. Busrundfahrten zum Polarkreis ($ 189), Bus und Flug (ab $ 379), Fairbanks–Deadhorse Hinflug, zurück mit dem Bus inkl. Übernachtung in Coldfoot.
Go North Alaska Travel Center, 3500 Davis Rd., Fairbanks, Tel. 907-479-7272, www.paratours.net. Vermietung von SUVs, Pickup-Trucks, Truck-Campern und anderen Allradfahrzeugen. SUV ab $ 71/Tag (inkl. 100 mi/Tag), $ 133/Tag (unbegrenzte Meilen/Tag).
Arctic Outfitters, Fairbanks, Tel. 907-474-35 30, www.artic-outfitters.com. Vermietung von komplett ausgerüsteten Fahrzeugen für den Dalton (ab $ 229/Tag, ab 4 Tagen $ 179/Tag).
Weitere Auskünfte: Bureau of Land Management, 1150 University Ave., Fairbanks, Tel. 907-474-22 00, 1-800-437-70 21; Alaska Department of Transportation: Tel. 907-451-22 00, 1-866-282-75 77 (Straßenzustand).

Nachdem man 1969 an der Prudhoe Bay im Eismeer große Ölvorkommen entdeckt hatte, wurde 1974 innerhalb von nur fünf Monaten der Dalton Highway als Servicestraße für die parallel verlaufende Trans-Alaska-Pipeline erbaut. Zunächst durfte er nur von den großen Versorgungstrucks befahren werden, bis im Jahr 1991 auch private Fahrzeuge zugelassen wurden. Die 670 km lange Strecke bietet nur an wenigen Punkten Service, deshalb müssen Fahrzeuge für den Dalton komplett ausgerüstet sein, d. h. mit zwei Ersatzreifen, Werkzeug-Kit inklusive Wagenheber und Starterkabel, Erste-Hilfe-Kit und CB Radio. Letzteres ist das einzige Kommunikationsmittel auf dem Dalton. Mobiltelefone funktionieren hier nicht.

Der Dalton Highway ist eine der letzten großen Wildnisstraßen Amerikas. Er beginnt beim Milepost 73 am Elliott Highway, 134 km nördlich von Fairbanks, schlängelt sich durch das Yukon-Tanana-Hochland, überquert den Polarkreis, klettert über den Atigun Pass und die Brooks-Bergkette und verläuft dann durch die endlose Weite der arktischen Tundra, bevor er seinen Endpunkt in Deadhorse an den Ölfeldern der Prudhoe Bay am Eismeer erreicht. Die primitive Straße hat nur wenige Servicepunkte (gar keine auf dem 384 km langen Abschnitt zwischen Coldfoot und Deadhorse) und sollte deshalb nur mit dafür ausgerüsteten Fahrzeugen mit Allradantrieb befahren werden. Belohnt wird man mit dem Erlebnis endloser Weiten und grandioser Landschaften.

Die Abenteuerfahrt beginnt in **Fairbanks.** Von nun an wird die Alaska Pipeline, die von der Prudhoe Bay bis nach Valdez im Süden Alaskas verläuft, ein ständiger Begleiter. Auf den nächsten 140 km verläuft der Dalton durch hügeliges, mit Espen und krüppeligen Fichten bestandenes Brachland. Beim **Milepost 56** ist der mächtige Yukon River erreicht, der über 3200 km von Kanada bis zur Bering See verläuft. In **Yukon Crossing** sind alle Services vorhanden. Es gibt ein Besucherzentrum des BML, ein kleines Hotel und eine Tankstelle. Die Straße führt durch weite Tundra-Landschaften. Schwarzbären und Grizzlys können beobachtet werden und mitunter kreuzen große Karibuherden die Straße.

Beim **Milepost 86** führt eine kleine Schotterstraße westlich vom Dalton auf einen Hügel, der einen schönen Blick auf die Yukon Flats National Wildlife Refuge bietet. Auch beim **Finger Mountain Overlook (MP 98)** schweift der Blick über alpine Tundra-Landschaften, ein Lehrpfad informiert über Flora und Fauna. Beim **Milepost 115** überquert der Dalton den Polarkreis. Neben dem großen Schild gibt es einen Rastplatz sowie Campingmöglichkeiten. Beim **Gobblers Knob (MP 132)** hat man einen schönen Blick auf die majestätische Brooks Range im Norden und beim **Milepost 150** sieht man am Grayling Lake häufig Elche an der Uferzone.

Coldfoot (MP 175) ist der letzte Servicepunkt bis zur Prudhoe Bay. Der alte Goldgräberort ist heute Ausgangspunkt für Trekkingtouren in den westlich vom Highway gelegenen Gates of the Arctic National Park. Im Osten erstreckt sich das riesige Naturschutzgebiet der Arctic National Wildlife Refuge, Nistplatz für Millionen Zugvögel und Heimat großer Karibuherden. Hier beginnen die Brooks Mountains, eine Bergwildnis von überwältigender Schönheit. Fast 400 km sind es noch bis Deadhorse – ohne jegliche Service-Möglichkeit. Beim **Milepost 188** liegt etwas abseits vom Dalton die kleine Siedlung **Weiseman,** ein ehemaliger Minenort, in dem heute gerade mal zwei Dutzend Menschen von der Jagd und ihren kleinen Gärten leben. Beim **Milepost 244** führt der Dalton über den **Atigun Pass,** mit 1422 m der höchste Pass Alaskas, der das ganze Jahr über geöffnet ist. Südlich des Atigun kann man nach Gold schürfen.

In **Deadhorse,** 13 km vor dem Polarmeer, endet der Dalton Highway. Um direkt bis an die Küste zu gelangen, muss man im Arctic Caribou Inn (Tel. 907-659-2368) eine Tour buchen. Nur mit einem Shuttle-Bus der BP Alaska darf das Ölfeld überquert werden.

Im **Museum of Northern Adventure** an der Main Street gegenüber vom Post Office informieren Displays und Dioramen mit Wachsfiguren und Trophäen über die Naturgeschichte und Besiedlung des nördlichen Alaska (Main St., Talkeetna, Tel. 907-733-39 99, im Sommer tgl. 11–19 Uhr; $ 3,50).

Das **Talkeetna Historical Society Museum** zeigt in rekonstruierten Blockhütten örtliche Memorabilien (1st Alley und Airstrip, Talkeetna, Tel. 907-733-24 87, im Sommer tgl. 10–18 Uhr).

Infos

Talkeetna Chamber of Commerce: Tel. 907-733-23 30.

Denali National Park Service: Ranger Station, Tel. 907-733-22 31.

Talkeetna Travel: Main St., Talkeetna, Tel. 907-733-22 31. Infos und Buchungen.

Übernachten

Mit Reiseservice ► **Trapper Creek Inn & General Store:** Mile 114,8 Parks Hwy., Trapper Creek, Tel. 907-733-23 02, www.trappercrkinn.com. Zimmer, Camping, Restaurant, Einkaufen, Tanken. Zimmer $ 99–139, Camping $ 27.

Budgetunterkunft ► **Talkeetna Hostel International:** Mile 13,8 Talkeetna Spur Road, Talkeetna, Tel. 907-733-46 78, Fax 733-46 79, www.talkeetnahostel.com. Unterkunft im Schlafsaal oder Einzelzimmer. $ 27–75.

Historisches Gasthaus ► **Talkeetna Roadhouse:** Main St., P.O. Box 604, Talkeetna, AK 99676, Tel. 907-733-13 51, Fax 733-13 53, www.talkeetnaroadhouse.com. 50 Jahre altes Gasthaus mit ›Old Alaska‹-Flair, ganzjährig geöffnet; Frühstück, Lunch, Dinner (Dinner $ 7–12); Bäckerei; Angel- und Floßtouren im Sommer, Touren mit Schlittenhunden im Winter, Unterbringung im EZ/DZ oder Schlafsaal (sog. Bunkroom). $ 21–89.

Essen & Trinken

Leckere Kleinigkeiten ► **Kahiltna Bistro:** Mile 13,5 Talkeetna Spur & 2nd St., Tel. 907-733-17 00. Bistro mit leckeren Tagesmenüs. $ 8–16.

Aktiv

Floßtouren ► **Talkeetna River Guides:** P.O. Box 165, Main St., Talkeetna, AK 99676, Tel. 907-733-26 77, 1-800-353-26 77, Fax 733-28 77, www.talkeetnariverguides.com. Floßtouren in der Denali-Region auf dem Talkeetna ($ 75), dem Susitna ($ 75) und dem Chulitna River ($135).

Termine

Iditarod Days Festival: Ende Febr.–Anf. März. 10-tägiges Festival anlässlich des Iditarod-Rennens.

Wasilla ► 3, J 10

Nach einer Stunde Fahrt von Talkeetna erreicht man nach Wasilla wieder den Glenn Highway (Route 1). In **Wasilla** 12 erfährt man alles wichtige über die Region im **Dorothy G. Page Museum and Visitor Center**. In den historischen Gebäuden können Ausstellungen zur Pioniergeschichte besichtigt werden (Main St., Wasilla, AK, Tel. 907-373-90 71, im Sommer Mo–Sa 9–17 Uhr, im Winter Mi–Fr 9–17 Uhr; $ 3).

Ein Besuch im **Museum of Alaska Transportation & Industry**, das alte Flugzeuge und Farmgerät aus den Pioniertagen zeigt, ist ebenfalls zu empfehlen (Mile 46,5 Parks Hwy., Wasilla, AK, Tel. 907-376-12 11, im Sommer tgl. 10–17 Uhr; $ 8). Husky-Liebhaber werden sich das Hauptquartier des weltberühmtesten Schlittenhunde-Rennen nicht entgehen lassen, über dessen Geschichte Ausstellungen und Broschüren im **Visitor Center** des **Iditarod Trail Committee** informieren (Mile 2,2 Knik Goose Road, Wasilla, AK, Tel. 907-376-51 55, Fax 373-69 98, www.iditarod.com. Im Sommer tgl. 8–19, im Winter Mo–Fr 8–17 Uhr).

Die restlichen 50 km bis Anchorage hat man auf der Schnellstraße bald geschafft. Und der Kreis der Rundfahrt durch das *Great Land Up North* schließt sich, durch eines der letzten Gebiete unserer Erde, das reich ist an Entwicklungsmöglichkeiten, aber auch reich an Natur und Wildnis. Das staatliche Motto drückt es treffend aus: »North to Alaska, North to the Future!«

Kodiak und Katmai

Ein Besuch der ›grünen Insel‹ Kodiak und der Katmai Peninsula abseits der Touristenrouten in Süd- und Südost-Alaska ist zugleich eine Reise zu den Ursprüngen von Russisch-Amerika. Herzliche Gastfreundschaft, ein Lodge-Aufenthalt inmitten unberührter Natur mit Angelgewässern, eine Kajaktour entlang der Küste oder das Beobachten der Braunbären sind Grund genug für einen Abstecher oder eine Extrawoche Alaska.

Die Fluggesellschaft Era Aviation unterhält täglich einen Liniendienst von Anchorage nach Kodiak. Mit der Boeing 737 dauert der Flug eine knappe Stunde, mit den kleineren Maschinen etwa 1,5 Stunden. Will man sein Auto auf die Insel mitnehmen, wählt man die Fährverbindung von Homer aus. Die Seereise nach Kodiak dauert etwa 12 Stunden.

Auf der Insel bieten verschiedene Veranstalter Sightseeing-Touren an, und auch Mietwagen sind zu haben. Ein Auto lohnt allerdings nur für ein oder zwei Tage, da die Sehenswürdigkeiten der Stadt bequem zu Fuß erreichbar sind. Möchte man die Insel genauer kennen lernen, Bären beobachten oder Angel-Camps und Wildnislodges besuchen, nimmt man am besten den Service eines Air Taxis in Anspruch. Die Charterpiloten bieten auch Sightseeing-Flüge an.

Von Kodiak aus kann man per Charter nach Katmai fliegen. Will man nur Katmai besuchen, bietet sich ein Flug von Anchorage nach King Salmon am Westrand des Katmai National Parks an. Hier befindet sich die Nationalpark-Verwaltung, von der aus man mit dem Wasserflugzeug zu den Lodges im Parkgebiet fliegen kann. Die Flüge werden von Juni bis Mitte September angeboten, der besten Reisezeit für Kodiak und Katmai. Dann bewegen sich die Temperaturen zwischen 10 °C und 25 °C, wobei sie mitunter an ein und demselben Tage sehr schnell innerhalb dieser Spannbreite wechseln.

Kodiak Island

► 3, F/G 13/14

Regenkleidung sollte man nicht vergessen, denn plötzliche Regenstürme sind im Kodiak-Sommer keine Seltenheit. Über 1700 mm Niederschlag im Jahr sorgen für die üppig grüne Vegetation, der Kodiak das Prädikat *Emerald Island* verdankt. Der meiste Regen fällt im Winter, der jedoch nicht so kalt ist wie im übrigen Alaska. An klaren Tagen präsentiert sich Kodiak in atemberaubender Schönheit, mit schneebedeckten Bergen, leuchtend grünen Hängen, Blumenwiesen und blaugrünen Buchten.

Von der 9376 km² großen Insel wurden bereits 1941 knapp 7700 km² als **Kodiak National Wildlife Refuge** zum Schutz der Bären eingerichtet. Die 16000 Einwohner, darunter 2200 Aleuten, verteilen sich auf sechs Dörfer. Vielfältige Landschaftsformen sorgen für Abwechslung: dichte Wälder im Norden, Wiesen und Feuchtgebiete in den Küstenregionen, im Landesinneren bis zu 1200 m hohe Berge mit tiefen Seen und unzähligen Bächen und Flüssen. Fjordähnliche Meeresarme reichen überall tief ins Land, sodass kein Punkt der Insel mehr als 25 km vom Meer entfernt ist.

Auf Kodiak Island befindet sich die älteste russische Siedlung Amerikas: **Old Harbor** an der Three Saints Bay, 1784 von Pelzhändlern der Russisch-Amerikanischen Gesellschaft gegründet. 1792 wurde das Hauptquartier der Gesellschaft in das Gebiet der heutigen Stadt Kodiak verlegt. Bereits 1763 hatten die Russen versucht, auf der Insel Fuß zu fassen, wurden aber zur damaligen Zeit von den Aléuten vertrieben.

Kodiak

Russische Kultur und orthodoxer Glaube sind auch heute noch auf Kodiak präsent. Viele Aléuten tragen russische Namen. Fünf russisch-orthodoxe Priester, die dem Bischof in Sitka unterstellt sind, kümmern sich um das Seelenheil der Gläubigen. Besucher sind zum Gottesdienst in der russisch-orthodoxen Kirche herzlich eingeladen. Das Wahrzeichen von **Kodiak** (6400 Einw.) ist die **Russian Orthodox Church**, ein weißes Holzgebäude mit zwei strahlend blauen Zwiebeltürmen und goldenen russischen Kreuzen, weithin sichtbar auf einer Anhöhe über dem Ort (Kashevanof und Mission Roads, Kodiak, Tel. 907-486-38 54, nach Vereinbarung).

Interessant ist auch ein Bummel am Ufer von Kodiaks **Small Boat Harbour**. Wenn die Fischereiflotte anlegt, herrscht geschäftiges Treiben. Mehr über die regionale maritime Flora und Fauna sowie über das Fischereiwesen erfährt man im **Kodiak Fisheries Research Center** auf **Near Island**, das mit Kodiak durch eine Brücke verbunden ist. Vor allem das goße Meerwasseraquarium ist sehenswert (Tel. 907-481-18 00, www.afsc.noaa.gov/kodiak, Mo–Fr 8–16.30 Uhr).

Auch als Anfänger kann man sich mit dem **See-Kajak** in die stillen Buchten der Inseln vor dem Kodiak-Hafen wagen. Dabei lassen sich Seeotter und Weißkopfseeadler beobachten. Man kann sich Kajaks mieten und auf eigene Faust losziehen oder an einer geführten Kajak-Exkursion teilnehmen (Kodiak Kayak Tours, Tel. 907-486-27 22).

Baranov Museum

Von der Anhöhe blickt man auf den Stadtpark und das **Baranov Museum** im Erskine House am Hafen. Hier hat man zahlreiche Gegenstände aus Kodiaks langer Geschichte zusammengetragen: Knochen- und Steinwerkzeuge aus prähistorischer Zeit, Ikonen und Samoware, Perlen aus der Zeit des russischen Handelsimperiums sowie Möbel und Gebrauchsgegenstände aus der US-amerikanischen Pionierzeit. Das Gebäude, ein zweistöckiges Holzhaus, wurde damals von Alexander Baranov als Lagerhaus für Seeotterfelle benutzt. Heute ist es ein National Historical Landmark. Im Museumsladen können Bücher über Kodiak, handgeflochtene Körbe und sogar russische Samoware als originelles Andenken erworben werden (Erskine House, 101 Marine Way, Kodiak, Tel. 907-486-59 20, www.baranovmuseum.org, Mitte Mai–Anfang Sept. Mo–Sa 10–16, sonst Di–Sa 10–15 Uhr; $ 5).

Das **Alutiiq Museum & Archaeological Repository** am Rezanof Drive wurde von der Kodiak Native Association gegründet, um Sprache, Kultur und historisches Erbe der Ureinwohner zu bewahren. Im Museum gibt es Ausstellungen historischer Fotografien, prähistorische Gebrauchsgegenstände, ein Alutiiq Kajak und traditionelles Kunsthandwerk, Körbe und Perlenstickereien zu sehen (215 Mission Rd., Tel. 907-486-70 04. www.alutiiqmuseum.com, im Sommer Mo–Fr 9–17, Sa 10–17, im Winter Di–Fr 9–17, Sa 10.30–16.30 Uhr; $ 5).

Im **Barabara Sod House**, einem original aléutischen Grassodenhaus des Kodiak Tribal Council, führen die mit farbenprächtigen Kostümen ausgestatteten **Kodiak Alutiiq Dancers** täglich ihre jahrhundertealten traditionellen Tänze auf. Das Programm dauert etwa eine halbe Stunde. Dabei wird den Besuchern auch die Kultur und Geschichte der aléutischen Urbevölkerung erklärt (312 W. Marine Way, Tel. 907-486-44 49, Juni–Sept. tgl. 15.30 Uhr, telefonische Anmeldung ratsam; $ 15).

Über die Rolle Alaskas im Zweiten Weltkrieg informieren Tafeln und Programme im **Fort Abercrombie State Historic Park** am Miller Point, etwa 4,5 Meilen nordöstlich des Ortes. Im Park gibt es hübsche Picknick- und Campingmöglichkeiten sowie Wanderwege durch den moosbedeckten Regenwald. Einige Gezeitenpools mit interessanter maritimer Fauna und Flora sind leicht zu erreichen.

Kodiak auf der gleichnamigen ›grünen Insel‹

Während des Zweiten Weltkriegs wurden auf der Insel umfangreiche Befestigungsanlagen, eine U-Boot-Basis und eine Kommandozentrale angelegt, um auf eine japanische Invasion vorbereitet zu sein.

Weitere lohnende Wanderrouten führen auf den **Pillar Mountain**, Kodiaks Hausberg, mit einem wunderschönen Panoramablick über die Stadt, den Hafen und die davor liegenden Inseln. Trail Guides für diese und andere Wanderungen sind gegen eine kleine Gebühr im Visitor Center erhältlich. Alternativ kann man auch auf einer Schotterstraße zum Gipfel hinauffahren – man erreicht die Pillar Mountain Road von der Stadt aus über die Thorsheim und Maple Avenues.

Naturparadies

Naturfreunde kommen auf Kodiak voll auf ihre Kosten. Steller-Seelöwen und Seeotter leben direkt in der Nähe der Stadt, und die Insel ist ein wahres Paradies für Ornithologen und Hobby-Vogelkundler. Über 200 Vogelarten sind hier beheimatet; Weißkopfseeadler, Falken, Puffins, Kormorane und Eiderenten sind zahlreich vertreten und können entlang der Küstenstraße beobachtet werden.

Die Gewässer von Kodiak sind für ihren Fischreichtum bekannt. Jedes Jahr kommen an die 100 Mio. Lachse, um in den 400 Bächen und Flüssen von Kodiak zu laichen. Dicht gedrängt warten dann die Fischerboote vor der Küste auf das offizielle Signal, das die

Fangsaison eröffnet. Sie ist oft nur auf wenige Tage begrenzt, doch ein einziger erfolgreicher Tag kann jedem Besatzungsmitglied mehrere tausend Dollar einbringen. Fischfang und -weiterverarbeitung stellen Kodiaks Hauptwirtschaftszweig dar. Allein der Lachsfang bringt rund 40 Mio. $ pro Jahr, weitere 40 bis 50 Mio. $ werden durch Hering, Kabeljau und Heilbutt erzielt. Kodiak ist Heimathafen für die zweitgrößte Fischereiflotte der USA. Der zweite große Arbeitgeber der Insel ist die Küstenwache, die hier ihren alaskischen Hauptstützpunkt unterhält.

Das regenreiche Klima sorgt für sattgrüne Weiden. So versuchen einige hartnäckige Rancher seit einigen Jahrzehnten, auf Kodiak Vieh zu züchten. Sie haben es allerdings nicht leicht: Die Heuernte ist wegen des feuchten Klimas für den Winter nicht ausreichend – und dann sind da noch die Braunbären. Obwohl der Lachsreichtum ihnen bereits ein Leben im Überfluss beschert, sehen sie die Rinder auf den Weiden als willkommene Bereicherung ihrer Speisekarte an. Kein Wunder, dass die Rancher frustriert sind und von einem totalen Jagdschutz für Bären auf der ganzen Insel nicht viel halten. In dem 7689 km² großen Schutzgebiet leben etwa 3000 Braunbären, und zwar die größten Exemplare der Welt. Ein ausgewachsener männlicher Bär kann bis zu 700 kg schwer werden und aufgerichtet eine Höhe von über 3 m erreichen! Obwohl mit einem eigenen Namen versehen, werden die riesigen Kodiakbären von Wissenschaftlern nicht als eine eigene Spezies angesehen. Sie sehen den Grund für deren Größe in ihrer besonders proteinhaltigen Nahrung.

Doch es gibt Probleme im Bärenparadies: Über 1300 km² Land im Schutzgebiet, mit den besten Lachsflüssen der Insel, gehören den Ureinwohnern. Land, das Mitglieder der drei Alaska Native Corporations verständlicherweise auch nutzen möchten. Sie sehen dafür zwei Alternativen: Entweder soll die Regierung ihnen das Land abkaufen, oder man will es selbst für den Tourismus entwickeln. Letzteres könnte den Lebensraum der Bären bedrohen. Seit 1994 hat man deshalb begonnen, den Ureinwohnern das Land mit Geldern der ›Exxon‹-Entschädigungssumme (s. S. 32) abzukaufen. 1400 km² sind auf diese Weise bereits dem National Wildlife Refuge hinzugefügt worden.

Im **Kodiak National Wildlife Refuge Visitor Center** an der Buskin River Road, 6 km außerhalb in Richtung Flugplatz, kann man sich über Flora und Fauna des Naturschutzgebietes und besonders über die Kodiak-Braunbären und ihre Lebensweise informieren (s. u.).

Infos

Kodiak Island Visitor Information Center: Ferry Terminal, 100 Marine Way, Kodiak, AK 99615, Tel. 907-486-47 82, www.kodiak.org. Sommer Mo–Fr 8–17 Uhr.

Kodiak National Wildlife Refuge Visitor Center: 402 Center St., Kodiak, Tel. 907-487-26 26, 1-888-592-69 42. Auskunft über Cabin-Vermietung und Aktivitäten im Naturschutzgebiet. Im Sommer tgl. 9–17, im Winter Di–Sa 10–17 Uhr.

Fish and Game Department: www.state.ak.us.

Übernachten

Erstes Haus am Platz ▶ Best Western Kodiak Inn: 236 Rezanof Dr., P.O. Box 1647, Kodiak, AK 99615, Tel. 907-486-57 12, 1-888-563-42 54, Fax 486-34 30, www.bestwestern.com. Kodiaks bestes Hotel, in der Nähe des Bootshafens gelegen; mit gutem Restaurant. $ 170–195.

Mit guter Verpflegung ▶ Wintel's Bed & Breakfast: P.O. Box 2812, Kodiak, AK 99615, Tel./Fax 907-486-69 35. In der Nähe des Baranov Museum und der Russisch-Orthodoxen Kirche, schön eingerichtet, hervorragende Küche, Lunch und Dinner auf Wunsch. Ab $ 90.

Aktiv

Flightseeing ▶ Andrew Airways: P.O. Box 1037, Kodiak, AK 99615, Tel. 907-487-25 66, Fax 487-25 78, www.andrewairways.com. Sightseeing-Flüge, Bärenbeobachtung, Flüge zum Katmai Nationalpark.

Tipp: ›Rendezvous‹ mit Alaskas Braunbären

Um auf Katmai und Kodiak Island Braunbären zu beobachten, bucht man am besten einen Charterflug. Die Piloten wissen, wo und wann die Bären zu finden sind und wie man sich in ihrer Nähe verhalten muss.

Auch Dean Andrew, ein Charterpilot in Kodiak, kennt sein Revier und weiß, wo die Bären zu finden sind. Gern fliegt er seine Gäste nach **Katmai**, um ihnen dort das Erlebnis einer ganz individuellen Begegnung mit dem *Ursus arctos middendorffi* zu vermitteln.

Unter dem Flugzeug schimmert in einem fast unwirklichen Blau die Shelikof Street, und in der Ferne glänzen blendend weiß die gletscherbedeckten Bergketten der **Katmai Range**. Dann taucht die Küste von Katmai auf. Hochragende Bergzüge, durchschnitten von tiefen Fjorden und silbrig glänzenden Flüssen, die mit zahlreichen schlängelnden Armen durch weite, sattgrüne Marschen ins Meer fließen. Braunbären lieben diese Ebene, und das aufmerksame Auge des Piloten hat auch schon mehrere braune Punkte an einem Flussufer entdeckt. Nach einer weiten Schleife wassert die Maschine in einer geschützten Bucht. Der Pilot klettert aus der Kabine und zieht das leichte Flugzeug die letzten Meter auf den Strand, um es hier mit einem Anker zu befestigen. Ganz ohne nasse Füße gelangen wir nicht ans Ufer. Wir schlagen einen weiten Bogen, um mit dem Wind an den Fluss zu gelangen – die Bären sollen unsere Gegenwart rechtzeitig bemerken und Gelegenheit haben, sich an uns zu gewöhnen. Nach einer halben Stunde Marsch durch knietiefes Gras ist hinter einer Düne das Flussbett erreicht. Vor uns liegt ein Prachtexemplar von einem Katmai-Braunbären und lässt sich die Sonne auf den Pelz scheinen. Zwei weitere Bären suchen in der Nähe nach Wurzeln oder Beeren. Sie haben uns längst bemerkt und zeigen nur mäßiges Interesse durch gelegentliches Wittern in unsere Richtung. Auch das Klicken der Kamera scheint sie nicht zu stören.

Ein guter Platz, um Bären zu beobachten, ist auch der **Frazer Fish Pass** unterhalb des Frazer Lake. Der Flug mit der kleinen Cessna der Andrews Airways und den vier Passagieren dauert 45 bis 60 Minuten. Ugak Bay, das kleine Dorf Old Harbor, die Three Saints Bay und Deadman Bay werden überflogen, dann schwenkt die Maschine ins Landesinnere ab. Der Pilot kreist über dem Dog Salmon Creek, so hat man einen besseren Blick auf die dort versammelten Bären. Dann landet die Maschine auf dem **Frazer Lake**. Nach einem Fußmarsch von etwa 1 km ist die kleine Beobachtungsplattform in der Nähe des Wasserfalls erreicht. Seit das Alaska Fish and Game Department 1963 hier eine Fischleiter eingerichtet und damit den Lachsen den Zugang zum See ermöglicht hat, versammeln sich am *Fish Pass* auch immer mehr Bären. Wenn die Lachse springen, halten sich manchmal bis zu einem Dutzend der großen Raubtiere im kaum metertiefen Gewässer auf. Die stärksten Tiere sichern sich natürlich die besten Plätze. Es ist erstaunlich, mit welcher Geschicklichkeit die Bären die Lachse mit der Tatze aus dem Wasser schlagen, um sie dann mit dem Maul aufzufangen. Mitunter gibt es Streitigkeiten, wenn die Platzordnung neu etabliert werden muss. Dann wird die Lachsjagd für kurze Zeit unterbrochen, um den Rivalen mit Drohlauten zu vertreiben. Eine Bärin mit Jungen hat es dabei doppelt schwer, da sie zusätzlich noch auf die Kleinen aufpassen muss, die sich vor den anderen Bären durchaus nicht sicher fühlen können. Nur ein paar hundert Meter entfernt, beobachtet die kleine Gruppe der Zuschauer hinter ihren Kameras das faszinierende Schauspiel.

Andrew Airways: P.O. Box 1037, State Airport, Kodiak, AK 99615, Tel. 907-487-25 66, Fax 487-25 78, www.andrewairways.com. Sightseeing-Flüge mitsamt der Beobachtung von Bären sowie Flüge zum Katmai Nationalpark.

Inseltour per Minibus ▶ Kodiak Tours: P.O. Box 2904, Homer, AK 99603, Tel. 907-486-39 20, www.kodiaktours.com. Ganz- und halbtägige Sightseeing-Touren in Kodiak. Tgl. 9 und 13 Uhr. $ 60 bzw. $ 100.
Seekajaktouren ▶ Kodiak Kayak Tours: Kodiak, Tel. 907-486-27 22. Geführte halbtägige Seekajak-Touren, auch für Anfänger, mit Wildbeobachtung um Kodiak und die nahe gelegenen Inseln werden angeboten.

Termine

Kodiak Crab Festival:
Ende Mai.

Verkehr

Alaska-Fähre: von Kodiak nach Port Lions und Homer (ganzjährig), Auskunft und Reservierungen unter Tel. 907-486-38 00, 1-800-526-67 31.

Katmai-Halbinsel

▶ 3, F/G 12/13

Der **Katmai National Park** am nördlichen Ende der Alaska Peninsula ist berühmt geworden durch das **Valley of Ten Thousand Smokes**, das ›Tal der zehntausend Rauchsäulen‹. Eine Vulkaneruption im Jahr 1912 bedeckte das Tal mit einer teilweise 200 m hohen Ascheschicht. Der Ausbruch, bei dem die Kuppe des Mount Katmai in die Luft flog und der neue Vulkan Novarupta entstand, hüllte die gesamte Region tagelang in völliges Dunkel. Auch auf Kodiak Island ging ein meterdicker Ascheregen nieder. Mehr als zwölfmal so viel Gestein und Asche wie beim Ausbruch des Mount St. Helens wurden freigesetzt.

1916 entdeckte eine National Geographic-Expedition das bizarre Tal mit seinen unzähligen Fumarolen. Beeindruckt von diesem grandiosen Naturschauspiel schrieb einer der Teilnehmer: »So weit wir blicken konnten, war das ganze Tal voll von Hunderten, ja Tausenden – nein, buchstäblich Zehntausenden von Rauchsäulen, die von seinem mit Spalten durchzogenen Boden aufstiegen. Es war, als seien alle Dampfmaschinen der Welt vereint, als seien plötzlich alle Sicherheitsventile geplatzt und pufften nun den überschüssigen Dampf um die Wette in die Welt hinaus.«

Inzwischen ruht die vulkanische Tätigkeit in der Region. Die Fumarolen sind schon seit den 1920er-Jahren nicht mehr zu sehen. Doch mit seinen seltsamen Formen und Farbenspielen ist das Tal noch immer einen Besuch wert. Den richtigen Einstieg erhält man am **Three Forks Overlook**. Hier eröffnet sich ein überwältigender Panoramablick über eine mondähnliche Landschaft aus Felsen, Schlacke und Vulkanasche, durch welche der Lethe River sich eine 30 m tiefe Schlucht gegraben hat.

Und natürlich ist Katmai auch durch seine Bären bekannt geworden, die hier nicht weniger imposant sind als ihre Artgenossen auf Kodiak Island. Im **McNeil River State Game Sanctuary**, das sich im Norden an den Nationalpark anschließt, gibt die Parkverwaltung einer kleinen Zahl von Zuschauern durch Losentscheid die Möglichkeit, auf Bärenbeobachtung zu gehen.

Der Aussichtsplatz am McNeil River ist so begehrt, das man unter Umständen Jahre warten muss, bis einem ein Platz zugeteilt wird. Teurer, aber dafür einfacher wird es, wenn man sich mit dem Wasserflugzeug per Charter zu den Bären bringen lässt (s. Tipp S. 454). Eine sehr schöne Gelegenheit zum Beobachten von Grizzlys – und dazu auch noch fast kostenlos – bietet der Fish Creek in der Nähe des kleinen Ortes Hyder in Südost-Alaska (s. S. 240), den man mit dem Auto über Stewart im Norden von British Columbia erreichen kann.

In Katmai ist der Lebensraum der Braunbären jedoch weniger gefährdet als auf Kodiak Island, denn in das riesige Gebiet des Nationalparks, fast 17 000 km^2 groß, führen keine Straßen. Lediglich durch ein halbes Dutzend Lodges mit jeweils einigen Blockhütten, locker über den Nordwesten des Parks verstreut, wird die Präsenz des Menschen sichtbar. Die Lodges sind nur mit dem Wasserflugzeug erreichbar.

Vor allem der Brooks River ist ein Paradies für Angler und Wildnisliebhaber. Wenn sich dort jedoch ein Bär dem Fluss nähert, muss der Angelplatz verlassen werden, um eine Konfrontation zu vermeiden – hier haben Bären absoluten Vorrang. Flussaufwärts jedoch, an den **Brooks Falls**, hat man neben dem Flussufer eine Plattform geschaffen, von der aus man unter Aufsicht von Parkrangern den Bären beim Lachsfang in den Stromschnellen zusehen kann. Im Brooks Camp gibt es außer diversen Übernachtungsmöglichkeiten auch eine Rangerstation und einen kleinen *Store,* in dem man sich mit dem Nötigsten versorgen kann. Man erhält Informationsmaterial und kann an verschiedenen organisierten Aktivitäten teilnehmen. Von hier aus werden geführte Wanderungen oder Bustouren zum Valley of Ten Thousand Smokes veranstaltet. Zum Camp kann man auch für Tagestouren aus Anchorage einfliegen.

Infos

Katmai National Park and Preserve: P.O. Box 7, King Salmon, AK 99613, Tel. 907-246-33 05, www.nps.gov/katm.

Alaska Department of Fish and Game: Attn. McNeil River State Game Sanctuary, 333 Raspberry Rd., Anchorage, AK 99518, Tel. 907-267-21 00.

Übernachten

Wildnislodge mit Tourangebot ▶ Brooks Lodge: Reservierung über Katmailand, 4125 Aircraft Dr., Anchorage, AK 99502, Tel. 907-243-54 48, 1-800-544-05 51, www.katmailand.com, www.bearviewing.com. Pauschalangebote inkl. Flug von Anchorage ab $ 629. Katmailand betreibt mehrere Lodges im Nationalpark und veranstaltet Touren zum Valley of Ten Thousand Smokes ($ 96); außerdem werden Angeln und Bärenbeobachtung angeboten.

Eine Bärenfamilie auf Nahrungssuche im Katmai National Park

Südost-Alaska

Kalte, klare Wasserstraßen durch dicht bewaldete Fjord- und Insellandschaften mit hohen vergletscherten Bergketten, zahllosen Buchten und Landzungen bilden die Lebenslinien Südost-Alaskas. Von der Hauptstadt Juneau bis zum kleinsten Nest liegt alles am Wasser – nur Skagway und Haines sind auf dem Landweg erreichbar.

In Alaskas *Panhandle*, wie die Einheimischen den schmalen Küstenstreifen im Südosten des US-Bundesstaates an der Grenze zu British Columbia gerne nennen, ist das Wasser die Hauptverkehrsader und die Fähre das wichtigste Verkehrsmittel. An den Docks entladen die Fischerboote ihre Lachsfänge, wird Fracht gebracht und geholt und dort landen die Alaska-Fähren und Kreuzfahrtschiffe die Passagiere an (s. S. 460). Die Bewohner der etwa 20 Orte entlang des 800 km langen Küstenstreifens leben vorwiegend vom Fischfang und von der Holzindustrie. In den Orten, die von den Kreuzfahrtschiffen angelaufen werden, wie Ketchikan und Skagway, ist der Tourismus zum bedeutendsten Wirtschaftsfaktor geworden.

Nur die Orte Haines, Hyder und Skagway sind durch Straßen mit der Außenwelt verbunden, selbst in größeren Ortschaften führen alle Wege nach einigen Kilometern in die Wildnis. Alle größeren Orte können auch mit dem Flugzeug erreicht werden. Aber Südost-Alaskas große Verkehrsverbindung ist der ›Marine Highway‹, die Route der Alaska-Fähren, die die Orte der Inside Passage miteinander verbindet. Südost-Alaska ist ein touristisches Wunderland der Superlative: Wasserfälle, 4 Mio. ha Wald, über 60 größere Gletscher, 25 000 Braunbären, 15 000 Weißkopfseeadler. An der großartigen Landschaft hat sich kaum etwas geändert, seit Tlingit- und Haida-Indianer, Händler und Pelztierjäger dieses Gebiet vor über 100 Jahren durchstreiften.

Das Klima ist im Winter rau und regnerisch, wenn auch nicht so kalt wie im übrigen Alaska. Auch im Sommer regnet es häufig, und sonnige Hochsommertage sind eher selten. Dennoch, feuchtes Wetter gehört irgendwie zu dieser Landschaft. Statistisch gesehen sind Mai und Juni am trockensten und damit auch die besten Reisemonate. Allerdings herrscht dann oft auch ziemlicher Trubel, wenn in den sonst eher verträumten Orten mehrere große Kreuzfahrtschiffe auf einmal ihre Passagiere ausladen.

Der erste Hafen, den Kreuzfahrtschiffe und Fähren auf ihrer Fahrt von Seattle oder Prince Rupert anlaufen, ist Ketchikan auf Revillagigedo Island. Vom Anleger der Fähre erreicht man mit Bus oder Taxi die 3 km südlich gelegene Downtown.

Ketchikan ► 3, S 16

Cityplan: S. 459; **Karte:** rechts

Ketchikan 1, Alaskas südlichste und mit 14 000 Einwohnern viertgrößte Stadt, nennt sich stolz ›Lachshauptstadt der Welt‹. Da ist schon etwas dran, denn Ketchikan lebt hauptsächlich vom Fischfang. Von hier gehen alljährlich Millionen Kisten Dosenlachs in alle Welt. Darüber hinaus spielen Holzwirtschaft und in den letzten Jahren auch der Tourismus eine Rolle. Die erste Lachsverarbeitungsfabrik wurde bereits 1886 gegründet, zu einer Zeit, als es hier nur ein Tlingit-Dorf an der Mündung des Ketchikan Creek gab. Als dann

1898 Gold gefunden wurde, entwickelte sich die kleine Siedlung rasch zur Boomtown. Wenig mehr als ein Jahrzehnt später saßen die letzten Goldsucher wieder in Seattle – die meisten genauso arm, wie sie losgezogen waren. Eine Reihe von Holzhäusern an einem auf Pfählen gebauten Plankenweg über dem Ufer des Ketchikan Creek war der turbulente Treffpunkt von Goldgräbern und Bergleuten, Seeleuten und Holzfällern. Dorthin hatte man um 1900 die Bars und Freudenhäuser verbannt, um den Rest der Stadt ›ehrbarer‹ zu machen. Auch heute liegt noch etwas von der damaligen Boomtown-Atmosphäre in der Luft. An der geschäftigen Waterfront reihen sich dicht an dicht die Fischkutter und Sportboote und hier legen auch im Sommer die Kreuzfahrtschiffe an.

Sehenswertes im Zentrum

Informationen erhält man im **Ketchikan Visitor Center** an den Cruise Ship Docks und im **Southeast Alaska Discovery Center** 1, ein paar Schritte weiter an der Main Street. Sehenswerte Ausstellungen und Filme über die Kultur der Ureinwohner und das Ökosystem Regenwald in Südost-Alaska stehen hier auf dem Programm (50 Main St., Ketchikan, Tel. 907-228-62 20, Mai–Okt. Mo–Fr 8–17, Sa/So 8–16, sonst Do–So 10–16 Uhr; $ 5).

Die historische **Creek Street** 2, ein Plankensteg auf Pfählen, ist heute eine der Hauptattraktionen von Ketchikan. In den pittoresken Häusern sind jetzt Galerien, Buchläden, Cafés und Restaurants untergebracht. Die jungen Leute einer bunten Künstlerkolonie haben Black Jane, Dolly Arthur und ihre Kolleginnen abgelöst. **Dolly's House** 3, ein ehemaliges Bordell, ist heute ein Museum. Im Juli und August kann man im Bach unter der Veranda die Lachse springen sehen, die alljährlich hierher zum Laichen kommen. Die Fußgängerbrücke über den Ketchikan Creek ist ebenfalls ein guter Platz, um Lachse zu beobachten. Weiter bachaufwärts gelangt man auf der Creek Street zur **Fish Ladder** 4, wo man den zum Laichen bachaufwärts schwimmenden Lachsen eine Umgehung der Fälle geschaffen hat. Die **Thomas Street** 5 am

Bootshafen ist ein historischer Plankensteg, der früher Teil der New England Fish Company war. Der ganze Bezirk ist im *National Register of Historic Places* eingetragen.

Das **Tongass Historical Museum** 6 bietet einen guten Einblick in die Geschichte der Region. Schwerpunkte sind Ausstellungen über Holzwirtschaft und Fischerei sowie die

Kultur der Indianer vor Ankunft der Weißen. Neben dem Eingang steht der *Raven-Stealing-the-Sun*-Totem. Im Museumsgebäude ist auch die Public Library untergebracht (629 Dock St., Ketchikan, Tel. 907-225-56 00, Anfang Mai–Sept. tgl. 8–17 Uhr; sonst Mi–Fr 13–17, Sa 10–16 Uhr; auch geöffnet beim Besuch von Kreuzfahrtschiffen; $ 2).

Dear Mountain Tribal Hatchery und Totem Heritage Center

Am Ende der Park Avenue liegt direkt am City Park das **Deer Mountain Tribal Hatchery & Eagle Center** 7. Über 350000 Königs- und Coho-Lachse werden hier jährlich aufgezogen und freigelassen. Indianische Führer erklären die Anlagen auf einem Rundgang. Im Adlerzentrum widmet man sich der Aufzucht und Pflege von Weißkopfseeadlern (1158 Salmon Rd., Ketchikan, Tel. 907-228-55 30, im Sommer 8–16.30 Uhr; Touren $ 12).

Auf der anderen Seite des Ketchikan Creek ist eine der schönsten Sammlungen von historischen Totempfählen in Nordamerika zu besichtigen. Im **Totem Heritage Center** 8 hat man aus verlassenen Tlingit- und Haida-Siedlungen etwa 30, z.T. über 100 Jahre alte Totempfähle und geschnitzte Hauspfosten zusammengetragen. In Workshops werden alte Pfähle restauriert und neue angefertigt. Auf Führungen wird das Programm zur Rettung der alten Totems vorgestellt. Ein Lehrpfad macht mit der einheimischen Pflanzenwelt vertraut (601 Deermount St., Ketchikan, Tel. 907-225-59 00, im Sommer tgl. 8–17, sonst Mo–Fr 13–17 Uhr; $ 5).

Totem Parks und Duncan Museum

Eine ebenso schöne Sammlung von 30 Totempfählen befindet sich im **Saxman Native Village and Totem Park** 9 des kleinen Tlingit-Dorfes **Saxman**, 4 km südlich von Ketchikan. Auch hier stehen Totempfähle, die man von verlassenen Dörfern und Friedhöfen geholt hat, um sie vor dem Verfall zu retten. Im *Carving Shed* kann man zusehen, wie indianische Künstler Totems und Masken schnitzen. Während des Sommers führen Mitglieder der *Cape Fox Dancers* ihre traditionellen Tänze in farbenprächtiger Tracht im **Beaver Tribal House** auf (Milepost 2,5, S. Tongass Hwy., Tel. 907-225-48 46, www.capefoxtours.com. Geführte Tour von Ketchikan, Mitte Mai–Ende Sept. tgl. 8–17 Uhr; $ 45).

16 km nördlich von Ketchikan stehen im **Totem Bight State Historical Park** 10 inmitten grüner Vegetation und mächtiger Bäume 14 weitere Totempfähle aus Haida und Tlingit-Dörfern und ein rekonstruiertes Tlingit-Stammeshaus. Vom Park bietet sich ein schöner Blick über die Tongass-Meerenge (10 Meilen nördl. auf dem N. Tongass Hwy., Tel. 907-247-85 74, www.alaskastateparks.org, tgl. 6–22 Uhr; Eintritt frei, Spende erbeten).

In der 18 km südlich von Ketchikan gelegenen Indianersiedlung **Metlakatla** beherbergt das **Duncan Museum** 11 im früheren Wohnhaus des Missionars William Duncan eine Sammlung zur Geschichte der Tsimshian-Indianer und zur Missionsarbeit ihres geistlichen und politischen Führers (4th Ave. und Church St., Metlakatla, 18 km südl. von Ketchikan, mit der Fähre erreichbar, Tel. 907-886-86 87, 1-888-886-86 87, Mo–Fr 8.30–12.30 Uhr; $ 2).

Misty Fjord National Monument

Ketchikan ist auch Ausgangspunkt für Touren mit dem Boot oder per Flugzeug zum 80km östlich gelegenen **Misty Fjords National Monument** 2, einem 930000 ha großen Naturschutzgebiet mit einer wildromantischen Fjordlandschaft, steilen Klippen, ursprünglichen Regenwäldern, Gletschern und über 1000m hohen Wasserfällen.

Infos

Ketchikan Visitors Center: 131 Front St., Tel. 907-225-61 66, 1-800-770-33 00, www.visit-ketchikan.com, im Sommer tgl. 8–17, im Winter Mo–Fr 8–17 Uhr.

Misty Fjords National Monument: 50 Main St., P.O. Box 6137, Ketchikan, AK 99901, Tel. 907-228-62 20, www.reserveusa.com. Hier wird die Reservierung von Wildnis-Blockhütten vorgenommen. $ 24–45.

Ketchikan

Sehenswert
1 Southeast Alaska Discovery Center
2 Creek Street
3 Dolly's House
4 Fish Ladder
5 Thomas Street
6 Tongass Historical Museum
7 Deer Mountain Tribal Hatchery & Eagle Center
8 Totem Heritage Center
9 Saxman's Native Village & Totem Park
10 Totem Bight State Historical Park
11 Duncan Museum

Übernachten
1 New York Hotel/The Inn at Creek Street
2 Ketchikan Youth Hostel

Essen & Trinken
1 Annabelle's

Einkaufen
1 Scanlon Art Gallery

Aktiv
1 Misty Fjords Cruise & Fly

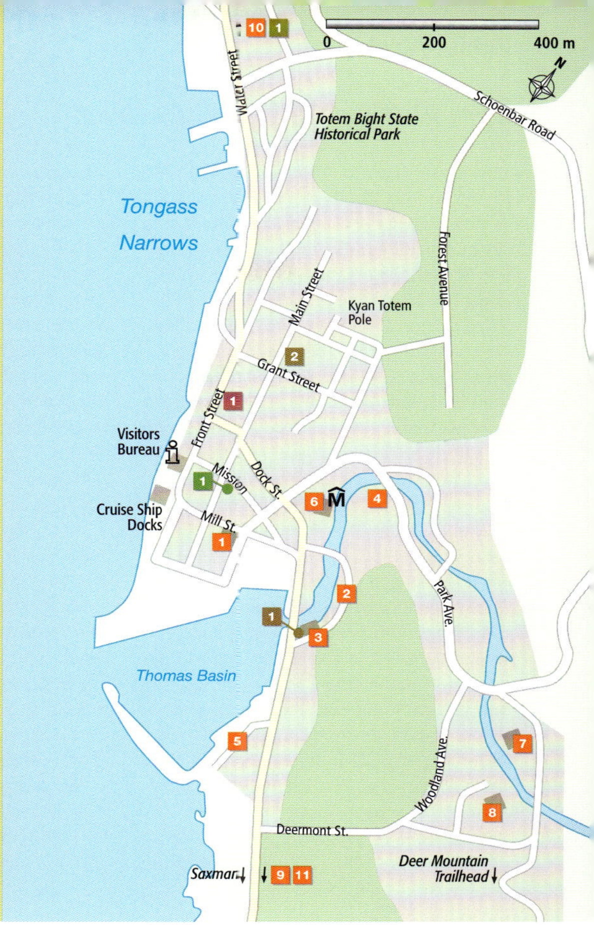

Übernachten

Mit historischem Flair ▶ New York Hotel/The Inn at Creek Street 1: 207 Stedman St., Tel. 907-225-02 46, 1-866-225-02 46, Fax 225-18 03, www.thenewyorkhotel.com. Im modernen Teil des Hauses sehr komfortable Suiten. Nach Vorbestellung kostenloser Transfer zum Flughafen und den Hiking Trails. $ 119–129, Suiten $ 179–189.

Budgetunterkunft ▶ Ketchikan Youth Hostel 2: 400 Main St. (Grant und Main St.), Downtown Ketchikan, Tel. 907-225-33 19, www.hostelz.com. Saubere, aber schlichte Unterkunft im Schlafsaal für Jugendliche und Erwachsene, mit Duschen, Küchenbenutzung. Juni–Aug., Rezeption geöffnet 7–9 und 18–23 Uhr. $ 20.

Essen & Trinken

Seafood ▶ Annabelle's Famous Restaurant 1: Gilmore Hotel, 326 Front St., Ketchikan, AK, Tel. 907-225-60 09, 1-800-275-94 23, www.gilmorehotel.com. Auf Meeresfrüchte spezialisiertes Lokal mit Lounge. $ 10–25.

Einkaufen

Kunst & Kunsthandwerk ▶ Scanlon Art Gallery 1: 318 Mission St., Ketchikan, AK, Tel. 907-247-47 30, www.scanlongallery.com. Gemälde, Drucke alaskischer Künstler.

Tipp: Alaska Marine Highway

Außer dem Flugzeug stellen die Alaska-Fähren das einzige öffentliche Verkehrsmittel in Südost-Alaska dar. Die modernen Schiffe transportieren Passagiere und Fahrzeuge. Mit ihren komfortablen Kabinen, Aussichtsdecks, Cafeterias, Lounges und Bars bieten die Fähren nicht nur eine preiswerte Möglichkeit, Südost-Alaska zu erkunden. Auf verglasten und beheizten Sonnendecks kann man auch in Schlafsäcken übernachten. *Stopover* sind gegen Aufpreis möglich. Sie sind meistens auch erforderlich, wenn man die angelaufenen Orte etwas eingehender erkunden will, denn der Aufenthalt dauert nur so lange, wie für das Entladen der Fahrzeuge nötig ist. Während des Sommers sind die Fähren gut belegt – man sollte Kabinen und Fahrzeugplätze Monate vorher reservieren.

Von Prince Rupert oder Seattle aus steuern sie alle wichtigen Häfen der Inside Passage an. Nach Prince Rupert gelangt man von Edmonton, Jasper und Prince George mit der kanadischen Eisenbahn ›VIA Rail‹ oder mit den ›BC-Ferries‹, die zwischen Prince Rupert und Port Hardy an der Nordspitze von Vancouver Island verkehren.

Zwischen Prince Rupert, Ketchikan, Wrangell, Petersburg, Sitka, Juneau, Haines und Skagway besteht tägliche Verbindung. Zusätzlich zu den großen Fähren, die die oben genannten Strecken bedienen, gibt es kleinere Fährschiffe, die abgelegenere Orte wie Metlakatla, Angoon oder Hoonah von Ketchikan bzw. Juneau aus anlaufen. Auf diese Weise lassen sich auch sehr gut Tagestouren zu entlegeneren Orten auf verschiedenen Inseln, wie z. B. zum Admiralty Island, und nach Tenaka Springs durchführen.

Der Fahrpreis für die zweitägige Fahrt von Prince Rupert nach Skagway beträgt ca. $ 180 pro Person und ca. $ 400 pro Pkw, ein Kabinenschlafplatz kostet $ 180 Aufschlag.

Auch für die Planung von Rundreisen in Süd-Alaska lohnt es sich, das Streckennetz der Alaska-Fähren mit einzubeziehen. Auf preiswerte Weise lassen sich so die Eindrücke von individuell gestalteten Autotouren mit einer Kreuzfahrt durch die Inselwelt des Golfes von Alaska verbinden. Wie in Südost-Alaska sind auch in Süd-Zentralalaska und Südwest-Alaska alle wichtigen Küstenorte durch Fähren miteinander verbunden.

Buchung, Fahrpläne und Preise: Alaska Marine Highway,1591 Glacier Ave., Juneau, AK 99801–1427, Tel. 1-800-642-00 66, Fax 907-277-48 29, www.state.ak.us/ferry.

Die Inside Passage: der Seeweg vor der Küste Alaskas

Aktiv

Fjord-Exkursionen ► **Misty Fjords Cruise & Fly (Promech Air/Alaska Cruises) 1:** 1515 Tongass Ave., Ketchikan, Tel. 907-225-38 45, 1-800-860-38 45, Fax 907-247-38 75, www.mistyfjordscruisefly.com. Kombination von Flug und Bootsfahrt im Misty Fjords National Monument. Die halbtägige Tour beginnt an der Waterfront in Ketchikan mit einem schnellen Katamaran und führt durch die grandiose Fjordlandschaft mit steil aufragenden Felswänden, Wasserfällen und smaragdgrünen Seen, man sieht Felszeichnungen der Ureinwohner und kann mit etwas Glück auch Bären, Seeotter, Wale und Weißkopfseeadler beobachten; 2,5 Std. auf dem Boot, 30 Min. mit dem Wasserflugzeug (die Tour kann auch mit Wasserflugzeug beginnen und mit der Katamaranfahrt enden), $ 329.

Wrangell ► 3, R 15

Karte: S. 457

Nächster Stopp der Fähre ist **Wrangell 3**, Alaskas zweitälteste Siedlung und die einzige, über der drei verschiedene Fahnen wehten. 1834–1839 hatten die Russen das Sagen, von 1840 bis 1867 war der Ort ein Pelzhandelsposten der Hudson's Bay Company, von den Engländern Fort Stikine genannt. Seitdem ist der Ort in amerikanischem Besitz, benannt nach dem russischen Baron von Wrangell. Als 1872 in der Cassiar-Region in British Columbia Gold entdeckt wurde, überfluteten Abenteurer den Ort, um dann mit Booten auf dem Stikine River weiterzufahren. Ende der 1890er-Jahre kamen Goldsucher auf dem Weg zum Yukon Territory.

Wrangell wird nicht von den großen Kreuzfahrtschiffen angelaufen und hat sich daher sein etwas verträumtes altalaskisches Ambiente bewahrt. Die 2600 Einwohner zählende Stadt lebt vom Fischfang und von einem Sägewerk. Frachtflugzeuge und ein riesiges *hovercraft* (Luftkissenboot) bringen Erz von einer kanadischen Goldmine zur Verladung nach Wrangell. Im 2004 eröffneten Nolan Centre, in dem das Civic Center untergebracht ist, befindet sich auch ein **Visitor Center** (Tel. 907-874-23 81, 1-800-367-97 45, Fax 874-39 52, www.wrangellalaska.org), ebenso das **Wrangell Museum**, in dem historische Fotos, Totempfähle, Werkzeuge, Kleidung der Westküsten-Indianer, Mineraliensammlungen und Artefakte aus der Pionierzeit des Ortes gezeigt werden (2906 Outer Dr., Wrangell, Tel. 907-874-37 70, im Sommer Mo–Fr 10–17, sonst Fr 10–16 Uhr und wenn Passagierschiffe anlegen; $ 5).

Das **Chief Shakes Island & Tribal House** auf der kleinen gleichnamigen Insel im Hafen ist über eine hölzerne Fussgängerbrücke zu erreichen. Hier stehen einige schöne Totempfähle und der Nachbau eines Tlingit-Langhauses mit eindrucksvollen Schnitzereien am Eingang (2nd St., Wrangell, AK, Tel. 907-874-34 81, geöffnet, wenn Kreuzfahrtschiffe im Hafen liegen; $ 3,50).

Sehenswert sind die uralten **Petroglyphen** auf den Felsen am Strand, etwa einen halben Kilometer nördlich vom Fährterminal. Ein ausgeschilderter Plankenweg führt zu den Felszeichnungen, etwa 40 an der Zahl, deren Alter von Wissenschaftlern auf 8000 Jahre geschätzt wird.

50 km südlich von Wrangell unterhält der U.S. Forest Service das **Anan Creek Wildlife Observatory**, zugänglich nur mit dem Schiff oder Charterflugzeug. Von Juli bis Anfang September kann man hier von einem Aussichtspunkt Bären und Weißkopfseeadler beobachten, die sich an den stromaufwärts wandernden Lachsen gütlich tun.

Infos

Convention & Visitors Bureau: Nolan Center, P. O. Box 1350, Wrangell AK 99929, Tel. 907-874-23 81, 1-800-367-97 45, Fax 874-39 52, www.wrangellalaska.org.

Aktiv

Bärenbeobachtung ► **Anan Creek Wildlife Observatory:** U.S. Forest Service, Tel. 907-874-23 23, 1-800-97 45, www.fs.fed.us/wildlife/ananobservatory.shtml. Informationen und Angaben über lizensierte Führer für Exkursionen zum Anan Bear Observatory.

Petersburg ► 3, R 15

Karte: S. 457

Der Fischerort **Petersburg** 4 wurde 1891 von dem norwegischen Einwanderer Peter Buschmann gegründet, und nach ihm ist er auch benannt worden. Viele der etwa 3500 Einwohner sind Nachfahren der ersten norwegischen Siedler. Sie leben hauptsächlich vom Fischfang und dessen Weiterverarbeitung. Hier kann man in den *Canneries* sehen, wie Seelachs, Heilbutt, Krabben und Muscheln konserviert werden.

Der hübsche Ort mit seinen weiß gestrichenen Häusern, grünen Rasenflächen und bunten Blumengärten hat viel von seiner skandinavischen Tradition bewahrt und wird daher auch ›Klein-Norwegen‹ genannt. Die pittoreske Hafenpromenade mit den Fischerbooten und den schneebedeckten Bergen im Hintergrund ist ein beliebtes Fotomotiv.

Auf der Fahrt von Wrangell nach Petersburg müssen die Fährschiffe die gefährlichen Wrangell Narrows passieren, eine 33 km lange und bei Ebbe kaum mehr als 7 m tiefe Meerenge zwischen Kupreanof und Mitkof Island. Im Zickzack folgen die Schiffe dabei einem mit blinkenden Bojen ausgewiesenen Slalomkurs. Weil die Narrows für die großen Kreuzfahrtschiffe unpassierbar sind, hat Petersburg seine idyllische Ruhe bewahren können.

Sehenswert ist das **Clausen Memorial Museum**. Hier werden Exponate zur Pioniergeschichte, zu Fischfang und Verarbeitung, ein Tlingit-Einbaum-Kanu und zwei Weltrekord-Lachse gezeigt, wovon einer 57 kg wiegt (203 Fram St., Petersburg, AK, Tel. 907-772-35 98, Mai–Anf. Sept. Mo–Sa 10–17, sonst Di–Sa 10–14 Uhr; $ 3). Hübsch anzusehen ist die 1911 erbaute **Sons of Norway Hall** mit ihren bemalten Fensterläden, Sitz des Heimatvereins und Community Center.

Infos

Petersburg Visitor Center: 1st und Fram St., Petersburg,Tel. 907-772-46 36, 1-866-484-47 00, www.petersburg.org, Mo–Sa 9–17, So 12–16 Uhr.

Übernachten

Behagliche Bleibe ► **Scandia House:** 110 Nordic Dr., Petersburg, Tel. 907-772-42 81, 1-800-722-50 06, Fax 772-43 01, www.scandiahousehotel.com. Freundlich und hell eingerichtete Zimmer und Suiten. $ 120–150.

Essen & Trinken

Umfangreiche Speisekarte ► **Seaside House:** 203 Sing Lee Alley, Petersburg, Tel. 907-772-29 00. Schön gelegen mit Blick über den Bootshafen, Steaks, Fisch, Burger und mehr. $ 7–30.

Termine

Little Norway Festival: Mitte Mai. Die norwegische Herkunft wird alljährlich mit Volkstänzen in farbenprächtigen Trachten zelebriert.

Sitka ► 3, Q 15

Cityplan: rechts; **Karte:** S. 457

Die Stadt **Sitka** 5 an der Westseite von Baranof Island ist sicherlich einer der bezauberndsten Orte an der Südostküste Alaskas. Eingebettet in einen Kranz dunkelgrüner Wälder, umgeben von schneebedeckten Bergen und dem Sund mit seinem Gewirr von Inseln und Fischerbooten, wartet das Bilderbuchstädtchen auf seine Besucher. Um Sitka zu erreichen, müssen die Fähren und Kreuzfahrtschiffe die schmale Meerenge zwischen Chichagof und Baranof Island passieren und sich dabei den Gezeiten anpassen. Häufig kommt es vor, dass Schiffe mehrere Stunden im Hafen von Sitka warten müssen – vorteilhaft für den Besucher, der nicht über Nacht bleiben möchte: So bleibt mehr Zeit für einen Stadtbummel. Am Fähranleger warten Busse, um die Passagiere zur 12 km südlich gelegenen Stadt zu bringen.

So farbig wie die Stadt ist auch ihre Geschichte. Novo Arkhangelsk, wie der Ort zuerst hieß, war in der ersten Hälfte des 19. Jh. die wirtschaftliche, religiöse und kulturelle Metropole des russischen Alaska und die erste größere Stadt an der Nordwestküste.

Sitka

Sehenswert

1. Russian Bishop's House
2. St. Michael's Cathedral
3. Old Russian Cemetery
4. Castle Hill
5. Sheet'ka Kwaan Naa Kahidi Community House
6. Sitka Historical Museum
7. Sitka National Historical Park
8. Sheldon Jackson Museum
9. Southeast Alaska Indian Cultural Center
10. Alaska Raptor Rehabilitation Center

Übernachten

1. Westmark Sitka
2. Rockwell Lighthouse
3. Otter's Cove Bed & Breakfast

Essen & Trinken

1. The Channel Club

Einkaufen

1. Fisherman's Eye Fine Art Gallery

Das ›Paris des Nordens‹ hatte eine Kathedrale, eine Bibliothek, eine Wetterstation, ein Krankenhaus, eine Schiffswerft und zahlreiche andere Einrichtungen.

Bereits 1799 gründete Alexander Baranof, Gouverneur der Russisch-Amerikanischen Gesellschaft, unter einer Charter des russischen Zaren den Pelzhandelsposten an der Westseite von Baranof Island. Das Gebiet gehörte ursprünglich den Tlingit-Indianern, die sich mit den neuen Herren nicht anfreunden konnten und 1802 die Warenhäuser plünderten und das Fort niederbrannten. Zwei Jahre später kam Baranof mit einem Kriegsschiff, 200 russischen Soldaten und 800 aleütischen Hilfstruppen zurück. Die Tlingit unterlagen – es war der letzte größere Widerstand der Westküsten-Indianer überhaupt – und die mitgebrachten aleütischen Otterjäger sorgten bald für den Reichtum der späteren Metro-

Umrahmt von Bergen liegt Sitka auf der pazifischen Seite der Inside Passage

pole. Von 1808 bis 1867 war Sitka Hauptstadt des russischen Amerika. 1867 wechselte Alaska in amerikanische Hände über. In den folgenden Jahren kehrten die meisten Russen ins Mutterland zurück.

Heute hat die Stadt etwa 8700 Einwohner, die vom Fischfang, der Holzindustrie und zunehmend vom Tourismus leben. Hauptanziehungspunkt sind indianische und russische Traditionen, die man auch entsprechend kultiviert. Die **New Archangel Dancers** führen in authentischen Kostümen russische und ukrainische Volkstänze auf. In den Geschäften der Downtown werden russische Andenken verkauft. Auch sonst ist die russische Vergangenheit präsent.

Sehenswertes im Zentrum

Das 1842 aus Baumstämmen gebaute und jetzt schön mit z.T. originalen Möbeln restaurierte **Russian Bishop's House** 1, heute Teil des Sitka National Historical Park, war Residenz, Büro und private Kapelle des ersten Bischofs von Alaska, Patriarch Innozenz Weniaminow (501 Lincoln St., Sitka, AK, Tel. 907-747-01 10, Mitte Mai–Sept. tgl. 8.30–17 Uhr, Okt.–Mai nach Vereinbarung; $4).

Das Wahrzeichen der Stadt ist die 1844 errichtete **St. Michael's Cathedral** 2. Obwohl sie 1966 bei einem Brand zerstört wurde, konnten die kostbaren Ikonen, einige noch aus der Zeit vor 1800, gerettet werden. Sie hängen heute wieder in der originalgetreu rekonstruierten russisch-orthodoxen Kirche (Lincoln/Cathedral Sts., Sitka, Tel. 907-747-81 20, Juni–Sept. Mo–Fr 9–16 Uhr, wenn Kreuzfahrtschiffe im Hafen liegen, Okt.–Mai nach Vereinbarung; $ 2 Spende).

Auf dem **Old Russian Cemetery** 3 liegen russische Siedler und Adlige begraben, darunter Prinzessin Maksoutof, die Gattin des letzten russischen Gouverneurs. Neben dem alten *Post Office* an der Lincoln Street führt eine Treppe auf den **Castle Hill** 4, wo Baranofs herrschaftliche Residenz stand. Hier fand 1867 die Übergabe der russischen Kolonie an die USA statt. Vom Berg genießt man einen traumhaften Blick über die Stadt.

Im **Sheet'ka Kwaan Naa Kahidi Community House** 5 werden Führungen durch das traditionelle Langhaus angeboten und im Sommer traditionelle indianische Tänze aufgeführt (200 Katlian St., Tel. 907-747-72 90, 1-888-270-86 87, www.sitkatribal.com; $ 10).

Im Centennial Building am Harbor Drive zeigt das **Sitka Historical Museum** 6 Exponate zu Sitkas reicher Geschichte: Gemälde verschiedener Epochen, russische Werkzeuge und Arbeitsgeräte der Fisch- und Holzwirtschaft, weiterhin ein detailgetreues Modell der Siedlung im Jahre 1867 (330 Harbor Dr., Sitka, Tel. 907-747-64 55, www.sitkahistory.org, Mai–Sept. Mo–Fr 9–17, Sa 11–15, sonst Di–Sa 10–16 Uhr; $ 2). Im Centennial Building treten auch die New Archangel Dancers auf, und das ebenfalls in seinen Räumen untergebrachte Visitor Center ist erste Anlaufstation für die Passagiere der Kreuzfahrtschiffe. Wenn sie im Hafen liegen, herrscht im Ort Hochbetrieb.

Außerhalb der Innenstadt

Viel ruhiger ist es dann im **Sitka National Historical Park** 7 auf einer Halbinsel im Südosten der Stadt. Auf dem gemütlichen Spaziergang dorthin sollte man sich im **Sheldon Jackson Museum** 8 einige Stunden gönnen. Das Museum auf dem Areal des Sheldon Jackson College, der ältesten öffentlichen Schule Alaskas, widmet sich der Urbevölkerung Alaskas. Es zeigt Eskimomasken, Kajaks, Schlitten, Kleidung, Werkzeuge sowie Kunsthandwerk der Tlingit, Haida, Athabasken und Aleüten (104 College Dr., Sitka, Tel. 907-747-89 81, im Sommer tgl. 9–17, sonst Di–Sa 10–16 Uhr; $ 4).

Im **Visitor Center** des Sitka National Historical Park, zu dem außer dem Russian Bishop's House auch 43 ha Regenwald mit attraktiven Wanderwegen gehören, sind ebenfalls Ausstellungen und Präsentationen zur Kultur- und Naturgeschichte der Region zu sehen. Im **Southeast Alaska Indian Cultural Center** 9 werden in einer Werkstatt Masken geschnitzt. Vom Visitor Center führt ein Wanderweg durch gründämmerigen schweigenden Regenwald, wo eindrucksvolle Totempfähle der Tlingit und Haida-Indianer auf den weiten Sitka Sound hinausblicken. Hier stand auch das befestigte Tlingit-Dorf, in welchem 1804 der Kampf zwischen den Russen und Indianern stattfand (106 Metlakatla St., Sitka, Tel. 907-747-80 61, www.nps.gov/sitk.htm; Park frei. Visitor Center und Southeast Alaska Indian Cultural Center Tel. 907-747-01 10, Juni–Sept. tgl. 8–17, Okt.–Mai Mo–Fr 8–17 Uhr; $ 4. Visitor Center im Sommer tgl. 8–17, im Winter Mo–Sa 8–17 Uhr).

An der Sawmill Creek Road lohnt das **Alaska Raptor Rehabilitation Center** 10 einen Besuch. Hier werden verletzte Raubvögel gepflegt. Besuchern können Weißkopfseeadler, Eulen, Habichte und andere große Vögel von Nahem betrachten (1000 Raptor Way, Milepost 0,9, Tel. 907-747-86 62, 1-800-643-94 25, www.alaskaraptor.org, Führungen im Sommer tgl. 8–16 Uhr; $ 12).

Infos

Sitka Convention & Visitors Bureau: Harrigan Centennial Building, 330 Harbor Dr., Main Office, 303 Lincoln St., 2nd Floor, P.O. Box 1226, Sitka, AK 99835, Tel. 907-747-59 40, 1-800-557-48 52, Fax 747-37 39, www.sitka.org. Im Sommer 8–17 Uhr.

Übernachten

Erstes Haus am Platz ▶ **Westmark Sitka** 1**:** 330 Seward St., P.O. Box 78, Sitka, AK 99835, Tel. 907-747-62 41, 1-800-544-09 70, Fax 747-54 86, www.westmarkhotels.com. Wunderschöner Blick auf Hafen oder Berge, gutes Restaurant. $ 189–199.

Im Leuchtturm ▶ **Rockwell Lighthouse** 2**:** 1309 Halibut Pt. Rd., Box 277, Sitka, AK 99835, Tel./Fax 907-747-30 56, 747-78 21. In einem Leuchtturm mit herrlichem Blick auf Sitka und das Küstengebirge; in 10 Min. mit dem Boot von Sitka aus zu erreichen, komplett eingerichtet mit Küche für 2–4 Personen, Benutzung des Bootes inbegriffen. $ 200 für 4 Pers., jede weitere Person $ 35.

Freundliche Pension ▶ **Otter's Cove Bed & Breakfast** 3**:** 3211 Halibut Point Rd. (5 km nördl. von Sitka), Tel. 907-747-4529, www.ottercovebandb.com. Modern ausgestattete Zimmer, Gästeküche, *Hot Tub,* schöne Aussicht, gutes Frühstück. $ 130–150.

Essen & Trinken

Beliebter Treffpunkt ▶ The Channel Club 1: 2906 Halibut Point Rd. (zw. Downtown und Fähre), Sitka, AK, Tel. 907-747-99 16. Salatbar, Steaks und Seafood. $ 18–45.

Einkaufen

Kunst & Kunsthandwerk ▶ Fisherman's Eye Fine Art Gallery 1: 239 Lincoln St., Sitka, AK, Tel. 907-747-60 80, im Sommer tgl. 10–17, im Winter Mo–Sa 10–17 Uhr. Gemälde und Drucke alaskischer Künstler, Speckstein-Skulpturen u. a. m.

Verkehr

Alaska-Fähre: Halibut Point, Mile 7, Tel. 907-747-87 37, 1-800-624-00 66,www.state.ak.us/ferry.

Juneau ▶ 3, Q 13

Cityplan: rechts; **Karte:** S. 457

Die nach den Goldfunden der Prospektoren Joseph Juneau und Richard Harris gegründete Stadt **Juneau** 6 am Gastineau Channel ist eine bunte Mischung von malerischen Gebäuden aus der Pionierzeit des späten 19. Jh., viktorianischen Villen und moderner Glas- und Betonarchitektur der Verwaltungszentren. Mit knapp 30 000 Einwohnern ist Juneau Regierungssitz und drittgrößte Stadt Alaskas. Die Fähren legen 22 km nordwestlich der Stadt am Auke Bay Terminal an. Die großen Kreuzfahrtschiffe fahren ihre eigenen Docks direkt vor dem Stadtzentrum an.

Die Häuser in Downtown drängen sich auf dem schmalen Landstreifen zwischen dem Wasser und den steil aufragenden Bergmassiven des Mount Juneau und Mount Roberts mit ihren dunkelgrünen Tannenwäldern, in denen zahlreiche Wasserfälle zu Tal stürzen. Die beiden größten Arbeitgeber sind der Tourismus und die Regierungsbürokratie. Etwa 1 250 000 Touristen im Jahr, davon 900 000 per Kreuzfahrtschiff, besuchen die Stadt. Die meisten, vor allem die Schiffspassagiere, bleiben allerdings nur ein paar Stunden. Dennoch hat sich Juneau, das auch häufig als ›Little San Francisco‹ bezeichnet wird, den Charme einer Kleinstadt mit viel Atmosphäre und Geschichtsbewusstsein bewahrt. Die engen Straßen der Downtown lassen sich am besten zu Fuß erschließen. Informationen erhält der Besucher im Tourismusbüro in der **Davis Log Cabin**, einem rekonstruierten Blockhaus an der 3rd Street.

Downtown

Erinnerungen an die Pionierzeit Alaskas weckt der äußerst beliebte **Red Dog Saloon** mit seiner leuchtend rot gestrichenen Holzfassade und der urigen Inneneinrichtung. Honky-tonk oder Rockmusik lassen die Wogen hoch schlagen.

Unterhaltung mit Pionierambiente ist auch im historischen **Alaskan Hotel** an der Franklin Street zu erleben. Ebenfalls eine lange Tradition hat der **Gold Creek Salmon Bake**, ein tägliches Grillfest am Gold Creek, wo sich Besucher und Einheimische preiswert nach Herzenslust an leckeren Lachssteaks laben.

Die 1894 erbaute **St. Nicholas Russian Orthodox Church** 1 an 5th und Gold Street ist die älteste russische Kirche in Südost-Alaska, in der noch Gottesdienste abgehalten werden (5th und Gold St., Juneau, Tel. 907-523-09 86; Eintritt frei, Spende erbeten).

Einen Besuch wert sind Juneaus Museen. Das **Alaska State Museum** 2 (Egan Dr. und Whittier St.) informiert über die Kultur der Tlingit und Athabasken-Indianer, Eskimos und Alëuten, weiterhin über die Besiedlung Alaskas durch russische und amerikanische Pioniere sowie die folgende moderne Entwicklung. Wechselausstellungen moderner alaskischer Künstler runden das Programm ab (395 Whittier St., Juneau, Tel. 907-465-29 01, www.museums.state.ak/us, im Sommer tgl. 8.30–17.30, im Winter Di–Sa 10–16 Uhr; $ 5).

Im **Juneau-Douglas Museum** 3 in der Nähe des State Capitol konzentriert man sich auf die Stadtgeschichte, besonders auf die Zeit des Goldbooms um 1900. Zum Museum gehört ein Shop mit hübschen Souvenirs (4th und Main St., Juneau, Tel. 907-586-35 72, Museumsshop, im Sommer Mo–Fr 9–17, Sa/So 10–17 Uhr; $ 4).

Juneau

Sehenswert

1 St. Nicholas Russian Orthodox Church
2 Alaska State Museum
3 Juneau-Douglas Museum
4 Wickersham State Historical Site
5 Governor's Mansion
6 Juneau Library
7 Mount Roberts Tramway
8 Mendenhall Glacier
9 Macauly Salmon Hatchery

Übernachten

1 Westmark Baranof Hotel
2 The Historic Silverbow Inn
3 The Alaskan Hotel
4 Spruce Meadow RV Park
5 Juneau International Hostel

Essen & Trinken

1 Gold Creek Salmon Bake
2 Summit Restaurant
3 Sandpiper Cafe
4 Red Dog Saloon

Einkaufen

1 Nugget Mall
2 Rie Munoz Gallery

Aktiv

1 Adventure Bound Alaska
2 ERA Helicopters

Sehenswert ist auch das mit Alaska-Memorabilien ausgestattete ehemalige Domizil des berühmten Richters Wickersham in der **Wickersham State Historical Site** 4 (213 7th St., Juneau, Tel. 907-586-90 01, 465-45 63, Mitte Mai–Sept. Do–Di 10–12, 13–17 Uhr, im Winter nach Voranmeldung; Spende).

Der prächtige weiße Säulenbau der **Governor's Mansion** 5 (716 Calhoun St.) ist ein beliebtes Fotomotiv und dient seit 1913 als Residenz von Alaskas Regierungschefs. Er ist normalerweise für Besucher nicht zugänglich. In der **Juneau Library** 6 gibt es interessante Literatur über die Region – und dazu einen herrlichen Ausblick über Juneau, Douglas Island und den Gastineau Channel (292 Marine Way, Tel. 907-586-52 49). Wer noch höher hinaus will, nimmt die **Mount Roberts Tramway** 7. Von der Franklin Street am Anleger der Kreuzfahrtschiffe führt eine Gondelbahn auf die über 600 m höher gelegene Bergstation (490 S. Franklin St., Juneau, Tel. 907-463-34 12, 1-888-461-87 26, im Sommer 9–21 Uhr; $ 27). Hier gibt es die üblichen touristischen Serviceeinrichtungen und ein Restaurant. Bemerkenswert ist ein Film über die Tlingit-Indianer im Chilkat Theater und vor allem der fantastische Panoramablick über die grünen Berggipfel und den tiefblau schimmernden Gastineau Channel. Auf den Wanderwegen lässt man den Trubel hinter sich. Den Berg zu Fuß erklimmen kann man auf dem aussichtsreichen Mount Roberts Trail (s. Aktiv unterwegs S. 469).

Juneaus Umgebung

Ausflüge zum **Mendenhall Glacier** 8 bringen den Besucher an die schimmernde Eisfläche, 20 km vor den Toren der Stadt. Seinen Ursprung hat der Gletscher im riesigen **Juneau Icefield** auf den Bergketten östlich der Stadt. Das 3800 km^2 große Eisfeld speist außer dem Mendenhall auch die anderen Gletscher der Region: Taku, Eagle und Herbert Glacier. Der Mendenhall ist der einzige Gletscher Südost-Alaskas, der direkt mit dem Auto zu erreichen ist. Vom Besucherzentrum führt ein kurzer Trail zum Gletschersee. Ein Naturpfad am Steep Creek nahe dem Parkplatz am Visitor Center bietet im Spätsommer die Möglichkeit, laichende Lachse zu beobachten.

Mehr über den faszinierenden Lebenszyklus der Lachse erfährt man in der **Macauly Salmon Hatchery** 9. Hier schlüpfen jedes Jahr über 100 Mio. winzige Lachse. Ausstellungen und Salzwasser-Aquarien geben Einblick in Südost-Alaskas maritime Flora und Fauna (2697 Channel Dr., 3 Meilen von Downtown, Juneau, Tel. 907-463-48 10, Mai–Sept. Mo–Fr 10–18, Sa/So 10–17 Uhr; $ 3,25).

Die Umgebung von Juneau bietet zahlreiche hervorragende Wandermöglichkeiten. Einer der schönsten Hiking Trails führt vom Ende der Basin Road zu den Ruinen der alten **Alaska-Juneau (A-J-)Goldmine** im Last Chance Basin, eine knappe Stunde von der Stadt entfernt. Hier haben die Prospektoren Juneau und Harris 1880 an einem klaren Bergbach, der heute ›Gold Creek‹ heißt und durch Juneaus Downtown fließt, das Gold entdeckt, das zur Gründung von mehreren Minen und damit auch der Stadt führte. Die A-J-Mine war noch bis 1944 in Betrieb. Wanderführer für das Last Chance-Gebiet und auch für die **Treadwell Mine** in Douglas sind im Stadtmuseum und im Tourismusbüro erhältlich. Hier können auch alle anderen Aktivitäten arrangiert werden. Von Juneau aus können Flightseeing-Trips mit dem Hubschrauber auf das Juneau Icefield und den Mendenhall-Gletscher unternommen werden. Mehrere Schiffs- und Fluggesellschaften bieten tägliche Exkursionen zur Glacier Bay und zum Tracy Arm sowie nach Haines und Skagway an. Mit dem Air Taxi kann man nach Admiralty Island fliegen und dort am Pack Creek Braunbären beobachten. Ein Permit dafür erhält man in Juneau.

Infos

Log Cabin Visitor Information Center: 101 Egan Dr., Juneau, Tel. 907-586-17 37, 1-800-587-22 01, www.traveljuneau.com.

Übernachten

Gehobener Komfort ► **Westmark Baranof Hotel** 1: 127 N. Franklin St., Juneau, AK 99801, Tel. 907-586-26 60, 1-800-544-09 70, Fax 586-83 15, www.westmarkhotels.com. Traditionsreiches Hotel, Restaurant, Lounge, Fitnessraum. $ 140–250.

Pionier-Atmosphäre ► **The Historic Silverbow Inn** 2: 120 Second St., Tel. 907-586-41 46, Fax 586-42 42, 1-800-586-41 46, www.silverbowinn.com. In der historischen Innenstadt, Dachterrasse, nett eingerichtete Zimmer, z. T. mit Whirlpool. Bäckerei/Coffee Shop und Restaurant, Kino. $ 89–209.

Mit beliebter Bar ► **The Alaskan Hotel** 3: 167 S. Franklin St., Juneau, AK 99801, Tel. 907-586-10 00, 1-800-327-93 47, www.thealaskanhotel.com. Historisches Hotel mit Pionieratmosphäre, einfache Zimmer, einige davon mit Kitchenette; Bar, Sauna, Waschsalon; wegen der populären Alaska-Bar im Erdgeschoss kann es etwas laut werden. Ab $ 60.

Camping ► **Spruce Meadow RV Park** 4: 10200 Mendenhall Loop Rd., Juneau, Tel. 907-789-19 90, Fax 790-72 31, www.juneaurv.com. 64 Stellplätze, knapp 4 Meilen vom Fähranleger entfernt. $ 32.

aktiv unterwegs

Wanderung auf dem Mount Roberts Trail

Tour-Infos

Start: am Ende der 6th Street in Downtown Juneau
Länge: 7 km (einfacher Weg)
Dauer: 2–4 Std., unter Einbeziehung der Tramway kann die Wanderung abgekürzt werden. Wenn man es noch bequemer haben möchte, bieten sich einige kurze Wanderwege direkt an der Bergstation an.
Saison: Die beste (d. h. trockenste) Zeit zum Wandern sind die Monate Mai bis Oktober. Dennoch sollte man Regenkleidung dabei haben, denn Juneau ist bekannt für seine plötzlichen Regenschauer.
Schwierigkeitsgrad: moderat
Seilbahn: Mount Roberts Tramway, 490 S. Franklin St., Juneau, Tel. 907-463-3412, 1-888-461-8726, Mo 12–21 Uhr, Di–Fr 8–21, Sa/So 9–21 Uhr, $ 27, Kinder bis 12 Jahre $ 13,50 pro Tag, für Wanderer gibt einen besonderen Tarif für die Talfahrt, sie zahlen nur $ 5 (im Mai und Sept. können sich die Betriebszeiten je nach Ankunft und Abfahrt der Kreuzfahrtschiffe ändern).

Alaskas Hauptstadt, nur von der See und aus der Luft zugänglich, ist von Bergen umgeben, die Höhen von 1200 m erreichen. Auf Juneaus Hausberg, den 1164 m hohen Mount Roberts, führt vom Anleger der Kreuzfahrtschiffe eine Seilbahn hinauf. Schnell bringt einen die Gondel zum Mountain House auf 548 m Höhe, wo sich auch ein Restaurant befindet. Von hier genießt man eine fantastische Aussicht auf die Stadt und den Gastineau Channel, im Norden sieht man die Chilkat Mountains, im Westen Douglas Island und im Osten das Silver Bow Basin, wo im Jahre 1880 Gold entdeckt wurde. Durch Einbeziehung der Seilbahn in die Tageswanderung kann man Länge und Schwierigkeitsgrad der Wanderung selbst bestimmen.

Der Trail beginnt in der Downtown Juneau am Ende der 6th Street oberhalb der russisch-orthodoxen Kirche. Von dort führen hölzerne Treppenstufen zum eigentlichen Startpunkt des Wanderwegs. Am Trailhead befindet man sich rund 30 m über Meereshöhe, bis zum Gipfel sind noch rund 7 km und 1135 Höhenmeter zu überwinden.

Der gepflegte und gut markierte Trail führt durch üppigen Regenwald mit moosüberwachsenen Sitkafichten, Lebensbäumen, Erlen und Hemlocktannen; im Unterholz machen sich Farne und der großblättrige, mit scharfen Dornen besetzte Devil's Club breit, der mehrere Meter hoch werden kann. Die heilkräftige Pflanze wird auch als alaskischer Ginseng bezeichnet. Später weicht der Regenwald subalpinen Wiesen mit blauen Lupinen, leuchtend rotem Indian Paintbrush und anderen bunten Wildblumen. Mit etwas Glück können Schwarzbären, Bergziegen und Schwarzwedelhirsche beobachtet werden, häufiger sieht man das Graue Murmeltier und oft kreisen Weißkopfseeadler und Raben über dem Gastineau Channel. Immer wieder stößt man am Wegrand auf von zeitgenössischen Künstlern gefertigte Schnitzereien, die Bezug auf die Mythen der Ureinwohner der Region nehmen.

Die starke Steigung des Trails wird durch zahlreiche Kehren gemildert. Etwa auf halbem Wege und auf 548 m Höhe erreicht man das Restaurant über der Bergstation der Mount Roberts Tram. Schon von dieser Höhe bieten sich schöne Blicke auf schneebedeckte Gipfel, auf den Gastineau Channel und die Stadt Juneau. Weiter bergauf wandernd, gelangt man von der subalpinen in die alpine Zone. Oben in der Gipfelzone des Mount Roberts schweift der Blick bis zu den Bergen in der Glacier Bay und den Inseln des Admiralty Island National Monument und des Alaska Panhandle.

Juneaus Downtown in der Abenddämmerung

Schlichte Herberge ▶ Juneau International Hostel 5: 614 Harris St., Juneau, AK 99801, Tel. 907-586-95 59, www.juneau hostel. net. In historischem Holzhaus, zentral gelegen in der Downtown. $ 12.

Essen & Trinken

Gegrillter Lachs ▶ Gold Creek Salmon Bake 1: Salmon Creek, 3 Meilen außerhalb am Egan Dr., Juneau, Tel. 907-789-00 52. Im Sommer traditionelles Lachs-Barbecue. $ 42.

Elegantes Alaska-Ambiente ▶ Summit Restaurant 2: Inn at the Waterfront, 455 S. Franklin St., Juneau, AK, Tel. 907-586-20 50. Gourmetrestaurant, Spezialität: Alaska-Meeresfrüchte. $ 17–40.

Frühstück & Lunch ▶ Sandpiper Cafe 3: 429 W. Willoughby Ave., Juneau, Tel. 907-586-31 50, tgl. 6–14 Uhr, Di geschl. Hervorragendes Frühstück, Lunchgerichte, auch vegetarisch, am Sonntag Brunch. Ab $ 6.

Urige Touristenattraktion ▶ Red Dog Saloon 4: 278 S. Franklin St., Juneau, Tel. 907-463-36 58 (Restaurant), Tel. 907-463-99 54 (Saloon), ganzjährig geöffnet. Legendärer Saloon mit originalem Ambiente. $ 5–20.

Einkaufen

Einkaufszentrum ▶ Nugget Mall 1: 8745 Glacier Hwy., Juneau, www.nuggetoutfitter.com. Juneaus größtes Shopping Center; Über-Nacht-Parken für Camper ist erlaubt. Mo–Fr 10–20, Sa 10–18, So 12–17 Uhr.

Kunstgalerie ▶ Rie Munoz Gallery 2: 2101 N. Jordan Ave., Juneau, AK, Tel. 907-789-74 11, www.riemunoz.com. Aquarelle, Drucke, Wandteppiche der bekannten Künstlerin.

Aktiv

Schiffstouren in den Fjord ▶ Adventure Bound Alaska 1: 76 Egan Dr., Juneau, Tel. 907-586-20 30, 1-800-228-38 75, www.adventureboundalaska.com. 8-stündige Schiffstouren in den Tracy Arm Fjord. Im Sommer tgl. 2 Abfahrten um 7.45 und 8.15 Uhr, $ 150.

Gletscherflüge ▶ ERA Helicopters 2: 6910 N. Douglas Hwy., Juneau, Tel. 907-586-20 30, 1-800-843-19 47, www.flyera.com. Hubschrauber-Rundflüge zum Mendenhall Glacier und zum Juneau Icefield.

Naturexkursionen ▶ AlaskaTours: 413 G Street, Anchorage, AK 99501, Tel. 907-277-30 00, 1-866-317-33 25, Fax 907-272-25 32, www.alaskatours.com. Bietet eine Vielzahl von Exkursionen von Juneau aus an: Bären beobachten auf Admiralty Island, Sightseeing-Flüge zu den Gletschern der Umgebung, u.a. zur Glacier Bay, Bootsfahrten in den Tracy Arm, Floßtour auf dem Mendenhall River, Wale beobachten, Angel-Trips.

Termine

Alaska Folk Festival: Mitte April.
Gold Rush Days: Ende Juni.

Ausflug zum Glacier Bay National Park ► 3, O–Q 13/14

Karte: S. 457
Umgeben von den mächtigen eisbedeckten St. Elias- und Fairweather-Bergen ist die Glacier Bay eines der spektakulärsten Gletschergebiete der Welt. 5000 m hohe Berge, ins Meer kalbende Gletscher, Schwert- und Buckelwale, Grizzlys und Weißkopfseeadler sind die Hauptattraktionen des 1,4 Mio. ha großen **Glacier Bay National Park 7**.

Der kleine Ort **Gustavus 8**, etwa 100 km westlich von Juneau, ist durch eine 16 km lange Straße – die einzige, die in den Nationalpark führt – mit **Bartlett Cove**, dem Hauptquartier des Nationalparks verbunden. Beide Orte sind Ausgangspunkte für Exkursionen zu den Gletschern der Bay und bieten auch die einzigen Übernachtungsmöglichkeiten. Bartlett Cove hat einen kleinen Zeltplatz und die komfortable **Glacier Bay Lodge**. Am stilvollsten wohnt man sicher im historischen **Gustavus Inn**, wo den Besucher eine Verpflegung erwartet, wie sie in einem Drei-Sterne-Restaurant nicht besser sein könnte. Das Gemüse wird im eigenen Garten gezogen, der Fisch täglich frisch gefangen.

Schon Captain George Vancouver berichtete 1794 über die riesigen Gletscher, die hier bis ans Meer reichten. Die Glacier Bay gab es allerdings zu seiner Zeit noch nicht. Erst in den letzten beiden Jahrhunderten haben sich die Gletscher stetig zurückgezogen und damit die heutige Bay mit ihren bis zu 100 km tief ins Landesinnere einschneidenden Inlets und Fjorden geschaffen. In aller Welt bekannt wurde die Glacier Bay durch den amerikanischen Naturschützer und Forscher John Muir, der 1879 nach seiner Alaska-Reise von diesem »Fjord, in den sich Flüsse von Eis ergießen«, berichtete. Zu dieser Zeit hatten sich die Gletscher schon 60 km ins Landesinnere zurückgezogen. 1925 wurde die Region unter Schutz gestellt.

Die Bucht ist ein ›lebendes Laboratorium‹, in dem sich die Entstehung der Vegetation an der pazifischen Nordwestküste studieren lässt. An den Ufern am Eingang der Bay, die seit über 200 Jahren eisfrei ist, stehen schon mächtige Fichten und Hemlocktannen. In den Regionen hingegen, die vor kurzem noch vom Gletscher bedeckt waren, erscheinen Moose und Gräser als erste zaghafte Vorboten der Vegetation. Mit Ausflugsschiffen, die auch Paddler und ihre Kajaks mitnehmen, kann man bis dicht an die Gletscherwand heranfahren und Robben auf treibenden Eisschollen beobachten. Am beeindruckendsten ist es natürlich, wenn ein Gletscher mit donnerndem Getöse abbricht oder ›kalbt‹.

Infos

Glacier Bay National Park and Preserve: Gustavus, AK 99826, Tel. 907-697-22 30, www.nps.gov/glba. Bartlett Cove Visitor Centre. Ende Mai–Anf. Sept. 11–21 Uhr.

Übernachten

Mit allem Komfort ► Glacier Bay Lodge: P.O. Box 199, Gustavus, AK 99826, Tel. 907-697-22 25, 1-888-229-86 87 (Sommer), 241 W. Ship Creek Ave., Anchorage, AK 99501, Tel. 907-264-46 00, 1-888-229-86 87, Fax 907-258-36 68, www.visitglacierbay.com. Luxuriöse Anlage im Wald; mit Gustavus durch eine 15 km lange Straße verbunden; hier beginnen auch Touren in die Glacier Bay. Pro Person ab $ 480 für 2 Übernachtungen (Tour, Transfer und alle Mahlzeiten inklusive).

Familiär ► Gustavus Inn: P.O. Box 60, Gustavus, AK 99826, Tel. 907-697-22 54, 1-800-649-52 20, Fax 697-22 55, www.gustavusinn.com. Gemütliches Gasthaus mit exzellentem Essen am Familientisch. Der kleine

aktiv unterwegs

Kayaking in der Glacier Bay

Tour-Infos

Start: Glacier Bay Lodge, 15 km von Gustavus entfernt (erreichbar per Flugzeug oder mit den Alaska-Fähren, s. S. 460)
Dauer: 1–10 Tage
Schwierigkeitsgrad: leicht bis mittelschwer, für die mehrtägige Tour sollten Grundkenntnisse im Kajakfahren vorhanden sein.
Outfitter/Kosten: Glacier Bay Sea Kayaks, P. O. Box 26, Gustavus, AK 99826, Tel. 907-697-22 57 (März–Mitte Sept.), www.glacierbayseakayaks.com. Geführte halb- und ganztägige Kajaktouren im unteren Bereich der Glacier Bay bei Bartlett Cove. Für Touren auf eigene Faust können Kajaks gemietet werden; der Outfitter bietet Einweisung und Schulung an und organisiert auch den Transport (Tagestour $ 150/Pers., Halbtagestour $ 95, Kajakmiete $ 50/Tag, $ 40/halber Tag).
Glacier Bay Lodge & Tours bieten Touren und Unterkunft im Nationalpark in Bartlett Cove, Tel. 1-888-229-86 87, www.visitglacierbay.com. Zimmer $ 199, Touren Juni–Anf. Sept. Tagestour (7–15.30 Uhr) $ 185 inkl. Lunch.
Fairweather Adventures, P. O. Box 148, Gustavus, AK 99826, Tel. 907-697-23 34 (Mai–April), 907-723-30 65 (Sept.–Mai). Schiffstouren, auch zur Walbeobachtung.
Allgemeine Informationen: Glacier Bay National Park and Preserve, Gustavus, AK 99826, Tel. 907-697-22 30, www.nps.gov/glba. Bartlett Cove Visitor Centre. Geöffnet Ende Mai–Anf. Sept. 11–21 Uhr.

Die Glacier Bay Lodge liegt im Zentrum des Glacier Bay National Park. Hier beginnt man seine Kajak-Exkursion. Noch reizvoller ist es, sich mit dem täglich verkehrenden Schiff »Fairweather Express« zu einem beliebigen Punkt in der Gletscherwildnis bringen zu lassen, wo man samt Kajak und Ausrüstung abgesetzt wird. Zum vereinbarten Zeitpunkt ist das Schiff dann für den Rücktransport wieder zur Stelle.

Um 10 Uhr lässt man uns am Queens Inlet an Land. Schnell entschwindet das Boot – drei Tage später wird es uns an der gleichen Stelle wieder abholen. Wir verstauen unsere persönlichen Sachen, Ausrüstung und Verpflegung, gut verpackt in bärensichere Behälter und wasserdichte Säcke, im robusten ›Beluga‹-Zweierkajak und lassen das Boot in das graue, unruhige Wasser gleiten. Kilometerweit erstreckt sich die Bay, weit und breit ist kein anderes Boot in Sicht.

Wir paddeln an der zerklüfteten Küste entlang, an der sich nackter Fels und undurchdringliche Wälder abwechseln. Ab und an machen uns Strömungen zu schaffen und Fallwinde, die aus den Fjorden seewärts blasen. Am Ufer beobachten wir Weißkopfseeadler und eine große Kolonie Papageientaucher. Aufregung macht sich breit, als ein mächtiger Grizzly sich dem Wasser nähert, um zu trinken. Im Wasser tummeln sich Seeotter, Orcas und Delfine, die manchmal ganz nah an unser Boot herankommen. Das Nachtlager schlagen wir im Johns Hopkins Inlet auf, einer 15 km langen Bucht, die von

Gustavus Airport wird tgl. von Juneau aus angeflogen, neuerdings legen auch die Alaska Ferries in Gustavus an (Juni–Aug. 2 x pro Woche, sonst seltener). Abholung durch die Gastgeberfamilie. Touren in den Glacier National Park. Ende Mai–Anf. Sept., $ 205 pro Person (Frühstück, Lunch und Dinner inkl.).

Haines und Skagway

► 3, Q 12/13

Karte: S. 457
Nördlich von Juneau, zwischen Chilkat Range und Coast Mountains, ragt der Lynn Canal etwa 100 km ins Landesinnere hinein.

acht Gletschern gespeist wird und mit Eisbergen geradezu vollgepackt ist; an den Ufern der Campsite liegen von den Gezeiten zurückgelassene Eisstücke. Den Boden bedecken silberne Flechten und grüne Moose. Gletscherstaub hat das Treibeis stellenweise schmutzig grau gefärbt, nicht selten treiben Findlinge als blinde Passagiere auf den Schollen. Alle 200 m stürzen Wasserfälle herab und Gletscherzungen hängen über Felsgrate – ein Bild voller Dramatik und wilder Schönheit. Das Wasser ist spiegelglatt. Die Gefahr, dass in dieser Bucht Eis die Kajaks einkesseln könnte, besteht nicht. Am Ende des Inlets steht der Johns-Hopkins-Gletscher als erstarrte Kaskade zwischen wolkenverhangenen Bergen. Und wo das Eis das Wasser berührt, beginnt das Reich der 1000 Seehunde, die hier ihre Jungen zur Welt bringen. Ab und zu brechen mächtige Eisbrocken vom Gletscher ab. Wenn diese Gezeitengletscher kalben, erzeugen sie dabei meterhohe Wellen.

Wenn man nur eine halbtägige oder ganztägige Tour unternehmen möchte, lässt sich das Kajakabenteuer auch mit einer Fahrt mit dem Ausflugsboot verbinden, das im Rahmen einer dreistündigen Tour nahe an die kalbenden Gletscher in der oberen Glacier Bay heranfährt.

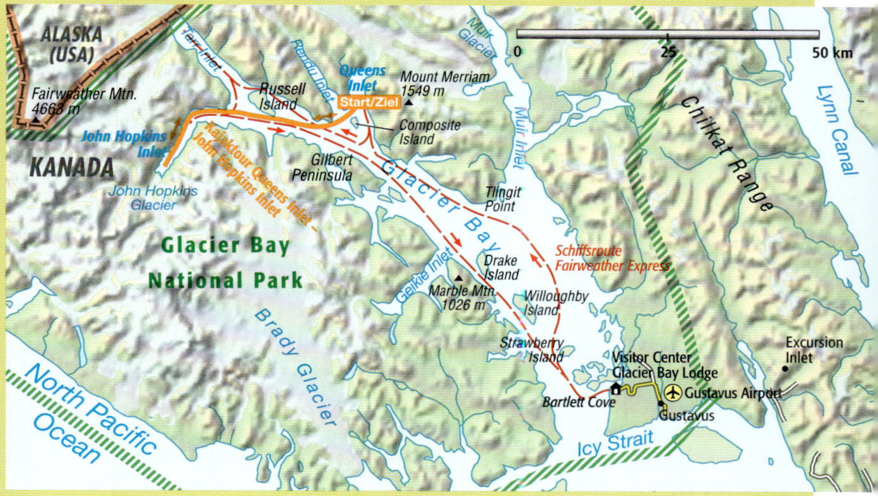

Teilweise über 800 m tief, ist er einer der tiefsten Fjorde Amerikas. An seinem nördlichen Ende befinden sich die Goldgräberorte **Skagway** 9 (s. S. 369) und **Haines** 10 (s. S. 366). Beide Städte sind durch Straßen mit dem Alaska Highway im angrenzenden Yukon Territory verbunden. Doch als Verbindung zwischen den beiden Orten bietet sich praktisch nur die Fähre an, welche die 20 km Luftlinie in kurzer Zeit bewältigt, während auf der Straße ein Umweg von 580 km erforderlich ist. In Haines legen die Alaska-Fähren 5 km nördlich vom Zentrum an, in Skagway befindet sich der Terminal direkt am Ort.

Register

Der Haupteintrag ist **fett** hervorgehoben.

Der Haupteintrag ist **fett** hervorgehoben.

Der Haupteintrag ist **fett** hervorgehoben.

Abbildungsnachweis
Bildagentur Huber, Garmisch-Partenkirchen: S. 13, 336 (Bednarz); 464 (Bernhart); 404 (Cogoli); 51, 102, 246 li., 256 (Damm); 100/101 (Lawrence); 146 li., 152 (Picture Finders)
Corbis, Düsseldorf: S. 3 o., 83 (Madison)
DuMont-Bildarchiv, Ostfildern: S. 9 u., 30, 451 (Heimbach); 1 li., 3 M., 4 o., 5 o., 5 u., 6 o., 10/11, 19, 21, 22/23, 78, 111, 144, 209, 230, 252, 255, 265, 307, 312 (2x), 315, 322, 328, 333 (Hicker)
Getty-Images, München: S. 470 (Stone/Morris); 143 (Westmorland)
Hicker, Rolf, Freising: S. 68, 406 re., 416/417
Jung, Roland E., Möhnesee-Völlinghausen: S. 8 (2x), 9 M., 25, 380, 428
laif, Köln: S. 60/61, 246 re., 274/275 (Harscher); 1 M., 54, 205, 234/235, 309, 424, Umschlagrückseite o. (Heeb); 75, 244 (hemis.fr); 88 (Heuer); 124 (Hirsch); 455 (Hoa-Qui); 104 re., 120 (Le Figaro Magazine/Voge); 181 (Modrow); 104 li., 116/117, 146 re., 215 (Raach); 57 (Specht); 7 o., 386, 388 li., 398/399 (The New York Times/Redux)
Look, München: Titelbild (age fotostock), S. 2 o., 26 (Boyny); 174/175 (Frei); 310 (Raach)
NWT Arctic Tourism: S. 382 (Paton)
Mauritius Images, Mittenwald: S. 406 li., 434 (Alaska Stock); 338 li., 359 (Wackerhagen)
Ohlhoff, Kurt Jochen: S. 28, 36 (Archiv); 1 re., 3 u., 4 u., 7 M., 9 o., 48, 90/91, 132, 139, 195, 197, 221, 240, 273, 285, 295, 338 re., 351, 367, 460, Umschlagrückseite u.
picture-alliance, Frankfurt/Main: S. 34 (akg-images/British Library); 2 u., 40, 45, 168, 445 (dpa); 7 u., 439 (Okapia KG)
Pixelio, München: S. 5 M., 290, 343
Provincial Archives of Alberta: S. 39 (Pollard Collection)
Tourism Yukon: S. 6 u., 354/355
Weber, Wolfgang, Darmstadt: S. 388 re., 402

Kartografie
DuMont Reisekartografie, Fürstenfeldbruck
© DuMont Reiseverlag, Ostfildern

Umschlagfoto:
Titelbild: Kanu am Lake Maligne

Über den Autor: Kurt J. Ohlhoff arbeitete mehrere Jahre für deutsche und kanadische Zeitungen in Kanada. Danach folgte ein Studium der Literatur, Psychologie und Soziologie in Kanada, USA und Deutschland. Zahlreiche Studienreisen führten ihn nach Nordamerika und in den pazifischen Raum. Nach langjähriger Tätigkeit als Kulturreferent im Amerika-Haus Hannover arbeitet er heute als freier Reisejournalist und Fotograf. Im DuMont Reiseverlag veröffentlichte er in der Reihe ›Richtig Reisen‹ außerdem den Band ›Kanada · Der Osten‹.

Der Autor dankt für die Mitarbeit von Bärbel Lampe, Ole Helmhausen, Karl Teuschl, Dieter Kreutzkamp, Wolfgang R. Weber, Rainer W. Hamberger und Katrina Hartje.

Lektorat: Kirsten Erler, Anja Lehner

Hinweis: Autoren und Verlag haben alle Informationen mit größtmöglicher Sorgfalt geprüft. Gleichwohl sind Fehler nicht vollständig auszuschließen. Alle Angaben erfolgen ohne Gewähr. Bitte schreiben Sie uns! Über Ihre Rückmeldung zum Buch und über Verbesserungsvorschläge freuen sich Autoren und Verlag:
DuMont Reiseverlag, Postfach 3151, 73751 Ostfildern, E-Mail: info@dumontreise.de

1. Auflage 2012

Grafisches Konzept: Groschwitz, Hamburg
Printed in Germany